Querido(a) amigo(a)_____:
"O segredo da mudança é focar toda a sua energia, não em brigar com o velho, mas em construir o novo"[1] (Sócrates).

Em ___/___/20___

"Seja sempre o nosso falar à semelhança do nosso pensar e este, a matriz do nosso agir", pois só é feliz quem é livre para amar o próximo como a si mesmo e só será livre quem assumir a crucial e intransmissível responsabilidade de amar-se em plenitude.

"Ante a impossibilidade de mudar o mundo, cada homem e mulher mudará a conduta interna e conquistará o seu lugar ao sol da harmonia, impondo a mudança geral."[2]

---

[1] Disponível em: < http://www.desistirnunca.com.br/o-segredo-da-mudanca-e-nao-brigar-com-o-velho-socrates/> Acesso em: 1 jun. 2017.
[2] Franco, D. P.; Joanna de Ângelis (Espírito). *Prefácio*. In: *O amor como solução*.

O Despertar da Consciência
De Sal da Terra a Luz do Mundo

"Meu cérebro é apenas um receptor; no Universo existe um núcleo a partir do qual obtemos conhecimento, força e inspiração. Eu não penetrei nos segredos deste núcleo, mas eu sei que ele existe"[3] (Nikola Tesla – 1856/1943).

"Quando você compreende uma coisa em profundidade, compreende tudo. Mas quando você tenta entender tudo, não entende nada. O melhor é compreender a si mesmo, então você compreenderá tudo"[4] (Shunryu Suzuki – 1904/1971).

"O fruto do silêncio é a prece. O fruto da prece é a fé. O fruto da fé é o amor. O fruto do amor é o serviço. O fruto do serviço é a paz"[5] (Madre Tereza de Calcutá – 1910/1997).

"O que for teu desejo, assim será tua vontade. O que for tua vontade, assim serão teus atos. O que forem teus atos, assim será teu destino"[6] (Deepak Chopra).

"Tudo aquilo que você pensa, você cria. Tudo aquilo que você sente, você atrai. Tudo aquilo que você acredita, torna-se realidade"[7] (Provérbio chinês).

"Nunca se deve pensar que a paz é ausência de atividades ou desafios. Trata-se de uma atitude interior ante os acontecimentos, uma forma de ver como transcorrem, e nunca uma situação parasitária ou inútil"[8] (Joanna de Ângelis; Divaldo P. Franco).

"O mundo é a oficina. O corpo é a ferramenta.

A existência é a oportunidade. O dever a executar é a missão a cumprir.

O pensamento escolhe. A ação realiza.

O homem conduz o barco da vida com os remos do desejo e a vida conduz o homem ao porto que ele aspira a chegar.

Eis porque, segundo as Leis que nos regem, 'a cada um será dado pelas próprias obras'"[9]

(Emmanuel/Francisco C. Xavier)

---

[3] Disponível em: <https://www.pensador.com/frase/MjU0OTEwMQ/> Acesso em: 20 jul. 2020.
[4] Disponível em: <http://kdfrases.com/frase/134975>. Acesso em: 22 jun. 2013.
[5] Disponível em: <http://www.pime.org.br/mundoemissao/espiritmae.htm>. Acesso em: 3 jul. 2013.
[6] Disponível em: <http://frases.globo.com/deepak-chopra>. Acesso em: 3 jul. 2013.
[7] Disponível em: <https://pt.linkedin.com/pulse/lição-do-bambu-chinês-giuliano-gama>. Acesso em: 19 set. 2023.
[8] Franco, D. P.; Joanna de Ângelis (Espírito). Autorrealização: Encontro com a verdade. In: *O Despertar do Espírito*. cap. 2, item 3.
[9] Xavier. F. C.; Emmanuel (Espírito). Pelas próprias obras. In: *Ação e caminho*. cap. 4.

Índice

Agradecimentos.....06

Da obra.....07

Orientações e esclarecimentos necessários.....18

Poema: Marchemos!.....22

Educação integral.....26

Síntese da conclusão de O Livro dos Espíritos.....31

Apresentação.....35

Prolegômenos.....38

Introdução.....45

Capítulo 1 – A fé vivenciada.....68

    1 – Pai Nosso consciente.....69

    2 – Fé, razão e intuição.....70

Capítulo 2 – O Creador e a Criatura.....91

    1 – O Universo e Deus.....92

    2 – De sal da terra a luz do mundo.....96

Capítulo 3 – Lei de compensação.....159

Capítulo 4 – Visualizações.....187

    1 – Análise.....188

    2 – Função.....201

    3 – Plano de execução.....218

Capítulo 5 – Evangelho.....230

    1 – O que é?.....231

    2 – Para que serve?.....240

    3 – Como usar?.....252

    4 – Visualizar-se na ação.....259

Capítulo 6 – Oração.....274
    1 – O que é?.....275
    2 – Para que serve?.....287
    3 – Como usar?.....303
    4 – Reprogramação celular.....323

Capítulo 7 – Bioenergia.....336
    1 – O que é?.....337
    2 – Para que serve?.....357
    3 – Como usar?.....376
    4 – Libertar-se na ação consciente ou permanecer na dependência constritora?.....391

Capítulo 8 – Alinhamento dos chacras.....403
    1 – Noções preliminares.....404
    2 – A avaliação e o aprimoramento multidimensionais.....418
    3 – Teoria e prática.....449

Capítulo 9 – O amor em ação.....467
    1 – Dever e caridade.....468
    2 – O Espiritismo pergunta.....483
    3 – O amor em excelência.....485

Capítulo 10 – Vendo a Obra vê-se Deus.....501
    1 – A vida é o espelho da alma.....502
    2 – Exaltação à vida.....525
    3 – Eu sou o que penso e vivo o que falo.....527

Poema: Deus!.....556
Glossário.....562
Referências Bibliográficas.....613
Biografia de Léon Denis.....626
Biografia de Miramez.....630
Biografia de Ramatis.....633

Agradecimentos

• A Deus e ao Cristo, por sermos uma ínfima partícula do Absoluto, intrínseca à estrutura do sal da terra, ansiando ser um fascículo consciente da luz do mundo no Absoluto;

• aos Benfeitores Espirituais da Vida Maior, pelas divinas inspirações, assim como aos Agentes de todos os Reinos, pela orientação, pelo amparo e pela proteção em todo o transcorrer deste singelo trabalho;

• à esposa, Vilma Camargo, e aos demais familiares, parentes e amigos, pelo apoio incondicional, pela compreensão irrestrita, pela solidariedade e pela fraternidade espontâneas, em virtude das minhas ausências habituais, imprescindíveis ao desenvolvimento dos estudos e à tarefa que nos propusemos realizar;

• a todos os que nos auxiliaram de uma forma ou de outra, direta ou indiretamente, dedicando seu precioso tempo, compartilhando experiências enriquecedoras e oferecendo-nos apoio e suporte incontestes para lograrmos o êxito pretendido nesta memorável realização;

• àqueles que contribuíram com preces, vibrações e estímulos encorajadores;

• aos profissionais dedicados que se empenharam, e não mediram esforços, nesta publicação, que estão se desdobrando, diuturna e incansavelmente, na senda da divulgação e na comercialização da obra;

• aos leitores e aos estudiosos da causa, a quem desejamos sinceramente que este livro lhes seja motivo de encorajamento na intransferível e permanente busca do autoconhecimento, no impostergável estudo do autodescobrimento e na inegável necessidade de sorver o inefável néctar vivificante das benesses proporcionadas pelo autoamor, por sentir as indizíveis alegrias inerentes à autorrealização e por fruir o perene êxtase ou estado de plenitude oriundo da autoiluminação.

Que a paz de consciência, à luz dos deveres fielmente cumpridos, e que o discernimento com que esse proceder nos favorece se façam presentes em nossas vidas, com as bênçãos norteadoras do Cristianismo redivivo que nos mantém intimoratos nas sempiternas pegadas do Sublime Peregrino!

Sebastião Camargo.

Da obra

O amor e o amar

Ninguém ama o que não respeita e ninguém respeita o que não conhece (*O Despertar da Consciência, do átomo ao anjo*, p. 372). Destarte, o respeito traduz-se, tão somente, em aquilatar no ser observado ou no objeto investigado, impreterivelmente, os seus valores e as suas aptidões incontestes. É não avançar o sinal por ele determinado. Amar se configura no mais autêntico gesto de respeito à liberdade alheia, pois jamais se fará pelo outro o que, inapelavelmente, somente a ele cabe realizar na conquista de sua liberdade irrestrita e de sua real autonomia, pois, amar, no sentido profundo do termo, é criar as premissas concernentes e fomentar as possibilidades condizentes à crucial libertação daqueles a quem dizemos respeitar. Assim, **o amor criará as condições para a liberdade, e o respeito permitirá que o outro conquiste por si mesmo a sua libertação.**

No oceano do amor e no amálgama do amar, encontraremos os mais belos mananciais de exaltação à vida e as mais excelsas, magnificentes e promissoras oportunidades de plenificação e, consequentemente, os investimentos mais seguros, pois são os únicos aos quais podemos consagrar tudo o que há de mais significativo em nós ou o mais valoroso tesouro de que dispusermos, o que redundará, no mínimo, na multiplicação do nosso patrimônio em trinta, sessenta, cem ou mil por cada dádiva ofertada ou nobremente empenhada.

No longuíssimo périplo do amor e do amar, uma das inúmeras expressões do amor-substância em ascensão progressiva pode ou poderá ser a ofensa, pois tudo se origina no oceano infindável do amor universal. **O amar é, simplesmente, a transmutação e a sublimação do próprio amor.** Por exemplo, quando algo ou alguém nos ofende ou nos magoa, esta é apenas uma das imensuráveis expressões do amor primitivo no seu perene evolver, usualmente rogando novas diretrizes aos arroubos tormentosos do amor adoecido, solicitando informações iluminativas para redirecionar o seu proceder. O amar é, exatamente, a diluição proativa do coágulo enfermiço em possibilidades de cura ou a sublimação do fluxo da ignorância em luzes de porvindouras instruções. Do exposto, depreende-se que o nascedouro das enfermidades se desfaz e que os elementos constitutivos de sua longeva estratificação se aprimoram com as charruas do perdão e que a iluminação dos abismos da ignorância se processa com a instrumentação dos bons exemplos ou por intermédio da divina instrução, personificada na ação construtiva da benevolente diretiva libertadora. Essa ação construtiva – que haverá de libertar o enfermo que, por ignorância ou por falta de autodomínio, ofende e agride – traduz-se na paciência e na tolerância, cultivadas por parte do ser objeto da agressão, a quem compete buscar compreender a limitação do agressor, seja por carência de afeto, de compreensão do que seja o amor verdadeiro, seja, principalmente, por carência de autoamor. Portanto, jamais o revide, o que, com certeza, acirrará o ânimo de quem infringiu a ética de um relacionamento saudável, portando-se de maneira infantil, levando-o a ações ainda mais nefastas e potencializadas se desprovido de princípios éticos e de valores cristãos. A ofensa deve, assim, ser entendida como um dos patamares da escalada do sentimento imaturo que, inequivocamente, transformar-se-á, um dia, em amor-compreensão, em amor-doação, em amor-ternura, em amor-renúncia em benefício do ser ou dos seres amados, em síntese, no auto e no aloamor. Ao receber a ofensa, cumpre-nos envolver essa energia na ternura do entendimento de que ela se trata de um degrau de evolução para o Amor maior e, desse modo, dirigir essa ternura compreensiva para o coração de quem a destilou. Assim procedendo, com certeza, esse coágulo enfermiço se desfará, transformando-se em empatia e em confiança, degraus da legítima solidariedade e da fraternidade universais.

O amor

O Amor é a magnificente expressão da Lei que a tudo rege e a personificação da Vida, da qual tudo promana. É o celeste elixir da vida e das leis, em suas incomensuráveis personificações, assim como em suas inenarráveis, quiçá, insondáveis e intérminas peregrinações. Destarte, tanto a vida quanto as leis, inegavelmente, são filhas do eterno foco do Amor-lei na Criação em Deus. Portanto, jamais existirá a menor possibilidade de gestação da vida sem a suave presença do amor para geri-la, tampouco a manifestação do amor sem a possibilidade de concebê-la. Logo, não há, em parte alguma, nos estatutos divinos, a presença de algo estático, pois tudo evolve perpetuamente, para a frente e para o alto, de modo que do Amor-lei emerge o Amor-substância que gera a Vida e, da Vida, fulgura a vida em suas infinitas modulações. Por conseguinte, da evolução e da propagação da vida se edificará a consciência e, da sublimação desta, isto é, dos substratos oriundos dos píncaros reluzentes de seus mais altos degraus evolutivos, configurar-se-ão as estruturas primaciais do Amor-lei. Eis o incoercível transformismo ascensional no eterno ir e vir em Deus, pois, do Amor, emerge a Vida e, da vida, transmutar-se-ão os substratos da personificação da consciência, de cujo suprassumo erguer-se-ão as novas e sempiternas ondulações do próprio Amor.

Léon Denis, o pupilo dileto de Jerônimo de Praga, uma fração poética do seu amor personificado, por sua vez, assim poetizou:

> O amor é a celeste atração das almas e dos mundos, a potência divina que liga os Universos, os governa e fecunda; o amor é o olhar de Deus! **Não se designe com tal nome a ardente paixão que atiça os desejos carnais. Esta não passa de uma imagem, de um grosseiro simulacro do amor.** O amor é o sentimento superior em que se fundem e se harmonizam todas as qualidades do coração; é o coroamento das virtudes humanas, da doçura, da caridade, da bondade; é a manifestação na alma de uma força que nos eleva acima da matéria, até alturas divinas, unindo todos os seres e despertando em nós felicidades íntimas que se afastam extraordinariamente de todas as volúpias terrestres.
>
> O amor, profundo como o mar, infinito como o céu, abraça todas as criaturas. Deus é o seu foco. Assim como o Sol se projeta, sem exclusões, sobre todas as coisas e reaquece a natureza inteira, assim também o amor divino vivifica todas as almas; seus raios, penetrando através das trevas do nosso egoísmo, vão iluminar com trêmulos clarões os recônditos de cada coração humano. **Todos os seres foram criados para amar.** As partículas da sua moral, os germes do bem que em si repousam, fecundados pelo foco supremo, expandir-se-ão algum dia, florescerão até que todos sejam reunidos numa única comunhão do amor, numa só fraternidade universal (grifos nossos).[10]

O amor é a essência da vida, a comunhão dos seres e a alma do Universo. Por seu intermédio, a vida nasce em solene profusão, desenvolve-se solícita e graciosa, floresce esplêndida, solidária e fraterna por natureza, frutifica abundante e perenemente. Assim, a vida multifária, em suas inenarráveis nuances e em suas indizíveis expressões, procede das jazidas da Vida primária, oriunda do foco prodigioso do amor substância e coordenada pela força proveniente da fonte imensurável do Amor-Sabedoria.

O amor substância é o oceano infindável das possibilidades criativas e das capacitações progressivas, intrínsecas ao contínuo evolver dos elementos e indissociáveis dele, das origens da vida infinitesimal, oriunda

---

[10] Denis, L. O Caminho reto: o amor. In: *Depois da Morte*. 5ª parte. cap. 49.

do Psiquismo Divino, às magnificentes nebulosas macrocósmicas no seio das quais se originam os universos e as dimensões infindáveis na Força Soberana, em que "tudo é clarão de evolução do cosmos, imensidade nas imensidades".[11] Já o Amor-Sabedoria é a fonte imanente do Supremo Poder e do Eterno foco, ou seja, o Amor-Sabedoria é a fulguração ou a imanação estatutária da e na Causa Primária na confecção da Lei e das leis subsequentes que a tudo gestam, organizam, sustentam, promovem e iluminam as Suas intérminas expressões do ser e do saber sempiternos.

Em suma, como magistralmente elucidou Léon Denis: "Acima, porém, de tudo, é preciso amar, porque, sem o amor, a vontade e a ciência seriam incompletas e muitas vezes estéreis. O amor ilumina-as, fecunda-as, centuplica-lhes os recursos. Não se trata aqui do amor que contempla sem agir, mas do que se aplica a espalhar o bem e a verdade pelo mundo."[12] Desse modo, percebe-se, com as miríficas perspicácias do senso perquiridor, que, simultaneamente, o amor ilumina o buscador com os arroubos magnificentes dos germens do conhecimento transcendente, fecunda o seu discernimento com os indizíveis impulsos-estímulo, ínsitos nos oásis das sementes das respectivas aptidões; porém, acima de tudo, centuplica-lhe os recursos correlacionados às possibilidades favoráveis com os embriões das infalíveis probabilidades inerentes ao desiderato plenificador.

Corroborando o tema em foco, Miramez sintetiza, com inegável maestria, o fruto de suas miríficas perquirições e inolvidáveis intuições inspirativas acerca do amor, força cáusica e matéria-prima de tudo quanto existe na Criação em Deus:

> O universo canta a melodia do amor em todas as suas dimensões. **Cabe a nós outros entender esse patrimônio, essa herança a nós oferecida pelo Pai Celestial.**
>
> O amor é um dom divino, por ser um atributo da divindade, que se manifesta em toda a criação. Quem não sente o amor perfumando um jardim, no silêncio peculiar às árvores? Quem não sente o amor florescendo e expandindo nas crianças? E nos homens que se afinizam? Ele brilha nas estrelas e cai com as chuvas. Ele caminha nos ventos e se manifesta no fogo. Ele te espera nos livros e te beneficia nas escolas. Ele, de qualquer maneira, mostra a sua presença no lar; vive no místico e leva o espírito ao êxtase. **Ele entra em tua cabeça e sai por tua boca. Ele é, também, Saúde. Se podes compreender, ele é a própria vida, vibrando na vida de Deus** (grifos nossos).[13]

---

[11] Xavier, F. C.; Anjos, A. dos (Espírito). Evolução. In: *Parnaso de Além-Túmulo*. cap. 16.
[12] Denis, L. As Potências da Alma: O Amor. In: *O Problema do Ser, Do Destino e da Dor*. Terceira parte. cap. 25.
[13] Maia, J. N.; Miramez (Espírito). O amor, dom divino. In: *Saúde*. cap. 13.

Joanna de Ângelis, um dos Espíritos que prefaciou a obra *Saúde*, de Miramez, ilumina imensamente o nosso saber numa das magnificentes obras de sua lavra, na qual exara que "antes do amor não existia a Criação, porque, exteriorizando-se de Deus, gerou-se o Universo".[14] Aureolando-nos de sublimes esperanças, noutra obra memorável, a autora poetizou e estatuiu que "o amor é o antídoto para todas as causas do sofrimento, por proceder do Divino Psiquismo que gera e sustenta a vida em todas as suas expressões".[15] Assim, por nossa vez, reiteramos, com inabalável convicção e com profundo entusiasmo, que temos no amor a causa e o efeito de todas as expressões da vida e o impulso irrefreável do progresso evolucional de todos os seres em todas as instâncias dimensionais da Criação. Não por acaso, o Espírito de Verdade assim estatuiu: "Amai-vos uns aos outros, eis toda a Lei. Lei divina pela qual Deus governa os mundos. O amor é a lei de atração para os seres vivos e organizados; a atração é a lei de amor para a matéria inorgânica" (Questão 888a de *O Livro dos Espíritos*). Pelas vias intuitivo-inspirativas, seguramente complementamos: os substratos componentes da matéria inorgânica, em sua origem primeira, são a mais simples manifestação do Amor, a matéria-prima do cosmos.

Incontestável e efetivamente, "o homem é o obreiro de sua libertação", como poetizou Léon Denis, o Apóstolo do Espiritismo. Por conseguinte, estabelece magistralmente o roteiro subsequente: "Ele atinge o estado completo de liberdade pelo cultivo íntimo e pela valorização de suas potências ocultas. Os obstáculos acumulados em seu caminho são meramente meios de o obrigar a sair da indiferença e a utilizar suas forças latentes." Por fim, decreta solenemente: "Todas as dificuldades materiais podem ser vencidas."[16] À vista de tais apreciações, enfatizamos: não somente as dificuldades materiais poderão ser totalmente superadas, mas também as perturbações psíquicas e emocionais, as imperfeições morais e as deficiências espirituais em todas as suas expressões.

O amar

Amar é a lídima expressão e a evolução do próprio amor, isto é, no amor temos o instrumento infalível e as oportunidades de aprimoramento ascensional; no amar, a inegável instrumentação e as probabilidades de personificação e de sublimar-se na ação transcendental. O amar-se em

---

[14] Franco, D. P.; Fabiano de Cristo (Espírito). A caridade e o amor. In: *Compromissos de Amor.* cap.21.
[15] Franco, D. P.; Joanna de Ângelis (Espírito). Origens do Sofrimento. In: *Plenitude.* cap. 3.
[16] Denis, L. As potências da alma: O livre-arbítrio. In: *O Problema do Ser, Do Destino e da Dor.* 3ª parte. cap. 22.

plenitude e, por extensão, amar a obra do Creador na Criação, eis a chave para a edificação da paz de consciência e da tranquilidade interior que temos em nossas mãos, pois, na visão transcendental e multidimensional de Léon Denis:

> **Amar é sentir-se viver em todos e por todos, é consagrar-se ao sacrifício, até à morte, em benefício de uma causa ou de um ser.** Se quiserdes saber o que é amar, considerai os grandes vultos da Humanidade e, acima de todos, o Cristo, o amor encarnado, o Cristo, para quem o amor era toda a moral e toda a religião. Não disse Ele: "Amai os vossos inimigos"?
>
> Por essas palavras, o Cristo não exige da nossa parte uma afeição que nos seja impossível, mas sim a ausência de todo ódio, de todo desejo de vingança, uma disposição sincera para ajudar nos momentos precisos aqueles que nos atribulam, estendendo-lhes um pouco de auxílio.
>
> Tudo o que fizermos pelos nossos irmãos gravar-se-á no grande livro fluídico, cujas páginas se expandem através do espaço, páginas luminosas onde se inscrevem nossos atos, nossos sentimentos, nossos pensamentos. **E esses créditos ser-nos-ão regiamente pagos nas existências futuras.**
>
> **Nada fica perdido ou esquecido.** Os laços que unem as almas na extensão dos tempos são tecidos com os benefícios do passado. A sabedoria eterna tudo dispôs para o bem das criaturas. As boas obras realizadas neste mundo tornam-se, para aquele que as produziu, fonte de infinitos gozos no futuro (grifos nossos).[17]

Amar não é fazer pelo outro, seja quem for ou em que escala evolucional se encontre, o que somente a ele, inapelavelmente, compete, pois o dever de realizar prontamente o que lhe cabe é intransferível, para fazer jus às benesses concernentes ao seu próprio mérito e, então, fruir do néctar de seu justo engrandecimento e contribuir para a geração do impulso irresistível da evolução do contexto. Desse modo, ineludivelmente, a Vida sempre exigirá da vida, isto é, as leis que regem a vida em plano menor sempre capacitarão os agentes mais cultos no degrau volitivo em que se encontram para identificarem as possibilidades evolutivas dos menos cultos, gerar os exemplos estimuladores e criar as condições atinentes ao seu irrefreável e permanente devir.

No ser que se dispôs a amar-se e se predispõe a amar libertando, ou seja, no pleno exercício do amor-libertação, a piedade assume o papel de destaque, acumulando a sensibilidade e o condão de identificar a necessidade real de quem se fez objeto do seu cuidado e de influenciar positivamente na solução proativa da dificuldade em questão. Por conseguinte, a compaixão possui as funções ou as habilidades de catalogar as probabilidades de êxito, de enumerar os talentos dos assistidos e de sugerir a programação libertária

---

[17] Denis, L. O caminho reto: a Caridade. In: *Depois da Morte*. 5ª parte. cap. 47.

no escopo. Por fim, caberá ao amor equânime e incondicional a elaboração da pauta iluminativa, a edificação do expediente e do périplo capacitativo e a criação das condições pertinentes à execução do enredo e à concretização do desígnio libertador dos envolvidos. Assim, nunca foi função da piedade, tampouco da compaixão, muito menos do amor, o trabalho libertador dos menos cultos, mas será sempre tarefa primordial, intransmissível e impostergável dos que se encontram aprisionados nas malhas da ignorância de si e desalentados nos palcos, nas tramas e nos dramas das paixões instintivas e das perturbações dissolventes.

Neste singelo estudo, para bem nos desincumbirmos do nosso propósito e cumprir fielmente os deveres primaciais para o êxito pretendido na pauta preestabelecida, objetivando a instrução e a libertação do aspirante ao despertar da consciência, sustentaremos o desenvolvimento do tema em análise num tripé filosófico, científico e moralizador: **o que é** (o estudo transcendente, a filosofia sem limites), **para que serve** (a cientificação dos fatos, a ciência espiritual sem ideias preconcebidas) **e como usar** (a personificação do Evangelho libertador, a aplicação dos resultados iluminativos e libertadores na ação).

1º - O que é? Observar-se-á tão somente o estudo profundo e pormenorizado do objeto ou do fenômeno perquirido e, consecutivamente, o acúmulo e a contextualização dos conhecimentos e das informações convergentes de tudo o que versar a respeito do objetivo que se pretende concretizar hoje ou futuramente. Assim, constará na pauta deste estatuto ou proêmio perquiridor a síntese das possibilidades e das probabilidades elencadas, dentre as melhores, a fim de lograr o êxito pleiteado em semelhante limiar ou prelúdio investigativo. Seria possível alguém conseguir operar, consciente e satisfatoriamente, uma máquina sofisticada sem o devido preparo e o conhecimento imprescindíveis? Fato é que, no mundo das formas materiais, não existe obra mais sofisticada do que o corpo humano, nem laboratório mais perfeito do que o útero materno. Assim, não há a menor possibilidade, tampouco a mais ínfima probabilidade, de se conduzir, com sabedoria e proveito, uma espaçonave tão complexamente organizada quanto a maquinaria biológica sem a noção exata da sua anatomia, da sua fisiologia e das suas reais necessidades.

2º - Para que serve? Trata-se do exame minucioso dos benefícios proporcionados por tal desígnio, tendo como régua primacial a correção efetiva dos desvios constritores ou deprimentes do pretérito recente ou remoto, analisando os meios pelos quais se aperfeiçoarão os atos e as atitudes benevolentes e beneficentes. Por fim, como e por quais motivos as experiências vigentes ou futuras enriquecerão o praticante e os envolvidos no enredo. Isto posto, inequívoca e infalivelmente, encontraremos os estímulos encorajadores para esse propósito quando dispusermos das noções seguras acerca das forças que edificam e das leis que gerenciam o enredo que se almeja conquistar, bem como do patrimônio que se intenciona governar. Em suma, quando se está convicto das responsabilidades assumidas diante da busca e consciente dos deveres a cumprir, com a fidelidade que a Lei exige, tudo se torna perfeitamente viável, uma vez que se objetiva o bem do conjunto que lhe constitui a individualidade e do contexto onde moureja.

3º - Como usar? Entende-se o *insight* transitivo do estar para o ser, do eu sei para o eu sou, ou seja, o empenho para a transcendência da dimensão psicossensorial perecível para o oásis imperecível da razão intuitiva e da intuição proativa. Equivale à conquista do ponto culminante da cientificação dos fatos e a necessidade impostergável do pleno desenvolvimento das aptidões capacitativas e dos valores diretivos transcendentes. Nestes périplos preparativos das duas etapas antecessoras, se angariou o patrimônio indelével, em perfeita confluência com o que nobremente se propôs, frente aos embates inadiáveis e aos desafios iluminativos improcrastináveis. Em suma, todo discípulo fiel que se conduzir em autêntica consonância com os objetivos enriquecedores, intransferíveis, lúcida e previamente estabelecidos, para os quais se esmere porfiadamente, a fim de auferir a túnica nupcial imprescindível à permanência no sempiterno festim dos corolários nirvânicos, fatalmente usufruirá da ceifa referente às sementes que vividamente plantou e com amor cultivou, pois a colheita das benesses angariadas, digna e honestamente, nos palcos inefáveis da luz do mundo é inevitável.

Em perfeita consonância com as ideias e os ideais do amor e da fraternidade universais de Léon Denis, Miramez, com ineludível lucidez e com o singular discernimento que lhe são próprios, poetiza com admirável elegância:

> O amor nos faz lembrar da fonte verdadeira de onde ele dimana com todo o seu esplendor. O amor é qual o Sol, que na sua pujança de doar se divide em raios incontáveis e **serve sem especular, serve sem exigir e sem pedir o retorno dos mesmos recursos que foram ofertados aos carentes dessas bênçãos.** Esse afeto divino desce até nós na expressão mais rudimentar que se possa entender, para que compreendamos o Criador, sem nos esquecermos do Cristo no nosso aprendizado.
>
> A cura verdadeira vem pelos fios do amor em todas as suas ramificações do saber.

> Se nós desejamos a cura das nossas enfermidades, congênitas ou adquiridas por falta de respeito às leis naturais que regem nossa vida, **o primeiro passo é amar, o segundo é amar e o terceiro, amar.** Partindo desse princípio, não erramos o caminho que nos leva à harmonia interna, porque ele nos predispõe à paz de **consciência** e dá diretrizes a todos os **sentimentos,** corrige as **ideias** e aprimora as **palavras.**
> **Essa força de Deus,** para manifestar por teu intermédio, requer do teu coração **o ambiente de fé e a atmosfera de alegria** (grifos nossos).[18]

Analisando minuciosa e intimamente a pauta em curso – o amor e o amar, isto é, a urgência de se compreender o amor e de se amar, bem como de amar libertando os semelhantes, ou seja, levando a efeito o pleno exercício do auto e do aloamor, de modo equânime e incondicional –, perceberemos, prontamente, a necessidade da justa preparação para o lúcido cumprimento do périplo elencado. Para tanto, em conformidade com os potenciais inatos investidos e com os recursos latentes empenhados, ancorados pelas jazidas da vontade consciente, coadjuvados pelo entusiasmo e pela perseverança contagiantes, aureolados pela humildade e fortalecidos pela honestidade do aspirante, assim como norteados pelo real interesse em lograr êxito em tal propósito, com disciplina inquebrantável e esforço bem direcionado, mediante o acúmulo dos conhecimentos auferidos e nobremente contextualizados, frente à pauta iluminativa, o discípulo dedicado e comprometido com a causa crística e com a sua transformação pessoal, sua seriedade e a fidelidade na justa aplicação dos recursos manifestos, infalivelmente sorverá, no oceano imensurável do amor divino, o néctar indispensável à viabilização da cura das enfermidades psicofísicas, morais e espirituais, assim como a impostergável solução dos entraves constritores da consciência imatura não equacionados satisfatória e exitosamente até então. Entretanto, ao discorrer sobre o amor e o amar, Joanna de Ângelis enfatizou eminentemente que, "no ato mesmo de amar, a cura dá-se natural e enriquecedora".[19] **Quem recebe amor***,* esclarece a veneranda mentora na obra supracitada, "sente-se motivado a renovar-se, a crescer espiritualmente, a transformar-se para melhor. No entanto, somente encontra a cura para os males e revezes da jornada, quando passa a amar." Portanto, inequivocamente, o amor é a instrumentação imprescindível e o magnetismo curador incomparável. Desse modo, "Se os homens soubessem o quanto é importante para a sua felicidade a disposição para amar, se as criaturas descobrissem o tesouro que todos carregam ao alcance das mãos, nunca reclamariam da vida,

---

[18] Maia, J. N.; Miramez (Espírito). O amor, dom divino. In: *Saúde.* cap. 13.
[19] Franco, D. P.; Joanna de ÂngelisS (Espírito). Amor e Cura. In: *Garimpo de Amor.* cap. 17.

nem se preocupariam com problemas."[20] Em suma, o que mormente presenciamos e quase sempre testificamos em nosso campo de atuação não representa o empenho digno e honesto, por parte dos incautos distraídos, no inadiável equacionamento dos problemas que dizem respeito a cada qual, mas sim a evidente exaltação dos ânimos inflamados, seguidos de perto por ímpetos de rebeldia ante os petardos dilacerantes dos efeitos desoladores que, via de regra, são oriundos da malversação das leis, da perturbação da ordem e das consequências inevitáveis dos recursos malbaratados. Flagrantes e inegáveis fugas do dever, secular ou milenarmente procrastinado, da irresponsabilidade aniquilante, da ociosidade mórbida e de desarrazoados acúmulos sem proveito.

Diante do exposto, faz-se imprescindível, sem a apatia anestesiante ou a empatia improdutiva, levar a efeito o que se pretende, ou seja, executar o pleno exercício da fé raciocinada que se traduzirá, inevitavelmente, na aquisição do conhecimento pormenorizado da causa elegida e dos efeitos estatuídos. Por conseguinte, carecer-se-á do desenvolvimento da sensibilidade perceptiva, da ação proativa e do profundo respeito ao objeto perquirido e, consequentemente, da elaboração do enredo solidário e fraterno, da construção do cenário acolhedor, da escolha da peça integrativa, da eleição dos diretores do espetáculo iluminativo e da escolha dos operários responsáveis pela edificação e pela personificação da fé vivenciada (a mãe de todas as virtudes), isto é, a vivência consciente do que foi devidamente assimilado e altivamente apregoado, posto que a cura verdadeira somente nos alcançará *pelos fios do amor em todas as suas ramificações do ser e do saber. Cônscios de que se desejamos a cura das enfermidades, congênitas ou adquiridas por falta de respeito às leis naturais que regem a nossa vida, o primeiro passo é amar-nos plenamente, o segundo é amar o próximo como extensão de nós mesmos e o terceiro é amar a Deus em todas as coisas, isto é, amá-lO desde as mais ínfimas fulgurações às mais elevadas expressões do Seu Amor.*

Estamos cientes e conscientes de que **o amor é o substantivo abstrato e o substrato mais sutil da Criação, do qual tudo se origina.** Consequentemente, **o amar é o verbo incomparável e a força de coesão, de sustentação e de transformação mais pujante do Universo.** Entretanto, a fé lucidamente raciocinada e conscientemente vivenciada, indubitavelmente, é o instrumento mais perfeito para colocá-lo em ação

---

[20] Maia, J. N.; Miramez (Espírito). O amor, dom divino. In: *Saúde.* cap. 13.

à luz da sempiterna sabedoria. Portanto, para conquistar a saúde integral e edificar a felicidade imperturbável, faz-se indispensável "respeitar a Divindade" na Sua maior pureza, ou seja, amar o Foco de todo o amor, em Suas imensuráveis personificações, pelo simples prazer de amar. Assim, desde o instante conceptual da matéria primitiva ao reino dos demiurgos tutelares da Criação, esforcemo-nos, em cada etapa ou em cada nuance dos degraus evolutivos subsequentes, para nos tornarmos um deles, na plenitude do amor sem condição. Tal é a Lei.

Orientações e esclarecimentos necessários

Convencionamos assim definir esses termos para o melhor entendimento do conteúdo da obra. Essas elucidações são indispensáveis para a compreensão do significado atribuído a esses termos no seu contexto, bem como para o entendimento acurado do seu teor geral.

Infidelidade intelectual e responsabilidade moral.

Cometemos infração no âmbito da infidelidade intelectual todas as vezes em que não assinamos ou assumimos a autoria do texto ou do conteúdo por nós redigido, assim como incidimos em grave infração inerente aos ditames estatutários da irresponsabilidade moral todas as vezes em que sonegarmos a titularidade da fonte da qual extraímos os textos ou os conteúdos citados ou ingenuamente publicados, bem como a ausência do nome do autor ou dos autores responsáveis pela obra utilizada.

Neste humilde e singelo ensejo, poderíamos falar mais do mesmo, isto é, discorrermos acerca do que está em curso, ser-nos-ia mais cômodo. Dissertar pouca coisa de muita coisa, ou seja, não aprofundarmos o bisturi da investigação em coisa alguma, o que mais facilmente o faríamos. Ao abordar as coisas profundas com simplicidade, ficaríamos na superficialidade dos assuntos elegidos, falando gíria ante a grandiosidade dos fatos. Não obstante, priorizamos entrar um tanto mais na toca do coelho. À vista disto, objetivamos tão somente acrescentar alguma coisa ao já dito, ou seja, acrescentar mais um ponto neste conto; falar muita coisa de pouca coisa, isto é, buscar a essência e a origem das coisas e da vida, abordando as coisas simples com profundidade. Para isso, eis a proposta fundamental: compreender o que é, definir para que serve e estabelecer as diretivas de como usar.

"**Amar e Instruir** são dois verbos basilares para a consolidação das virtudes, ou seja, a lídima edificação do Reino de Deus em nós, pelo conhecimento da verdade que desperta. Não por acaso, o amor se faz a condição primordial, mandamento maior para a vivência da plenitude Crística, a fim de que a instrução vivenciada seja a luz libertadora da consciência."[21]

---

[21] Camargo, S. Introdução. In: *O Despertar da Consciência - do átomo ao anjo*.

Conceitos

O leitor deve atentar para:

Causa Primária = a Luz incriada, o Verbo Creador e a Criação.

O *Fiat Lux* = o instante primário da ação Creadora da Força Suprema e o átimo primordial do Evangelho-lei.

A Criação e a evolução no Creador: Psiquismo Divino = Matéria Primitiva = a vitalidade no Evangelho = Evangelho-Substância.

Mônada primeva = átomo primitivo = espírito = princípio inteligente do Universo = o Evangelho personificado na mais ínfima partícula conceptual.

O amor-substância ou a matéria-prima de tudo quanto existe no cosmos = a reunificação das mônadas em unidades progressivas, a sempiterna Onipresença.

O Amor-lei é a força mais potente no e do Supremo Arquiteto, personificado nas Supremas Onisciência (Alfa) e Onipotência (Ômega) incoercíveis, que a tudo impulsionam, organizam e direcionam em seus intérminos **devenir** e **evolver** irrefreáveis.

Éter cósmico = matéria elementar = Akasha = o Celeiro dos Arquétipos ou dos padrões cósmicos fundamentais.

Fluido cósmico = fluido universal.

Matéria mental = plasma mental.

Bioenergia = energia sexual = força criadora.

Éter físico = princípio vital = princípio da vida orgânica.

MOB = síntese do princípio vital, do fluido vital e da energia vital.

Átomo Psi = Bion, Percepton e Intelecton = energia Psi.

Alma = variedade = fração = fragmento do Espírito.

Alma + Alma = Espírito = unidade = individualidade = Consciência-mater.

Espírito + Espírito = Anjo.

Anjo + Anjo = Arcanjo.

Arcanjo + Arcanjo = Querubim.

Querubim + Querubim = Serafim.

Serafim + Serafim = Cristo Planetário.
Cristo Planetário + Cristo Planetário = Cristo Solar.
Cristo Solar + Cristo Solar = Cristo Constelar.
Cristo da Constelação + Cristo da Constelação = Cristo Galáctico.
Cristo da Galáxia + Cristo da Galáxia = Cristo da Nebulosa.
Cristo da Nebulosa + Cristo da Nebulosa = Cristo Universal.
Cristo Universal + Cristo Universal = Cristo Cósmico.
Cristo Cósmico + Cristo Cósmico = Deus Cósmico.
Deus Cósmico = a Unidade que integra a variedade, o Sempiterno Tudo-Uno-Supremo.

Obs.: O Todo é sempre maior do que todas as partes que o constituem, assim como a consciência de uma célula é consideravelmente maior do que todas as organelas, moléculas, átomos e subdivisões somados que a personificam.

Amor (como "A" maiúsculo): é o Princípio-Lei que rege o Cosmos. Antes do Amor, não existia a Criação, tampouco a Criação subsequente como a contemplamos, pois o Amor é a coagulação do Verbo Creador no seio da Luz Incriada, personificado no Divino Psiquismo.

Amor (como "a" minúsculo): originário do prolongamento do Psiquismo Divino, faz-se a matéria-prima do cosmos, a reunificação dos coágulos espíritos ou das mônadas primevas que dele emergem, configurando-se, progressivamente, em unidades cada vez mais amplas, complexas e harmonicamente individualizadas.

Vida (com "V" maiúsculo): a fonte geratriz de tudo quanto existe no Eterno Foco.

Vida (com "v" minúsculo): as imensuráveis expressões da vida multifacetada.

Espírito (com "e" minúsculo): o princípio inteligente do universo (23LE).

Espírito (com "E" maiúsculo): o Espírito individualizado, os seres inteligentes da Criação (76LE).

Elemental e elementais (com "e" minúsculo): consciências que se situam, na escala evolutiva, desde a matéria elementar até o reino animal.

Elemental ou Elementais (com "E" maiúsculo): consciências elementais que alcançaram o nível pré-humano, subumano ou humanimalidade e ali estagiam (estágio evolutivo entre o animal e o homem).

Siglas

LE: *O Livro dos Espíritos* (no texto, corriqueiramente, constará o número da questão seguida da sigla. Por exemplo: "919LE". Esclarecemos que a maioria das citações – extraídas do LE, do LM e do ESE – foram retiradas de obras da Editora Petit. Editoras diferentes serão citadas no corpo da obra).

LM: *O Livro dos Médiuns*.

ESE: *O Evangelho Segundo o Espiritismo*.

Obs.: Quando aparecer uma citação entre aspas, por exemplo: "não representam apenas segmentos de carne, mas companheiras de evolução, credoras de seu reconhecimento e auxílio efetivo." Esta citação corresponde ao texto original. Mas quando uma citação aparecer entre aspas e em itálico: *"não representam apenas segmentos de carne, mas companheiras de evolução, credoras de nosso reconhecimento e de nosso auxílio efetivos"*. A mesma citação foi adequada ao contexto sem perder sua real significação.

Ao final do livro, disponibilizamos anexos com lâminas coloridas que contêm esquemas referentes a cada capítulo, para facilidade de entendimento e de reflexão, além de figuras coloridas cujas réplicas figuram no início de cada capítulo.

Termos e expressões utilizados, cujo entendimento é basilar para a compreensão do presente estudo, encontram-se explicitados no **Glossário**, ao final do livro.

Castro Alves

Poeta romântico baiano, desencarnou a 6 de julho de 1871, com vinte e quatro anos de idade. Mocidade radiosa, o autor consagrado de *Espumas Flutuantes* exerceu nas rodas literárias do seu tempo a mais justa e calorosa das projeções. Neste poema, sente-se o crepitar da lira que modulou *O livro e a América*.

Marchemos

Há mistérios peregrinos
No mistério dos destinos
Que nos mandam renascer;
Da luz do Criador nascemos,
Múltiplas vidas vivemos,
Para à mesma luz volver.

Buscamos na Humanidade
As verdades da Verdade,
Sedentos de paz e amor;
E em meio dos mortos-vivos
Somos míseros cativos
Da iniquidade e da dor.

É a luta eterna e bendita,
Em que o espírito se agita
Na trama da evolução;
Oficina onde a alma presa
Forja a luz, forja a grandeza
Da sublime perfeição.

É a gota d'água caindo
No arbusto que vai subindo,
Pleno de seiva e verdor;
O fragmento do estrume,
Que se transforma em perfume
Na corola de uma flor.

A flor que, terna, expirando,
Cai ao solo fecundando
O chão duro que produz,
Deixando um aroma leve
Na aragem que passa breve,
Nas madrugadas de luz.

É a rija bigorna, o malho,
Pelas fainas do trabalho,
A enxada fazendo o pão;
O escopro dos escultores
Transformando a pedra em flores,
Em Carraras de eleição.

É a dor que através dos anos,
Dos algozes, dos tiranos,
Anjos puríssimos faz,
Transmutando os Neros rudes
Em arautos de virtudes,
Em mensageiros de paz.

Tudo evolui, tudo sonha
Na imortal ânsia risonha
De mais subir, mais galgar;
A vida é luz, esplendor,
Deus somente é o seu amor,
O universo é o seu altar.

Na Terra, às vezes se acendem
Radiosos faróis que esplendem
Dentro das trevas mortais;
Suas rútilas passagens
Deixam fulgores, imagens,
Em reflexos perenais.

É o sofrimento do Cristo,
Portentoso, jamais visto,
No sacrifício da cruz,
Sintetizando a piedade,
E cujo amor à Verdade
Nenhuma pena traduz.

É Sócrates e a cicuta,
É César trazendo a luta,
Tirânico e lutador;
É Cellini com sua arte,
Ou o sabre de Bonaparte,
O grande conquistador.

É Anchieta dominando,
A ensinar catequizando
O selvagem infeliz;
É a lição da humildade,
De extremosa caridade
Do pobrezinho de Assis.

Oh! Bendito quem ensina,
Quem luta, quem ilumina,
Quem o bem e a luz semeia
Nas fainas do evolutir;
Terá a ventura que anseia
Nas sendas do progredir.

Uma excelsa voz ressoa,
No universo inteiro ecoa:
Para a frente caminhai!
O amor é a luz que se alcança,
Tende fé, tende esperança,
Para o Infinito marchai![22]

---

[22] Xavier, F. C.; Alves, C. (Espírito). Castro Alves: Marchemos. In: *Parnaso de Além-Túmulo*. cap. 25, item 1.

Educação integral

A educação calcada nos valores ético-morais, não-castradora, que estimule a consciência do dever e da responsabilidade do indivíduo para com ele próprio, para com o seu próximo e para com a vida, equipa-o de saúde emocional e valor espiritual para o trânsito equilibrado pela existência física. Esse conhecimento prepara-o para que saiba selecionar o que lhe é útil e saudável, ajudando-o no crescimento interior para a sua realização pessoal. Enquanto este discernimento não se transformar em força canalizadora para o seu bem, o indivíduo experimentará o sofrimento resultante do condicionamento, que lhe advém dos agregados físicos e mentais contaminados.[23]

Maternidade e paternidade são magistérios sublimes.

Lar, primeira escola; pais, primeiros professores; primeiro dia de vida, primeira aula do filho.[24]

Reflexionemos com Joanna de Ângelis acerca do que a insigne mentora estabelece como "educação integral", tema deste precioso texto de sua autoria, por intermédio de seu fiel e memorável educando.

"A importância da educação transcende ao que lhe tem sido atribuído, face ao imediatismo dos objetivos que os métodos aplicados perseguem." A palavra "educar" (*Dicionário Etimológico*) vem do latim *educare*, *educere*, que significa´, literalmente, "conduzir para fora" ou "direcionar para fora". O termo latino *educare* é composto pela união do prefixo *ex*, que significa "fora", e *ducere*, que quer dizer "conduzir" ou "levar". O significado do termo (direcionar para fora) era empregado no sentido de preparar as pessoas para o mundo e para viver em sociedade, ou seja, conduzi-las para "fora" de si mesmas, mostrando as diferenças que existem no mundo. Entre outras definições, encontramos, no *Dicionário Básico da Língua Portuguesa Aurélio*, as seguintes definições para "educação": "Processo de desenvolvimento da capacidade física, intelectual e moral da criança e do ser humano em geral, visando à sua melhor integração individual e social"; "Os conhecimentos ou as aptidões resultantes de tal processo; preparo"; "O cabedal científico e os métodos empregados na obtenção de tais resultados; instrução, ensino"; "Aperfeiçoamento integral de todas as faculdades humanas"; "Conhecimento e prática dos usos de sociedade; civilidade, delicadeza, polidez, cortesia". Nas instituições de ensino, normalmente, se estabelecem objetivos imediatistas a serem logrados mediante a realização de uma série de

---

[23] Franco, D. P.; Joanna de Ângelis (Espírito). Análise dos Sofrimentos. In: *Plenitude*. cap. 2.
[24] Xavier, F. C.; André Luiz (Espírito). Educação. In: *O Espírito da Verdade*. cap. 16.

atividades, num tempo determinado. Joanna de Ângelis deixa claro que a educação "transcende" ou ultrapassa esse horizonte restrito. Vai muito mais além e, nas definições supracitadas, constata-se que educar equivale também a fazer florescer no indivíduo todas as suas potencialidades, suas faculdades latentes.

"A falta de estrutura moral do educador — isto é, o equilíbrio psicológico e afetivo, as noções de responsabilidade e dever, a abnegação em favor do aprendiz, a paciência para repetir a lição até impregnar o ouvinte, sem irritação nem reprimenda, e o amor — constitui fator adverso ao êxito do empreendimento que é base de vida na construção do homem integral." A "falta de estrutura moral do educador", conforme vem definida por Joanna, tem-se constituído o fator mais desfavorável ao êxito na sua tarefa. O peso moral do educador, caracterizado pela vivência das condições citadas, é imprescindível para que tenha sucesso no seu desiderato. Sabe-se que existe uma comunicação direta de alma a alma e o Espírito superior em virtudes, que não apenas as vivencia, mas que, acima de tudo, ama o seu semelhante, adquire uma autoridade moral que contagia o educando, tornando-o dócil e maleável, porque se sente acolhido e benquisto por seu preceptor, a quem reconhece os seus valores latentes e nele acredita. Isso torna o educando autoconfiante e o predispõe ao esforço necessário na realização das tarefas que o tornarão apto a lograr um patamar superior de conhecimento e de conduta, tendo o mestre como exemplo do conhecimento que pretende auferir e da conduta digna que pretende desenvolver, imitando-o.

"Quando se educa, são canalizados os valores latentes no indivíduo para o seu progresso, fornecendo os recursos que facultam a germinação dessas potências que dormem no cerne do ser." Este é o objetivo essencial da educação: canalizar os valores latentes no indivíduo para o seu progresso, e a tarefa primordial do educador é viabilizar os recursos que haverão de "facultar a germinação dessas potências que dormem no cerne do ser". Para tanto, o educador deve ter a sensibilidade necessária para autoavaliar-se e avaliar em que estágio de desenvolvimento se encontra o educando para, a partir daí, estabelecer quais os recursos mais pertinentes para instrumentalizar o seu desenvolvimento e o do aluno.

"Educar é libertar com responsabilidade e consciência de atitudes em relação ao educando, a si mesmo, ao próximo e à Humanidade." A educação torna o indivíduo livre. Entretanto, só pode haver liberdade se já se granjeou responsabilidade, e responsabilidade se adquire mediante o fiel cumprimento do dever perante a vida e a aquisição de valores morais correspondentes, manifestados pelos hábitos saudáveis de cidadania e de convivência em sociedade, estipulados por leis justas e equânimes que devem ser por ele respeitadas. Neste particular, o Evangelho de Jesus, a Boa Nova do Cristo, se constitui no mais aprimorado código de leis universais para estabelecer a paz e a harmonia entre os homens, de maneira que a convivência se torne um fator de crescimento espiritual em todos os aspectos.

"Quando se reprime e se impõem condicionamentos pela violência, uma reação em cadeia provoca a irrupção da revolta que explode em atos de agressividade que asselvaja." Eis o alerta principal da Benfeitora relativamente ao proceder dos que têm a tarefa sagrada de educar-se e de educar outros seres, sejam filhos internos, consanguíneos ou alunos. Tarefa que não compete apenas aos pais e aos professores, mas também ao chefe de seção ou ao administrador da grande empresa, aos líderes religiosos, aos líderes políticos locais, regionais ou ao chefe maior da nação, aos quais compete fazerem-se exemplos para os subordinados ou fiéis. A reprimenda e a imposição de condicionamentos pela violência, seja ela física, ou verbal, ou mesmo pelo pensamento, pelo sentimento, pois somos (todos os Espíritos) energia cuja frequência se propaga e alcança o objeto de que se ocupa, provocam a explosão da revolta, que quase sempre se metamorfoseia na raiva que se pode manifestar em atos de agressividade. Como assevera Joanna, "agressividade que asselvaja", ou seja, o ser que se sente agredido desce ao nível do animal selvagem, do bruto, que, instintivamente, para defender-se de uma agressão, agride, por sua vez, embrutecendo-se, asselvajando-se. No ser humano, esse revide da agressão pode manifestar-se naquilo que denominamos de "vingança", quando o ser pensante, levado pelo orgulho ferido, é capaz de maquinar os expedientes mais torpes, para, por sua vez, agredir também aquele que feriu os seus brios. Eis porque, conforme elencou acima a benfeitora, cumpre ao educador desenvolver em si e vivenciar "o equilíbrio psicológico e afetivo, as noções de responsabilidade e dever, a abnegação em favor do aprendiz, a paciência para repetir a lição até impregnar o ouvinte, sem irritação nem reprimenda, e o amor". Se o educador não se fizer um exemplo de tudo o que lhe cumpre ensinar, dificilmente terá êxito em sua tarefa. Enfatiza a benfeitora:

"A tarefa da educação é, sobretudo, de iluminação de consciência, mediante a informação e a vivência do conhecimento que se transmite.

Quem educa evita a manifestação da delinquência e do desequilíbrio social, estabelecendo metas de promoção da vida."

Assim esclarece ela acerca da inadequação da pedagogia do professor ou de quem está na posição de quem ensina, seja em que área ou função for:

"A punição significa falência na área educativa.

A repressão representa insegurança educacional.

A reprovação demonstra fracasso metodológico."

*

Segundo Joanna, "o educando é material maleável, que aguarda modelagem própria para fixar os caracteres que conduzem à perfeição."

Como deve ser e proceder o verdadeiro educador? "O educador cria hábitos, estimula atitudes, desenvolve aptidões, conduz. É o guia, hábil e gentil, ensinando sempre pela palavra e pelo exemplo, não se cansando nunca do ministério que abraça."

Eis a função do lar e da escola, consoante a mentora: "A escola é o prosseguimento do lar, e este é a escola abençoada na qual se fixam os valores condizentes com a dignidade e o engrandecimento ético-moral do ser."

*

Todos somos educadores: "A educação é fenômeno presente em todas as épocas. O pajé que ensina, o guru que orienta, o mestre que transmite lições, são educadores diversos através dos tempos."

A educação é um processo interior que transforma o indivíduo: "A verdadeira educação ocorre no íntimo do indivíduo, sendo um processo verdadeiramente transformador."

O homem traz em si potenciais a serem desenvolvidos e cabe à educação fazê-lo, porquanto a educação é fator de vida em florescência: "Qual semente que sai do fruto e semelhante à vida que esplende saindo da semente, quando os fatores são-lhe propícios, a educação é mecanismo semelhante da vida a serviço da Vida."

É certo que o homem se apresenta imperfeito, por enquanto, todavia é, potencialmente, perfeito, e, à educação, compete o papel de o desenvolver.

A divina semente que n'Ele jaz, a educação põe a germinar."

Nesse processo de fazer brotar e desenvolver o potencial/a semente, todos se enriquecem, o educador e o educando: "Sempre se educa e se sai educado, quando se está atento e predisposto ao ensino e à aprendizagem.

Todos somos educadores e educandos, conscientemente ou não."

Não somente a aquisição de conhecimento, mas, primordialmente, a educação em valores, com Jesus, o Cristo de Deus, de maneira que o conhecimento seja adequadamente aplicado na vida de relação com todos os seres da Natureza: "A educação, porém, há que ser integral, do homem total. Jesus, o Educador por Excelência, prossegue, paciente, amando-nos e educando-nos, havendo aceito apenas o título de Mestre, porque em verdade O é."[25]

Educar é um sacro-ofício no sagrado sacerdócio, é amar-se e amar libertando a consciência dos educandos. A educação é um ato de Amor equânime e incondicional às criaturas de Deus a nós confiadas!

Assim poetizou Cora Coralina: "Feliz é aquele que transfere o que sabe e aprende o que ensina".[26] Não por acaso, André Luiz profetizara: "Quem aprende pode ensinar, e quem ensina aperfeiçoa o aprendizado. A educação da alma é a alma da educação."[27]

Joanna de Ângelis

---

[25] Franco, D. P.; Joanna de Ângelis (Espírito). Educação integral. In: *Momentos de Meditação*. cap. 2.
[26] Disponível em: <http://pensador.uol.com.br/frase/NTYz/>. Acesso em: 15 fev. 2013.
[27] Xavier, F. C.; André Luiz (Espírito). Perante e instrução. In: *Conduta Espírita*. cap. 42.

Síntese da conclusão de O Livro dos Espíritos

Conforme declara Allan Kardec, no item IV da Conclusão de *O Livro dos Espíritos,* **"o homem quer ser feliz e isso está na Natureza".** Esclarece que o homem procura o progresso para alcançar maior felicidade e que, se não fosse por essa razão, o progresso não teria objetivo. Não obstante, o progresso intelectual, apenas, não lhe proporciona a felicidade completa, uma vez que não há felicidade possível sem a segurança nas relações sociais. **Esta segurança só ocorrerá mediante o progresso moral.** O Mestre de Lyon afirma que o próprio homem direcionará o progresso para esse caminho, e o Espiritismo lhe oferece a mais poderosa alavanca para atingir esse objetivo. Assim sendo, *pelo Espiritismo,* **"a Humanidade entrará numa fase nova, a do progresso moral, que é a sua consequência inevitável"** (item V da Conclusão/*LE).*

Ao tocar o ponto mais sensível do homem – **o da sua felicidade, mesmo neste mundo** –, o Espiritismo o levou a aquilatar a sua importância e aí está a causa da sua propagação, a força que haveria de fazê-lo triunfar. É uma filosofia que explica o que nenhuma outra havia explicado, encontrando nela uma demonstração racional de problemas que interessam ao seu futuro e proporcionando-lhe a calma, a segurança e a confiança, livrando-o do tormento da incerteza e fazendo-o compreender que os fatos materiais são questões secundárias. Kardec elucida que as consequências (o seu primordial fim educativo) do Espiritismo são as de tornar os homens melhores e, portanto, mais felizes, **pela prática da mais pura moral evangélica.**

No item VI da Conclusão/*LE,* o bom senso encarnado esclarece que o **Espiritismo não é obra de um homem e ninguém se pode dizer seu criador, porque é tão antigo quanto a Criação.** Ele se encontra por toda a parte, em todas as religiões. O papel da **ciência espírita moderna** é o de reunir em um corpo de doutrina o que estava esparso; explicar em termos próprios o que não o era senão em linguagem alegórica; e eliminar o que a superstição e a ignorância geraram para deixar apenas a realidade e o positivo. Entretanto, **o papel de "fundadora" não lhe pertence. Ela mostra o que é, coordena, mas não cria nada, porque suas bases são de todos os tempos e de todos os lugares.** O Mestre lionês acrescenta que, se a prescreverem de um lado, ela renascerá em outros lugares sobre o terreno mesmo de onde a houverem banido, porque está na Natureza e não é dado ao homem destruir uma força da Natureza, nem de colocar seu veto sobre os decretos de Deus.

Ainda no item VI da Conclusão/*LE*, Kardec deixa claro que a força do Espiritismo está em sua filosofia, no apelo que faz à razão e ao bom senso. Na antiguidade, ele fora objeto de estudos misteriosos, cuidadosamente ocultos ao vulgo; hoje, nada tem de secreto para quem o busque com sinceridade e o desvele sem preconceito e sem ideias preconcebidas. Sua linguagem é clara, sem ambiguidade. Nele, nada há de místico e de alegorias suscetíveis de falsas interpretações. **Ele quer ser compreendido por todos, porque é chegado o tempo de fazer o homem conhecer a verdade**. Longe de se opor à difusão da luz, **a quer para todos**. Não reclama uma crença cega, mas **quer que se saiba por que se crê**. Apoiando-se sobre a razão e sobre fatos morais, será sempre mais forte do que aqueles que se apoiam sobre o nada, isto é, os que negam a marcha do progresso e, consequentemente, a veracidade dos fatos. Elucida ainda que **as manifestações espirituais, provenientes dos seres extracorpóreos, estão à disposição de todos**, desde o menor até o maior, desde o palácio até a mansarda, e que **cada um pode ser médium, ninguém pode impedir uma família, no recesso do seu lar; um indivíduo no silêncio do quarto; ou prisioneiro, sob os ferrolhos, de ter comunicações com os Espíritos.**

O homem não se modifica subitamente pelo conhecimento das ideias espíritas. Sua ação nunca será do mesmo grau entre os que as professem. Entretanto, afiança Kardec, qualquer que seja o resultado, será sempre um progresso, ainda que seja unicamente provar a existência de um mundo extracorpóreo. O Espiritismo filosófico desenvolve o sentimento religioso naqueles que manifestam indiferença pelas coisas espirituais. Leva-os a se resignarem ante as vicissitudes da vida. As tribulações terrenas já não os afligem tanto. O conhecimento das coisas espirituais proporciona-lhes mais coragem nas aflições e mais moderação nos desejos. A certeza de que **depende unicamente dele mesmo tornar feliz seu futuro** e a possibilidade de estabelecer contato com os seres que lhe são caros oferecem ao espírito uma suprema consolação. Estimula a indulgência pelas faltas alheias. Entretanto, o Mestre lionês adverte que o princípio egoísta e tudo o que dele decorre é o que há de mais tenaz no homem e o mais difícil de se desarraigar. Por fim, enfatiza que **a sublimação da personalidade é o mais eminente sinal de progresso**.

No item VIII, Kardec assinala que os Espíritos não apenas confirmam a moral de Jesus, mas também nos mostram a sua utilidade prática, tornando inteligíveis e patentes as verdades que haviam sido ensinadas sob a forma alegórica e, ao lado da moral, vêm definir e propor os problemas mais abstratos da psicologia, e o que propõem apoia-se em fatos de experiências e de provas morais incontestes, com o fito de equacionar aqueles problemas. No item IX, declara que os princípios fundamentais do Espiritismo são os mesmos por toda parte e devem nos unir num pensamento comum: o amor de Deus e a prática do bem.

As diversas moradas nos universos são escolas de almas, de filhos de Deus em crescimento para a angelitude, os quais, uma vez conscientes de sua condição (a de filhos de Deus e de cocriadores na Sua seara), hão de cooperar na obra do Criador. Em todas as épocas da humanidade, o Eterno Arquiteto nos proveu das lições necessárias ao nosso adiantamento, segundo o grau de evolução alcançado. A obra do Pai é uma obra de educação integral dos seres viventes, tal como assinalou Joanna no texto – sob esse título – que introduz este tópico. Na atualidade, os Espíritos nos brindaram com um corpo de doutrina, organizado por Allan Kardec e sempre complementado por luminares diversos, que é o mais lúcido compêndio educativo acerca das verdades espirituais, contendo a didática mais adequada e completa para o aprimoramento do homem no patamar evolutivo em que se encontra. É a misericórdia de Deus, mais uma vez, manifestando-se na Terra a nosso benefício. Eis o que compete a todos nós, os habitantes do planeta azul: conscientizar-nos de nossa condição e fazermo-nos também educadores, como educandos somos e o seremos sempre, uma vez que, consoante Joanna, "educar é libertar com responsabilidade e consciência de atitudes em relação ao educando, a si mesmo, ao próximo e à Humanidade" e "todos somos educadores e educandos", permitimo-nos contribuir para a iluminação da consciência do leitor e para a libertação dos que se dispuserem a ler este estudo, contendo uma súmula do que já compreendemos e vivenciamos acerca de alguns tópicos dos proativos e inefáveis ensinos oriundos de imorredouras e sempiternas verdades.

Allan Kardec asseverou, como citado acima que, pelo Espiritismo, a Humanidade entraria na sua fase mais importante, a do progresso moral, uma vez que **não há felicidade possível sem a segurança nas relações sociais**. Essa segurança, obviamente, só se dará quando o homem compreender e vivenciar a moral do Cristo. Para tanto, objetivando contribuir para uma maior compreensão do que vem a ser o "progresso moral", que oportunizará a segurança nas relações sociais, propusemo-nos esclarecer e esmiuçar temas cujo entendimento e aplicação haverão de facilitar a consecução desse objetivo. Esses temas são o Evangelho, a oração, a bioenergia, dentre outros. O Evangelho é a bússola por cujo direcionamento, unicamente, haveremos de promover a segurança nas relações sociais intra e interpessoais. A oração é a força propulsora que abre caminhos na alma para mais facilmente acessarmos as virtudes essenciais para a nossa transformação íntima. A bioenergia resulta da essência extraída do Evangelho, à luz da oração. Em suma, postas em ação, estas três potências incomensuráveis se tornam o pão que fecunda e concebe, a vitalidade que dinamiza e vivifica e a lei que coordena e mantém o evolver da Vida em todas as suas personificações.

Apresentação

No seu anseio de auxiliar o ser humano a lograr o despertar da sua consciência, de maneira a realizar o salto quântico que o transportará a uma dimensão mais sutil, mais plena de benesses, dentre as quais podemos citar os infinitos caminhos de aprendizado profícuo por meio da intuição mais apurada e da inspiração advinda da bondade dos nobres tutelares de mais alto, que o brindarão com as fontes inexauríveis do conhecimento superior e das experiências salutares, os quais lhe permitirão realizações antes inimagináveis e, indiscutivelmente, mais ampla liberdade, o plano superior nos obsequia com mais esta obra em que, para atingir o seu desiderato, evidencia algumas diretrizes que, se assimiladas e vivenciadas, haverão de conduzir o aprendiz da vida à consecução das faculdades citadas.

À medida que o ser ascende em Espírito e verdade, desvencilha-se dos laços pesados da matéria, consegue transportar-se, em Espírito, para onde quer que seja, testemunhando ocorrências e histórias de vida, visualizando diferentes paisagens e seres, auferindo aprendizados relevantes para o maior engrandecimento da sua essência imortal, sempre servindo ao próximo e a Deus, na Sua imensa seara. Quão grata é a liberdade adquirida para o Espírito, quando, depois das inumeráveis experiências, como sal da terra, na esteira das encarnações, desperta para a verdade da sua natureza espiritual, de filho de Deus que é e herdeiro dos Seus atributos, observa fielmente as Suas leis universais de amor e bondade, faz-se cocriador na grandiosa obra do Pai, na construção e na condução de mundos e seres para a glória do Bem Supremo e do Amor Incondicional, assenhoreando-se dos imensos atributos que lhe serão inerentes, ao metamorfosear-se em Luz do mundo! Assim, ser ou se comportar como o sal da terra é impedir que o mundo se deteriore ante as trevas da ignorância de si. Tornar-se ou se conduzir como a luz do mundo é alinhar o proceder com a consciência crística na transformação das trevas da ignorância em luzes libertadoras da consciência.

Dentre as diretrizes abordadas pelos autores nesta obra, constam a Visualização, a Oração, o Evangelho e a Bioenergia. Trata-se de expedientes da misericórdia Divina cujo conhecimento e utilização abre caminhos de luz para os corações exaustos pelo sofrimento derivado das escolhas equivocadas, consequência do desconhecimento das leis de Deus e da sua aplicação em todas as suas manifestações. São algumas das sementes de possibilidades para a aquisição do vir a ser incoercível, colocadas à nossa disposição. Àqueles sinceramente interessados na sua ascensão espiritual, na paz de consciência, na felicidade sem jaça dessa paz decorrente e na liberdade plena resultante da vivência dos ensinamentos crísticos, eis, seguramente, os caminhos mais fidedignos para lograr esse intento.

As luzes dos Céus anunciam o alvorecer do despertar de uma nova consciência. Os que edificaram olhos de ver e desenvolveram ouvidos de ouvir percebem, com a naturalidade e a sensibilidade oriundas dos característicos mnemônicos – ético-morais e espirituais – que lhes são próprios, as luminíferas fulgurações imanentes na Força Suprema e imanadas da mente crística a benefício de nós outros, as quais se aproximam vertiginosamente, sem detença, a fim de serem assimiladas, incorporadas e integradas à manjedoura gestatória da consciência embotada dos Espíritos imaturos que, embora se encontrem animando a forma humana, muito longe estão da conduta do Espírito adulto, humanizado e humano, em consonância com as leis que estatuem e normatizam esse comportamento. Não por acaso, a ciência acadêmica, graças aos potentes telescópios e à habilidade dos astrônomos dedicados, conseguiu testificar, de forma inequívoca, nas proximidades de nosso sistema solar e, consequentemente, de nosso orbe, um misterioso cinturão de fótons. Trata-se, em sentido profundo, de diminutas frações dessa incomparável e prodigiosa orquestra sideral – maestros e músicos fiéis e intimoratos, de alta hierarquia e sensibilidade amorosa, pertencentes às falanges dos arautos proclamadores da Boa Nova do Cordeiro –, por cujo mecanismo fecundante, Jesus está voltando no comportamento de cada ser que com Ele se faz um.

Como livres pensadores que somos, se abrirmos as nossas mentes, os nossos corações e as nossas consciências para o entendimento das leis que a tudo regem – do micro ao macrocosmo –, com certeza perceberemos e, quiçá, receberemos as forças-estímulo da essência Crística de Jesus, que há de nos impregnar, porém, a Sua presença em nós não significa que seremos brindados com benesses prontas. Isso, certamente, não será possível, uma vez que a cada um dar-se-á segundo as suas obras. Exigir-se-nos-á o empenho necessário para a consecução dos resultados opimos. Portanto, as sementes das possibilidades para a aquisição do vir a ser colocar-se-ão à nossa disposição, entretanto, o labor imprescindível para o seu impostergável cultivo, a sua florescência e a sua consequente frutificação serão tarefas de nossa competência espiritual e de nossa responsabilidade moral. Ainda mais: essa incumbência é intransmissível, caso almejemos à multiplicação dos recursos iluminativos e libertadores de consciências.

A obra O Despertar da Consciência, de sal da terra a luz do mundo, assim como as que estruturaram o ensino universal dos Espíritos e outras que também o complementam, estabelece, como foco primordial, a iluminação e a libertação das consciências ora aprisionadas, devido à ignorância de si e dos reais objetivos da vida (ausência do ser e do saber), mourejando no cadinho de conflitos tormentosos, decorrentes do seu inadvertido e inadequado proceder. Portanto, o desconhecimento de si, a imprevidência na qual se vitimam e o desalento em que ora se precipitam são o resultado da sua própria imaturidade e negligência ante as propostas libertadoras inerentes à vida e às leis que a tudo normatizam.

Rogamos a JESUS, o Cristo de Deus, o nosso Mestre, modelo e guia, o Divino mensageiro, que nos prepare um banquete com as sementes das divinas e inefáveis verdades perenes, calcadas nas diretrizes do Evangelho libertador, oriundas deste ambiente enobrecedor e festivo – momento de renascimento e de comprometimento com a causa crística –, ante a paz de consciência à luz da fidelidade incorruptível à pauta sempiterna do amor que compreende, da justiça sem mácula que corrige e da caridade que as reflete, canteiro fértil para nos proporcionar o início de um novo ciclo, repleto das sementes renovadoras do psiquismo humano no fortalecimento da fé vivenciada – a mãe de todas as virtudes –, do amor equânime e incondicional, senciente e consciente, oriundo do discernimento advindo da lucidez na aplicação da justiça corretiva premente e proeminente, da prosperidade imorredoura e de sublimes esperanças de um porvir glorioso, portadoras das indizíveis imanências da caridade como processo irrefreável e intransferível de autoiluminação, inerentes à felicidade plena como substrato de uma conduta ilibada e de um caráter irretorquível que, fatalmente, culminarão com o despertar de consciência das criaturas sequiosas pelo inconteste saber transcendente e do bem viver, atinentes à alegria sem algazarras, à gratidão por tudo o que a vida nos ofertar como possibilidades de ascensão e à esperança de constantes melhoras no orbe terrestre e, em especial, nas terras do Cruzeiro – por ser o Coração do mundo e a Pátria do Evangelho –, e, quiçá, com o florescimento das intérminas benesses no coração solidário e fraterno de cada cidadão terrícola e cósmico, pois só é feliz quem conquista a sua liberdade pelo seu reto proceder e só a conquistará quem assumir e cumprir as suas impostergáveis responsabilidades! Em suma, a liberdade é filha da responsabilidade e mãe da felicidade. A felicidade é o substrato da consciência tranquila à luz do dever fielmente cumprido.

Prolegômenos

> Abençoemos o mediunismo que está a serviço da sabedoria e do amor, fundamentado na mais alta caridade. Agradeçamos aos médiuns que multiplicam os talentos recebidos, de Deus, para a grandeza da vida. Louvemos os Espíritos que endereçam aos estudantes da verdade mensagens em que **o bem é o tônico que revigora, a brandura é o bálsamo que tranquiliza e o amor é a essência divina que reconforta** (grifo nosso).
>
> Os escritores, como canais por onde circula o saber divino, transcrevem, de forma variada, o que já existe no plano espiritual.[28]

Se chegaste até aqui, provavelmente foste guiado para o autoencontro que esta obra poderá lhe estimular. Não se apresse e nem se canse, não postergue e nem esmoreça, pois se estiveres pronto, cá encontrarás um manual quase completo de autocura, fundamentado nas entranhas pouco percebidas do Evangelho de Jesus e seus emissários, a lhe provar e comprovar incansavelmente a afirmação de Miramez, de que "não devemos nos cansar de fazer o bem, pensar no bem e viver no bem, que no tempo certo ceifaremos o que plantamos. **Esta é uma lei imutável de Deus**"[29] (grifo nosso).

A ti, que se forma e se transforma em estudante da verdade, relembro um trecho da pág. 21 do 1º livro desta pretensa trilogia (que em muito antecipa esta, que é a 2ª obra desta série 'O Despertar da Consciência'), e que continua a nos desnudar dos sofismas e nos conduzir a orientações seguras para evitarmos as ilusões do descaminho a um imparável e virtuoso futuro, que já se faz presente: *"O que buscamos, em essência, é compreender o que o Espírito da Verdade e Allan Kardec nos legaram como sublime roteiro para o Despertar das Consciências, já que são chegados os tempos em que muito do que foi dito merece ser contextualizado, a fim de que a Verdade seja sempre o caminho e a vida. Por meio dela, chegaremos ao Pai."*

"Em todo o poeta, artista ou escritor há germens de mediunidade inconsciente, incalculáveis, e que desejam desabrochar [...]. É na comunhão frequente e consciente com o mundo dos Espíritos que os gênios do futuro hão de encontrar os elementos de suas obras"[30]. Inconcebível afirmar que Léon Denis, como orientador e tutor do autor, passados mais de um século, seria neste tratado menos fiel à sua própria fala de outrora. O que constataremos no decorrer destas páginas será a grandeza com que o mediunismo multiplica os talentos recebidos de Deus, para a grandeza

---
[28] Maia, J. N.; Bezerra de Menezes (Espírito). Prefácio. In: O *Mestre dos Mestres*.
[29] Maia, J. N.; Miramez (Espírito). Persistência. In: O *Mestre dos Mestres*. cap. 5.
[30] Denis, L. O Pensamento. In: *O Problema do Ser, do Destino e da Dor*. 3ª parte. cap. 23.

da vida, "quando vastos e magníficos horizontes se desdobram, quando o livro maravilhoso do universo e da alma se abre de par em par diante de vós."[31]

O ensino sagrado nos é revelado por graus.

Segundo Joanna de Ângelis: "Uma fagulha pode atear um incêndio. Um fascículo de luz abre brecha na treva. Uma gota de bálsamo suaviza a aflição. Uma palavra sábia guia uma vida. Um gesto de amor inspira esperança e doa a paz"[32], à qual complementa Miramez, um dos orientadores desta obra: "Deus não tem segredos para com os Seus filhos, mas pede preparo para que possamos suportar as revelações espirituais."[33]

No livro *O Despertar da Consciência, do Átomo ao Anjo*, Sebastião Camargo obteve autorização da hierarquia espiritual para revelar o átimo que ora suportamos aliado a profundas lições acerca do Caminho. O Caminho de retorno à Morada da Consciência. Agora, o autor assume a responsabilidade de trazer ao conhecimento da Humanidade os ensinos contidos no segundo volume de sua obra, intitulada *O Despertar da Consciência, de Sal da Terra a Luz do Mundo*, prosseguindo na tarefa de reunir o pensamento espiritual que há milênios vem norteando a raça humana em seu necessário aprendizado rumo ao despertar de um Novo Mundo.

O "Ensino Universal dos Espíritos", como lhe apraz denominar, abrange diversas dimensões do movimento de conscientização da Humanidade acerca de sua verdadeira Essência, contando com a contribuição de Benfeitores de todos os reinos da Criação. Para tanto, não há apego a dogmas ou restrições religiosas. Ao contrário, o autor busca demonstrar a intrínseca conexão que une o ensino sagrado trazido em diferentes épocas e lugares pelos grandes Mensageiros Divinos que habitaram entre nós: Sri Krishna, Lao Tzé, Confúcio, Buda, Sócrates, Jesus, Maomé, Allan Kardec, dentre muitos outros, anônimos e conhecidos. Todos servindo ao mesmo propósito. Todos trilhando o mesmo Caminho. O único Caminho. A Unidade da Consciência. O Um.

O convite é para que se pratique o ensinamento, pois somente a prática possibilitará a adesão consciente ao Caminho Sagrado. E somente a adesão sincera ao Caminho, instituída na própria exemplificação com humildade e trabalho, em todas as suas nuances, levará à Libertação e ao

---

[31] Denis, L. O pensamento. In: *O Problema do Ser, do Destino e da Dor*. 3ª parte. cap. 23.
[32] Franco, D. P.; Joanna de Ângelis (Espírito). Prefácio. In: *Autodescobrimento: Uma busca interior*.
[33] Maia, J. N.; Miramez (Espírito). Ectoplasmia. In: *Filosofia Espírita*. V.2. cap. 25.

Retorno. Será neste proscênio que lograremos a irrestrita fé em Deus, que é o conhecimento aprendido, apreendido, compreendido, vivenciado e aprimorado, constante e conscientemente, ou seja, compartilhando discernimentos e granjeando experiências.

Não por acaso, Léon Denis, mediante o conhecimento de causa e o discernimento que lhes são característicos, magistralmente profetiza:

> [...] a noção de moralidade é inseparável da de liberdade.
> O Espírito só estará verdadeiramente preparado para a liberdade no dia em que as leis universais, que lhe são externas, se tornem internas e conscientes em razão de sua própria evolução. No dia em que ele se penetrar da lei e fizer dela a norma de suas ações, terá atingido o ponto moral em que o homem se possui, domina e governa a si mesmo.
> E dá-se com a coletividade o que se dá com o indivíduo. Um povo só é verdadeiramente livre, digno da liberdade, se aprendeu a obedecer a essa lei interna, lei moral, eterna e universal, que não emana nem do poder de uma casta, nem da vontade das multidões, mas de um Poder mais alto.[34]

A obra nos encoraja a seguir em direção à **verdadeira liberdade,** conquista facultada a todo ser criado que jamais avançará sem a correspondente evolução moral; e mesmo que o retorno em si esteja determinado, para ambos será preciso ouvidos para ouvir e olhos para ver. **Ninguém fará o processo por nós.** O "conhece-te a ti mesmo" é uma construção individual e essencial. Imprescindível o processo de autoconhecimento e de autotransformação. Como afirma Sebastião, "caminhar com as próprias luzes é condição insofismável e intransmissível das leis de progresso e de evolução. Não consta nos estatutos das leis que regem o processo encarnatório que seja procedente andar às escuras, ou seja, ignorar o caminho percorrido ou a percorrer", nem tão pouco caminhar sob a fé cega, não examinando nada, aceitando o falso como verdadeiro sem submeter-se à crítica, que inevitavelmente se contraria a cada passo, quando se confronta contra a evidência e a razão. O autor esclarece, ainda, que "toda alma que ignora a sua realidade imortal, suas potencialidades inatas, seus recursos e suas possibilidades latentes, assemelha-se a um peregrino, morrendo de sede e de fome à beira de um oásis". E prossegue enfatizando que o tesouro oculto em nós – os potenciais da alma – precisa ser descoberto, desvelado e utilizado em nosso próprio auxílio e solidariamente para a evolução de todos os seres, onde o homem tornado ciente de si mesmo, de seus recursos ora adormecidos, sentirá crescer suas forças

---

[34] Denis, L. O livre-arbítrio. In: *O Problema do Ser, do Destino e da Dor.* 3ª parte, cap. 22.

na razão dos seus esforços, libertando à si e estimulando ao contexto onde moureja à lucidez de que é possível a redenção sem opressão.

Para chegar à Morada Sagrada, é preciso caminhar na Verdade. E para caminhar com segurança, de maneira a lograr esse intento, é preciso despertar. O caminheiro não logrará o despertar de sua consciência se não desenvolver a autorresponsabilidade, o que, fatalmente, prepara-lo-á para a autossuficiência, condições essenciais do Ser Desperto na edificação impostergável de sua liberdade. Nos ensina o autor que "a autossuficiência é condição *sine qua non* à conquista da liberdade e da felicidade sem máculas, as quais são as filhas prediletas da responsabilidade e da solidariedade irrestritas. Entretanto, essa liberdade só poderá ser conquistada, inequívoca e genuinamente, no fiel cumprimento do dever como lei que rege a vida, expressado eminentemente na prática cotidiana, no pleno exercício da responsabilidade coadjuvada pelas virtudes subsequentes e correlacionadas".

Ante a grandeza e a seriedade exaradas pelo autor, faz-se indispensável recapitular com Miramez: "Liberdade é a canção universal de Deus ao homem, e deste aos fluidos. Entretanto, a disciplina tem de surgir como força paralela, sem a qual a liberdade não teria valor."[35]

Mediante as orientações de Allan Kardec e demais luminares que o inspiraram, nesta coletânea de inestimáveis pérolas, o autor elencou e dissertou de modo singular sobre as diretivas para o caminho iluminativo a percorrer: "educar as suas forças instintivas, responsáveis pelo governo da indumentária biológica, cujas manifestações irrefletidas cabe ao Espírito conter, domar e educar, bem como direcionar esses potenciais para atender a fins nobilitantes, para os quais se destinam; intelectualizá-lo, equipando-o dos recursos alusivos às inteligências intelectiva, emotiva e espiritual à inteligência ética (que, na realidade, é a junção harmônica das três anteriores); iluminar a razão, por tratar-se do alicerce fundamental da intuição, quais sejam o saber transcendente e o discernimento operante; e elevá-lo moralmente, dignificando os seus hábitos, segundo a ética proposta pelo Evangelho do Cristo, lúcida e fielmente vivenciado em Espírito Verdadeiro". Esse passo a passo bem discriminado é a tarefa de casa, cujo bom desempenho nos compete manter, sob a direção de um Espírito resoluto e de uma vontade firme e constante, disciplinada pelo dever e alimentada pela fé vivenciada à luz do discernimento, na qual até o inimaginável se tornará perfeitamente possível.

---

[35] Maia, J. N.; Miramez (Espírito). Como combater. In: *O Mestre dos Mestres*. cap. 2.

Sobre o esforço próprio, indispensável para o que se almeja, esclarece o autor: "O que se percebe, claramente, é que não existe, em parte alguma, uma lei que isente quem quer que seja do esforço próprio e de sua conseguinte colheita, e nem um entrave que impeça o ser de conquistar a sua autonomia e que lhe suprima o direito de caminhar com as próprias luzes, pois tal é a Lei: a cada qual segundo os seus conhecimentos, as suas aptidões, as suas escolhas e os seus esforços bem direcionados. Eis a liberdade e a responsabilidade, condicionadas à pauta previamente estatuída ou impulsionada pelas forças arquetípicas da coletividade e da Natureza em curso".

Neste alvorecer de uma Nova Era, um novo mundo se apresenta a nós, pautado em premissas que norteiam a Regra de Ouro, a **Lei,** em que todos, juntos, somos responsáveis por construí-La no aqui e agora, no interior de nós e no exterior da dimensão material que nos enlaça e nos conclama.

Conforme assinala Sebastião Camargo: "a meta impostergável da criatura que almeja o título de cidadão universal e a tarefa intransferível do viandante desperto é ser o que pensa e viver o que apregoa em benefício de todos, ou seja, eis o seu lema primacial: 'Seja sempre o seu falar à semelhança do seu pensar e este, a matriz do seu agir'; porquanto 'só é feliz quem é livre... só é livre quem assume responsabilidade'".

A Mente Cósmica jamais se fragmenta, porque é o Todo.

A Consciência Universal é Una, portadora de imensuráveis atributos, ainda incompreensíveis ao estágio em que a criatura humana se encontra, pois trata-se da Divina Presença que em tudo vibra e faculta a todos os seres a conexão com a Presença Divina, que se manifesta sem intermitência ou conivência em nossa experiência na matéria, aclarando que o princípio da evolução não está na matéria e sim na vontade do Ser de Consciência desperta, onde querer é poder e além, sendo que o poder da vontade é ilimitado e que esta mesma vontade é componente imanente no Espírito, a qual está intrinsecamente conectada aos potenciais da alma em curso.

É o despertar da consciência da Presença Divina em nós que descobre o véu da experiência material e nos abre o portal do infinito na Divina Presença.

Sendo fiel à obra, cito uma vez mais o autor: "Urge tomarmos ciência do real objetivo do nosso existir enquanto espírito (a matéria-prima do cosmos) nas leiras primevas do sal da terra (o Psiquismo Divino) e, doravante, como Espírito à cata de tornar-se parte integrante do êxtase nirvânico da e na sempiterna luz do mundo (o Cristo de Deus), bem como faz-se imperioso e improcrastinável adquirirmos a consciência do fidedigno significado do Amor, a função precípua da Lei, o inebriante propósito da Vida e a razão inconteste de nossa existência, da mesma maneira que devemos nos esforçar e nos esmerar para amarmo-nos em plenitude (amplitude, profundidade e verdade) e, por extensão, amar tudo e todos os seres filhos do Amor, em cada nuance do evolver das sementes germinativas e constitutivas dos palcos da Natureza, em cada matiz dos influxos das florescências de seus cenários e em cada refluxo das frutescências dos espetáculos intrínsecos à Criação, em perpétua profusão e em perfeita consonância com as diretivas da Lei que rege o Amor que se personifica em Vida como fonte primacial, na qual a vida e a consciência se originam em suas imensuráveis expressões, regida por leis originárias do Evangelho (a síntese da Lei, a fonte do Amor e oásis da Vida) que a tudo rege, tal qual faria Jesus, o nosso Mestre, Modelo e Guia, se acaso estivesse em nosso tempo e lugar."

Concluímos, parafraseando Bezerra de Menezes:

"Eis que colocamos nas mãos dos nossos leitores mais um livro singelo (do universo), mas grandioso na sua estrutura educacional. Ele é um convite aos homens de boa vontade, para melhorar mais com o Cristo e pelo Cristo, pois Ele é um prisma pelo qual podeis iniciar o reino de Deus no coração. E se já começastes, ampliai vossos conhecimentos com a leitura, a meditação e a prática diária, que sereis felizes."[36]

"Este livro não impõe ideias. Expõe (e propõe) métodos mais eficientes para que as criaturas se libertem ou comecem a se libertar da ignorância pelo próprio esforço pois ninguém se perde na grande casa de Deus. Mas cada um pode fazer alguma coisa dentro da escala a que pertence espiritualmente."[37]

"A leitura, que aconselhamos, deste pequeno exemplar (do que outrora já fora dito no perpassar dos evos), é como se estivéssemos degustando um manjar saboroso, e a razão trabalhando para extrair dele os elementos sutis para abastecer a alma. Lê com vagar, medita na leitura e, se for possível, torna a ler sem pressa de terminar o livro (ele fora construído para os buscadores da essência, onde o tempo não existe). Ele é teu ou pode ser teu, e ficará contigo sempre."[38]

---

[36] Maia, J. N.; Bezerra de Menezes (Espírito). Prefácio. In: *O Reino de Deus*
[37] Maia, J. N.; Bezerra de Menezes (Espírito). Prefácio. In: *Rosa Cristo*
[38] Maia, J. N.; Bezerra de Menezes (Espírito). Prefácio. In: *Horizontes da Fala*

Resumindo a tese em foco, faz-se imprescindível lembrarmo-nos de que: jamais existirá, em parte alguma do Universo, a escassez de trabalho para os que a isso se dispõem, principalmente para aqueles que amam o que fazem ou servem pelo prazer de serem úteis, pois sempre solicitam a capacitação conforme as oportunidades que a Vida lhes oferta. Entretanto, sempre existirá a falta de emprego para os descompromissados com o trabalho digno, bem como a falta de trabalho para aqueloutros que só fazem o que lhe apraz, ou seja, sempre escolhem o que fazer, segundo as capacidades que lhes são inerentes, pois, geralmente, desconhecem que cada trabalho ou trabalhador é digno de sua justa remuneração.

Se tu se deixaste conduzir até cá, rompeste as primeiras resistências de tua constituição multimilenar e conseguiste se conectar a nós pelos caminhos sutis do pensamento. Se observares, aquele que iniciou apresentou ao que desenvolveu e que, por sua vez, preparou para o que consumou tais prolegômenos. Quantos se somaram na composição da mesma intenção? Somos a sublime resultante da construção de muitos, na qual muitos expressamos e a muitos construímos por nossa vez. Vistes um fascículo do âmago que reconhecerás à cada reflexão e que jamais se findará em tua eterna incompletude. Se ainda tem dúvidas sobre qual caminho seguir, o tempo será o grande Ceifador entre a Verdade e a ilusão, e, certamente, o dia virá em que todas as doutrinas e todos os sistemas que não houverem produzido algum bem para a Humanidade reduzir-se-ão ao nada. Por que esperar o tempo em inação? Podes fazer o que te competes. Este compilado é um dos trechos dos incontáveis caminhos para a Verdadeira Vida e por certo aquele que o divino em ti te encaminhou em auxílio para conduzi-lo à sua inadiável e intérmina renovação moral e à sua intransferível e inefável plenitude espiritual.

Lhe desejamos excepcional viagem rumo a ti.

Manu Mira Rama
Um aprendiz do Caminho.

Introdução

> O grande fim da Natureza ao criar o mundo físico é o de "fabricar almas", ou seja, a individualização das Almas.
>
> A individualização das almas não pode efetuar-se senão por meio de sua passagem pelo mundo da matéria. "Fabricar Almas", essa é a verdadeira e grande finalidade da existência dos mundos e das vidas.
> Ernesto Bozzano. O Objeto da Vida.
>
> O fim da vida é, de um lado, a edificação, a consolidação e a perpetuação de nossa personalidade separada e distinta, e por outro lado o despertar e desenvolver, em cada uma destas consciências individualizadas, uma Unidade interior, que enlaça todas as personalidades separadas a uma Personalidade Sintética mais ampla, na qual todos "vivemos, nos movemos e existimos". Em outras palavras: ter consciência do fato de que formamos uma parte integrante e somos todos membros de um Organismo Único...
>
> <div style="text-align: right">Willian Barret.
Ernesto Bozzano. <i>O Objeto da Vida.</i></div>

Na questão 145LE, consta que *a Doutrina dos Espíritos é eterna* e na 222LE, que *o Espiritismo é uma lei da natureza*. Nessa última questão, Allan Kardec declara: "[...] sempre nos esforçamos para provar que se encontram traços dele desde a mais alta Antiguidade. [...]". No item seis da Conclusão dessa obra, ratifica: "O Espiritismo não é obra de um homem. Ninguém se pode dizer seu autor porque ele é tão antigo quanto a Criação; encontra-se por toda parte, [...]". Na *Revista Espírita*, reafirma que o Espiritismo:

> [...] Não ocupará somente um lugar, mas preencherá o mundo inteiro. O Espiritismo está **no ar, no espaço, na Natureza**.
> É a pedra angular do edifício social. [...] O Espiritismo é obra de Deus. Vós, homens, lhe destes um nome e Deus vos deu a razão quando chegou o tempo, porque o Espiritismo é **a lei imutável do Criador**.
> Que era o Cristianismo há dezoito séculos, senão Espiritismo? Só o nome é diferente, mas o pensamento é o mesmo (grifos nossos).[39]

Allan Kardec nos convida a olhar para trás e testificar os inúmeros convites feitos ao homem pela Paternidade Cósmica no decorrer dos milênios, não deixando transcorrer um século sequer sem a presença de um Avatar, sinalizando as diretivas do caminho iluminativo a percorrer: educar as suas forças instintivas, responsáveis pelo governo da indumentária

---

[39] Kardec, Allan. *Revista Espírita*. Junho de 1863. Rio de Janeiro: FEB, 2004.

biológica, cujas manifestações irrefletidas cabe ao Espírito conter, bem como direcionar esses potenciais para atender a fins nobilitantes, para os quais se destinam; intelectualizá-lo, equipando-o dos recursos alusivos às inteligências intelectiva, emotiva e espiritual à inteligência ética (que, na realidade, é a junção harmônica das três anteriores; iluminar a razão, por tratar-se do alicerce fundamental da intuição, quais sejam o saber transcendente e o discernimento operante; e elevá-lo moralmente, dignificando os seus hábitos, segundo a ética proposta pelo Evangelho do Cristo, lúcida e fielmente vivenciado em Espírito Verdadeiro.

Por intermédio dos Espíritos Missionários, em diferentes épocas, conforme o nível de entendimento dos povos, segundo a sua cultura, esses convites são as luzes primaciais do Espiritismo, sob diferentes roupagens, uma vez que o *Ensino Universal dos Espíritos* é o *Cristianismo Redivivo*. Somente o nome da Boa Nova nos parece distinto, mas trata-se do mesmo pensamento estrutural e da mesma essência educativa fundamental.

Não por acaso, Bezerra de Menezes, o Kardec brasileiro, e Léon Denis, o Apóstolo do Espiritismo, recomendam-nos e nos estimulam a observar, no contexto em que ora atuamos, duas velhas novidades, a caridade iluminativa e a verdade libertária:

> A caridade está nos procurando por várias modalidades, e uma das mais sublimes é a de ajudar ao próximo no que se refere ao esclarecimento, onde poderemos conhecer a verdade e mostrá-la àqueles que desejam se libertar.[40]
>
> Efetivamente, os Espíritos ensinam-nos que a caridade é a virtude por excelência e que só ela nos dá a chave dos destinos elevados.
>
> A perfeição do homem resume-se a duas palavras: Caridade e Verdade. A caridade é a virtude por excelência, pois sua essência é divina. Irradia sobre os mundos, reanima as almas como um olhar, como um sorriso do Eterno.[41]
>
> A verdade é comparável às gotas de chuva que oscilam na extremidade de um ramo. Enquanto aí ficam suspensas, brilham como puros diamantes aos raios do Sol; desde, porém, que tocam o chão, confundem-se com todas as impurezas. O que nos vem de cima mancha-se ao contacto terrestre.[42]

Para Allan Kardec, *caridade é a sublimação da personalidade.* Joanna de Ângelis preceitua que, em sentido profundo, *caridade é a libertação da ignorância,* isto é, *a autoiluminação,* a salvação de si mesmo. E acrescenta: "Na área da mediunidade, por exemplo, preocupa-

---

[40] Maia, J. N.; Bezerra de Menezes (Espírito). Prefácio. In: *Filosofia Espírita*. V.5.
[41] Denis, L. O caminho reto: a Caridade. In: *Depois da Morte*. 5ª parte. cap. 47.
[42] Denis, L. Crenças e negações: as Religiões. In: *Depois da Morte*. 1ª parte. cap. 1.

te inicialmente com a autoiluminação, a fim de que irradies claridade interior onde te encontres."[43] Bezerra de Menezes salienta um dos aspectos mais distintos da caridade: *a busca da verdade que ilumina e desperta o discípulo abnegado e, por conseguinte, aureola os substratos resultantes de sua aplicação consciente, centuplicando as essências de sua consequente exemplificação com as justas e indizíveis fragrâncias que libertam iminentemente o seu praticante*. Em outras palavras, instruir-se, transformar-se e propiciar o esclarecimento aos que por ele se interessem é uma das mais insignes formas de caridade. Emmanuel esclarece que *vestir o próximo de novas ideias, através dos nossos bons exemplos, é caridade*. Por esse motivo, faz-se imprescindível a *autossublimação*. Segundo André Luiz, *a caridade que salvará o mundo há de regenerar-nos primeiramente*. Léon Denis preceitua que *a verdade é comparável às gotas de chuva e brilham como puros diamantes aos raios do Sol*. Corroborando o filósofo francês, Vicente de Paulo concitou-nos a sermos *bons e caridosos*, uma vez que essa conduta nos franqueia a chave dos Céus e o desfrute da felicidade eterna, posto que todo aquele "que se esforça seriamente por se melhorar assegura para si a felicidade, já nesta vida".[44]

O Espírito Carlos enfatiza: "A beneficência maior é aquela que prepara o faminto para ganhar o seu próprio pão; o sedento, a procurar a sua própria água; o nu, a adquirir a sua própria roupa, e o enfermo, a curar a si mesmo".[45] A caridade e a beneficência propõem a iluminação e a libertação do ser e a verdade traça o roteiro, assegurando a concretização do seu intransferível desiderato.

A verdade parcial (relativa, individual), ao atingir o seu apogeu, confunde-se com a Verdade Suprema (integral, total), a qual estabelece o sempiterno bem na Unidade (Deus) e na variedade (a Natureza, por meio da qual se expressa). Nesse cenário, as oportunidades concedidas à variedade (a tudo o que compõe a Unidade) serão as mesmas, do micro ao macrocosmo. Todos tivemos ou teremos o mesmo começo, galgamos e galgaremos os mesmos degraus, a fim de alcançarmos a mesma destinação. A Unidade (Verdade e Lei Supremas) nos constituiu variedade (verdade e leis parciais e finitas). Nossa consciência, constituindo-se do pão da vida em seus primórdios, ao despertar, transfigurar-se-á, fatalmente, em luz do mundo (fragmentos da Lei Suprema). A variedade se integrará à Unidade. Em outras palavras, a verdade parcial se fundirá à Verdade Total (a Munificência Cósmica, o Tudo-Uno-Deus): *Eu e o Pai somos um* (Jo. 10:30).

---

[43] Franco, D. P.; Joanna de Ângelis (Espírito). Com alta significação. In: *Entrega-te a Deus*. cap. 6.
[44] Kardec, A. Credo espírita: preâmbulo. In: *Obras Póstumas*. 41 ed. Rio de Janeiro: FEB, 2019.
[45] Maia, J. N.; Carlos (Espírito). Passos da evolução. In: *Gotas de Paz*. cap. 26.

Imergindo um tanto mais nas dobras mnemônicas dos arcanos peculiares aos oásis da verdade-informação, a fim de desvelar a unicidade e a complexidade do ser e de seus parcos saberes, perscrutando a real acepção da alma no Espírito, infere-se que a alma é um fragmento – uma cocriação –, uma centelha do Espírito ou dos cristos dos quais ele é constituído, pois, do mesmo modo sucede no macrocosmo – sob a regência da mesma Lei –, onde o Deus Cósmico também possui os Seus Cristos que se incumbem de criar e de governar os mundos e os seres, os corpos e as almas n'Ele imanentes. Assim, a alma é arquitetada, gestada, amparada e guiada pelo cristo interior ao mesmo tempo em que ele mesmo se fortalece no lavor libertário, se ilumina na ação solidária no Bem Supremo e se expande no sempiterno aprimoramento das virtudes que lhe constituem a ciência do existir e a consciência do real significado de sua existência, posto que, ambos estão intrinsecamente jungidos no Espírito que os integram e os intuem proativa e perenemente. Destarte, se a alma tem sua origem no cristo ou no Espírito, sendo um ponto de autoconsciência pura com o fito de gerar e gerenciar a personalidade na encarnação vigente, cabe-lhe tão somente agir com extremo esmero e autêntica humildade, com genuína fidelidade e profunda abnegação. Em suma, a alma emerge do âmago da Super Consciência ignorando a si mesma e a ele volvendo cônscia de sua individualidade e de sua imortalidade, bem como se reconhece herdeira de sua liberdade e felicidade, proporcionais à verdade libertária nobre e conscientemente vivenciada, pois, finalmente, se fez uma com o cristo e com o deus internos à luz da consciência tranquila ante o dever fielmente cumprido. Assim faz-se e refaz-se o périplo interminável dos espíritos que repetem as experiências vezes incontáveis na edificação e na sublimação das almas que se iluminam e insculpem os cristos com sua inefável e singular beleza, dos cristos que se expandem nos valores virtuosos – ético morais e espirituais –, com os quais forjam o Espírito com inegável primor; e do Espírito que os vivificam com as indizíveis dimanações oriundas de suas milenárias conquistas e de seus imarcescíveis anseios, ínsitas nas leiras insondáveis da eternidade que o conscientiza do incoercível e sempiterno aprendizado, ciente de sua quase insignificância e consciente de sua intérmina incompletude ante a inebriante grandeza da Soberana Unidade que a tudo engloba e a tudo promove perpetuamente.

O ideal que nos move é a libertação e a expansão consciencial por intermédio da prática da caridade-informação (a instrução qualificada) e da caridade-transformação (o amor personificado), em busca da verdade que as consubstancia. Esta, por sua vez, faculta a autoiluminação. Para tanto, nesta obra, propusemo-nos realizar um estudo metódico e pormenorizado, abordando o Evangelho, a oração e a bioenergia em algumas de suas importantes facetas, de maneira que o leitor possa se utilizar desses recursos que a Eterna Sabedoria colocou ao nosso dispor com mais lucidez, conscientes da sua relevância para o autoaprimoramento, caminho essencial para lograrmos a felicidade que todo ser humano almeja para si. Essa abordagem se fará pelo método: *o que é, para que serve e como usar.*

Sumarizando a pauta estatuída, Joanna de Ângelis assim percebeu e, seguramente, precedeu o périplo elencado:

> Remontando-se à origem da vida nos seus mais remotos passos, **encontra-se a presença do psiquismo originado em Deus,** aglutinando moléculas e estabelecendo a ordem que se consubstanciou na realidade do ser pensante.
>
> Etapa a etapa, através dos vários reinos, **essa *consciência* embrionária desdobrou os germes da lucidez latente até ganhar o discernimento vasto, plenificador.**
>
> À medida que a complexidade de valores se torna unificada na sua atualidade, surgem, no comportamento do indivíduo, por atavismo das experiências anteriores, os conflitos e os distúrbios que respondem na área psicológica pelos muitos problemas que o afligem.
>
> Faz-se então indispensável, **ao adquirir-se o conhecimento de Si, o aprofundamento da busca da sua realidade,** deslindando os complicados mecanismos viciosos que impedem a marcha ascensional e não o levam à realização total.
>
> **Somente através de um grande empenho da vontade é possível olhar para dentro e pesquisar as possibilidades disponíveis para melhor identificar o que fazer, quando e como realizá-lo.**
>
> Trata-se, essa tarefa, de um desafio que exige intenção lúcida até criar o hábito da interiorização, partindo da reflexão para o mergulho no oceano do Si, daí retirando as pérolas preciosas da harmonia e da plenitude, indispensáveis à vivência real de ser pensante.
>
> **Adquirir a consciência plena da finalidade da existência na Terra constitui a meta máxima da luta inteligente do ser.**
>
> O reino da luz é interno, sendo imperioso penetrá-lo, para que as trevas da ignorância não predominem, densas e perturbadoras.
>
> Interiorizar-se cada vez mais, sem perder o contato com o mundo físico e social, deve ser a proposta equilibrada de quem deseja realizar-se no encontro com os valores legítimos da existência.
>
> **Podemos considerar que esse tentame leva o experimentador do mundo irreal – o físico – para o real – o transpessoal – gerador e causal de todas as coisas** (grifos nossos).[46]

Eis um breve resumo dos dez temas propostos em nosso estudo:

---

[46] Franco, D. P.; Joanna de Ângelis (Espírito). Consciência e Vida: incursão na consciência. In: *Autodescobrimento:* Uma busca interior. cap. 3, item 1.

Fé, Razão e Intuição

A fé é um modo de já possuir o que ainda se espera, a convicção acerca de realidades que não se veem. (Paulo/Hebreus 11:1)

A razão é uma faculdade superior, destinada a esclarecer-nos sobre todas as coisas. Como todas as outras faculdades, desenvolve-se e se engrandece pelo exercício.[47]

Intuição é a transformação do ser em Evangelho Vivo, é a total entrega ante a certeza de que o Cristo é a essência que nutre e norteia a consciência.[48]

A fé lúcida se sustenta na alma experiente nas vicissitudes da vida. A alma experimentada nos embates da vida, havendo se sujeitado a experiências difíceis, aquelas que lhe trituram o querer – quando este se encontra ao largo do Caminho preceituado pelo Mestre dos Mestres, ainda revestido das asperezas do orgulho, do egoísmo, da vaidade, da arrogância, da soberba e das posturas que lhes são consequentes –, quebrantando-lhe as arestas do homem velho e fazendo-o dobrar-se ante a Vontade Soberana que o quer dócil à sua Lei Universal de Amor. Uma vez livre de tais crostas desumanas que lhe enfeiam o caráter, que lhe aviltam as expressões e o tornam de difícil convivência, sói construir, nos refolhos da alma, esse perene substrato de força inquebrantável – a fé esclarecida –, fundada na aceitação do Evangelho como normativa absoluta de ser e de viver e que, doravante, servir-lhe-á de plataforma segura para os inefáveis voos de aprendizado e de realizações no desiderato de fazer-se cocriador zeloso na obra do Pai.

Léon Denis enfatiza que "a fé é mãe dos nobres sentimentos e dos grandes feitos, que o homem profundamente firme e convicto é imperturbável diante do perigo, do mesmo modo que nas tribulações, e que, para produzir tais resultados, necessita a fé repousar na base sólida que lhe ofereçam o livre exame e a liberdade de pensamento".[49] Tendo o seu pensamento como pressuposto e levando-se em conta que Allan Kardec, na questão 628LE, assevera que "para o estudioso, não há nenhum sistema antigo de filosofia, nenhuma tradição, nenhuma religião, que seja desprezível, pois em tudo há germens de grandes verdades". Assim, deduz-se que, ao homem de fé, lúcido, responsável e coerente, aficionado à Verdade que a sua inteligência racional busca vislumbrar acima de tudo, para bem compreender Deus e a Natureza, bem como os mecanismos intuitivos que devem reger a vida humana no seu relacionamento com

---

[47] Denis, L. Fé, Esperança e Consolações. In: *Depois da Morte*. 5ª parte. cap. 44.
[48] Camargo, Sebastião. Introdução. In: *O Despertar da Consciência – do Átomo ao Anjo*. P. 30.
[49] Denis, L. Fé, Esperança e Consolações. In: *Depois da Morte*. 5ª parte. cap. 44.

todos os seres, cumpre investigar tudo o que considere digno de análise ao seu espírito arguto e amante do saber, não cedendo a preconceitos e a dogmatismos de qualquer natureza, a fim de melhor compreender as leis que regem o existir e embasar mais proficuamente a sua fé naquilo que o estudo racionalizado, a pesquisa intuitiva e a análise lhe ditarem como sendo o caminho mais oportuno para melhor compreender o objeto do seu empenho. Como afirmou Allan Kardec, "em tudo há germens de grandes verdades". Compete-lhe vislumbrá-las, reconhecê-las, honesta e humildemente, assimilando-as e acrescentando-as ao seu repositório de conhecimentos para bem alicerçar a sua fé, iluminar a sua razão, sublimar a sua intuição e crescer em espírito e verdade, não se deixando levar por prejulgamentos que lhe obstariam a aquisição do saber e a liberdade de raciocínio.

Analisando algumas premissas do Bem Supremo, fácil se nos torna a compreensão de que, para reger o comportamento progressivo e a evolução irrefreável de tudo e todos na criação em Deus, existe leis de normatização ínsitas nas imanências da própria Lei. De modo que não cai a mais ínfima folha de uma árvore, nem a floração jamais acontecerá, tampouco o fruto não amadurecerá fora de sua época ou sem o devido preparo de maturação que lhe é inerente, ou seja, se a Soberana Sabedoria não permitir ou capacitá-los para tal desiderato. Isso quer dizer que o Magnificente Arquiteto permite o aparente mal, a ausência ou ignorância do bem, para que os seres mais primitivos tenham oportunidade de conviverem junto aos mais evoluídos para estes exemplificarem o Bem conquistado, posto que o Bem de todos é o Eterno princípio e o Bem Eterno é a Lei Suprema.

Sendo assim, os mais atrasados só tomam ciência do seu existir e adquirem consciência do real objetivo de sua existência exatamente pela presença e pelos bons exemplos dos mais adiantados ou mais abalizados em semelhante intento. Do contrário todos os alunos já nasceriam professores, logo não precisariam evoluir e nem aprender nas escolas e universidades da vida. Fato é, que o maior Professor e Modelo de perfeição que conhecemos é Jesus, o Cristo de Deus. Para tanto, aos que por Ele se interessam, basta observar os Seus infalíveis e iluminados exemplos e fazer o que Ele faria se estivesse em nosso tempo e lugar na eternidade. Em suma, inegável e inequivocamente, só julgam e criticam o comportamento alheio quem não tem os valores exigidos e, fatalmente, os julgadores de hoje estão criando as leis para julgarem a si mesmos quando for sua vez de passarem por tudo o que, por ora, reprovam e condenam na seara onde laboram em favor da causa crística e da Causa Cósmica, que não é senão a sua própria causa, pois tudo é interdependente no Creador, na Criação e nas criaturas.

      Todas as criaturas se fazem realizadoras da obra do Pai e para tanto foram criadas, uma vez que *"tudo serve"*, conforme a questão 540LE. Atuamos como seus colaboradores naturais na construção e na movimentação dos mundos, da natureza e de tudo o que ela abarca, favorecendo, de inúmeras maneiras, o crescimento espiritual dos demais seres com maiores ou menores responsabilidades, segundo o nosso grau evolutivo. Ainda nos períodos primários de evolução, as criaturas atuam para esse fim, sem consciência de que o fazem. Entretanto, essa atuação é imprescindível para que tudo se transforme e cresça, supere-se e atue no meio ambiente em que mourejam. Sendo o Sublime Arquiteto do Universo onisciente, nenhuma atitude das criaturas deixa de ter um significado e um fim útil, senão necessário. Mesmo as guerras, os morticínios de diferentes naipes, as consequências da ignorância e da brutalidade nos seus diferentes aspectos são salas de aula para o espírito em permanente evolução. Todas as experiências, até as mais terríveis e sofridas, nada mais são do que aulas para os seres que a elas se submetem. Quando vemos uma fera como o leão agredir e matar de forma tão selvática a sua vítima, sabemos que o faz porque é da sua natureza agir assim para prover sua vida. Não há "culpado" nisso, não há "errado". Essa é a sua experiência de vida e pela qual necessita passar no estágio em que se encontra. Também o ser que, já na forma humana, mata ou agride, de forma ainda um tanto selvagem e quase sem sentimentos um outro semelhante, o faz porque ainda não adquiriu o sentimento de amor e respeito ao próximo. As consequências dos seus atos servir-lhe-ão de aulas para o aprendizado vindouro de que necessita, a fim de avançar um degrau a mais na senda evolutiva. Quiçá os Espíritos, em estágios bem mais avançados que nós, nos vejam como vemos os leões. Portanto, não há culpados, não há "erros", ou o Creador não seria onisciente, onipresente e onipotente. Assim sendo, compete-nos seguir em frente, trabalhando e estudando, aprendendo e ensinando, sem declinar do aprendizado que a circunstância atual nos oferece. À medida que a razão e o sentimento se sublimarem, no decorrer dos evos, a intuição se desenvolverá eminentemente, e o ser humano assimilará com mais facilidade a Lei Divina, condensada no Evangelho de Jesus, o Cristo de Deus, e a aplicará com maior sensibilidade. Aos poucos, tornar-se-á o Evangelho vivo a expressar-se em tudo e com todos tal como o Mestre dos mestres o fez. A esse respeito, Emmanuel se pronuncia:

> É imperioso reconhecer que toda tarefa digna se reveste de utilidade a seu tempo, de conformidade com os sentimentos do colaborador; contudo, no que condiz com a vida eterna que o Cristianismo nos desdobra ao olhar, é imprescindível retermos em nós o ensinamento do Mestre, com vistas à necessária aplicação.
>
> Cada aprendiz há de ser uma página viva do livro que Jesus está escrevendo com o material evolutivo da Terra. O discípulo gravará o Evangelho na própria existência ou então se preparará ao recomeço do aprendizado, porquanto, sem fixar em si mesmo a luz da lição, debalde terá crido.[50]

Podemos acrescentar à expressão de Emmanuel que não apenas as "tarefas dignas se revestem de utilidade a seu tempo", mas também as menos dignas, pois, de alguma forma, serviräo de lições para o crescimento espiritual do ser que as promove e de exemplos para quantos testemunhem a sua experiência e aprendam que dessa maneira não convém proceder. Aqui cabe recordar Joanna de Ângelis, na lição "Marcas Morais": "O ser humano é um conjunto de experiências que lhe formam o caráter, a personalidade, impulsionando-o ao avanço, quando são nobres essas realizações, ou fazendo-o momentaneamente estacionar no sofrimento, na repetição da atividade até liberar-se do conflito culposo."[51] Todas as experiências haverão de induzi-lo ao avanço. É da Lei.

O Creador e a Criatura

> Fui mineral, morri e me tornei planta. Como planta, morri e depois fui animal. Como animal, morri e depois fui homem. Por que teria eu medo?
>
> Acaso fui rebaixado pela morte?
>
> Vi dois mil homens que eu fui, mas nenhum era tão bom quanto sou hoje.
>
> Morrerei ainda como homem, para elevar-me e estar entre os bem-aventurados anjos.
>
> Entretanto, mesmo esse estado de anjo terei de deixar.
>
> Al Rumi (poeta islâmico: 1210-1273 d.C.)[52]

Grafamos em *O Despertar da Consciência, do Átomo ao Anjo* (p. 120): "Das origens da vida à sua mais alta expressão, tudo vibra e canta a melodia do amor solidário e fraterno, convidando-nos ao compasso

---

[50] Xavier, F. C.; Emmanuel (Espírito). Crer em vão. In: *Palavras de Emmanuel*. cap. 149.
[51] Franco, D. P.; Joanna de Ângelis (Espírito). Marcas morais. In: *Vitória sobre a Depressão*. cap. 13.
[52] Disponível em: < http://visaoespiritabr.com.br/reencarnacao/al-rumi-%E2%80%93-poeta-islamico>. Acesso em: 24 jun. 2020.

contagiante do amor incondicional." E extraímos da segunda edição de *O Livro dos Espíritos* (Questão 540 – Rio de Janeiro: FEB, 2013) que "tudo serve, tudo se encadeia na Natureza, desde o átomo primitivo até o arcanjo, que também começou por ser átomo" pois, conforme consta no Novo Testamento, *"No princípio era o Verbo, e o Verbo estava com Deus, e o Verbo era Deus. Ele estava no princípio com Deus. Todas as coisas foram feitas por Ele, e sem Ele nada do que foi feito se fez. Nele estava a vida, e a vida era a luz dos homens. E a luz resplandece nas trevas, e as trevas não a compreenderam"* (Jo. 1:1-5). A Luz Incriada, o Verbo Creador e o Cristo personificado são as três expressões máximas do Grande Arquiteto. Se tudo se assemelha, isso equivale a dizer, traçando um paralelo entre o macro e o microcosmo, principalmente em relação a nós outros, que a Consciência-mater é o Espírito em si mesmo. A intuição, que lhe é inerente, é a lei. A vontade é a fiel escudeira, guardiã e gerente executora. A mente é o laboratório, e o pensamento é a sua capacidade criativa em ação. A mente é uma imanação do próprio Espírito. A vontade é a dirigente que vela e se esmera no cumprimento da lei – que objetiva tão somente a paz íntima e a conquista do infinito –, a construtora e a gerente, com a supremacia incontestada do poder mental. O pensamento tem um poder criador inigualável, por ser a fulguração da própria vontade que manifesta a lei que representa a força motriz. Ambos, pensamento e vontade, criam o perispírito e o corpo físico e, por serem expressões deles, demonstra-se claramente que são efeitos da proeminência da fonte geratriz, que lhes é a causa primária, posto que não há a menor possibilidade de se dissociar a causa do efeito. Em suma, o Espírito detém em si mesmo, em plano menor, a onipotência, a onisciência e a onipresença. Portanto, é um deus de fato.

Faz-se imprescindível compreender que os elementos que dão forma e função ao pensamento, no campo ou laboratório mental, são a inteligência, o sentimento e a imaginação. A inteligência dá o start, estabelece o campo de trabalho e a função da arquitetura em pauta; o sentimento qualifica os elementos correlatos e aprimora a gestação que se pretende; e a imaginação encarrega-se da elaboração da forma do que se elege e determina as minúcias de tal edificação. A palavra dará movimento às ideias e aos ideais, por meio das roupagens em que se transmuta, verbalizada ou não. A palavra verbalizada representa a ordem verbalmente expedida. A sua mentalização, ou seja, a palavra não verbalizada, estabelece a ordem e a destinação do evento estatuído. Consequentemente, com a atitude levada a efeito, concluir-se-á o tentame previamente arquitetado. O verbo tornar-se-á carne e habitará em seus veículos de expressão. Permutará com o entorno os seus valores inatos e os recursos latentes ao seu dispor, em benefícios de todos, de modo igualitário, equânime e incondicional, por ser o bem do conjunto o eterno princípio e o Bem Eterno, a Lei Suprema.

No final do terceiro capítulo da obra *O Despertar da Consciência, do Átomo ao Anjo* (p. 113), enfatizamos que o evolver e o despertar da consciência, do átomo primordial ao degrau que se classifica como angelitude, é uma verdade irretorquível a que todos estamos submetidos e pela qual ansiamos. Por conseguinte, de modo idêntico, em gênero e grau, trata-se de uma fatalidade da qual jamais poderemos nos eximir, o périplo intérmino, de sal da terra (o átomo conceptual) a luz do mundo (estado da consciência crística, quando poderemos dizer em alto e bom som: *"eu e o Cristo somos um!"*, degrau evolutivo em que proclamaremos: *"Já não sou mais eu quem vive, é o Cristo que vive em mim!"* (Gl. 2:20).

Segundo Joanna de Ângelis, conforme consta ao final da página da obra citada: *"O processo de evolução do ser tem sido penoso, alongando-se pelos milênios sob o impositivo da fatalidade que o conduzirá à perfeição."* Trata-se de um fato incontestável para cuja celeridade a submissão e a obediência às leis são condições essenciais. Das origens da vida à sua mais alta expressão, isto é, desde *"os automatismos primevos nas fases iniciais da busca da sensibilidade (sem detença e sem solução de continuidade), passou para os instintos básicos (nos quais se edificaram os germes e os embriões do vir a ser) até alcançar a inteligência e a razão (ápice do reino pré-humano e início da humanização) que o projetarão a patamares de maior significado (degrau característico e inerente à angelitude), quando a sua comunicação se fará mente a mente, adentrando-se, a partir daí, pelos campos vibratórios da intuição (quando, então, poderá proclamar com a altivez que lhe será própria: 'eu sou a luz do mundo')."*[53]

Conforme as inolvidáveis reflexões intrínsecas às ideias síntese de Joanna de Ângelis, o *Self* é filho da edificação e da sublimação do ego, por sua vez, o ego o é da ressignificação e da promoção do suprassumo dos instintos originários da mente subconsciencial pacificada na ação solidária, resiliente, proativa e benevolente. Por conseguinte, Emmanuel infere com inegável e singular convicção que, o ser divino em nós, personificado na Super Consciência, no âmago do Espírito individualizado e individuado, não é outro senão a soma resultante das emanações volitivas provenientes das ações irrefreáveis do cérebro espiritual, cuja síntese reluzente traduz-se, inequívoca e inegavelmente, no reino interior, o Reino

---

[53] Franco, D. F.; Joanna de Ângelis (Espírito). A excelência do amor (prefácio). In: *Amor, imbatível amor.*

de Deus em nós. Em suma, o ser divino em nós é filho das atividades e realizações racionais enobrecidas, intuitivas e conscientes, divinizantes e libertárias, ínsitas no cerne do caráter angelizado do Espírito que despertou, oriundas da germinação, do florescimento e da frutificação da mente iluminada pelo saber transcendente e liberta pelo bem viver alusivo ao Evangelho vivenciado em Espírito Verdadeiro. Em razão disso, ninguém jamais poderá acessar o celeiro imarcescível ou a fonte imorredoura que não se possui, nem tomará posse do patrimônio senão nobremente conquistado, não fazendo jus ao tesouro cristianizado e indelével que não se construiu à custa do próprio esforço bem direcionado, desde os submundos primevos aos alcantis inarráveis dos périplos infindáveis no transcurso de milênios e milênios sem conta nas leiras da evolução progressiva e nos oásis indizíveis do continuum infindo no Tudo-Uno-Deus.

Lei de compensação

Segundo o Ensino Universal dos Espíritos, é da Lei que todas as experiências por que passamos são necessárias, intransferíveis, senão imprescindíveis, ao nosso contínuo burilamento ascensional. **A Providência Divina, que é ação onisciente, manifestação onipresente e determinação onipotente, a tudo provê e tudo prevê infalivelmente.** Tudo o que nos ocorre é exatamente aquilo de que necessitamos para desbastar determinadas arestas para que possamos ascender e sublimar um degrau a mais na senda evolutiva. O erro aparente faz parte da aprendizagem. Trata-se de uma janela que se abre, de maneira que determinadas nuances da vida perene passem a se apresentar mais nitidamente à nossa visão espiritual. Errando em busca da tentativa do acerto, sofremos as consequências da ignorância parcial e, sofrendo-as, aprendemos um caminho de luz e de sabedoria incontestes, passamos a discernir melhor e com maior lucidez, a atuar com mais nítida propriedade e mais eloquente serenidade, segundo as lídimas bênçãos diretivas intrínsecas às Leis Universais. Por estes e por inúmeros motivos correlacionados, não há injustiça na estrada que devemos palmilhar, contínua e perpetuamente, apenas seixos e gravetos que, ao serem removidos aos poucos, célere e conscientemente, mais suave se faz o caminhar. Parafraseando Tom Jobim, no ato de removê-los, vida após vida, fazem-se *"promessa de mais vida ao nosso coração"*.

Bênção significa beneplácito para nós outros. Destarte, assim como Deus e o Cristo trabalham sempre, no ensejo volitivo de reproduzir-Lhes os magnânimos gestos, bênção traduzir-se-á em oportunidades de laborar na ação permanente do bem operante, posto que o trabalho é a alma da oração, assim como o amor é a consciência da ciência. Por conseguinte, não ignoramos que a Lei Suprema é uma imanação da e na Suprema Sabedoria (personificada na Sempiterna Onisciência, na Incoercível Onipresença e na Insuperável Onipotência), assim como a lei de compensação se configura numa das mais vivas realidades imanadas da própria Lei. Na Creação, nada se cria ou se aperfeiçoa sem antes estabelecer as infalíveis e, quiçá, perfectíveis normativas e os critérios definidores do justo salário e das justas promoções no enredo em questão. Portanto, nada escapa ao desvelamento do Magnânimo Olhar do Soberano Arquiteto, em qualquer estágio consciencial ou frequência vibracional da vida em perene profusão, **nas dobras dimensionais do espaço, nas linhas mnemônicas do tempo e nas leiras intérminas da eternidade** na Luz Incriada, a Unidade que tudo Crea e tudo integra (o Tudo-Uno-Deus).

É bem verdade que, no mundo das formas tangíveis em que estagiamos, comumente nos deparamos com um número expressivo de seres imaturos, de caráter reprochável e com atitudes grotescas, injustas e equivocadas, com fragrantes desequilíbrios na balança da injustiça, consoante as leis humanas, mas, inequívoca, inegável e inapelavelmente, jamais testemunharemos o mais ínfimo impropério atinente às leis ancoradas e aureoladas pela justiça divina. Assim, não raramente, com pouquíssimo ou sem nenhum esforço reflexivo, percebem-se e testificam-se atos de incontestes aberrações nas leiras da arbitrariedade, em evidente consonância com as leis da impermanência, mas jamais existirá a mais remota possibilidade de encontrarmos um lapso dissonante ou sequer a mais ínfima personificação de um único ser injustiçado em relação à perfeita, infalível e sempiterna Lei de Deus. Depreende-se do exposto que facilmente se extraem os substratos intrínsecos às entrelinhas da pauta em curso, pois há, em exatamente tudo, uma perfeita simetria, uma inegável sincronia e uma irretorquível normatização compensatória nos labores progressivos. Destarte, testificamos uma inconteste harmonia no evolver do mais ínfimo ao mais elevado ser, assim como das mais básicas e imprescindíveis permutas, tanto no progresso individual quanto na ascensão coletiva, desde o mais sutil e discreto movimento em espiral ascendente, nos abismos dos infrarreinos, à mais contundente e elevada ação volitiva nas unidades progressivas. Em tudo se denota a presença solidária e a ação fraterna, no seio das quais nada escapa aos estímulos da Magnificente Sabedoria onipresente e dos impulsos incoercíveis da Suprema onipotência, ineludivelmente personificados na lei de compensação, assalariando cada qual segundo a intransferível observância das leis em curso.

Visualizações

> *Todavia, como está escrito: "Olho nenhum viu, ouvido nenhum ouviu, mente nenhuma imaginou o que Deus preparou para aqueles que o amam" (1Co. 2:9).*

Visualizar é ver com os olhos da alma ou antever pela sensibilidade intuitiva da consciência. Desejar é realizar no plano mental/psíquico/emocional ou viver a experiência por meio da intuição proativa. Desse modo, a concretização da pauta previamente estabelecida ou a solução da situação ora em curso, tal como gostaríamos que estas transcorressem e, por conseguinte, se tornassem vívidas posteriormente, subordinar-se-á à maior amplitude das informações atinentes ao expediente estatuído, bem como às circunstâncias correlacionadas ao enredo almejado. Consequentemente, quanto mais minucioso e autêntico for o discernimento auferido em torno do que se intenciona lograr, quanto mais pormenorizada se fizer a visualização ou a mentalização do objeto ou dos objetivos a serem conquistados ou o êxito que se anseia alcançar, mais celeremente estes tenderão a se personificar na indelével integração insofismável e no profícuo acrisolamento libertário.

É da Lei que a matéria – em todas as suas dimensões – se incline à vontade bem direcionada, visto que é esta que a coordena e detém o poder de impressioná-la e de submetê-la aos seus inarráveis desígnios. Se tal ocorre com a matéria multifária, que lhe é obediente, igualmente se dará com todos aqueles que são subordinados à consciência que despertou ante a ação tenaz da vontade atuante em benefício de todos, posto que se inspira e se conduz sob a regência das verdadeiras leis que a tudo governa. Em suma, cônscio do poder incalculável da oração, aliada à visualização consciente e à vontade ativa, forma-se uma trindade segura e de poderes ilimitados, possíveis de vencer todos os obstáculos constritores e cessar todos os sofrimentos dilacerantes, além de sublimar todas as perturbações desoladoras. À vista disso, é imperioso saber concentrar-se em alinhar o pensamento em anuência ao Pensamento Divino, que é a fonte da Verdade e do Bem Supremos.

Depreende-se, inequivocamente, que não basta que o aspirante interessado em usufruir das benesses de tal enredo tão somente queira. Carece, sim, de assenhorar-se da obrigação moral de equipar-se com as aptidões indispensáveis e concernentes ao desvelo das nuances intrínsecas à tessitura dessa trama em conjunção. Faz-se imprescindível o agir com maestria, com a convicção e com a perspicácia inalienáveis, a fim de colher a justa recompensa dos louros indizíveis, atinentes ao introito perquiridor, aureolar-se com as radiosas florações luminescentes e enriquecer-se dos tesouros inefáveis dos frutos sazonados.

Para melhor iluminar os caminhos das enobrecedoras ações posteriores e facilitar a mais lúcida compreensão das substâncias vivificantes, intrínsecas à estruturação dos alicerces da futura edificação benfazeja, aquilatar a indizível função das essências promotoras da orquestração do enlevo em evidência e, por conseguinte, conscientizar o buscador, propiciando-lhe os meios indispensáveis à aquisição da visão de síntese, atrelada à justa aplicação dos recursos inatos, disponibilizados pelo reino interior, e capacitando-o para que possa pleitear, com sabedoria, outros tantos elementos que se achegam, diuturna e ininterruptamente, do oásis pertinente à Natureza que o enlaça, indispensáveis ao conúbio vivificador que se pretende, elaboramos cuidadosamente um périplo intransmissível e, quiçá, impostergável. Para tanto, apresentamos, em cinco etapas, o esboço do enredo atinente às bases fundamentais para a sedimentação do conhecimento contextualizado e cumulativo, a fim de impulsionar a consequente libertação das amarras constritoras das consciências imaturas. Assim, a primeira etapa se fará por intermédio da análise pormenorizada e criteriosa dos benefícios proporcionados pela visualização consciente; a segunda ficará a cargo do estudo minudenciado de sua real função; a terceira acontecerá no transcurso da elaboração de um plano de ação, isto é, "visualizar a ação"; a quarta se configurará no exercício da meditação, ou seja, aprender a "medir a ação"; e, por fim, a quinta se caracterizará pelo justo entendimento da lei de compensação.

Evangelho

O conhecimento da verdade, isto é, o estudo profundo das leis e das forças, liberta-nos do cativeiro da ignorância, causa maior de todos os sofrimentos fisiopsíquicos, morais e espirituais. Ao analisar as prenunciações de Carlos Torres Pastorino, em *Sabedoria do Evangelho*, deduzimos que o Evangelho-Lei (o Verbo Creador, o Pai) é a Verdade que gesta a vida da qual emerge a consciência e vice-versa, isto é, *não existe consciência sem vida, nem vida sem consciência* em parte alguma no Tudo-Uno-Deus. Ele estabelece o roteiro para o seu despertar e para a sua libertação como ser vivente (vida) e vivificante (consciência). É a bússola segura, o caminho iluminado pela luz Crística, o Cristo Cósmico (o Pão da Vida, o Filho Unigênito), por meio do qual o Saber Supremo se expressa, instituindo as diretrizes da Luz Incriada (Deus, o Ser dos seres, a Alma do Universo). *"E o Verbo se fez carne e habitou entre nós"* (Jo. 1:14). Portanto, o Evangelho condensa as leis e as forças imanentes na Sempiterna Unidade, sintetizadas no Verbo Creador (a Lei, o Pai) e no Cristo Cósmico (o Amor, o Filho). O Evangelho resume-se na Lei e no Amor ou simplesmente na Lei de Amor. Conforme o *LE*(918) e o *ESE*(cap. 17, item 3), *"lei de justiça, amor, e caridade"*.

O Arquiteto Cósmico imana de Si o Verbo Creador, ou seja, quando a Sua Vontade e os Seus Pensamentos se expressam, Sua Magnânima essência transforma-se no Pão da Vida e vem a nós o Seu Reino de Amor. Como expressão desse Reino, Nosso Senhor Jesus Cristo afiançara: *"... Eu sou o pão da vida. Quem vem a mim, nunca mais terá fome e quem crê em mim nunca mais terá sede"* (Jo. 6:35). Quando Ele emanava de si a substância do Evangelho, parte de Si mesmo nos alimentava, nutria-nos (com o Seu maná, Sua força vital – o Alimento perene) e nos impulsionava como o sal da terra (com as Suas virtudes, com o Seu exemplo – a Lei permanente) às culminâncias da luz do mundo.

Mencionamos, em *O Despertar da Consciência, do Átomo ao Anjo* (p. 30), que, *"ante a certeza de que o Cristo é a essência que nutre e norteia a consciência, só viveremos com sabedoria quando nos tornarmos o Evangelho Vivo, impulsionado pela Luz Crística que exemplifica e permeia, ilumina e direciona a conduta do ser em ascensão"*.

Oração

Orar é arar o terreno da mente, selecionar as sementes de que já dispomos em nossa consciência, plantá-las e cultivá-las à luz do discernimento. Prece é apreciar o plantio, o cultivo em seara alheia e importar a receita, caso aquiesçamos com os seus preceitos.

Orar é expandir a alma num anseio de elevação que torna o ser acessível às intuições de sua própria consciência. Pela prece, o ser se predispõe à sintonia com esferas mais altas e às inspirações que essa conexão lhe faculta, integrando-se de forma perene a elas.

Para fins didáticos, estabeleceremos uma diferenciação entre oração e prece, instrumento divino de que nos compete valer para acessar os parâmetros indispensáveis à construção ou à reconstrução de nosso cenário. Pela primeira, definimos um percurso (circuito) interno, pelo qual rumamos ao encontro das jazidas imanentes na própria consciência. Chamamos esse *insight* de autoencontro (um mergulho no superconsciente, o Reino de Deus em nós). Pela segunda, a qual nominaremos de projeção, efetivaremos uma conexão com os registros *Akáshicos* (síntese dos conhecimentos armazenados no éter cósmico, abrangendo o pretérito, o hodierno e o porvindouro – do micro ao macrocosmo), por cujo intermédio supriremos de referências as deficiências de nossos próprios registros (experiências pretéritas). Recorreremos à prece quando não encontrarmos as respostas no livro oculto em nós.

Em suma, orar é arar (trabalhar os potenciais da nossa própria consciência), ou seja, orar é acessar as lídimas diretivas, ínsitas em nossos próprios *chips* mnemônicos, e colocá-las em ação. Por meio da prece, avaliamos os conteúdos que não possuímos, passíveis de serem adquiridos, se nos dispusermos a copiá-los e experimentá-los em nossa vida prática.

Bioenergia

Conforme exarado em *O Despertar da Consciência, do Átomo ao Anjo* (p. 348), ao estabelecer as diretrizes do processo de autocura, Joanna de Ângelis sintetiza: "A criatura humana possui, inexplorados, valiosos recursos que aguardam a canalização conveniente. Entre eles, a bioenergia é fonte de inexauríveis potencialidades, [...]." Mais de uma década depois, reafirma: "O ser humano é possuidor de inesgotável cabedal de energias e de vitalidade." Adiante, alerta-nos quanto à autorresponsabilidade e às distrações que nos enlaçam: "Sucede que, fascinado pelo exterior, não se anima a autopenetrar-se, a encontrar as respostas claras para as próprias necessidades."[54] Como autores e construtores de nosso destino, importa-nos saber o que realmente nos facultará o bom desempenho do papel ora representado e a fidelidade a ele. Ao nos tornarmos cidadãos conscientes, avançaremos com segurança, expressando o necessário respeito ao contexto que nos acolhe, valorizando-o. Dispomos de uma fonte intérmina de recursos e, simultaneamente, das diretrizes essenciais para a pronta reparação do que se encontra em dissonância com a peça e o atual cenário estatuído. Convençamo-nos, também, do aprimoramento ininterrupto do que já está em sintonia com as leis vigentes e da conquista de potencialidades infinitas ao dispor do indivíduo resiliente e proativo.

Em consonância com Joanna de Ângelis, André Luiz enfatiza, em *Mecanismos da Mediunidade*: "Queira ou não, cada alma possui no próprio pensamento a fonte inesgotável das próprias energias."[55] Se assim é, o que nos falta para tomarmos posse desse tesouro de valor incalculável para nós outros e, sabiamente, usufruirmos dos indizíveis eflúvios oriundos dessas inefáveis jazidas, de nos aureolarmos com as sutis vibrações de incomparável grandeza e de nos beneficiarmos com os incomensuráveis recursos de perene plenificação?

A vontade é a força mais potente do Espírito, e o pensamento é a expressão mais sublime da consciência em favor da alma encarnada, assim como a bioenergia é a excelsa e inexaurível fonte da vida multiforme, o magnificente e inesgotável celeiro de incomensuráveis possibilidades evolutivas em seu favor. São forças imanentes e permanentes na fonte geratriz existentes em cada ser. A mente, entidade por meio da qual se expressam, não é boa nem má; é um instrumento que se ajusta às diretrizes estabelecidas por seu condutor. Quando essas potências se coadunam, interagindo e integrando-se com outras potências no entorno, transformam-se numa fonte imensurável de bioenergia. Em princípio, uma substância viva que gera a vida e a nutre em todas as suas expressões, à medida que evolui, converte-se em lei que organiza a vida e a mantém em seu processo de evolução irreprimível.

---

[54] Franco, D. P.; Joanna de Ângelis (Espírito). Lazeres e divertimentos. In: *Ilumina-te*. cap. 4.
[55] Xavier, F. C.; André Luiz (Espírito). Cargas elétricas e cargas mentais: Corrente de elétrons mentais. In: *Mecanismos da Mediunidade*. cap. 15, item 4.

Alinhamento dos chacras

Reprogramar-se na ação luminescente, eis o propósito essencial deste introito volitivo, ou seja, equipar-se do desejo sincero e aureolar-se da vontade consciente de iluminar-se na ação resiliente, redentora e proativa, realinhando-se e readequando-se consoante as diretivas concernentes às divinas leis, reconfigurando-se, sem detença, na dimensão espiritual, na pauta ético-moral e no desvelo do universo psicobiofísico, isto é, emergir solenemente do reino de Deus em si e imergir nas indizíveis imanências da prodigiosa e imensurável farmacopeia da Natureza-mãe e, por conseguinte, imprimir o périplo de retorno, dessedentado do néctar sorvido dos oásis do entorno a ela inerente, aportando-se no âmago da Superconsciência do ser manifestado, fazendo-o, hodierna, diuturna e perenemente.

Os chacras, centros vitais ou centros de força (cântaros ou rodas energéticas), são fulcros captadores, transdutores, aformoseadores e vitalizadores da espaçonave multidimensional do Espírito atuante – os corpos de evolução e os corpos de expressão –, ou seja, por intermédio deles, o Espírito sorve uma porção de fluido cósmico ou prana universal, transmuta-o à luz das virtudes a ele atinentes e da vontade atuante que os gerencia, assim como os qualifica e os direciona, a fim de vivificarem as leiras mnemônicas do espaço, as dobras enigmáticas do tempo e os oásis imensuráveis da eternidade, de acordo com a pauta previamente estatuída, o propósito minuciosamente elencado e os fins longamente calculados para o bem operante, posto que, quando mal utilizados ou direcionados para as atitudes contrárias à harmonia do bem comum, as lídimas engrenagens e as complexidades nobilitantes que lhes são inerentes pouco a pouco se emperram e se desatrelam dos automatismos harmônicos tanto quanto das leis naturais que os normatizam e das vidas multiformes que os constituem em sua completude. Com isso, perdem a sua função divinizante, isto é, algo que antes era criador de novas e imorredouras possibilidades de vida plena converte-se em agente deletério e destruidor da maquinaria multifária de quem os manipula.

Urge nos inteirarmos da grandiosidade de nossos potenciais inatos, assim como das inefáveis e incontestes jazidas de recursos latentes ao nosso dispor, tanto quanto da improcrastinável necessidade de nos conscientizarmos de que a lei de progresso e de evolução nos convida constante e diuturnamente a maturar a inegável convicção de que, inequivocamente, tudo podemos para a glória e o engrandecimento do Bem Supremo. Assim, tudo nos será perfeitamente factível, jungidos conscientemente naquele que nos gesta e nos aformoseia, nos permeia e nos guarnece do estritamente essencial a bem de nosso patamar evolutivo, a fim de nos capacitar para as benéficas ações vindouras, pois, fato é que, na Criação em Deus, não há limitação em parte alguma, impedindo quem quer que seja de evoluir, tanto no micro quanto no macrocosmo, posto que tudo denota clarão do incoercível progresso material e da irrefreável evolução espiritual. Destarte, tudo está em aberto nas linhas invisíveis do espaço imensurável, nas dobras prodigiosas do tempo sem tempo e nos indizíveis lauréis insondáveis da multidimensionalidade eterna, exigindo de nós e daqueloutros, tão somente, a maturidade e a expertise espiritual, a qualificação e a responsabilidade moral e, acima de tudo, o desprendimento integral e o amor equânime e incondicional ao bom êxito do tentame.

O amor em ação

Se o dever é a lei da vida (figura nobre e santa, que paira acima da Humanidade, integrando o conjunto das prescrições da lei moral para o Universo Inteiro) e o amor é a alma da vida, a consciência da ciência e a caridade em todos os seus aspectos, sendo que a humildade, a paciência, a dedicação, a abnegação, a resignação e o devotamento, são virtudes filhas do amor, assim como o trabalho é a vida e a alma da oração, e, para quem tem olhos de ver, perceber-se-á nos traços fisionômicos e no caráter irretorquível do ser que anima a forma humana a caminho de sua insigne humanização, que a caridade personificou-se no amor em excelência nos cimos da autoiluminação, êxtase no qual configurar-se-á na Consciência-mater (o reino de Deus em si) a síntese das sublimes revelações nobre e lucidamente vivenciadas e o corolário das imorredouras verdades libertárias em intérmina profusão ascensional divinizante. Imprescindível conscientizarmo-nos de que a fé, lúcida, ativa e proveitosa, matriarca da síntese virtuosa (o oásis de todas as virtudes), gesta a caridade, como farol diretivo de sua prole, assim como transmite a esperança que gera o amor. A esperança criará e edificará a afabilidade e a doçura, tanto quanto a plenitude, oriunda do amor em excelência, personificando a gratidão que engendra a alegria, bem como a paciência que gera a autoconfiança, a qual, por sua vez, produzirá mais paciência (a ciência da paz) ou a tranquilidade interior. Não por acaso, a fé, para nós outros, é a divina inspiração da Suprema Sabedoria, objetivando a condução do homem aos alcantis do Bem Eterno, culminando nos píncaros da resiliência profícua e da intuição proativa, em um inegável sentimento inato no ser benevolente, cujo ápice é o pleno exercício da inefável beneficência, na qual a expressão se esmera no dever que reflete e exemplifica na prática o exercício de todas as virtudes que conduzem à benevolência e à sempiterna integração com o Senhor da Vida. Em suma, o amor origina-se na vitalidade primeva que gera e nutre e se tornará a força que organiza e mantém as virtudes dos céus na Criação, isto é, o amor é o Evangelho-substância na ação criadora e promotora da vida – em suas imensuráveis, quiçá, insondáveis, expressões ascensionais subsequentes –, personificado na sacrossanta e inviolável, eviterna e libertadora Doutrina de Jesus, o Cristo de Deus. Assim, o Evangelho-Lei fulgura e floresce no âmago das consciências cristianizadas, posto que não existe vida sem consciência que prepara, qualifica, promove e sintetiza o acúmulo do discernimento oriundo do infindo conhecimento transcendente experienciado, nem consciência sem vida para gerir e restaurar em parte alguma, na magnificente Criação, na munificência Divina.

Se, do seio de uma simples semente, que por ora dormita, originar-se-á uma imensa, gloriosa e estupenda floresta acolhedora, assim também se dará com as sementes de luz – virtudes em potencial – que jazem nos arquipélagos latentes na Consciência-mater. Uma e outra só aguardam o irrecusável convite, as oportunidades imorredouras do solene despertar, as condições concernentes ao irrefreável *vir a ser*, cuja frutescência dependerá, tão somente, das lúcidas e benéficas atitudes dos cuidadores conscientes, dos impulsos-estímulo do seu caráter irretorquível, bem como do seu desejo e da sua coragem incoercíveis, assim como do vigor da sua vontade e da fé, inquebrantáveis, tanto quanto da responsabilidade ético-moral e da sua riqueza e expertise espiritual.

Disse-nos Jesus: *"Brilhe vossa luz diante dos homens, para que vejam as vossas boas obras e glorifiquem vosso Pai que está nos céus"* (Mt 5:16). Se nos originamos no seio da imarcescível Luz Incriada, sob a inegável e irreprimível égide do Verbo Creador, nossa inconteste destinação, como frações coaguladas da Luz imarcescível – imagem e semelhança do Supremo Arquiteto –, a nossa luz só poderá se fazer brilhar de forma perene quando nos fizermos instrumentos fiéis da Fonte Geratriz. À vista disto, mais radiantes nos tornaremos por efeito daqueloutras que haveremos de atrair pela ressonância qualitativa das boas ações, coadjuvadas pelos eflúvios das frequências volitivas das atitudes peculiares a elas e aureoladas pelas fulgurações da sincronicidade vibracional coerente, por intermédio das quais, *a posteriori*, integrá-las-emos ao nosso foco ardente, pois, a cada degrau nobremente sedimentado, multiplicaremos as possibilidades de progresso e expandiremos a nossa luminescência coesiva e o faremos, impreterivelmente, para honra e glória da sempiterna Fonte Geratriz.

Vendo a Obra, vê-se Deus

Ser o que habitualmente se pensa e viver o que se apregoa de forma reiterada faz-se a meta derradeira no mundo em que, momentaneamente, nos encontramos exilados. Para tanto, o filme das provações pedagógicas e das cenas das introspecções necessárias se repetem de tempos em tempos – indo de milésimos de segundos a milênios sem conta –, assemelhando-se a um micro ou a um macro e imprescindível vestibular cosmológico, com o fito de fomentar o avanço do progresso ético-moral e a evolução espiritual da humanidade em curso.

"Amai-vos uns aos outros como Eu vos tenho amado", eis uma das mais sublimes recomendações do Divino Peregrino. Miramez, na condição de servidor humílimo e fiel escudeiro da causa crística, assim se expressou solenemente: *"Amai a Deus em todas as coisas."* Não menos importante foi o testemunho do pacifista indiano Mahatma Gandhi, à luz das Bem-Aventuranças do Sermão do Monte (Mt 5:1-12), assim como o legado deixado por Martin Luther King que, em tom solene, bradou com inquebrantável entusiasmo: *"O que me preocupa não é o grito dos maus, mas, sim, o silêncio dos bons."* Sem nos esquecermos do sacro-ofício do Apóstolo dos Gentios, Paulo de Tarso; da Mártir do Cristianismo, Joana de Cusa; de Francisco de Assis, o João Evangelista que retornou, por amor ao Seu amado Mestre; e de tantos outros que se fizeram um com a Luz do Mundo, o Governador Supremo do Planeta Terra.

Exemplos nunca nos faltarão. O que indubitavelmente ainda nos falta é um tanto mais de sincera e intimorata boa vontade, o conhecimento em plenitude e a ação incoercível à luz da fé inquebrantável, pois, segundo o insigne instrutor Emmanuel, Jesus, o Cristo de Deus, jamais deixou passar um século sequer sem nos agraciar com os favores dos Céus, enviando-nos os Seus ilustres avatares timoneiros, a fim de servirem de faróis seguros, guiando a humanidade para a frente e para o alto em Espírito Verdadeiro, cujo essencial ou primacial objetivo é que cada mensageiro se torne, no pensar, no sentir, no falar e no agir, a própria mensagem de que se faz portador.

Cumpre-nos cultivar perseverantemente em nosso imo o otimismo proativo que, a despeito dos percalços do caminho, sempre nos estimula a levantar e a seguir em frente focados no Supremo Bem que haverá de imperar na Terra num futuro próximo, não obstante a paisagem cinza que ora se descortina. O Bem de todos deve ser, permanentemente, o norte das nossas ações, acompanhado da fé, robustecida pela confiança integral na Suprema Sabedoria. *"Quando nossos olhos forem bons"* com certeza a estrada toda será iluminada e transitaremos mais facilmente para a plenitude interior.

Capítulo 1 - A Fé Vivenciada

Pai Nosso Consciente

Fé, Razão e Intuição

Fonte da imagem: https://images.app.goo.gl/LnXpRRKRrR57wmFf9

de Sal da Terra a Luz do Mundo

Pai Nosso Consciente

(Por Manu Mira Rama e Sebastião Camargo)

Pai Nosso dos Céus de todas as consciências (pois não existe consciência sem vida nem vida sem consciência em parte alguma).

Santo é o Teu Nome no louvor de toda a **Tua Criação,** no espaço, no tempo e na eternidade.

Molda-nos, Soberano e Primoroso Arquiteto, para que consolidemos, em nosso comportamento, a vivência do **Teu Reino** em Espírito Verdadeiro.

Conduze-nos, Creador Todo Poderoso, para que os nossos desejos e paixões se inclinem à **Tua Vontade** e convertam-se em excelsas virtudes.

Auxilia-nos, ó Fonte da Vida, a assimilar o eterno alimento – **o Evangelho,** que é a essência manifestada do **Teu Amor** – do qual inquestionável e imprescindivelmente necessitamos a cada instante de nossas vidas.

Ensina-nos, Senhor de Misericórdia, a não nos ofendermos com os insultos, calúnias e desequilíbrios dos detratores do caminho e a **semearmos,** por nossa vez, **misericórdia**, à luz do discernimento, diante da ausência e da ignorância do bem.

Ampara-nos e fortalece-nos, Suprema Sabedoria, ante a provação das tentações ínsitas em nossa própria natureza, para que possamos enfrentá-las sob a égide do dever fielmente cumprido à luz da fé inquebrantável, da resiliência e da serenidade imperturbáveis e da proatividade incoercível.

Orienta-nos, Pai Amantíssimo, a disciplinar todo pensamento em desalinho com as **Tuas Soberanas Leis,** para que, assim, possamos corrigir e resgatar a nós mesmos e, por fim, regozijarmo-nos em servir de instrumentos à Vossa terna e harmoniosa Paz.

Porque, Todo-Uno-Deus, é Teu o Brilho Eterno do Reino dos Céus em nós. Poder e Glória inegáveis da Justiça que corrige em Harmonia com o Amor, que compreende sem aguardar compreensão, e da Caridade que salva por meio da autoiluminação.

Porque assim será para todo o sempre.

Graças a Deus, Graças a Jesus, Graças aos Teus emissários e aos nossos esforços bem direcionados.

AMÉM!

Fé, Razão e Intuição

> O orgulho é, sem a menor dúvida, o maior obstáculo à fé, porque não há fé sincera sem humildade.
> *Imitação do Evangelho segundo o Espiritismo* (1864) - Item 233 (condições da fé inabalável).
> Tradução Manu Mira Rama em 2022.
> Deveis conviver com a fé, em todas as suas qualidades benfeitoras. Ela é o sustentáculo da própria existência. A fé é o ambiente de Jesus e o clima dos anjos.[56]

Para Allan Kardec, faz-se imprescindível "não confundir a fé com a presunção. A verdadeira fé se alia à humildade aquele que a possui confia mais em Deus do que em si mesmo; sabe que, simples instrumento da vontade de Deus, nada pode sem Ele e é por isso que os bons Espíritos o ajudam". (*ESE*, cap. 19, item 4 – São Paulo: Petit, 1999). Aqueles que construíram a fé, que já acreditam, compreendem e discernem, trazem, ao *renascer*, a *intuição* do que sabiam. Entretanto, no que tange àqueles que ainda não a possuem em sua bagagem espiritual ou não a edificaram até o momento, por lhes faltar a maturidade ou a predisposição para tanto, é importante considerar que *a resistência dos que ainda não creem, via de regra, se deve muito menos a eles do que à maneira pela qual se lhes apresentam os fatos ou os estímulos entusiásticos para crerem*. Assim sendo, percebe-se de pronto, inequívoca e inevitavelmente que:

> A fé necessita de uma base, e essa base é **a compreensão perfeita daquilo em que se deve acreditar.** Para acreditar não basta ver; é preciso, sobretudo, compreender.
>
> A fé raciocinada, aquela que se apoia nos fatos e na lógica, é clara, não deixa atrás de si nenhuma dúvida. **Acredita-se porque se tem a certeza, e só se tem a certeza quando se compreendeu** (grifos nossos). Eis porque não se dobra, pois somente é inabalável a fé que pode encarar a razão face a face, em todas as épocas da Humanidade (*ESE*, cap. 19, item 7 – São Paulo: Petit, 1999).
>
> **A tua fé é o alicerce da tua vida.** Tudo precisa da confiança, para que a vida se renove em todos os ângulos da existência.
>
> Para ser feliz em todos os teus roteiros, **planta na consciência a fé.**
>
> Diz o apóstolo Paulo que "a fé é a substância da coisa pensada".
>
> E acrescentamos: **a fé é a essência da própria vida, dentro da vida de Deus** (grifos nossos).[57]

---

[56] Maia, J. N.; Miramez (Espírito). Virtudes estimulantes. In: *Saúde*. cap. 26.
[57] Maia, J. N.; Bezerra de Menezes (Espírito). Submissão: Tua Fé. In: *Páginas Esparsas*. V.3. cap. 33.

> **O objetivo da fé constitui realização mais profunda.** É a "salvação" a que se reporta a Boa Nova, por excelência. E como Deus não nos criou para a perdição, **salvar, segundo o Evangelho, significa elevar, purificar e sublimar, intensificando-se a iluminação do espírito para a Vida Eterna.**
> Não há vitória da claridade sem expulsão das sombras, nem elevação sem suor da subida.
> **A fé representa a bússola, a lâmpada acesa a orientar-nos os passos através dos obstáculos;** localizá-la em ângulos inferiores do caminho é um engano de consequências desastrosas, porque, muito longe de ser uma alavanca de impulsão para baixo, **é asa libertadora a conduzir para cima** (grifos nossos).[58]

A fé cega deriva da crença sem comprovação; a fé raciocinada é filha do conhecimento contextualizado, isto é, dimana das substâncias provenientes das placentas racionais da inteligência intelectiva e das abstrações oriundas da reflexão proativa aprimoradas. Por sua vez, a fé vivenciada é o suprassumo do exercício da inteligência emotiva, nobremente aplicada na afetividade sem jaça, e da ascensão fraterna e solidária da inteligência espiritual ética e moralmente sublimada. Da fé vivenciada, origina-se o discernimento, a notável lucidez, da qual emerge a intuição que lhe é peculiar. O discernimento é o corolário da vivência consciente. Portanto, a fé lúcida e dinâmica é consequência natural do discernimento ativo. Por conseguinte, a intuição fatalmente advém da vivência consciente do conhecimento nobremente assimilado. A ignorância é inerente ao comodismo parasitário, ínsito no ser ocioso. O conhecimento é oriundo da filosofia teórica, e o discernimento advém do substrato da ciência prática, posto que fé vivenciada é o conhecimento minunciosamente compreendido e pormenorizadamente aplicado. Obviamente, a intuição sempre será a resultante da fé lucidamente experienciada. A confiança irrestrita no Senhor Supremo, o discernimento da Lei por Ele estatuída e das leis que regem a vida n'Ele imanente, assim como a convicção das possibilidades inatas e dos recursos latentes que cada qual carreia em si mesmo, são os atributos interdependentes e indissociáveis na busca, no estudo e na edificação do caráter enobrecedor, preceituado pela inabalável persuasão intuitiva e pela fé como o corolário virtuoso do ser resiliente e inscultor consciente de seu porvir venturoso, posto que, estando ciente das probabilidades volitivas em curso, o ser vislumbra o seu possível *devir*, mas, quando adquire consciência, ele contempla e arquiteta, de modo proativo, o irrefreável *vir a ser*. Tal é a diferença entre o ser que está ciente dos expedientes e de suas responsabilidades intrínsecas e o ser

---

[58] Xavier, F. C.; Emmanuel (Espírito). Objetivo da fé. In: *Vinha de Luz*. cap. 92.

que é consciente e participa ativamente do concerto que a tudo enlaça. Enquanto o primeiro aguarda lentamente o transcorrer dos fatos e das ocorrências a eles correlacionados, o segundo encontra-se na vanguarda, festejando e usufruindo do néctar inerente aos louros inefáveis da vitória do enredo personificado na ação libertária. Assim, "confiança é sol interior, é presença de Deus no coração vertendo bênçãos para a mente em ardência de agonia. Fé é luz divina emboscada na mente a verter esperança para o coração sedento de amor".[59] A razão intuitiva estatui que, se a "confiança é sol interior", então "há um sol brilhando dentro de nós, é a presença do Cristo em nosso coração".[60] Trata-se de um mirífico oásis de recurso vitalício que dimana ininterruptamente do íntimo da Consciência profunda em forma de vitalidade que gera e nutre a vida multiforme (o verbo coagulado, o amor-substância) e de força que normatiza e norteia o seu intérmino evolver (o amor-Lei ou o amor-Sabedoria), objetivando a proliferação e a sublimação desse substrato. Portanto, a confiança inata é a virtude em si a serviço da força intuitiva, isto é, a intuição carreia a essência divina ínsita no âmago do ser individuado, do Reino de Deus em si, para aplacar a ardência da mente agonizante da razão intelectiva, ou seja, da personalidade atuante, sequiosa do saber consciente e da vivência coerente com os estatutos divinos. Por outro lado, como suprassumo da razão divinamente qualificada, a fé verte as luzes de novas esperanças no porvir glorioso para engrandecer "o coração sedento de amor". Isto é, das placentas racionais da alma juvenil, fulguram as enobrecedoras vibrações do seu mental e do seu emocional concretos, a fim de abastecerem, com novas possibilidades elucidativas transcendentes, tanto o mental quanto o emocional abstratos, pois, da fusão de ambos, emergem as forças componentes do coração do ser espiritual de fato. Em suma, o que dimana de lá para cá, do interior para o exterior, fecundará as sementes das possibilidades exitosas das forças atuantes no eu menor. De modo semelhante, o que se exporta de cá para lá, isto é, do eu menor para o eu maior, é a resultante, a essência inefável das fragrâncias da florescência e o indizível suprassumo da frutescência das sementes germinadas.

Segundo Eros (da mesma obra e capítulo acima citados), via de regra, o indivíduo senciente "crê no automatismo orgânico e dele não se dá conta". Nesse sentido, a crença é quase irrelevante se acaso não tivermos sequer uma noção do que fazer para prover as suas reais necessidades e de como levar a efeito os implementos pertinentes à manutenção de sua complexa e harmoniosa maquinaria. Consequentemente, o que fazer

---

[59] Franco, D. P.; Eros (Espírito). Confiança. In: *Heranças de Amor*. cap. 3.
[60] Franco, D. P.; Joanna de Ângelis (Espírito). Há um sol brilhando dentro de ti. In: *Vida Feliz*. cap. 128.

para superar o *Misoneísmo* escravizante, inerente às primárias e remotas estruturas parasitárias ou viciosas que, comumente, drenam as forças vitais que sustentam esse organismo? Como fazer para estabelecer as metas, eleger os novos e devidos critérios aliados aos cuidados pertinentes à sublimação do introito almejado? E, por fim, quando realizar o desiderato para fomentar e intensificar as bases do aprimoramento inadiável de tal organização? Para tanto, faz-se imprescindível a eleição do pensamento congruente e consentâneo que criará o condicionamento psíquico correspondente. A repetição de tal condicionamento se converterá em hábito consistente e efetivo. O hábito conscientemente exercitado fatalmente se transformará em agentes constitutivos da consciência instintiva, isto é, em partes indissociáveis do quartel general dos instintos qualificados, o subconsciente. Sob a regência da mente subconsciente, o instinto aprimorado e sublimado se transmutará em força motriz integrante dos automatismos administradores do cosmos orgânico e, consequentemente, pertencerá ao clã das almas ou ideias inatas, atuando como agentes promotores das imensuráveis substâncias latentes à sua disposição. Desse modo, de grau em grau, a descer e a subir, metamorfosear-se-ão nos embriões da *inteligência* racional e dos *sentimentos* intuitivos respectivamente. A esse respeito é que colocamos em destaque a relevância do estudo perquiridor, proporcionado pela razão intelectiva – o saber consciente –, e da fé como substrato do discernimento auferido pela inteligência emotiva – o sentir introspectivo. Por fim, o acúmulo excelso do saber consciente, atrelado ao substrato do discernimento determinado pelo sentir proativo, tornar-se-ão, ao se fundirem, na incomparável ideia síntese, a força espiritual intuitiva. À onisciência racional e à onipresença fervorosa, agregar-se-á a onipotência virtuosa, as quais se tornarão o elã entre o eu maior e o eu menor. Essa é a intuição, a visão de síntese, fulguração eminente da Consciência-mater, na qual e da qual se estabelecem e promanam as diretivas ínsitas no âmago do Reino de Deus em si, muito além do mundo racional e do império da fé raciocinada, pois se trata dos inefáveis e imarcescíveis suprassumos atinentes aos píncaros sempiternos da fé vivenciada no cérebro espiritual.

Em suma, das incorruptíveis luzes filosóficas promanam as bases científicas preeminentes e os sentimentos morais inerentes ao intérmino evolver. A filosofia transcendente minucia e assimila, organiza e sintetiza o conhecimento acumulado; a ciência metafísica, como semente oriunda das excelsas matrizes filosóficas, produz o discernimento como substrato do conhecimento lucidamente testificado, posto que a moral, que define o comportamento e o caráter do cidadão consciente e responsável, emerge ou emergirá das fulgurações luminescentes da ciência qualificada pelo saber incontestte e pelo irrefreável *devir* proativo e resiliente, estatuindo, em cada etapa, as bases indeléveis da intuição proeminente. Em síntese, "a fé é o firme fundamento das coisas que se esperam, e a prova das coisas que se não veem" (Hebreus 11:1), ou seja, a fé é o corolário da florescência filosófica e da frutescência científica; "a razão é uma faculdade superior, destinada a esclarecer-nos sobre todas as coisas. Como todas as outras faculdades, desenvolve-se e se engrandece pelo exercício".[61] Assim sendo, a ação meritória é originária do esforço bem direcionado, auréola da fé lucidamente edificada, e, consequentemente, qualifica os substratos constitutivos dos pilares da intuição ativa, oriundos das essências diretivas de suas precursoras. A "intuição é a transformação do ser em Evangelho Vivo, é a total entrega ante a certeza de que o Cristo é a essência que nutre e norteia a consciência".[62] Enfim, todo aquele que suplanta, proativamente, tais estágios que antecederam a intuição autêntica, desaguando-os no âmago de seu reino interior, poderá afirmar, em alto e bom som, eu e o Pai somos um: a Sua será sempre a minha vontade.

Allan Kardec, o bom senso encarnado, o autor da fé raciocinada, o precursor da fé vivenciada e beneficiário da intuição por ele edificada, sintetizou brilhantemente o seu significado e o substrato do qual a fé se reveste (*ESE*, cap. 19, itens 2, 3 e 11 – Rio de Janeiro: Petit, 1999):

> A fé robusta dá a perseverança, **a energia e os recursos que fazem vencer os obstáculos,** tanto nas pequenas quanto nas grandes coisas.
>
> Noutro sentido, entende-se como fé **a confiança que se tem no cumprimento de uma coisa, na certeza de atingir um objetivo.** Ela dá uma espécie de lucidez, que faz ver, pelo pensamento, **os fins que se tem em vista e os meios para atingi-los,** de modo que quem a possui caminha, por assim dizer, com total segurança. Num como noutro caso, ela leva a realizar grandes coisas.
>
> A fé, para ser proveitosa, deve ser ativa; não deve ficar adormecida. Mãe de todas as virtudes que conduzem a Deus, deve velar atentamente pelo desenvolvimento de suas próprias filhas.
>
> A esperança e a caridade são resultantes da fé; essas três virtudes formam uma trindade inseparável.
>
> A fé, inspiração divina, desperta todos os nobres sentimentos que conduzem o homem para o bem e é a base da sua renovação.
>
> Tende fé com o que ela tem de belo e de bom, em sua pureza e em sua racionalidade. Não vos conformeis em aceitar a fé sem comprovação, filha

---

[61] Denis, L. Fé, Esperança e Consolações. In: *Depois da Morte*. 5ª parte. cap. 44.
[62] Camargo, Sebastião. Introdução. In: *O Despertar da Consciência – do Átomo ao Anjo*.

cega da cegueira. **Amai a Deus, mas sabei por que O amais. Acreditai em suas promessas, mas sabei por que credes nelas. Segui nossos conselhos, mas conscientes do objetivo que vos mostramos e dos meios que indicamos para o atingir.** Acreditai e esperai sem nunca fraquejar: os milagres são obras da fé (grifos nossos).

A razão seleciona, analisa e compara; a fé cientifica, aplica e aprimora; a intuição sintetiza os acúmulos intelectivos e as consequências morais advindas das bases antecessoras, transmutando luzes diretivas para as atividades porvindouras. Não por acaso, Augusto dos Anjos poetiza: "Penetrai os caminhos interiores, onde a consciência ensina, ampara e exorta; lá dentro, encontrareis a chave e a porta para o mundo de excelsos resplendores."[63] Esses caminhos interiores, por meio dos quais a consciência ampara, exorta e ensina, constituem-se da fusão dos conteúdos inerentes às abstrações transcendentes, ínsitas nos corpos mental e emocional superiores. Em tal ambiência, o emocional acolhe e o mental estimula e ambos ensinam os futuros caminhos a perfazerem-se, por se tratar do coração do Espírito imortal, no qual os sentimentos cumularam o poder de criar, de edificar, de alimentar e de iluminar o tentame que se almeja. Portanto, é no âmago do ser, isto é, no oásis intuitivo (espaços mnemônicos dos indeléveis registros *Akáshicos*) que usualmente encontraremos as chaves de nossos destinos. Assim sendo, sempre será em nosso interior (no Reino de Deus em nós, no caminho nobre e lucidamente percorrido) que encontraremos as respostas precisas e seguras, visando ao esclarecimento de todas as indagações pertinentes ao introito em foco, que são as sínteses virtuosas das boas resoluções tomadas pelo Espírito na sua incomensurável peregrinação, as quais haverão de nos nortear e de nos capacitar para o lavor intransferível e inadiável que culminará em logros plenos. Consequentemente, facultar-nos-ão a possibilidade de nos inundar das perenes benesses alusivas aos excelsos resplendores da Consciência Cósmica em nosso favor. Destarte, testifica-se que, uma vez iluminados ou fecundados pelas referências intuitivas do intérmino *devir* e das imensuráveis forças ou diretrizes inspirativas oriundas da Suprema Sabedoria, só nos resta retornar ao palco da vida transitória (finita), compor mais promissoras peças, construir novos e magníficos cenários, ensaiar os atores empenhados no enredo proativo e empunharmos a enxó, agarrar a charrua, tomar o arado e, sem olharmos para trás, executarmos, com fidelidade e resiliência incontestes, o papel que nos cabe representar como cocriadores no seio da vida. Somente assim, manteremos o livre trânsito

---

[63] Xavier, F. C.; Anjos, Augusto dos (Espírito). Acordai-vos. In: *Coletâneas do Além*. cap. 18.

entre o arquipélago da fé inquebrantável (a convicção do porvir exitoso), o oásis da razão transcendente (a criatividade sem limites) e o reino da intuição imperecível (os gozos inefáveis da serenidade imperturbável). Então, como cidadãos cósmicos, em perfeita comunhão e ressonância com a Munificência Divina, conquistado o passaporte vitalício, lograremos o direito e a liberdade de ir e vir.

Faz-se imprescindível lembrarmo-nos de que, a intuição pressente as premissas e antevê o evolver de cada etapa do *vir a ser* de um evento futuro, a proatividade antecipa o expediente previamente arquitetado para a edificação desse porvir pretendido e a resiliência se encarrega das corrigendas pertinentes e da execução do que foi indevida ou inadvertidamente protelado. Em suma, a intuição prevê o acontecimento do enredo porvindouro, a proatividade elabora a pauta do desfecho da antevisão e antecipa a ação subsequente, por fim, a resiliência faz acontecer o que foi previsto pela intuição, estatuído pela proatividade, mas que, por imaturidade, foi indevidamente postergado, ou seja, a resiliência dará um novo direcionamento sem mais procrastinações inconsequentes.

Emmanuel profetiza com perspicácia e maestria: "Se, realmente, desejas estender a claridade de tua fé, lembra-te de que o Mestre precisa crescer em teus atos, palavras e pensamentos, no convívio com todos os que te cercam o coração."[64] O reto pensar, o harmonioso sentir, o falar aprimorado e o agir irrepreensível tornam-se, desse modo, a prova inequívoca do clímax resultante da fé profundamente sentida e fielmente exercitada, que se faz o artífice dos sentimentos enobrecedores que se traduzem em força motriz da razão intuitiva e, consequentemente, no amálgama constitutivo das bases indeléveis e indefectíveis da lídima e perene intuição. Para Emmanuel, enquanto a "razão calcula, cataloga, compara, analisa; o sentimento cria, edifica, alimenta, ilumina". Para o referido autor, "a razão é o caminho humano" e "o sentimento é a luz divina".[65] Enquanto a razão aprimorada representa o intelecto lucidamente organizado, o sentimento sublimado se constituirá dos substratos que se configurarão nos pilares proeminentes da intuição proativa. De modo que, nesta escalada ascensional intérmina, os instintos se fazem os germes e se tornam os embriões, tanto da inteligência quanto dos sentimentos. No estatuto divino, está determinado, de forma inapelável, que, na Criação, tudo e todos os seres que compõem a magnificente e harmoniosa sinfonia da vida, ínsita em a Natureza e inerente a ela, tiveram a mesma origem conceptual (o sal

---

[64] Xavier, F. C.; Emmanuel (Espírito). Claridade. In: *Dicionário da Alma*. Parte C.
[65] Xavier, F. C.; Emmanuel (Espírito). Sentimento e razão. In: *Coletâneas do Além*. cap. 56.

da terra, a mônada primordial) e, fatalmente, terão a mesma destinação (a luz do mundo, do anjo ao incomensurável), inconcebível por ora, por tratar-se de um *continuum* infindo.

Segundo Léon Denis, "todos os poderes da alma se resumem em três palavras: querer, saber, amar". Querer, em sentido profundo, significa a convergência das forças inatas, sobretudo as que corroboram, diretamente, o fim que se pretende concretizar, as quais serão fecundadas pelas luzes inefáveis e inerentes aos páramos do conhecimento filosófico transcendente. Saber equivale à quintessência do discernimento científico experienciado. O saber se compõe do que há de mais nobre e belo, do amálgama oriundo da cientificação dos fatos e da conscientização lucidamente adquirida na ação. Amar é ser o que a filosofia transcendente identificou e sintetizou e o que a ciência prática comprovou e assimilou, por ser o amor a razão única do existir, o comportamento moral enobrecido, a força geradora e mantenedora da vida em todas as suas expressões. Eis, então, a síntese de todos os potenciais da alma: fé, razão e intuição – em seu campo de convergência unificadora.

Joanna de Ângelis enfatiza que "o querer é imprescindível e o crer essencial",[66] pois tudo é e sempre será possível àqueles que creem ardentemente, sem hesitar; amam intensamente, pelo prazer de amar; e servem incansavelmente só pelo fato de serem úteis ao contexto, de modo imparcial, espontâneo e incondicionalmente. Desse modo, nada será impossível àqueles que querem com veemência e intencionam com humildade; estes priorizam a honestidade e primam pela sinceridade, sabem e discernem a razão justa do seu íntimo querer e seguem intimoratos e fiéis as inspirações intuitivas, esforçando-se sobremaneira para serem o que almejam.

Com Meimei, percebemos a relevância da fé em Deus e em nós mesmos quando nos percebemos privados desse divino farol, pois "de todos os infelizes os mais desditosos são os que perderam a confiança em Deus e em si mesmos, porque **o maior infortúnio é sofrer a privação da fé e prosseguir vivendo** (grifo nosso)".[67] Em contrapartida, Léon Denis, iluminado pela razão inspirativa e conduzido pela fé intuitiva que lhe caracterizavam a consciência do porvir exitoso, acrescenta informações tão esclarecedoras quão encorajadoras para a motivação do discípulo ou do aprendiz comprometido com as sublimes diretivas norteadoras de sua busca, a fim de facilitar-lhe a reconquista do patrimônio que porventura haja perdido ou de que se aperceba desprovido. Para esse fim, disponibili-

---

[66] Franco, D. P.; Joanna de Ângelis (Espírito). Saúde Integral. In: *Momentos Enriquecedores*. cap.15.
[67] Xavier, F. C.; Meimei (Espírito). Confie Sempre. In: *Cartas do Coração*. cap. 65.

zam-se os estímulos imprescindíveis, motivando-nos à reconquista meritória da fé racional ou à edificação consciente do pleito elencado e ciente das responsabilidades correlacionadas ao grandioso empreendimento elegido pela razão intuitiva:

> A fé é a confiança da criatura em seus destinos, é o sentimento que a eleva à infinita Potestade, é a certeza de estar no caminho que vai ter à verdade. A fé cega é como farol cujo vermelho clarão não pode traspassar o nevoeiro; a fé esclarecida é foco elétrico que ilumina com brilhante luz a estrada a percorrer.
>
> Ninguém adquire essa fé sem ter passado pelas tribulações da dúvida, sem ter padecido as angústias que embaraçam o caminho dos investigadores. Muitos param em esmorecida indecisão e flutuam longo tempo entre opostas correntezas. **Feliz quem crê, sabe, vê e caminha firme. A fé então é profunda, inabalável, e habilita-o a superar os maiores obstáculos.**
>
> [...] a verdadeira fé está na convicção que nos anima e nos arrebata para os ideais elevados. [...] é a visão do sublime farol aceso pela mão divina nos alcantis eternos, a fim de guiar a Humanidade ao Bem e à Verdade. **Se, de uma extremidade a outra do mundo, todas as almas comungassem nessa fé poderosa, assistiríamos à maior transformação moral que a História jamais registrou.**
>
> Mas todo ânimo sincero, que procura a fé e a verdade, há de encontrá-la na revelação nova. **Um influxo celeste estender-se-á sobre ele a fim de guiá-lo para esse sol nascente, que um dia iluminará a Humanidade inteira** (grifos nossos).[68]
>
> Alcançando o fim da vossa fé, que é a salvação da vossa alma (I Ped. 1:9).
>
> O objetivo da fé constitui realização mais profunda. É a "salvação" a que se reporta a Boa Nova, por excelência. E como Deus não nos criou para a perdição, **salvar, segundo o Evangelho, significa elevar, purificar e sublimar,** intensificando-se a iluminação do Espírito para a Vida eterna (grifo nosso).[69]
>
> A fé é, pois, uma disposição da alma, que às vezes cura a si mesma em instantes, modalidade essa que se torna difícil de ser descrita por nós. **São momentos de conscientização divina, quando o comando central da alma é completamente obedecido por todo o sistema celular,** como agente de vida a garantir o equilíbrio orgânico (grifo nosso).[70]
>
> O homem sem fé é semelhante a barco sem bússola em oceano imenso.
>
> A fé pode ser comparada a uma lâmpada acesa colocada nos pés, clareando o caminho.
>
> Sustenta a tua fé com a lógica do raciocínio claro.
>
> Concede-lhe tempo mental, **aprofundando reflexões em torno da vida e da sua superior finalidade.**

---

[68] Denis, L. Fé, Esperança e Consolações. In: *Depois da Morte*. 5ª parte. cap. 44.
[69] Xavier, F. C.; Emmanuel (Espírito). Objetivo da Fé. In: *Vinha de Luz*. cap. 92.
[70] Maia, J. N.; Miramez (Espírito). Consciência instintiva. In: *Força Soberana*. cap. 12.

Exercita-a, mediante a irrestrita confiança em Deus e na incondicional ação do bem.

A fé é campo para experiências transcendentes, que dilatam a capacidade espiritual do ser.

Com o dinamismo que a fé propicia, cresce nas tuas aspirações, impulsionando a vontade na diretriz da edificação de ti mesmo, **superando impedimentos e revestindo-te de coragem com que triunfarás nos tentames da evolução.**

Conforme a intensidade da tua fé, agirás, fazendo da tua vida aquilo em que realmente acreditas (grifos nossos).[71]

Propondo ir além do trivialmente estatuído para o intento em evidência e do perifericamente alcançado ou compreendido até o momento, Léon Denis prossegue com a altivez racional proeminente:

A fé religiosa, assentada nas sólidas bases da razão, constitui equipamento de segurança para a travessia feliz da existência corporal.

Luz acesa na sombra, aponta o rumo no processo humano para a conquista dos valores eternos.[72]

A razão é uma faculdade superior, destinada a esclarecer-nos sobre todas as coisas. **Como todas as outras faculdades, desenvolve-se e se engrandece pelo exercício.** A razão humana é um reflexo da Razão eterna. É Deus em nós, disse São Paulo. [...] **Querer substituir a razão pela fé é ignorar que ambas são solidárias e inseparáveis, que se consolidam e vivificam uma à outra.** A união de ambas abre ao pensamento um campo mais vasto: harmoniza as nossas faculdades e traz-nos a paz interior.

A fé é mãe dos nobres sentimentos e dos grandes feitos. O homem profundamente firme e convicto é imperturbável diante do perigo, do mesmo modo que nas tribulações. Superior às lisonjas, às seduções, às ameaças, ao bramir das paixões, **ele ouve uma voz ressoar nas profundezas da sua consciência,** instigando-o à luta, encorajando-o nos momentos perigosos.

Para produzir tais resultados, a fé necessita repousar na base sólida que lhe oferecem o livre exame e a liberdade de pensamento (grifos nossos).[73]

Emmanuel define, com a clareza própria de seu raciocínio angelizado, tanto os matizes dos atributos indeléveis quanto as nuances dos pilares da razão qualificada e, simultaneamente, explicita e contextualiza as fundações e a essência resultante da fé conscientemente vivenciada:

A **razão** calcula, cataloga, compara, analisa.

O **sentimento** cria, edifica, alimenta, ilumina.

---

[71] Franco, D. P.; Joanna de Ângelis (Espírito). Força da Fé. In: *Episódios Diários*. cap.45.
[72] Franco, D. P.; Joanna de Ângelis (Espírito). Força da Fé. In: *Episódios Diários*. cap.45.
[73] Denis, L. Fé, Esperança e Consolações. In: *Depois da Morte*. 5ª parte. cap. 44.

A **primeira** é o homem que termina laboriosa etapa evolutiva. O **segundo** é o anjo que começa, nas suas manifestações iniciais, a caminho da espiritualidade pura.

A razão é o **caminho humano**. O sentimento é a **luz divina** (grifos nossos).[74]

Sem dúvida, o eminente Carlos Torres Pastorino foi o teólogo mais bem equipado e qualificado do último século. Foi Pastorino quem mais se aproximou do espírito da letra, ínsito nos inefáveis ensinos da Boa Nova do Cristo Jesus, implícito nas entrelinhas de suas máximas de incomensuráveis grandezas e inserido nas dobras mnemônicas de suas parábolas de inenarráveis riquezas em suas complexidades. Levados a efeito pelas vias da fé racional inspirativa do saber consciente (discernimento qualificado) e da intuição iluminativa oriunda do ser, isto é, do Evangelho personificado, seus estudos legaram inestimável patrimônio intelectual, ético, moral e espiritual à consciência humana:

> Entre a Individualidade e a Personalidade existe uma ponte, através da qual a consciência "pequena" da Personalidade (única ativa e consciente no estágio atual das grandes massas humanas) pode comunicar-se com a consciência "superior" da Individualidade (que os cientistas começam a entrever e denominam ora "superconsciente", ora "inconsciente profundo"). Essa ponte é chamada de INTUIÇÃO.
>
> Podemos, portanto, definir a INTUIÇÃO como "o contato que se estabelece entre a mente espiritual (individualidade) e o intelecto (personalidade)".
>
> Em outras palavras, é o afloramento do superconsciente no consciente atual.[75]
>
> **É na extensão e desenvolvimento crescente desse sentido espiritual que está a lei de nossa evolução psíquica, a renovação do ser, o segredo de sua iluminação interior e progressiva.** Por ele nos desapegamos do relativo e do ilusório, de todas as contingências materiais, para nos vincularmos cada vez mais ao imutável e absoluto.
>
> Por isso a ciência experimental será sempre insuficiente, a despeito das vantagens que oferece e das conquistas que realiza, se não for completada pela **intuição,** por essa espécie de adivinhação interior que nos faz descobrir as verdades essenciais. **Há uma maravilha que se avantaja a todas as do exterior. Essa maravilha somos nós mesmos; é o espelho oculto no homem e que reflete todo o universo.**
>
> Aqueles que se absorvem no estudo exclusivo dos fenômenos, em busca das formas mutáveis e dos fatos exteriores, procuram, muitas vezes bem longe, essa certeza, esse criterium, que está neles. **Deixam de escutar as vozes íntimas, de consultar as faculdades de entendimento que se desenvolvem e apuram no estudo silencioso e recolhido.** É essa a razão

---

[74] Xavier, F. C.; Emmanuel (Espírito). Sentimento e razão. In: *Coletâneas do Além*. cap. 56.
[75] Pastorino, C. T. O Prólogo de Lucas. In: *A Sabedoria do Evangelho*. V. 1.

pela qual as coisas do invisível, do impalpável, do divino, imperceptíveis para tantos sábios, são percebidas às vezes por ignorantes. **O mais belo livro está em nós mesmos; o infinito revela-se nele.** Feliz daquele que nele pode ler (grifos nossos)![76]

Em suma, o caminho claro, seguro e inequívoco é demonstrado de forma magistral, profunda e abalizadamente concisa, no néctar que sorveremos da súmula que somente a lucidez ímpar de Pietro Ubaldi poderia organizar com tamanha clareza:

> Se souberdes transferir o centro de vossa personalidade para essas camadas profundas, sentireis revelar-se em vós novos sentidos, uma percepção anímica, uma faculdade de visão direta; esta é a **intuição** [...]. **Purificai-vos moralmente** e refinai a sensibilidade do instrumento de pesquisa, que sois vós, e só então podereis ver (grifo nosso).[77]
>
> Não se trata de somar fatos, observações e descobertas; de multiplicar as conquistas de vossa ciência; **trata-se de mudar-vos a vós mesmos.** Não mais o lento e imperfeito mecanismo da razão, **mas da intuição rápida e profunda.** Não mais projeção da consciência para o exterior, por meios sensórios que apenas tocam a superfície das coisas, mas expansão em direção totalmente diversa, para o interior: percepção anímica direta, **contato imediato com a essência das coisas** (grifos nossos).[78]

Resumindo, das forças de atração e de repulsão aos imponderáveis reinos naturais e aos insondáveis sub-reinos sequentes, tudo cresce e evolui em todas as expressões do ser e do saber. A ação mais evidente dessas leis se observa no reino mineral, no qual nasce a sensibilidade que se torna proeminente no reino vegetal, onde se originam os instintos que formam os alicerces embrionários das bases constitutivas da consciência germinal e condutora do reino animal. Do instinto ascendente, nascem os germes do sentimento e da inteligência no reino animal e, da evolução de ambos, emerge o império da razão no pré-humano, como agente condutora, quando se inicia o estágio inaugural da forma humana e, por conseguinte, da humanização (o *homo sapiens sapiens,* isto é, o homem que sabe o que sabe). Dos estados conceituais da razão esclarecida e, consequentemente, da fé lucidamente raciocinada, pouco a pouco, emergem os fundamentos imorredouros da intuição permanente, originária das placentas éticas e morais da fé vivenciada. Via de regra, a ética se constitui de um conjunto de normas superiores, estatuídas pela razão enobrecida pelo amor compassivo, enriquecida pela justiça imparcial e iluminada pela caridade

---

[76] Denis, L. As potências da alma: A consciência - O sentido íntimo. In: *O Problema do Ser, do Destino e da Dor.* 3ª parte, cap. 21.
[77] Ubaldi, P. Intuição. In: *A Grande Síntese.* cap. 2.
[78] Ubaldi, P. Consciência e Superconsciência. Sucessão dos sistemas tridimensionais. In: *A Grande Síntese.* cap. 37.

libertária. Por conseguinte, moral é a aplicação das normas preestabelecidas pelas luzes do amor equânime e incondicional que compreende sem conivência, dos estímulos da justiça transcendente e imparcial que corrige sem prepotência e pela excelência da caridade sublime e divinizante que ilumina e liberta pelo mérito de suas ações promotoras. Corroborando a pauta em questão e enriquecendo as ideias elencadas, Emmanuel assim se pronuncia: "O instinto e a inteligência pouco a pouco se transformam em conhecimento e responsabilidade e semelhante renovação outorga ao ser mais avançados equipamentos de manifestação...".[79] Quando afirmamos *"em todas as dimensões do ser e do saber"*, equivale a dizer que a vida é conhecimento em construção a caminho da plenitude e plenitude é vida se qualificando em perpétuo dinamismo ascensional. Portanto, o ser é a soma de vidas incontáveis e do saber a elas inerentes. O saber particular de cada qual equivale aos estágios galgados pela singularidade da sua vida em seu intérmino evolver. Por exemplo, um átomo é um aglomerado de forças vivas. Assim sendo, percebe-se, clara e inequivocamente, que as informações que se traduzem em conhecimento se constituem de aglomerações das microvidas componentes dos fluidos universal ou cósmico, da matéria mental, da bioenergia, das substâncias infra-atômicas, subatômicas, intra-atômicas, atômicas e moleculares em profusão, assim como das inúmeras e complexas experiências qualificativas de sua consciência coesa.

Noutra obra, Emmanuel enfatiza: "Em qualquer providência e em qualquer opinião, somos sempre a soma de muitos. Expressamos milhares de criaturas e milhares de criaturas nos expressam".[80] Ora, se uma "providência" se constitui de conhecimentos originários dos instintos e da inteligência, tanto quanto uma "opinião", em qualquer colóquio, verbalizado ou não, para a construção de tais estruturas, deduz-se que um número imensurável de criaturas semiconscientes coexiste, coabita e evolui na expressão do conjunto. Se todas essas criaturas são multidimensionais, infere-se que tudo é vivo e vivificante. Portanto, não existe vida sem consciência nem consciência sem vida em parte alguma,[81] desde os mais ínfimos fascículos da luz monádica conceptual à mais complexa reunificação destas na composição dos submundos mnemônicos dos bits e, consequentemente, no oásis consciencial dos bytes, no oceano do conhecimento, ínsitas nas entrelinhas das palavras, no arquipélago inspirativo das frases, na

---

[79] Xavier, F. C.; André Luiz (Espírito). Conversação edificante. In: *Entre a Terra e o Céu*. cap. 21.
[80] Xavier, F. C.; Emmanuel (Espírito). Associação. In: *Pensamento e Vida*. cap. 8.
[81] Miranda, H. C. Em busca de um psiquismo na matéria: O dentro e o fora das coisas e dos seres vivos. In: *Alquimia da Mente*. cap. 3, item 2.

floresta vivificante dos parágrafos, dos corpos e sistemas estelares imersos nas dobras dimensionais das páginas, nas constelações imorredouras dos itens, nas galáxias multiformes dos capítulos, nos berçários cósmicos dos livros, nas nebulosas das enciclopédias, nos universos das livrarias, nas dimensões das bibliotecas; ainda inerentes às placentas mnemônicas, ínsitas nos microtúbulos indissociáveis das estruturas cromossômicas, por tratar-se dos componentes constitutivos do citoplasma e do neoplasma celular e assim sucessivamente. Em suma, a unidade estrutural e consciencial da forma humana provém do complexo entrelaçamento dos imensuráveis estados da consciência embrionária fragmentada, da complexidade das experiências imorredouras (indissociáveis do processo) e das incessantes permutas inerentes às leis de progresso e de evolução, ínsitas em cada qual e unas na regência da coletividade respectiva e de seus arquétipos esporádicos e permanentes. Essas experiências e permutas incessantes, por determinação da Lei Natural, tornam-se a lei racional, norteadora de cada fração inerente à variedade e à força propulsora que norteia o destino das miríades de microunidades (micro-organismos) que compõem a unidade mais vasta (macro-organismo), isto é, cada unidade mais ampla (macro-cosmo) e complexamente organizada é constituída de unidades menores (microcosmo), que são aglomerados de unidades ainda mais ínfimas (dimensão quântica infra-atômica).

    A peregrinação inconteste do espírito, como matéria-prima do cosmos em seu estado conceptual e a resultante edificação da consciência germinal do Espírito, como ser imortal, é uma fatalidade da qual ninguém se eximirá. Recém-saídos do Psiquismo Divino, desde os estágios primevos nos reinos imponderáveis, as mônadas ou os princípios inteligentes estruturam a base fundamental do universo dos fluidos que compõem os mundos e os seres, os corpos e as almas. Em seu percurso, metamorfoseiam-se, ao mesmo tempo em que se aformoseiam e se adensam, segundo as leis, até a composição dos elementos infra-atômicos, subatômicos, atômicos e intra-atômicos, sendo, desse modo, elementos essenciais na edificação do reino mineral e das primitivas estruturas moleculares, assim como das consciências celulares em ascensão, da formação dos tecidos e da elaboração dos órgãos – frutos do seu complexo entrelaçamento e de sua completa e irrestrita observância das leis normatizadoras. Também são essenciais na edificação dos sistemas constitutivos do corpo do homem, por sua união e obediência harmônica e estruturação de todos os implementos inerentes à meticulosa individualização do ser humano em sua escalada rumo à angelitude – a intérmina individuação.

É da Lei que todas as forças devem evoluir com as nossas almas, de modo que todos os elementos que compõem os veículos de expressão do Espírito, fatalmente, transformar-se-ão em sentimentos enobrecedores, base estrutural das sublimes virtudes atinentes à sua consciência. Mais além, Emmanuel acrescenta: a razão "é o homem que termina laboriosa etapa evolutiva"; o sentimento "é o anjo que começa, nas suas manifestações iniciais, a caminho da espiritualidade pura".[82] Originaram-se como elementos constitutivos da estrutura-base dos fluidos primevos, como as partículas infinitesimais constitutivas do sal da terra, e fatalmente, culminarão como frações luminescentes que se unificarão como ser imortal e consciência eterna à luz do mundo exponencial.

Joanna de Ângelis afirma, com veemência: "Há uma necessidade urgente de estudos mediúnicos na área psicológica, a fim de poder-se auxiliar o desenvolvimento do ser humano com mais eficiência, facultando-lhe a conquista da totalidade: o ser físico, psíquico, emocional e, sobretudo, espiritual, que é."[83] O apelo estímulo do venerando Espírito, por intermédio da urgente e ingente necessidade (a filha dileta dos anseios), ecoa nos mais íntimos refolhos da consciência em alerta e nas fibras mais sensíveis dos corações doridos. Se o ser humano – segundo a visão da autora – é um conjunto de experiências que lhe formam o caráter e a personalidade, torna-se fácil a compreensão inequívoca de que tudo é vivo e sente. Consequentemente, todas as expressões de vida têm a sua consciência individual, que se traduz em conhecimentos acumulados ininterruptamente. Portanto, todo pensamento articulado gera uma forma de vida correspondente. Ninguém consegue pensar ou expressar o mais discreto pensamento sem interagir com vidas incontáveis inerentes às frequências vibracionais em cujas entranhas coabitam e coexistem seres multiformes. Enfim, por meio das incessantes permutas atreladas ou correlatas às leis que determinam o auxílio mútuo, segundo as necessidades de cada ser, tudo evolui e se aperfeiçoa no útero da Natureza, no palco ou na sinfonia da Vida, da periferia ao âmago da Superconsciência – o ser físico e perispirítico, o ser psíquico e o emotivo, o ser mental e o intelectivo e, sobretudo, o ser moral e o espiritual que é.

Emmanuel corrobora o convite, enfatizando: "Paz não é inércia e sim esforço, devotamento, trabalho e vigilância incessantes a serviço do bem."[84] Se paz não é sinônimo de inércia, deduz-se que a paz é um estado

---

[82] Xavier, F. C.; Emmanuel (Espírito). Sentimento e razão. In: *Coletâneas do Além.* cap. 56.
[83] Franco, D. P.; Joanna de Ângelis (Espírito). 2ª parte (Introdução): Os Desafios da Jornada. In: *Espelhos da Alma*: Uma Jornada Terapêutica.
[84] Xavier, F. C.; Emmanuel (Espírito) No sustento da paz. In: *Palavras de vida eterna.* cap. 45.

de consciência tranquila à luz do dever fielmente cumprido, posto que "o dever é a obrigação moral, primeiro para consigo mesmo e, em seguida, para com os outros". Infere-se que "o dever é a lei da vida: encontra-se desde os menores detalhes, assim como nos mais elevados atos". De modo que "suas vitórias não têm testemunhos e suas derrotas não estão sujeitas à repressão". Incontestavelmente, "o dever reflete, na prática, todas as virtudes morais; é uma fortaleza da alma que enfrenta as angústias da luta; é severo e dócil; pronto para dobrar-se às diversas complicações, mas permanece inflexível perante suas tentações". Em suma, o dever é o aguilhão da consciência, o guardião da integridade interior, ao mesmo tempo em que a adverte, serve-lhe de sustentáculo, mas permanece muitas vezes impotente perante os enganos da paixão. Enfim, "o homem que cumpre seu dever ama mais a Deus do que às criaturas, e às criaturas mais do que a si mesmo. É, ao mesmo tempo, juiz e escravo em sua própria causa" (Lázaro – *ESE*. Cap. 17, item 7 – São Paulo: Petit, 1999). Portanto, trata-se de um conjunto de ações bem coordenadas à luz do devotamento, da dedicação empenhada para lograr êxito nesse desiderato. Assim sendo, o trabalho consciente, coadjuvado pela vigilância irrestrita e pelo serviço dedicado ao bem fecundo, traduzir-se-á em intérminas benesses a favor do contexto em que coabitamos, pois "o bem de todos é o eterno princípio".[85] A esse respeito, Marco Prisco ressalta: "Há virtude sempre que há resistência voluntária ao arrastamento dos maus pendores."[86] Todo aquele que trabalha em favor do Bem Eterno, isto é, da Lei Suprema, já está construindo as resistências inibidoras do alastramento do mal em evidência, pois sempre haverá mérito para os que se esmeram no propósito de resistir às investidas do mal, priorizando, inquestionavelmente, os estímulos superiores em seu favor. Francisco Cândico Xavier, com a clareza de sua lúcida e iluminada consciência, face aos milenares conteúdos e características que lhe são próprios, por ter galgado imensuráveis degraus do ser e do saber operantes, com sua grandeza d'alma esclarece-nos: "À medida que o Espírito aprimora os seus conhecimentos da Doutrina e procura realizar a sua reforma íntima, a tendência é que se torne mais sensível à comunicação direta com Espíritos de um maior nível evolutivo."[87] Dando asas à nossa imaginação e ampliando o seu próprio pensamento, lembramos que é fato incontestável a possibilidade de que, além da comunicação direta com outros luminares de semelhante jaez, poderíamos, com extrema facilidade, dialogar diretamente com a nossa própria essência consciencial.

---

[85] Xavier, F. C.; Vieira, W.; André Luiz (Espírito). Fluido cósmico. In: *Evolução em dois Mundos*. cap. 1.
[86] Franco, D. P.; Marco Prisco (Espírito). Modificações renovadoras. In: *Legado Kardequiano*. cap. 45.
[87] Xavier, F. C.; Pinga-fogo 2: Como morrer com tranquilidade. In: *Pinga Fogo*. cap. 28. p. 194.

Para Allan Kardec, o bom senso encarnado, a lucidez em pessoa, *"A fé é o sentimento que nasce com o homem sobre o seu destino futuro"*.[88] Assim sendo, o tão decantado esquecimento do passado precisa urgentemente ser melhor compreendido, pois, segundo o autor, *"É a consciência que ele tem das suas imensas capacidades, cujo gérmen foi nele depositado, a princípio adormecido, e que lhe cumpre, no tempo, fazer germinar e crescer por força de sua vontade ativa"*. Na essência, mesmo antes de encarnar, o Espírito já a possui por antecipação e a alma com ela renasce (em forma de sementes das possibilidades vindouras, para cuja germinação, florescência e frutescência a alma se capacitará no tempo devido), a fim de animar o corpo do homem, com total ou parcial autonomia, dependendo do conhecimento acumulado pelo Espírito e da fidelidade da alma em plena edificação e floração estrutural. Miramez esclarece que "a natureza, sendo sábia, cria vários corpos para que a mensagem do Espírito seja dada e o aprendizado da alma consumado".[89] Assim, para fazer a fé "germinar e crescer, florescer e frutificar", o que lhe falta tão somente é o desenvolvimento de algo que nele jaz, isto é, de uma ínfima partícula singular: a intuição. Não por acaso, Hammed enfatizara: "Cada indivíduo possui um canal sapiencial que pode entrar em sintonia com a fonte abundante da sabedoria universal."[90] Esse canal sapiencial, inequivocamente, é a intuição. Se nos será possível entrar em contato com a fonte geratriz e tudo quanto nela existe, será fácil estabelecermos um intérmino colóquio com a fonte da qual diretamente proviemos. O amor e a sabedoria são frações de semelhante valor, por dimanarem do mesmo foro consciencial. Deve ser este o motivo pelo qual Hammed grafou, em páginas perenes, tão lúcida revelação: "O sábio tem a capacidade de se autogovernar, uma vez que, ao penetrar na essência das coisas, analisa-as e sintetiza-as sem prejulgamentos, utilizando somente a própria coerência e a autenticidade provenientes de seu reino interior." Mais uma vez, evidencia-se a excelsa capacidade intuitiva. Dissemos alhures que não haveria a menor possibilidade, tampouco a mais ínfima probabilidade, de amarmos algo pelo qual nos faltasse o devido respeito e, ao mesmo tempo, que ninguém respeitaria o que lhe fosse desconhecido. Sábio sempre será todo aquele que admitir e reconhecer a própria ignorância, num gesto proeminente de extrema humildade, e, por extensão, exercitar a honestidade para consigo e para com todos, em todas as nuances das metas por ele eleitas e, por conseguinte, entoar o hino da sinceridade nos propósitos íntegros e enobrecedores à luz das leis universais que regem a

---

[88] Kardec, A.; Um Espírito Protetor (Espírito). A fé divina e a fé humana. In: *O Evangelho Segundo o Espiritismo.* cap. 19, item 12.
[89] Maia, J. N.; Miramez (Espírito). In: *Filosofia Espírita.* V.12. cap. 44.
[90] Espítio Santo Neto, F.; Hammed (Espírito). Sabedoria. In: *Os Prazeres da Alma.* cap. 1.

sinfonia da vida, propiciando a cada um segundo as suas aptidões mais bem qualificadas e os seus esforços bem direcionados. Por fim, se valer da fidelidade como laurel em torno dos sempiternos ideais de autoiluminação, de equanimidade e de amor incondicional.

Faz-se imprescindível tomar ciência de que "todo o conhecimento humano começou com intuições, passou daí aos conceitos e terminou com ideias (*Immanuel Kant*)"[91] e, contiguamente, adquirir consciência de que "ninguém pode ensinar caminhos que não haja percorrido. Por isto, a mediunidade mais estável e mais bela começa, entre os homens, no império da Intuição Pura".[92] À vista de incontestes e inegáveis perquirições, fácil se nos torna preitear o néctar do perene aprendizado inerente ao âmago indizível do querer sincero face à necessidade intrínseca de fruir as lídimas benesses transcendentes do oásis imorredouro do saber profundo, ante a impostergável incumbência de levarmos a efeito a pauta intransferível do bem viver consoante às inexoráveis e inamovíveis diretivas do Evangelho Cósmico em Espírito Verdadeiro. Posto que, o fanal e o estoicismo de todo o aprendiz dedicado, do discípulo fiel e do apóstolo comprometido com a Causa Crística, é a conquista inalienável dos píncaros inefáveis da Intuição Pura ou mediunidade que sorve a essência do tesouro do conhecimento imperecível diretamente da fonte imarcescível da Sempiterna Verdade libertária.

Não por acaso, Emmanuel, Hammed e Nicanor enfatizam, com profundo amor e com extrema sabedoria, ante o já dito:

> Que se deve fazer para o desenvolvimento da intuição?
> O campo do estudo perseverante, com o esforço sincero e a meditação sadia, é o grande veículo de amplitude da intuição, em todos os seus aspectos.[93]
>
> Como efeito inevitável, a inspiração superior vem trabalhando em nome dessa Lei, para que o Espírito modele as asas para a ascensão, através de disciplinas morais e sociais, mediante as quais aprende a dominar os impulsos e racionalizá-los, para que no futuro consiga introjetar o sentimento profundo do amor e, mergulhado conscientemente na Lei Natural, consiga utilizar-se da intuição ou comunicação direta com o Pensamento Universal espraiado em toda parte, ascendendo aos planos da felicidade que almeja.[94]

---

[91] Disponível em: < https://www.pensador.com/frase/NzA1OQ/>. Acesso em 31 de julho de 2022.
[92] Xavier, F. C.; André Luiz (Espírito). Mediunidade. In: *No Mundo Maior*. cap. 9.
[93] Xavier, F. C.; Emmanuel (Espírito). Vida: Aprendizado. In: *O Consolador*. 2ª Parte. cap. 1, item 2, p 122.
[94] Franco, D. P.; Joanna de Ângelis (Espírito). Soberanas leis. In: *Jesus e o Evangelho à luz da psicologia profunda*. cap. 1.

Felizes nos sentimos quando percebemos que já não nos é necessário conduzir e nem mesmo sugerir as providências capazes de garantir a vitória do bem na esfera de ação de nossos amigos encarnados. **Cumpre-se nossa tarefa integralmente quando a tutela que exercíamos sobre nossos irmãos encarnados é, por força de seu progresso, transferida para a esfera da Intuição Pura,** desenvolvida no hábito salutar da meditação e da realização com o Senhor.

Não queremos autômatos nem tutelados. Desejamos amigos na Terra, capazes de realizarem conosco todo o bem que seja de desejar em cada momento da evolução. **Desejamos que sejam capazes de obter o próprio suprimento de forças em suas reservas espirituais** e que a nós só reste o simples papel de assessores. Eis que nos encontramos tranquilos quando podemos confiar na formação adequada de médiuns estudiosos e aplicados.

Já não haverá necessidade de interferências evidentes e constantes do plano espiritual externo, pois **o campo espiritual interno estará habilitado a encontrar, por seus próprios recursos,** os elementos da sadia concretização do bem.

Mediunidade, então, **será sinônimo de planos interpenetrados no campo mais elevado do Espírito,** deixando de ser fenômeno incomum e passageiro para **constituir-se numa forma de ser do medianeiro fiel e afinado com as esferas a que se liga na Espiritualidade.**

Esta é, a nosso ver, a mais preciosa forma de mediunidade, que **podemos denominar mediunidade direta,** pois se firma no **intercâmbio entre a alma e a Vida,** independente de tutela imediata de seres desencarnados. **É o produto da afinação obtida entre a alma e a Criação.** Essa sintonia lhe garante então **maior ligação com as vibrações do Amor Cístico,** com todos os Espíritos que nessa faixa se situam e que continuarão a procurar **contato cada vez mais seguro com a alma que souber crescer em grau de espiritualização com o Senhor da Vinha,** ao qual todos os recursos pertencem.

A mediunidade integral e direta precisa ser a meta de todas as almas empenhadas na renovação geral da humanidade terrena (grifos nossos).[95]

Sendo a humildade a base essencial de todas as virtudes em construção e em constante processo de sublimação (Confúcio), a consciência, a sua estrutura fundamental para o acúmulo das glórias porvindouras atinentes ao seu lavor (Francis Bacon) e a paciência a inequívoca e imprescindível arquiteta ordenadora desse condomínio consciencial em expansão (Joanna de Ângelis), acrescentamos com ciência, por conseguinte, que a honestidade é a alavanca propulsora mediante o já realizado. A sinceridade e a fidelidade ante o que pretendemos *vir a ser*, sendo elementos indissociáveis para lograr êxito em tal intento, com o fito de seguir com disciplina e, devotadamente, as diretrizes inspirativas e intuitivas, fatalmente, virão em nosso favor.

---

[95] Marques, América Paoliello.; Nicanor (Espírito). Mediunidade: conexões com o Mundo Inconsciente Interno e com o Mundo Espiritual. In: *Transmutação de Sentimentos*. 3ª parte. cap. 1.

Em suma, quando a alma, como centro da personalidade atuante tomar ciência de sua realidade imperecível e se conduzir com sabedoria e profundo empenho, esmero e lucidez, equanimidade sem mácula, com perene devoção à sua Consciência-mater e mergulhar (imergir) conscientemente nos seus inatos e inebriantes recursos, o oásis insculpido no âmago do ser milenarmente constituído, a Supraconsciência, então se integrará ao reino interior do qual promana e poderá afirmar, em alto e bom som: *"Dos abismos insondáveis das mônadas primevas aos píncaros inebriantes das nebulosas colossais, namastê! O deus que habita em mim, reconhece, reverencia e saúda o deus que habita em você! Somos um! Já não sou mais eu quem vive, mas o deus e o cristo internos, à luz da força, da vitalidade e da vida provenientes do Evangelho que me coordenam!"*. Eis o ápice da razão iluminada pelo genuíno saber e o início da intuição, oriunda do ser angelizado, aureolada pelos substratos virtuosos inerentes ao seu reto viver que, fatalmente, se tornará o instrumento propulsor da consciência síntese em seu intérmino evolucionar – de sal da terra a luz do mundo – das origens da vida às suas mais altas expressões.

Capítulo 1 | A Fé Vivenciada
Fé, Razão e Intuição

Podemos conscientemente reorganizar os complexos campos celulares no universo psicobiofísico, harmonizando-os e aumentando-lhes a produtividade e a capacidade curativa.

{ Intuição
Autodescobrimento
Amor
Gratidão
Alegria de Viver
Autocura

11 Autoconhecimento
9 Obediência
10 Responsabilidade
7 Disciplina
8 Devotamento
5 Humildade
6 Sinceridade
3 Visualizar, Realizar na mente
4 Atenção, Auto-observação, Vivência do AGORA
1 Relaxamento, Concentração
2 Respiração

"Tudo podes, se quiseres.
Tudo lograrás se te dispuseres."

Joana de Angelis

O livre arbítrio é ignorância de que o Amor é a Lei que rege a Vida, tornando-se desnecessário quando este é alcançado de forma incondicional.

Capítulo 2
O Creador e a Criatura

O Universo e Deus
De Sal da Terra a Luz do Mundo O Universo e Deus

Fonte da imagem: https://images.app.goo.gl/UZvgz27RGBNRTSjT9

O Universo e Deus

Acima dos problemas da vida e do destino, levanta-se a questão de Deus.

Se estudarmos as leis da Natureza, se procurarmos o princípio das verdades morais que a consciência nos revela, se pesquisarmos a beleza ideal em que se inspiram todas as artes, em toda parte e sempre, acima e no fundo de tudo, encontraremos a ideia de um Ser superior, de um Ser necessário e perfeito, fonte eterna do Bem, do Belo e do Verdadeiro, em que se identificam a Lei, a Justiça e a suprema Razão.

O mundo físico ou moral é governado por leis, e essas leis, estabelecidas segundo um plano, denotam uma inteligência profunda das coisas por elas regidas. **Não procedem de uma causa cega: o caos e o acaso não saberiam produzir a ordem e a harmonia.** Também não emanam dos homens, pois que, seres passageiros, limitados no tempo e no espaço, não poderiam criar leis permanentes e universais. Para explicá-las logicamente, cumpre remontar ao Ser gerador de todas as coisas. Não se poderia conceber a inteligência sem personificá-la em um ser, mas esse ser não vem adaptar-se à cadeia dos seres. É o Pai de todos e a própria origem da vida.

Personalidade não deve ser entendida aqui no sentido de um ser com uma forma, porém, sim, como sendo o conjunto das faculdades que constituem um todo consciente. **A personalidade, na mais alta acepção da palavra, é a consciência.** E assim Deus é, antes, a Personalidade Absoluta e não um ser que tem uma forma e limites. **Deus é infinito e não pode ser individualizado, isto é, separado do mundo, nem subsistir à parte.**

A indagação de Deus impõe-se, pois que ela é o estudo da grande Alma, do princípio da vida que anima o Universo e reflete-se em cada um de nós.

A ideia de que as religiões vieram de Deus apoiava-se em uma revelação pretensamente sobrenatural. Ainda hoje admitimos uma revelação das leis superiores, porém, racional e progressiva, que ao nosso pensamento se patenteia pela lógica dos fatos e pelo espetáculo do mundo. **Essa revelação acha-se escrita em dois livros sempre abertos perante os nossos olhos: o livro do Universo onde, em caracteres grandiosos,** aparecem as obras divinas; e o livro da Consciência, no qual estão gravados os preceitos da moral.** As instruções dos Espíritos, colhidas em todos os pontos do globo por processos simples e naturais, não fazem mais que confirmá-la. É por meio desse duplo ensinamento que a razão humana se comunica, no seio da Natureza universal, com a razão divina, cuja harmonia e beleza, então, compreende e aprecia.

Todas as forças cósmicas reduzem-se ao movimento, e o movimento é o Ser, é a Vida.

O que a Ciência derruiu para sempre foi a noção de um Deus antropomorfo, feito à imagem do homem, e exterior ao mundo físico. Porém, a essa noção veio substituir uma outra mais elevada: a de Deus imanente, sempre presente no seio das coisas. Para nós, a ideia de Deus não mais exprime, hoje, a de um ser externo qualquer, porém, sim, a do Ser que contém todos os seres em Si.

O Universo não é mais essa criação [96], essa obra tirada do nada de que falam as religiões. É um organismo imenso, animado de vida eterna. Assim como o nosso corpo é dirigido por uma vontade central que governa os seus atos e regula os seus movimentos, do mesmo modo que, através das modificações da carne nos sentimos viver em uma unidade permanente a que chamamos Alma, Consciência, Eu, assim também o Universo, debaixo de suas formas cambiantes, variadas e múltiplas, reflete-se, conhece-se, possui-se em uma Unidade viva, em uma Razão consciente, que é Deus.

O Ser supremo não existe fora do mundo, porque este é a sua parte integrante e essencial. Ele é a Unidade central na qual vão desabrochar e harmonizar-se todas as relações. É o princípio de solidariedade e de amor, pelo qual todos os seres são irmãos. É o foco de onde irradiam e se espalham no infinito todas as potências morais: a Sabedoria, a Justiça e a Bondade!

Não há, portanto, criação espontânea, miraculosa; a criação é contínua, sem começo nem fim. O Universo sempre existiu; possui em si o seu princípio de força, de movimento. Traz consigo seu fito. **O Universo renova-se incessantemente em suas partes; no conjunto, é eterno.** Tudo se transforma, tudo evolui pelo jogo contínuo da vida e da morte, mas nada perece. Enquanto, nos céus, obscurecem e se extinguem sóis, enquanto mundos envelhecidos se desagregam e se desfazem, em outros

---

[96] Segundo Eugène Nus, em *A La Recherche de Destinées*, cap. XI, o verbo hebreu que traduzimos pela palavra criar significa *fazer passar do princípio à essência*.

pontos, sistemas novos se elaboram, astros se acendem e mundos vêm à luz. De par com a decrepitude e com a morte, humanidades novas desabrocham em eterno renovar.

E, através dos tempos sem-fim e dos espaços sem limites, a obra grandiosa prossegue pelo trabalho de todos os seres, solidários uns com os outros, e em proveito de cada um. O Universo nos oferece o espetáculo de uma evolução incessante, para a qual todos concorrem, da qual todos participam. A essa obra gigantesca preside um princípio imutável. É a Unidade universal, unidade divina, que abraça, liga, dirige todas as individualidades, todas as atividades particulares, fazendo-as convergir para um fim comum, que é a Perfeição na plenitude da existência.[97]

Se o homem soubesse recolher-se e estudar a si próprio, se sua alma desviasse toda a sombra que as paixões acumulam, se, rasgando o espesso véu em que o envolvem os preconceitos, a ignorância, os sofismas, descesse ao fundo da sua consciência e da sua razão, **acharia aí o princípio de uma vida interior oposta inteiramente à vida externa.** Poderia, então, entrar em relação com a Natureza inteira, com o Universo e Deus, e essa vida lhe daria um antegozo daquela que lhe reservam o futuro de além-túmulo e os mundos superiores. **Aí também está o registro misterioso em que todos os seus atos, bons ou maus, ficam inscritos, em que todos os fatos de sua vida se gravam em caracteres indeléveis, para reaparecerem à hora da morte, como brilhante clarão.**

Até aqui o homem só viu Deus através de seu próprio ser, e a ideia que dele fez variava segundo o contemplava por uma ou outra de suas faculdades. Considerado pelo prisma dos sentidos, Deus é múltiplo; todas as forças da Natureza são deuses; assim nasceu o Politeísmo. Visto pela inteligência, Deus é duplo: espírito e matéria; daí o Dualismo. À razão esclarecida, ele aparece triplo: alma, espírito e corpo. Essa concepção deu nascimento às religiões trinitárias da Índia e ao Cristianismo. Percebido pela **vontade, faculdade soberana que resume todas as outras, compreendido pela intuição íntima,** que é uma propriedade adquirida lentamente, assim como todas as faculdades do gênio, **Deus é Uno e Absoluto.** Nele se ligam os três princípios constitutivos do Universo para formarem uma Unidade viva.

---

[97] "Ele é *um*, criação de si próprio, donde todas as coisas saíram; Ele está nelas e as desenvolve; nenhum mortal jamais o viu, mas Ele a todos observa" (Hinos órficos.)

Diz-se algumas vezes que **Deus bem poderia ter criado as almas perfeitas, para assim lhes poupar as vicissitudes e os males da vida terrestre.** Sem nos ocuparmos de saber se Deus poderia formar seres semelhantes a si, responderemos que, se assim fosse, a vida e a atividade universais, a variedade, o trabalho, o progresso não mais teriam um propósito, e o mundo ficaria preso em sua imóvel perfeição. Ora, **a magnífica evolução dos seres através dos tempos, a atividade das almas e dos mundos, elevando-se para o Absoluto, não é preferível a um repouso insípido e eterno?** Um bem que não se tem merecido nem conquistado será mesmo um bem? E aquele que o obtivesse sem esforço poderia ao menos apreciar o seu valor?

Diante da vasta perspectiva de nossas existências, cada uma das quais é, para nós, um combate em busca da luz perene, diante dessa ascensão prodigiosa do ser, elevando-se de círculos em círculos para o Perfeito, o problema do mal naturalmente desaparece.

Sair das baixas regiões da matéria e ascender todos os degraus da imensa hierarquia dos Espíritos, libertar-se do jugo das paixões e conquistar uma a uma todas as virtudes e todas as ciências, tal é o fim para o qual a providência formou as almas e dispôs os mundos, teatros predestinados a lutas e trabalhos.

Acreditemos nela e bendigamo-la! Acreditemos nessa Providência generosa, que tudo fez para o nosso bem; lembremo-nos de que, se parecem existir lacunas em sua obra, essas só provêm da nossa ignorância e da insuficiência da nossa razão. **Acreditemos em Deus, grande Espírito da Justiça no Universo.** Tenhamos confiança em Sua sabedoria, que reserva compensações a todos os sofrimentos e alegria a todas as dores, então avancemos de coração firme para os destinos que Ele nos escolheu.

É belo, é consolador e doce poder caminhar na vida com a fronte levantada para os céus, sabendo que, mesmo nas tempestades, no seio das mais cruéis provas, no fundo dos cárceres, bem como à beira dos abismos, **uma Providência, uma lei divina paira sobre nós, rege os nossos atos,** e que, de nossas lutas, de nossas torturas, de nossas lágrimas, fez sair a nossa própria glória e a nossa felicidade. É aí, nesses pensamentos, que está toda a força do homem de bem (grifos nossos)![98] *(vide o capítulo na íntegra)*

---

[98] Denis, L. Parte Segunda – Os Grandes Problemas: O Universo e Deus. In: *Depois da Morte*. 2ª parte. cap. 9.

De sal da terra a luz do mundo

Comumente afirmamos: Deus é tudo e tudo está em Deus! Por isso Deus É!

Na completude da Criação em Deus, a harmonia, a beleza e a perfeição sempre estiveram e sempre estarão subordinadas ao aperfeiçoamento e à qualificação dos olhos e à sensibilidade dos sentimentos de quem as observam.

Eis a sublime e inconteste resposta que, objetiva tão somente, decifrar e desvelar a enigmática incógnita. Portanto, para se compreender em plenitude o paradoxo de que Deus É, faz-se imprescindível iluminar-se na ação integradora, ou seja, tornar-se Um com a Suprema Sabedoria por intermédio da total negação e da integral transformação de si mesmo no Tudo-Uno-Deus. Em síntese, o Espírito apto para personificar tal desiderato e, deste modo, bem viver o êxtase nirvânico em sua total e perene completude, pauta o seu existir e a sua existência nas seguintes diretrizes: servir pelo prazer de ser útil, amar sem impor condição, perdoar antes mesmo de ser denegrido, compreender sem jamais esperar compreensão. Enfim, todo aquele que pode afirmar com altivez em alto e bom som: Eu sou! Este sim, já decifrou e desvelou o enigma de si mesmo, pois vendo a Obra, vê-se Deus em Espírito Verdadeiro. Assim, equipado com os olhos de ver e os ouvidos de ouvir, testificará por si mesmo que, no Creador e na Criação, nunca houve e jamais haverá em parte alguma o que comumente classificamos de separação ou dissociação, desarmonia ou dissonância, incongruência ou contradição, inferioridade ou imperfeição na Sempiterna Unidade. *Tal é a Lei!* Destarte, em face do exposto, obviamente, faz-se imprescindível convencermo-nos de que:

> Deus não cria Espíritos como os escultores modelam estátuas. As obras de Deus são vivas, trazem em si mesmas as possibilidades de autodesenvolvimento. A vida implica movimento e crescimento. "Em cada átomo do Universo está inscrita esta legenda: para a frente e para o alto."[99]
>
> A criação é uma cadeia infinita cujos elos se entrelaçam num movimento ascensional constante.
>
> Os elos da infinita cadeia se conjugam no incomensurável cenário da vida universal.
>
> Tudo, na criação, é solidário, como solidárias são as células de nosso corpo.

---
[99] Vinícius. A natureza humana. In: *Em torno do Mestre*. cap. 31.

Mundos e sóis, planetas e astros, anjos e homens, animais e plantas – todas as modalidades de vida, da mais simples e rudimentar à mais complexa e elevada, sobe a escada maravilhosa da evolução como hino triunfal que a Natureza entoa à sabedoria infinita e ao amor incomparável de Deus.

Creio na evolução porque creio na justiça. Creio na justiça porque creio em Deus.[100]

A lei anda de mãos dadas com a justiça, para que essa justiça seja transformada em amor, quando a lei for respeitada.[101]

Sabemos que o progresso moral desenvolve o sentimento de justiça, entretanto não o dá. Não é ele a sua sublime fonte, no avanço da educação e da disciplina. A lei de justiça está vibrando no centro da sensibilidade da consciência, semente divina, na sua divina expressão, colocada por Deus no energismo da vida.[102]

O amor é o sentimento que acima de tudo resume, de forma completa, a doutrina de Jesus, e **os sentimentos são os instintos que se elevam de acordo com o progresso realizado.** Na sua origem, o homem possui instintos; mais avançado e corrompido (transformado – acréscimo nosso), possui sensações; mais instruído e purificado, possui sentimentos. **No ponto mais delicado e evoluído dos seus sentimentos, surge o amor,** não o amor no sentido vulgar da palavra, mas sim **o sol interior que condensa e reúne em seu foco ardente todos os anseios e todas as sublimes revelações.** (*ESE* cap. 11, item 8 – São Paulo: Petit – grifos nossos).

Costumamos pedir a Deus: "Senhor, que a essência do Evangelho do Cristo ilumine a nossa consciência imatura, induzindo-a ao solene despertar; clareie os nossos pensamentos, fazendo-os edificantes e cordiais; purifique os nossos sentimentos, tornando-os enobrecedores e pacíficos, para que sejam criadores; discipline as nossas palavras para que consolem e as enriqueça para que se façam vivificantes e esclarecedoras; e engrandeça as nossas ações, de modo que sejam fomentadoras do bem operante!"

Não obstante, na maioria das vezes, pleiteamos tudo o que intencionamos receber, sem nos preocuparmos, sem nos dispormos ou nos comprometermos com a execução da parte que nos cabe. Se as máximas de Jesus, nosso Mestre, Modelo e Guia são: a cada um segundo suas obras e mais lhe será dado conforme o esforço e os recursos bem direcionados, repensemos o nosso caráter ocioso e o nosso propósito de oblação consciente. Construamos uma rogativa coerente com as leis que regem o amor, que compreendam o ensejo, sem humilhar o delinquente; com a justiça que corrige o delito, sem dizimar o infrator, e com a caridade que salva a criatura dos tormentos que constrói para si. Empunhemos a char-

---
[100] Vinícius. Deus, Justiça, Evolução. In: *Em torno do Mestre*. cap. 17.
[101] Maia, J. N.; Miramez (Espírito). Companhias espirituais. In: *Saúde*. cap. 19.
[102] Maia, J. N.; Miramez (Espírito). Sentimento da Justiça. In: *Filosofia Espírita*. v.18. cap. 6.

rua sem outros interesses senão a beneficência, a benevolência e a caridade libertadoras das consciências que as integram. Segundo Allan Kardec, na rogativa meritória, cada palavra deverá revelar uma intenção.

Empreendendo ou com o intento de uma atitude proativa, feche os olhos levemente, respire suave e profundamente, sintonize-se com a harmonia ínsita da Natureza e afaste-se dos ruídos dissonantes. Decida-se que é a hora do improcrastinável mergulho no Reino de Deus em si e rogue, com lídima honestidade com a própria consciência, autêntica humildade para reconhecer a própria ignorância, fidedigna sinceridade em se dispor a capacitar-se para executar o que lhe compete e incontestes fidelidade na aplicação das diretrizes intuídas e das inspirações recebidas.

Senhor, que a essência do Evangelho do Cristo ilumine a nossa consciência sequiosa do saber, fecundando-a com as forças-estímulo do Bem Eterno, impulsionando-a ao inadiável e solene despertar. Para tanto, empenhemo-nos em iluminar os nossos pensamentos com as essências propulsoras do enobrecimento, em purificar os sentimentos com os substratos do amor em plenitude que compreende sem exigência, em praticar a justiça que corrige sem humilhação, a beneficência que reergue, a benevolência que promove e a caridade que ilumina e liberta da ignorância quem a revela.

Assim procedendo, lograremos construir atitudes edificantes e cordiais. Estaremos aptos para conceber as inefáveis verdades que nos auxiliarão na disciplina das palavras, na ampliação de seu poder consolador e no enriquecimento de suas substâncias promotoras, a fim de que se façam vivificantes, esclarecedoras e engrandeçam as ações que lhes sucedem, de modo que fomentem o bem operante por toda parte. Essa essência crística norteia as atitudes que tipificam o caráter irrepreensível do ser consciente, unificando as palavras que divinizam as ações, os sentimentos qualificadores das palavras, os pensamentos que planificam e sublimam os sentimentos, a vontade encarregada de gestá-los, a intuição que fecunda e direciona a vontade e a consciência em que fulguram as essências do Reino de Deus pelas vias intuitivas, a fim de sabermos discernir o que fazer, como executar o que foi estatuído, quando e onde concretizá-lo em proveito de todos, respeitando as diferenças e, assim, realizando tudo com desvelo, conforme a Lei de amor, justiça e caridade em sua maior pureza.

Somos partes indissociáveis da imperfeição finita na Perfeição Absoluta. A fatalidade da imperfectibilidade é ser tão perfeita quanto a proporcionalidade lhe permitir. A vida lhe ofertará todos os meios ou recursos indispensáveis, bem como as diretrizes pertinentes para a segura execução da pauta e a conclusão da meta. Da impermanência dependerá tão somente a decisão de onde, quando e como levará a efeito a concretização de tal intento. Para tanto, cumpre-nos compreender que "Deus não tem segredos para com os Seus filhos, mas pede preparo para que possamos suportar as revelações espirituais."[103] Allan Kardec e Léon Denis, respectivamente, traçam o roteiro:

> 18LE.P – O homem penetrará um dia no mistério das coisas que lhe são ocultas?
>
> R – O véu se levanta para ele à medida que se depura; mas, para compreender algumas coisas, precisa de faculdades, dons, que ainda não possui.
>
> Aprendei a abrir, a folhear, a ler o livro oculto em vós, o livro das metamorfoses do ser. Ele vos dirá o que tendes sido e o que sereis, ensinar-vos-á o maior dos mistérios, a criação do "eu" pelo esforço constante, a ação soberana que, no pensamento silencioso, faz germinar a obra e, segundo vossas aptidões, vosso gênero de talento, far-vos-á pintar as telas mais encantadoras, esculpir as mais ideais formas, compor as sinfonias mais harmoniosas, escrever as páginas mais brilhantes, realizar os mais belos poemas.[104]

Se soubermos transferir o centro de nossa personalidade atuante (a consciência ativa) para essas camadas profundas da Superconsciência – da qual, como almas encarnadas, não somos mais do que uma diminuta fração –, sentiremos revelar-se em nós novos sentidos, uma percepção anímica, uma faculdade de visão direta; esta é a intuição, isto é, a aptidão responsável pelo contato que se estabelecerá entre a mente espiritual (individualidade) e o intelecto (personalidade). Faz-se imprescindível a aquisição dos valores imorredouros, oriundos da ginástica moral, com os quais edificaremos tal faculdade, a síntese de todas as mediunidades: "Purificai-vos moralmente e refinai a sensibilidade do instrumento de pesquisa, que sois vós, e só então podereis ver".[105] Joanna de Ângelis enfatiza: "Na área da mediunidade preocupa-te inicialmente com a autoiluminação, a fim de que irradies claridade interior onde te encontres."[106] À vista disso, cabe ao pesquisador atento alinhar sobremaneira a sua consciência ética e a sua responsabilidade moral para estabelecer a ressonância ideal com a lei de harmonia (o Evangelho cósmico). Para isso, valer-se-á do silêncio introspectivo e do reco-

---

[103] Maia, J. N.; Miramez (Espírito). *Filosofia Espírita*. v.2. cap. 25.
[104] Denis, L. As potências da alma: O pensamento. In: *O Problema do Ser, do Destino e da Dor*. 3ª parte. cap. 23.
[105] Ubaldi, P. Intuição. In: *A Grande Síntese*. cap. 2.
[106] Franco, D. P.; Joanna de Ângelis (Espírito). Com alta significação. In: *Entrega-te a Deus*. cap. 6.

lhimento necessários ao êxito do intento. Observando detidamente cada nuance das informações sequentes, intuirá com clareza a trajetória evolutiva do elemento batizado como o sal da terra, antes imerso no Psiquismo Divino, agora transmutando-se, ininterruptamente, em substratos cada vez mais sublimes, quintessenciados e indeléveis, cada qual executando, com fidelidade ímpar, todos os pormenores das etapas que antecedem os traçados dos périplos porvindouros que, fatalmente, o arremessarão, de degrau a degrau, às culminâncias inefáveis atinentes à sempiterna luz do mundo. Em suma, isso equivale à conquista dos píncaros da individuação e da humanização para os Espíritos individualizados em maturação (ascensão qualificativa irrefreável do *vir a ser*) de seus valores iluminativos. Percebe-se, claramente, nas entrelinhas das pérolas grafadas por Ubaldi: "Não se trata de somar fatos, observações e descobertas; de multiplicar as conquistas de nossa ciência; trata-se de mudar-nos a nós mesmos."[107] Por conseguinte, a era do saber inoperante atingiu o clímax atinente. A ordem imediata é tornar-se o que intelectivamente se sumariou. A assimilação do conhecimento é imprescindível (a cientificação dos fatos), mas a vivência é essencial (ser o que a ciência transcendente testificou). Destarte, *"o querer e o saber são imprescindíveis, ou seja, as etapas nas quais acumulamos, por intermédio do aculturamento, a compreensão e o discernimento daquilo que se pretende são insubstituíveis, mas a excelência do crer e do ser é fundamental, tomar ciência e ser consciente, isto é, ser o que pensa, e viver o que fala, tornar-se o conhecimento personificado com fidelidade àquilo que se apregoa é essencial"*.[108] Em síntese, ser o que pensa e viver o que fala são atitudes primaciais à concretização e ao êxito do propósito almejado.

  Segundo Joanna de Ângelis, o Espírito sabe o que fazer, como fazer e quando realizar. Já a alma, por ser um ponto de autoconsciência pura, ainda carece do seu despertar e de sua qualificação para tal. A autora enfatiza que existem, no íntimo de cada ser, um médico interior e uma farmacopeia com recursos inesgotáveis à sua disposição, aguardando as diretrizes seguras, expedidas pela vontade e pelo pensamento, alusivas ao que se pretende personificar, para agir célere e convenientemente. Miramez valida este pensamento e sintetiza judiciosamente: "Todos os recursos exteriores se encontram com mais eficiência no interior de cada ser, dependendo da inteligência trabalhar lado a lado com o coração."[109]

---

[107] Ubaldi, P. Consciência e Superconsciência. Sucessão dos sistemas tridimensionais. In: *A Grande Síntese*. cap. 37.
[108] Franco, D. P.; Joanna de Ângelis (Espírito). Saúde Integral. In: *Momentos Enriquecedores*. cap.15.
[109] Maia, J. N.; Miramez (Espírito). Energismo estuante. In: *Horizontes da Mente*. cap. 19.

Toda alma que ignora a sua realidade imortal, suas potencialidades inatas, seus recursos e suas possibilidades latentes assemelha-se a um peregrino à beira de um oásis, morrendo de sede e de fome. Assim sendo, não basta tão somente o querer sincero, nem tampouco o indissociável saber consciente, mas, acima de tudo, o viver coerente com as luzes do Evangelho, ínsitas em sua consciência.

O ser humano é muito maior do que um simples problema ou do que qualquer aparente dificuldade que a vida lhe apresente, por mais complexa que esta se lhe afigure. Deus não o limita em qualquer tempo ou lugar na eternidade. Portanto, precisa se convencer de que pode e deve ser tudo o que, por amor, decida realizar para a conquista da paz íntima e, assim, concorrer para a harmonia do Universo, isto é, esmerar-se na construção de tudo o que for para o seu bem e para o bem de todos e de tudo à sua volta. Para isso, faz-se imprescindível, sem postergações injustificáveis, focar toda a sua atenção onde deseja estar ou no que almeja ser ou se tornar, valendo-se dos potenciais inerentes à sua natureza divina para lograr êxito em seu intento. **Quanto mais consciente e sincero o seu querer, quanto mais profundo e acurado o conhecimento das leis, dos fatos e das circunstâncias, mais fácil se lhe tornará conduzir-se com acerto e edificar com propriedade o Reino de Deus em si.**

Nascido na Suprema Sabedoria e sustentado por Ela, faz-se o agente inconteste de seu próprio destino e o construtor intimorato de sua intérmina incompletude.

Todo aquele que se dispuser a alcançar um porvir glorioso fatalmente transporá todos os obstáculos atinentes aos alcantis imarcescíveis do irrefreável *vir a ser*.

Desde tempos imemoriais, a mensagem do incansável peregrino se faz ouvir, do mais ínfimo ser ao mais elevado astro, de forma inequívoca e incoercível, ressaltando sempre e de modo inquestionável que, no universo, tudo é interdependente (*"...a fim de que todos sejam um só: assim como Tu, ó Pai, estás em Mim e Eu em Ti, que também eles estejam em Nós e sejam levados à plena unidade, assim como Nós somos um: Eu neles e Tu em Mim..."* – Jo. 17:21-23. *"– Eu vos garanto: todas as vezes que fizestes isto a um dos menores dos meus irmãos, foi a Mim que o fizestes"* – Mt. 25:40.), pois tudo está em tudo, consoante Allan Kardec (33LE). Em perfeita consonância com a pauta em foco, a sabedoria de Carlos Torres Pastorino sintetizou: "Assim o Cristo ESTÁ em todas as criaturas, INTEGRALMENTE, não obstante cada criatura só O manifeste conforme seu estágio evolutivo, isto é, com a imagem distorcida pelas deficiências DA CRIATURA que O manifesta, e NÃO do Cristo, cuja projeção é perfeita."[110] Léon Denis corrobora com a pauta em evidência, enfatizando a rede da vida na qual existimos, vivemos e nos movemos: "Os progressos de cada um são sentidos por todos, os rebaixamentos de um só, afetam o conjunto".[111] Noutra obra, o autor sintetiza magistralmente o enfoque: "Tudo o que está em nós está no universo e tudo o que está no universo encontra-se em nós."[112] Hermes Trismegistus, por sua vez, assevera: *Assim como é em cima, assim é embaixo. Assim como é dentro, assim é fora.*[113] Ou seja, o micro contém o macro e vice-versa. O menor movimento do mais ínfimo ser afeta o conjunto, pois tudo o que existe, move-se e vive não o faz senão em Deus, a Luz Incriada, a Eterna Sabedoria que integra em grau superlativo a onipotência, a onisciência e a onipresença e da qual e na qual não somos senão uma diminuta fração.

Em suma, da mais alta significação aos estados conceptuais de sua gênese, tudo é vivo e interdependente, pois, na teia da vida, tudo demonstra a inequívoca e incontestável sincronia e simetria da orquestração do amor solidário e fraterno, convidando-nos ao ritmo empolgante e intimorato do amar sem exigência, porque "tudo serve, tudo se encadeia na Natureza, desde o átomo primitivo até o arcanjo, que também começou por ser átomo" (540LE. 2. ed. Rio de Janeiro: FEB, 2004). Tais informações estão em perfeita consonância com a Boa Nova do Cristo, grafada nas páginas inefáveis do Novo Testamento da Bíblia: *"No princípio era o Verbo, e o Verbo estava com Deus, e o Verbo era Deus. Ele estava no princípio com Deus. Todas as coisas foram feitas por ele e, sem ele, nada do que foi feito se fez. Nele estava a vida, e a vida era a luz dos homens. E a luz resplandece nas trevas, e as trevas não a compreenderam"* (Jo. 1:1-5). Isto posto, poder-se-ia afirmar que, *"na profundeza da consciência, tocam-se os planos superiores da Criação"*. Assim profetizou Pietro Ubaldi, isto é, das profundezas da Consciência-Mater e de Suas fulgurações cristianizadas, "onde a ideia, antes de descer e diferenciar-se na forma concreta, é abstrata e existe em tipos simples (como acúmulos de espíritos ou mônadas primevas) e únicos para muitos grupos de manifestações diversas; e que, quanto mais subimos para o centro, tanto mais a ideia originária se faz abstrata e única (o Psiquismo Divino), até

---

[110] Pastorino. C. T. O Cristo. In: *Sabedoria do Evangelho*. Parte 1. (V. 1).
[111] Denis, L. Solidariedade; comunhão universal. In: O *Grande Enigma*. 1ª parte. cap. 3.
[112] Denis, L. O problema do Ser: Evolução e finalidade da Alma. In: *O Problema do Ser, do Destino e da Dor*. 1ª parte. cap. 9.
[113] Disponível em: < http://www.ofilosofo.claudiobeck.com.br/axioma-hermetico.html > Acesso em: 27 jun. 2018.

identificar-se naquele monismo absoluto que é Deus".[114] Em síntese, do âmago da Causa Primária promanou o Verbo Creador, o qual culminou na gestação do Cristo Cósmico, a Força-Mater da Natureza, e de tudo quanto existe no mundo das formas, da qual emergiu a Vida e dela fulgurou a vida em suas imensuráveis personificações.

A Luz Incriada, o Verbo Creador e o Cristo Cósmico são três faces do mesmo Ser, isto é, o Cristo Cósmico é a coagulação do Verbo Creador, de cujas jazidas origina-se a Creação – a Natureza e tudo o que nela existe –, que são as fulgurações da imanação da Luz Incriada, a Unidade Mater, da qual e na qual imanam e dimanam as incontáveis expressões da sempiterna onipotência, onisciência e onipresença – a Força Suprema do Cosmos. As máximas proféticas e as afirmativas inenarráveis de Jesus, o Cristo de Deus: *"Vós sois o sal da terra; Vós sois a luz do mundo"* (Mt. 5:13 e 14), poderiam ser assim interpretadas na atualidade ao calor de novos discernimentos e sob as sensibilidades de mais apurados olhos de ver e de mais acurados ouvidos de ouvir: já fomos o Sal da terra, a matéria-prima do cosmos, o anseio da vida, ou seja, a mônada primordial, o átomo primitivo, o espírito, o princípio inteligente do Universo; e seremos a Luz do mundo, o clarão das estrelas, pois, nós outros, já perpassamos, em princípio, os reinos naturais, os infrarreinos e os imensuráveis sub-reinos, os intrarreinos, conseguintemente, os reinos, mineral, vegetal, animal, pré-humano e humano. Agora, por nossa vez, como Espíritos individualizados em constante aprimoramento e expansão, como seres imortais ou a caminho da imortalidade na forma, nos encontramos no encalço dos páramos da intérmina sabedoria, galgando, pouco a pouco e sem detença, os degraus da tão sonhada angelitude para, fatalmente, nos tornarmos a luz do mundo no périplo infindo do perpétuo *devir*. Para tanto, a fim de dilatar as possibilidades de maiores e de mais céleres acertos e aumentar as probabilidades de eclosão do salto quântico em nosso favor, ínsitos nas leis indeléveis e inamovíveis que regem a vida em suas insondáveis fulgurações e em suas imensuráveis expressões, carecemos inapelavelmente do conhecimento atinente ao intento pretendido, o desenvolvimento do discernimento coerente com a meta elegida e, por fim, levarmos a efeito a experimentação que culminará com a soma das experiências consequentes e indissociáveis do objetivo que se pretende.

A sensibilidade de Lancellin luariza o entendimento ao afirmar que "O conhecimento é a base da própria vida"[115] , posto que Vida é a ciência que fecunda o discernimento por meio da fé vivenciada, ancorada

---
[114] Ubaldi, P. Conclusões. In: *As Noûres:* técnica e recepção das correntes de pensamento. cap. 6.
[115] Maia, J. N.; Lancellin (Espírito). Como conhecer a ti mesmo. *In: Cirurgia Moral*. cap. 3.

na inspiração ativa e na razão intuitiva, pois, conforme define Joanna de Ângelis, desde *"a gênese da energia pensante (os primórdios do sal da terra), permanecem ínsitos (na consciência germinal das mônadas em ascensão) os instintos primários decorrentes das remotas experiências, que se exteriorizam, quando na área da razão (ansiando por tornar-se os elementos constitutivos da luz do mundo, o reinado da intuição pura), como impulsos, tendências, fixações automatistas e até perturbadoras, necessitando de canalização disciplinadora, de modo a torná-los sentimentos, que o raciocínio conduzirá, sem danos nem perturbação, ao intérmino porvir do reino das virtudes, o numinoso reino dos céus".*[116] De modo que, mesmo em se tratando de um querer inconteste, em sentido profundo, ele não se traduz em substratos do saber coerente e em perfeita consonância com as leis de harmonia, do mesmo modo que o saber inoperante, desprovido das riquezas imprescindíveis à sua imortalidade na forma e das belezas inarráveis inerentes às imorredouras verdades, jamais se transmutará nas fragrâncias indeléveis do ser e do saber angelizados. Logo, faz-se inescusável o saber consciente e o viver coerente, isto é, ser o que pensa e viver o que fala. Trata-se de um substrato oriundo de ações conscientes, levadas a efeito por um ser que já se fez um com o Cristo ou se tornou o Evangelho vivo nas ações fraternas e solidárias por fidelidade a Ele, norteadas pela luz do amor equânime e incondicional, pela justiça corretiva imparcial e pela caridade lúcida, atreladas ao processo de auto e de alo iluminação, uma vez que todas as virtudes se originam da fé vivenciada, por ser esta a fonte geratriz daquelas.

A fé raciocinada cientifica e apreende; a razão amadurecida logica e compreende; a fé vivenciada aplica, experimenta e discerne; e a intuição sintetiza, ilumina e se torna a personificação do amor-essência. Enquanto as três primeiras angariam e qualificam o saber, a última aprimora e se torna o ser.

Destarte, inegavelmente, desde os reinos primevos que antecederam o reino mineral e deste ao ápice do reino hominal, o sal da terra se entreteve, ocupou-se e sumariou experiências e conhecimentos nas incontáveis peregrinações (vide questões 540, 560 e 566LE), dentre os quais classificamos: os impulsos conceptuais, como o *start*, a gênese da vida, o nascimento ou a criação do espírito; a irritabilidade, como o menor de todos os movimentos ascensionais; e a sensação, como um dos mais primários e rudimentares instrumentos de percepção. Assim como os ins-

---

[116] Franco, D. P.; Joanna de Ângelis (Espírito). O ser real: complexidades da energia. In: *Autodescobrimento: Uma busca interior*. cap. 1, item 1.

tintos foram os germes doutras eras e são os rudimentos dos seres planetários e dos corpos estelares, também a sensibilidade, que os antecedera como sensação primária, neles desaguou os seus contributos para, mais tarde, já enriquecida da equipagem instintiva, fatalmente, como instinto que se tornara, dar origem às sensações superiores que se construíram no reino vegetal e amadureceram nos reinos subsequentes. Estas, por sua vez, transmutaram-se por meio das inúmeras metamorfoses e dos intérminos aformoseamentos por que passaram, para galgarem os degraus das emoções primárias, das paixões aprisionantes e conquistarem o império dos sentimentos egoísticos, perturbadores. Mais além, o oceano dos pensamentos impermanentes; um tanto mais, o oásis das inteligências (a intelectiva, para qualificar o governo do mundo racional; a emotiva, para nortear com proveito o universo afetivo essencial; e a espiritual, como instrumento imprescindível para edificar, expandir e aprimorar os tesouros ético-morais que não perecem), cujas estruturas culminarão como os substratos inerentes às virtudes (cultivadas nas dimensões emocional e mental superiores ou abstratas), partes integrantes e indissociáveis do amor-Lei, sintetizado na dimensão intuitiva superior a ambas (o sol interior que condensa e reúne em seu foco ardente todos os anseios e todas as sublimes revelações. Vide *ESE*, cap. 11, item 8), que sumariza, integra e compõe a sempiterna consciência – a luz do mundo. Porque "o amor é o sentimento que, acima de tudo, resume, de forma completa, a doutrina de Jesus, e os sentimentos são os instintos que se elevaram de acordo com o progresso realizado", isto é, "os instintos são a germinação e os embriões dos sentimentos e trazem consigo o progresso, assim como a semente contém em si a árvore".[117] Num dos extremos, é lícito afirmar que estamos em tal estágio. No outro, cientificamo-nos de que somos o patamar edificado. Num, participamos da edificação e da animação das formas humanas ou não; no outro, nós nos tornamos um ser humano ou a consciência das formas que outrora animamos. Ou seja, num extremo, caminhamos pela estrada elegida; no outro, tornamo-nos a estrada antes percorrida.

    Aprofundar o olhar investigativo e perscrutar a gênese da consciência em gestação deve ser o compromisso existencial de cada ser senciente em ascensão intuitiva, intencionando desvendar o mistério de sua origem primeira, compreender as nuances de sua natureza divina e cientificar-se com proeminência de sua real e irrefreável destinação, a fatalidade que o conduzirá à perfeição. É fato incontestável para a ciência transcendente tanto quanto para a ciência acadêmica que *"quanto mais a investigação*

---

[117] Kardec, A. Amar ao próximo como a si mesmo: a lei de amor. In: *ESE*. São Paulo: Petit, 1999. cap. 11, item 8.

científica penetra na estrutura da forma (efêmera, inverossímil), melhor verifica ser a mesma uma aglutinação de partículas (um oceano constituído de um aglomerado de forças vivas infinitesimais e multiformes) cada vez menores (e em perpétuo dinamismo), até perder-se na energia (primária, o Verbo Creador coagulado como o Psiquismo Divino) que é o ponto de partida (o instante conceptual, o Fiat Lux) para a matéria (secundária, como a agente constitutiva das formas instáveis)."[118] Segundo Joanna de Ângelis, "A física quântica já desmistificou a matéria, avançando gloriosamente para a energia, alcançando as tecelagens sutis do Espírito (constituído das indizíveis e indivisíveis mônadas primevas, a matéria-prima do cosmos), que é o princípio inteligente do Universo, quase logrando identificar o mundo causal de onde tudo procede (o néctar intrínseco ao Psiquismo Divino ou as imanências sempiternas do Verbo Creador, o Oceano insondável do Amor Supremo)."[119] Para tanto, a mesma autora nos adverte com veemência, valendo-se do discernimento e da sabedoria que lhe são característicos: *"Procrastinar o fenômeno da conscientização tem limite (via de regra, o progresso evolucional multiforme, nos múltiplos reinos e nos imensuráveis sub-reinos, não depende diretamente do homem, embora este, quando consciente de seus poderes e de suas jazidas inatas, possa contribuir sobremaneira para o seu adiantamento intérmino e equânime), pois, 'na sua complexidade' (no sentido mais profundo do termo), 'a energia' (a mônada indizível, o espírito, a matéria-prima do cosmos, o princípio inteligente do Universo), 'que é vida' (em perpétua profusão e dinamismo), 'constitui-se do Psiquismo Divino' (o hausto do Creador que, subsequentemente, transubstancia-se no Éter cósmico, a força cáusica ou a matéria primária, da qual se originam todas as coisas) 'e, hoje ou mais tarde' (posto que nada para, tudo é movimento incessante e irreprimível), 'liberta-se ou libertar-se-á das injunções grosseiras que a limitam momentaneamente' (o uso inadequado deste substrato imorredouro e inefável, dessa essência primordial inesgotável e inestancável, isto é, o talento enterrado ou os recursos malbaratados se esvaem), 'sutilizando-se em ondas de amor que se espraiarão no Oceano do Amor de Deus' (quem não promove, devolve. O tesouro mudará de mãos sem o consentimento prévio, pois priorizar-se-ão a qualificação e a capacitação incontestes, a iluminação e o enriquecimento indeléveis dos fiéis e destemidos servidores)".*[120]

---

[118] Franco, D. P.; Joanna de Ângelis (Espírito). Pensamento e doenças. In: *Dias gloriosos*. cap. 5.
[119] Franco, D. P.; Joanna de Ângelis (Espírito). Desenvolvimento científico. In: *Dias gloriosos*. cap. 1.
[120] Franco, D. P.; Joanna de Ângelis (Espírito). O ser real: complexidades da energia. In: *Autodescobrimento: Uma busca interior*. cap. 1, item 1.

Eis a prova inquestionável da origem primeva, a visão *in loco* da gênese da Vida, isto é, do instante conceptual, no qual intuímos com clareza o marco onde o *Fiat Lux* (o "faça-se a luz") aconteceu, a partir do qual o Verbo Creador entrou em ação, imponente e incoercível, pois, no princípio era o Verbo e o Verbo estava em Deus, ou seja, o Verbo é imanência Divina, nada do que havia sido gestado não o fora sem a sua participação inalienável. Nele estava a Vida (a luz é viva na sua expressão mais simples[121]), e a Vida tornou-se, pelo seu inestancável evolutir, a Luz dos homens, a personificação do Evangelho ou o Amor personificado que, como o Sal da terra e a Luz do mundo (a matéria-prima e a Lei) – acumulando, simultaneamente, os poderes de dar e de retirar a vida, vida em abundância, posto que nada morre, tudo está em perene transformação, isto é, passando por metamorfoses contínuas e por intérminos aformoseamentos –, como imanências do Evangelho, prosseguem gerando vida em suas incontáveis nuances e em todo o seu esplendor. No princípio, era a substância primordial (o prana conceptual), gestada e regida pela Essência Geratriz (a Lei, o Verbo que se fez vitalidade e se tornou Vida em profusão), para, mais tarde, segundo o seu evolver ininterrupto, a vida física instintiva tornar-se vida psíquica, emotiva e espiritual e, por fim, unificar-se como parte integrante das virtudes excelsas na Força Motriz (a Essência-Mãe, a Consciência das consciências; a Lei das leis; a Inteligência das inteligências; a Razão das razões; o Princípio dos princípios; a Causa das causas etc., segundo Eurípedes Barsanulfo[122]), para assim, por sua vez, poderem demonstrar a sua origem divina e a que vieram, para cocriarem em perfeita consonância com a Suprema Sabedoria, auxiliando, com veemência e lucidez, os novos substratos oriundos do *Fiat Lux* perene, o Psiquismo Divino, do qual provieram as mônadas primitivas ou conceptuais e continuarão efluindo interminamente. Com a participação direta dessas mônadas, todas as formas emergem em a Natureza, na qual florescerão e frutificarão perenemente – dos mais ínfimos fascículos de luz, intrínsecos e imersos no Divino Psiquismo, ao imensurável clarão das estrelas e das macroestruturas na irrefreável e sempiterna Creação. Tal fato encontra contundente e inequívoco respaldo nas relevantes informações trazidas a lume pelos missionários Vianna de Carvalho e Epes Sargent, respectivamente: "Deus cria o psiquismo antes da mônada, que já é uma forma primitiva de energia em processo de materialização."[123]

---

[121] Maia, J. N.; Miramez (Espírito). A luz. In: *Saúde*. cap. 6.
[122] Rizzini, Jorge.; Barsanulfo, Eurípedes (Espírito). O processo criminal. In: *Eurípedes Barsanulfo: o Apóstolo da Caridade*. cap. 8.
[123] Franco, D. P.; Vianna de Carvalho (Espírito). Espiritismo. In: *Atualidades do Pensamento Espírita*. cap. 9, questão 199.

Portanto, "Deus não é o Deus dos mortos, mas dos vivos. Ele é a Mônada Primitiva, a Primitiva Substância; todas as outras mônadas são fulgurações d'Ele". Em síntese, "o Universo inteiro, corpos e almas, mundos e seres, é formado de mônadas ou últimas divisões dos átomos".[124] Isto é, "o princípio inteligente é indestrutível e se elabora nas diferentes metamorfoses que sofre" (728aLE). Trata-se do espírito como a última divisão dos átomos secundários, posto que esse elemento é indivisível como átomo primordial ou primitivo. Segundo Allan Kardec (34aLE), *"as moléculas secundárias (matéria físico-atômica) são somente aglomerações das primeiras (junção dos átomos primordiais)"*.

Corroborando a tese em pauta, Camille Flammarion, com sua sensibilidade aguçada ao espírito de pesquisa e de coerência científica, define as próximas etapas que devemos percorrer, buscando o entendimento mais profícuo e esclarecedor do processo e das complexidades do entrelaçamento inerente à individualização das mônadas primevas, ou seja, a sua reunificação, objetivando a composição das unidades cada vez mais complexas e harmoniosamente organizadas. Evidencia-se, desse modo, que *"a mônada humana"*, observada por este enfoque perquiridor, é *"superior à mônada do sal, à mônada do carbono, à do oxigênio, pois as absorve e as incorpora na sua obra"*,[125] a qual sempre será gestada e gerida por diretrizes de um progresso ascendente de assimilação integrativa e de promoção expansiva de seu universo consciencial. Fato é que *"o Universo inteiro, corpos e almas"*, mundos e seres, *"é formado de mônadas"* como *"últimas divisões dos átomos"* tangíveis, presentes na escala estequiogenética, como outrora mencionamos. Trata-se dos átomos primordiais. Tudo se faz a partir da coesão dos elementos infinitesimais intrínsecos aos microcosmos infra-atômicos, intra-atômicos e subatômicos, oriundos das mônadas conceptuais que emergiram do Psiquismo Divino. *"Assim, as alterações que as mônadas primitivas sofrem são unicamente as evoluções graduais e sucessivas de suas próprias faculdades íntimas."*[126] Em consonância com Epes Sargent, Pietro Ubaldi sintetiza: *"Em cada uma dessas transformações, podemos observar e descobrir sempre a mesma substância que, embora mudando de forma e perpassando por todos os estados conscienciais, nada aumenta e nada destrói de si mesma, mas se refina o seu modo de ser com qualidades cada vez mais sutis, complexas e perfeitas."*[127] Em suma: *"Desde os*

---

[124] Sargent, Epes. As bases: A clarividência e a escrita direta. In: *Bases Científicas do Espiritismo*. cap. 1.
[125] Flammarion, C. Quarta narrativa - *Refluum temporis*. In: *Narrações do Infinito*. cap. 4, item 3.
[126] Sargent, Epes. As bases: A clarividência e a escrita direta. In: *Bases Científicas do Espiritismo*. cap. 1.
[127] Ubaldi, P. A grande sinfonia da vida. In: *A Grande Síntese*. cap. 68.

primórdios da Criação, o psiquismo humano passou a formar-se sob o comando da Mente Divina",[128] por meio da qual o Senhor Supremo ordena que *"o Seu psiquismo dê nascimento a verdadeiros fascículos de luz, que contêm, em germe, toda a grandeza da fatalidade do seu processo de evolução".*[129] Segundo Joanna de Ângelis, *"A fatalidade da Lei Divina é a perfeição do espírito/Espírito, em todas as suas nuances e expressões, indissociável ao seu infindo evolver. Alcançá-la é a proposta da vida, a qual nos ofertará os meios essenciais e as condições imprescindíveis para lograr o êxito pretendido na concretização de tal intento. Como conseguir se desincumbir da tarefa com o esmero e a altivez que lhe carece, é a opção de cada qual, pois somente o conhecimento contextualizado e o discernimento experienciado edificam e fortalecem as bases que facultarão o exercício das capacitações atinentes ao percurso elegido."*[130] Todo aquele que estudar porfiadamente estas páginas de conhecimento e de esclarecimento transcendentes, com o devido esmero, com a seriedade peculiar ao que se objetiva e com o profundo recolhimento, indispensáveis ao bom êxito, ancorado pela disciplina coadjuvada pela perseverança, fortalecido pela fé inquebrantável e aureolado pelas benesses inspirativas do Bem Supremo, inegavelmente colherá os substratos dos frutos sazonados relativamente ao que de mais carece em seu intento. Subsequentemente, capacitar-se-á intelectiva e culturalmente, pois quem pensa, reflete e experiencia, com a fidelidade que lhe é própria, o que nobremente assimilou do conteúdo elencado, bem como discerne racionalmente e se enriquece moral e espiritualmente. Em síntese, quem se iluminar, com o saber coerente ao seu propósito, fatalmente se libertará das amarras da ignorância de si, pois fá-lo-á por intermédio do seu reto proceder e da sua sublimação e expansão consciencial.

É fato incontestável que cada mônada mais bem elaborada e complexamente organizada é a soma de um número imensurável de mônadas menores que são, por sua vez, agregados de outras mônadas ainda menores até remontar à fonte geratriz das mônadas primárias, o Psiquismo Divino. Com Miramez, André Luiz e Joanna de Ângelis, respectivamente, testificamos tal fato:

> Os minerais buscam as plantas, essas, os animais e esses, o homem; é a subida da alma, tomando variadas formas, para se conscientizar da sua vida, em busca da fonte de onde veio.

---

[128] Franco, D. F.; Joanna de Ângelis (Espírito). Crises e turbulências: Crises existenciais. In: *Encontro com a Paz e a Saúde.* cap. 2, item 1.
[129] Franco, D. P.; Joanna de Ângelis (Espírito). Divina presença. In: *Iluminação Interior.* cap. 1.
[130] Franco, D. P.; Joanna de Ângelis (Espírito). Consciência e vida: *Consciência e sofrimento.* In: *Autodescobrimento:* Uma busca interior. cap. 3, item 3.

A matéria aparentemente inerte é dotada de vida, mesmo que seja em dimensão diferente. **Nada existe sem vida, na criação de Deus. Tudo saiu d'Ele, e Ele, sendo a vida maior, não poderia criar algo sem vida.** Há uma força mecânica buscando a evolução da vitalidade e os vegetais, com impulsos irresistíveis, procuram movimentos para alcançar uma inteligência, mesmo que seja instintiva e limitada como nos animais; estes, pela força do progresso, aspiram a ser o homem dotado de razão, que trabalha consciente e inconscientemente para despertar suas qualidades angélicas, adquirindo por evolução o que chamamos intuição (grifo nosso).[131]

Com o transcurso dos evos, surpreendemos as células como **princípios inteligentes de feição rudimentar,** a serviço do **princípio inteligente** em estágio mais nobre nos animais superiores e nas criaturas humanas, renovando-se continuamente, no **corpo físico e no corpo espiritual**, em modulações vibratórias diversas, conforme a situação da inteligência que as senhoreia, depois do berço ou depois do túmulo (grifos nossos).[132]

Nas linhas infinitas do instinto, da inteligência, da razão e da sublimação, permanecemos todos vinculados à lei do renascimento como inalienável condição de progresso. **Atacamos experiências múltiplas e recapitulamo-las, tantas vezes quantas se fizerem necessárias, na grande jornada para Deus.** Crisálidas de inteligência nos setores mais obscuros da Natureza evolvem para o plano das inteligências fragmentárias, onde se localizam os animais de ordem superior que, por sua vez, se dirigem para o reino da consciência humana, tanto quanto os homens, pouco a pouco se encaminham para as gloriosas esferas dos anjos (grifos nossos).[133]

Deus prossegue criando sem cessar.

O Seu psiquismo dá nascimento a verdadeiros fascículos de luz, que contêm em germe toda a grandeza da fatalidade do seu processo de evolução.

Manifestando-se em sono profundo nos minerais através dos milhões de milênios, germina, mediante processo de modificação estrutural, transferindo-se para o reino vegetal, às vezes, passando pelas formas intermediárias, dando surgimento à sensibilidade, a uma organização nervosa primária, de que se utilizará no remoto futuro. Obedecendo a campos vibratórios sutis e inabordáveis, lentamente se transfere para o reino animal, experimentando as variações do transformismo e do evolucionismo, igualmente vivenciando as experiências encarregadas das mutações e variações, desdobrando os instintos até alcançar os primatas, e deles prosseguindo no direcionamento humano...

Não cessa, porém, no bípede pensante, o grandioso desenvolver dos conteúdos divinos nesse psiquismo, antes alma e agora Espírito, que avança para a angelitude, para a superação de qualquer expressão no campo da forma, até atingir o máximo da sua destinação gloriosa.

Todas as manifestações no mundo das formas direcionadas por uma energia peculiar modificam-se, tornando-se mais complexas, até alcançar estágios definitivos que as caracterizam no campo material.

---

[131] Maia, J. N.; Miramez (Espírito). Divisão da natureza. In: *Filosofia Espírita*. V.12. cap. 24.
[132] Xavier, F. C.; Vieira, W.; André Luiz (Espírito). Células e corpo espiritual. In: *Evolução em dois Mundos.* cap. 5.
[133] Xavier, F. C.; Vieira, W.; André Luiz (Espírito). Ante a reencarnação. In: *Entre a Terra e o Céu.* cap. 29.

O mesmo ocorre com os iniciais fascículos de luz, que se utilizam das condensações que elaboram para desenvolver-se, impondo futuras expressões, nas quais a capacidade intelecto-moral se há de manifestar.

Pode-se, portanto, perceber a presença divina em todos esses períodos em manifestações de impulsos que conduzem aos diferentes estágios que deságuam no oceano da futura harmonia.

Arquivando todas essas experiências nos arcanos profundos da mente individual e humana, o ser que vem transitando pelo campo da matéria e desenvolvendo os inextricáveis mecanismos da energia pensante, conduz o conhecimento da evolução, de que se utiliza, consciente ou inconscientemente, para mais audaciosos cometimentos ascensionais.

A princípio, encontra-se fixado ao solo, e nele ínsito.

Logo após, prende-se-lhe por intermédio de raízes que lhe oferecem elementos para a vida e para a sustentação, o mesmo ocorrendo no seio das águas...

Mais tarde, arrasta-se lentamente na terra que lhe serve de base, para poder erguer-se em pernas vigorosas que lhe sustentam o peso ou voar livremente nos ares...

A libertação do magneto terrestre dá-se, a pouco e pouco, até o momento em que, humanizado, aprende a planar acima do seu apoio, quando se utiliza da mente para os fenômenos da movimentação e da vida em planos de exclusiva natureza vibratória, sem a aglutinação de moléculas que dão origem à matéria.

Trata-se do Reino dos Céus, do Nirvana, do Paraíso, do mundo de plenitude fora do mundo físico, que serve de hospedagem transitória para o desenvolvimento do deus interno, da Mente divina que permanece em toda a Criação.

A denominada fatalidade biológica encarregada de fazer que o neuroblasto dê origem a todos os demais, variando na aparência e na finalidade, bem compreendida como a moldagem imposta pelo perispírito, é resultado da Mente divina que orienta o crescimento e a manifestação da vida, na sua multifacetada expressão.

Tudo e todos, portanto, obedecem a uma planificação superior, antecipada, inevitável e determinista para a harmonia total (grifos nossos).[134]

Desde o seu instante conceptual, ao se destacar do Psiquismo Divino, o princípio inteligente já traz em si os germes das sensibilidades etéricas, intrínsecas às íntimas paisagens mnemônicas, nas quais se desenvolvem as aptidões concernentes ao seu contínuo e irrefreável evolver. Edificam-se as propriedades equivalentes ao objetivo pleiteado e institui-se a capacidade de memorizar as experiências por que passa, a fim de sintetizá-las e de aplicá-las em quaisquer outras situações ou circunstâncias futuras. Essas experiências adquiridas se transformam em conhecimento transcendente e em valores imperecíveis, consecutivamente. Nesse pro-

---

[134] Franco, D. P.; Joanna de Ângleis (Espírito). Consciência e vida: *Consciência e sofrimento*. In: *Autodescobrimento:* Uma busca interior. cap. 3, item 3.

cesso, o princípio inteligente se une a outros princípios inteligentes, cujos anseios volitivos se assemelham aos seus no decurso germinativo do desiderato vivificante. Por meio dessa união, individualizam-se, aprimoram-se e se iluminam, expandem-se e evoluem subsequentemente, rumo ao seu fanal – ser um com a totalidade.

A Mente divina jamais se fragmenta, porque Deus é Uno, Absoluto, Eterno, portador de outros imensuráveis atributos, ainda incompreensíveis ao limite em que a criatura humana se encontra ou no estágio em que por ora experiencia, pois trata-se da Divina Presença que em tudo vibra, vive, personifica-se, evolve, plenifica-se e se ilumina, permitindo a todos o livre acesso à inegável Presença Divina que em tudo se expressa. Assim sendo, fácil se nos torna a compreensão e a certeza inequívoca de que: *"O psiquismo divino flui através de nós" e que Deus nos sustenta e nos conduz em todos os dias de nossas vidas. Como cocriadores que somos, identificamos, sem muito esforço reflexivo, que há um fluxo e um refluxo de forças que percorrem o ser e o impulsionam ao prosseguimento. Dele depende, tão somente, coordenar os movimentos, eleger a meta atinente e avançar persuasivo, proativo e intimorato."*[135]
A Paternidade Cósmica jamais deixará as Suas criaturas, desde o Alfa até o Ômega, isto é, das origens da Vida à sua mais alta expressão, sem o amparo devido e sem as diretrizes consoantes às suas capacidades criativas e às suas necessidades evolutivas. Assim, corroborando a tese em foco, André Luiz, com a altivez e a sensibilidade transcendentes que lhe são próprias, enfatizando a responsabilidade de cada qual, poetiza que "todos os seres vivos respiram na onda do psiquismo dinâmico que lhes é peculiar, dentro das dimensões que lhes são características ou na frequência que lhes é própria", demonstrando, inapelavelmente, que "esse psiquismo independe dos centros nervosos, de vez que, fluindo da mente (que é uma emanação da consciência), é ele que condiciona todos os fenômenos da vida orgânica em si mesma".[136] Isto posto, não há revelações sibilinas em suas nobres perquirições, nem tampouco a menor possibilidade de defesa da ociosidade mórbida. O que se percebe, claramente, é que não existe, em parte alguma, uma lei que isente quem quer que seja do esforço próprio, tampouco um entrave que impeça o ser de conquistar a sua autonomia e que lhe suprima o direito de caminhar com as próprias luzes, pois tal é a Lei: a cada qual segundo os seus conhecimentos, as suas aptidões, as suas escolhas e os seus esforços bem direcionados. Eis a liberdade e a responsa-

---

[135] Franco, D. P.; Joanna de Ângelis (Espírito). Decisão de ser feliz. In: *Momentos de Saúde*. cap. 1.
[136] Xavier, F. C.; André Luiz (Espírito). Estudando a Mediunidade. In: *Nos domínios da mediunidade*. cap. 1.

bilidade, condicionadas à pauta previamente estatuída ou impulsionada pelas forças arquetípicas da coletividade e da Natureza em curso.

Visando ao mais amplo entendimento de um assunto aparentemente complexo, a fim de atingir mais altos degraus no âmbito do conhecimento sem limitações e desenvolver maior discernimento, objetivando ações mais conscientes e, consecutivamente, mais profícuas e relevantes, faz-se premente rememorar algumas sutilezas grafadas nas dobras das entrelinhas das informações imorredouras, pois, alhures, afirmamos que o *"amor era a reunificação das mônadas no todo em gestação, através das unidades coletivas cada vez mais amplas, complexas e nobremente estruturadas"*[137] e que o espírito, a mônada conceptual, era a matéria-prima do cosmos.[138] Pressupõe-se que "antes do amor não existia a Criação, porque, exteriorizando-se de Deus, gerou-se o Universo".[139] Desse modo, dando asas à nossa imaginação, subentende-se que "o amor, sintetizando todas as necessidades do ser e da vida, preenche-os, por ser o prolongamento do Psiquismo Divino, a tudo sustentando e promovendo".[140]

Siga as intuições inspirativas e as inspirações intuitivas e, por conseguinte, interrogue-se, em profunda introspecção, equipando-se ou valendo-se de premente, profícuo e proeminente exame de consciência, o que teve a sua gênese nas entranhas do Psiquismo Divino? A resposta não poderia ser outra senão o espírito, o princípio inteligente do Universo.

Se o espírito (a mônada ou princípio inteligente do Universo) é a matéria-prima do cosmos e se a reunificação dessas infinitesimais e indivisíveis unidades compõem mais amplas e complexas unidades, onde houver dois ou mais desses elementos primários, sob a regência de uma lei, constituir-se-ão os elementos secundários, do infinitesimal ao vultoso. Como fora mencionado algures, no início, o homem possui apenas instintos e *"os instintos são a germinação e os embriões dos sentimentos (os sentimentos acumulam, ou seja, reúnem e condensam as faculdades ou habilidades de criar, de edificar, de alimentar e de iluminar) e trazem consigo o progresso, assim como a semente contém em si a árvore"*. Mais avançados e transformados, metamorfoseiam-se em sensações, as quais, mais sublimes ou purificadas e mais bem equipadas, tornam-se sentimentos. No ponto mais delicado desses sentimentos, eles se transmutam em amor, sob o impulso da lei de coesão, fazendo-se ou

---

[137] Pastorino, Carlos Torres. Amor total. In: *Sugestões Oportunas*. cap. 77.
[138] Franco, D. P.; Joanna de Ângelis (Espírito). O ser humano em crise existencial: O ser humano pleno. In: *Em Busca da Verdade*. cap. 6, item 3.
[139] Franco, D. P.; Fabiano de Cristo (Espírito). A caridade e o amor. In: *Compromissos de Amor*. cap. 21.
[140] Franco, D. P.; Joanna de Ângelis (Espírito). Amor, justiça e caridade. In: *No Rumo da Felicidade*. cap. 23.

tornando-se a lei em uma consciência coesa, a síntese das sublimes revelações e experiências conjuntamente adquiridas em todos esses estágios indissociáveis, percorridos no processo de progressão de cada mônada em particular e de todas as mônadas envolvidas no festim. Neste *insight*, vemo-la como a força de atração/repulsão ou força nuclear forte e fraca, a primeira com a função de unir os elementos e a segunda, com a de separá-los ou transmutá-los. Essas duas leis já são fulgurações das mesmas mônadas, pois, no princípio, o Verbo estava com Deus e, na sequência, o Verbo tornou-se deus. Para Paulo de Tarso, como alunos ou aprendizes do Evangelho, somos a lavoura; mas, como evangelizadores ou professores, tornamo-nos a lei, isto é, os agricultores. Podemos dizer: hoje estou. Mas, fatalmente, amanhã, poderemos afirmar: eu sou!

Neste monismo divino, todos somos filhos ou fulgurações de uma essência original, imutável em sua gênese conceptual, mas dissociável, metamorfoseável e aformoseável incomensuravelmente, de modo incoercível e interminável. Tal essência, ínsita no âmago do Creador, ao transmutar-se em substância primordial, o Psiquismo Divino, fraciona-se, sofre imensuráveis metamorfoses e sujeita-se aos intérminos aformoseamentos inerentes à Lei até atingir o clímax relativo, atinente à progressão da criatura em relação ao Criador para, por sua vez, tornar à casa-mater, onde ofertará a essência do Reino de Deus em si ao Reino nirvânico, intrínseco ao Tudo-Uno-Deus. A intuição de Pietro Ubaldi luariza-nos a consciência perquiridora ao afirmar que *"o cientista jamais pensou que era preciso amar o fenômeno investigado, esforçar-se ao extremo para tornar-se o fenômeno observado com olhos de ver, vivê-lo como se fossem uma só realidade; que seria indispensável transportar o próprio Eu, com sua sensibilidade (ouvidos de ouvir), até o centro do fenômeno perquirido (o âmago do ser, o centro de sua consciência), não apenas com uma comunhão de sentimentos imorredouros, de pensamentos enobrecedores, de ideias iluminativas, mas com uma verdadeira transfusão de alma, a fusão dos oceanos virtuosos numa só unidade.*"[141] Para lograr êxito em tal intento e cumprir com esmero tão nobre desiderato, Emmanuel sintetiza o roteiro: "Todo fenômeno edifica, se recebido para enriquecer o campo da essência. Quanto a nós, porém, estejamos fiéis à instrução, desmaterializando o espírito, quanto possível, para que o Espírito se conheça e se disponha a brilhar."[142] Assim sendo, todo fenômeno observado à luz do amor equânime e incondicional edificar-nos-á, pois será recebido, acolhido, integrado e sublimado

---

[141] Ubaldi, P. Ciência e razão. In: *A Grande Síntese*. cap. 1.
[142] Xavier. F. C.; Emmanuel (Espírito). Dever espírita. In: *Seara dos médiuns*. cap. 37.

para enriquecer o campo da essência consciencial de ambos. Dessa forma, compete-nos buscar, com conhecimento de causa e a honestidade que nos tipifica o caráter irretorquível, a edificação da humildade sem mácula, trajados com as vestes da sinceridade proeminente, agindo com fidelidade e apreço à instrução nobremente assimilada, desmaterializando o espírito o quanto possível, o qual *nada aumenta e nada destrói de si mesmo*, sutilizando as mônadas primitivas aos páramos imarcescíveis do contínuo *devir*, ou seja, *refinando-as em seu modo de ser com qualidades cada vez mais sutis, complexas e perfeitas*,[143] para que o Espírito, mediante a sua transformação moral consciente e consistente, se conheça em plenitude, desde o mais ínfimo espírito incorporado à sua obra individualizada – em constante individuação iluminativa e em plena expansão progressiva –, e se disponha a fazer brilhar a sua luz, ou seja, a espargir as fulgurações de seu caráter irretorquível. Diante dessa realidade incontestável, um dia, fomos também um átomo primitivo solitário, mas solidário, como parte integrante da consciência germinal do sal da terra, conduzindo-nos em plena consonância com as leis e com a vida. Procedendo de forma similar, as miríades de mônadas primevas, constitutivas do nosso condomínio espiritual, em dias vindouros, poderão afirmar, em uníssono, com modesta discrição, distinguidas por seu incorruptível proceder e libertas pela iluminação do ser, como um único rebanho e uma só consciência unificada pelo saber transcendente e norteada pela reciprocidade convergente: *"eu sou a luz do mundo"*!

Rememorando as profundas reflexões de Emmanuel e de outros luminares comprometidos com a causa crística, a fim de reorganizar as ideias inerentes ao estudo em pauta, reflitamos, como livres pensadores, sem as limitações improfícuas que, via de regra, subvertem, estiolam e atrofiam as inteligências (intelectiva, emotiva e espiritual), sem a presença dos cárceres deletérios – da inércia mental, da procrastinação injustificável, do conformismo sem proveito, do orgulho exacerbado, da inveja aniquilante, da vaidade doentia, do melindre aviltante e de outros tantos elementos perturbadores do psiquismo humano –, que comumente sufocam os sentimentos edificantes, cujas características são as habilidades de criar, de vivificar, de qualificar e de iluminar as atuais e as futuras construções gestadas nas placentas mentais/emotivas do cérebro espiritual. Sem os entraves inclementes e escravizantes que turbam a imaginação modeladora do ensejo oportuno que enfeita as nuances do intento almejado, sem as amarras perturbadoras que devoram a vitalidade das forças-estímulo,

---

[143] Ubaldi, P. A grande sinfonia da vida. In: *A Grande Síntese*. cap. 68.

ínsitas na gênese dos pensamentos perquiridores das inefáveis realidades em descortino e, acima de tudo, sem desconsiderar as essências que dimanam do oásis da intuição intimorata que os ilumina perenemente, da vontade que os direciona sem temores ou vacilações, mediante o auxílio indissociável da fé vivenciada, como substrato da convicção sem mácula, oriunda das imanências imperecíveis da Consciência profunda, objetivando lograr o êxito anelado em tal introspecção perquiridora, reflitamos:

> É lícito considerar-se **espírito e matéria como estados diversos de uma essência imutável,** chegando-se dessa forma a estabelecer a unidade substancial do Universo. Dentro, porém, desse monismo físico-psíquico, perfeitamente conciliável com a doutrina dualista, faz-se preciso considerar **a matéria como o estado negativo e o espírito como o estado positivo dessa substância. O ponto de integração dos dois elementos estreitamente unidos em todos os planos do nosso relativo conhecimento, ainda não o encontramos.** A ciência terrena, no estudo das vibrações, chegará a conceber a unidade de todas as forças físicas e psíquicas do Universo (grifos nossos).[144]

Para Léon Denis, *"O Universo é uno, posto que triplo na aparência. Espírito, Força e Matéria não parecem ser mais que os três estados de uma substância imutável em seu princípio, variável ao infinito em suas manifestações. A matéria não é senão uma das formas transitórias, uma das maneiras por meio da qual a substância universal se expressa, cuja unidade constitutiva é o espírito, o princípio inteligente do Universo, a mônada primordial, como fulguração da Mônada Primitiva, a quem comumente chamamos Deus, o Ser dos seres, a Alma do Universo. Vemo-la, no estado compacto, como matéria sólida, noutro, mais sutil, como matéria líquida, num ponto mais diáfano, como matéria gasosa; já em estados quintessenciados, constituir-se-á nos fenômenos da luz, do calor, da eletricidade, do magnetismo, da afinidade química etc. Em suma, tudo se liga e se encadeia no Universo. Tudo é regulado pela lei do número dos elementos envolvidos e de suas experiências em comum, da medida qualificativa de seus níveis conscienciais, enfim, da solidariedade e da fraternidade ante a lei de harmonia e de equilíbrio que a tudo governa"*.[145] Por fim, o autor enfatiza que: "Cada alma é uma irradiação da Grande Alma Universal, uma centelha gerada do Eterno Foco."[146], isto é, "a alma humana é imanação da Alma Divina, uma centelha do Pensamento Eter-

---

[144] Xavier, F. C.; Emmanuel (Espírito). Quatro questões de filosofia: espírito e matéria. In: *Emmanuel.* cap. 33, item 3.
[145] Denis, L. Unidade substancial do universo. In: *O Grande Enigma.* 1ª parte. cap. 2.
[146] Denis, L. Solidariedade; comunhão universal. In: *O Grande Enigma.* 1ª parte. cap. 3.

no".¹⁴⁷ O seu pensamento está em perfeita sintonia com as ideias-síntese de Emmanuel, pois, para ele, espírito e matéria são modos diferentes de expressão de uma essência única, o Psiquismo Divino, imutável em sua gênese, mas variável ao incomensurável nas suas intérminas manifestações, metamorfoses e aformoseamentos. Corroborando o ensejo, Miramez sintetiza: *"Se buscarmos a profundidade das coisas e dos seres, encontraremos a matéria primitiva de onde saem todos os elementos que compõem todas as criaturas, vibrando no seio da Divindade como elemento único. Portanto, ela, em Deus, é una quando imana em Seu campo de força, a partir daí, começa a se dividir, de acordo com as condições do próprio ambiente, compreendendo que, no fundo, é a mesma essência, porém, tomando expressões variadas, com objetivos inúmeros, obediente ao comando da Suprema Sabedoria".*¹⁴⁸ Dentro desse monismo físico-psíquico-espiritual, no qual somos um, faz-se premente e inevitável considerar a matéria como o estado de condensação do espírito, compondo os fluidos imponderáveis, a matéria mental, a bioenergia, o universo infra-atômico, subatômico, intra-atômico, os átomos e, com eles, todas as formas tangíveis presentes na Natureza, pois "a análise química demonstra que todas as substâncias, vegetais e animais, são compostas dos mesmos elementos constitutivos dos corpos inorgânicos", os quais desaguarão no mundo psi¹⁴⁹, posto que, segundo André Luiz, "Ao longo da **atração** no mineral, da **sensação** no vegetal e do **instinto** no animal, vemos a crisálida de consciência construindo as suas faculdades de **organização, sensibilidade e inteligência,** transformando, gradativamente, toda a atividade nervosa em vida psíquica" (grifos nossos).¹⁵⁰ Corroborando a tese em foco, Pietro Ubaldi acrescenta: "A energia solar, assimilada e transformada pelas plantas, torna-se, no animal, calor, movimento, e, como última transformação do dinamismo vital, energia nervosa. Esta, no homem, torna-se função psíquica e espiritual."¹⁵¹ Por sua vez, os psiátomos estruturam os estados psíquicos e dinâmicos da mesma essência divina em ascensão para, por fim, tornarem-se o estado espiritual dessa mesma substância primordial, o Espírito, o ser imortal. Outra vez, Miramez nos socorre com sua lucidez, pois afirma que *"essa luz de Deus que move todas as coisas, que teve o seu começo como fluido divino, movimenta-se no Creador e vai se transformando e reunificando-se*

---

¹⁴⁷ Denis, L. As leis universais. In: *O Grande Enigma.* 1ª parte. cap. 6.
¹⁴⁸ Maia, J. N.; Miramez (Espírito). *Filosofia Espírita.* V.2. cap. 28.
¹⁴⁹ Kardec. A. Gênese orgânica: formação primária dos seres vivos. In: *A Gênese.* cap. 10, itens 12 e 13.
¹⁵⁰ Xavier, F. C.; Vieira, W.; André Luiz (Espírito). Automatismo e corpo espiritual. In: *Evolução em dois mundos.* cap. 4.
¹⁵¹ Ubaldi, P. A grande sinfonia da vida. In: *A Grande Síntese.* cap. 68.

de degrau em degrau, até se materializar (coagular-se); depois, faz o movimento inverso e vai se elevando, reintegrando e sutilizando novamente, alcançando a espiritualização relativa em seu périplo infindo, eternizando-se na forma como ser individualizado, a caminho da individuação".[152] Resumindo, *"O ponto de integração dos dois elementos estreitamente unidos em todos os planos do nosso relativo conhecimento"*, sem sombra de dúvida, está sendo gradativamente desvelado. Com certeza, *"a ciência do porvir, melhor equipando os seus cientistas dos valores ético-morais concernentes ao intento perquiridor, por intermédio do estudo das vibrações em seus inúmeros matizes e em suas imensuráveis nuances, chegará a conceber a essência primordial e a unidade substancial de todas as forças físicas, psíquicas, morais e espirituais do monismo Universal".*

Analisemos a síntese das sínteses de Joanna de Ângelis, cuja essência nortear-nos-á e nos remeterá ao centro consciencial do fenômeno observado: "O amor é o antídoto para todas as causas do sofrimento, por proceder do Divino Psiquismo, que gera e sustenta a vida em todas as suas expressões."[153] Podemos questionar: quais são as causas do sofrimento e as suas múltiplas expressões? Segundo a autora dessa ideia-síntese, *"A personalidade humana é constituída de essência e de substância. A primeira são as leis oriundas do Eu profundo, traduzidas em estatutos psicoeletroquímicos (os hormônios ordenadores de variada ordem), que emergem do Reino de Deus em nós (estado de sublimação das experiências inerentes à sua Consciência profunda, sumariado por ela mesma, desde tempos imemoriais). A segunda é o patrimônio que advém da reunião dos estados arquetípicos, psíquicos e dinâmicos (que culminam como hormônios causadores da desordem, em detrimento das leis de harmonia), transformados em atos que se arquivam no sub e no inconsciente. São as experiências e as realizações decorrentes das permutas prematuras atinentes ao ambiente hodierno, atreladas às circunstâncias ativas e às reminiscências das existências passadas, as quais, via de regra, definem o comportamento doentio".*[154] Desse modo, a primeira atitude que deve anteceder as mudanças que se pretende é o autoexame, no qual a pauta integrará, pelo menos, esses três momentos inerentes aos desejos impermanentes e sempiternos: existem coisas que podemos, mas não devemos realizar; outras que devemos, mas

---

[152] Maia, J. N.; Miramez (Espírito). *Filosofia Espírita*. V.12. cap. 45.
[153] Franco, D. P.; Joanna de Ângelis (Espírito). Origens do Sofrimento. In: *Plenitude*. cap. 3.
[154] Franco, D. P.; Joanna de Ângelis (Espírito). Silêncio interior: Desidentificação. In: *O Ser Consciente*. cap. 2, item 1.

estamos impossibilitados de levá-las a efeito; e, por fim, há aqueloutras que podemos, devemos e dispomos dos meios e dos fins, mas, por ora, não queremos! Fato é que somos os autores e os construtores do nosso destino. Para tanto, cada pensamento aliado ao sentimento correspondente gera um condicionamento respectivo. Cada condicionamento repetido gera um hábito adquirido. Cada hábito exercitado gera um instinto germinado. Cada instinto estatuído gera um caráter definido. E, por fim, o caráter construído, segundo as essências diretrizes e as substâncias comportamentais que se congregam, determina a feitura de um destino feliz e enobrecedor ou desditoso e gerador de sofrimentos e perturbações sem conta.

Para Joanna de Ângelis, o amor é o antídoto para a erradicação de todas as causas do sofrimento (sejam físicas, emocionais, psíquicas, morais ou espirituais), e procede do Divino Psiquismo (essas fulgurações monádicas, após emergirem do hausto do Creador, se reagrupam e personificam-se como o amor substância) para gerar, nutrir, organizar e sustentar a vida em todas as suas expressões. Não por acaso, o venerando Espírito prossegue: *"A força do amor (a lei) concebe a vida (o verbo que se faz carne, pois só desce quem subiu), dá-lhe nutrição e a mantém (por tornar-se o pão da vida, o superior pode tornar a animar formas inferiores ou mesmo personificar-se como tais, a fim de arrebatá-las e, simultaneamente, organizá-las e mantê-las em harmonia, comportando-se como o caminho da verdade e da vida, a lei para aqueloutros), fazendo parte da inteligência (diretora e da consciência geradora). Cabe à mente tornar-se autoconsciente, utilizando-se do amor (substância) com inteligência (virtuosa) e permitindo que ele (o amor essência) a conduza com sabedoria (transmutando as substâncias impermanentes em virtudes imorredouras)."*[155] Sintetizando: *"Quando a inteligência conduz o amor, há lógica e razão (transforma todos os elementos psicoeletroquímicos em elementos constitutivos das porvindouras forças morais e espirituais). Mas, quando o amor (que se tornou a síntese das sublimes revelações) dirige a inteligência (quando a essência domina e conduz a substância), a compaixão expressa-se e a caridade, como o amor em excelência, toma conta dos comportamentos humanos (eis a caridade essencial, que liberta o assistido e culmina com a autoiluminação de quem a exercita)."*[156]

---

[155] Franco, D. P.; Fabiano de Cristo (Espírito). Saúde e paz. In: *O amor como solução*. cap. 9.
[156] Franco, D. P.; Fabiano de Cristo (Espírito). Compaixão e vida. In: *Jesus e Vida*. cap.2.

Sendo a mônada (o espírito) a matéria-prima de tudo quanto existe na Criação em Deus, nós outros, como cocriadores scientes e conscientes, valer-nos-emos da matéria-prima do universo que se tornará, concomitantemente, a matéria-prima da consciência e da vida em todas as suas nuances e em todos os degraus evolucionais no intérmino *devir*, de sal da terra a luz do mundo. Assim sendo, "todos somos estruturados com a mesma energia de que é feito o cosmos".[157] Consequentemente, "todo átomo de matéria tem a sua gênese no átomo indivisível de natureza psíquica".[158] E, segundo Joanna de Ângelis, "a psique humana tem quase a mesma idade do universo. Desde a Criação que o psiquismo passou a formar-se sob o comando da Mente Divina".[159] Camille Flammarion enfatiza: "A alma humana, em nosso corpo terrestre, sobre a Terra, rege, sem disso se aperceber, todo um mundo de almas elementares, formando as partes constitutivas do seu corpo."[160] Segundo o autor, os elementais são as almas virtuais dos elementos, ou seja, são as consciências que organizam e mantêm as formas em suas imensuráveis expressões, a base de coesão e de sustentação da vida em todos os reinos. À vista disso, em parte alguma há a mais ínfima possibilidade de existir uma consciência constituída sem vidas para conduzir, tampouco há a mais remota probabilidade de existir vida sem uma consciência em gestação para se governar. Em sentido profundo, é uma *"energia primária oculta em todas as coisas e seres vivos, que a sustenta no processo de coesão e de substituição das células (moléculas, átomos e subdivisões sem conta) responsáveis pelo fundamento dos reinos mineral, vegetal e animal. Esse Elemental (ou alma virtual) é parte integrante do perispírito como do organismo físico e reage conforme seja a disposição mental e emotiva do homem".*[161] Consoante as ratificações de André Luiz, "Como você pensa, você crê, e como você crê, será. Cada um tem hoje o que desejou ontem e terá amanhã o que deseja hoje."[162] Emmanuel, o mentor e mestre de André Luiz, enfatizara: "Em qualquer providência e em qualquer opinião, somos sempre a soma de muitos. Expressamos milhares de criaturas e milhares de criaturas nos expressam."[163] Em vista do exposto, Annie Besant sumariza: "O homem é o microcosmos do universo e seu corpo serve de campo evolutivo para miríades de consciências menos evoluídas do que a sua própria. Cada célula no corpo é composta de miríades de

---

[157] Miranda, H. C. Cérebro e mente: Os "exageros" do cérebro. In: *Alquimia da Mente.* cap. 4, item 6.
[158] Xavier, F. C.; Humberto de Campos (Espírito). Átomo. In: *Dicionário da Alma.* cap. 1, p. 28.
[159] Franco, D. F.; Joanna de Ângelis (Espírito). Crises e turbulências: Crises existenciais. In: *Encontro com a Paz e a Saúde.* cap. 2, item 1.
[160] Flammarion, C. Quarta narrativa - *Refluum temporis.* In: *Narrações do Infinito.* cap. 4, item 3.
[161] Maes, Hercílio; Ramatís (Espírito). Considerações sobre a origem do câncer. In: *Fisiologia da Alma.* cap. 20.
[162] Xavier, F. C.; André Luiz (Espírito). Desejos. In: *Sinal Verde.* cap. 24.
[163] Xavier, F. C.; Emmanuel (Espírito). Associação. In: *Pensamento e Vida.* cap. 8.

minúsculas vidas, cada uma delas com a sua consciência germinal."[164] Assim sendo, Alice Bailey esclarece que: "Nossos corpos são compostos por miríades de entidades infinitesimais, cada uma sendo uma unidade de vida; **assim como o átomo é composto por miríades de elétrons**" (grifo nosso).[165] Por fim, Miramez sintetiza com maestria: "A 'reencarnação' se processa em todos os Reinos e em todas as coisas, pois é nesse labor que o espírito conquista a libertação espiritual."[166] Segundo o autor, "a natureza, sendo sábia, cria vários corpos para que a mensagem do Espírito seja dada e o aprendizado da alma consumado".[167] Isso equivale a dizer que, no universo do Espírito individualizado e mesmo na alma que está sendo fabricada, sempre haverá, no oásis das subdivisões deste edifício e desta hierarquia divina, quem se capacitou previamente para gerir ou coordenar a arquitetura das edificações vindouras. De modo semelhante, aqueloutros que se predisporão prontamente ao exercício da obediência disciplinadora, prontos à execução das ordens expedidas, face às necessidades urgentes, indissociáveis do desígnio inadiável e imprescindíveis à concretização da pauta estatuída. Haverá quem se apresente de bom grado para capacitar os escolhidos, ministrando pacienciosamente o fruto do que até então assimilara, ao tempo em que outros tantos se qualificam para a justa perquirição de tal ensino enriquecedor e iluminativo. Enfim, haverá sempre quem esteja apto a acolher para expandir-se, tanto quanto inúmeros que se deixam ser acolhidos para servir, iluminando-se. Haverá sempre quem se apresente para integrar os que carecem de ser integrados ao festim consciencial em ascensão progressiva.

Aprofundando a pauta em foco, quando o pensamento – representando a alma, uma fração do próprio Espírito, e regido pela intuição e pela vontade – expressa a consciência, o faz por meio da mente e das inteligências correlacionadas. O pensamento encarnará as essências inerentes ao Reino de Deus em si, isto é, o verbo que se fará carne, visando, mais especificamente, à sublimação dos valores inatos tanto quanto ao desenvolvimento dos recursos latentes a ele pertinentes. Simultaneamente, objetivar-se-á também a expansão do seu patrimônio acumulado. Para tanto, em primeiro lugar, após a transubstanciação dos convidados ao festim transcendental, incorporar-se-ão as substâncias ínsitas em seu inconsciente e em seu subconsciente, oriundas das existências e experiências

---

[164] Miranda, Hermínio Correa de. Consciente e inconsciente: O inconsciente, território de nossas ignorâncias. In: *Alquimia da Mente*. cap. 5, item 5.
[165] Bailey, Alice. A evolução da substância. In: *A Consciência do Átomo*. 2ª conferência.
[166] Maia, J. N.; Miramez (Espírito). Atração mútua. In: *Filosofia Espírita*. V.12. cap. 27.
[167] Maia, J. N.; Miramez (Espírito) Uma só alma. In: *Filosofia Espírita*. V.12. cap. 44.

recentes ou remotas, à cata de aprimoramento há muito procrastinado. Por conseguinte, promover-se-ão aqueloutros que também foram convidados a fazerem parte deste aprisco em perene expansão. Para tais fins, a Consciência profunda valer-se-á da mente como laboratório de transdução que, a partir do crisol perispiritual, como veículo de manifestação, gerenciamento e qualificação desses conteúdos e do corpo físico como cadinho purificador, absorve-os, a fim de transmutá-los e aformoseá-los em essências sutilizadas, as quais, ao se assemelharem aos recursos nobremente adquiridos até então, serão definitivamente incorporadas, como patrimônio indelével da Superconsciência. Léon Denis enfatiza que, para lograr êxito em tal desiderato, *"acima de tudo, o que mais importa é compreender que podemos realizar tudo no domínio psíquico; desde que, nenhuma força fique estéril, e tal fato só se dará, quando exercermos o que nos cabe executar, de maneira consciente e constante, objetivando alcançar um desígnio conforme o direito, sem premiação, e a justiça equânime e imparcial".*[168] Sempre seremos auxiliados, conforme auxiliarmos. Pois "o Senhor, em seu amor misericordioso, encorajar-nos-á em todos os esforços que tenderem para o bem". E "veremos os nossos esforços coroados de sucesso, e um grão produzir cem, e outro, mil" (*ESE*, cap. 18, item 15. São Paulo: Petit). Todo esforço bem direcionado, quando a alma se mostra sinceramente voltada para a construção do bem nas suas diferentes expressões, sejam quais forem as circunstâncias, será reconhecido pelos Planos Superiores e os seus frutos serão multiplicados, conforme os conhecimentos transcendentes e os sentimentos enobrecedores empenhados, assim beneficiando diretamente todos os que estiverem em ressonância com tal intento e, indiretamente, sensibilizando todos os improvidentes dissonantes. Toda edificação digna e honesta, que se cumpre de alma tranquila, porque nada deve e nada teme, no mínimo, será recompensada pela paz de consciência e pela luz que ilumina os corações comprometidos com o justo cumprimento dos seus deveres.

Maria João de Deus acrescenta, minuciando os papéis dos seres conscientes e dos missionários da causa crística: "Um espírito pode beneficiar-se com o que lhe provém do exterior, mas o seu verdadeiro mundo é aquele criado por seus pensamentos, atos e aspirações. O pensamento é tudo."[169] Noutro capítulo da obra citada, a autora prossegue, esclarecendo-nos que, *"as almas sumamente perfeitas que já se fizeram unas com o Cristo, incumbem-se espontaneamente em auxiliar os seres ru-*

---

[168] Denis, L. As potências da alma: A vontade. In: *O Problema do Ser, do Destino e da Dor.* 3ª parte. cap. 20.
[169] Xavier, F. C.; Maria João de Deus (Espírito). O pensamento é tudo. In: *Cartas de uma Morta.* cap. 65.

dimentares do reino mineral, vegetal, animal e pré-humano e outros, nos quais, ajuda-os na sua organização e no aprimoramento constante de suas formas. Para tanto, fulguram dos seus pensamentos formosos e sábios, as essências imorredouras, das quais eles saturar-se-ão, e esses elementos de astralidade superior, imarcescíveis e inefáveis, favorecerão grandiosamente, o embrião espiritual em suas manifestações iniciais".[170]

Joanna de Ângelis esclarece-nos eminentemente: *"A mecânica do desenvolvimento espiritual e moral do espírito/Espírito é a do amor (a força da essência-lei e a vitalidade da substância-mater), que se realiza iluminando-se pelo conhecimento assimilado e libertando-se pela vivência das leis intuitivas e das diretrizes inspirativas personificadas e, por conseguinte, pelas experiências durante a esteira das encarnações, ou seja, pela personificação do verbo interior e a integração dos estímulos exteriores, advindos do entorno, por meio das permutas incessantes, inerentes aos relacionamentos."*[171] Depreende-se do exposto que não há a menor possibilidade de pensar sem interagir, nem a mais ínfima probabilidade de interagir sem permutar as vibrações e as experiências inerentes ao propósito almejado, tampouco o ensejo de evoluir sem a vida de relação. Pensar e sentir constituem a capacidade criativa da mônada humana em ação, segundo o grau qualificativo de seu conhecimento racionalizado e contextualizado, tanto quanto da sublimação e da unificação de suas inteligências correlacionadas (intelectiva, emotiva e espiritual) em seus relacionamentos físico-intelectivo, emocional-afetivo e moral-espiritual, edificando conscienciosamente sua indelével e intransmissível espiritualidade em ascendimento purificador, isto é, a consciência ética nobremente moralizada. Falar e agir traduzir-se-ão nos alicerces consequentes do processo de concretização psicofísica, moral e espiritual, atinentes ao tentame aspirado. Para tanto, faz-se premente esclarecer que: *"A matéria física ou secundária não é substância sólida e espaçosa; é um complexo de centros de forças em seus múltiplos matizes e em suas imensuráveis nuances. Portanto, ao alto dos diversos centros de forças constitutivas que formam o corpo humano, a alma humana governa todas as almas ganglionárias (almas elementais multiformes formando ou compondo a rede da vida com suas imensuráveis nuances e complexidades) que lhe são subordinadas."*[172] Assim, inapelavelmente, todas as almas ganglionárias, componentes da própria alma, e,

---
[170] Xavier, F. C.; Maria João de Deus (Espírito). A luz e a flora do além. In: *Cartas de uma Morta*. cap. 36.
[171] Franco, D. P.; Fabiano de Cristo (Espírito). Compaixão e vida. In: *Jesus e Vida*. cap.2.
[172] Flammarion, C. Quarta narrativa - Anteriores vitæ. In: *Narrações do Infinito*. Parte. 4, item 3.

consequentemente, cada alma infinitesimal, subordinada e constitutiva de cada lance tanto quanto de cada nuance de seus veículos de expressão, deve evolver conjuntamente, como uma só realidade, pois é da lei que todas as partes devem sutilizar-se e unificar-se ao todo condutor, como justa recompensa do labor edificante, qualitativo e qualificativo de sua espiritualidade pura.

Não por acaso, Annie Besant enfatiza: "O homem é o microcosmos do universo e seu corpo serve de campo evolutivo para miríades de consciências menos evolvidas do que a sua própria." Aprofundando um tanto mais, a autora prossegue: "Cada célula no corpo é composta de miríades de minúsculas vidas, cada uma delas com a sua consciência germinal." Hermínio C. Miranda conclui esse pensamento enobrecedor: "Essas diminutas partículas de consciência, que Besant caracteriza como 'mônadas', provêm do 'oceano de consciência' em que se contém o universo."[173] Em síntese, Joanna de Ângelis corrobora e valida o ensejo: "O macrocosmo é constituído de átomos que são, por sua vez, universos miniaturizados."[174] André Luiz finaliza, com extrema clareza, o enredo pertinente:

> Sob a orientação das Inteligências Superiores, congregam-se os átomos em colmeias imensas, e, **sob a pressão, espiritualmente dirigida, de ondas eletromagnéticas, são controladamente reduzidas as áreas espaciais intra-atômicas, sem perda de movimento,** para que se transformem na massa nuclear adensada, de que se esculpem os planetas, em cujo seio as mônadas celestes encontrarão adequado berço ao desenvolvimento (grifo nosso).[175]

Faz-se imprescindível lembrarmo-nos de que, de modo semelhante ao exposto por André Luiz, isso ocorre ininterruptamente, em plano menor, em nosso universo consciencial, mental, psíquico, emocional e físico, posto que somos cocriadores também. Quando afirmamos "em nosso universo consciencial", equivale a dizer que se trata do "universo espiritual", ou seja, do âmago da consciência ativa à Supraconsciência. Quando mencionamos "mental", equivale a dizer que se trata das relações da mente com o ser espiritual. Psíquico é o que ocorre com o ser psicológico no campo mental e no comportamento do indivíduo, isto é, na psique, englobando a mente, o entendimento, o intelecto e demais áreas que contêm os sentimentos mais profundos do eu individual,

---

[173] Miranda, Hermínio Correa de. Consciente e inconsciente: O inconsciente, território de nossas ignorâncias. In: *Alquimia da Mente*. cap. 5, item 5.
[174] Franco, D. P.; Joanna de Ângelis (Espírito). Mansos. In: *Dimensões da Verdade*. cap. 12.
[175] Xavier, F. C.; Vieira, W. André Luiz (Espírito). Fluido Cósmico: Forças atômicas. In: *Evolução em dois Mundos*. cap. 1.

ou seja, nas múltiplas realidades da personalidade atuante. Consecutivamente, o emocional equivale às emoções geradas ou personificadas em tais relacionamentos. Por fim, o que se efetua na dimensão biológica é o que, comumente, qualificamos de sensações. Resta-nos perguntar, reiteradamente, o que estamos criando e com qual objetivo? Emmanuel não deixa nenhuma dúvida a respeito do nosso potencial gerador, ao afirmar que "o pensamento é o gerador dos infracorpúsculos ou das linhas de força do mundo subatômico, criador de correntes de bem ou de mal, grandeza ou decadência, vida ou morte, segundo a vontade que o exterioriza e dirige".[176] Por este motivo, urge compreendermos que "os nossos pensamentos são forças, imagens, coisas e criações visíveis e tangíveis no campo espiritual".[177] Essas miríades de mônadas infinitesimais, inerentes aos fluidos imponderáveis, segundo o autor, são neutras em si. Somos nós que as qualificamos de acordo com os valores intelecto-morais empenhados em tal enredo, tanto no plano pertinente à matéria mental quanto nas dimensões subsequentes. Mais uma pergunta nos chega à mente: para que estamos criando tal substrato ou tal essência? Por isso, mais uma vez, lembramo-nos de Léon Denis: "Tudo o que está em nós está no universo e tudo o que está no universo encontra-se em nós."[178] Por fim, tudo o que criamos em nós reflete-se no universo, à cata dos seus afins; e tudo o que está sendo criado no universo, neste momento, caso encontre receptividade, aconchego e ressonância em nós, fatalmente, encontrar-nos-á e nos permeará da periferia ao centro, ou seja, das mais ínfimas partículas dos nossos veículos de expressão ao âmago da nossa consciência em trilionésimos de segundos.

Reflitamos com Emmanuel na gravidade desse fato incontesto: "Pensar é criar. A realidade dessa criação pode não exteriorizar-se, de súbito, no campo dos efeitos transitórios, mas o objeto formado pelo poder mental vive no mundo íntimo, exigindo cuidados especiais para o esforço da continuidade ou extinção."[179] Isso posto, é fato incontesto que "o nosso pensamento cria a vida que procuramos, através do reflexo de nós mesmos, até que nos identifiquemos, um dia, no curso dos milênios, com a Sabedoria Infinita e com o Infinito Amor, que constituem o Pensamento e a Vida de Nosso Pai".[180] Diz o brocardo popular: *"Quem bate nunca se lembra e quem apanha jamais esquece"*. Desse modo, uma vez criada

---

[176] Xavier, F. C.; Emmanuel (Espírito). Renovação. In: *Roteiro.* cap. 30.
[177] Xavier, F. C.; Emmanuel (Espírito). Sintonia. In: *Roteiro.* cap. 28.
[178] Denis, L. O problema do Ser: Evolução e finalidade da Alma. In: *O Problema do Ser, do Destino e da Dor.* 1ª parte, cap. 9.
[179] Xavier, F. C.; Emmanuel (Espírito). Pensamento. In: *Pão Nosso.* cap. 15.
[180] Xavier, F. C.; Emmanuel (Espírito). Prefácio. In: *Pensamento e Vida.*

a forma, seja nobre ou deprimente, por mais que mudemos a direção do pensamento e até mesmo do sentimento e do comportamento correlatos, a criação segue seu curso, ou seja, não se esvai só porque não houve a continuidade da situação infausta. Muito pelo contrário, ela continua vivendo a sua vida. Para tanto, realiza conúbios com elementos de semelhante jaez e, com isso, sobrevivem e proliferam sem cessar. Quando menos se espera, ei-las trazendo o efeito da causa correspondente, felicitando ou perturbando o seu idealizador. Hammed enfatiza com veemência: "Só conseguimos modificar aquilo que admitimos e que vemos claramente em nós mesmos."[181] Entretanto, carecemos de exercitar diuturnamente a aceitação, ou seja, desenvolver a habilidade e a sensibilidade de reconhecer o estado feliz ou deprimente que criamos. O autor prossegue com perfeita coerência e afirma que aceitação "é ter a habilidade necessária para admitir realidades, avaliar acontecimentos e promover mudanças". Para a execução de tais mudanças em tempo recorde, temos, em nosso favor, a energia mental que, segundo Emmanuel, trata-se de um "fermento vivo que improvisa, altera, constringe, alarga, assimila, desassimila, integra, pulveriza ou recompõe a matéria em todas as dimensões".[182] Assim, "cabe-nos tão somente, esforçarmo-nos sobremaneira, a fim de que venhamos a sublimá-los ou removê-los".[183] Quando se encerra o ciclo de um corpo ou de uma forma, "a matéria sem atividade se decompõe e vai formar novos organismos" (70LE). Assim sendo, extinguir as formas gestadas não significa dizimar a criação e, com elas, as criaturas envolvidas, mas, sim, transmutá-las para melhor ou liberá-las para outro estágio pertinente, isto é, devemos transformar o patrimônio inerente à multidão de almas em germinação ou libertá-las de nosso jugo aprisionante, posto que tudo é vivo e nada morre em parte alguma. A lei de destruição ordena que tudo se submeta às metamorfoses inerentes às formas transitórias para renascerem e se renovarem até atingirem os degraus das formas permanentes. Em Pietro Ubaldi, verificamos elucidações pertinentes ao introito em foco: "O impulso impresso na matéria fica e, quando reaparece, exprime-se como vontade autônoma de continuar na sua direção, como criatura psíquica independente, criada por obra vossa; mas, agora, quer viver sua vida."[184] A vida segue seu curso e damos sequência aos acontecimentos a nós pertinentes. Manoel P. de Miranda acrescenta que chegará o momento no qual se dará *"o reencontro com as experiências pretéritas que ficaram interrompidas, mas as personagens que delas*

---

[181] Espírito Santo Neto, F.; Hammed (Espírito). A arte da aceitação. In: *Renovando Atitudes*. cap. 5.
[182] Xavier, F. C.; Emmanuel (Espírito). Nos círculos da matéria. In: *Roteiro*. cap. 5.
[183] Xavier, F. C.; Emmanuel (Espírito). Oração e provação. In: *Religião dos Espíritos*. cap. 33.
[184] Ubaldi, P. Instinto e consciência: Técnica dos automatismos. In: *A Grande Síntese*. cap. 65.

participaram continuam vivas e atuantes"[185] em múltiplas frequências e estados dimensionais para, mais tarde, segundo o autor, retornarem ao proscênio no qual foram gestadas e *"é nessa fase que irrompem as lembranças, agora transformadas em sentimentos e emoções, sem claridade de entendimento, conduzindo a comportamentos que surpreendem pelo inesperado da circunstância".* Inequivocamente, quando pensamos e sentimos, criamos e qualificamos a realidade correspondente, mas as leis superiores nos jungirão à própria criação, pois somos quase livres para semearmos o que nos aprouver, mas, fatalmente, a vida nos responsabilizará e nos intimará a colher e a saborear os frutos das sementes germinadas. Mais uma vez, a ocasião sugere que pensemos muito bem antes de começarmos a arquitetura do *vir a ser*, principalmente ao eleger os sentimentos que qualificarão o que ora edificamos mentalmente, pois, uma vez disparada a ideação convertida em palavras, verbalizadas ou não, ninguém lhe mudará a direção com a facilidade com que foi gestada. Eis por que, no hoje, normalmente nos sentimos vitimados pelo contexto, embora não sejamos vítimas senão de nós mesmos. Sofremos os efeitos da ignorância, da negligência, da invigilância e da ingerência, geradoras de nossos próprios tormentos. Segundo Joanna de Ângelis, "a tarefa não é tão complicada, bastando que a todo pensamento perturbador se contraponha um de natureza dignificante".[186] Quando ressurgirem as formas perturbadoras, apresentar-lhes-emos uma proposta enobrecedora, objetivando as transmutações de tais elementos, isto é, nós as envolveremos em vibrações do amor-essência, a fim de dar-lhes um destino promissor e, simultaneamente, fornecer-lhes-emos a cota do amor-substância para a construção e a manutenção da nova realidade. Prossegue a autora: *"Como não se podem eliminar pensamentos que procedem de fontes remotas do ser, é possível substituí-los por outros que se irão fixando até tornar-se natural o hábito das conjecturas saudáveis."* Por fim, após esclarecer que a mente é uma emanação do próprio Espírito, enfatiza que no campo mental *"nada é impossível de se realizar, exigindo-se apenas que sejam criados novos hábitos mentais, que se realizem exercícios ideológicos (edificação de um conjunto de ideias que comporão uma realidade vindoura), de forma que tais ideações resultem em elementos edificantes e propiciadores de tranquilidade".*[187] *Para a frente e para o alto:* tal é a sublime recomendação de Léon Denis.

---

[185] Franco, D. P.; Miranda, Manoel P. de (Espírito). Indagações esclarecedoras. In: *Tormentos da Obsessão*. cap. 8.
[186] Franco, D. P.; Joanna de Ângelis (Espírito). Interação mente-corpo. In: *Jesus e Vida*. cap. 15.
[187] Franco, D. P.; Joanna de Ângelis (Espírito). Interação mente-corpo. In: *Jesus e Vida*. cap. 14.

Epes Sargent, Emmanuel e Joanna de Ângelis profetizam, diante das convicções que lhes tipificam a lucidez, e sintetizam o processo inerente à fatalidade hierárquica do *continuun* infindo que determina a ascensão estabelecida pela progressão dos fatos e dos estágios estabelecidos pela Lei Suprema:

> Serão imortais as almas dos animais ínfimos? Sim; elas têm sensações e memória. **Cada alma é uma mônada,** pois o poder que cada uma possui, de agir sobre si mesma, prova a sua substancialidade, e **todas as substâncias são mônadas.** Aquilo que se nos apresenta como **um corpo é real e substancialmente um agregado de muitas mônadas,** a materialidade, pela qual elas se exprimem, sendo apenas um fenômeno transitório, é somente por causa da confissão de nossas percepções sensoriais que essa pluralidade se nos mostra como um todo contínuo. **As plantas e os minerais são, como tais, mônadas adormecidas** com ideias inconscientes; nas plantas, **essas ideias são as conformadoras forças vitais** (grifos nossos).[188]

> [...] a subconsciência é o acervo de experiências realizadas pelo ser em suas existências passadas. O Espírito, no labor incessante de suas múltiplas existências, vai ajudando as séries de suas conquistas, de suas possibilidades, de seus trabalhos; **no seu cérebro espiritual organiza-se, então, essa consciência profunda, em cujos domínios misteriosos se vão arquivando as recordações,** e a alma, em cada etapa da sua vida imortal, renasce para uma nova conquista, objetivando sempre o aperfeiçoamento supremo (grifo nosso).[189]

> A Superconsciência é sempre consequência da dor criativa da renúncia, **é sempre o último termo de uma evolução dos instintos, dos desejos e das paixões** (grifo nosso).[190]

> A consciência profunda é um arquivo imensurável na profundidade da alma; e um mundo cujas experiências são ainda desconhecidas para o próprio dono.

> [...] é segredos de Deus, área em que o Cristo domina, a nos mostrar gota a gota, como sendo lições que aprendemos passo a passo.

> Trabalha, por enquanto, com o presente, tranquilizando a mente pela educação, disciplinando os pensamentos e iluminando as ideias, com a prática do bem e o exercício permanente do amor, pois **é pela força insuperável da caridade que a própria caridade se transmuta no reino de Deus dentro de nós.**

> **A meta é educar instruindo, amar servindo, ajudar para aprender a ser útil.**

> Se ainda não procurastes Jesus, faze-o hoje mesmo, porque **é por ELE que compreendemos melhor o que fazer com a vida** (grifos nossos).[191]

---

[188] Sargent, Epes. As bases: A clarividência e a escrita direta. In: *Bases Científicas do Espiritismo*. cap. 1.
[189] Xavier, F. C.; Emmanuel (Espírito). A subconsciência nos fenômenos psíquicos: A subconsciência. In: *Emmanuel*. cap. 14, item 2.
[190] Ubaldi, P. A evolução espiritual III: O Reinado do Super-Homem. In: *Fragmentos de pensamento e de paixão,* Parte 2, item 3.
[191] Maia, J. N.; Miramez (Espírito). Consciência profunda. In: *Força Soberana*. cap. 10.

> Ninguém nasce, na Terra, na atualidade, como sendo uma tela em branco, na qual se irão registar futuros acontecimentos. **O *Self* não é apenas um *arquétipo-aptidão*, mas o Espírito com as experiências iniciais e profundas de processos anteriores, nos quais desenvolveu os pródromos do *Deus interno* nele vigente, face à sua procedência divina desde a sua criação.** É natural, portanto, que possua heranças, atavismos, reminiscências, *inconsciente coletivo* e *pessoal*, face ao largo trânsito do seu psiquismo no processo evolutivo ao largo dos milênios. Herdeiro de si mesmo, o *Self* é mais que um *arquétipo*, sendo o próprio ser espiritual precedente ao berço e sobrevivente ao túmulo (grifo nosso).[192]

A consciência poética de Léon Denis luariza as nossas tímidas concepções: "A cadeia de vida se desenvolve grandiosamente, sem solução de continuidade, desde o átomo até o astro, do homem em todos os graus da hierarquia espiritual, até Deus."[193] Portanto, neste périplo intérmino, cada alma é uma mônada mais bem estruturada, assim como todas as substâncias que lhe constituem a individualidade são mônadas menos experimentadas. Tanto o perispírito quanto o corpo físico são agregados de miríades de mônadas infinitesimais. As plantas e os minerais são, como tais, mônadas adormecidas com ideias inconscientes. Entretanto, nas plantas, essas ideias tornar-se-ão as almas virtuais que serão as forças vitais que se encarregarão de insculpir e aprimorar as formas inerentes à vida, pois a energia ou alma vital cumula as funções de organização e de manutenção da vida em suas imensuráveis expressões, desde a origem conceptual à mais alta significação. Ao afirmar que a subconsciência é o acervo de experiências realizadas pelo ser, em suas existências passadas, Emmanuel enfatiza que é o Espírito, no labor incessante e intransferível de suas múltiplas existências, que vai sumariando, recapitulando, coadjuvando e sublimando as séries de suas conquistas, de suas possibilidades, de seus trabalhos. O autor prossegue logicando com extrema clareza, ao pontuar que no seu cérebro espiritual, isto é, no dinamismo irrefreável da mente e na fusão da síntese de seu incomensurável amálgama criativo, edifica-se e organiza-se gradual e lentamente a consciência profunda, em cujos domínios misteriosos se vão arquivando as recordações, em suas mais ínfimas nuances e, em seus matizes, os mais sutis pormenores. Na sua inarrável incompletude, em cada etapa da sua vida imortal, a alma ressurge no palco das vidas impermanentes para uma nova conquista, objetivando sempre o enriquecimento e o aperfeiçoamento supremos. O Sr. Eugène de Porry (originário de Marselha), conquanto desconhecesse a Doutrina Espírita à época, escreveu (dentre outros) o poema intitulado "Urânia", em que abundam as ideias espíritas, e a maneira como o fez denuncia uma espécie de mediunidade involuntária (intuitiva/inspirativa).

---

[192] Franco, D. P.; Joanna de Ângelis (Espírito). Realização interior: Complexo de inferioridade. In: *Triunfo Pessoal*. cap. 4, item 2.
[193] Denis, Léon. Início da bora. In: *O Espiritismo e as Forças Radiantes*.

Assim o Sr. Porry poetiza o périplo inalienável do espírito em ascensão, cujo conteúdo pareceu ter sido haurido na própria fonte de *O Livro dos Espíritos*: "O Verbo criador adormece na planta, sonha no animal e no homem se levanta; *de degrau em degrau a descer e a subir* se agrega à Criação em sublime fulgir, do éter, na ondulação, forma imensa cadeia que na pedra começa e no arcanjo se alteia."[194] Assim, inequivocamente, "tudo vem de Deus e remonta a Ele. Um fluido mais sutil que o éter (o Psiquismo Divino – acréscimo nosso) emana do pensamento criador. Esse fluido muito quintessenciado para ser apreendido pela nossa compreensão, em consequência de combinações sucessivas, tornou-se o éter. Do éter saíram todas as formas graduadas da matéria e da vida. Chegadas ao ponto extremo da descida, a substância e a vida remontam o ciclo imenso das evoluções".[195] À vista de incontestes perquirições percebe-se claramente que: "as condições para que a vida seja eventualmente criada e, daí, passe a cuidar de sua própria expansão consciencial, começa com um movimento que envolve certas partículas em vórtices embrionariamente individualizados."[196] Isso posto, ineludivelmente, não há a mais ínfima possibilidade de negação da nossa origem primeira, tampouco da convicção de nossa natureza divina, muito menos a inconteste certeza da nossa feliz destinação. Portanto, fato é que, na Criação em Deus, nada, absolutamente nada, foi criado pronto pela Suprema Sabedoria. Cada ser ou cada criatura, conforme a sua espécie, a sua hereditariedade e as forças primárias e arquetípicas subsequentes que lhe constituem a individualidade, não emergiram senão do seio de uma única substância primordial, sob a regência da Lei e ao impulso da cadência das progressões ascensionais gradativamente. Em a Natureza, tudo forma uma imensa cadeia sem solução de continuidade. Assim, é da Lei que tudo evolve edificando a si mesmo. Para tanto, nos expõe Pietro Ubaldi, que "tudo o que nasce tem que renascer cada vez mais profundamente".[197] Mediante tal fato, faz-se imprescindível compreender que **matéria, energia, vida e consciência,** toda essa florescência incessante que do âmago se projeta para fora, não se deve a uma absurda gênese pela qual o mais se desenvolve do menos" (grifo nosso).[198] Percebe-se claramente que de absurdo essa gênese conceptual nada possui, pois, segundo as leis de progresso e de evolução, cada ser se elabora e se edifica a partir da reunificação das mônadas primevas que se iniciam numa configuração simples que se torna complexamente organi-

---

[194] Kardec, A. *Revista Espírita*. Rio de Janeiro: FEB, nov. 1859.
[195] Denis, L. As leis universais. In: *O Grande Enigma*. 1ª parte. cap. 6.
[196] Miranda, H. C. Em busca de um psiquismo na matéria: O dentro e o fora das coisas e dos seres vivos. In: *Alquimia da Mente*. cap. 3, item 2.
[197] Ubaldi, P. Desenvolvimento do princípio cinético da substância. In: *A Grande Síntese,* cap. 52.
[198] Ubaldi, P. O conceito de Criação. In: *A Grande Síntese,* cap. 63.

zada a cada degrau conquistado. Nesse processo de autoconfiguração, o ser prossegue intimorato e sem detença rumo ao incomensurável absoluto da sua individualização, na qual cada organismo é composto de organismos menores e é componente de maiores,[199] assim como prosseguirá destemido no encalço da sua intransferível individuação, tanto quanto se empenhará em seu aprimoramento e em sua perene sublimação. A meta impostergável é a sua iluminação e consecutivamente a sua irrefreável e incoercível expansão consciencial, embora tudo ocorra quase que automaticamente, consoante as diretrizes que estatuem e normatizam o seu contínuo e intérmino *devir*. Por fim, o autor sintetiza magistralmente a sua tese iluminativa e libertadora de consciências:

> Não tenhais medo de diminuir-lhe a grandeza, dizendo que Deus é também o universo físico, porque este é apenas um átimo de seu eterno devenir em que Ele se manifesta.
>
> Deus é um infinito, e a essência de Sua manifestação vós a percebereis cada vez mais real, à medida que vossa capacidade perceptiva e conceptual souber penetrar o âmago das coisas. **Deus é o princípio e Sua manifestação, ambos fundidos numa unidade indissolúvel; é o absoluto, o infinito, o eterno, que vedes apenas pulverizado no relativo, no finito, no progressivo** (grifo nosso). Deus é conceito e matéria, princípio e forma, causa e efeito, ligados, indivisíveis, como a realidade fenomênica vo-los apresenta, como a lógica vo-los demonstra, como dois momentos e dois extremos entre os quais se agita o universo.
>
> Tudo isso é forma, aparência externa, é a *manifestação sensível daquele devenir contínuo em que o Absoluto divino se realiza, projetando-se no relativo*. Não penseis que os movimentos vorticosos, em que o complexo atômico transforma-se na vida, contenham e desenvolvam o Espírito e o vosso pensamento, mas pensai que eles formam a mais complexa disciplina a que a matéria se submete, para poder produzir o princípio que a anima e corresponder ao impulso interior que a solicita sempre a evoluir.[200]

Não deixes de prosseguir nos ditames da Lei: assim Miramez nos conclamou ao trabalho com Jesus e, consecutivamente, à obediência às leis que determinam como norma universal: "Sempre servir, servir sempre", com os recursos que o Senhor nos dotou. Pensa servindo e fala ajudando, que o dia para ti não passará em vão, e o prazer de viver começará a nascer em ti.[201] Isso equivale a dizer que tudo o que fizermos, realizaremos com e por amor à causa crística e sempre que nos dispusermos a servir, por amor à obra e ao seu criador, impulsionaremos os menores na direção dos maiores. *Para que a nossa ação se fixe com real proveito à*

---

[199] Ubaldi, P. Síntese cíclica: Lei das unidades coletivas e lei dos ciclos múltiplos. In: *A Grande Síntese*, cap. 27.
[200] Ubaldi, P. O conceito de Criação. In: *A Grande Síntese,* cap. 63.
[201] Maia, J. N.; Miramez (Espírito). Pensar é um Dom. In: *Horizontes da Fala.* cap. 17.

vida e às leis, Emmanuel nos invoca "à total vigilância e ao perene estado de presença em cada atitude, ao enfatizar que nos "convém atender às coisas mínimas da senda que Deus nos reservou",[202] pois, em tudo o que fixarmos a nossa atenção ou em tudo o que fizermos ao menor dos seres, quer estejamos conscientes ou não, fatalmente o nosso exemplo refletirá no contexto e influenciará na totalidade da obra do Creador. Em suma, assim estatuiu a Lei: "sempre servir". Esse será o comportamento do aspirante, do discípulo ou do buscador. Futuramente, ao atingir o status de apóstolo, comprometido consigo mesmo, com a vida e com as leis, haverá de sempre servir pelo prazer de ser útil ao real significado da vida, a partir do qual exemplificará o servir sempre, pelo prazer de servir à luz das lídimas, imarcescíveis e sempiternas diretivas estatuídas no arcabouço do Eterno Bem, intrínsecas e indelevelmente insculpidas como bases fundamentais e irremovíveis da Suprema Lei.

Não por acaso, Hetanni enfatizara: "Há ainda muitas outras forças das quais não suponedes mesmo a existência; há o Espírito das flores, o dos perfumes, os há aos milhares, cujas missões, mais ou menos elevadas..."[203] Mais tarde, Galileu Galilei valida tal fato ao afirmar: "Cada criatura, mineral, vegetal, animal ou outra – porque há muitos outros reinos naturais, dos quais não supomos a própria existência..."[204] E Léon Denis, o Apóstolo do Espiritismo, o fiel escudeiro do mestre de Lyon, sintetizou poeticamente, com incomparável leveza e indescritível beleza:

> **Tudo está aí, em vós, em torno de vós.** Tudo fala, tudo vibra, o visível e o invisível, tudo canta e celebra a glória de viver, a ebriedade de pensar, de criar, de associar-se à obra universal. Esplendores dos mares e do céu estrelado, majestade dos cimos, perfumes das florestas, melodias da Terra e do espaço, vozes do invisível que falam no silêncio da noite, vozes da consciência, eco da voz divina, **tudo é ensino e revelação para quem sabe ver, escutar, compreender, pensar, agir** (grifos nossos)!²⁰⁵
>
> A mesma força que, sob o nome de atração, retém os mundos em suas órbitas, também, sob o de coesão, agrupa as moléculas e preside à formação dos corpos químicos.
>
> **Cada gota d'água, cada grão de poeira é um mundo no qual os infinitamente pequenos são governados por leis tão exatas quanto as dos gigantes do espaço.** Milhões de infusórios agitam-se nas gotas do nosso sangue, nas células dos corpos organizados. A asa da mosca, o menor átomo de matéria são povoados por legiões de parasitas. **E todos esses animálculos são providos de aparelhos de movimento, de sistemas nervosos e de órgãos de sensibilidade que os fazem seres completos,**

---

[202] Xavier, F. C.; Emmanuel (Espírito). Coisas mínimas. In: *Caminho, Verdade e Vida*. cap. 31.
[203] Kardec, A. *Revista Espírita*. São Paulo: IDE, abr. 1860.
[204] Kardec, A. Uranografia geral: A criação universal. In: *A Gênese*. São Paulo: IDE. Cap. 6, item 18.
[205] Denis, L. As potências da alma: O pensamento. In: *O Problema do Ser, do Destino e da Dor*. 3ª parte, cap. 23.

armados para a luta e para as necessidades da existência. Até no seio do oceano, nas profundezas de oito mil metros, vivem seres delicados, débeis, fosforescentes, que fabricam luz e têm olhos para vê-la. **Assim, em todos os meios imagináveis, uma fecundidade ilimitada preside à formação dos seres.** A Natureza está em geração perpétua. Assim como a espiga se acha em germe no grão, o carvalho na bolota, a rosa em seu botão, assim também a gênese dos mundos elabora-se na profundeza dos céus estrelados. **Por toda parte a vida engendra a vida.** De degrau em degrau, de espécies em espécies, num encadeamento, ela eleva-se dos organismos mais simples, os mais elementares, até ao ser pensante e consciente; em uma palavra, até ao homem.

Uma poderosa unidade rege o mundo. Uma só substância, o éter ou fluido universal, constitui em suas transformações infinitas a inumerável variedade dos corpos. Este elemento vibra sob a ação das forças cósmicas. **Conforme a velocidade e o número dessas vibrações, assim se produz o calor, a luz, a eletricidade, ou o fluido magnético.** Condensem-se tais vibrações, e logo os corpos aparecerão.

E todas essas formas se ligam, todas essas forças se equilibram, consorciam-se em perpétuas trocas, numa estreita solidariedade. Do mineral à planta, da planta ao animal e ao homem, do homem aos seres superiores, a apuração da matéria, a ascensão da força e do pensamento produzem-se em ritmo harmonioso. **Uma lei soberana regula num plano uniforme as manifestações da vida, enquanto um laço invisível une todos os Universos e todas as almas.**

Do trabalho dos seres e das coisas depreende-se uma aspiração para o infinito, para o perfeito. **Todos os efeitos divergentes na aparência convergem realmente para um mesmo centro, todos os fins coordenam-se, formam um conjunto, evoluem para um mesmo alvo.** E esse alvo é Deus, centro de toda a atividade, fim derradeiro de todo o pensamento e de todo o amor (grifos nossos).[206]

Em resumo, **o som, o ritmo e a harmonia são forças criadoras.** Se pudéssemos calcular o poder das vibrações sonoras, medir sua ação sobre a matéria fluídica, seu modo de agrupar os turbilhões de átomos, penetraríamos em um dos segredos da energia espiritual.

[...] **o pensamento divino, que é a vibração mestra e a suprema harmonia, pode agir sobre todos os planos da substância e construir as colossais formas das nebulosas, dos sóis, das esferas, e fixar-lhes a trajetória através dos espaços.**

O espetáculo da vida universal mostra-nos por toda parte o esforço da inteligência para conquistar e realizar o belo. **Do fundo do abismo da vida o ser aspira e sobe em direção ao infinito das concepções estéticas, à ciência divina, à perfeição eterna, onde reina a beleza perfeita.** O esplendor do universo revela a inteligência divina, assim como a beleza das obras de arte terrestres revela a inteligência humana (grifos nossos)![207]

Deus, foco de inteligência e de amor, é tão indispensável à vida interior, quanto o Sol à vida física!

---

[206] Denis, L. Os grandes problemas: O Universo e Deus. In: *Depois da Morte*. 2ª parte. cap. 9.
[207] Denis, L. A música e a mediunidade. In: *O Espiritismo na Arte*. cap. 6.

> **Deus é o sol das Almas.** É d'Ele que emana essa força, às vezes energia, pensamento, luz, que anima e vivifica todos os seres.
>
> Deus não é somente a luz das Almas; é também o amor! **E o amor é a força das forças.** O amor triunfa de todas as potências brutais (grifos nossos).[208]

Para um aproveitamento maior da essência do texto citado, precisamos equipar-nos de um olhar percuciente para ver além das formas alusivas ao enredo perquirido, de ouvidos para ouvir além dos sons comumente perceptíveis, de fé para compreender e discernir intrinsecamente o fenômeno investigado, de mente lúcida e disciplinada para laborar com a atenção e o esmero pretendidos, de pensamento nobremente estruturado, segundo a inteligência que o senhoreia, de imaginação ativa, fecundada pela sabedoria correlata para gerir o recolhimento inerente ao intento eleito, de vontade laureada e assessorada pela intuição inspirativa e pela inspiração intuitiva à altura do êxito almejado. Porque, segundo Léon Denis, "tudo está aí, em vós, em torno de vós". Fazendo o caminho inverso, temos na intuição o suprassumo da Consciência profunda, isto é, a síntese de todas as nossas vivências que nos capacita para saber o que fazer, como fazer e quando realizar para virmos a ser o que quisermos. Na inspiração, encontramos a fonte inesgotável das possibilidades infindáveis inerentes ao entorno que, por sinal, trata-se de tudo quanto existe no cosmos. Portanto, o que porventura ainda nos faltar, como universos miniaturizados, encontraremos, com certa facilidade, se nos capacitarmos para tal, pois, consoante a lúcida visão de Léon Denis, "tudo fala, tudo vibra, o visível e o invisível, tudo canta e celebra a glória de viver, a ebriedade de pensar, de criar, de associar-se à obra universal". Para a perspicácia intuitiva de Miramez, *nada se perde em cada lance, em cada nuance, na insondável imensidão do espaço imensurável. Tudo é clarão de ininterrupta evolução, tudo fala do pouco ou do muito que aprendeu, em seu périplo inenarrável, desde as mais ínfimas expressões da matéria primitiva aos páramos indizíveis dos mundos que circulam no universo sem fim.*[209] Consequentemente, capacitar-nos-emos para ler e para compreender nas sutilezas das vibrações mnemônicas que registram as experiências individuais de cada qual e das unidades coletivas de modo semelhante, desde o mais ínfimo ser ao mais elevado astro. Carecemos, portanto, de nos tornarmos um sensível instrumento de pesquisa para interagir, permutar impressões e conceitos atinentes aos autores responsáveis pelo enredo em vigência, aos diretores de cada departamento em particular, permear as minudências dos matizes de cada cenário, a espe-

---

[208] Denis, L. Ação de deus no mundo e na história. In: *O Grande Enigma*. 1ª parte. cap. 8.
[209] Maia, J. N.; Miramez (Espírito). Codificar a vida no bem. In: *Horizontes da Vida*. cap. 19.

cificidade das nuances peculiares a cada cena, tanto quanto os gestos e os traços fisionômicos característicos de cada ator. Tudo realizaremos com as luzes intuitivas e inspirativas inerentes à nossa individualidade síntese e à nossa personalidade fração, atuantes no concerto Universal.

Por conseguinte, após a observação do mundo visível, tangível, ponderável e em constante movimento, deteremos o olhar perquiridor no mundo invisível, intangível, imponderável e em perpétuo dinamismo. Tudo canta em consonância com a regência do Divino Maestro, de acordo com a pauta estabelecida pela partitura cósmica, em harmonia com o ritmo da melodia universal e a cadência orquestrada que celebra a vida e a glória de viver, de existir e de mover-se na Suprema Sabedoria. É fundamental contemplarmos a obra do Supremo Arquiteto mediante o reto pensar, em reciprocidade com as diretrizes de Seu Evangelho personificado, o Cristo Jesus, o Verbo coagulado, o Amor materializado. Que tenhamos a lhaneza de criar, consoante os sentimentos enobrecedores, de edificar e sublimar a cocriação em sintonia e em perfeita sincronia com a sinfonia universal, enfim, de iluminar-nos e de associar a nossa construção à obra universal, pois somos todos Um.

Viajemos mentalmente e contemplemos o esplendor dos mares, por tratar-se do útero da mãe Natureza. Sempre que possível, apreciemos o céu estrelado, recordando a nossa origem primeva, pois somos filhos da poeira das estrelas. Num gesto de arrebatamento, suscitado pela harmonia do cosmos e pela humildade autêntica que nos é própria, seremos norteados a estabelecer um colóquio com a consciência crística que rege os astros e, de igual modo, com as forças e com as leis que governam os átomos e as suas inumeráveis subdivisões. Para isso, valer-nos-emos da simplicidade que aureola a nossa alma imatura e nos abriremos, com sinceridade, ao aprendizado, inacessível até então.

Assim como admiramos a majestade dos cimos esplendorosos que enfeitam a criação e embevecem os nossos tímidos olhares, cumpre-nos mergulhar a nossa essência consciencial no mais íntimo das almas formidáveis que gerenciam a construção das flores e sentir as inefáveis fragrâncias dos seus harmoniosos perfumes; alargar a nossa pálida visão ocular e ir além do trivial, embrenhando-nos nas entranhas das florestas e registrar o amálgama da perfeita unidade; sentir nos píncaros de nossa alma juvenil a beleza das imortais melodias da Terra e da vastidão do espaço sem medida; perceber e dialogar com as vozes do invisível que gritam e falam no silêncio da noite e no âmago da consciência adormecida e perquiridora, permeada pelos eflúvios do intérmino *evolver*. Enfim, esforcemo-nos para ouvir as vozes da própria Consciência, eco da voz divina no centro de nossas vidas e constatar que tudo é ensino incessante e revelações inenarráveis para quem sabe enxergar com os olhos de ver e escutar com os ouvidos de ouvir. Busquemos compreender e discernir, à luz da fé vivenciada, pensar com extrema clareza, assessorados pelas inteligências enobrecidas pelo profundo entendimento de causa, ancorados pela intuição proativa e agir como se fôssemos o próprio senhor supremo, a suprema sabedoria!

Validando o lúcido pensamento de Léon Denis, Joanna de Ângelis argumenta: "A percepção de Deus em todos os seres da Natureza é indício de amadurecimento espiritual."[210] Evidencia-se, inegavelmente, guardadas as devidas proporções, a ideia de que todos os seres são imagem e semelhança da Suprema Sabedoria, isto é, tudo e todos, de sal da terra a luz do mundo, somos natureza também. Portanto, a percepção de tudo em todos se faz evidente, tanto na Natureza macrocósmica como em cada expressão do Supremo Arquiteto. A nossa natureza íntima O representa de modo inquestionável, por ser esta natureza íntima o Reino de Deus em nós. Em suma, vendo a Obra, vê-se Deus.

Com Gabriel Delanne, mergulharemos um tanto mais no cerne da nossa perquirição, pois há um convite para nos despirmos das ideias preconcebidas e nos lançarmos sem preconceitos, a fim de extrairmos a essência dos seus ensinos, isto é, mergulhar e assimilar o espírito da letra:

> A ideia diretriz que determina a forma está, por conseguinte, contida no **fluido vital,** e o perispírito dele se impregnando, nele se transfundindo, a ele unindo-se intimamente, materializa-se o bastante para tornar-se o diretor, o regulador, o suporte da **energia vital** modificada pela hereditariedade. É graças a ele que o tipo individual se forma, desenvolve-se, conserva-se e se destrói (grifos nossos).[211]

A ideia diretriz é a alma virtual, a mônada elemental norteadora que determina ou determinará a forma em gestação. Ela está intrinsecamente contida no "fluido vital" como consciência condutora da edificação em pauta. É a força cáusica da obra póstera. O perispírito, como lei maior, agente e condutor do edifício em estruturação, vai se impregnando desse fluido por meio da íntima relação que se estabelece entre ambos, jungidos pela lei de atração e, consequentemente, pela incorporação das mônadas menores em seu festim de imensuráveis possibilidades ascensionais. Para tanto, o perispírito vai se transfundindo no elemento passivo e sensível às transformações inerentes ao processo evolucional pertinente. Assim sendo, a inteligência do mestre permeia os discípulos da periferia

---

[210] Franco, D. P.; SAID, C. B.; Joanna de Ângelis (Espírito). A Espiritualidade Franciscana: Descoberta de Deus na Natureza. In: *Francisco: O Sol de Assis*. cap. 9, item 3.
[211] Delanne, Gabriel. Resumo. In: *A Evolução Anímica*. cap. 4.

ao seu âmago e os capacita para tal desiderato. Para isso, une-se ao fluido vital, intimamente, à semelhança dos elementos amalgamados pela mônada condutora da semente em germinação – eu e o cristo somos um, ou seja, o fluido vital e o perispírito se fazem um –, materializa-se o suficiente para tornar-se o diretor do ensejo. Por conseguinte, o verbo que se fez carne e habitou entre os elementos primários em ascensão progressiva, a luz do mundo consciencial superior, personifica-se e torna-se o caminho da verdade e da vida em profusão, faz-se o regulador, a lei, pois ninguém vai ao pai da ideia em pauta senão por ele, o perispírito, que é a porta das ovelhas retardatárias. Portanto, o perispírito é o suporte da energia vital que conduz o fluido vital na edificação dos princípios vitais que geram a vida. A energia vital é a alma monádica que se incumbirá de organizar e manter a vida multiforme, modificada pela hereditariedade, ou seja, pelas experiências vivenciadas em comum entre o fluido vital, a energia vital e o perispírito, em perpétuo dinamismo, considerando-se a fidelidade entre educandos e educadores em perfeita fusão. Esse patrimônio é assimilado de etapa em etapa, até galgar os degraus pertinentes às promoções análogas que o capacitarão a afirmar "já não sou mais eu quem vive", instante no qual o aluno se torna o professor, o discípulo se faz mestre. É graças a eles – ao perispírito, à energia vital e ao fluido vital – que o tipo individual se forma, sob a regência da lei de coesão e de dispersão (dentre outras), inerente ao modelo organizador biológico, à síntese tridimensional, na qual, quem com ele não se ajuntar, se espalhará; mas, quem com ele se agrupar se desenvolverá, pois nenhuma das mônadas primárias que os planos superiores lhe confiarem jamais se perderá.

    Faz-se imprescindível destacarmos a atuação dos princípios vitais neste festim nupcial, cuja função primeva e primacial é a de gerir os elementos peculiares à estruturação, à consubstanciação e à transdução do fluido universal, ou seja, em sua gênese, participa da edificação, da metamorfose e do aformoseamento da energia universal na personificação da matéria mental e na transmutação do plasma mental em mananciais de bioenergia, com a qual se plasmarão as inesgotáveis jazidas infra-atômicas geratrizes dos bósons, dos fótons, às nebulosas subatômicas, nas quais se originam as placentas gestatórias dos neutrinos, os berçários vivificantes dos léptons, dos mésons, dos bárions, às magnificentes forças de coesão dos glúons, na reunificação dos quarks e, com o auxílio deles, a edificação das bases constitutivas dos elementos intra-atômicos no universo nuclear dos átomos. Subsequentemente, o fluido vital encarregar-se-á de governar o universo intra-atômico na transubstanciação do nêutron em próton, do próton em elétron e do elétron em fóton e, assim, consecutivamente, na edificação e na manutenção dos átomos, tarefa de suma importância. Dessa forma, com a união solidária e a participação fraterna daqueles elementos – os átomos e as suas subdivisões –, o fluido vital gerará o suprassumo dos componentes das estruturas respectivas que os sucederão e nutrirá, com ímpar eficácia, a vida que o sucede com a quintessência da vida gestada por seu antecessor. Por fim, a alma ou energia vital desincumbe-se do seu mister, como lei que rege com impecável maestria os elementos que a antecederam, valendo-se das funções de organização e de manutenção da vida em seu périplo evolucional irreprimível, pois trata-se de um entrelaçamento de vidas sem precedentes, cada qual com suas nuances inenarráveis, seus matizes incomensuráveis, suas experiências inúmeras e as indizíveis complexidades inerentes aos estágios já conquistados.

Neste oásis personificado, todas as forças e substâncias monádicas correlacionadas, que não opuserem resistência ao *vir a ser*, serão qualificadas e aperfeiçoadas continuamente e o patrimônio indelével angariado será conservado. Entretanto, todas as mônadas impermanentes, que resistirem ao dinamismo irrefreável do *continuun* infindo inerente ao périplo evolucional, desintegrar-se-ão naturalmente, pois, a essa altura, no MOB já se acumularam os poderes de dar e retirar a vida. As que permanecerem jungidas ao seu périplo e propósito enobrecedores darão frutos abundantes. Não obstante, sem a sua direção segura, como agente catalizador e intermediário promotor tanto do anabolismo quanto do catabolismo, nada produzirão por si mesmas para os dias porvindouros.

Por fim, *"assim como meu pai me confiou um reino, eu também vo-lo confio". "Todo aquele que promove, de igual modo, será promovido"*. É da Lei que só desce personificando para auxiliar, exemplificando, quem subiu espiritualizando. Assim, valendo-nos da lupa investigativa e do propósito perquiridor, analisando a maquinaria perispiritual, do centro para a periferia, do degrau mais quintessenciado para o menos evoluído, identificamos o perispírito transfundindo a sua essência e metamorfoseando a energia vital para transmutá-la em fluido vital e, enfim, gerar os princípios vitais inerentes à vida e conduzir a vida por eles gestada, provendo as suas necessidades reais em todos os estágios evolucionais, em seus imensuráveis ancenúbios progressivos, por intermédio da energia e do fluido vital, os agentes – diretivo e nutridor – que lhe são subordinados. Resumindo o enredo e a hierarquia subsequente, as mônadas constitutivas dos princípios vitais são gestadas pelo fluido vital e se tornarão mônadas do mesmo porte. De modo semelhante, as mônadas estruturais do fluido vital, por sua vez, se converterão em mônadas indissociáveis da energia vital, num progresso ascendente que as arrebata e as impulsiona rumo à fatalidade do porvir, o evolucionar incoercível, quando se transmutarão em mônadas agenciadoras e modeladoras do universo perispiritual, pois para tal se capacitaram no périplo infindável inerente à sua intérmina incompletude.

Em síntese, a união dos princípios vitais originários dos mundos infra e subatômico, provenientes do oásis da bioenergia, oriunda das jazidas da matéria mental, transmudada dos fluidos imponderáveis inerentes à energia universal, gera a vida personificada nas formas intra-atômicas, como aglomerados de forças vivas em profusão, as quais, por sua união e expertise, tornar-se-ão as bases fundamentais do fluido vital, os complexos aglomerados das forças ou mônadas atômicas. O fluido vital, por sua vez, segundo a hereditariedade que lhe é própria, tem como objetivo essencial alimentar a vida em contínuo evolver, culminando em agregados estruturais inerentes aos pilares que determinam a criação das formas inefáveis da energia vital. Tais aglomerados monádicos acumulam as funções de organização e de manutenção da vida nos estágios que lhes são próprios. Até aqui, essa tríade fundamental constitui tão somente o primeiro núcleo do psiátomo (o Bion) e, consequentemente, o modelo organizador biológico – constituído de princípios vitais, fluido vital e energia vital. Enfatizando: somente o primeiro núcleo do psiátomo acumula a síntese de todas as experiências inerentes aos átomos catalogados na escala estequiogenética.

Como nada para, tudo é movimento constante e irreprimível; o MOB segue gerando, nutrindo, organizando e mantendo a vida em suas imensuráveis expressões, em seu intérmino *devir*, a fim de capacitar-se e qualificar-se ao trabalho atinente à seara dos futuros componentes do segundo núcleo do psiátomo (o Percepton), no qual se acumularão a percepção e a memória, a quem chamaremos de fato de universo perispiritual em si – o senhor supremo do modelo organizador biológico –, que tende às formas indeléveis e sofrerá metamorfoses e aformoseamentos sucessivos até a sua completa purificação, que é a natureza íntima dos elementos inerentes ao terceiro núcleo psiatômico (o Intelecton) que, de modo semelhante ao que lhe antecedera, acumulará os elementos atinentes à inteligência e à consciência, sendo esta última a força-mater dos núcleos primários e dos elementos vindouros que lhe são subordinados. Portanto, somente a partir da reunificação dessa tríade consciencial, edificada em longuíssimo périplo, em múltiplos reinos, sub-reinos e infrarreinos, é que se constituirá o Espírito de fato, a mônada que se eternizará na forma, a individualização das forças e das substâncias impermanentes que evoluíram e transcenderam os estados subsequentes, nos quais se tornarão, em perenes unidades que estruturam e edificam o Espírito, a sempiterna consciência. A individualidade imortal sintetizará as unidades incontáveis num processo infindável de reunificação, de promoção e de aprimoramento indizíveis. Recapitulando, no universo físico-atômico, que comumente chamamos de natureza, na qual nada se perde e tudo se transforma, as formas primárias transcendem o estágio sequente que é o universo dos psiátomos e da matéria psi, no qual, ou a partir do qual, não haverá mais morte e transubstanciação, pura e simplesmente, mas, sim, transformação, aprimoramento e expansão consciencial consecutivas e intérminas.

André Luiz profetiza que todas as "forças físicas devem evoluir como as nossas almas".[212] Assim sendo, fatalmente, todos os átomos componentes da matéria física se transformarão em psiátomos, isto é, em átomos constitutivos da matéria psi. Para o referido autor, as células inerentes ao corpo físico *"não representam apenas segmentos de carne, mas companheiras de evolução, credoras de nosso reconhecimento e de nosso auxílio efetivos"*. Em consonância com o pensamento exposto, Joanna de Ângelis sumariza, com perfeita simetria, o périplo que sinaliza a peregrinação das forças ou mônadas atômicas, oriundas da poeira das estrelas, desde suas origens primevas ao ápice relativo, inerente à composição do soma humano em vigência:

> Poeira das estrelas, o corpo, no qual estagia temporalmente, procede das primeiras aglutinações de moléculas, cuja origem, há 3,8 bilhões de anos aproximadamente, deu lugar ao surgimento dos elementos constitutivos, como o ferro, o fósforo, o carbono e outros variados, **ora reunidos no soma com finalidade específica estabelecida pela Divindade.**
>
> O espírito, nos sucessivos périplos da evolução, foi aprimorando-o até torná-lo delicado instrumento eletrônico dirigido pela consciência, de modo a perceber e vivenciar os nobres sentimentos, a inteligência, que pode interpretar e compreender os enigmas cósmicos, a lucidez, que discerne entre o que deve e o que não é lícito realizar; **continua avançando no rumo do Infinito.**
>
> Esse corpo faculta **o relacionamento humano com o Universo de onde procede,** com a Natureza, com os demais seres sencientes, trabalhando pela própria preservação e continuidade.
>
> Há uma interação entre eles graças ao espírito que o comanda e todas as formas existentes, vivas ou não, vibrantes, porém, que podem expressar a compaixão, o amor e o êxtase [...]...
>
> Constituído por aproximadamente vinte **aminoácidos** e quatro bases fosfatadas, sem diferenças com os demais seres vivos, **deve ser orientado de forma a sutilizar-se cada vez mais,** alcançando patamares de percepção que lhe transcendam a organização biológica (grifos nossos).[213]

---

[212] Xavier, F. C.; André Luiz (Espírito). Reencarnação. In: *Missionários da Luz.* cap. 13.
[213] Franco, D. P.; Joanna de Ângelis (Espírito). Renovação incessante. In: *O amor como solução.* cap. 25.

Em palestra proferida em 1999, o saudoso Prof. Enéas Ferreira Carneiro (5/11/1938 – 6/5/2007) explicara por que acredita em Deus, ocasião em que afirmara que "num único cromossomo, dos vinte e três pares presentes em apenas um único núcleo celular, constitui-se de, aproximadamente, cinco bilhões de nucleotídeos, os quais são constituídos de uma base nitrogenada, de um radical fosfato e de um açúcar (ribose e desoxirribose). As informações neles grafadas equivalem a vinte bilhões de bits, em que cada byte representa um caractere, na linguagem da informática. Cada byte é constituído por oito bits. As informações contidas nesses bits somam três bilhões de letras. Como uma palavra tem em média seis letras, deduz-se que esses bits arquivam o equivalente a quinhentos bilhões de palavras. Se uma página de livro tem em média trezentas palavras, teríamos o equivalente a dois bilhões de páginas, as quais, se transformadas em livros semelhantes a este, transformar-se-iam em cinco mil livros, cada qual com quatrocentas páginas, escritos em um único cromossomo. Eu me recuso a acreditar que tudo isso seja obra do acaso. A menor estrutura viva em liberdade é um vírus, cuja massa é um bilionésimo de cinco décimos de milionésimo do grama". O autor finaliza: "Eu vejo, em tudo o que me cerca, a mão de Deus."[214] Além de homenagearmos essa mente brilhante com as informações citadas, intencionamos que o leitor mensure, por sua vez, a quantidade de informações que se encontram arquivadas nas quatro bases fosfatadas, mencionadas por Joanna de Ângelis, representadas pela Guanina, pela Timina, pela Citosina e pela Adenina, que são as componentes das moléculas de DNA inerentes aos cromossomos. Isso sem falar da grandeza dos mais de vinte aminoácidos responsáveis pela estruturação das moléculas de proteína, que são as bases hormonais e estruturais de cada célula componente do soma humano. Em outra obra, a autora prossegue, enfatizando que "os cromossomos que se implantam na estrutura física, mediante o núcleo da célula em que se estabelecem – pois tal núcleo é a consciência germinal da própria célula, cuja matriz transcende as formas impermanentes –, mantêm-se no Espírito graças ao citoplasma no qual se fixam".[215] Eis que o verbo se fez carne, as leis se personificam no DNA das formas biológicas. São indestrutíveis – porque pertencem à dimensão dos psiátomos, na qual nada morre em tempo algum –, enviando ininterruptamente as suas mensagens e os seus estímulos vivificantes e fomentadores por intermédio do núcleo

---

[214] Transcrição da aula final do curso "O Eletrocardiograma". Disponível em: < https://www.youtube.com/watch?v=E847GwL8PjU/> Acesso em: 17 ago. 2019.
[215] Franco, D. P.; Joanna de Ângelis (Espírito). Pensamento e doenças. In: *Dias Gloriosos*. cap. 5.

genésico – que representa o agenciador e o condutor das forças sexuais, norteados pelas ordens intuitivas ínsitas na Supraconsciência –, ao tempo em que plasmam as futuras formas vivas em todos os seres, no plano físico ou no espiritual, cujo objetivo essencial, além da manutenção e do aformoseamento do soma humano, é o melhor entrosamento para o trabalho mais harmônico e profícuo, solidário e fraterno na e da maquinaria orgânica, para melhor viabilizar as associações e as permutas incessantes, atinentes ao entorno e inerentes ao processo evolutivo, priorizando as realizações enobrecedoras entre as almas afins. Alhures dedicaremos um tempo mais vasto para estudarmos um tanto mais acerca do sexo e da energia sexual como mecanismo e força criadora e mantenedora das formas em todo o cosmos, pois, em síntese, "sexo é espírito e vida, a serviço da felicidade e da harmonia do Universo".[216] E "a energia sexual, como recurso da lei de atração, na perpetuidade do Universo, é inerente à própria vida, gerando cargas magnéticas em todos os seres, à face das potencialidades criativas de que se reveste".[217] A autora poetiza o périplo infindo, em que o objetivo do Espírito, nas sucessivas etapas da evolução, é aprimorar o *organismo fisiológico* até torná-lo um delicadíssimo instrumento eletrônico, dirigido pela consciência desperta em perene ascensão, rumo ao imensurável *devir*. Afirma ainda que cabe à consciência lúcida orientá-lo com proeminência, de forma a sutilizá-lo ininterrupta e infindamente, "alcançando patamares de percepção que lhe transcendam a organização biológica". A partir daí, sua substância se transforma em essências componentes dos universos perispiritual e subsequentes até desaguar os seus conteúdos no âmago de sua causalidade, pois, inequivocamente: "Corpo e Espírito constituem uma dualidade que, em síntese, são a mesma unidade da vida universal. O corpo é efeito. O Espírito é-lhe a causa."[218] Isso posto, observemos o dinamismo da infra-partícula, isto é, o soma orgânico que está contido no todo Espírito e, de modo semelhante, a grandiosidade e a complexidade do todo com o seu inenarrável fulgor estão contidas na mais ínfima de suas frações. Enfim, o todo está inteiro na menor das suas partes, assim como o mais insignificante dos seus segmentos esplende, com inebriante harmonia e com perfeita orquestração, a sua extraordinária arquitetura, bem como a sua magnificente complexidade e a sua incomparável sabedoria.

À semelhança de um farol que sinaliza o seguro percurso iluminativo e valorando o cadinho acrisolador das almas debilitadas momentaneamente, Bezerra de Menezes e Miramez estabelecem como condição

---

[216] Xavier. F. C.; Emmanuel (Espírito). Em torno do sexo. In: *Vida e Sexo*. cap. 1.
[217] Xavier. F. C.; Emmanuel (Espírito). Energia sexual. In: *Vida e Sexo*. cap. 5.
[218] Franco, D. P.; Joanna de Ângelis (Espírito). Corpo e alma. In: *Alegria de viver*. cap. 4.

sine qua non à intransmissível e impostergável cura real e definitiva, pois de nada valerá a aquisição de qualquer benefício, valendo-se da fé alheia:

> Não adianta o auxílio do Plano Superior, quando o homem não se preocupa em retê-lo. Antes de tudo é preciso purificar o vaso humano para que se não perca a essência divina.
> **Não basta suplicar a intercessão dos bons. Convençamo-nos de que a nossa renovação para o bem, com Jesus, é sagrado impositivo de vida** (grifo nosso).
> Não basta restaurar simplesmente o corpo físico. É inadiável o dever de buscarmos a cura espiritual para a vida eterna.[219]
> Deves saber que o corpo humano é um universo em miniatura. Somente no corpo, vibram, trabalham e se aprimoram quase (setecentos) trilhões de células, como se cada uma delas fosse um motor vivo. **E, ainda mais, elas são obedientes ao comando da alma, desde que essa alma aprenda a comandá-las.** Nesse universo humano existem segredos que somente dentro de milênios os homens poderão descobrir. Esse microcosmo orgânico tem sua cota de evolução na escala do progresso a que estamos submetidos. **Se porventura o Espírito não aceitar o chamado quando escolhido para mais alto despertar, o próprio corpo se revolta contra ele, expulsando-o** e, aí, desarticula-se a grande sociedade celular, rumando para outras formas. O cinetismo em todo reino é lei irremovível. Dele dependem a luz e a própria felicidade (grifos nossos).[220]

Objetivando mais ampla e eficiente canalização disciplinadora no império do Espírito, mais bem elaborado processo de educação e de promoção dos componentes vindouros, fazem-se necessárias a reeducação proativa e a requalificação do já posto em seu reinado, dentre elas a cura definitiva dos seus corpos ou veículos de expressão, a transformação da alma – o centro consciencial da personalidade atuante –, a iluminação e a expansão da consciência em perene aperfeiçoamento. Para tanto, estabeleceremos uma pauta pertinente ao bom êxito em tal desígnio. Para este fim, com inegável sapiência, a lucidez e a acuidade que lhe são peculiares, Emmanuel exarou solenemente: "Sabemos que a educação, na maioria das vezes, parte da periferia para o centro; contudo, a renovação, traduzindo aperfeiçoamento real, movimenta-se em sentido inverso. Ambos os impulsos, todavia, são alimentados e controlados pelos poderes quase desconhecidos da mente."[221] Dentre esses, o poder máximo é a vontade, pois trata-se da gerente esclarecida da própria mente, a qual detém o poder de criar e de personificar os futuros pensamentos que se traduzirão na capacidade criativa em ação. Não obstante e não menos importante, "a prece

---

[219] Xavier. F. C.; Bezzerra de Menezes (Espírito). Nos serviços de cura. In: *Taça de Luz*. cap. 4.
[220] Maia, J. N.; Lancellin (Espírito). Reunindo aprendizes. In: *Iniciação: Viagem Astral*. cap. 23.
[221] Xavier. F. C.; André Luiz (Espírito). Ouvindo elucidações. In: *Libertação*. cap. 1.

nasce das fontes da alma, na feição de simples desejo, que emerge do sentimento para o cérebro, transformando-se em pensamento que é a força de atração".[222] Assim, agindo de dentro para fora, impulsionada pela intuição proativa, temos a supremacia da vontade consciente, o dinamismo inexprimível do cristo em nós, gestando os pensamentos fomentadores da inadiável e intransferível renovação. Por outro lado, tão importante quanto a ação da vontade consciente, consecutiva e simultaneamente, testificamos o poder da prece fervorosa na ação soberana da alma, emergindo das fontes dos desejos de transcendência e, consequente e incessantemente, imergindo no oásis dos sentimentos profundos, os quais se personificarão em pensamentos educativos em seu favor. Eis a força de atração que se evidencia na alma de fora para dentro, impulsionada pelos elevados propósitos de autoeducação e de iluminação consciencial. Em contrapartida, como resposta ao humilde, sincero e fiel apelo, mediante análoga finalidade, recebe a força irrefreável da configuração dos estímulos renovadores, originários das jazidas da vontade em propulsão iluminativa.

Raciocinemos com as luzes inspirativas desse iluminado Espírito. Se a causa é o Espírito e o efeito é o corpo, nada mais lógico e justo, como seres sencientes que somos, alinharmos o nosso pensamento com o de Joanna de Ângelis. Com a mente tranquila, o coração sereno e a consciência em paz, refletirmos sobre a capacidade criativa da alma atuante e, como um ponto de autoconsciência pura, fração da Consciência profunda da qual proviemos, convencermo-nos de que "a prece é medicamento eficaz para todas as doenças da alma".[223] Por conseguinte, cientificarmo-nos, urgentemente, de que "a cura sempre provém da força da própria vida, quando canalizada corretamente".[224] Portanto, em sentido profundo, "quem ora, ilumina-se de dentro para fora, tornando-se uma onda de superior vibração em perfeita consonância com a ordem universal".[225] Sem sombra de dúvida, "a oração é o mais forte estímulo de que a alma pode dispor para plenificar-se",[226] para iluminar-se, profunda e perenemente.

A própria autora dessas sínteses proeminentes enfatiza que o Espírito sabe o que fazer em prol de si mesmo, como levar a efeito de tal empreendimento em tempo hábil, principalmente quando e onde realizar a obra previamente elaborada sem procrastinações indevidas. Para esse

---

[222] Xavier. F. C.; Emmanuel (Espírito). Orar. In: *Taça de Luz*. cap. 17.
[223] Franco, D. P.; Joanna de Ângelis (Espírito). Medicamento eficaz. In: *Vida Feliz*. cap. 9.
[224] Franco, D. P.; Joanna de Ângelis (Espírito). Análise dos sofrimentos. In: *Plenitude*. cap. 2.
[225] Franco, D. P.; Joanna de Ângelis (Espírito). A psicologia da oração. In: *Rejubila-te em Deus*. cap. 8.
[226] Franco, D. P.; Joanna de Ângelis (Espírito). Oração em ti. In: *Filho de Deus,* cap. 24.

fim, esclarece-nos de qual fonte o interessado extrairá tais benefícios, isto é, de quais jazidas canalizará os recursos pertinentes à concretização do que almeja, indicando o oásis da Boa Nova do Cristo, definindo o Evangelho como sendo um repositório de força inesgotável, vitalidade e vida inestancáveis ao nosso dispor. Portanto, é fácil estabelecer critérios para a obtenção da cura definitiva do corpo, para a transformação da alma como consciência diretiva daquele e, consequentemente, para a iluminação da consciência que a conduz intuitivamente, pois assim definiu magistralmente André Luiz, em *Missionários da Luz*, capítulo VI, quando preceituou o círculo incessante, estatuído pela oração santificadora.

Resumindo, o Evangelho é a fonte imarcescível das imorredouras essências ínsitas no Reino de Deus em nós. A oração, regida pela intuição vivificante, faz-se, inequivocamente, o crisol de transmutação e de propulsão desse néctar essencial à vida multiforme. A mente converte-se em proeminente laboratório de intérminas possibilidades de aformoseamento, por intermédio da qual a vontade consciente e as inteligências unificadas estabelecem os critérios criadores e as diretrizes norteadoras do pensamento enobrecedor. A imaginação auxilia-os na premente edificação das formas vindouras para planificação da harmonia que se pretende experienciar. As palavras sentidas, mentalizadas ou verbalizadas, indicam-lhes o percurso reluzente a perfazer. Por fim, faz-se imprescindível a consumação das ações luminescentes que personificam a força diretriz, transmutam a vitalidade a ela correlacionada e promovem a vida em seu perpétuo dinamismo. Para a inegável materialização de tal intento, Joanna de Ângelis enfatiza:

> À medida que o ser se desenvolve moralmente, mais se espiritualiza, **modificando, inclusive, a constituição molecular da organização física,** cujas necessidades se alteram, dando lugar a mais sutis emoções que passam a **governar o comportamento, trabalhando as células e o seu cronograma organizacional,** que se põe a elaborar equipamentos de acordo com os novos impulsos, ora mais sutis e menos tóxicos, que antes exigiam estruturas mais densas e mesmo grosseiras, tendo-se em vista a indumentária para revestir esse novo ser [...] (grifos nossos).[227]
> Assim, **as enfermidades da alma se farão recuperar somente quando houver transformação estrutural do pensamento,** que se encarregará de construir novos alicerces super sutis, que se consubstanciarão nos futuros códigos de DNA, restabelecendo a **consciência individual** das células e, por fim, integrando a consciência do ser no conjunto da harmonia da Consciência Cósmica (grifos nossos).[228]

---

[227] Franco, D. P.; Joanna de Ângelis (Espírito). Encontro com a harmonia: Libertação do ego. In: *O Despertar do Espírito*. cap. 6, item 3.
[228] Franco, D. P.; Joanna de Ângelis (Espírito). Pensamento e doenças. In: *Dias Gloriosos*. cap. 5.

Percebe-se que todo o esforço empenhado para a mudança do caráter espiritual, moral, mental, psíquico-emocional e físico é de extrema importância para a efetivação da harmonia conjunta do nosso oásis consciencial estatuído. É justo e nobre o reconhecimento das reais necessidades tanto quanto das possibilidades de viabilizá-las proativamente a benefício do contexto em que experienciamos na atualidade e onde, por ora, mourejamos. Nada mais belo e dignificante do que a certeza das intuições luminescentes em favor da meta estabelecida e das sublimes inspirações correspondentes aos anseios perquiridos ante aquilo que se almeja, objetivando sempre e sem impor quaisquer condições inviáveis, o bem de todos os envolvidos. Nada mais entusiástico e empolgante do que a probabilidade de brindar a todos e felicitá-los, dentro e fora do nosso conúbio solidário e fraterno, com substâncias vitalizadoras e com as essências diretivas resultantes, oriundas da obra perpetrada nas dimensões temporais que encarnamos na contemporaneidade e na atemporalidade dimensional que nos sustenta perenemente em tais ensejos. Em suma, não há como quantificar nem dimensionar a grandiosidade da honra e da felicidade ante o ensejo que a vida nos oportuniza em servir pelo prazer de ser útil à causa crística e de aluminar-se com as ações benevolentes levadas a efeito. Portanto, tal dádiva é de valor incalculável na dinamização do nosso desenvolvimento ético-moral qualitativo e do aperfeiçoamento coletivo onde nos inserimos momentaneamente.

Se a mudança progressiva de um só afeta o conjunto multidimensional imediato, o nosso foco e a nossa meta essencial é, e sempre será, a nossa mudança pessoal. Consequentemente, a nossa transformação interior jamais será possível sem antes nos reconciliarmos com os agentes propulsores que se encontram no entorno. Isso equivale a dizer que, se não cumprirmos fielmente os nossos deveres consoantes as leis humanas, dificilmente entraremos em ressonância com as benesses estabelecidas e disponibilizadas pelas leis divinas. Ramatis profetiza que "o espírito tem um caminho interior a trilhar, que o leva do mais simples ao mais complexo, das normas externas para as internas da vida espiritual". Com a excelência e a sabedoria que lhe são próprias, preceitua que "será inútil alguém pretender tornar-se um iluminado, se não é capaz nem de respeitar o horário de sua repartição sem que o chefe esteja presente ou de prestar um serviço sem visar recompensas". Por fim, enfatiza: "As disciplinas de caráter são o primeiro passo, sem as quais as experiências iluminativas jamais encontrarão campo."[229] Destarte, faz-se imprescindível adquirir consciência

---

[229] Marques, América Paoliello.; Ramatís (Espírito). Como segui-Lo. In: *Jesus e a Jerusalém Renovada*. cap. 2.

e persuadirmo-nos de que, por ora, ainda não vislumbramos em parte alguma um roteiro tão seguro e factível e, consequentemente, libertador e iluminativo quanto o périplo progressivo, perfectível e transmutador do sal da terra em luz do mundo, como o que ora lhes apresentamos.

Em perfeita consonância com as reluzentes diretivas de Ramatis, Joanna de Ângelis, Miramez e Léon Denis, com o notório primor que lhes são próprios, com altivez poetizam:

> O desabrochar da consciência é um trabalho lento e contínuo, que constitui o desafio do processo da evolução. **Inscrevendo no seu âmago a Lei de Deus,** desenvolve-se de dentro para fora a esforço da vontade concentrada, como meta essencial da vida (grifo nosso).[230]
>
> **O ser consciente é um indivíduo livre e realizador do bem operante,** que tem por meta a própria plenitude através da plenificação da humanidade (grifo nosso).[231]
>
> Os Espíritos, pelo dizer dos mais abalizados, vieram do átomo primitivo, e se expressam, na sua grandeza, como arcanjos divinos. Para que cheguem a esse ponto, passam por fieiras de milênios incontáveis, e **esses bilhões de anos lhes deixam marcas das leis que devem ser respeitadas.** Eles atuam com amor e por amor à Suprema Sabedoria do Universo (grifo nosso).[232]
>
> Precisamos meditar em Deus e podemos fazê-lo pelos fios dos pensamentos, **tendo o coração como Ímã divino para registrar as leis da vida, entregando-as à consciência.** A felicidade (filha dileta da liberdade oriunda da verdade) não é uma utopia; é uma verdade que, pelo menos a nossa parte, deve ser conquistada (acréscimo e grifo nossos).[233]
>
> [...] a noção de moralidade é inseparável da de liberdade.
>
> **O Espírito só estará verdadeiramente preparado para a liberdade no dia em que as leis universais, que lhe são externas, se tornem internas e conscientes em razão de sua própria evolução.** No dia em que ele se penetrar da Lei e fizer dela a norma de suas ações, terá atingido o ponto moral em que o homem se possui, domina e governa a si mesmo.
>
> E dá-se com a coletividade o que se dá com o indivíduo. **Um povo só é verdadeiramente livre, digno da liberdade, se aprendeu a obedecer a essa lei interna, lei moral, eterna e universal,** que não emana nem do poder de uma casta, nem da vontade das multidões, mas de um Poder mais alto (grifos nossos).[234]

---

[230] Franco, D. P.; Joanna de Ângelis (Espírito). Consciência e Vida: Consciência e sofrimento. In: *Autodescobrimento:* Uma busca interior. cap. 3, item 3.
[231] Franco, D. P.; Joanna de Ângelis (Espírito). Equipamentos existenciais: Conflitos e doenças. In: *Autodescobrimento:* Uma busca interior. cap. 3, item 2.
[232] Maia, J. N.; Miramez (Espírito). Conhecimento de Causa. In: *Filosofia Espírita.* V.11. cap. 30.
[233] Maia, J. N.; Miramez (Espírito). De onde vens. In: *Força Soberana.* cap. 4.
[234] Denis, L. As potências da alma: O livre-arbítrio. In: *O Problema do Ser, Do Destino e da Dor.* 3ª parte, cap. 22.

À vista disto, Joanna de Ângelis evidencia que "adquirir consciência, no seu sentido profundo, é despertar para o equacionamento das próprias incógnitas, com o consequente compreender das responsabilidades que a si mesmo dizem respeito". Tais quesitos fazem-se condição *sine qua non* para a edificação da harmonia perene inerente à observação das leis (sinônimo de saúde integral) para a conquista da liberdade ante as responsabilidades que abraçamos e a fidelidade ao estatuto divino e, por conseguinte, para a obtenção da autonomia e da lucidez da consciência, antes enclausurada na ignorância milenária. Ainda, esclarece-nos a veneranda mentora, de modo inconteste e inalienável, que "o ser consciente é um indivíduo livre e realizador do bem operante, que tem por meta a própria plenitude através da plenificação da humanidade".[235] Eis a essência do amar ao próximo com a si mesmo, pois somos todos Um!

Vê-se claramente que, à medida que o ser humano se desenvolve espiritual e moralmente, pois assim enfatizou o venerando Espírito, mais se espiritualizará o seu modo de ser e de se comportar, modificando, inclusive, a constituição molecular da organização psicobiofísica. Tal é o segredo do processo da autocura que, sem sombra de dúvida, encontra-se ao alcance de todos quantos por ele, sinceramente, se interessarem e se dispuserem a executar a transformação e a qualificação indissociáveis de tal empreendimento. Portanto, ante os veículos de expressão nobremente estruturados e divinamente aformoseados, as necessidades hodiernas fatalmente se alterarão, cedendo o espaço de manifestação para o fulgor de mais sutis emoções e dos mais reluzentes sentimentos que passarão a governar o comportamento do imprudente, antes alheio às vindouras possibilidades luminescentes e agora desperto e consciente do trabalho magnífico de suas células orgânicas e perispirituais (parceiras inseparáveis de intérminas jornadas) e de seu complexo e harmonioso cronograma organizacional, tanto das atuais equipagens quanto das energias inerentes às futuras roupagens. Essas células se dispõem e sempre se disporão a elaborar os mais diáfanos e sublimes equipamentos, de acordo com os novos impulsos enobrecedores, cujo resultado será a edificação de implementos mais sutis, os quais exigirão, subsecutivamente, elementos mais bem qualificados na elaboração e na confecção do energismo que os nutrirá, tendo em vista a expectativa da indumentária que se pretende para revestir esse novo nauta ante a psiconáutica que adotou.

---

[235] Franco, D. P.; Joanna de Ângelis (Espírito). Equipamentos existenciais: Conflitos e doenças. In: *Autodescobrimento:* Uma busca interior. cap. 3, item 2.

É fato incontestável que as enfermidades congênitas de variada ordem ou aqueloutras adquiridas por desrespeito às leis que regem a harmonia multidimensional se encontram, fatal e irrevogavelmente, ínsitas no cerne ou nas dimensões indissociáveis da própria alma, desarranjando inevitavelmente os seus veículos de expressão. Quando se trata da cura real, tais perturbações só inverterão o seu curso deletério ou se farão recuperar quando houver a reordenação psicofísica, ético-moral e espiritual, ou seja, quando ocorrer a transformação estrutural do pensamento enfermiço, em dissonância com as leis naturais que regem a vida, seguido pelo reequilíbrio dos sentimentos e das emoções desgovernados, pela disciplina dignificadora das palavras inclementes e pelo realinhamento das ações deprimentes, incompatíveis com as diretrizes estatuídas pela solidariedade e pela fraternidade universais. Tais implementos, nobremente qualificados, e suas reluzentes vibrações diretivas e revitalizadoras se encarregarão de elaborar e construir os porvindouros *"alicerces super sutis, que se consubstanciarão nos futuros códigos de DNA"* (o cronograma fisiopsíquico do cosmos celular, tanto o fenótipo quanto o genótipo), conseguintemente, restabelecendo a ordem normativa na *"consciência individual das células"* e, por fim, *"integrando a consciência do ser"* lucidamente reconfigurado e conscientemente ressignificado *"no conjunto da harmonia da Consciência Cósmica"*, tornando-se um, com o Tudo-Uno-Deus – o Supremo Arquiteto.

"O corpo humano, prossegue Joanna de Ângelis, *em razão de suas constantes e infindáveis mutações, como das intérminas transformações que sofre e de inúmeras adaptações que, via de regra, se vê compelido a realizar, além dos imensuráveis condicionamentos filogenéticos e mesológicos que estatui, adequa-se para servir de domicílio temporário ao espírito/Espírito que, por meio dele, adquire experiências, aprimora aquisições, repara erros, sublima aspirações".* Por fim, minucia novos quesitos deste sublime condomínio:

> Atendido por notáveis complexos elétricos e eletrônicos, **é autorreparador, dispondo dos mais perfeitos arquivos de microfotografia, nos centros da memória,** que, se pudessem ser equiparados a uma construção com as atuais técnicas de miniaturização com que se elaboram os computadores, **esses departamentos mnemônicos ocupariam uma área de aproximadamente 160.000 quilômetros cúbicos,** tão-somente para os bilhões de informações de uma única reencarnação... (grifo nosso).[236]

---

[236] Franco, D. P.; Joanna de Ângelis (Espírito). Corpo Somático: Conceito. In: *Estudos Espíritas.* Cap. 5, item 1.

Em suma, os corpos psicofísicos ou veículos de expressão do Espírito, se bem arquitetados, nobremente cuidados e constantemente aprimorados, possibilitar-nos-ão a *aquisição de imensuráveis experiências impermanentes e indeléveis, aprimorar incansável e ininterruptamente as aquisições de outrora, recentes ou remotas, reparar os erros de qualquer monta em qualquer tempo e lugar, e, por fim, compartilhar as luzes libertadoras do périplo longamente percorrido, com todos os que por elas se interessem, e, subsequentemente, sublimar as sempiternas aspirações divinizantes e autoiluminar-se diuturnamente no continuum infindo do incoercível devenir.* Assim, além de aperfeiçoarmo-nos individualmente e contribuirmos para a harmonia do Universo (558LE), e, contiguamente, conscientizarmo-nos de *"que o Espírito renasce onde se lhe torna melhor para colimar o processo de sua evolução, pois, é notório que ninguém vem à Terra para sofrer, senão para reparar aparentes equívocos, adquirir novas experiências, desenvolver aptidões, compartilhar possibilidades iluminativas e crescer interiormente, uma vez que, todos esses empecilhos que defronta fazem parte da sua proposta de educação, devendo equipar-se de valores e de discernimento para superá-los e, livre de toda constrição coercitiva à sua liberdade, avançar com desembaraço na busca da sua afirmação plenificadora",*[237] uma só será a nossa verdadeira missão, a nossa obra essencial: sentir e decifrar a vida em suas intérminas fulgurações, ou seja, saber o que fazer, como fazer, quando e onde realizar em proveito de todos, uma vez que tudo o que intencionarmos levar a efeito ser-nos-á permitido se o fizermos com a aprovação da Boa Nova estatuída pela Consciência Cósmica e executada pela Consciência Crística que ilumina e permeia, nutre e norteia a consciência em perpétuo dinamismo ascensional. Portanto, ser o que pensamos e viver o que falamos é condição *sine qua non* para atrairmos as benesses e torná-las partes integrantes de nossa essência imorredoura no infindo *vir a ser*, ou seja, querer, saber e amar são verbos indissociáveis que devemos conjugar em nosso intérmino *devir*.

Emmanuel adverte que "todos no mundo, enquanto envergamos a veste física, possuímos conosco os elementos da regeneração e da cura de que necessitamos para o triunfo na escola da vida".[238] Joanna de Ângelis esclarece, peremptoriamente, que "o amor, por exemplo, é de natureza fisiológica, embora se expresse como sentimento do ser profundo, já que

---

[237] Franco, D. P.; Joanna de Ângelis (Espírito). Significado do ser existencial: Conflitos pessoais. In: *Vida: Desafios e Soluções*. cap. 2, item 2.
[238] Xavier, F. C.; Emmanuel (Espírito). Ação e adoração. In: *Inspiração*. cap. 2.

ele pode ser detectado do ponto de vista quântico na condição de fótons, enquanto o medo e a ira se podem apresentar como elétrons".[239] Emmanuel, por sua vez, sumariza que "a energia mental, inelutavelmente ligada à consciência que a produz, obedece à vontade".[240] Léon Denis estatui, magistralmente, as características da onipotência do ser consciente em ação, isto é, quando a consciência desperta para a execução das ações superiores, essa certifica-se de que "a vontade é a faculdade soberana da alma, a força espiritual por excelência, e pode mesmo dizer-se que é a essência da sua personalidade." Por conseguinte, estabelece que "o ser pode criar o que quiser por um uso metódico e perseverante da vontade, pois esta é a força suprema, é a própria alma exercendo seu império sobre as potências inferiores",[241] que lhe são subordinadas, as quais comumente representam as forças e as substâncias inerentes à sua mente consciente, ao perispírito e à mente inconsciente, ao corpo físico e à mente subconsciente. Assim, a vontade que representa o poder supremo do Espírito metamorfoseia-se na magnânima potencialidade "que resume todas as outras, compreendido pela intuição íntima, que é uma propriedade adquirida lentamente, assim como todas as faculdades do gênio, Deus é Uno e Absoluto. Nele se ligam os três princípios constitutivos do Universo para formarem uma Unidade viva".[242] Desse modo, a vontade tem ascendência sobre a própria alma que, uma vez desperta, une-se à Consciência profunda e, consequentemente, assume a gerência da mente consciente e das dimensões que lhe antecedem o estágio evolucional. Portanto, ela representa o suprassumo dessas dimensões correlacionadas a serviço da Consciência-mater. Sua principal função é supervisionar a edificação da paz íntima para a conquista do imensurável evolver. Assim sendo, "O uso persistente, tenaz, da vontade permitir-nos-á modificar a nossa natureza, vencer todos os obstáculos, dominar a matéria, a doença e a morte."[243] Vale lembrar que a alma é o centro consciencial da personalidade atuante. A personalidade constitui-se da mente como laboratório; do perispírito como veículo de expressão da mente; do subconsciente como condomínio de agentes automatizados para a gerência do complexo perispirítico e da indumentária biológica; e, por fim, do corpo físico como instrumento agenciador e seletivo da assimilação de novos elementos. Simultaneamente, faz-se o cadinho purificador para a promoção dos substratos anteriormente incorporados.

---

[239] Franco, D. P.; Joanna de Ângelis (Espírito). Interação mente-corpo. In: *Dias Gloriosos*. cap. 3.
[240] Xavier, F. C.; Emmanuel (Espírito). Cartão de visita. In: *Seara dos Médiuns*. cap. 2.
[241] Denis, L. A vontade e os fluidos. In: *Depois da Morte*. 4ª parte. cap. 32.
[242] Denis, L. Os Grandes Problemas: O Universo e Deus. In: *Depois da Morte*. 2ª parte. cap. 9.
[243] Denis, L. As potências da alma: A vontade. In: *O Problema do Ser, Do Destino e da Dor*. 3ª parte. cap. 20.

Se, para Joanna de Ângelis, antes do Amor não existia a Criação e ele é, por conseguinte, o antídoto para todas as causas do sofrimento, para Ramatis, o Amor é "a extraordinária força de que as coisas espirituais se encontram impregnadas, de tal forma que uma segura emersão de fé é capaz de reformulações infinitas, mesmo nos Espíritos mais comprometidos diante da Lei". Em suma, "a força do Amor é impulso de tal forma poderoso que, ao ser despertado, é capaz de refundir toda a contextura espiritual do ser".[244] Eis o foco ardente que reúne e condensa todas as sublimes revelações, a força mais potente do cosmos, a Lei Suprema, e, ao mesmo tempo, a mais sutil, o prolongamento do Psiquismo Divino, a mônada primordial, a matéria-prima de tudo quanto existe em Deus. Portanto, desde as mais ínfimas partículas infra-atômicas, oriundas dos fluidos primevos, às mais colossais macroestruturas astronômicas, tudo vive e vibra impulsionado pelo influxo da Lei Natural e sustentado pelo fluxo e pelo refluxo da inesgotável e inestancável substância primordial que gera, nutre, organiza e mantém a vida em todas as suas configurações. Assim sendo, percebe-se, inequivocamente, a presença do Amor-essência estabelecendo as diretrizes e do amor-substância providenciando os recursos para a subsistência de cada qual, desde as mais remotas elaborações conceptuais, originárias do sal da terra, dando-lhe o respaldo incondicional e irrestrito em todos os estágios e complexidades do seu irrefreável desenvolvimento, durante o qual se determinará e se qualificará todos os germes embrionários de sua natureza divina. Faz-se incontestável a constante assistência em cada nuance da edificação dos contributos definidores do caráter moral e espiritual no porvir dos envolvidos. Tais características são inerentes à fatalidade evolucional de todos os seres e da vida em sua interminável jornada ascensional. Tudo e todos, mais cedo ou mais tarde, inegavelmente, tornar-se-ão individuações peculiares à luz do mundo. Enfim, todas as formas de vida são geradas pelas mônadas primordiais que, em seus inumeráveis degraus e em seus complexos e imensuráveis conúbios, sempre se valerão da essência como diretiva segura e da substância primária para se sustentar e se perpetuar em seu intérmino evolver.

Segundo as lúcidas instruções de Joanna de Ângelis, quando as mentes e os corações destoam das leis de harmonia, isto é, quando os indivíduos ignoram, negligenciam e subvertem as referências normativas dos comportamentos enobrecedores, estatuídas em sua completude pelo Amor-essência, *"os valores da dignidade escasseiam, tornando os indivíduos banalizados, desconfiados, inseguros, insensíveis e desnorte-*

---

[244] Marques, América Paoliello; Ramatís (Espírito). Quem é o Pastor? In: *Jesus e a Jerusalém Renovada*. cap. 1.

ados, isto é, dissonantes e refratários aos bons costumes e às atitudes sadias. De modo semelhante e em grau superlativo, vê-se a ressonância dessas mentes em desalinho, conduzidas pelo egoísmo exacerbado, gerando uma psicosfera mórbida e tóxica que interfere nos processos de acomodação das placas terrestres, assim como dos demais fenômenos do Planeta, que estrugem, destrutivos, senão devastadores da vida multiforme". Em síntese, enfatiza a autora: "Não existem mais distâncias físicas que não sejam transpostas, nem emocionais que não se fundam umas às outras. Todos fazem parte do mesmo conjunto e qualquer distúrbio em uma área, de imediato irá afetar a outra mais próxima, e sucessivamente..."[245] Se tudo o que está fora, está dentro; o que está em cima, está embaixo, ou seja, se tudo e todos fazem parte de uma única unidade, os benefícios ou malefícios gestados por um só contagiam ou contaminam não só o interno, mas o entorno. Eis o segredo da cura de todas as enfermidades ou a gestação da causa de todos os tormentos.

Observa-se e testifica-se, desde tempos imemoriais e também hodiernamente, que "o inconsciente está no comando das sensações e das emoções, deixando pouco espaço para a consciência, a lucidez dos atos".[246] Entretanto, compete aos incautos imprevidentes, escravizados pelos prazeres originários dos sentidos coordenados pelo ego, erguerem-se e viabilizarem o espaço condizente à livre expressão do Self em consonância com as sempiternas diretivas da Consciência profunda e em perfeita sincronia e uníssona sintonia com o consciente atuante, de maneira que cabe à consciência ativa senciente, em vias de despertar, que, intuitivamente, emerge ou emergirá do meio dos mortos para a vida em plenitude ou da convivência com os imaturos para usufruir das benesses transcendentes, assumir o lúcido e impreterível gerenciamento e a justa ressignificação dos aranzéis da subsconsciência e, por conseguinte, assenhorearem-se e transubstanciarem os submundos abismais do inconsciente, dominando-o plena e perenemente em proativa iluminação libertária, posto que, indubitavelmente,

> **A sombra desempenha um papel fundamental na construção do ser,** que a deve direcionar no rumo do *Self* portador da luz da razão e do sentimento profundo de amor, em decorrência da sua origem transpessoal de essência divina (grifo nosso).[247]

---
[245] Franco, D. P.; Joanna de Ângelis (Espírito). Fidelidade até o fim. In: *Liberta-te do Mal.* cap. 16.
[246] Franco, D. P.; Joanna de Ângelis (Espírito). Autodespertamento inadiável: O despertar do Si. In: *Vida: Desafios e Soluções.* cap. 8, item 1.
[247] Franco, D. P.; Joanna de Ângelis (Espírito). A bênção da gratidão: Consciência da gratidão. In: *Psicologia da Gratidão.* cap. 1, item 3.

Necessário estar vigilante para melhor distinguir as sensações que produzem empatia e as emoções que enriquecem de harmonia. **O *ego* prefere o mergulho nas sensações do poder, do gozar, do tocar e sentir,** enquanto o *Self* anela pelo vivenciar e ser, ampliando os seus horizontes de gratidão (grifo nosso).[248]

O estado de humanidade já é conquista valiosa no curso da evolução; no entanto, **é o passo inicial de nova ordem de valores, aguardando os estímulos para desdobrá-los todos,** que jazem adormecidos – *Deus em nós* – para a aquisição da angelitude.

Da insensibilidade inicial à percepção primária, dessa à sensibilidade, ao instinto, à razão, em escala ascendente, **o psiquismo evolve, passando à intuição, e atingindo níveis elevados de interação com a Mente Cósmica** (grifos nossos).[249]

O ser humano é o protótipo máximo do processo evolutivo até o momento, cabendo-lhe descortinar horizontes grandiosos e avançar com decisão para conquistá-los.

Para quem se empenha nessa luta, **não existem limites que não possam ser conseguidos, desde que as dificuldades e os desafios sejam considerados como estímulos e possibilidades por alcançar**.

O hábito da reflexão e o exame dos conteúdos espirituais que procedem das diferentes épocas do pensamento, **tornam-se valiosos contributos para a conscientização do *Self*,** que supera os automatismos anteriores a que se vê compelido **para agir com acerto e consciência** nos variados cometimentos que lhe dizem respeito (grifos nossos).[250]

A consciência é, pois, esse altíssimo valor que o Self conquista, **integrando todo o patrimônio dos conteúdos psíquicos existentes na realidade do discernimento** além do conhecimento, dos sentimentos harmônicos com os instintos, na razão bem direcionada (grifo nosso).[251]

A psique humana é por demais complexa para ser abarcada de um só golpe, conquistada de uma só vez. **Faz-se necessário, portanto, harmonizar o sentimento com o pensamento, a sensação com a intuição** em um processo de identificação de valores de que cada qual se constitui, a fim de que se realize a individuação (grifo nosso).[252]

Joanna de Ângelis enfatizou que *"não existem limites que não possam ser conseguidos"* ou obstáculos que não possam ser superados, isto é, todas as barreiras e todos os entraves ao progresso podem e devem ser transpostos, *"desde que as dificuldades e os desafios sejam considerados como estímulos e possibilidades por alcançar"*. O hábito da

---

[248] Franco, D. P.; Joanna de Ângelis (Espírito). A bênção da gratidão: A vida e a gratidão. In: *Psicologia da Gratidão*. cap. 1, item 2.
[249] Franco, D. P.; Joanna de Ângelis (Espírito). O ser real: Problemas da evolução. In: *Autodescobrimento: Uma busca interior*. cap. 1, item 3.
[250] Franco, D. P.; Joanna de Ângelis (Espírito). O significado existencial: Encontro com o *Self*. In: *Triunfo Pessoal*. cap. 9, item 3.
[251] Franco, D. P.; Joanna de Ângelis (Espírito). O cérebro e o espírito: O alvorecer da consciência. In: *Triunfo pessoal*. cap. 1, item 3.
[252] Franco, D. P.; Joanna de Ângelis (Espírito). Realização interior: Fugas da realidade. In: *Triunfo pessoal*. cap. 4, item 3.

reflexão e o constante exame de consciência *"tornam-se valiosos contributos para a conscientização do Self"*. Consequentemente, para a iluminação e a expansão do Reino de Deus em nós, a Consciência profunda, que supera a superfície dos automatismos inatos na subconsciência, domina e ressignifica as paixões e os arrastamentos infrutíferos ínsitos na inconsciência, para, por fim, "agir com acerto" e plena lucidez na condução do oásis indizível na Supraconsciência.

A Consciência profunda é o suprassumo de tudo o que de mais belo e nobre o *Self* sumariou no cérebro espiritual, integrando em cada etapa, cada minúcia das nuances e cada sutileza dos matizes vibracionais das fulgurantes experiências. Nela se arquiva e se sintetiza *"todo o patrimônio dos conteúdos psíquicos existentes na realidade do discernimento"*. Dentre esses conteúdos psíquicos, destacamos: o conhecimento, com o qual se aprende; a reflexão, com a qual se apreende; o discernimento, com que se compreende; a experimentação, que qualifica a resultante; e, por fim, a vivência consciente de cada lance. A partir da vivência, o ser se torna a personificação do conteúdo nobremente experienciado. Portanto, esse patrimônio inato e indelével se situa muito acima da dimensão dos *"sentimentos em harmonia com os instintos, e do celeiro da razão bem direcionada"*, pois se trata do ser constituído e individuado e não mais do conhecimento teórico amplamente adquirido, pura e simplesmente, uma vez que se faz imprescindível *"harmonizar o sentimento com o pensamento, a sensação com a intuição"*, para pensar na verdade que desperta o interesse por um porvir glorioso; sentir a verdade que estimula o imprevidente ao cumprimento do dever e da responsabilidade libertadores; e falar da verdade que ilumina, iluminando-se. Por fim, viver com autêntica fidelidade, como foi lucidamente pensado, profundamente sentido, conscientemente falado e nobremente discernido. Tal é o papel da consciência que despertou.

Emmanuel, com o seu admirável poder de síntese, resume, define e descreve, em poucas frases, lucidamente arquitetadas, o longuíssimo e intransferível périplo das mônadas conceptuais, desde as origens do sal da terra fértil do globo terráqueo, galgando as nuances de cada degrau peculiares a todos os reinos subsequentes, metamorfoseando-se, sem detença e sem solução de continuidade, no encalço dos inefáveis píncaros imarcescíveis inerentes à sempiterna luz do mundo:

> A pedra sonha com a sensação de planta.
> A árvore aspira ao instinto animal.
> A fera vislumbra a inteligência.

O selvagem candidata-se à luz da razão.

O homem deseja para si o brilho do anjo.

O anjo entrevê a celeste escalada de posições que ainda lhe cabe atravessar, no rumo da integração com a Munificência Divina.[253]

Na semente minúscula reside o germe do tronco benfeitor.

No coração da terra, há melodias da fonte.

No bloco de pedra, há obras-primas de estatuária.

Entretanto, o pomar reclama esforço ativo. A corrente cristalina pede aquedutos para transportar-se incontaminada.

A joia de escultura pede milagres do buril. Também o Espírito traz consigo o gene da Divindade.

Deus está em nós, quanto estamos em Deus.

Somente o coração enobrecido no grande entendimento pode vazar o heroísmo santificante.

Apenas o cérebro cultivado pode produzir iluminadas formas de pensamento.

Só a grandeza espiritual consegue gerar a palavra equilibrada, o verbo sublime e a voz balsamizante.

Educa e transformarás a irracionalidade em inteligência, a inteligência em humanidade e a humanidade em angelitude.

Educa e edificarás o paraíso na Terra. Se sabemos que o Senhor habita em nós, aperfeiçoemos a nossa vida, a fim de manifestá-lo.[254]

Assim afirmou a canção: *"um dia, todos nós seremos anjos"*. Eu quero crer que, quando o cancioneiro construiu essa frase, não intencionou afirmar que seríamos somente nós, os seres humanos, pois fato é que, tudo e todos, em todas as expressões do ser e do saber, tivemos a mesma origem conceptual, *"o sal da terra"*, a mônada primordial (o espírito). De modo semelhante e irrefreável, sem exceção, todos seremos a personificação tão sonhada a que intitulamos de *"a luz do mundo"*. Tal estágio é inerente ao Espírito angelizado ou cristianizado, no qual todos os que o conquistarem, por mérito de suas obras, terão, no Amor e no amar, a única razão do seu existir, pois, no degrau mensurado, qualquer ser compreenderá, lucidamente, que só será plenamente feliz, absolutamente livre e integralmente saudável quem pensar como o livre Pensador pensou, sentir como o Mestre por excelência sentiu, falar como o Modelo incomparável falou, amar como o Guia infalível amou e viver como o Evangelho personificado viveu – Jesus, o Cristo de Deus.

---

[253] Xavier, F. C.; Emmanuel (Espírito). Deus nosso Pai. In: *Canais da vida*. cap. 10.
[254] Xavier, F. C.; Emmanuel (Espírito). Educa. In: *Fonte Viva*. cap. 30.

Capítulo 2 – O Creador e a Criatura – Esquema 1

> A origem e o destino final são o mesmo, sem nunca sairmos da Fonte Geratriz, o Tudo-Uno-Deus.

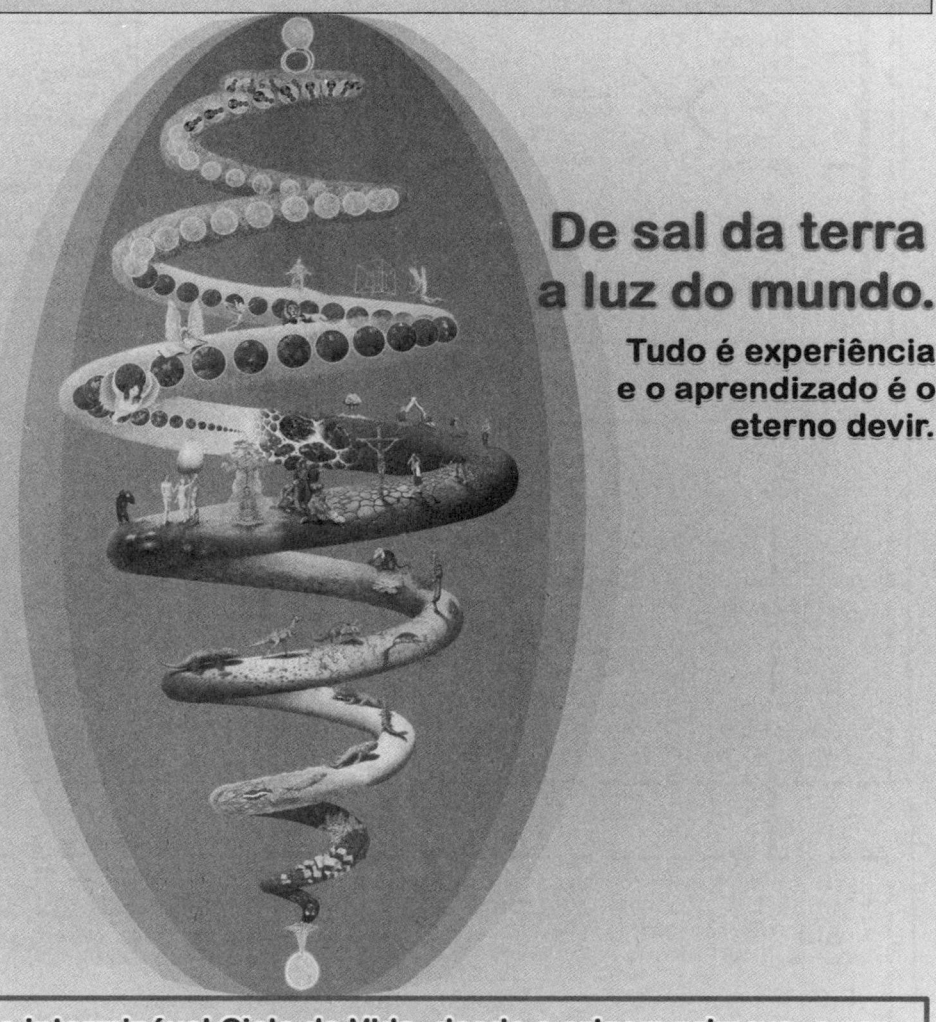

De sal da terra a luz do mundo.

Tudo é experiência e o aprendizado é o eterno devir.

> No interminável Ciclo da Vida, desde a origem primeva, o ser espírito evolui de forma cíclica, em espiral ascendente, indo e retornando sobre si mesmo, de forma a experienciar todas as fases da matéria (primária e secundária) e do espírito em múltiplas formas, desde o mais simples ao mais complexo entrelaçamento das mônadas, do sutil ao denso, do mais denso ao mais sutil, individuando-se em Espírito num eterno vir a ser.

Capítulo 2 – O Creador e a Criatura – Esquema 2

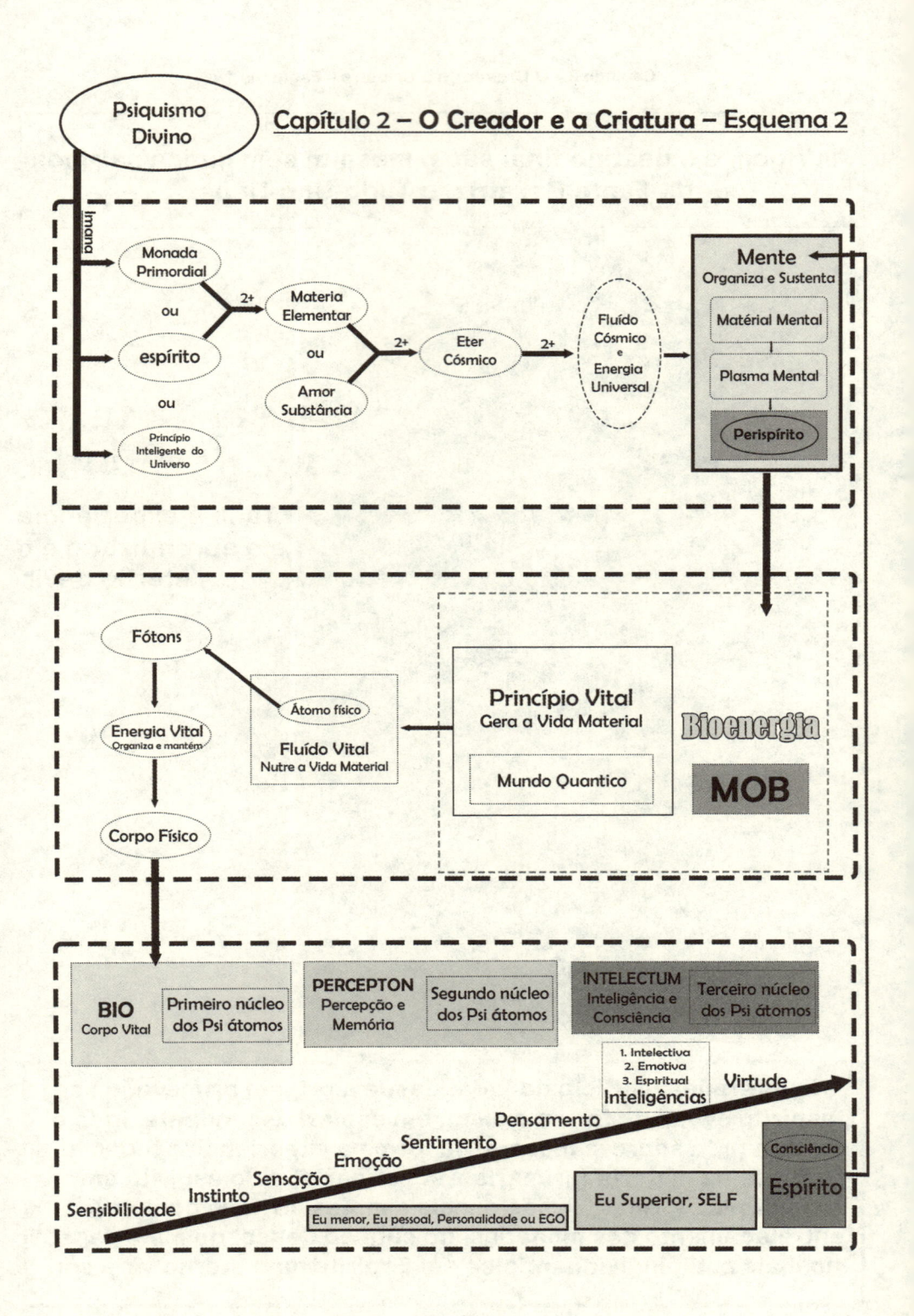

Psiquismo Divino

Imana

- Monada Primordial
- ou
- espírito
- ou
- Princípio Inteligente do Universo

2+ → Materia Elementar / ou / Amor Substância → 2+ → Eter Cósmico → 2+ → Fluído Cósmico e Energia Universal → **Mente** — Organiza e Sustenta
- Matérial Mental
- Plasma Mental
- Perispírito

Fótons → Átomo físico
Energia Vital (Organiza e mantém) → Fluído Vital — Nutre a Vida Material
Corpo Físico

Princípio Vital — Gera a Vida Material
Mundo Quantico

Bioenergia

MOB

BIO Corpo Vital — Primeiro núcleo dos Psi átomos

PERCEPTON Percepção e Memória — Segundo núcleo dos Psi átomos

INTELECTUM Inteligência e Consciência — Terceiro núcleo dos Psi átomos

Inteligências:
1. Intelectiva
2. Emotiva
3. Espiritual

Sensibilidade → Instinto → Sensação → Emoção → Sentimento → Pensamento → Virtude

Eu menor, Eu pessoal, Personalidade ou EGO

Eu Superior, SELF

Consciência — Espírito

Capítulo 3
Lei de compensação

Fonte da imagem: https://pt.linkedin.com/pulse/lei-da-compensa%C3%A7%C3%A3o-eldiehl-edson-luiz-diehl

O pensamento é a alma do Espírito. Pelo pensamento, o Espírito vive e se expressa no contexto em que experiencia aquilo de que por ora carece. A alma encarnada é, desse modo, uma fração diminuta do Espírito em ação integrativa e dissociativa, por intermédio do dinamismo solidário e das permutas incessantes com os reinos ponderáveis, vagamente conhecidos, e com os imponderáveis, que, hodiernamente, ainda são quase totalmente ignorados (são tantos que não há como mensurá-los didática e pormenorizadamente por enquanto, por faltar aos interessados os olhos da solidariedade, do respeito mútuo e do conhecimento explicitado e contextualizado, para vê-los em plenitude, e os ouvidos do amor sem condições e da fraternidade sem limites e preconceitos para senti-los). O entrelaçamento acontece, irrefreavelmente, tanto nos planos e subplanos objetivos quanto nas múltiplas dimensões subjetivas com os ambientes, de acordo com as circunstâncias onde o Espírito e a alma laboram no cadinho do seu aprimoramento e da sua intérmina sublimação.

Não existe pensamento sem alma nem alma sem pensamento. Não há como dissociar a alma do pensamento, porque onde ele está a alma também está. Dissemos alhures que o pensamento expressa a consciência por meio da inteligência. Assim sendo, a alma ou fração do Espírito encarnado não é senão o pensamento manifestado de forma visível, tangível e em perpétuo dinamismo, pois é sabido por muitos que o sonho é o pensamento que ainda não nasceu. Por conseguinte, o pensamento é o sonho que se personificou, isto é, o sonho que se tornou realidade. A este respeito, Joanna de Ângelis infere que "os pensamentos constituem o reflexo do ser profundo, exteriorizando as aspirações e os objetivos essenciais da vida". Mais adiante, enfatiza que "todas as realizações originam-se no pensamento".[255] À vista disto, basta desenharmos pelo pensamento *"um objetivo interior e, de imediato, forças complexas apresentam-se para que o mesmo seja conquistado".[256]* Deste modo, se a oração representa a força propulsora e a ação se traduz em serviço renovador, a oração da criatura ciente de suas potencialidades e consciente da força que possui em si mesma assim se configurará: o desejo estimula, a vontade determina, as inteligências definem (a espiritual intui, a emocional inspira e a intelectual racionaliza), o pensamento estatui, a imaginação elabora, a palavra orienta e o sentimento concretiza o intento almejado em todas as dimensões do ser e do saber.

---

[255] Franco, D. P.; Joanna de Ângelis (Espírito). Prefácio. In: *Pensamentos de Joanna de Ângelis*.
[256] Franco, D. P.; Joanna de Ângelis (Espírito). O ser pensante: Vontade. In: *Triunfo Pessoal*. cap. 2, item 3.

O Espírito da Verdade estabelecera que "quando o pensamento está em algum lugar, a alma está também, uma vez que é a alma que pensa" (89aLE). Por ser uma Doutrina viva, que progride por evolução, evocando o espírito do Espiritismo, isto é, buscando o espírito da letra e, ao mesmo tempo, invocando as novas revelações, compreende-se, à luz dos ensinos sempiternos, que o Espírito se fraciona (sem se dividir) e, por intermédio do pensamento, encarna diminuta fração, conforme os seus anseios e as suas necessidades emergentes, o gérmen do que pretende criar ou aprimorar, corrigir ou compartilhar, no espaço, no tempo e na eternidade. Outros pensamentos ou outras frações mais experientes do mesmo Espírito têm por objetivo orientar a fração atuante, ou seja, o Espírito sempre zelará pela alma que se encontra no mundo das ideias, no arquipélago dos sentimentos, nas leiras das emoções, no oceano das palavras, no oásis das formas psicobiofísicas, isto é, se fará presente nos expedientes da vida em todas as suas expressões.

Conforme a síntese de Joanna de Ângelis: "A vida é resultado do Psiquismo Divino que a gerou, e o Celeste Pensamento adorna-a de belezas e experiências, a fim de que desabroche em sabedoria e plenitude no ser humano."[257] Isto é, inequivocamente, o Deus e o Cristo cósmicos e os equivalentes internos nos sustentam e nos conduzem em todos os instantes de nossas vidas. Desse modo, onde quer que a alma se apresente, no campo de ação e de atuação, o Espírito lhe presta assessoria por intermédio de novos e múltiplos pensamentos que poderão ser os mais ou os menos evoluídos, isto significa, que poderão ser arquitetos ou operários, essência ou substância. Assim sendo, onde a alma está o Espírito a acompanha, como faz um professor com seus alunos ou um mestre com seus discípulos. Conforme o dito popular, quando o aluno (o discípulo) está pronto, o mestre aparece e vice-versa. Desse modo, quando a alma se predispõe, ou seja, quando toma iniciativa ou pensa no trabalho proativo e dignificante, entra em contato com o Espírito, do qual incorpora novas frequências de pensamentos renovadores ou fulgurações de sua essência consciencial. Assim sendo, quando o Espírito percebe o esforço de sua alma (a consciência da personalidade atuante), de modo semelhante, envia-lhe novos recursos, objetivando adorná-la ou fecundá-la com as luzes dos inefáveis tesouros (as imorredouras verdades). Portanto, queiramos ou não, há um incessante fluxo e um irrefreável refluxo de forças multiformes que nos percorrem o psiquismo, do âmago à periferia do ser, impulsionando-nos ao intérmino prosseguimento e ao perene adornamento de nosso proceder.

---

[257] Franco, D. P.; Joanna de Ângelis (Espírito). Prefácio. In: *Pensamentos de Joanna de Ângelis*.

No Espírito – o deus interno –, o pensamento é o verbo criador, *é a sua capacidade criativa em ação*.²⁵⁸ Portanto, na ação, o verbo se faz carne, isto é, ao expressar-se, o Espírito transmuta-se, coagula-se, metamorfoseia-se e aformoseia-se por intermédio de sua intuição e de sua vontade, tornando-se visível, tangível e ponderável, por meio dos pensamentos, dos sentimentos superiores que os qualificam, da inteligência que os norteia, da imaginação que os assessora na elaboração da pauta, das ideias e das palavras que os movimentam e os transformam em ações cada vez mais complexas e aprimoradas, laborando em prol do seu solene alvorecer e de sua maturidade espiritual. Sendo assim, o seu pensamento é sempre ativo, pois ele vive pelo pensamento (563LE). Por esse motivo, Joanna de Ângelis estatui: "Pensa no Bem, e ele dominará a tua conduta, contribuindo para a tua perfeita sintonia com a Fonte Geradora."²⁵⁹ Assim como nos disse Jesus, O Cristo de Deus, *"Eu e o Pai somos um"* (Jo, 10:30) e, à semelhança de Paulo de Tarso, o apóstolo dos gentios, em relação ao seu mestre, modelo e guia (Gl, 2:20), dia há de chegar em que a alma também assim se expressará: *"eu e o Cristo interno somos um, quem me ver, vê-lo-á"*. Então, poderá dizer, convicto: eu sou o que penso e vivo o que falo. Sermos uma unidade e comportarmo-nos como tal é consequência insofismável do fato de nos sentirmos integralmente compromissados com a nossa consciência e com a nossa causalidade cósmica, a Fonte do Eterno Bem.

Como almas encarnadas, somos frações de um Espírito que já foi alma, isto é, somos frações desse Espírito sendo por ele aprimoradas. Ele nos concebe e nos acompanha em nossas jornadas por meio de outros "pensamentos" mais aprimorados, ou seja, de outras "almas" que já encarnaram, viveram suas experiências e estão aptas para cocriar, orientar ou auxiliar as menos experientes (ou de igual experiência). Disse-nos Jesus: *"Meu Pai trabalha até agora, e eu trabalho também"* (Jo. 5:17). O Espírito é um raio consciente da Excelsa Sabedoria; a alma é uma imanação daquele, a caminho da individualização, da edificação, da conscientização e, consequentemente, da autoiluminação e da completa fusão em sua Consciência-mãe.

Para Emmanuel, o trabalho é a embarcação e a prece é a bússola do caminho. Esclarece-nos que "a prece é silêncio que inspira. O trabalho é atividade que aperfeiçoa".²⁶⁰ Antes, advertira: "A oração ilumina o

---

²⁵⁸ Xavier, F. C.; André Luiz (Espírito). Pensar. In: *Respostas da Vida*. cap. 23.
²⁵⁹ Franco, D. P.; Joanna de Ângelis (Espírito). Prefácio. In: *Pensamentos de Joanna de Ângelis*.
²⁶⁰ Xavier, F. C.; Emmanuel (Espírito). Ora e serve. In: *À Luz da Oração*. cap. 21.

trabalho e a ação é como um livro de luz na vida espiritualizada."²⁶¹ Por fim, sintetiza: "Ninguém pode calcular no mundo o valor de uma prece nascida do coração humilde e sincero diante do Todo-Misericordioso."²⁶² O planejamento consciente e a ação qualificada são característicos fundamentais da consciência desperta sem as quais não existirá trabalho exitoso nem exemplos convincentes. De modo que **boa vontade sem esclarecimento e ação sem planejamento, via de regra, são mais prejudiciais do que acúmulo sem proveito e ociosidade parasitária.**

Antes, durante e após cada etapa ou processo encarnatório nobremente arquitetado, o Espírito estabelece um complexo e perpétuo dinamismo de permutas entre todas as suas criaturas e, consequentemente, entre todas as suas criações. De modo que, a cada experiência elaborada e levada a efeito nos planos consciencial, moral, mental, emotivo, intelectivo e físico, tudo e todos os elementos evolvidos, direta ou indiretamente, dentro e fora de si, sairão mais enriquecidos e mais bem aprimorados desse enlace enobrecedor.

Relembrando Gúbio, um dos eminentes instrutores de André Luiz: "Qualidades morais e virtudes excelsas não são meras fórmulas verbalistas. São forças vivas."²⁶³ Assim sendo, se outras frações de nossa essência consciencial ou preeminentes pensamentos que dimanam do nosso eu profundo devem orientar as frações ou pensamentos vigentes que se encontram no mundo das ideias, dos sentimentos, das emoções e das palavras, isto é, se essas diminutas frações orientam todas as formas de vida tangíveis e intangíveis (orgânicas e inorgânicas), com as quais interagem continuamente, assim atuam, isso significa que o nosso esforço para educar todas as nossas expressões deve ser mais eloquente, perseverante e bem direcionado. Elas são miríades de espíritos num contínuo evolver em nosso multiverso, aprendendo e executando, obedecendo e comandando, desde as mais simples às mais elevadas ações, desincumbindo-se das diversas funções, das mais ínfimas às mais elevadas posições. André Luiz enfatiza: "A ideia forma a condição; a condição produz o efeito; o efeito cria o destino."²⁶⁴ Se, na visão de Miramez, "imaginar é ver e desejar é realizar"; se, na concepção de Emmanuel, "imaginar é criar" e, na de André Luiz, "desejar é interagir, permutar e concretizar o ato almejado"²⁶⁵, de-

---

²⁶¹ Xavier, F. C.; Emmanuel (Espírito). Esforço e oração. In: *À Luz da Oração*. cap. 20.
²⁶² Xavier, F. C.; Emmanuel (Espírito). A oração curativa. In: *À Luz da Oração*. cap. 81.
²⁶³ Xavier, F. C.; André Luiz (Espírito). A palestra do instrutor. In: *Libertação*. cap. 2.
²⁶⁴ Xavier, F. C.; André Luiz (Espírito). Pensar. In: *Respostas da Vida*. cap. 23.
²⁶⁵ Camardo, Sebastião. Tela mental. In: *O Despertar da Consciência - do átomo ao anjo*. cap. 8.

duzimos que nos conscientizar de nosso poder criador e nos conduzir em consonância com as sempiternas leis é condição *sine qua non* em nossa intransferível e irrefreável metamorfose *de sal da terra a luz do mundo*.

Por fim, Áulus sintetiza magistralmente: "Imaginar é criar. E toda criação tem vida e movimento, ainda que ligeiros, impondo responsabilidade à consciência que a manifesta. E como a vida e o movimento se vinculam aos princípios de permuta, é indispensável analisar o que damos, a fim de ajuizar quanto àquilo que devamos receber."[266] Assim, ao mesmo tempo em que o Espírito concebe, nutre e orienta a alma por intermédio do seu poder pensante, ou seja, do seu próprio pensamento e do seu oásis criador (a mente ou o arquipélago mental), cuja vontade é o agente coordenador, a alma nasce, cresce e se enobrece como ser pensante que é. De modo semelhante, a alma sempre se exercita e se capacita, para poder gerar novos pensamentos e elementos (espíritos ou mônadas de vário porte) que contribuirão para aperfeiçoar e nutrir o Espírito do qual emergiu e no qual vive, existe e se movimenta. A alma, com sua relativa autonomia e o seu poder gestacional, proporcional à sua capacitação, com os quais elabora os seus pensamentos e as suas criações, também cria e recria, ininterruptamente, objetivando a iluminação e a expansão de sua inefável essência consciencial e de sua causalidade.

Se tudo é cópia de tudo, Léon Denis nos esclarece: "Estamos unidos a Deus na relação estreita que liga a causa ao efeito, e somos tão necessários à sua existência quanto Ele é necessário à nossa."[267] Desse modo, a alma é tão necessária ao Espírito quanto ele a ela, posto que é por meio de suas fulgurações ou de suas almas que o Espírito se expressa, experimenta-se, aprimora-se e se expande. Do Espírito dimana a essência que nutre a alma e a supre de novas referências e a alma, por sua vez, contribui para o engrandecimento do Espírito (ou para o seu enobrecimento, ou a sua sublimação) com o substrato das suas mais nobres vivências.

Consta, em (Jo. 4:7), que Jesus pediu à Samaritana um pouco de água, com a qual saciaria a sede momentaneamente, isto é: *"Todo o que bebe desta água, tornará a ter sede"* (Jo. 4:13). Em contrapartida, ofertou-lhe da Sua água, que haveria de saciar-lhe a sede eternamente: *"Mas quem beber da água que eu lhe der, não terá mais sede no futuro; mas a água que eu lhe der se tornará, nele, uma fonte de água que mana para a vida imanente"* (Jo. 4:14). O encontro do Espírito com a

---

[266] Xavier, F. C.; André Luiz (Espírito). Pensamento e Mediunidade. In: *Nos Domínios da Mediunidade*. cap. 9.
[267] Denis, L. Solidariedade; comunhão universal. In: *O Grande Enigma*. 1ª parte. cap. 3.

sua criação (tal como sucedera com Jesus e a Samaritana no poço de Jacó, cujo diálogo objetivava o despertar, a iluminação da consciência ativa – a Samaritana, simbolizando a alma – e a consequente integração dos tesouros por ela amealhados àquele – a Jesus, simbolizando o Espírito do qual ela é uma centelha infinitesimal – cuja consciência se tornara una com a sua Fonte Geratriz) pode e deve ocorrer diuturnamente, por intermédio de todas as suas ações, das mais ínfimas às mais expressivas. Assim procedendo, compete à alma, como consciência da personalidade atuante, dispor-se a uma perene introspecção que lhe ensejará um minucioso exame de consciência, de forma a desenvolver a sensibilidade que a capacitará a identificar e a interpretar as mensagens oriundas das imanações ou das fulgurações de sua essência consciencial, o que significa desejar e perceber, compreender e executar as expressões de sua causalidade.

Analisando minuciosamente a Parábola da Samaritana, Carlos Torres Pastorino esclarece que a Samaritana é a alma encarnada e Jesus é a individualidade, o Cristo Interno. Leiamos:

> Jesus é a individualidade, o CRISTO INTERNO. Quando a alma está "vigilante" (samaritana) e chega a "hora sexta" (antes do Grande Encontro da hora sétima), essa Alma Vigilante vai ao "poço" (ao coração), porque está sedenta de amor divino. Ela encontra, "sentado" ao pé do poço (habitando no coração), aguardando-a, o Cristo Interno, o Eu profundo, também SEDENTO. E a individualidade, esse Eu profundo, pede-lhe de beber, pede à Alma Vigilante que Lhe entregue seu amor, para que Sua sede seja saciada.
>
> Todo o episódio retrata, pois, uma lição sobre o Mergulho na Consciência Cósmica, o Encontro com o Eu profundo, no poço do coração, obtido pelo espírito VIGILANTE.
>
> Afirma o Cristo Interno, que acompanha a Alma desde o início, que ela tivera CINCO crenças, e que a SEXTA (sempre a numerologia!), que era a dos samaritanos, não era a legítima: a verdadeira, o marido real e legítimo, seria justamente o SÉTIMO, o amante perfeito, ele mesmo, o Cristo Interno, representado pelo judeu que com ela se entretinha em colóquio amoroso, tentando conquistá-la.[268]

Mencionamos que *o Espírito acompanha a alma desde o instante conceptual*. Assim como um pastor consciente e responsável cuida amorosamente de suas ovelhas, de modo análogo, o Cristo Interno vela por sua prole. De modo que, da mesma forma que aquele nutre criteriosamente o seu rebanho, este (o rebanho), em gratidão ao seu fiel guardião, oferta-lhe o que há de melhor ao seu dispor, desde as substâncias mais periféricas à sua mais profunda essência ou patrimônio consciencial. Por

---

[268] Pastorino, C. T. A Samaritana. In: *A Sabedoria do Evangelho*. (V. 2).

outro ângulo, enquanto a alma impregna-se das imanências do Eu profundo (de sua causalidade), este absorve o que aquela (a alma) possui de mais nobre em seu favor. Enquanto a alma se ilumina, o Cristo Interno se expande, posto que ambos compõem uma só realidade. Portanto, **o dentro e o fora, a causa e o efeito, a unidade e a variedade, o princípio e o fim encontram-se miniaturizados em cada ser ou em cada expressão de Deus.**

O encontro com o Eu profundo, o mergulho na Consciência Cósmica, é o despertar da consciência e, consequentemente, o despertar na consciência. São expressões semelhantes, mas, como dissemos alhures, *o despertar da consciência individual (a alma vigilante) é a total imersão e integração no e com o Eu profundo. O consequente despertar na consciência é a perene integração da individualidade, do Cristo Interno, com a Consciência Cósmica, momento no qual poderemos afirmar: eu e o Pai somos um. É o estado de consciência plena, de êxtase infindável*, semelhante ao Nirvana dos budistas, ao Samadhi dos iogues, ao reino dos Céus dos cristãos... É o instante em que o amor e o trabalho conscientes se expressarão e brindarão à vida, em todos os matizes, desde as origens – do sal da terra – aos páramos da luz do mundo. Em síntese, é a execução (a exemplificação) da sempiterna melodia, isto é, a propagação da Boa Nova do Cristo por intermédio do genuíno saber e do irrepreensível proceder que se personificam no bem viver, cujo objetivo é a iluminação e a libertação das consciências sequiosas por haurir o néctar da Eterna Sabedoria.

Não por acaso, infere-se, quase sempre, como uma das principais características da consciência em ascensão, a sua tomada de decisão, ou seja, a inigualável coragem, o seu destemor irretorquível e, consequentemente, a sua irrefreável propulsão iluminativa, pois, conforme assevera Joanna de Ângelis: "Quando está desperto, lúcido para os objetivos essenciais da existência, ergue-se o indivíduo, e sai do meio dos outros que estão mortos para a realidade."[269] Após este precioso enseio, neste momento de singular aprendizado, imensuráveis oportunidades se abrirão ante a onipotência que nos integra e nos capacita, na qual existimos, na onisciência que nos permeia e nos ilumina perenemente. Por fim, na onipresença que nos permite viajar nas dobras do tempo, na imensidão do espaço, no oásis da eternidade e interagir com todas as expressões da Eterna Munificência, as quais nos oportunizarão o exercício da doação sem exigência, mesmo que, em parte, do pouco que angariamos desta intérmina romagem como viajores da eternidade.

---

[269] Franco, D. P.; Joanna de Ângelis (Espírito). Autodespertamento inadiável: O despertar do Si. In: *Vida: Desafios e Soluções.* cap. 8, item 1.

Na matemática divina, divisão equivale, quase sempre, à multiplicação da dádiva ofertada. Evidencia-se o exposto na doação de forças-estímulo (possibilidades de ascensão), inerentes aos conhecimentos sabiamente exemplificados, por intermédio da oferta sem condição, ou seja, do consolo sem exigência ou cobrança, na partilha do pão que gera e nutre a vida (a bioenergia em suas múltiplas expressões), do esclarecimento sem imposição, que impulsiona sem aprisionamento, bem como da verdade que ilumina sem ofuscar a capacidade intelecto-moral e espiritual de quem a assimila, de modo que o assistido se desencarcere da humilhante e escravizadora dependência, transformando as benesses luminescentes em ações libertadoras da sua e de outras consciências que mourejam no contexto em que renasceu, posto que o desconhecimento ou a ausência do saber transcendente nos faz seres ociosos e parasitários e, via de regra, encontramo-nos perecendo de sede e de fome, ignorando que nos encontramos à beira de um oásis. A concessão dessas benesses ocorrerá tão somente pela justa recompensa prevista e estatuída por uma das mais sábias leis do Universo: a lei de compensação, ou seja, mediante o esforço despendido na construção dos substratos da fé vivenciada (as virtudes cultivadas), oriundos do estudo consciente e dos conhecimentos ofertados pela filosofia atemporal, do discernimento auferido pela experimentação científica cosmológica e da fidelidade à Moral Cristã Universal. Cumpre-nos personificar o Evangelho Cósmico na conduta e no caráter, traduzido em pensamentos, em ideias, em palavras e em ações libertadoras, posto que a todo aquele que se empenha em amar ao próximo como a si mesmo o Senhor da Vida, "em Seu amor misericordioso, encoraja-lhe os esforços que tendem para o bem". Como resultante da semeadura, sem outra pretensão a não ser a caridade consigo mesmo, ou seja, a autoiluminação, "estes esforços contínuos, perseverantes, atraem as graças do Senhor; são como um ímã que atrai as melhoras progressivas, as graças abundantes que vos tornam fortes para subir a montanha sagrada, no cume da qual se encontra o repouso após o trabalho". Somente assim, o viandante destemido "verá seus esforços coroados de sucessos, e um grão produzir cem, e outro, mil". [270] Foi por esse motivo que o Espírito de Verdade afirmou: "Felizes serão aqueles que tiverem trabalhado no campo do Senhor generosamente e sem outro interesse que não a caridade! Suas jornadas de trabalho serão recompensadas cem vezes mais do que esperavam."[271] É lícito perquirir e pleitear mais vasta compreensão dessa lei que

---

[270] Kardec, A. Muitos os chamados e poucos os escolhidos: Será dado àquele que tem. In: *ESE*. São Paulo: Petit. cap. 18, item 15.
[271] Kardec, A.; Os trabalhadores da última hora: Os trabalhadores do Senhor. In: *ESE*. São Paulo: Petit. cap. 20, item 5.

tem o quinhão de aferir com profundo amor cada esforço empreendido, raciocinar no porquê da máxima *"a cada um conforme suas obras"*, preceituada e proferida por Jesus, tanto quanto se faz lógico o surgimento da dúvida que comumente perturba as ideias do buscador que, via de regra, ainda não compreendeu o objeto de sua atenção. Por outro lado, mister se faz proceder ao autoexame, a fim de mensurar o tamanho da própria ignorância e, humildemente, inquirir acerca do que, até o momento, não se discerniu. Assim, ponderar e contextualizar o que foi elencado nas teorias e nas práticas, objetivando a conclusão dos substratos pertinentes ao estatuto divino, por cujo intermédio emergiu a lei de compensação, posto que, na Suprema Sabedoria, na qual nada é estatuído a esmo, principalmente quando se trata de uma medida para gerir o justo salário de cada qual e de todos, propiciando ao ser, desde as mais ínfimas expressões dos recursos monádicos às mais elevadas atividades nas dimensões siderais, a digna e justa recompensa.

Todo aquele que busca fora de si a solução dos seus problemas – procrastinando ou transferindo o que somente a ele compete realizar –, "quase nunca" exercita os seus potenciais intrínsecos. Prefere servir-se do que está à sua disposição, raramente usando os seus próprios implementos criativos, inerentes aos seus pensamentos, às suas ideias e aos planos de futuras ações – benevolentes ou beneficentes – intra e interpessoal. Via de regra, vive às custas das migalhas provenientes dos corolários concernentes às vibrações emanadas dos pensamentos, dos fanicos elencados das diretivas oriundas das ideias em constante atividade no entorno e dos ínfimos cigalhos das benesses de vário porte, resultantes das ações altruístas de outrem, daquilo que não lhe pertence de fato e de direito, permanecendo como inquilino, ocioso e desprovido de quase tudo, na hospedaria da miséria dos recursos psicobiofísicos, morais e espirituais. Por outro lado, os que buscam em si mesmos a solução das suas próprias incógnitas, "quase sempre" se valem dos engenhos e dos fomentos imersos nas jazidas inesgotáveis e inestancáveis ínsitas em seu interior. Assim, os que preferem vida fácil ou viver dos favores e das facilidades alheias permanecem à margem do caminho produtivo, como os sedentos que morrem de sede à beira do oásis. Entretanto, os que se esforçam sobremaneira por reconhecer os seus equívocos e se esmeram para mobilizar os seus próprios tesouros proativos "quase sempre" o fazem ambicionando mais servir do que serem servidos, mais amar do que serem amados, mais compreender do que serem compreendidos. Conclui-se que os carentes de quase tudo vivem, quase o tempo todo, nas garras da escassez e da ociosidade, mas os que vivem dos honorários provenientes do seu próprio labor e das consequências exitosas dos seus esforços bem direcionados, estes sim são seres qualificados pela meritocracia da lei de compensação, pois infalível e inegavelmente, com raríssimas exceções, dispõem de abundância de recursos e de estímulos para ofertar e não revelam, quase nunca, como aqueles, a escravizante e constritora necessidade de receber benesses, pura e simplesmente.

Podemos questionar: por que nos valemos das expressões "quase nunca" e "quase sempre"?

As respostas estão implícitas e se encontram intimamente conectadas às duas situações distintas, pois percebemos, nas raras atitudes dos carentes de quase tudo, nas dobras mnemônicas do espaço, nas leiras promissoras do tempo e nos regozijos inefáveis da eternidade, a realização de mínimos introitos libertadores, ou seja, percebemos que, vez por outra, o fazem por sua própria iniciativa, isto é, testificamos que eles ensaiam, mesmo que timidamente e, às vezes, sem a consciência de si ou do labor e de por que laboram, o inconteste exercício de edificação das bases estruturais da autossuficiência, mesmo que, quase sempre, sejam impulsionados pelos vigorosos ensejos-convite da lei de compensação e pela inequívoca intercessão-estímulo de sua própria Consciência-mater. Isso representa o terno e amoroso cuidado da Suprema Sabedoria e do mestre (Espírito), objetivando a capacitação, a qualificação, a promoção e a libertação de seu pupilo, em resposta à flagrante e promissora iniciativa do aprendiz, desvelada na indubitável motivação libertária da diminuta fração encarnada que os representa, personificada na alma como o centro da personalidade ativa em formação e perpétua expansão consciencial.

No outro extremo, mesmo que raramente, testemunhamos discretos obséquios oriundos da divina lei de ressarcimento em prol do discípulo praticante do bem operante (quando os benefícios, pessoal e coletivo, forem mínimos) ou contundentes acréscimos de potencializações ofertados pela Consciência Cósmica e pela Consciência-mestra, em proveito do disciplinado, obediente e operoso apóstolo (diante de sobejos beneplácitos elencados em favor do progresso e da evolução do contexto em que moureja). A isso nominamos de acréscimos de misericórdia ou de justa recompensa, correlacionados à ação vigente (multiplicados por trinta, sessenta, cem ou mil vezes a mais do que os promissores recursos e os magníficos esforços nobremente empenhados em tal intento). Equivale ao "ajuda-te que os céus te ajudarão" ou à multiplicação dos talentos bem utilizados na obra em curso, ou seja, traduz-se na multiplicação dos recursos multifários e das imensuráveis possiblidades de aquisição e de expansão da consciência em formação, pois a máxima das máximas é: *a cada um conforme as suas obras*. É o reconhecimento do Soberano Arquiteto, do deus e do cristo internos, em proveito do aprendiz, do discípulo ou do apóstolo fiel e dedicado na ação iluminativa e integrativa do seu Eu individualizado em vias de solene e perene individuação, ou seja, o constante morrer nas formas efêmeras e impermanentes para renascer nas intérminas premissas nirvânicas da eternidade sem mácula.

Em suma, neste memorável enredo, a morte das formas impermanentes se configura tão somente em apenas um dos diversos expedientes de transformação e de promoção da vida em seu contínuo e inacabável *devir*. De modo semelhante, a doença multiforme ou de vário porte representa apenas um dos imensuráveis recursos, por cujo intermédio se processa o início da cura definitiva, pois tem a função primordial de equilibrar e de sublimar as energias dissonantes das leis de harmonia. Assim, morte também se transmuta em sinônimo de libertação, ou seja, é o solene instante da liberação do Espírito exilado momentaneamente nas complexidades evolutivas da matéria em perene ascensão consciencial. Desse modo, não há nada de trágico ou desolador, de tenebroso ou amedrontador, nesses imprescindíveis expedientes da Divina Sabedoria para promover e sublimar a vida multifária. Trata-se tão somente de mudanças naturais de estados dimensionais da consciência, cujo propósito é a ascensão espiritual do ser vivente ou a elevação da frequência vibracional ascendente. **Tudo é vida na Vida que estua perenemente, continuamente promovendo mais vida, aprimorando as formas e sublimando os seres para a Vida em plenitude.** Destarte, para galgar tal degrau ou atingir semelhante propósito, Joanna de Ângelis, magistralmente sintetiza, enfatizando o quão pouco a Vida nos exige ante a grandiosidade do que a Natureza nos oferta: "Uma fagulha pode atear um incêndio. Um fascículo de luz abre brecha na treva. Uma gota de bálsamo suaviza a aflição. Uma palavra sábia guia uma vida. Um gesto de amor inspira esperança e doa a paz."[272] Tal é a essência da lei de compensação.

Faz-se imprescindível lembrarmo-nos de que: o que realmente retemos ou conservamos dentro de nós como tesouro imperecível e que, fatalmente, nos acompanharão pela eternidade, sempre serão os nossos feitos impagáveis e as nossas atitudes e experiências inapagáveis. Assim, a verdadeira paz de consciência se fundamentará no fiel cumprimento dos

---

[272] Franco, D. P.; Joanna de Ângelis (Espírito). Prefácio. In: *Autodescobrimento:* Uma busca interior.

deveres – perante a Lei que a tudo rege, assim como em consonância com a lei que já gravamos em nossa consciência e defronte à lei que organiza e mantem a vida em suas imensuráveis expressões –, fazendo com e por amor tudo o que se dispõe ou dispuser-se a realizar em prol da exaltação do bem e a benefício de todos. Ou seja, a norma primacial é sempre servir pelo prazer de ser útil. Em síntese, inelutável e terminantemente, tudo o que fizermos não o faremos senão a nós mesmos, quer seja em harmonia ou em desacordo com todas as inamovíveis nuances das leis de equilíbrio, bem como em perfeita consonância ou em completa dissonância com todos os matizes inerentes a todas as expressões da vida. Fato é que, tanto as mais diminutas vibrações que dinamizam os alicerces da vida, como os esboços mais sutis das leis e até mesmo as mais ínfimas normativas que pulsam e plasmam o que se propõem no âmago da própria consciência, sempre nos pedirão ou nos exigirão o intransmissível e improcrastinável acerto de contas e, irrevogavelmente, nos perguntarão à luz da verdade libertária: o que fizeste dos recursos e das diretrizes que, inegável e incontestavelmente, lhes foram ofertados diuturna e continuamente em todos os instantes e estágios de sua interminável jornada?

Diante de tão hábil e necessária engendração, a fim de lograr o êxito almejado neste indizível, intransferível e impostergável empreendimento, asseveramos que a ignorância de si, a necessidade improdutiva e o apego às ideias – retrógradas e até mesmo aqueloutras progressivas e imorredouras – são os maiores entraves ao progresso irrefreável, ao contínuo bem-estar integral e à evolução incoercível, pois quem os cultiva comumente naufraga nos abismos tristes e desoladores, descoroçoados e dilacerantes da dor, assim como os incautos distraídos tresvariam irrefletidamente nas armadilhas do sofrimento paralisante e parasitário, que podem ser totalmente evitáveis pela consciência que despertou. Em síntese, a dor nos parece mecanismo inevitável no processo e no progresso evolutivo para quem ainda não elegeu o amor como razão única do seu existir, assim como, ineludivelmente, o sofrimento sempre nos será optativo ou objeto de apreciação resiliente de nossa lúcida e inconteste livre escolha proativa.

Relembremos os ensinos inerentes ao Evangelho-Lei, de cujas lições João, o Evangelista, declarou com veemência, reportando-se ao Senhor Supremo do orbe terrestre: *"Meu Pai trabalha sempre, e Eu trabalho também"* (1Jo. 5:17). Por conseguinte, deu-nos, ele próprio, como Apóstolo comprometido com a Causa, o exemplo de fidelidade e de esmero, de disciplina e de abnegação, de consciência e de responsabilidade (assim como também fizera Paulo de Tarso) ao instigar-nos e nos convidar à execução da impostergável e inalienável tarefa que compete a todos os que se alistam nas fileiras da seara Universal: *"Sede meus imitadores, como também eu o sou de Cristo"* (1Co. 11:1). Por nossa vez, abracemos a oportunidade de disseminação da mensagem cristianizada (aprendida, apreendida, compreendida e vivenciada), a qual não deve adornar-se de rótulos ou de fórmulas verbalistas, impositivas e dogmáticas, nem incrustar-se de arremedos castradores e libertinos, tampouco de cerceamentos da livre escolha. Assim, por intermédio desse sublime labor, os que por ele se interessem haverão de priorizar tão somente a edificação de um porvir venturoso ante os substratos da mensagem incorporada e elevada aos degraus da autossuficiência (vide questão 558LE). Assim sendo, a fé vivenciada nos capacitará a seguir com as próprias luzes, oriundas do trabalho nobremente executado, as quais serão proporcionais à semeadura, ao cultivo e à frutescência das sementes do amor, da verdade e da justiça, auferidas nos arroubos da caridade, assimiladas pelas inteligências (intelectiva, emotiva e espiritual) e pela consciência de seus propagadores, cujos frutos sazonados se transmutarão em agentes fomentadores da maturação de quem os compartilha e, consequentemente, em mensagens ou em forças-estímulo, destinadas à fecundação e à eclosão do Evangelho-substância (que gera e nutre a vida) e do Evangelho-Lei (que a organiza e a mantém), inerentes à consciência de cada discípulo (consciente ou não), cabendo a cada qual evocá-los, invocá-los e incorporá-los com humildade e sinceridade genuínas.

Joanna de Ângelis declara: "Pode-se identificar a espiritualidade de uma pessoa pela grandeza do seu sentimento de compaixão em favor da vida." Assevera ainda, que a compaixão "não se restringe apenas ao seu próximo, mas também envolve todas as formas vivas da Natureza e até mesmo aquelas inanimadas que fazem parte da maternidade terrestre".[273] De modo análogo, Albert Schweitzer (1875 – 1965), Nobel da Paz de 1952, em dado momento, predissera: "Quando o homem aprender a respeitar até o menor ser da criação, seja animal ou vegetal, ninguém precisará ensiná-lo a amar seus semelhantes."[274] Vigilância constante e trabalho consciente são atributos essenciais no sacerdócio inadiável de servir à luz da Boa Nova do Cristo, por amor à Causa Primária de todas as coisas. Isso equivale a dizer, segundo Miramez, "sentir ou amar a Deus em todas as coisas".[275] Enxergar a obra com os olhos do amor em excelência – a cari-

---

[273] Franco, D. P.; Joanna de Ângelis (Espírito). Compaixão e vida. In: *Jesus e Vida*. cap. 2.
[274] Disponível em: <http://kdfrases.com>. Acesso em 31 de março de 2015.
[275] Maia, J. N.; Bezerra de Menezes (Espírito). Definição incompleta. A boa e verdadeira doutrina. In: *Filosofia Espírita*. V.1. Cap. 3 e V.17. cap. 26.

dade –, como um processo de autoiluminação e de libertação do assistido é perceber, reconhecer e comportar-se como ovelhas de um só rebanho, conduzidas por um só Pastor, o Supremo Arquiteto, além de agir como servidores humílimos, incansáveis e fidedignos na Eterna Sabedoria.

Espírito vigilante é todo aquele que se comporta em consonância com as Leis Cósmicas, vivencia o Evangelho estatuído por Jesus, em Espírito Verdadeiro, ou seja, torna-se o Evangelho, conduz-se ou se comporta em perfeita sintonia e sincronia com a Lei Suprema. Assim sendo, todo aquele que bebe da água viva do Evangelho e observa as Leis Cósmicas, em Espírito Verdadeiro, torna-se "fonte" de luz, de progresso, de amor incondicional; enfim, fonte de Vida perene para quantos dele se acerquem ou observem o seu comportamento. Desse modo, faz-se cocriador consciente e pode afirmar, de forma lúcida, à semelhança do que disse Jesus: *"Eu desci do céu, não para fazer a minha própria vontade, mas a vontade daquele que me enviou"* (Jo. 6:38). Eu só faço a vontade do Cristo que há em mim. Isso quer dizer que, obedecendo incondicionalmente à Lei Maior e vivenciando em plenitude todas as leis menores, nos transformaremos em cartas vivas do Evangelho e, consequentemente, em plano menor, nos tornaremos a própria lei:

> Essa evolução do ser através de suas vidas renovadas, **sendo ele próprio o edificador do seu futuro, construindo-se todos os dias a si mesmo,** por seus atos, quer no seio do abismo quer no desabrochamento das humanidades felizes, essa identidade de todos, nas origens como nos fins, esse aperfeiçoamento gradual, fruto do cumprimento de deveres no trabalho e nas provações, tudo isso nos mostra os princípios eternos de justiça, de ordem, de progresso que reinam nos mundos, regulando o destino das almas, segundo leis sábias, profundas, universais (grifo nosso).[276]
>
> Assim como o Infinito é uma lei para os estados das consciências, temos o infinito de planos no Universo e todos os planos se interpenetram, dentro da maravilhosa lei de solidariedade; **cada plano recebe, daquele que lhe é superior, apenas o bastante ao seu estado evolutivo,** sendo de efeito contraproducente ministrar-lhe conhecimentos que não poderia suportar (grifo nosso).[277]
>
> **A ordem e a plenitude do Universo nos são reveladas à proporção que nos tornamos lúcidos para percebê-las.** A mente, quando se expande e capta novos conceitos, jamais volta ao seu tamanho anterior (grifo nosso).[278]

---

[276] Denis, L. O mundo invisível: Consequências filosóficas e morais. In: *Depois da Morte*. 3ª parte. cap. 24.
[277] Xavier, F. C.; Emmanuel (Espírito). Os planos da evolução. In: *Emmanuel*. cap. 28, item 4.
[278] Espírito Santo Neto, F.; Hammed (Espírito). Filhos da luz. In: *Um modo de entender:* **Uma nova forma de viver**. cap. 47.

Se possuirmos a verdadeira caridade espiritual, se trabalhamos pela nossa iluminação íntima, irradiando luz, espontaneamente, para o caminho dos nossos irmãos em luta e aprendizado, **mais receberemos das fontes puras dos planos espirituais mais elevados,** porque, depois de valorizarmos a oportunidade recebida, **horizontes infinitos se abrirão no campo ilimitado do Universo, para as nossas almas,** o que não poderá acontecer aos que lançaram mão do sagrado ensejo de iluminação própria nas estradas da vida, com a mais evidente despreocupação de seus legítimos deveres, esquecendo o caminho melhor, trocado, então, pelas sensações efêmeras da existência terrestre, contraindo novas dívidas e afastando de si mesmo as oportunidades para o futuro, então mais difíceis e dolorosas (grifo nosso).[279]

Guardemos, contudo, esperanças no desdobramento da metapsíquica que no futuro apresentará o celeiro farto de certezas novas para os homens, integrando-os no conhecimento dos enigmas do ser e do destino.

[...] cada personalidade aprende somente o "quantum" do raciocínio que lhe permite o estado de sua evolução individual.[280]

Tudo aparece na ocasião própria. A planta não nasce sem que a semente germine; a árvore não dá frutos antes da florescência; **o progresso não chega sem que a Humanidade tenha atravessado as fases indispensáveis à maturidade da inteligência,** em que o Espírito começa a indagar o porquê das coisas e a examinar o que o rodeia (grifo nosso).[281]

O progresso é lei inflexível; embora negado, faz valer a sua autoridade, e aqueles próprios que lhe negam ação benéfica e regeneradora, submeter-se-ão, queiram ou não queiram, à influência que exerce todo o Universo (grifo nosso).[282]

Recapitulando: a mente recebe, segundo Augusto Paiva,[283] *a Força Divina, vinda do Evangelho, condensador da Energia do Cristo. Recebe-a, transmite-a ao perispírito e daí ao corpo.* Prossegue o autor, no corpo, o *vaso purificador*, a divina energia sofre *o contato necessário à sua captação real para o Espírito,* ou seja, no corpo físico ocorrerá a assimilação, a disciplina, a promoção e a sublimação das energias para o engrandecimento e o aprimoramento do perispírito, cujo patrimônio, integralmente, galgará novos degraus, por meio dos quais se projetará às inefáveis jazidas inerentes ao Espírito. Isso ocorrerá se a Força Divina não for repulsada, se não for *consumida nos vícios, nos prazeres fáceis, nas futilidades, se houver resistência a essa prova de fogo.* Equivale a dizer que se suportarmos as provas inerentes à vida com fidelidade às leis de equilíbrio e ao processo de evolução que a Natureza estatui, ou seja, se dignificarmos essa Força Divina, assim como todas as forças e substân-

---

[279] Xavier, F. C.; Emmanuel (Espírito). Evolução: Virtude. In: *O Consolador.* 2ª Parte. cap. 5, item 3, p 259.
[280] Xavier, F. C.; Emmanuel (Espírito). A comunidade humana. In: *Ação, Vida e Luz.* cap. 17.
[281] Schutel, Cairbar. A revelação progressiva. In: *Gênese da Alma.* cap. 40.
[282] Schutel, Cairbar. A justiça divina e a lei do progresso. In: *Gênese da Alma.* cap. 38.
[283] Paiva, M. C.; Paiva, Augusto (Espírito). Fontes de vida. In: *Veleiro de Luz.* 2ª parte, cap. 8.

cias constitutivas do veículo físico e dos demais veículos de expressão do Espírito, ela será transubstanciada e promovida. Essa promoção se dará se perseverarmos no cultivo de pensamentos enobrecedores, bem como de sentimentos purificados, ideias bem coordenadas, palavras e atitudes de natureza semelhante, em perfeita consonância com as leis de harmonia. Segundo o autor citado, *num ato pujante de beleza, toda energia insigne, acumulada no corpo denso, será arremessada ao perispírito, que se revestirá de uma luminosidade ímpar, para, mais tarde, vencidas as provas na existência terrestre* (quando o bem predominar em todos os arquipélagos da consciência e da alma encarnada), *tornar-se-á uma fonte perene no Espírito imortal, herdeiro da Energia do Grande Universo.* Portanto, se assim agirmos, tornar-nos-emos cocriadores cientes e conscientes de tudo quanto nos cabe realizar pelo nosso e pelo bem do conjunto, personificando o Evangelho em nossa conduta, como herdeiros dos celeiros divinos que nos tornamos. Por conseguinte, a justa recompensa nos será uma realidade incontestável, pois tal é o decreto preestabelecido pela indizível lei de compensação. Deus multiplicará, cem ou mil vezes mais, todos os esforços bem direcionados.

Em consonância com o pensamento de Augusto Paiva, Miramez assinala que, *quando falamos em sublimação, não devemos focalizar apenas a alma. É importante compreender que tudo avança na vida, em todas as direções. Se a alma se sublima, tanto o perispírito como o corpo físico se fazem rarefeitos junto a ela.*[284] Corroborando o tema em foco, Calderaro, um dos insignes instrutores de André Luiz, na obra *No Mundo Maior*, eminentemente salientou: "As forças físicas devem evoluir como as nossas almas." Portanto, inapelavelmente, como condição *sine qua non* à sua irrefreável e intransferível ascensão, "o homem do futuro compreenderá que as suas células não representam apenas segmentos de carne, mas companheiras de evolução, credoras de seu reconhecimento e auxílio efetivo".[285] Assim, como este poderá fugir de uma realidade irremovível da qual, via de regra, os transeuntes caminham quase sempre como incautos distraídos ao sabor do vento, quando não se tornam prisioneiros de intempéries facilmente superáveis pela ação consciente da resiliência ativa e da proatividade vivificante, cujo efeito benéfico, inequivocamente, livrá-los-iam das consequências danosas, absolutamente desnecessárias para impulsionar o seu intérmino evolver? Por fim, Joanna de Ângelis estatui: "Nada se deve perder no **organismo**. Todas as energias

---

[284] Maia, J. N.; Miramez (Espírito). Sublimação. In: *Filosofia da Mediunidade*. v.1, cap. 50.
[285] Xavier, F. C.; André Luiz (Espírito). A oração. In: *Missionários da Luz*. cap. 6.

poderão ser canalizadas sob o comando da mente desperta – o Eu superior – para a sua **responsabilidade, criatividade e expressão divina, que demonstram sua origem**" (grifos nossos).[286] Se tudo cresce e evolui, de sal da terra a luz do mundo, de átomo primordial ao imensurável, de mônadas primevas a Cristos Cósmicos, não poderia ser diferente com todas as essências e substâncias componentes de nosso ser e de seus inumeráveis veículos de expressão e, em consequência, com tudo o que nos cerca, do mais ínfimo fascículo de luz, aparentemente inanimado, ao mais elevado engenheiro sideral, pois, em síntese, somos Um.

A vida é um efervescente e perpétuo dinamismo em irrefreável *devir*, um perfeito e complexo entrelaçamento regido pela solidariedade e pela fraternidade universais. Por meio desse dinamismo irrefreável, como também do mútuo auxílio e das incessantes permutas, todas as forças e todos os seres se entreajudam, desde as mais ínfimas imanências da Luz Incriada às Suas mais elevadas fulgurações, "tudo é clarão da evolução do cosmos, imensidade nas imensidades!"[287] Na Criação, nada permanece estático, tampouco inativo, ocioso. Nada é desnecessário na Munificente Arquitetura. Tudo trabalha em prol da evolução de todos e do todo que os enlaça, do mais simples ao mais complexo aglomerado monádico, isto é, da mais diminuta estrutura infra-atômica às mais magníficentes estruturas macrocósmicas, da mais ínfima microunidade à mais elevada individualidade, tudo e todos se comportam como um, no todo que os conduz e no Tudo-Uno-Deus que os integra indissoluvelmente.

Rememorando o que supracitamos, o episódio do encontro da samaritana com Jesus, à beira do poço, revela o anseio de toda alma experiente e exausta, devido às refregas nas muitas existências necessárias ao seu burilamento, por expressar o bem maior, por fazer-se amor incondicional, espraiando-o em todas as suas manifestações, revelando-o como perfume do seu ser onde se faça presente. Jesus, Fonte perene do Amor Incondicional, Foco de Atração, fez-se Luz a iluminar as veredas de quantos ainda se encontram equivocados, perdidos nos labirintos da ignorância de si e das leis naturais estatuídas pela Suprema Sabedoria. Ofereceu-lhe da Sua água, porque Ele já se fizera fonte de vida, o Evangelho personificado, e quem sacia a sua sede por luz espiritual, bebendo da água do Evangelho vivo, fazendo-se fiel observador das Suas diretrizes, tornando-O a sua bússola sublime nas viagens pelos mares borrascosos da

---

[286] Franco, D. P.; Joanna de Ângelis (Espírito). O ser real: Complexidades da energia. In: *Autodescobrimento: Uma busca interior.* cap. 1, item 1.
[287] Xavier, Francisco Cândido.; ANJOS, Augusto dos (Espírito). Evolução. In: *Parnaso de Além-Túmulo.* cap. 16.

existência terrena, esse terá vida e vida em abundância no Cristo que os integra. Tornar-se-á fonte inestancável, também a saciar a sede de quantos peregrinos cruzarem a sua estrada ou de quantos já se encontrem integrados em sua individualidade perene.

Entrajando momentaneamente a túnica de carne e observado sob qualquer aspecto em que se apresente, o ser espiritual assemelha-se a um multiverso miniaturizado, a um oceano cujas expressões – objetiva e subjetiva, causa e efeito, exterior e interior, vida e consciência, alma e Espírito, análise e síntese – representam tão somente a individualidade passível de análise ao fazer-se perceptível. Ora se apresenta tangível no contexto periférico, ora imponderável nas dimensões subsequentes que escapam aos nossos instrumentos de investigação, ora impermanente em relação à vida transitória, ou imperecível quanto ao que transcende a nossa capacidade de compreensão, ou seja, ao que escapa à análise do que se nos faz perceptível com o auxílio dos sentidos psicofísicos e, até certo ponto, com os sentidos morais e espirituais. Assim sendo, não há como qualificar e promover, mensurar e alterar o que nos é desconhecido. **Faz-se imprescindível crer, cientificarmo-nos para ver, experienciarmos para compreender e vivermos conscientemente para ser.** Diante de tamanha magnitude consciencial, isto é, para bem nos desincumbirmos desta grandeza intelecto-moral e espiritual, ser-nos-á indispensável: o querer sincero no que se propõe; o saber consciente no que se almeja; o viver coerente, para auferir em plenitude a compreensão profunda dos fatos; o discernimento equivalente nas suas incontáveis nuances; tanto quanto a vivificação do que lucidamente se assimilou, para tornarmo-nos, enfim, o que foi integrado e, com nobreza, arquitetado. Eis o clímax no qual poderemos dizer: somos o que pensamos e vivemos o que falamos.

Em toda individualidade humana e, com insofismável frequência, evidenciam-se duas espécies de pensamentos, denunciando o dinamismo irrefreável das forças inatas da consciência a se expressarem no arquipélago mental do ser psicológico, a considerar: os que se encontram em ascensão, a serviço das paixões e dos sentidos mais periféricos da personalidade encarnada (responsáveis diretos pelo comportamento hodierno, carecendo de orientação e de sublimação) e os que dimanam da Consciência profunda (representando as essências luminescentes ou imanências inefáveis da fonte provedora e, conseguintemente, da matriz orientadora), isto é, do imo da consciência promanam o pão da vida e as diretrizes que definem os caminhos do intérmino *devir*.

Ao nos darmos conta das jazidas inatas – inesgotáveis e inestancáveis –, inerentes ao ser imortal, e, ao nos apropriarmos delas e as direcionarmos em consonância com a Boa Nova do Cristo, o que antes era inverossímil e impraticável torna-se verossímil e inequivocamente realizável à luz do dia. Assim, os erros bem compreendidos se tornam verdades libertadoras ou alavancas propulsoras para a sedimentação de um glorioso porvir. As experiências ocorrerão de forma serena, consciente, responsável e perene, sinalizando um futuro saudável, pacífico e feliz. Entretanto, Léon Denis estatui: "Não é suficiente crer e saber. É necessário viver a sua crença, isto é, fazer penetrar na prática cotidiana os princípios superiores que adotamos."[288] Desse modo, o conhecimento se encontra ao alcance de todos quantos se esforcem por alcançá-lo. A cientificação dos fatos e o discernimento profundos dos seus matizes contam apenas no currículo espiritual dos poucos que perseveraram longa e incansavelmente para edificá-los, mas o substrato nirvânico do êxito integrativo da vivência consciente, sem dúvida, só vicejará perenemente – e o perceberemos pelo comportamento de alguns que se dedicaram e se esmeraram ao extremo –, ao renunciarem a si mesmos, para fazerem jus ao legítimo aureolamento que os tipificará e os qualificará como vencedores de si mesmo no ensejo.

Por outro lado, o autor inquire e, ao mesmo tempo, estimula o investigador atento com os seus pertinentes e lúcidos esclarecimentos: "Se o homem conhecesse a extensão dos recursos que nele germinam, talvez ficasse deslumbrado e, em vez de se julgar fraco e temer o futuro, compreenderia a sua força, sentiria que ele próprio pode criar esse futuro."[289] Vibrando no mesmo diapasão, Emmanuel acrescenta: "Orientar o pensamento, esclarecê-lo e sublimá-lo é garantir a redenção do mundo, descortinando novos e ricos horizontes para nós mesmos."[290] Hammed conclui que "só conseguimos modificar aquilo que admitimos e que vemos claramente em nós mesmos", posto que, segundo esse autor, "aceitação é ter a habilidade necessária para admitir realidades, avaliar acontecimentos e promover mudanças, solucionando assim os conflitos existenciais."[291] Portanto, para desenvolver e aprimorar essa aptidão, a primeira providência que urge envidarmos, para avançar com segurança e valor, é compreender o verdadeiro sentido da palavra caridade e a conjugação dos verbos dar e saber. A esse respeito, Emmanuel esclarece:

---

[288] Luce, Gastón. *Léon Denis. Vida e Obra*. São Paulo: Edicel, 1978.
[289] Denis, L. As potências da alma: A vontade. In: *O Problema do Ser, do Destino e da Dor*. 3ª parte. cap. 20.
[290] Xavier, F. C.; Emmanuel (Espírito). Ajudemos a vida mental. In: *Fonte Viva*. cap. 144.
[291] Espírito Santo Neto. Francisco do.; Hammed (Espírito). A arte da aceitação: In: *Renovando Atitudes*. cap. 5, item 13.

"Dar, na essência, significa abrir caminhos, fundamentar oportunidades, multiplicar relações." Assim, prossegue o insigne instrutor: "A rigor, todas as virtudes têm a sua raiz no ato de dar." E estabelece os critérios para a elaboração, para a construção ou para o aprimoramento dessas virtudes, tais como: "Beneficência, doação de recursos próprios. Paciência, doação de tranquilidade interior. Tolerância, doação de entendimento. Sacrifício, doação de si mesmo." Por fim, enfatiza: "Toda dádiva colocada em circulação volta infalivelmente ao doador, suplementada de valores sempre maiores."[292] Eis os proventos essenciais, oriundos das dádivas a nós concedidas e dos louros nobremente auferidos em nossa vivência consciente e na obediência inconteste às leis de amor, justiça e caridade em sua maior pureza, multiplicados vezes incontáveis pela lei de compensação em favor do praticante.

A aplicação dos excelsos preceitos da interdependência, com o imaculado respeito à vida, consoante as suas justas progressões evolutivas e a irrestrita obediência à Lei de amor, justiça e caridade em sua maior pureza, traduzir-se-á, tão somente, em amar a Deus em Suas incomensuráveis expressões.

Em resposta à inquirição do aluno (do cidadão de Pedro Leopoldo/MG), ante a proposta que a vida lhe ofertara, objetivando o conhecimento de si mesmo e consequentemente a sua autoiluminação, eis que a recomendação de Emmanuel – o emérito professor, instrutor e mentor amigo – para a execução exitosa da tarefa (da missão) delegada ao seu tutelado, foi simples e sem rodeios: *"disciplina, disciplina, disciplina"*. A princípio, parece-nos um tanto austera tal recomendação, mas, quando analisada como os olhos do amor, à luz das lúcidas afirmações do abnegado médium (Francisco Cândido Xavier), ao afirmar, em momento oportuno, rememorando as diretivas do venerável mentor, que "a disciplina não é uma cela trancada; é a chave da porta, que lhe permite sair e voltar",[293] percebemos claramente que a presença da liberdade e da responsabilidade são ínsitas, ou seja, inerentes à estrutura da virtude recomendada – disciplina –, sem a qual inviabilizar-se-ia a sua tão grandiosa jornada apostolar.

Com o fito de encorajar e de gerar forças-estímulo, em prol dos fiéis e operosos viajores da eternidade, o insigne instrutor explicitou com solene convicção e contagiante eloquência: "A lei das compensações é

---
[292] Xavier, F. C.; Emmanuel (Espírito). Dar. In: *Alma e Coração*. cap. 11.
[293] Baccelli, Carlos A. A chave. In: *Chico Xavier – Só Mediunidade*. cap. 73.

uma das maiores e mais vivas realidades do Universo."²⁹⁴ Por sua vez, cada humílimo servidor que se alistar nas fileiras da causa crística deverá aquiescer e sensibilizar-se ante o amorável convite do divino portador da Boa Nova e, sem vacilos e procrastinações discursivas, tomar ciência e adquirir consciência de que cada trabalhador deve fazer jus ao seu justo salário. João Modesto, valendo-se da mediunidade do venerável apóstolo cristianizado, menciona que, quando "o profissional, em qualquer setor de atividade humana, ultrapassa as fronteiras naturais das próprias obrigações, guarda merecimento superior à importância do vencimento estabelecido", pois "semelhante salário – extra – corresponde à abnegação". Segundo o autor, "as leis terrestres não recompensam o mérito extraordinário, por falta absoluta dos meios de aferição". Percebe-se que a tão decantada meritocracia, particularmente valorizada entre homens contemporâneos de então, longe se encontra do juízo de valor para alcançar e qualificar os parâmetros, a fim de aquilatar o real mérito expansivo e extensivo à necessidade do cultivo e do desenvolvimento permanente das virtudes educativas da alma em curso, as quais carecem ser mais bem compreendidas no alvorecer e no amadurecer da humanidade renovada ou em via de renovação. "Assim, a abnegação do espírito encarnado, seja qual for o setor em que moureja, é paga pela Lei Divina, que define o valor de cada ser no Plano Espiritual."²⁹⁵ Se resumirmos em apenas duas frases de Emmanuel, anuímos que: "A abnegação, que é sacrifício pela felicidade alheia, sublima o Espírito. A abnegação, que começa onde termina o dever, possibilita a repercussão da Esfera Superior sobre o campo da Humanidade."²⁹⁶ Segundo o autor, *"pela abnegação emitimos reflexos da beleza divina, descerrando trilhos novos para o Reino Celestial"*. De modo que o entendimento pormenorizado da lei de compensação e do arquipélago das virtudes ao nosso alcance ou daqueloutras que almejamos edificar no porvir, ser-nos-á de imensa valia, ante a predominância atual do império dos sentidos. A prevalência deste império é lei transitória, em dissonância com a proposta regeneradora, na qual o bem pouco a pouco predominará no contexto planetário e, com ele, as leis morais que regem a vida e a imortalidade em todos os seus matizes. Assim sendo, o alinhamento comportamental de cada criatura com a própria consciência e desta com a fonte de cujo seio todos proviemos são condições das quais ninguém se eximirá. Em síntese, "A abnegação é a força do amor de Deus a Cristo, de Cristo aos discípulos, e destes aos seus semelhantes; e daí

---

²⁹⁴ Xavier, F. C.; Emmanuel (Espírito). A Revolução Francesa: O período do terror. In: *A Caminho da Luz*. cap. 22, item 4.
²⁹⁵ Xavier, F. C.; João Modesto (Espírito). O salário da abnegação. In: *Ideal Espírita*. cap. 80.
²⁹⁶ Xavier, F. C.; Emmanuel (Espírito). Profissão. In: *Pensamento e Vida*. cap. 17.

advém a paz. Mas sempre lembremos que, para sermos fiéis discípulos de Jesus, temos de atender a esse chamado: *E qualquer que não tomar a sua cruz, e vier após mim, não pode ser meu discípulo"* (Lucas – Cap. 14:27).[297] Assim, negar a si mesmo em favor da causa crística, tornando-se um com o Cristo em Espírito Verdadeiro, coaduna com a indizível e irrevogável fatalidade da qual o Espírito desperto na consciência jamais se declinará.

Não por acaso, Joanna de Ângelis estabeleceu eminentemente que a autoconfiança é a "certeza das possibilidades existentes que podem ser aplicadas em favor dos anseios íntimos"[298] e "a autoconsciência" é o atributo que lhe "permite encontrar o melhor recurso a ser utilizado"[299] no expediente preparatório e no engendro criativo estatuídos em questão. A autoconfiança é a virtude que nos capacita para antevermos proativamente, com olhos de piedade, de compaixão e de outras virtudes correlacionadas, as nuances e os matizes de cada etapa do desfecho tencionado, quiçá, longamente propalado, por nos possibilitar a ativação de tudo quanto dispomos para lograr o êxito almejado nos tentames levados a efeito no proscênio de nossas ações ou em cada lance e em cada minúcia de nossas criações. A autoconsciência se faz o meio eficaz para elegermos o recurso imprescindível para dinamizar a conquista dos louros pretendidos no intento elencado, tanto em benefício próprio quanto no de nossos semelhantes, fomentando todo o bem de que nos dispusermos a praticar em seu benefício, pois nós e eles somos uma só irmandade.

Inegavelmente, estamos no alvorecer de uma nova era, a era do tempo do despertar das consciências renitentes. Para tanto, rogamos ao Senhor Supremo que nos conceda as oportunidades do trabalho digno na seara do bem perene e à Suprema Sabedoria que brilhem nos céus das nossas consciências as indizíveis fulgurações de novas esperanças no florescer da divina verdade que libertará os incautos distraídos, em tempos de aplicação inadiável e inapelável da justiça imparcial que fatalmente corrigirá, sem postergações inconsequentes, os seus equívocos de almas imaturas. Por conseguinte, permita que os substratos oriundos da personificação do amor incondicional, que compreende profundamente o estágio evolutivo de cada um, gerem as forças-estímulo inquebrantáveis para tal. Se Deus não tem segredos para com os Seus filhos, se o véu se

---

[297] Maia, J. N.; Miramez (Espírito). Abnegação. In: *Alguns ângulos dos Ensinos do Mestre*. cap. 39.
[298] Franco, D. P.; Joanna de Ângelis (Espírito). Autodespertamento inadiável: Disciplina da vontade. In: *Vida:* Desafios e Soluções. cap. 8, item 3.
[299] Franco, D. P.; Joanna de Ângelis (Espírito). O significado existencial: Encontro com o *Self*. In: *Triunfo pessoal.* cap. 9, item 3.

ergue conforme o devido preparo do aspirante e de sua depuração concernente, se tudo é possível àquele que crê sem titubear e ama sem exigir contrapartida, cabe aos interessados em alçar mais eminentes voos tão somente a incumbência da conjugação irretorquível de dois verbos basilares – o amar e o instruir – em todas as ações que lhes tipifiquem o caráter ascendente, das brumas impermanentes do autoconhecimento às leiras sempiternas da autoiluminação. Assim, o amar e o instruir são dois verbos imprescindíveis e indefectíveis que carecem, com urgência, serem personificados hodierna e diuturnamente nas ações benevolentes. Sem a vivência consciente daqueles, jamais ocorrerá a consolidação dos alicerces do império das imarcescíveis e inefáveis virtudes, ou seja, o Reino de Deus apenas será uma realidade no âmago do ser que por ele anseia. O conhecimento transcendente da verdade que o desperta, indissociável da vivência do amor em plenitude, que se fará a luz libertadora da consciência em ascensão, ou, quiçá, ascensionada, se tornará a condição *sine qua non*, mandamento primacial e infalível para a vivificação da solidariedade e da fraternidade sem máculas, as quais conduzirão, com real equilíbrio, à proporcional segurança e à pertinente qualificação, que constituirão a equipagem indispensável para lograr êxito no périplo infindável das intérminas aquisições da divina instrução.

Segundo a tese de Joanna de Ângelis, no decorrer de vinte e quatro horas, o indivíduo normal elabora cerca de noventa e cinco mil pensamentos (lamentavelmente, a quase totalidade é constituída de ressentimentos, interesses vis, paixões negativas, anseios libertinos, repetitivos e vulgares, quando não são elaborados em formas inexpressivas). Infere-se, consoante as afirmações de Miramez, que:

> A mente não para um segundo sequer; ela está sempre elaborando pensamentos e formando ideias; **a consciência profunda é um fulcro imensurável de comandos para as consciências menores.** Se assim podemos dizer, cada célula do corpo é um minimotor vivo, que tem todas as qualidades da mente maior em potencial, dela recebendo ordens e aplicando-as, transmitindo e retransmitindo sinais, como códigos, formando mensagens. Tudo isso acontece na ordem de estímulos para a paz de todo o soma corpório (grifo nosso).[300]

Para o autor, a mente se assemelha a um dinâmico e irrefreável microcosmo e não descansa, não fica ociosa um segundo sequer. Portanto, ela, potencialmente, é uma fonte inesgotável de possibilidades proativas e um oásis inestancável de probabilidades efetivas de progressão. Nesse contexto, estará sempre elaborando novos pensamentos, personificando

---

[300] Maia, J. N.; Miramez (Espírito). Cristo Trabalho. In: *Cristos*. cap. 29.

e qualificando porvindouros sentimentos; formando, constantemente, ideias mais bem equipadas e edificando consecutivamente palavras de orientação. Desta forma, inequívoca e ineludivelmente, *"a consciência profunda é um fulcro imensurável de comandos para as consciências menores"*. À vista disso, podemos afirmar que *"cada célula dos corpos perispiritual e orgânico é um minimotor vivo"*, no qual se encontra, intrinsecamente, a síntese de *"todas as qualidades da mente maior em potencial"* e recebem dela, ininterruptamente, as ordens inquestionáveis e imprescindíveis à harmonia e à manutenção da vida multidimensional no universo celular, *"aplicando-as"* em si, ao mesmo tempo em que prosseguem *"transmitindo e retransmitindo"* esses sinais de obediência e de disciplina para as suas moléculas e subdivisões atômicas, subatômicas e infra-atômicas, tanto quanto para as que se lhes assemelham por ressonância vibracional, no contexto onde mourejam. São verdadeiros códigos normativos que devem ser decifrados, formando as lídimas mensagens de vida plena no cosmo orgânico. Imprescindível lembrarmo-nos de que, *"tudo isso acontece na ordem de estímulos para a paz de todo o soma corpóreo"* e do psicossoma extracorpóreo e, inapelavelmente, para o progresso consciencial e para a perene sublimação estrutural do indivíduo que se esforça para a autoiluminação.

Desse modo, "cada célula é portadora de pródromos de consciência individual, em cujas tecelagens delicadas se imprimem as necessidades evolutivas do ser humano".[301] À vista disto, tanto Joanna de Ângelis quanto André Luiz afirmam enfaticamente que todas as energias do cosmo orgânico devem evoluir com as nossas almas. Entretanto, como a alma encarnada poderá proceder a tal desiderato sem a consciência plena de si mesma, como ser constituído que é, fração indissociável da Consciência-mãe e, em consequência, sem o conhecimento pormenorizado dos seus veículos de expressão? É por este motivo, que a alma carece urgentemente do conhecimento de si mesma para ter plena convicção de onde veio, como veio, para que se encontra no proscênio terrestre, qual o seu real objetivo e para onde rumará após se desincumbir com esmero desse propósito.

O motor propulsor e primacial da evolução é a vontade, a essência que dimana do Espírito. É uma função diretamente conectada com a Consciência profunda e a seu serviço. A vontade é a gerente esclarecida da mente e do poder mental, a criadora e gestora dos pensamentos. A mente é uma imanação do Espírito. Portanto, a vontade personificada no cristo

---
[301] Franco, D. P.; Joanna de Ângelis (Espírito). Pensamento e doenças. In: *Dias Gloriosos*. cap. 5.

interno é a servidora fiel do deus interno. Assim: "A vontade se radica nos intrincados tecidos sutis do Espírito que, habituado ou não à execução de tarefas, consegue movimentar as forças internas de que se constitui, a fim de atingir os objetivos que lhe devem representar fator de progresso."[302] Representando ou expressando a Consciência profunda, intercambia os recursos condizentes e os transmuta em forças e capacidades criativas, nominadas de pensamentos, transformando-os em ideias concernentes com o intento almejado e os qualifica com as essências dos sentimentos estatuídos, movimenta-os e os direciona com as palavras elencadas que culminarão em ações e atitudes, as quais tipificarão o caráter e definirão o destino de quem os cultiva.

Segundo Joanna de Ângelis, inegavelmente, "o pensamento é um arquipélago de recursos inexauríveis que o Espírito possui e que os complexos mecanismos neurais transformam em ideias através das sinapses defluentes dos impulsos que lhes permitem a intercomunicação". Por conseguinte, "disciplinado pela vontade", prossegue o venerando Espírito, "conduz os sentimentos aos níveis mais formosos da inteligência que se enriquece de requisitos capazes de felicitar e tornar harmônicas as criaturas". Originários dos instintos transubstanciados em sensações e transmutados em emoções, das quais emergem os sentimentos, posto que tudo cresce e evolui sem detença e perenemente, os pensamentos oriundos dos sentimentos aprimorados se fazem os substratos essenciais da capacidade criativa em ação. Desse modo, o pensamento é "energia que pode conduzir à sublimação ou ao desespero, conforme os conteúdos psíquicos de que se revista". Portanto, eis a prodigiosa capacidade criativa do Espírito em ações benevolentes ou desarrazoada instrumentalidade. Enfim, "o pensamento é delicado instrumento do *Self* para exteriorizar as ocorrências internas da sua existência, facultando a comunicação racional e inteligente com o mundo, as pessoas e as coisas".[303] Com ele ou por seu intermédio, tornar-nos-emos um oásis de benesses reluzentes ou um antro de perturbações asfixiantes e de sofrimentos deploráveis.

Sintetizando a pauta em foco, assim enfatizou Maria João de Deus: "Um espírito pode beneficiar-se com o que lhe provém do exterior, mas o seu verdadeiro mundo é aquele criado por seus pensamentos, atos e aspirações. O pensamento é tudo."[304] Portanto, infalivelmente, "assim como a semente traça a forma e o destino da árvore, os teus próprios

---

[302] Franco, D. P.; Joanna de Ângelis (Espírito). O ser pensante: Vontade. In: *Triunfo pessoal*. cap. 2, item 3.
[303] Franco, D. P.; Joanna de Ângelis (Espírito). O ser pensante: Introdução. In: *Triunfo pessoal*. cap. 2, introito.
[304] Xavier, F. C.; *Maria João de Deus (Espírito). O pensamento é tudo. In: Cartas de uma Morta.* cap. 65.

desejos é que te configuram a vida".³⁰⁵ Igualmente, os instintos embrionários amoravelmente aprimorados se transformarão, gradativamente, em estados enobrecedores da inteligência racional, em que os conhecimentos nobremente auferidos no palco paradisíaco e nos esplêndidos cenários do cérebro espiritual – a mente – transmutar-se-ão nos substratos e nas bases de edificação, de aprimoramento, de sublimação e de iluminação do oásis indelével da Consciência profunda, o Reino de Deus em nós.

Definimos esse arquipélago, onde o tesouro nobre e dignamente conquistado e conscientemente aprimorado está protegido, como o alforje de nossa memória espiritual, o qual ficará fora do alcance das investidas dos ladrões dos bens alheios que não o roubarão, tampouco as traças o corroerão, por tratar-se dos valores indeléveis de quem os edificou, pois "a memória é um disco vivo e milagroso. Fotografa as imagens de nossas ações e recolhe o som de quanto falamos e ouvimos... Por intermédio dela, somos condenados ou absolvidos, dentro de nós mesmos".³⁰⁶ Eis o tribunal da consciência, instituído no âmago ou na periferia do ser imortal. Logo, cada indivíduo o encontrará nos píncaros indizíveis de sua memória espiritual, transubstanciado nos estímulos fomentadores e nas referências intuitivas e proativas para bem se conduzir, assim como o localizará no sopé dos abismos insondáveis de sua inconsciência, estagnado ou personificado nas inapeláveis censuras pertinentes às diretivas malversadas, para justa correção dos roteiros porvindouros e proativamente delineados.

---

³⁰⁵ Xavier, F. C.; *Emmanuel (Espírito). Questões de mudança. In: Companheiro.* cap. 18.
³⁰⁶ Xavier, F. C.; André Luiz *(Espírito).* Valiosa experiência. *In: Libertação.* cap. 11.

Capítulo 3 - Lei de compensação

> O Espírito se fraciona (sem se dividir) por intermédio do pensamento e encarna. Como fractal a alma cria dentro Dele.

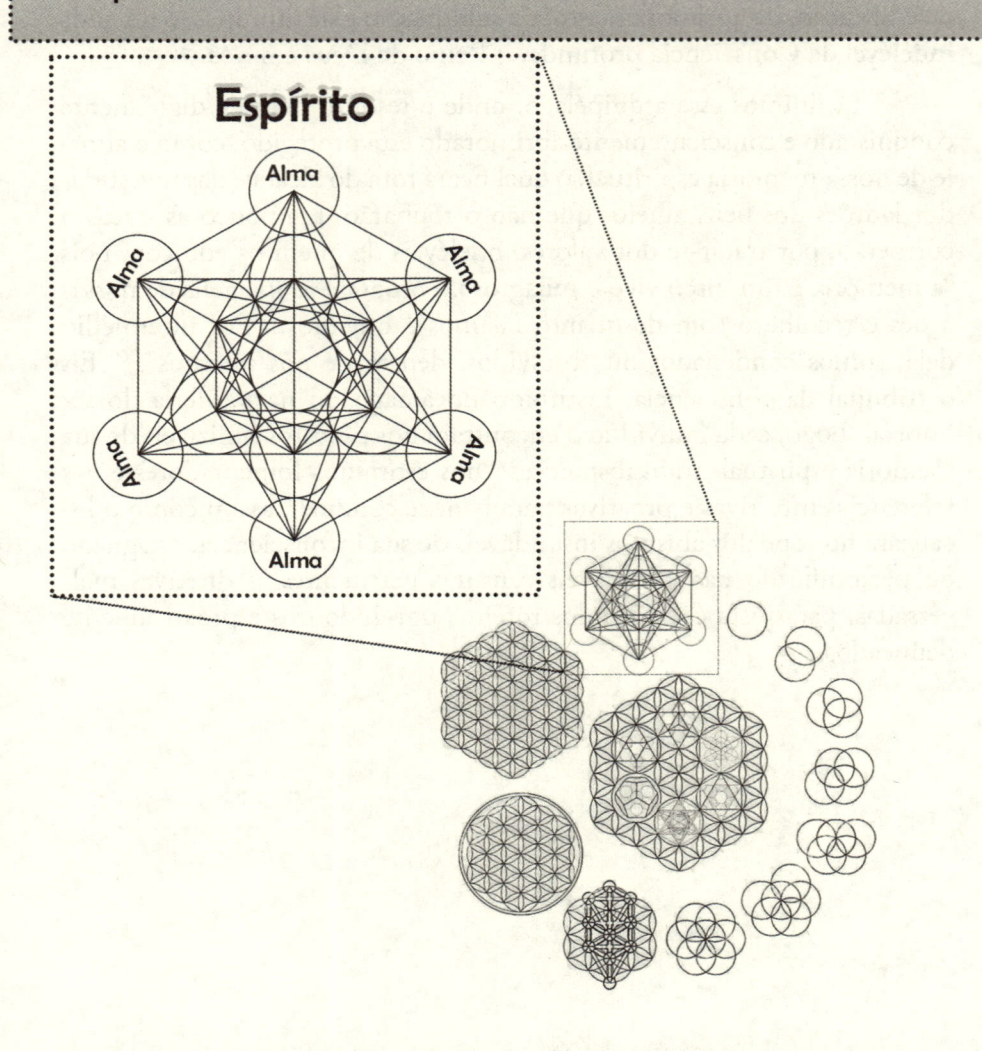

Espírito

Alma / Alma / Alma / Alma / Alma / Alma

Não existe pensamento sem alma nem alma sem pensamento, "quando o pensamento está em algum lugar, a alma está também, uma vez que é a alma que pensa (89aLE)".

Capítulo 4
Visualizações

Análise

Função

Plano de execução

Fonte da imagem: https://mindzoom.com.br/blog/3-exercicios-de-visualizacao-criativa-mude-sua-vida-com-seus-pensamentos/

Análise

Imaginar e visualizar o que se pretende personificar é ver ou antever com os olhos da alma, como centro consciencial da personalidade atuante que é. Desejar é realizar, no arcabouço da antecâmara mental, a elaboração e a edificação do enredo elegido, valendo-se tão somente dos prévios conhecimentos acumulados e dos potenciais criativos, inerentes à sua consciência em ação proativa ascensional.

Direta ou indiretamente, o poder imaginativo sempre se subordinará à quantidade e à qualificação do conhecimento e dos valores intelecto-morais e espirituais auferidos. Assim sendo, perceberemos que o simples ato de imaginar ou de visualizar significa antever com os olhos da mente, e discernir, com a sensibilidade dos sentimentos investidos na pauta, a realidade perquirida ou conscientemente arquitetada no ensejo. Desejar traduz-se nas etapas da idealização e da realização antecipada do que se almeja, no plano mental/emotivo, ou seja, trata-se da eleição da obra ou o estabelecimento da meta previamente estatuída. Por outro lado, quem usa o seu poder criativo, quem pensa na elaboração e na arquitetura do pleito estabelecido, está criando, no plano imaginário, o objeto selecionado e torna-se indissociavelmente vinculado à sua emérita ou tosca criação e será responsável ou responsabilizado por ela. Portanto, antes de visualizar pura e simplesmente o que se pretende idealizar e planificar e, então, concretizar e aprimorar, porfiadamente, faz-se imprescindível usar com sabedoria tanto os potenciais quanto os substratos oriundos dos alcantis das inteligências – intelectiva, emotiva e espiritual – para levar a efeito o périplo delineado e lograr o êxito intencionado como a resultante elencada à luz da consciência tranquila, ante a pauta do dever fielmente cumprido.

Carece da ciência e da consciência para bem desincumbir-se dos matizes das nuances em cada estação do seu enredo, desde a elaboração e edificação dos cenários, a coordenação e qualificação dos autores, a atenção generosamente dispensada a cada um dos atores e o esmero com cada cena em particular; enfim, a perfeita sincronia dos elementos, a harmonia de cada ornamento e a plenitude do espetáculo em si.

O solene brocardo estabelecido pelo insigne filósofo, cientista, religioso, escritor, pedagogo e professor Allan Kardec, desconhecido por muitos, foi proferido com proeminente lucidez e eminente sabedoria: *"a forma 'quase' de nada vale, o pensamento é tudo"* e *"diante de fatos não existem argumentos"*. Não menos importante, foi um alerta semelhante: *"o sábio, para estudar algo que ele comumente desconhece, carece, de modo inconteste, despir-se do que, até então, pensava que sabia, pois, diante de um estudo novo, não se logrará êxito algum, valendo-se de ideias retrógradas, cristalizadas ou preconcebidas."* Portanto, visualizar a ação de forma lúcida e pormenorizadamente é o nosso intento essencial neste ensejo. Hodiernamente, a eficácia das visualizações, de acordo com experimentos científicos levados a efeito, tanto na medicina quanto no atletismo, é fato incontestável. Desse modo, se o texto acima nos causou espanto e desconforto, foi tão somente por causa do possível exercício de desapego às ideias cristalizadas e da recusa do convite ao desvelamento de novos véus. Esse enredo estabeleceu como condição *sine qua non*, para auferirmos os resultados promissores, a necessidade premente de esvaziarmos a nossa xícara para que seja possível apreciar o sabor de outros chás.

Como mencionamos no parágrafo anterior, no seio de algumas ambiências da ciência médica, as visualizações têm demonstrado enfaticamente os bons resultados de tal prática e os incontestes benefícios auferidos por seu intermédio. Por esse motivo, recebem destaques especiais em vários tratamentos: os sucessos promissores na recuperação da memória parcial e na cura integral dos malefícios provocados pelo Alzheimer, na inegável recuperação de movimentos dos portadores das lesões provocadas pelo mal de Parkinson, tanto quanto a inquestionável evidência na reconstrução das células e na reordenação dos tecidos lesados pelos derrames cerebrais. É de se destacar também o sucesso das visualizações no desenvolvimento de novas aptidões e da promissora melhora nos resultados dos atletas que delas fizeram uso adequadamente, sendo que tais resultados foram testificados na quebra de seus próprios recordes. Enfatizam proeminentemente que, quanto mais detalhada for a visualização, ou seja, quanto mais minuciarmos os detalhes dos resultados pretendidos, mais célere será o corolário correspondente. No caso da ciência médica, para os interessados na cura parcial ou total dos males contraídos por desrespeito à vida e às leis, faz-se imprescindível o querer sincero e o saber profundo. Sendo que o querer sincero é a cientificação dos fatos, ou seja, a ciência prévia do prenúncio estatuído, compreender os traçados gerais e aproveitar as oportunidades do ensejo elencado. Por conseguinte, o saber transcendente é a consciência do *vir a ser*, o discernimento e a certeza de que tudo é possível àquele que crê e ama, pois tudo é passível de modificação. Para tanto, basta-lhe, tão somente, predispor-se ao esforço bem direcionado na aquisição do conhecimento de causa e na edificação exitosa do corolário do empenho inquebrantável no desenvolvimento e na promoção dos valores correspondentes, para levar a efeito a elaboração e a arquitetura de um enobrecedor projeto de vida nova. Consequentemente, mentalizar com afinco e encorajar as células tronco a migrarem da medula óssea para a região comprometida ou para os setores específicos, reconhecidos como lesados, induzindo-as à reconstrução concernente ao projeto ou à reparação dos danos causados, ante o enfoque da mentalização bem direcionada.

Vejamos um exemplo prático:

Como instrumento inicial, valer-nos-emos da respiração consciente, com a qual se objetivará melhor nutrição e mais ampla oxigenação do cérebro, acalmar e vitalizar o universo somático e as consequentes emoções que o influenciam diretamente.

Por meio de um relaxamento aprimorado, viabiliza-se a ativação da harmonia e a pacificação dos implementos constitutivos do corpo biológico, o aparelhamento e o aperfeiçoamento das sensações e das emoções a ele concernentes e a consequente pacificação das forças estruturais do mundo mental.

Pela concentração, reprograma-se e dinamiza-se o energismo inerente ao corpo físico em perpétua ascensão, impulsiona-se prementemente o oásis das emoções e dos sentimentos superiores; expandem-se as possibilidades e as probabilidades da dimensão conceptual das forças mentais e estimula-se adequadamente o âmago das capacidades psíquicas que edificam a alma em sua intérmina aprendizagem.

Por fim, por intermédio da meditação perspicaz, autêntica e proativa, profundamente sentida e nobremente compreendida, mergulha-se e integra-se na essência consciencial de si mesmo, efetivando, indelevelmente, a fusão das habilidades do eu exterior, com a sua proeminência virtuosa, com as sempiternas jazidas do Eu interior.

Testifica-se, inequivocamente, que as três etapas iniciais ocorrem no campo racional do ser encarnado, isto é, nas ambiências do eu menor que, via de regra, naufraga no oceano das paixões perturbadoras e das ilusões aprisionantes.

A última etapa, entretanto, dá-se no autoencontro e na integração das virtudes nobremente edificadas na alma atuante com o reino dos tesouros imperecíveis do Espírito, ínsitos no cerne do cristo e do deus internos.

Essa etapa se vivencia lúcida, total e plenamente, no campo da intuição, ou seja, no íntimo dos oceanos imorredouros e indissociáveis da Superconsciência, o terreno ou oásis dos sentimentos puros, o ponto mais delicado das virtudes componentes do amor equânime e incondicional que contempla e interage com o que há de mais divino no ser imortal – o Reino de Deus em si.

Enquanto, nas três etapas anteriores, o indivíduo está "isto ou aquilo", neste estágio superior da consciência ou estado de consciência lúcida, o ser não pensa, sequer raciocina, ele simplesmente é. Não é mais o que ele sabe, o que ele fala, tampouco o que faz, mas unicamente o que se torna.

Embora todas as etapas sejam interdependentes e importantíssimas no processo evolutivo e se complementem, somente na última se vivencia plenamente e se usufrui do estado nirvânico em que nos identificamos com o todo, compreendendo o verdadeiro sentido da vida e das suas infindas expressões. Eis a dimensão na qual percebemos que somos Um e podemos tranquilamente dizer: "namastê", o deus que existe em mim, reconhece, reverencia e saúda o deus que existe em você.

Miramez, o insigne pupilo de Francisco de Assis, em tom solene, repleto de ternura e de amorosidade, estabelece os conceitos e as justas aplicações das visualizações e da meditação de maneira clara, concisa e extremamente didática:

> Usar os poderes da mente para criar o bem, visualizar a saúde, é confiar em Deus, meditando sem nenhum esforço, vendo-se em plena saúde, usando todas as faculdades na ordem das leis espirituais.
>
> **A visualização está, de certa maneira, ligada à fé, por confiar na força da natureza que atende à suavidade do coração, por ser regida pelo amor.**
>
> **A meditação tem a suavidade do amor, e toda ela deve ser acompanhada pela prece, que ajuda na força poderosa da visualização.**
>
> Trabalha, meu irmão, todos os dias, visualizando o bem para a humanidade. Esse é o meio grandioso do perdão, como a força do amor e da caridade.
>
> Essa disposição te ensinará a somente ver o bem onde haja o mal, no qual não deves pensar nunca, porque **quem pensa, cria e é responsável por sua criação.**
>
> **A alegria abre portas para a esperança, onde tudo é vida, onde tudo é amor e paz.**
>
> Não deves comentar o erro, pois, desta forma, promoves o fortalecimento do mal. **Semeia o bem em todas as suas nuances,** que a semeadura traz os frutos para o semeador, além de fazer o bem coletivo (grifos nossos).[307]

---

[307] Maia, J. N.; Miramez (Espírito). Visualizações. In: *Força Soberana*. cap. 16.

Diante de tamanha elegância e da indizível grandeza em propor os desafios imorredouros a nós outros, da incomparável simplicidade e de semelhante lucidez na explanação das possibilidades de êxito em tal intento, da imensa profundidade no conteúdo elencado e na convicção contagiante do enredo propelido, não nos resta nenhuma probabilidade para subterfúgios ou fugas espetaculares do ensejo enredado pelo divino benfeitor.

Como enfatiza Miramez, as visualizações, via de regra, estão intimamente ligadas à fé, pois, se acaso nos faltar o conhecimento em profundidade e a experiência prática da pauta estatuída, seremos desprovidos dos pilares essenciais à confiança plena nos agentes diretivos e nas forças promotoras inerentes à Natureza mãe, que sempre nos atende, infalivelmente, mediante a suavidade dos nobres propósitos e dos sentimentos congêneres provenientes do reino interior, bem como da emersão das harmonias oriundas das boas vibrações jorradas ininterruptamente das jazidas inefáveis da pureza dos corações amantes do bem Supremo, pois o bem de todos será sempre o eterno princípio. Assim sendo, todo e qualquer empreendimento beneficente e benevolente sempre se tornará realidade a benefício dos envolvidos no intento, pois a fé que gera o amor-substância que promana do Evangelho e gera vida é permanentemente regida pelo amor-Lei (equânime e incondicional) como fonte intérmina e inestancável de imanações da Bondade Suprema na Paternidade Cósmica. Em suma, prossegue o autor, *"a meditação tem a suavidade do amor"* vivenciado em suas inenarráveis expressões. Por este motivo, toda meditação consciente e enobrecedora *"deve ser acompanhada pela prece"* fervorosa. Da confiança irrestrita na Suprema Sabedoria, dependerá o eminente auxílio na propulsão incalculável da *"força poderosa da visualização"* na elaboração, na criação, na edificação, na alimentação e na iluminação do improvável. Destarte, a gratidão pelo solene ensejo, a alegria de gestar, o júbilo de conceber e de vivê-lo plenamente, enfim, abrirão as portas para o inebriável festim de regozijo da esperança, a doce presença do amor, oásis onde em tudo resplenderá a vida em profusão; onde e quando todo o cântico de reconhecimento e de reverência das criaturas e da Criação microcósmica à Soberana Paternidade Macrocósmica entoará a expressão do mais puro amor, personificado na ação redentora e na mais perfeita e harmoniosa paz de consciência, à luz da fidelidade perene à pauta sempiterna da justiça sem mácula e da caridade que as reflete. Por conseguinte, liberta proeminentemente aqueles que, por força de sua vontade ativa no consciente, oriunda de sua maturidade espiritual divinizada, cultivam-nas, sábia e diuturnamente, do âmago da perenidade Superconsciente à periferia do inconsciente, devassando o subconsciente, requalificando os elementos do perispírito e do soma impermanentes, mas indissociáveis de sua causalidade imperecível.

Assim sintetizam os grandes mestres, Joanna de Ângelis e Emmanuel, os quais magistralmente nos esclarecem:

> Acreditava-se, anteriormente, que o ser subcortical era um amontoado de automatismos sob o direcionamento dos instintos, das necessidades fisiológicas. A moderna visão da psicologia transpessoal, no entanto, demonstra que a consciência cortical não possui espontaneidade, manifestando-se sob as ocorrências do mundo onde se encontra localizada. Por isso mesmo, esse inconsciente é o Espírito, que se encarrega do controle da inteligência fisiológica e suas memórias – campo perispiritual –, as áreas dos instintos e das emoções, as faculdades e funções paranormais, abrangendo as mediúnicas.
>
> Modernamente, a genética descartou a transmissão cromossômica, encarregada dos caracteres adquiridos. Esse inconsciente coletivo seria, então, o registro mnemônico das reencarnações anteriores de cada ser, que se perde na sua própria historiografia.[308]
>
> Repentinamente surgem conflitos que se ignoravam e transtornos emocionais sacodem o indivíduo, ferem a alegria e perturbam a emoção.
>
> Eles se apresentam e esperam ser bem recebidos, mesmo **marchetando** a alma e retirando a aparente tranquilidade.
>
> O físico é o mundo das ilusões e das fantasias.
>
> O espiritual é aquele de onde se procede e para onde se retorna.
>
> A vida na Terra expressa-se conforme o nível de consciência e de evolução de cada criatura.
>
> Resultado das ações anteriores, as ocorrências têm lugar conforme a origem e sempre proporcionam recursos de transformação moral.[309]
>
> Cada criatura com os sentimentos que lhe caracterizam a vida íntima emite raios específicos e vive na onda espiritual com que se identifica.[310]

Autoconhecimento: a síntese do estudo direcionado ao conhecimento da anatomia do ser, isto é, a análise minuciosa e a compreensão pormenorizada de que e de como se compõe o Ser integral, tanto a unidade quanto a variedade em sua completude. Esse périplo se iniciará na periferia da espaçonave orgânica. A romagem terá início nas mais simples expressões mnemônicas dos infrarreinos intrínsecos ao corpo biológico, os quais rumam sem detença às culminâncias mais profundas e inefáveis dos arquipélagos sutis dos demais corpos nas dimensões perispirituais e

---

[308] Franco, D. P.; Joanna de Ângelis (Espírito). O inconsciente e a vida: O inconsciente. In: *Autodescobrimento:* Uma busca interior. cap. 4, item 1.
[309] Franco, D. P.; Joanna de Ângelis (Espírito). Acontecimentos imprevistos. In: *Seja feliz hoje.* cap. 1.
[310] Xavier, F. C.; Emmanuel (Espírito). Prefácio. In: *Nos Domínios da Mediunidade.*

consecutivas, de cuja união, da expertise evolutiva dos envolvidos e do entrelaçamento de todos em comum acordo, surgirá o condomínio psicobiofísico, moral e espiritual que nos tornamos como Espíritos imortais individualizados. Assim, faz-se imprescindível a honestidade do aprendiz, a sua sinceridade de propósitos, a humildade diante do mestre elegido e a fidelidade na aplicação dos conhecimentos e dos recursos auferidos. Portanto, a justa predisposição do discípulo se fará condição indispensável para que granjeie a consequente aparição do mestre instrutor.

Em cada degrau desta escada perquiridora de si mesmo, o estudioso se apossará das luzes que fatalmente o conduzirão ao próximo degrau e, inequivocamente, conscientizar-se-á de que os discípulos dos degraus precedentes tiveram, como mestres infalíveis, os vanguardeiros dos degraus subsequentes. Desse modo, percebe-se com facilidade que a completude dos operários do arcabouço biológico é norteada, diuturna e ininterruptamente, pelos incontestes e indissociáveis agentes constitutivos do modelo organizador biológico. Obedecendo a ascendente hierarquia evolutiva, testificaremos que o corpo vital colherá as diretrizes e os estímulos iluminativos que, via de regra, o impulsionarão aos altiplanos do degrau conquistado nas bases estruturais do corpo dos instintos. De modo semelhante, segue a pauta ascensional na qual o corpo dos instintos colherá as suas referências promotoras nos oceanos insondáveis do corpo emocional. O corpo emocional, por sua vez, invocará as luzes diretivas do corpo dos desejos para alçá-lo aos píncaros dos oásis de seu mestre condutor. Seguindo o fio que tece a trama, o corpo dos desejos galgará, no périplo indescritível das leiras do corpo mental, as sempiternas normativas que dinamizarão o desabrochar das aptidões inenarráveis que o arremessarão às culminâncias progressivas do eu menor.

Diante do exposto, podemos nos questionar: de onde, como ou de quem o eu menor recebe as diretrizes seguras que o nortearão na perfeita execução do engendro pertinente que fatalmente o conduzirá do autoconhecimento à autoiluminação para, então, proceder ao autoencontro e processar a completa fusão das múltiplas frações destas miríades multidimensionais (da variedade à unidade, do aluno ao professor, do discípulo ao mestre, da personalidade à individualidade), isto é, a justa integração do eu exterior com o Eu interior? Até o momento, não mencionamos senão superficialmente os corpos perecíveis, ou seja, fizemos algumas referências correlacionadas aos corpos de expressão do eu menor; porém, faz-se imprescindível aquilatar a inquestionável importância dos corpos de evolução, imperecíveis e intrínsecos ao Eu maior (o mental e o emocional abstratos, o intuitivo ou búdico, causal ou crístico e o corpo celestial ou átmico), de onde, como ou de quem o eu menor, até aqui, assimilou intuitivamente as noções diretivas alusivas ao seu progresso ascendente, e ainda continua intuindo o de que carece imprescindivelmente para prosseguir intimorato para a frente e para o alto. Sempre receberá as futuras normativas ascensionais por intermédio desse recurso ou complexo instrutor; entretanto, percebemos que, inequívoca e inapelavelmente, uma porcentagem considerável das informações e das forças-estímulo que o nortearam aos alcantis de seu reto e ilibado proceder, que o alcançaram no momento exato de suas reais necessidades, objetivando impulsionar o seu intransferível e irrefreável evolver, ainda permanecem influenciando-o e ecoando sem cessar nas miríficas jazidas insondáveis de seu mundo íntimo e, diuturnamente, o fazem pelas vias inspirativas.

Autodescobrimento: o estudo meticuloso dos labirintos embrionários e das relações dos condôminos monádicos interdependentes no condomínio consciencial, cuja ascensão é irrefreável, desde as inter-relações estruturais multiformes nas bases de edificação dos infrarreinos (dimensões conceptuais que integram os infracorpúsculos – o bóson de Higgs para a Física Clássica e o quantum para a Física Quântica) às dimensões das intrarrelações mnemônicas fundamentais dos sub-reinos (reinos nos quais são plasmadas as primevas forças de coesão e de sustentação dos elementos subatômicos – indo dos neutrinos até os quarks), intencionando e direcionando sempre ao ápice do conhecimento sequenciado e profundamente equacionado dos intrarreinos (reinos subsequentes e inerentes às frequências constitutivas dos elementos atômicos tridimensionais – os nêutrons, os prótons e os elétrons). Ao jornadear nas dobras multidimensionais dos degraus estatuídos na escala estequiogenética, por cujos parâmetros se classificam os elementos atômicos em sua completude acadêmica, testificamos que cada átomo é um aglomerado de forças vivas, um universo em miniatura. Subsecutivamente, faz-se indispensável permear com premência, como psiconauta que somos, os abismos oceânicos das singularidades moleculares em suas intérminas nuances e em seus inumeráveis matizes. Estas se assemelham a multiversos microscópicos, tanto quanto as admiráveis nebulosas celulares em suas equivalentes e infindáveis metamorfoses e em seus inefáveis e sempiternos aformoseamentos, prognosticados e contextualizados subsequencialmente nas magnificentes ambiências dos tecidos por elas edificados, tanto quanto no berçário dos órgãos oriundos de seus complexos entrelaçamentos multiformes. Assim como, nas múltiplas dimensões dos sistemas e dos corpos ou veículos de expressão do eterno aprendiz em plano menor, ele busca a essencial e inquestionável compreensão de sua indizível transcendência e de mais primorosa qualificação do discernimento da fisiologia dos corpos de evolução em plano maior e, consequentemente, o desvelamento do todo Espírito, individualizado e individuado, em suas inenarráveis fulgurações. Para tanto, faz-se imprescindível a aquisição do entendimento minudenciado das forças e das leis que o tipificam em suas imensuráveis etapas (desde as primevas experiências conceptuais aos páramos da infinda ascensão), as quais demonstram, em número, gênero e grau, a sua indefinível grandiosidade. Tais fatos são observados e testificados desde as ações ressoantes entre elementos afins, permeando as correlações cíclicas e as insondáveis correlações intermitentes com os profusos elementos, aparentemente dissonantes e, principalmente, entre as inumeráveis expressões do ser e das infindáveis vibrações do seu saber e do seu proceder, na indefinível incompletude de seu intérmino *vir a ser*.

  Neste oásis divinamente estruturado, partindo do geral para o específico, o périplo se inverterá paradoxalmente em relação à etapa antecedente, pois a compreensão de sua funcionalidade perene de vida em plenitude se iniciará nas expressões intuitivas da Consciência profunda para o *inconsciente* dos sentimentos, das emoções, das sensações; deste para o *subconsciente* com suas forças instintivas, seguido da análise do *consciente* intelectivo, afetivo e espiritual (da mente e de sua instrumentação, capacidade criativa, inteligências correlacionadas, poder imaginativo e a indelével memória estrutural). Por conseguinte, a perquirição de como funcionam e de como se relacionam estas complexas e múltiplas realidades perispirituais, como se alinham e se confabulam as microentidades constitutivas do soma e de seus relevantes e sofisticados sistemas, as pequenas almas componentes dos órgãos e as diminutas consciências celulares componentes dos diversos tecidos de variada ordem, seguindo a sequência harmônica na edificação das estruturas moleculares articuladoras e constituintes das miniconsciências celulares, coadjuvadas pelas entidades atômicas infinitesimais e suas imensuráveis subdivisões estruturais dos submundos, inerentes aos arquipélagos subatômicos, cingindo os elementos em cada milésimo de milímetro do ser biológico, tanto dos elementos que o antecedem quanto dos que o sucedem, quem comanda, quem obedece; enfim, como se sustenta esse multiverso miniaturizado em perfeita sinergia colaborativa. Eis a função primordial e a proposta essencial do autodescobrimento.

Autoamor: se já sabemos o que são e para que servem os elementos constitutivos de nossa realidade impermanente e imperecível (objetiva e subjetiva, visível e invisível, tangível e intangível), constata-se que já estamos qualificados para procedermos ao autoajuste entre as incontáveis partes componentes da unidade fisiopsíquica, moral e espiritual. Já nos encontramos capacitados para levar a efeito o que comumente nomeamos de autocura, que não é senão o que intitulamos de autoamor, a reordenação dos elementos dissonantes ou em desacordo com as diretrizes estabelecidas pela lei de harmonia. Partindo da afirmação de que "ninguém ama o que não respeita e ninguém respeita o que não conhece", no autoamor identificamos a exigência ou a condição *sine qua non* para fazermos jus ou recebermos tal título ou tal qualificação (o pleno amor por si mesmo): não apenas o querer sincero e o desejar profundo, mas também galgar prementemente o degrau do saber consciente. Ser-nos-á indissociável a conjugação do verbo amar – em plenitude –, começando pelo autoamor e culminando no aloamor, isto é, o exercício do amor e do respeito em profundidade a si mesmo e aos demais por extensão, posto que nós e o nosso próximo, em todas as dimensões e extensões do cosmos, dos mais ínfimos aos mais elevados seres, somos Um no Tudo-Uno-Deus.

Em síntese, tendo alcançado esses patamares de autoconhecimento e de autodescobrimento, no estado de lucidez que houvermos granjeado pelo esforço próprio e pela livre escolha, a nossa consciência fatalmente nos impelirá à constatação de que o respeito à vida e a obediência às leis serão inquestionáveis, pois o aproveitamento total de qualquer expressão vibracional (desde as origens conceptuais das linhas de força intituladas de supercordas), o não desperdício de coisa alguma (do micro ao macrocosmo e vice-versa) e o fazer o máximo com o mínimo dos recursos ao nosso alcance serão uma consequência natural. Portanto, eis a conduta definidora de quem de fato se ama e, por extensão, amará a obra do Creador, na sua indecifrável Criação, pois quem a si mesmo não ama, a ninguém amará. Em suma: "O homem que ama, a si mesmo se ama, tolerando-se e estimulando-se a novos e constantes cometimentos, cada vez mais amplos e audaciosos no bem."[311]

No desenrolar desta despretensiosa leitura e no bailar das informações e das revelações subsequentes – desde o item "Da obra" –, testificamos que, antes do amor, a Criação, tal como a entrevemos, não existia, e o amor não é outra coisa senão a reunificação das mônadas primevas

---

[311] Franco, D. P.; Joanna de Ângelis (Espírito). Perdoe-te. In: *Filho de Deus*, cap.8.

originárias do Divino Psiquismo, as quais se transubstanciaram no prolongamento dessa substância primitiva, e, consequentemente, fez-se a matéria-prima do cosmos. À vista disto, a Criação de tudo quanto existe, do micro ao macrocosmo, só se fez realidade por intermédio da configuração das unidades compostas de miríades de mônadas primárias que, a cada etapa mais bem estruturada e complexamente delineada, segundo as diretivas de cada degrau experienciado, objetivando o bem comum e o evolver do contexto, personificaram-se no que hoje conhecemos superficialmente como amor-substância, que gera e nutre a vida em todas as suas expressões. Vale lembrar que essa substância primacial e tudo o que for gerado ou gestado por ela fatalmente se tornarão os agentes e os porvindouros componentes da Lei que a tudo governa, isto é, a Lei que rege o amor em suas imensuráveis personificações consecutivas. Desse modo, existe apenas um único elemento, a expressão conceptual da Luz Incriada, a coagulação do Verbo Creador, estabelecendo as diretivas e compondo todos os lances e todas as nuances em toda a Criação em Deus, o Amor-Lei e o amor-substância – duas facetas de uma só realidade – o Evangelho à luz do cosmos.

Amar, no sentido profundo do termo, é a assimilação, a reordenação e a transformação de miríades de mônadas menores em unidades maiores e mais bem qualificadas, em suas insondáveis configurações, assim como em cada degrau e em cada detalhe de suas ações progressivas, tanto quanto em suas incomensuráveis interações e em suas inenarráveis e irrefreáveis permutas. Em síntese, amar é agir e interagir conscientemente, iluminando-se com o que se aprende no ensejo e libertando-se com o que se torna, no trato com os seus semelhantes, posto que o amor profícuo é ação proativa, pois é sabido que dar ou fazer pelo outro o que lhe cabe não é ajudar. Desse modo, a verdadeira caridade, transubstanciada e personificada no amor em excelência, traduzir-se-á na exemplificação do que se almeja ofertar aos menos cultos, libertando-os da ignorância de si, quer seja por intermédio das ações promotoras nas leiras do bem interno (autoamor) ou nos arroubos do verdadeiro amor nas privanças do entorno (aloamor).

Autorrealização: Cônscios da necessidade de amar ao próximo como a nós mesmos, que se traduzirá na chave do oásis interior ao alcance de nossas mãos (o reino da felicidade plena – o reino dos céus ou o Reino de Deus em nós), colocar-nos-emos a serviço do Cristo, em Espírito verdadeiro, cientes e conscientes de que só seremos auxiliados conforme nos dispusermos a auxiliar sem impor condição e de que só seremos promovidos de acordo com a promoção que facultarmos aos assistidos. A autorrealização se configura, pura e essencialmente, em amar libertando, à luz dos próprios exemplos de consciências livres e proeminentemente responsáveis no fiel cumprimento de nossos sagrados e intransferíveis deveres. Consiste em conscientizarmo-nos de que o substrato inconteste da autorrealização se encontra na oportunidade de servir pelo prazer de ser útil, de doar sem esperar doação, de compreender sem aguardar compreensão; enfim, só o enxergaremos, se possuirmos os olhos de ver. Isso ocorrerá tão somente no pleno exercício da solidariedade sem limites, por meio da qual colocaremos o nosso patrimônio mais bem qualificado a serviço dos que, até o momento, se encontrem com deficiência ou desprovidos de semelhantes capacitações, que estejam carentes de mais nobres estímulos fervorosos e de mais vastas instruções proativas. Consequentemente, apenas sentiremos os efeitos de tais substratos em nosso favor, se possuirmos os ouvidos de ouvir, os quais se edificarão na vivência autêntica da fraternidade genuína, quando, então, por meio das permutas e dos diálogos fraternos, perceberemos que, em sentido profundo, somos Um, pois fraternidade significa união e a união da variedade sempre comporá a Unidade.

Inegavelmente, só desce quem subiu, como bem definiu o Divino Peregrino. Destarte, o prazer e a plenificação dos Espíritos mais bem equipados, via de regra, traduzir-se-ão em se esmerar para fazer felizes os menos favorecidos. Em vista disso, a verdadeira promoção que se dá ao Espírito de alta estirpe é a oportunidade de servir pelo prazer de servir, sendo útil aos seus semelhantes, onde quer que se encontrem, porque amar os que já atingiram os degraus equivalentes, em quase nada lhe servirá, não lhe exigirá nenhuma ginástica ético-moral e espiritual, tampouco lhe ofertará as oportunidades do pleno exercício da solidariedade e da fraternidade universais. Dando de si o que de melhor angariou ou o de que já dispõe para ofertar à vida, é que receberá, da própria Vida, as mais lídimas benesses, oportunizando-lhe os futuros ensejos, e é auxiliando, à luz de seus mais nobres e abnegados exemplos, que será auxiliado subsecutivamente.

Autoiluminação: em bom vocabulário, a autoiluminação é o instante no qual se dará o autoencontro, o despertar da consciência menor na consciência maior, a integração da alma no todo Espírito, quando então, ocorrerá o macroencontro, o despertar do Espírito na Consciência Suprema, isto é, a perfeita fusão do ser imortal, lúcido e plenamente consciente de si, com a Munificência Cósmica que a todos integra, por intermédio das e nas Suas insondáveis expressões. Eis o clímax do êxtase espiritual por excelência, o estado nirvânico tão esperado, os alcantis do Samadhi milenariamente almejado, a total imersão no reino dos céus igualmente estatuído. É o momento em que nos tornaremos Um no Tudo-Uno-Deus, amando-O em todas as inenarráveis fulgurações do intérmino *vir a ser* e nas leiras intermináveis do infindável saber. Sendo Um com o Supremo Arquiteto, identificaremos a nossa inegável, quiçá indecifrável incompletude, como eternos aprendizes que somos, na busca das imorredouras verdades. Portanto, caberá a todos os interessados na concretização de tal intento ou na personificação de semelhante encontro, estudar, aprender, compreender e integrar as fragmentações da Lei, na consciência em edificação. Estas se encontram esparsas em todos os degraus escalados do intérmino aprendizado, inscritas nas dobras inenarráveis das instâncias mnemônicas das inumeráveis manifestações do espírito/Espírito. Assim sendo, cumpre-nos tão somente, a aquisição da consciência do pleno existir como seres individualizados e individuados, viver lucidamente cada experiência hodierna na transubstanciação do Psiquismo Divino e nos movermos solenemente, cônscios de nós mesmos, como diminutos sábios na Suprema Sabedoria. Por fim, agir como cocriadores, como pequenos deuses alinhados com a eterna Lei de Amor, Justiça e Caridade em sua maior pureza, sendo que a função primacial do Amor, na Lei, é a compreensão; a da Justiça é a correção; e a da Caridade, a salvação. O laurel de seu fiel praticante será infalivelmente a recompensa pelo mérito de suas obras, é a emersão da força incomparável da autoiluminação.

Em suma, iluminar-se a cada ação consciente, eis o mais belo ensejo de ascensão e de expansão consciencial almejado pela consciência que despertou e se tornou proativamente produtiva. Assim, amar servindo e servir amando, eis a espontaneidade autêntica, a naturalidade perene e a bondade permanente. Desse modo, tornar-se-á o farol das almas distraídas, a luz do mundo interior e o referencial das almas apequenadas do entorno. Por fim, personificar-se-á na porta das ovelhas retardatárias do próprio aprisco e daqueloutras que se achegam a todo o instante, seja por intermédio de cada pensamento nobremente estruturado, seja pelas inefáveis vibrações ínsitas nas dobras dimensionais de cada sentimento qualitativo e qualificativo do pensamento elencado, assim como no espelhamento de cada ideia harmoniosamente edificada por ambos, tanto quanto nas dobras mnemônicas de cada palavra enobrecida que os expressem fielmente e de cada ação em perfeita consonância com as leis de harmonia e de equilíbrio em sua lirial pureza, que os promova contínua e perenemente, na faina infindável de sua intérmina incompletude.

Função

O infinito amor em Deus, num *continuum* infindo, imerge num inefável e imarcescível fluxo, fecundando as sempiternas sementes do Evangelho (força, vitalidade e vida), inerentes ao interior do ser constituído, do qual emergirão, por sua vez, as sementes germinadas que florescerão, se bem cultivadas. A frutescência oriunda das jazidas indeléveis do intérmino *vir a ser* será uma consequência natural que se exteriorizará por intermédio de um refluxo imorredouro, pelo qual se revelará a inexistência do mal. Portanto, é da Lei que rege o amor incomensurável que cada criatura deve cultivar a consciência como se cultiva um campo, ou seja, cientificar-se (apossar-se do saber producente) e conscientizar-se (apreender o substrato das experiências iluminativas) do que lhe cabe realizar, isto é, cumpre-lhe auferir ou adquirir a sabedoria resultante do que foi teoricamente assimilado e purificado no cadinho modelador das vivências diuturnas. Em consequência, deverá multiplicar o que de mais nobre conseguiu angariar e ofertar ao Criador para a justa aferição, fazendo jus aos talentos e às inspirações com que a Vida o obsequiou, posto que cada qual será recompensado com as oportunidades de trabalho na seara do bem, conforme a sua fidelidade ao compromisso assumido com o Cristo e a condução do patrimônio que por Ele lhe foi confiado.

Uma vez médica de corpos e, por conseguinte, médica de almas, por amor ao Cristo de Deus e aos seus semelhantes, Joanna de Ângelis, com a sabedoria, maestria e a lucidez que lhe são próprias, traça um dos mais contundentes e memoráveis roteiros de autocura, estabelecendo as visualizações terapêuticas levadas a efeito, como interposto primordial:

> A visualização mental otimista, gerando energias que combatam ou anulem a enfermidade, produz endorfinas que atenuam a dor, auxiliando as células à remissão da doença.
>
> Bombardeios mentais através da visualização, sobre tumores de origem cancerígena, logram alteração profunda no seu desenvolvimento, conseguindo mesmo eliminá-los. Todavia, se o sentimento de amor acompanha a descarga psíquica da vontade, estimulando as células saudáveis a se manterem em ritmo de equilíbrio enquanto as outras se consomem, a vibração da força transformadora será mais potente e portadora de resultados eficientes.
>
> **Nesse aspecto, o querer é imprescindível e o crer essencial, face à continuidade do fluxo mental, sem vacilações, suspeitas e receios que lhe interrompam essa continuidade.**

> A harmonia mental que decorre da relaxação confiante produz, também, o benéfico estado alfa, quando o cérebro libera ondas do mesmo nome no ritmo de oito a doze ciclos por segundo, **ensejando a restauração da saúde, quando se está enfermo, ou a preservação dela, quando se encontra saudável** (grifos nossos).[312]
>
> Como a enfermidade resulta de desequilíbrios nos campos moleculares responsáveis pela harmonia funcional das células, a saúde se restabelece quando a corrente divina passa com regularidade pelo sistema de ação aglutinadora dessas partículas de vital importância.[313]

Segundo a autora, a visualização mental otimista gera "as energias que combatem ou anulam as enfermidades multiformes", pois cada qual carrega em si um médico interior e uma farmacopeia com recursos inesgotáveis e inestancáveis de bioenergia, a qual "produz, além das células tronco que se transfiguram em natural killer, as endorfinas que atenuam a dor, auxiliando as células à remissão da doença", energias equilibrantes (força e vitalidade, inerentes à vida e ao Evangelho interior, o Reino de Deus em si) que reorganizam os complexos campos celulares no universo psicobiofísico, harmonizando-os e aumentando-lhes a produtividade e a capacidade curativa.

Fato é que os constantes e vigorosos bombardeios mentais, por intermédio das visualizações enobrecedoras e bem direcionadas, tanto sobre os tumores de origem cancerígena de variada ordem quanto sobre os elementos fomentadores de qualquer outra perturbação enfermiça, logram inegáveis e profundas alterações em suas dissonâncias morais, mentais, psíquicas e emocionais, em seu desenvolvimento estrutural, conseguindo mesmo eliminá-los nas suas causas-primaciais ou em suas matrizes-primárias. Por conseguinte, provocam equivalentes ressignificações ou reestruturações em suas consequências patogênicas no cosmos orgânico, isto é, mediante a inteligência prévia do desiderato perquirido. Com a sábia utilização de tal instrumentação e o consequente expediente adequado ao comenos, podemos transformá-los totalmente, quiçá, definitivamente. Essa transformação poderá verificar-se desde os primórdios primaciais das primevas configurações ínsitas nas dobras mnemônicas das múltiplas dimensões conceptuais aos alcantis imensuráveis de suas expressões imorredouras (tanto objetivas quanto subjetivas). Todavia, se o sentimento de amor equânime e incondicional acompanhar as potentes descargas da vontade proeminente, estimulando as células saudáveis a se manterem em ritmo de perene harmonia e de perfeito equilíbrio, enquanto as outras se consumirão inelutável e inapelavelmente – por faltar-lhes a manutenção

---

[312] Franco, D. P.; Joanna de Ângelis (Espírito). Saúde Integral. In: *Momentos Enriquecedores*. cap. 15.
[313] Franco, D. P.; Joanna de Ângelis (Espírito). Vontade de Deus. In: *Filho de Deus*. cap. 11.

das ambiências ácidas ou tóxicas que até então lhes mantinha o oásis da vida e o comportamento perturbador –, o resultado será centuplicado em seu poder vigoroso. Pois agora as células enfermas se apercebem imersas em um oceano de ternas e amorosas fulgurações de inefáveis recursos benéficos e benevolentes, nos quais os velhos automatismos pouco a pouco se esvaem, ante as indizíveis vibrações da força transformadora do amor que será tão mais pujante quão mais robusta se fizer a fé inquebrantável na Suprema Sabedoria, em confluência com as demais virtudes investidas na edificação do porvir venturoso. Subsequentemente, far-se-á a eminente irradiação portadora de resultados eficientes e promotores de perene e inabalável saúde integral. Ninguém resiste ao contato do verdadeiro amor.

Segundo Emmanuel, "cada inteligência é um fulcro da vida, arrojando de si mesma forças intangíveis que geram todos os processos de assimilação e desassimilação, em nossa estrada comum."[314] Inegável, portanto, a nossa condição de cidadãos cósmicos e de herdeiros dos celeiros divinos, autores e cocriadores do nosso destino finito e incerto – realidade ilusória e individualidade impermanentes –, da edificação do patrimônio indelével e da iluminação da consciência imperecível e imanente na Suprema Sabedoria. Para tanto, faz-se premente o querer sincero ante a urgência da execução do pleito anelado e indissociável e, essencialmente, da personificação do crer inabalável em convergência com a pauta elencada. É improvável a transubstanciação de tal ensejo, valendo-nos tão somente do querer autêntico, sem a consequente compreensão em profundidade do que proativamente se pretende personificar, tanto quanto é imprescindível a elaboração do substrato oriundo do discernimento lucidamente estatuído. Acima de tudo, agir conscientemente, objetivando a edificação e a concretização do intento previamente delineado.

Vale lembrar que, assim como a Lei Suprema nos garante a liberdade de ação, a mesma Lei Soberana nos impõe a responsabilidade correspondente nas mesmas ações, desde as mais ínfimas expressões do pensamento às mais elevadas laborações. Não por acaso, André Luiz enfatizou: "Todos somos senhores de nossas criações e, ao mesmo tempo, delas escravos infortunados ou felizes tutelados. Pedimos e obtemos, mas pagaremos por todas as aquisições. A responsabilidade é princípio divino a que ninguém pode fugir."[315] Em *Mecanismos da Mediunidade*, o autor exarou proeminentemente que, "se desejas usufruir de maiores mordomias ou desfrutar do conforto, da segurança e das comodidades que a

---

[314] Xavier, F. C.; Emmanuel (Espírito). Guerra viva. In: *Instrumentos do Tempo*. cap. 33.
[315] Xavier, F. C.; André Luiz (Espírito). Em torno da prece. In: *Entre a Terra e o Céu*. cap. 1.

vida te oferece, em contrapartida, deverás incorporar a responsabilidade subsequente", isto é, ante as benesses que a vida nos disponibiliza, assumamos mais vasta responsabilidade ou o comprometimento equivalente.

De conformidade com as lúcidas e profundas reflexões de Emmanuel, torna-se evidente o fato incontestável de que, paralela e simultaneamente, o verbo expressado se concretizará, isto é, ao mesmo tempo em que testemunhamos, claramente testificamos que "a palavra digna infunde consolação e vida". Em contrapartida, "a murmuração perniciosa propicia a morte".[316] Em vista disto, Miramez enfatiza: "A tua palavra tem poder, tem força de vida, de progresso e de luz na lavoura divina no coração das criaturas."[317] Portanto, torna-se premente a reeducação de nossas potencialidades inatas. Dentre elas, a palavra, pois vivificante ou pestilenta, seja verbalizada ou não, fatalmente tornar-se-á realidade ante a urgente utilização consciente dos recursos latentes à nossa disposição. Tal necessidade é improcrastinável e intransferível, pois, queiramos ou não, os substratos movimentados pelo verbo criador, educado ou malversado, infalivelmente se personificarão, hoje ou mais além. As vivificações multiformes expedidas nas ambiências harmônicas do verbo edificante ou nos abismos deletérios do verbo dissonante se tornarão, irrefreavelmente, realidade operante, libertando ou aprisionando o seu idealizador. Fato é que, tanto uma quanto a outra possibilidade em evidência, inevitavelmente, tornar-se-ão forças-estímulo curadoras ou espinhos dilacerantes cravados na própria carne. Essa instrumentação carreará o alento do bálsamo que dimana da ciência da paz, oriunda da tranquilidade interior, ou a exteriorização do tormentoso veneno dilacerante e desolador, originário das turbulências inadvertidas da ingerência, da irresponsabilidade e da maledicência a ele concernentes. Corroborando a pauta em curso, Pastorino testifica uma verdade irrefutável e profetiza:

> ASSIM como os universos foram criados pela palavra de Deus, assim também nossos pequenos mundos individuais são criados pelas nossas palavras.
> E as palavras são manifestação dos pensamentos, a fim de criar um mundo de paz e beleza, de saúde e felicidade, através de palavras amáveis e delicadas, corteses e animadoras.
> Lembre-se de que, uma vez proferida uma palavra, nada mais a destrói.[318]

Fato é, iniludível e inapelavelmente, somos ou nos tornamos escravos das nossas criações, quer sejam nobres ou deprimentes, libertárias ou constritoras, sombrias ou divinizantes, pois, ao pensarmos nos

---
[316] Xavier, F. C.; Emmanuel (Espírito). Falatórios. In: *Vinha de Luz*. cap. 73.
[317] Maia J. N.; Miramez (Espírito). As duas faixas da palavra. In: *Horizontes da Fala*. cap. 27.
[318] Pastorino, Carlos Torres. In: *Minutos de Sabedoria*. cap. 164.

comprometemos com todos os seres com os quais interagimos e, consequentemente, ao falarmos induzi-los-emos à construção dos mais sórdidos impropérios tormentosos ou transformá-los-emos nos sempiternos escoadouros das mais encantadoras criações luminescentes.

Não por acaso, o jovem rico de outrora e senhor de si mesmo que, hodiernamente, sobressai como um Espírito desperto com sua consciência livre, isto é, um cidadão cósmico ciente e consciente de si e guardião dos recursos e das leis que regem a vida, detentor de autonomia incontestável e de plena liberdade de fazer somente o bem que engloba o contexto, para o qual o livre-arbítrio inexiste, enfatiza eminentemente alertando os incautos distraídos:

> **Se nos aprofundarmos nas meditações acerca da verdade do livre arbítrio,** notaremos que não o temos nem no bem que pretendamos fazer e, em muitos casos, que somos mais livres no mal, porque **não sabemos,** realmente, **o que mais nos serve no campo evolutivo.** Todavia, muitas vezes, queremos fazer o mal, mas não encontramos condições. Efetivamente, **somos regulados pelo Poder Supremo em tudo e influenciados por Ele**, para darmos os nossos impulsos, de acordo com o entendimento que temos (grifos nossos).[319]

Ante a nossa pouca ou quase nenhuma autonomia nas ações que comumente nos dizem respeito, principalmente por ignorarmos a nós mesmos, os nossos próprios potenciais inatos e, essencialmente, quando não cumprimos os deveres que nos competem, cabe-nos eleger com urgência e empreender proativamente, sem procrastinações injustificáveis, o périplo iluminativo de nossa personalidade, qualificador dos valores dignificantes que tipifiquem o nosso caráter. Em suma, faz-se imprescindível pensar e sentir, falar e agir, em consonância com as leis que normatizam a vida e o comportamento de todos os que a integram.

Em primeiro lugar, prepare-se, eleja um ambiente propício e agradável no entorno, que lhe favoreça para a consecução das condições ideais para a criação do ambiente interior, de cuja harmonia dependerá o êxito pretendido. Portanto, a posição, a música e outros expedientes que, via de regra, contribuem como mecanismos de elevação, serão cruciais para a harmonia do contexto. Feito isto, busque respirar suave e compassadamente, pois o ar é um recurso de indescritível valor para o êxito deste cometimento. Lembre-se, o que mais lhe favorecerá para este intento não serão os elementos externos, mas sim as condições internas. O que define o resultado exitoso não se alia à forma e sim, ao fundo, à real intenção

---
[319] Maia J. N.; Miramez (Espírito). Diante de Deus. In: *Rosa Cristo*. cap. 42.

e equidade de propósitos, a atenção que se propõe, ou seja, o estado de presença no expediente elegido e a veemência (a tenacidade) inerente à compreensão da pauta, bem como na condução do investimento e na execução do trabalho producente e no empenho equivalente do esforço ingente e bem direcionado. De modo que, quanto mais nobres os propósitos e, consequentemente, quanto mais extensos os benefícios por eles proporcionados, com mais facilidade e similar celeridade atingirá o estado de relaxamento e de concentração que o conduzirão ao encontro com sua essência, ou seja, a um estado de recolhimento imperturbável, de fervorosa oração e de profunda meditação, semelhante ao Nirvana dos budistas, ao Samadhi dos iogues, ao reino dos Céus dos cristãos; enfim, o encontro integrativo com o Evangelho, com o Cristo e com o Deus Cósmicos de cuja grandiosidade representamos diminuta fração, bem como a fusão definitiva com o Evangelho, o cristo e o deus internos personificados. Nesse sentido, magistralmente, Victor Hugo, Miramez e Emmanuel salientam:

> Almas da Terra! Quando o fragor das inquietações estiver a ponto de estraçalhar-vos; se nas encruzilhadas não souberdes o caminho a seguir e todas as rotas vos parecerem acesso a abismos; quando insuportável desesperação vos houver arrastado a conclusões infelizes que vos pareçam ser a única solução; quando os infortúnios, em vos excruciando, tenderem a tornar-vos indiferentes ao próprio sofrimento — **tendes o veículo da oração e dispondes do acesso à meditação remediadora!** Talvez não vos sejam supressos os problemas, nem afastadas as dificuldades. No entanto, **dilatareis a visão, para melhor e mais apurado discernimento; lobrigareis mais ampla compreensão da vida e das suas legítimas realidades; experimentareis a presença de forças ignotas, que vos penetrarão,** vitalizando-vos; elevar-vos-eis a zonas psíquicas relevantes, donde voltareis saturados de paz, com possibilidades de prosseguirdes, não obstante quaisquer difíceis conjunturas existentes ou por existirem. Porque **a prece apazigua e a meditação refaz; a oração eleva, enquanto a reflexão sustenta;** o pensamento nobre, comungando com Deus, em Deus haure a vida, e dialogando, em conúbio de amor, extravasa as impurezas e se impregna com as sublimes vibrações da afetividade, que se converte em força dinâmica, para sustentar as combalidas potencialidades que, então, se soerguem e não mais desfalecem (grifos nossos).[320]
>
> **Meditação,** nos escritos sagrados, **é interesse no aprendizado, é prece. É estudar em espírito e verdade, com obediência, sinceridade, humildade e devotamento.** Eis os primeiros passos na abertura da compreensão e discernimento das coisas de Deus. A revelação do Cristo é a mais perfeita síntese das leis maiores doadas aos homens pela misericórdia espiritual e

---

[320] Franco, D. P.; Victor Hugo (Espírito). Autoexame na encruzilhada da Vida: Oração Refazente. In: *Sublime Expiação*. 2ª Parte. cap. 5.

corresponde, igualmente, ao duplo da feitura intrínseca das qualidades inerentes às almas, **virtudes essas que dormitam no profundo da consciência, de perfeição indescritível,** quando, no primado, o Pai Celestial as elaborou.

Sem a **meditação** seria difícil, senão impossível, entender como e de que modo podemos garimpar, nas terras ricas do Evangelho, as pedras preciosas da vida.

Sem meditação sincera não poderá haver entendimento correto. Meditação sincera, no nosso entender, é o interesse de aprender, sem as peias dogmáticas, deixando a razão livre de filosofias e religiões, e até mesmo da ciência. **É pesquisar por intuição** (grifos nossos).[321]

Quem caminha sem meditar, perde o contato consigo mesmo.

É indispensável ao êxito fazer periódica revisão de metas e de ações.

Usando a reflexão, repassarás os equívocos e terás tempo de repará-los, reprogramarás os deveres e te renovarás com mais facilidade (grifo nosso).[322]

O campo do estudo perseverante, com o esforço sincero e a meditação sadia, é o grande veículo de amplitude da **intuição,** em todos os seus aspectos (grifo nosso).[323]

Como personalidades atuantes, determinadas a construir os valores constitutivos de uma consciência desperta ou, mais lucidamente, a deliberar reconstruí-los, expandi-los, aprimorá-los, acumulá-los ou compartilhá-los com quantos por eles se interessem, daremos novo sentido e real significado à nossa existência. Neste intuito, estabeleçamos critérios de autoanálise, de sincera e profunda introspecção, tendo em vista a realidade em que nos encontramos. Para tanto, apresentamos a nossa proposta, enriquecida pelos recursos inerentes à nossa capacidade criativa em ação. Cientes de que a *nossa mente é um núcleo de forças vivas e inteligentes, gerando plasma sutil, a bioenergia, que, ao exteriorizar-se incessantemente de nós, oferece recursos de objetividade às figuras de nossa imaginação, sob o comando de nossos próprios desígnios,*[324] construamos uma imagem representativa dos nossos anseios de equilíbrio físico, emocional, psíquico ou espiritual, tal como gostaríamos de ser ou de nos tornarmos. Para este desiderato, é imprescindível que essa autoanálise, esse exame de consciência, seja imparcial, identificando os pontos vulneráveis de nosso comportamento intelecto-moral, psíquico-espiritual, causadores dos desequilíbrios físico-emocionais e de cuja harmonização decorrerá a nossa saúde integral.

---

[321] Maia, J. N.; Miramez (Espírito). Meditação. In: *Rosa Cristo*. cap. 83.
[322] Franco, D. P.; Joanna de Ângelis (Espírito). Meditação. In: *Vida Feliz*. cap. 160.
[323] Xavier, F. C.; Emmanuel (Espírito). Vida: Aprendizado. In: *O Consolador*. 2ª Parte. cap. 1, item 2, p 122.
[324] Xavier, F. C.; André Luiz (Espírito). Estudando a mediunidade. In: *Nos Domínios da Mediunidade*. cap. 1.

Conscientes de que *o processo de evolução ocorre tanto pelo desgaste enquistado, devido à inércia corrosiva, quanto pelo aprimoramento, inerente ao esforço bem direcionado, pela estratégia desgastante da doença em seus múltiplos aspectos de degenerescência ou pela harmonia peculiar à saúde parcial e integral, pela queda inerente aos atos deletérios inconscientes e inconsequentes ou pelo soerguimento advindo da coragem e da ginástica moral*,[325] é lícito, justo e lógico que podemos e devemos escolher e eleger os caminhos condizentes com as diretrizes intérminas e inamovíveis do aprimoramento perene, da saúde imperturbável, do soerguimento intimorato e inadiável, assim como, fazer uso de todos os recursos enobrecedores que a vida nos disponibilizar por intermédio das incontáveis expressões da Natureza.

Caso ainda nos faltem parâmetros ou estímulos para que procedamos à necessária introspecção, a fim de gerar o profundo exame de consciência, a singular lucidez de André Luiz e a perspicácia de Joanna de Ângelis, eminentemente nos esclarecem:

> Em sã consciência, portanto, ninguém se pode queixar de forças destruidoras ou de circunstâncias asfixiantes, em se referindo ao círculo onde renasceu. **Haverá sempre, dentro de nós, a luz da liberdade íntima indicando-nos a ascensão.** Praticando a subida espiritual, melhoraremos sempre. Esta é a lei (grifo nosso).[326]
>
> É necessário um exame profundo, sério, constante do Si, da sua constituição, dos objetivos que deve perseguir, dos meios a utilizar, de como encontrar os recursos para lográ-lo. **Essa análise tem por meta a autoconscientização, mediante a qual se aplainam as arestas, e o curso do rio existencial desliza na direção do mar da paz.** Para tanto, é imprescindível o autoexame dos comportamentos mentais, emocionais e físico-sociais (grifo nosso).[327]
>
> O ser consciente deve trabalhar-se sempre, partindo do ponto inicial da sua realidade psicológica, **aceitando-se como é e aprimorando-se sem cessar.**
>
> Somente consegue essa lucidez aquele que se autoanalise, disposto a encontrar-se sem máscara, sem deteriorização. **Para isso, não se julga, nem se justifica, não se acusa nem se culpa. Apenas descobre-se.**
>
> À identificação segue-se o trabalho da transformação interior para melhor, utilizando-se dos instrumentos do autoamor, da aloestima, **da oração que estimula a capacidade de discernimento, da relaxação que libera das tensões, da meditação que faculta o crescimento interior.**
>
> O autoamor ensina-o a encontrar-se e desvela os potenciais de força íntima nele jacentes.

---

[325] Franco, D. P.; Joanna de Ângelis (Espírito). O médico interno. In: *Desperte e seja Feliz.* cap. 20.
[326] Xavier, F. C.; André Luiz (Espírito). Reencarnação. In: *Missionários da Luz.* cap. 13.
[327] Franco, D. P.; Joanna de Ângelis (Espírito). Sicários da alma: Desconhecimento de si mesmo. In: *Autodescobrimento:* Uma busca interior. cap. 8, item 3.

A aloestima leva-o à fraternidade, ao convívio saudável com o próximo, igualmente necessitado.
A oração amplia-lhe a faculdade de entendimento da existência e da Vida real.
A relaxação proporciona-lhe harmonia, horizontes largos para a movimentação.
A meditação ajuda-o a crescer de dentro para fora, realizando-se em amplitude e abrindo-lhe a percepção para os estados alterados de consciência (grifos nossos).[328]

Em consonância com os lúcidos decretos de André Luiz, o seu venerável pupilo, Emmanuel estatui e enfatiza com inconteste lucidez, com sublime elegância, com inegável maestria e com a admirável clareza que lhe são caraterísticos: "O Evangelho não improvisa heróis e nem relega aos anjos tarefas que devem estar em nossas mãos."[329] Assim, tanto a Lei quanto as leis que a tudo regem, destacando-se, dentre elas, a lei de compensação, cuja função primacial é aquilatar o empenho dos envolvidos e determinar a justa recompensa frente ao enredo elencado, como a Vida que elabora os inenarráveis desafios evolutivos, a vida sempre apresentará a solução adequada para a superação de quaisquer obstáculos e jamais isentará a quem quer que seja dos esforços imprescindíveis à sua evolução.

Joanna de Ângelis nos adverte que "em tudo e em todo lugar o processo de crescimento é como um contínuo parto que proporciona vida, mas que oferece também um quantum de dor".[330] Por este motivo, o "despertar para a realidade nova da vida é como experimentar um parto interior, profundo, libertador, *dorido e feliz*". Ao mesmo tempo, alenta-nos com a esperança da justa recompensa, pois que "no mergulho do Si nasce a coerência para com a vida e suas possibilidades, trabalhando pela libertação de todos os vínculos escravistas". Entretanto, não deixa de nos alertar quanto ao velho hábito de transferir responsabilidades, o que nos afasta "para longe dos compromissos graves do próprio esforço". Esse esforço, conclui a mentora, "é a única maneira de cada qual encontrar-se com sua realidade e trabalhá-la, ampliando-lhe a capacidade de desenvolvimento". Mais adiante, esclarece o *modus operandi* dos mentores espirituais, quando, no desenvolvimento da sua didática amorosa, conduzem seus tutelados para a autossuficiência, no jornadear para a autoiluminação: "Felizmente, chega-se ao momento em que os verdadeiros mestres e guias ensinam os caminhos, porém exigem que os aprendizes avancem,

---
[328] Franco, D. P.; Joanna de Ângelis (Espírito). O Ser Consciente: Introdução. In: *O Ser Consciente*. cap. 10, introito.
[329] Xavier, F. C.; Emmanuel (Espírito). No mundo. In: *Assim vencerás*. cap. 25.
[330] Franco, D. P.; Joanna de Ângelis (Espírito). A gratidão: meta essencial da existência humana. In: *Psicologia da Gratidão*. cap. 7.

conquistando, eles próprios, as distâncias, particularmente aquelas íntimas que os separam do imperecível Si." Por fim, enfatiza o venerando Espírito: "É compreensível que, em determinados momentos, durante a aprendizagem, a iniciação, o candidato se apoie naqueles que os instruem, liberando-se, a pouco e pouco, de forma a conquistar o seu próprio espaço."[331] Por esse motivo, o primeiro ensejo solidário do mestre aos seus discípulos facultar-lhes-á mais amplas possibilidades de execução das metas que lhes dizem respeito ante o impulso exemplificador nobremente aureolado de boas e amoráveis intenções que lhes aliviará, momentaneamente, o ápice das dolorosas perturbações afligentes, fruto, via de regra, da procrastinação indébita da realização das tarefas que se propuseram a executar, tendo em conta o seu imaturo proceder. O segundo ensejo libertador, logrado por quem os auxilia, ajudá-los-á na aquisição de mais amplo fortalecimento e de mais plena confiança em si. No entanto, o terceiro torna-se pseudo-auxílio, visto que, comumente, os aprisionará na ociosidade mórbida e os manterá aprisionados indefinidamente nos arquipélagos abismais de sua própria negligência e do acúmulo de irresponsabilidades a eles inerentes, impedindo-os de galgar os degraus que os projetarão ao âmago do oceano das jazidas imanentes em sua própria essência consciencial virtuosa – *a Superconsciência, o Reino de Deus em si* – o que somente é alcançado pelo probo esforço.

Corroborando a tese em evidência e aureolando as informações precedentes, Emmanuel e Joanna de Ângelis, com a clareza e a sabedoria que lhes são peculiares, discorrem magistralmente:

> **O ser humano é um conjunto harmônico de energias,** constituído de espírito e matéria, mente e perispírito, emoção e corpo físico, que interagem em fluxo contínuo uns sobre os outros.
>
> **Qualquer ocorrência em um deles reflete no seu correspondente,** gerando distúrbios, quando for uma ação perturbadora, que se transformam em doenças, e que, para serem retificados, exigem renovação e reequilíbrio do fulcro onde se originaram.
>
> Desse modo, são muitos os efeitos perniciosos no corpo, causados pelos pensamentos em desalinho, pelas emoções desgovernadas, pela mente pessimista e inquieta na aparelhagem celular.
>
> **A ação do pensamento sobre o corpo é poderosa,** ademais considerando-se que este último é o resultado daquele, através das tecelagens intrincadas e delicadas do perispírito (seu modelador biológico), que o elabora mediante a ação do ser espiritual, na reencarnação.
>
> **O homem é o que acalenta no íntimo.** Sua vida mental expressa-se na organização emocional e física, dando surgimento aos estados de equilíbrio como de desarmonia pelos quais se movimenta.

---

[331] Franco, D. P.; Joanna de Ângelis (Espírito). Autodespertamento inadiável: O despertar do Si. In: *Vida: Desafios e Soluções.* cap. 8, item 1.

A conscientização da responsabilidade imprime-lhe destino feliz, pelo fato de poder compreender a transitoriedade do percurso carnal, com os olhos fitos na imortalidade de onde procede, em que se encontra e para a qual ruma. **Ninguém jamais sai da vida.**

Adequando-se à saúde e à harmonia, o pensamento, a mente, o corpo, o perispírito, a matéria e as emoções receberão as cargas vibratórias benfazejas, favorecendo-se com a disposição para os empreendimentos idealistas, libertários e grandiosos, que podem ser conseguidos na Terra graças às dádivas da reencarnação.

Assim, portanto, **cada um é o que lhe apraz e pelo que se esforça,** não sendo facultado a ninguém o direito de queixa, face ao princípio de que todos os indivíduos dispõem dos mesmos recursos, das mesmas oportunidades, que empregam, segundo seu livre-arbítrio, naquilo que realmente lhes interessa e de onde retiram os proventos para sua própria sustentação (grifos nossos).[332]

É necessário compreenda o homem que Deus concede os auxílios; entretanto, **cada Espírito é obrigado a talhar a própria glória.**

A grande tarefa do mundo espiritual, em seu mecanismo de relações com os homens encarnados, **não é a de trazer conhecimentos sensacionais e extemporâneos,** mas a de ensinar os homens a ler os sinais divinos que a vida terrestre contém em si mesma, iluminando-lhes a marcha para a espiritualidade superior (grifos nossos).[333]

Os que conhecem espiritualmente as situações ajudam sem ofender, melhoram sem ferir, esclarecem sem perturbar. **Sabem como convém saber e aprenderam a ser úteis.** Usam o silêncio e a palavra, localizam o bem e o mal, identificam a sombra e a luz e distribuem com todos os dons do Cristo. Informam-se quanto à Fonte da Eterna Sabedoria e ligam-se a ela como lâmpadas perfeitas ao centro da força. **Fracassos e triunfos, no plano das formas temporárias, não lhes modificam as energias.** Esses sabem porque sabem e utilizam os próprios conhecimentos como convém saber (grifos nossos).[334]

Estabelecidas as bases e definidas as metas, empunhemos a charrua, aremos o terreno de nossas consciências e de nossos corações em nosso próprio Espírito, e neles lancemos as melhores sementes de que dispomos por ora. *"E se já descobrimos que dentro de nós existe tudo o que desejamos procurar fora, o trabalho não pode ser outro, a não ser em nós mesmos". Isto posto, compenetremo-nos de que não estamos perdidos em Deus.* "Os Espíritos não vivem sem a criação, nem o cosmo tem vida sem eles".[335] Quase sempre, perdemo-nos em nosso próprio universo, isto é, distraímo-nos a maior parte do tempo nos labirintos das

---

[332] Franco, D. P.; Joanna de Ângelis (Espírito). O ser real: Interação espírito-matéria. In: *Autodescobrimento: Uma busca interior.* cap. 1, item 2.
[333] Xavier, F. C.; Emmanuel (Espírito). Coisas terrestres e celestiais. In: *Caminho, Verdade e Vida.* cap. 136.
[334] Xavier, F. C.; Emmanuel (Espírito). Saber como convém. In: *Vinha de Luz.* cap. 44.
[335] Maia, J. N.; Miramez (Espírito). Saber querer. In: *O Cristo em Nós.* cap. 30.

ilusões perturbadoras e das paixões dissolventes, criados pela ignorância de nós mesmos, em nosso ingênuo, imaturo e inadequado proceder. Perdemo-nos no emaranhado de nossa própria realidade!

Assim afirmou o Apóstolo dos Gentios: *"Tudo posso naquele que me fortalece"* (Fp 4:13). Podemos e devemos fazer mais e melhor em favor da Unidade, da qual somos diminuta fração e na qual exercemos funções específicas. Para tanto, faz-se imprescindível vivermos em perene sintonia e total integração com Suas imanências. Por desconhecimento dos laços que nos jungem à Paternidade Cósmica (interdependência) e por ignorarmos a capacidade de cocriação que nos é inerente, tememos ser Um com a Totalidade e perder a nossa individualidade e consciência, fato que definitivamente não ocorrerá, pois, uma vez individualizados como Espíritos, jamais perderemos tal condição. O cerne do todo Universal é e sempre será o conjunto de seres incorpóreos, no qual cada alma ou Espírito, após o seu desenlace corporal, permanece com sua consciência individual. Mas, quando as luzes intuitivas das imorredouras verdades nos fecundam, percebemos que "o Universo, a estender-se no Infinito, por milhões e milhões de sóis, é a exteriorização do Pensamento Divino, de cuja essência partilhamos, em nossa condição de raios conscientes da Eterna Sabedoria".[336] Na condição de raios conscientes da Eterna Sabedoria, sabemos que imaginar é criar e que "a imaginação não é um país de névoa, de criações vagas e incertas. É fonte de vitalidade, energia, movimento",[337] assim como "a prece não é movimento mecânico de lábios, nem disco de fácil repetição no aparelho da mente. É vibração, energia, poder".[338] Desse modo, cumpre-nos, sobretudo, imaginarmo-nos em ação, visto que, ao mobilizarmos as nossas potencialidades com lucidez, harmonia e fidelidade às leis e o respeito à Vida, sentir-nos-emos os artífices onipotentes, oniscientes e onipresentes na Excelsa Sabedoria. Assim, faz-se imprescindível conscientizemo-nos de que:

> Quanto mais enobrecida a consciência, mais se lhe configurará a riqueza de imaginação e poder mental, surgindo, portanto, mais complexo o cabedal de suas cargas magnéticas ou correntes mentais, a vibrarem ao redor de si mesmo e a exigirem mais ampla quota de atividade construtiva no serviço em que se lhe plasmem vocação e aptidão.[339]

Isto posto, procedamos à afinação dos instrumentos indissociáveis de toda e qualquer expressão do Espírito, dos centros de força e dos seus corpos ou campos de atuação, por intermédio dos quais se processarão

---

[336] Xavier, F. C.; André Luiz (Espírito). Estudando a mediunidade. In: *Nos Domínios da Mediunidade*. cap. 1.
[337] Xavier, F. C.; Emmanuel (Espírito). Ante a vida mental. In: *Roteiro*. cap. 25.
[338] Xavier, F. C.; André Luiz (Espírito). A oração. In: *Missionários da Luz*. cap. 6.
[339] Xavier, F. C.; André Luiz (Espírito). Cargas elétricas e cargas mentais: Correntes mentais construtivas. In: *Mecanismos da Mediunidade*. cap. 15, item 4.

as interações e as permutas inerentes ao processo evolutivo. Do íntimo à periferia, o alinhamento (a sintonia e a sincronia) ocorrerá desde o instante conceptual das imanências da Consciência profunda (as essências que procedem do Eu profundo, os anseios e as vibrações que dimanam da sua causalidade) até as mais ínfimas emanações das substâncias, nas e das unidades psicoeletroquímicas, posto que "são as substâncias (a reunião dos conteúdos mentais, psíquico-emocionais, transformados em atos, experiências e realizações, decorrentes do ambiente, das circunstâncias multiformes e das reminiscências das existências passadas) que respondem pelo comportamento do ser, propiciando-lhe liberdade ou escravidão e dando nascimento ao "eu".[340] Da periferia ao âmago do ser, a adequação se dará por meio das disciplinas corretivas do caráter e do comportamento, inerentes a cada estado de consciência em ascensão. O processo se perpetuará diuturnamente até a consumação do intento. **O Eu interno propicia os meios para que o eu externo alcance os fins.**

Posto que "não há como dissociar-se o Si profundo do corpo físico, tendo em vista que é o gerador das moléculas constitutivas das células, que são organizadas dentro dos modelos de que necessita para o autocrescimento",[341] percebe-se facilmente que o Espírito é o deus que cria e recria cada partícula constitutiva dos seus veículos de expressão. Assim sendo, o primeiro e o mais essencial intento da própria alma é o autoencontro, ou seja, o encontro com sua inegável realidade perene. Para esse fim, faz-se imprescindível empreender o intransferível périplo do conhecimento de si mesma. A alma deverá iniciar a sua romagem a partir da compreensão daquilo que lhe é visível e palpável, para finalmente discernir o que, por ora, lhe é invisível, impalpável (estudar a anatomia e a fisiologia do corpo físico intencionando compreender o equivalente na dimensão do perispírito); sondar o que os seus sentidos classificam como tangível para adquirir mais ampla percepção do que lhe parece intangível (mergulhar no oceano perispirítico para melhor decifrar o arquipélago mental); decolar das fronteiras do mundo objetivo para aterrissar nas plagas do desconhecido oásis subjetivo (alçar o voo das ambiências psiconáuticas do mental concreto para aterrissar no incomensurável sempiterno das inenarráveis jazidas da divina abstração). Enfim, experienciar o que lhe parece perfeitamente possível, capacitando-se gradativamente para sondar o porvindouro desvelamento do aparentemente improvável, cientificando-se

---

[340] Franco, D. F.; Joanna de Ângelis (Espírito). Silêncio Interior: Desidentificação. In: *O Ser Consciente*. cap. 8, item 1.
[341] Franco, D. P.; Joanna de Ângelis (Espírito). Experiências transpessoais: Doenças psicossomáticas. In: *O Despertar do espírito*. cap. 5, item 1.

e conscientizando-se de que nada é impossível àquele que se predispõe a conhecer pormenorizadamente as possibilidades e as probabilidades de concretização do que almeja, de forma a amar em profundidade o objeto identificado inequivocamente em suas intérminas peregrinações.

Como metas impostergáveis, elejamos a irrestrita confiança em Deus e em Sua Lei, a gratidão pela dádiva da vida interminável, a alegria de viver cada ensejo e cada lance por ela ofertados e a esperança de concretizá-las na edificação de uma consciência iluminada pelo saber transcendente e liberta por tornar-se o que se aprega. Precedendo estas pérolas luminescentes, estabeleçamos como bases fundamentais a elaboração da humildade (o alicerce das virtudes), a edificação da consciência (a estrutura das virtudes) e a construção da paciência (a ciência da paz, ou seja, a virtude que organiza o todo). Assim sendo, o fortalecimento da fé, a matriarca de todas as virtudes, será uma consequência natural e inevitável. **Pelo exercício da humildade, reconheceremos o quão pouco sabemos do muito que carecemos aprender,** demandando nos apropriarmos do discernir e do vivenciar, de forma lúcida e conscienciosamente, visto que a consciência é estruturada com os substratos da humildade e a paciência é um subproduto das ações coordenadas com ciência. Como afirmara Isaac Newton, cientista inglês (1642 – 1727): *"O que sabemos é uma gota; o que ignoramos é um oceano."* Por outro lado, assim afirmou Madre Tereza de Calcutá (1910 – 1997): *"O que eu faço, é uma gota no meio de um oceano. Mas, sem ela, o oceano seria menor."* À vista disso, "para conhecer com segurança é preciso discernir; para discernir é indispensável aprender; para aprender é necessário amar com todas as nossas forças".[342] Portanto, reconhecer a nossa ignorância e, simultaneamente, fazer o máximo com o mínimo de tudo o que já compreendemos, eis o nosso propósito essencial, pois, até onde nos consta, não existem fatalidades irremovíveis nem tolerância infinda. O tempo urge! Isso é um fato incontestável! Assim sendo, só nos resta uma opção, se acaso desejarmos permanecer no berçário terrestre em busca do jornadear de nossa inadiável maturidade espiritual: precisamos nos inscrever urgentemente no vestibular da magnificente escola do Evangelho cristãmente vivenciado! Do contrário, fatalmente seremos convidados a desocupar o espaço mal utilizado ou a devolver os recursos indevidamente aplicados neste lar de esperanças, nesta escola de luz, neste hospital de misericórdia. Isto posto, ou entramos no festim de núpcias devidamente trajados com a roupa nupcial, ou seremos compelidos, sumariamente, a sair da porta deste oásis

---

[342] Xavier, F. C.; Emmanuel (Espírito). Alcancemos a luz. In: *Mais Perto.* cap. 6.

plenificador e, consequentemente, sermos destronados da festa da salvação que nos proporcionará a autoiluminação e a perene integração nas indizíveis dimensões nirvânicas da e na Munificência Cósmica!

Em síntese, aquele que manifesta orgulho, a ausência da humildade e do saber operantes, mas se conscientiza dessa peculiaridade do seu caráter e se qualifica pelo estudo, que lhe propicia o conhecimento de causa, e, no anseio de superar os seus próprios entraves, dispõe-se a servir ao próximo pelo prazer de ser útil, fazendo-o de boa vontade, ante as oportunidades que a vida lhe oferta, transmutá-lo-á em humildade, pois **não se edifica a sabedoria pelo muito falar, ou seja, pela fé sem obras, mas, sim, por saber ouvir e exemplificar o que se apregoa.**

Conscientizarmo-nos da própria ignorância, apropriarmo-nos do conhecimento e agirmos com humildade, tal é o processo de gestação e de maturação da consciência, porque, via de regra, isso é o que qualificamos de bem viver ou conduzir-nos com ciência. De modo que a ciência da paz – a paciência – é a resultante do conhecimento de causa inerente à aquisição do saber, elevado ao degrau de humildade e transubstanciado em consciência.

Para mais esclarecimento, traçando um paralelo com o que foi citado anteriormente, a bioenergia (a energia que gera, nutre, organiza e mantém a vida em suas infindáveis expressões), que movimentaremos mais diretamente nas visualizações, será sempre a resultante ou o subproduto do Evangelho-substância e, assim, do Evangelho-Lei, isto é, do Pão da vida e da Lei que a organiza e a mantém. Ao ser canalizada com nobreza e lucidamente metamorfoseada pela vontade preeminente, pelos pensamentos elevados e pelas sublimes virtudes atuantes nos arquipélagos mental, psíquico-emocional, perispiritual e orgânico, transformar-se-á em substância definidora de um glorioso porvir, assessorada e aformoseada pela oração que, segundo Joanna de Ângelis, *trata-se do mais forte estímulo de que a alma dispõe para a sua plenificação*, posto que orar, em sentido profundo, *é iluminar-se de dentro para for*a, transformando as imanências de sua consciência (o Reino de Deus em si) em fontes inefáveis do sempiterno alimento, ou seja, em palavras que nutrem (pois nem só de pão vive o homem), em ações que vivificam, transformam e libertam os seus portadores.

Equipados com os olhos de ver e com os ouvidos de ouvir, registramos, nas lúcidas instruções das virtudes dos céus – Joanna de Ângelis, Emmanuel, Scheilla, Kahena e Miramez –, que o Evangelho é a substância (vitalidade) que gera e nutre e é a Lei (Força) que organiza e mantém a vida em todas as frequências de expressões. Em consonância com as ideias sínteses desses luminares, Pietro Ubaldi acrescenta: "Não há dúvida que um Evangelho verdadeiramente vivido realizaria a mais benéfica revolução do mundo, porque, renovando a nossa maneira de conceber a vida, reformá-la-ia de alto a baixo."[343] Entronizemos o Evangelho como normativa de nossa consciência e de nossa conduta intelecto-moral, posto que *não existe consciência sem vida e nem vida sem consciência*[344] em parte alguma na Divina Criação. Corroborando a tese, Bezerra de Menezes sintetiza: "O Evangelho se encontra em todas as dimensões da Natureza, esplendendo-se em luzes, na policromia em que podes expressar."[345] Tudo nasce, sobrevive, enfrenta as intempéries, vence os desafios que a vida lhe oferta, evolve, aprimora-se e se ilumina em todas as dimensões do ser e do saber multidimensionais, sob o impulso do Evangelho-substância e sob as diretrizes do Evangelho-Lei.

Com o primor que lhe é peculiar, André Luiz estatui que "o bem de todos é o Seu eterno princípio"[346] e, conseguintemente, "o amor puro é a síntese de todas as harmonias conhecidas".[347] De modo que, tanto o amor incondicional quanto o Eterno Bem que lhe é inerente vicejam apenas mediante a alegria dos que os expressam espontaneamente, o que nos possibilita contagiar todos aos quais direcionamos essas virtudes, sempre propondo e ensejando a plenitude e a felicidade de muitos, preferencialmente, a de todos.

Por outro lado, conforme as lúcidas perquirições e a sensibilidade de Miramez: "A alegria afrouxa os nervos e tonifica as correntes de vida que visitam os centros de força: harmoniza os corpos e purifica o ambiente em que respiras."[348] Por conseguinte: "A alegria pura fica mais completa, quando dos lábios afloram a satisfação e o amor mais esplendente, quando a boca registra a sua presença no coração."[349] Assim, a alegria, "tem o condão de estabelecer, tanto no corpo físico quanto no espiritual, uma corrente de luz capaz de restabelecer os desequilíbrios e favorecer a saúde". Para o autor supracitado: "A alegria é um dom grandioso. Tudo sorri para nós, na sua dimensão de vida. É de bem-estar comum que

---

[343] Ubaldi, P. Escola da vida. In: *A Lei de Deus*. cap. 14.
[344] Miranda, H. C. Em busca de um psiquismo na matéria: O dentro e o fora das coisas e dos seres vivos. In: *Alquimia da Mente*. cap. 3, item 2.
[345] Maia, J. N.; Bezerra de Menezes (Espírito). Empenho da luz. In: *Páginas Esparsas*. v.2. cap. 38.
[346] Xavier, F. C.; Vieira, W.; André Luiz (Espírito). Fluido cósmico. In: *Evolução em dois Mundos*. cap. 1.
[347] Xavier, F. C.; André Luiz (Espírito). O Pacto de Amor Universal. In: *Ideal Espírita*. cap. 50.
[348] Maia, J. N.; Miramez (Espírito). O poder da alegria. In: *Saúde*. cap. 56.
[349] Maia, J. N.; Miramez (Espírito). Prática e teoria. In: *Horizontes da Fala*. cap. 7.

encontremos alegria em todas as coisas, porque ela restabelece os corpos danificados, ajuda no aprendizado, corrige as decadências, fortalece os fracos e dá esperança às criaturas desesperadas." Em síntese, a alegria equivale a um oásis "de possibilidades incontáveis no soerguimento das pessoas; basta que instiguemos a nós mesmos no trabalho da caridade, na sua pureza de origem, que não nos esqueçamos da fraternidade na sua vibração superior, e que o amor não nos falte, do modo ensinado por Jesus Cristo. Quando se estimula alegria, ela passa a ser uma luz volante na difusão da verdade, libertando todos e a tudo da tristeza que escraviza". Por fim, objetivando lograr maior discernimento e obter semelhante êxito em tal propósito: "Estimula a ti mesmo e aos outros a permanecerem no clima da alegria pura, para que o coração pulse sempre na harmonia de Deus".[350] Portadora das benesses mencionadas e de outras tantas que nos são desconhecidas, justificam-se os experimentos científicos por meio dos quais se comprovou a veracidade de tais fatos, oriundos do cultivo do amor equânime, do bem perene e da alegria de viver plenamente o momento vigente, mediante as oportunidades que a vida nos concede, com a sabedoria proporcionada pelo tempo e pela maturação das experiências vivenciadas com esmero, na medida exata de nossas possibilidades e, por conseguinte, das habilidades que nos compete desenvolver em nome do amor em plenitude, da verdade sem mácula e da justiça imparcial, dos quais promanam as profícuas sementes da paz de consciência e da felicidade legítima que as sintetizam.

    Reconhecemos a impossibilidade de condensar em poucas palavras a essência de conceitos como a **felicidade**, sendo divino e valoroso estímulo de progresso ético-moral e espiritual em todos os orbes, por ser esta a síntese de tudo o que por hora foi citado e, desta forma, ilustrando o sumo e a súmula de nosso pensamento, referendamos a alma-irmã e eterno amigo Manu Mira Rama: *"Felicidade é um estado permanente de vivência plena e incondicional das virtudes que a edificam, com o discernimento e a tranquilidade interior com que as compreendemos, vivendo o Cristo em Deus e tendo-O reconhecido no âmago de cada alma."* Consoante ao já dito e coroando o divino conceito, Miramez sintetiza: "A felicidade é a completa vivência de todas as virtudes apregoadas pelo Cristo e seus grandes enviados. No entanto, para chegarmos até lá, necessário se faz que tenhamos o começo, e esse começo pode ser um simples pensamento de servir, que se avoluma, fazendo do candidato um místico ou um santo, um gênio ou um sábio. Por fim, fundem-se todos,

---

[350] Maia, J. N.; Miramez (Espírito). O sorriso que restabelece. In: *Força Soberana*. cap. 40.

esplendendo em Cristo."[351] Essa é a inegável e indelével premissa da sempiterna Lei, porque assim foi, ainda é e sempre será a condição imprescindível para a conquista e o gozo das benesses da felicidade autêntica que resulta no poder usufruir dos louros da vida em plenitude, pois o dever, como lei da vida, reflete, na prática, o exercício de todas as virtudes morais e espirituais.

Plano de execução

A individualidade, que é o Espírito em si mesmo (o ser imortal ou a consciência eterna), é a síntese de tudo o que angariou em todas as suas vivências, assim como em cada lance e em cada nuance de suas inarráveis experiências. Nesse longuíssimo e intransferível périplo, nessa laboriosa e indubitável peregrinação, como recompensa de seu trabalho, sem o esquivo de suas intransferíveis incumbências no cadinho das imprescindíveis e inquestionáveis depurações e de aprimoramentos constantes, auferiu o seu justo e precioso substrato intuitivo, oriundo de inúmeros potenciais cuidadosamente edificados e de imensuráveis aptidões mais bem aquinhoadas e eminentemente qualificadas. Assim, a intuição, que lhe é inata, detém a "função irremovível de expressar" as suas intérminas e indeléveis imanências auferidas. Para lograr o êxito almejado, nesse ou em qualquer outro intento, vale-se das ideias-síntese que são as imanações da Consciência-mater, de modo que, à vontade cabe o papel de medianeira entre a causa e o efeito, o anseio e a concretização da meta. Como fiel servidora da Consciência profunda (a Superconsciência) e sob a regência da intuição, a vontade se faz a gerente predominante do arquipélago mental, onde os pensamentos são expressões de sua estrutura íntima ou oriundos dos impulsos intuitivos de que se faz portadora. Ela personifica o enredo com a síntese dos substratos que sumariou ou com as essências dos que se encarrega de personificar, em perene obediência à fonte intuitiva, a qual, por sua inquestionável fidelidade, tão somente recebe e retransmite as ordens e as diretrizes expedidas pela fonte geratriz.

Sempre que algo ou alguém se predisponha à mudança de paradigma ou à elaboração de algum desígnio que resulte num bem maior, apresentar-se-á a força defensora dos prazeres imediatos, intentando preservá-los e, destarte, diligenciando manter os padrões arquetípicos que geram e nutrem os interesses efêmeros da consciência coletiva. Consi-

---
[351] Maia, J. N.; Miramez (Espírito). Felicidade. In: *Horizontes da Mente*. cap. 68.

derando que todos somos fulgurações do Eterno Arquiteto e que a Vida n'Ele imanente é regida por um dinamismo irrefreável, próprio da Lei Suprema, na qual tudo é regido pelo eterno princípio (o bem de todos), e que nada permanece inerte ou inalterável na Natureza, ou seja, tudo é impulsionado por um movimento ascensional ininterrupto e irrefreável, todas as vezes que se inicia a construção de alguma realidade nova, de imediato essa força tarefa, em aparente letargo, característica da consciência psicossensorial periférica (representando o inconsciente, o subconsciente e os veículos do ser constituído, o ser pensante, a psique em formação) se manifesta com o vigor e o fulgor que lhe são peculiares. Via de regra, essa força tarefa é o fruto de um desejo efêmero, com pautas ilusórias (impermanentes), que, em tempo algum, permanecerá impassível ante um convite irrecusável que objetive a sua ascensão, transubstanciação e o seu incessante evolver.

Por conseguinte, todas as forças antagônicas poderão aliar-se à vontade perene (o substrato indelével do cristo interno) que fulgura nas profundezas da Superconsciência, cuja representação se define no arquipélago da personalidade atuante como a essência promotora dos aspectos desfavoráveis ao seu contínuo *devir*. Esse substrato se tornará o potencial responsável pela edificação da paz íntima (harmonia plena que relumbra no imo das múltiplas faces e tessituras do eu interior) e pela conquista do infinito (a total e perene integração com a Munificência cósmica), de modo que, quando aquele desejo transitório se aliar ao irrepreensível proceder e à conquista do imperecível patrimônio moral e espiritual, será o momento em que a vontade se apresentará aformoseada dos préstimos da onipotência oriunda do eu profundo e, inevitavelmente, sublimar-se-á em sua completude. Isto posto, nada será impossível aos que com ela se aliem nestes moldes, porque gerenciarão as forças correlatas das criações futuras, as quais serão gestadas nas matrizes do universo das possibilidades (o laboratório mental, fonte inesgotável da indizível benevolência), cuja vasta rede de potenciais de progresso e de sublimação (inerente à Superconsciência) haverá de fecundá-las eminentemente.

Por fim, essas criações se colocarão a serviço da Consciência-mater, sob as diretrizes do império da intuição que é o seu poder real de criação de novos anseios e de expressão dos poderes vigentes em ascensão, definindo, com extrema fidelidade e obediência às leis, o seu impecável e incorruptível caráter *(modus vivendi)* ante o que é e o que lhe foi confiado diuturnamente. Em consequência, o seu *modus operandi* realizará com fidelidade as suas funções de liderança, objetivando a fusão definitiva dos seres, consoante a compreensão auferida das normas das leis que regem as consciências coletivas, a cujos ditames optou por sujeitar-se, tendo em vista serem elas a expressão fiel ao que de mais ético e sublime o seu coração poderia aspirar: ser Um com a totalidade, o Tudo-Uno-Deus.

Quando o indivíduo se surpreende ocioso, jungido aos camartelos cármicos ou às situações adversas de variada ordem, provacionais e expiatórias, convidando-o a impostergáveis e profundas reflexões, amiúde procrastinadas, tendo em vista a urgência da pauta iluminativa que lhe compete executar e em face dos graves compromissos assumidos com a sua e com as demais consciências, que por ele velam e se responsabilizaram pelo seu contínuo evoluir, carecerá de estímulos aformoseadores que o impelirão ao cumprimento do que outrora fora acordado, os quais não tardarão a visitá-lo, pois as ações que os viabilizarão são intransferíveis e, consequentemente, inadiável será a sua concretização. De modo que, atento às valiosas oportunidades que os seus tutelares e a vida lhe ofertam, percebe a contingência ante o anelo pretendido e equipa-se da certeza, da fervorosa convicção de lograr êxito no tentame empreendido. Assim sendo, lança-se intimorato ao proscênio que lhe é sugerido e no qual se predisporá à elaboração do engendro correlato à arquitetura, à posterior construção, ao inevitável aprimoramento e à indissociável plenificação e expansão da consciência.

De outro modo, quando o buscador elege a atitude destemida, resiliente e proativa como antídoto infalível para prevenir ou sanar as causas fomentadoras das diversas perturbações que lhe empanam a lucidez, impedindo-lhe a ascensão, ante as possibilidades promissoras de fruição das benesses inefáveis, oriundas de uma vida plena, este sempre logrará antever a solução para os impasses deprimentes e deletérios. No entanto, todo aquele que, desprovido dos valores indispensáveis à erradicação das matrizes responsáveis pela eclosão dos desatinos em que incorreu, estratificados nos abismos da consciência imatura, quase sempre desprovida das imorredouras verdades libertárias, adiará o enfrentamento atinente à sua libertação, estagiando indefinidamente em perturbadora procrastinação.

Levaremos a efeito o nosso introito iluminativo, adotando a atitude profícua e resoluta como base estrutural do processo de reformulação dos conceitos parasitários, pois, comumente, a ignorância e a procrastinação dos empreendimentos que corroboram e tipificam os característicos da consciência desperta, entravam e frustram quase todas as tentativas enobrecedoras que objetivem tal desiderato. Consequentemente, acabam adiando ou dificultando o autoencontro e a libertação consciencial. Assim sendo, consentimos que essa visão póstera e a atitude intimorata e proativa proponham a retirada dos véus que ensombram o discernimento do Espírito itinerante e, com elas, dissolver-se-á a modorra que empana os recursos e as possibilidades atinentes à elaboração e à construção da realidade que ora se propele.

Hodiernamente, não mais ignoramos a constituição e a funcionalidade (a anatomia e a fisiologia) da personalidade humana, principalmente tendo em vista a vasta rede de informação luarizando esse tema, em especial quando se trata da fração atuante como veículo de expressão do condomínio espiritual, cuja totalidade consciencial o Espírito sintetiza e gerencia com relativa ou extrema altivez. Admitimos a imensa contribuição dos filmes veiculados por meio da cinematografia no cenário mundial e agradecemos a ela, assim como aos filmes e documentários exibidos pela mídia televisiva de modo geral, igualmente à contribuição, não menos importante, veiculada pelas ondas da radiodifusão, aos nobres esclarecimentos grafados nas páginas da imprensa escrita, aos veiculados pela imprensa falada e ao aporte inerente à vasta literatura, editorada em formato de livros, revistas, opúsculos e, nos tempos contemporâneos, ao imenso contributo disponibilizado nos vários segmentos da internet (rede mundial de computadores) etc. A exemplo de filmes como "O fragmento", exibido nas telas do cinema, em que o personagem principal manifesta múltiplas personalidades simultâneas e, dentre elas, uma que evidencia a expressão de uma personalidade superior na coordenação do complexo consciencial alusivo às subpersonalidades ou eclosões das personas correlatas, à semelhança do que dissera Gustave Geley, em *O Ser Subconsciente*. Mesmo sendo um médico fisiologista, contemporâneo de Allan Kardec, já mencionava tal acontecimento, enfatizando que *"quem deveria gerenciar as demais frações ou expressões e personificações da consciência, deveria ser a que tivesse o moral mais elevado, pois jamais devemos nos esquecer de que somos a soma das incontáveis personalidades vividas e das suas intérminas subdivisões, somadas às incorporadas por meio das parcerias e conchavos nas relações cotidianas"*. Isto não há como negar.

Joanna de Ângelis e Emmanuel justificam o porquê do périplo inevitável dos caminhos porvindouros:

> **Quando não se vivencia o presente em sua profundidade, perdem-se as experiências que ficaram arquivadas no passado.** E todo aquele que não possui o passado nos arquivos da memória atual é destituído de futuro, por faltarem-lhe alicerces para a sua edificação (grifo nosso).[352]
>
> **Viver intensamente o agora é uma atitude de sabedoria que não pode ser postergada,** o que equivale a experienciar as lições da vida sob o ponto de vista da ética e da moral, mediante projetos e compromissos de autoiluminação, conquistando aos poucos as áreas sombrias da personalidade, ao tempo em que sejam superados os fatores de perturbação da conduta (grifo nosso).[353]
>
> **Ninguém pode assumir uma postura madura e equilibrada sem o contributo da reflexão profunda que lhe permite mergulhar no Si,** valorizá-lo e entregar-se com coragem, rastreando os caminhos percorridos e retificando as anfractuosidades que ficaram na retaguarda (grifo nosso).[354]
>
> **Ninguém alcança a plenitude sem o contributo da lapidação moral proposta pelos Soberanos Códigos da Divina Justiça,** a fim de que o Espírito alcance o seu estado de plenitude (grifo nosso).[355]
>
> Isso, porque **todos precisamos de renovação interior para o acesso aos tesouros do Espírito** e, fazendo o bem, com o impulso de nossas próprias almas, valorizaremos a palavra com que venhamos a emiti-lo, edificando a vida em nós e junto de nós, com o próximo e conosco, realizando sempre o melhor (grifo nosso).[356]
>
> **A palavra é um símbolo que veste a ideia;** por sua vez, formulação de pensamento, que se torna uma memória acumulada e retorna quando se deseja vesti-lo (grifo nosso).[357]

A vontade apelo, isto é, o impulso do aprendiz que ora com humildade e se apresenta com sinceridade, reconhecendo a própria ignorância e anelando eminentemente pela vida em plenitude, perfaz o percurso introspectivo em busca da intuição resposta, mediante minucioso exame que procede de sua própria consciência. Como uma flecha lançada por um hábil arqueiro, o qual almeja atingir o centro do alvo eleito, a ideia-síntese percorre um longo percurso, indo do consciente atuante à sua força imanente causal (ao Superconsciente). De modo análogo, conquanto muito mais céleres que as fontes inspirativas, as diretrizes intuitivas – a ideia-mater – emergem das imanências do ser profundo, com vistas a imergir e fecundar os arquipélagos fomentadores das imorredouras verdades, o mundo consciente ou mental atuante. Vale relembrar que em nosso

---

[352] Franco, D. P.; Joanna de Ângelis (Espírito). O vazio existencial. In: *Atitudes Renovadas*. cap. 9.
[353] Franco, D. P.; Joanna de Ângelis (Espírito). A força do agora. In: *Seja feliz hoje*. cap. 5.
[354] Franco, D. P.; Joanna de Ângelis (Espírito). Conviver e Ser. Cair em si. In: *Em Busca da Verdade*. cap. 5, item 1.
[355] Franco, D. P.; Joanna de Ângelis (Espírito). Desafios existenciais. In: *Liberta-te do Mal*. cap. 22.
[356] Xavier, F. C.; Emmanuel (Espírito). Beneficência e caridade. In: *Dinheiro*. cap. 7.
[357] Franco, D. P.; Joanna de Ângelis (Espírito). Plenificação interior: Relacionamentos perturbadores. In: *O Homem Integral*. cap. 7, item 2.

"mundo interno existe o poder de Deus que se chama consciência. Ela comanda todos os sentidos e disciplina todos os impulsos desordenados". O autor esclarece que "a razão de ser desta consciência é lembrar-nos do poder de Deus e de Suas leis mantenedoras do equilíbrio universal".[358] De modo que o mínimo do máximo que nos compete fazer, em benefício próprio ou do próximo, é consultar a nossa consciência sobre o que faria Jesus, o nosso Mestre, modelo e guia, se porventura Ele estivesse em nosso tempo e lugar, ante as provas e os vestibulares que a vida, diuturnamente, nos apresenta.

Noutro momento, o referido autor enfatiza: "Somos Espíritos imortais, com capacidade que desconhecemos dormindo no nosso íntimo; cabe-nos despertar nossas qualidades, conhecendo a Verdade, e nos tornarmos livres, na liberdade de Deus."[359] Em perfeita sintonia com os apontamentos mencionados, Emmanuel corrobora a tese em pauta: "Cada consciência, na Excelsa Criação de Deus, é núcleo de vida independente na Vida Imperecível."[360] Aos que se deixam levar pela queixa sistemática ou se encontrem desprovidos de estímulos essenciais, Joanna de Ângelis, do seu inefável celeiro de bênçãos, propiciadores de uma vida feliz, faculta-nos lições relevantes que nos impulsionam aos pincaros da plenitude indizível: "Há um sol brilhando dentro de ti. É a presença do Cristo no teu coração. O teu sol interior jamais provoca treva, porque ilumina de dentro para fora, em jorros abundantes."[361] E, de forma inequívoca, prossegue:

> O despertar do Si enseja a compreensão da necessidade de transmudar as energias, encaminhando-as de uma para outra área e utilizando-as de forma profícua, **único recurso para o gozo da saúde.**
>
> **O Eu consciente, mediante exercício constante, deve comunicar-se com todas as células que lhe constituem o invólucro material,** à semelhança do que faz quando lhe atende alguma parte ou órgão que necessita de tratamento.
>
> Da mesma forma, a consciência – o Si – deve atender a energia, nas suas diferentes manifestações, rarefeita ou condensada, interferindo com amor e **dando-lhe ordens equilibradas para a sua sublimação.**
>
> Diante de ocorrências viciosas, de acidentes morais e emocionais, **cumpre se lhes faça um exame circunstanciado, passando-se à conversação com o departamento afetado, despertando-lhe as potências** e liberando-as para o preenchimento das finalidades da vida a que todas as coisas estão submetidas e se destinam (grifos nossos). [362]

---

[358] Maia, J. N.; Ayrtes (Espírito). Tua Consciência. In: *Tua Casa*. cap. 29.
[359] Maia, J. N.; Ayrtes (Espírito). Tua Teus Problemas. In: *Tua Casa*. cap. 44.
[360] Xavier, F. C.; Emmanuel (Espírito). Diante da Paz. In: *Rumo Certo*. cap. 6.
[361] Franco, D. P.; Joanna de Ângelis (Espírito). Há um sol brilhando dentro de ti. In: *Vida Feliz*. cap. 128.
[362] Franco, D. P.; Joanna de Ângelis (Espírito). O ser real: Complexidades da energia. In: *Autodescobrimento: Uma busca interior*. cap. 1, item 1.

> O despertar da consciência faculta a responsabilidade a respeito dos atos, face ao desabrochar dos códigos divinos que jazem em germe no ser.
>
> Serás o que penses e planejes, pois que da tua mente e do sentimento procedem os valores que são cultivados.
>
> Assim, **pensa no bem-estar, anela-o, estimulando-o com realizações corretas.**
>
> **Em tua origem, és luz avançando para a grande luz.** Só há sombras porque ainda não te dispuseste a movimentar os poderosos geradores de energia adormecida no teu interior. Faze claridade, iniciando com a chispa da boa vontade e deixando-a crescer até alcançar toda potência de que dispõe.
>
> **Tudo podes, se quiseres.**
>
> **Tudo lograrás se te dispuseres** (grifos nossos).³⁶³

Como ramos da mesma Árvore ou imanências que coabitam na mesma Unidade (a Força Suprema do cosmos), de igual modo nos expressamos por meio de diminutas fulgurações de nossa síntese consciencial, o Espírito ou a Individualidade. Assim sendo, a máxima *"tudo posso naquele que me fortalece* (Fp 4:13)*"*, é, sem dúvida, atualíssima, e cabe perfeitamente neste contexto, principalmente por encontrar-se em perfeita sintonia com os estímulos de Joanna de Ângelis, em "tudo podes, se quiseres e tudo lograrás, se te dispuseres". Mais esclarecidos nos tornamos, quando a comparamos com os ensinos de André Luiz: "Todos somos herdeiros do Pai que cria, conserva, aperfeiçoa, transforma ou destrói e, diariamente, com o nosso potencial gerador de energias latentes, estamos criando, renovando, aprimorando ou destruindo alguma coisa."³⁶⁴ Cientes de nosso intransmissível poder de escolha e da liberdade de tomar as decisões que nos apraz, mediante o nosso compromisso conosco, com a vida e com as leis, tornamo-nos conscientes do nosso inconteste potencial criador e cocriador em plano menor, posto que, indissociavelmente, pertencemos a uma força imperecível e a representamos, uma vez que a "individualidade, que é o Espírito em si mesmo, reúne as demais dimensões e sabe, conscientemente, o que fazer, quando fazê-lo e como realizá-lo para ser a pessoa integral, ideal".³⁶⁵ Portanto, se dissermos que não podemos, equivale inequivocamente a dizer, segundo Joanna de Ângelis, tão somente que não queremos.

Emmanuel enfatiza que "em Espiritualismo, a investigação conduzirá sempre ao Infinito, tanto no que se refere ao campo infinitesimal, como à esfera dos astros distantes, e que só a transformação de ti mesmo,

---

[363] Franco, D. P.; Joanna de Ângelis (Espírito). Consciência e Evolução. In: *Momentos de Consciência*. cap. 11.
[364] Xavier, F. C.; André Luiz (Espírito). A oração. In: *Missionários da Luz*. cap. 6.
[365] Franco, D. P.; Joanna de Ângelis (Espírito). Ser e pessoa: A pessoa (A individualidade). In: *O Ser Consciente*. cap. 2, item 1.

à luz da Espiritualidade Superior, te facultará acesso às fontes da Vida Divina".[366] Acessar as fontes da Vida Divina e viver sob as luzes da Espiritualidade Superior é uma meta perfeitamente possível a todos quantos se disponham a movimentar as próprias forças em prol da concretização do propósito intransferível. Para lograrmos êxito em tal fito ou intento, valer-nos-emos da oração, pois: "Quem ora está nos caminhos do melhor entendimento e quem sabe orar já sente no coração a influência da libertação espiritual."[367] A liberdade, como prenúncio da vida e da felicidade eternas, filha das fragrâncias inefáveis da verdade e das frutescências superiores do bem viver, encontra-se a um passo das fronteiras da coragem moral e da boa vontade inquebrantáveis, do conhecimento em plenitude e da responsabilidade irrefutáveis. Tal liberdade se consolidou desde épocas imemoriais e se expande no cerne do Espírito a cada experiência nobremente auferida por amor à Verdade imperecível. Por preexistir e sobreviver à existência vigente, permanece imperturbável e espera-nos pacientemente por milênios sem conta, desde os estados conceptuais de nossa alma (como diminuta fração do Espírito) e da personalidade, das quais somos o centro consciencial.

Foi dito que "a oração, para surtir resultados essenciais de conforto, exige enfrentemos a consciência em todas as circunstâncias. E a oração exterioriza a nossa emoção real".[368] As sábias palavras de Emmanuel nos comovem e nos esclarecem profundamente. Se, com a oração, estabelecemos um propósito e levamos a efeito o mergulho que objetiva a extração das essências inatas ou dimanações de nossa emoção real, inerentes às profundas jazidas da Supraconsciência, como resultado deste périplo introspectivo e deste garimpo iluminativo, regressaremos com os alforjes abastecidos das imanências mais sublimes e enobrecedoras de que ora carecemos. Desta forma, fecundaremos os tecidos mais sutis da própria alma, posto que as exteriorizaremos como forças-estímulo e diretrizes luminescentes, desde os céus da nossa consciência às partículas mais periféricas de nossa personalidade.

Sintetizando e minuciando os pilares precípuos da oração e da prece, como os compreendemos hodiernamente: louvar, pedir e agradecer, eis os principais recursos da oração e da prece. O que desejamos acessar ou com quem intencionamos nos comunicar? Por meio da oração, objetiva-se o acesso aos recursos inerentes à própria consciência, isto é, o mergulho nas imanências do eu profundo, o reino no qual residem o cristo e o deus

---
[366] Xavier, F. C.; Emmanuel (Espírito). Prefácio. In: *Os Mensageiros de André Luiz*.
[367] Maia, J. N.; Ayrtes (Espírito). Tua oração. In: *Tua Casa*. cap. 50.
[368] Xavier, F. C.; Emmanuel (Espírito). Orar e perdoar. In: *Ideal Espírita*. cap. 90.

em nós. A síntese desses potenciais, ou virtudes, já auferidos em nosso périplo gestacional é a intuição, o potencial dos potenciais. Esse patrimônio indelével se encontra ao alcance de todo aquele que se apresenta com autêntica sinceridade e com contagiante humildade, anelando logros mais plenos e audaciosos, enriquecedores dos até então experimentados. Mas, se porventura ainda não os temos, ou seja, se o buscador ainda não dispõe de tais recursos em suas jazidas interiores, frente aos desafios que a vida lhe apresente ou diante das necessidades urgentes e dos projetos inadiáveis, ante as leis de progresso e de evolução, os quais nos dispusemos a solucionar e para nos capacitarmos, valer-nos-emos da prece, cuja função essencial é assimilar de outras fontes inspirativas o que, por ora, ainda não dispomos em nosso favor.

Inicialmente, tais mecanismos se equilibram e se sustentam em três pilares fundamentais:

1º - Quando a criatura não sabe o que fazer, diante da grandiosidade e da complexidade da obra do Creador, mas tem a intenção sincera e o desejo profundo de alistar-se em uma das incontáveis frentes de trabalho na seara cósmica, caso a isso se dispusesse, poderia perguntar: o que queres que eu Te faça?

2º - Por outro lado, ao servidor fiel, dinâmico e fervoroso, ou seja, o discípulo que já possui a consciência do que deve, pode e almeja realizar, bastar-lhe-ia inteirar-se de como levar a efeito a sua pretensão como aprendiz e agente cocriador nas imensuráveis leiras da Criação.

3º - Por fim, se o apóstolo, comprometido com a sua e com a Consciência Suprema, encontra-se equipado, isto é, se já dispõe de tais experiências vividas à luz do Evangelho-substância e do Evangelho-Lei, poderia ir direto ao ponto, a terceira etapa da ação transformadora, que é procurar saber onde e quando executar o que foi preestabelecido pela Luz Incriada.

Na primeira etapa, o indivíduo comumente ainda não sabe nem por onde começar, não dispõe senão de boa-vontade; na segunda, já dispõe de noções mais exatas do que fazer, isto é, acumula, parcialmente, o conhecimento e o discernimento acerca da tarefa a ele confiada, mas ainda não adquiriu a experiência e a consciência de como realizá-la com o êxito almejado. Por fim, se já sabe o que fazer e como realizar, resta-lhe inteirar-se das minúcias estatuárias que visam o bem do conjunto, antes da finalização ou da concretização do intento enobrecedor, ou seja, onde e quando realizá-las com esmero, de cujos resultados beneficiar-se-ão todos os seres inseridos no contexto em que moureja.

Jamais devemos nos esquecer de que a tríade remetida à prece e à oração – louvar, pedir e agradecer – significam, em sentido profundo: 1º) reconhecer a nossa similitude com a mente divina; 2º) predispor-nos a empunhar a charrua na construção da própria obra; 3º) trabalhar, como tudo e todos trabalham, na imensurável seara divina.

Reflitamos, mais detalhadamente, acerca desses três aspectos da prece e da oração:

1º - Louvar: reconhecer a paternidade cósmica, isto é, a Sua onipotência, onisciência e onipresença. Equivale a lembrar-nos de Jesus, como se fosse agora, falando a nós outros: "*Meu Pai trabalha até hoje e Eu trabalho também* (Jo. 5:17), s*ede vós outros meus imitadores* (1Co. 11:1)". Não por acaso, é o trabalho a segunda lei moral, das dez constantes em *O Livro dos Espíritos*, a partir da questão 614, sendo a primeira o louvar (a lei de adoração), ou seja, o nosso reconhecimento da máxima das máximas de Jesus, na qual o divino Mestre estabelece que: "*A cada um segundo as suas obras* (Mt. 16:27)".

2º - Pedir (bênçãos): segundo Emmanuel e Ramatis, significa oportunidade de trabalho na seara do bem:

> [...] o Trabalho e a Luta são os escultores de Deus, criando em nós as obras-primas da vida.[369]
>
> O amor é Deus na criatura, gerando bênçãos (acréscimo nosso: oportunidade de trabalho no bem).
>
> O trabalho é a criatura em Deus, realizando prodígios (acréscimo nosso: o que está além da compreensão superficial das leis).[370]
>
> Bênção significa beneplácito, favor divino, segundo o dicionário. Analisando o sentido real dessas bênçãos que pairam sobre a Terra Brasileira traduziremos bênçãos por – trabalho produtivo no bem.[371]

Assim sendo, sequer devemos admitir a possibilidade de terceirizar a nossa responsabilidade, posto que, segundo Jesus, somos deuses também.

3º - Agradecer: gratidão é o comprometimento do beneficiado em relação ao benfeitor (da água em relação à fonte), isto é, passar adiante, ofertar com fidelidade e solidariedade o substrato das bênçãos recebidas. Na visão transcendental de Joanna de Ângelis: "O grão que se permite triturar é a gratidão que nele se encontra para se transformar em pão e em

---

[369] Xavier, F. C.; Emmanuel (Espírito). Virtude. In: *Correio Fraterno*. cap. 61.
[370] Xavier, F. C.; Emmanuel (Espírito). Caminho de luz. In: *Nascer e Renascer*. cap. 14.
[371] Marques, A. P.; Ramatís (Espírito). Herança espiritual. In: *Brasil, Terra de Promissão*. Parte 2, cap. 1, p 7.

dádiva de manutenção da vida."[372] Na percepção espiritual cristianizada de Miramez: "A gratidão é a arte da fé, é a via para a saúde, é o caminho para a paz."[373] Não há dúvida de que gratidão é a vivência consciente, a prática geradora da experiência levada a efeito ante o conselho ou a oportunidade recebida.

Enfatizando, não há prêmios gratuitos nem favores divinos em parte alguma na Suprema Sabedoria, mas, um eterno dinamismo, do micro ao macrocosmo, onde tudo se entrelaça numa perpétua rede solidária, na qual a evolução da unidade dependerá, única e essencialmente, do seu esforço e da sua contribuição. O dar e o receber norteiam a escalada do mestre e do discípulo, do professor e do aluno, da criatura e do Criador. No louvar, reconheço a minha necessidade de trabalhar como eterno aprendiz e humílimo servidor. No pedir, rogo a oportunidade de trabalho plenificador, na imensurável Seara Divina, tendo o Bem Eterno como a Lei Suprema e o bem de todos como o Eterno princípio. Por fim, agradecer é a finalização da tarefa, realizada com esmero, ante a certeza do salário justo e digno ao servidor fiel e dedicado que se fez merecedor da tão sonhada plenitude pacificadora de sua consciência em gestação, posto que o que chamamos de felicidade real é o fruto resultante da consciência tranquila à luz do dever fielmente empreendido.

---

[372] Franco, D. P.; Joanna de Ângelis (Espírito). A gratidão como roteiro de vida. In: *Psicologia da Gratidão*. cap. 5.
[373] Maia, J. N.; Ayrtes (Espírito). Horizontes da Fala. In: *Horizontes da Fala*. cap. 1.

Capítulo 4 – Visualizações

A Alma escolhe o que pensar e que pensamentos alimentar!

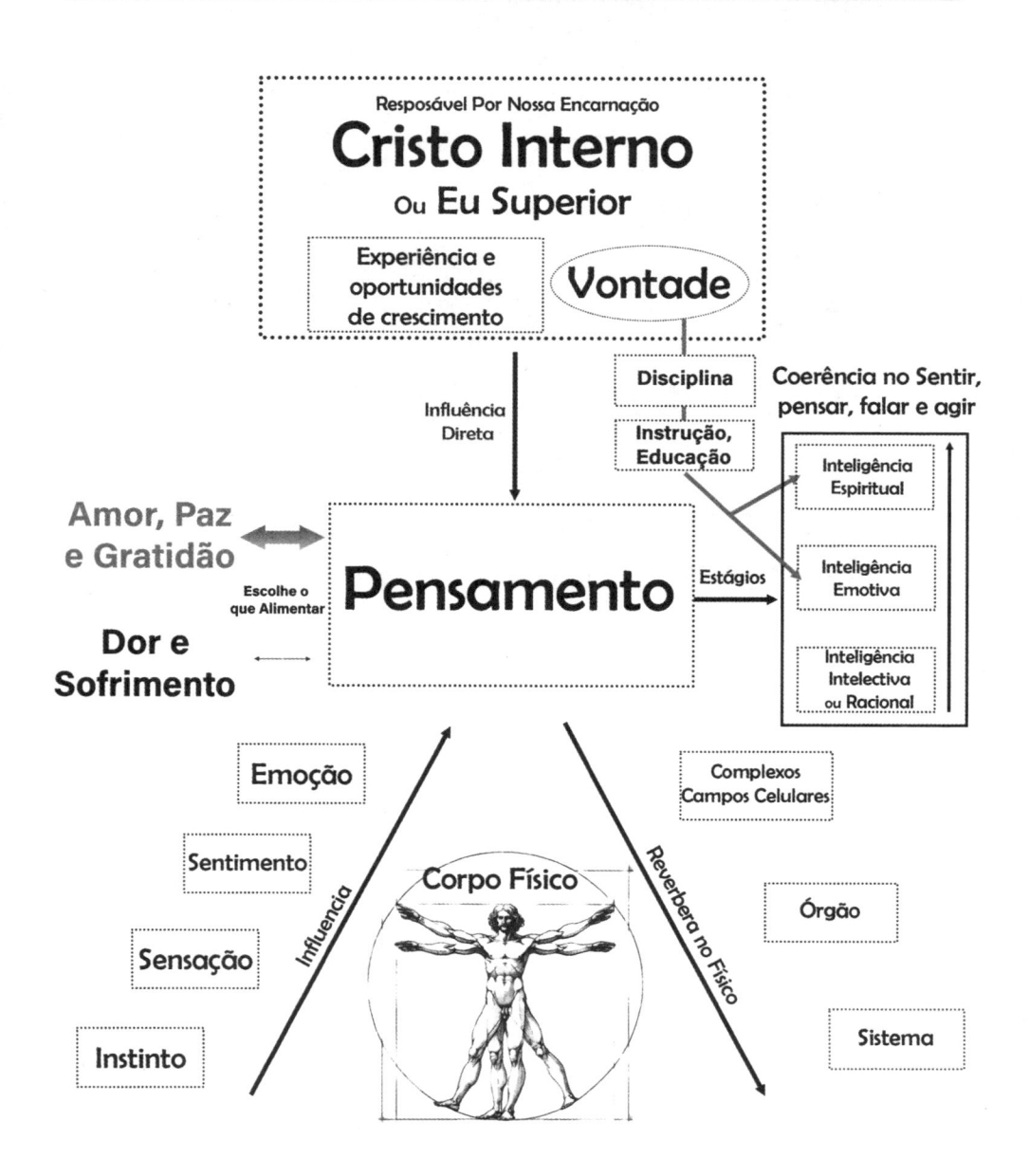

Resposável Por Nossa Encarnação

Cristo Interno
Ou Eu Superior

- Experiência e oportunidades de crescimento
- **Vontade**

Influência Direta

Disciplina

Instrução, Educação

Coerência no Sentir, pensar, falar e agir

Amor, Paz e Gratidão

Escolhe o que Alimentar

Pensamento

Estágios

- Inteligência Espiritual
- Inteligência Emotiva
- Inteligência Intelectiva ou Racional

Dor e Sofrimento

Emoção

Sentimento

Sensação

Instinto

Influencia

Corpo Físico

Reverbera no Físico

Complexos Campos Celulares

Órgão

Sistema

Capítulo 5
Evangelho

O que é?
Para que serve?
Como usar?
Visualizar-se na ação

Fonte da imagem: https://www.youtube.com/watch?app=desktop&v=5C7qEBqSSc0

O que é?

O Velho Testamento é o alicerce da Revelação Divina. **O Evangelho é o edifício da redenção das almas.** Como tal, devia ser procurada a lição de Jesus, não mais para qualquer exposição teórica, mas visando cada discípulo o aperfeiçoamento de si mesmo, desdobrando as edificações do Divino Mestre no terreno definitivo do Espírito (grifo nosso).[374]

A candeia do corpo são os olhos; de sorte que, se os teus olhos forem bons, todo o teu corpo terá luz; se, porém, os teus olhos forem maus, o teu corpo será tenebroso. Se, portanto, a luz que em ti há são trevas, quão grandes serão tais trevas (Mt. 6:22,23)!

Dentre as mais solenes máximas de Jesus, destacamos estas para a nossa apreciação: *"Buscai primeiro o Reino de Deus e a sua justiça, e tudo o mais vos será acrescentado (Mt. 6:33). O qual recompensará cada um segundo as suas obras (Rm. 2:6). Meu Pai trabalha até agora, e eu trabalho também (Jo. 5:17). Sede, pois, imitadores de Deus, como filhos amados (Ef. 5:1)."*

Desde tempos imemoriais, o ser humano se empenha no afã de construir a paz e a felicidade imarcescíveis, mobilizando e aplicando recursos imensuráveis, à custa dos valores impermanentes, em tentativas quase sempre infrutíferas. Em pleno século vinte e um, a massa de incautos, distraída com as facilidades e com os prazeres que o meio lhes oferece, não percebeu ainda que carrega tesouros incalculáveis em seu próprio universo. Por outro lado, evidencia alheamento quase total das orientações libertadoras do Divino Mensageiro e Mestre, Modelo e Guia de toda a vida na Terra.

Jesus é a maior expressão espiritual do Cristo de Deus para a humanidade terrena, fascículo de luz personificado, cuja fonte é o Governador Supremo desta escola de luz, deste lar de esperanças, deste hospital de almas. Ele é o Pão da vida (a Força que gera e alimenta) e o Evangelho vivo (a Lei que ilumina e direciona a consciência germinal dos terrícolas em ascensão). Por meio d'Ele (de Sua Consciência e de Seus veículos de expressão), a Força Soberana reina com toda a Sua magnificência (onipresença, onisciência e onipotência), gerando, nutrindo e norteando o destino de todas as frequências de vida na escola planetária. Isso é o que pudemos conceber até o momento, por tratar-se apenas de um fragmento da Consciência Crística Universal, a base de coesão e de sustentação do Universo em que ora mourejamos, dos infrarreinos aos mais elevados astros.

---

[374] Xavier, F. C.; Emmanuel (Espírito). Evangelho: Jesus. In: *O Consolador.* 3ª Parte. cap. 2, item 1, p 282.

Pela coerência das ideias e pela convergência das informações, graças à clareza e à progressão do Ensino Universal dos Espíritos, somos levados a admitir e a testificar que, em sentido profundo, o que denominamos de "Evangelho" (a Substância Primordial e o Princípio-Lei) é a essência imanente na Fonte Geratriz (Deus, a Luz Incriada, o Verbo Creador: a onisciência que rege o Cosmos, a onipotência que o arquitetou e a onipresença que o sustenta), sintetizando a força que gesta, o pão que nutre e a luz que norteia o destino de todas as manifestações de vida na Criação.

Cientes de que Cristo é a luz do mundo e a essência que gesta, a substância que nutre e a lei que norteia as nossas consciências e de que somos células do Seu corpo e cocriadores em Sua macroestrutura, observemos o alvitre de Emmanuel: "Estudando o Evangelho, não olvides a lição do Reino de Deus que, segundo o Senhor, não se encontra aqui ou acolá, mas sim em ti mesmo, **portas adentro do teu próprio Espírito, nos mais íntimos refolhos da consciência e do coração**" (grifo nosso).[375] Para André Luiz, o "Reino de Deus" em nós significa o "estado de sublimação da alma, criado por ela própria, através de reencarnações incessantes".[376] Tal oásis ou ambiência crística é o estado nirvânico, numinoso, no qual fulgura esse tesouro indelével que jamais a traça ameaçará e tampouco o ladrão surrupiará, por tratar-se do inalienável patrimônio do Espírito imortal, construído por ele próprio – o substrato constitutivo de sua consciência imperecível.

A visão luminescente e consoladora, advinda da mensagem dos missionários que traduzem os ensinos Crísticos, remete-nos aos arquivos (Akáshicos) da história da humanidade, permitindo-nos o acesso a alguns fragmentos de preceitos milenares. O Zoroastrismo instituíra: *trazemos em nós um amigo oculto que desconhecemos*. O Hinduísmo estipulou: *estamos à beira de armazéns abarrotados, morrendo de fome à porta*. O Cristianismo, por sua vez, estabeleceu: *estamos à beira do poço, morrendo de sede*. Por fim, o Apóstolo dos gentios enfatiza: *"Mas, ainda que o nosso homem exterior se corrompa, o interior, contudo, se renova, de dia em dia* (2Co, 4:16, 17)."

Jesus ratificou: *o Reino de Deus está dentro de vós*. Noutro momento, complementou Sua máxima: *Vós sois deuses!...*

---

[375] Xavier, F. C.; Emmanuel (Espírito). Renúncia. In: *Irmão*. cap. 18.
[376] Xavier, F, C.; Wieira Valdo.; André Luiz (Espírito). A rigor. In: *Espírito da Verdade*. cap. 8.

Na feliz expressão de Ramatis, surpreendemos o seu Espírito arguto captando a verdade evidenciada nas manifestações das leis de Deus: "O Evangelho representa a Luz Crística filtrada por uma elevadíssima entidade da Hierarquia mais apropriada a esse tipo de exemplificação."[377]

Segundo a obra *O Despertar da Consciência – do átomo ao anjo*, cap. 7, item 3, p. 271: "A formosa luz do Evangelho, irradiando-se do Coração do Cristo, a grandiosa Usina do nosso sistema planetário, desce às outras fontes captadoras de sua força e de seu poder." Por ser uma substância assimilada da mente Crística (força imanente da mente Cósmica) e a nós confiada pelo Divino condutor do Lar terrestre, faz-se imprescindível incorporá-la ao nosso universo mental/consciencial, no qual será metamorfoseada, ao extremo de nossas capacidades, em nossos veículos de expressão, para ser, após um longo e laborioso percurso (da mente ao físico e deste à mente), definitivamente integrada à nossa consciência em gestação ou ao patrimônio imperecível do Espírito em expansão. Não se suponha que essa tarefa seja privilégio de alguns. Ante o exposto, novos fragmentos se integram à realidade do contexto em análise e, à luz do próprio Evangelho (Luz Eterna de nossas vidas, fonte permanente de substâncias e forças multiformes), deparar-nos-emos com outra pérola, na expressão de Scheilla: "Cada reino tem seu evangelho e cada evangelho fala sua linguagem própria, criada pelos processos dispostos por Deus para nos educar e nos instruir acerca da verdade."[378] A paternidade cósmica a ninguém desampara. A orfandade jamais existirá nos estatutos divinos, posto que cada reino possui as suas necessidades coletivas e as particulares de cada ser, fato concernente ao seu estágio e à condição evolucional a ele inerente. Entretanto, caberá àqueles que se dispuserem a abraçar a posição de servidores vanguardeiros e servirem de referência condutora para os que se encontram na retaguarda ascensional, levar a efeito a capacitação condizente com a pauta elegida e a qualificação correspondente, para bem se desincumbirem da tarefa intransferível a eles confiada, portando-se como agentes construtores de uma nova realidade e como promotores da vida multiforme no contexto em que, por ora, estão inseridos e em posição de destaque, isto é, de maior responsabilidade moral e espiritual.

O Evangelho Cósmico é a Lei Suprema que sintetiza todas as leis, em suma, é a Lei das leis – a harmonia que rege o Cosmos. Em ação, modula-se, objetivando a criação e a manutenção da vida e das formas por

---
[377] Marques, América Paoliello.; Ramatís (Espírito). Quem são as ovelhas? In: *Jesus e a Jerusalém Renovada*. cap. 3.
[378] Maia, J. N.; Scheilla (Espírito). Estamos presentes. In: *Flor de Vida*. cap. 20.

ele geradas e animadas, em todos os escaninhos do oceano cósmico. Ele é a bússola que sinaliza o caminho e aperfeiçoa o caminheiro, cria as condições e estabelece os critérios de promoção para os viajeiros dessa infindável jornada. Assim como em cada reino e em cada setor pelos quais os princípios cosmocinéticos transitam, ensaiando para a vida, vibra e canta a melodia incomparável da Eterna Sabedoria: "[...] princípios cosmocinéticos, que determinam o equilíbrio dos astros, são, na origem, os mesmos que regulam a vida orgânica, na estrutura e movimento dos átomos."[379] O progresso advém da constante renovação dos elementos cuja promoção só ocorrerá mediante o serviço nobremente executado, segundo as diretrizes traçadas pela Eterna Lei.

Sendo Deus a Munificência Suprema, o Evangelho é a Lei Suprema n'Ele imanente, o Verbo coagulado em três expressões irrefreáveis: a onipotência, a onisciência e a onipresença. Assim sendo, Emmanuel esclarece: "A Lei é viva e a Justiça não falha!"[380]

Ante a certeza de que em parte alguma do Cosmos a Divina Providência nos deixa órfãos ou nos falta, ajustemos as lentes transdimensionais de nossa alma (os olhos de ver), reconfiguremos o quanto antes a frequência dos tecidos sutis da sensibilidade de nossa psique (os ouvidos de ouvir) e surgirão, na acústica de nossa consciência, fascículos intuitivos e inspirativos de imorredouras verdades – o eco da voz divina no centro de nossas vidas.

Por meio desses recursos nobre e lucidamente coordenados, torna-se-nos possível visualizar acréscimos imprescindíveis à compreensão do tema em questão, nas páginas memoráveis de Kahena:

> O Evangelho foi copiado das leis estabelecidas pela melodia universal dos reinos da Terra, para servir aos filhos de Deus que estagiam no Planeta. As leis são eternas vigilantes, que nunca entram em desarmonia. É por isso que os grandes instrutores da Vida Maior falam que **o Evangelho se encontra nas plantas, nos animais, nas águas, no vento que sopra, nos pássaros e nos peixes.** Ele estabelece um elo divino do último elemento de vida na escala decrescente, como no último na escala crescente. Ele é vida estuante de Deus a mostrar o amor, com a sua terapia singular. [...] (grifo nosso).[381]

Em síntese: "O Evangelho é um conjunto de canções, que fala em muitos planos de vida, revelando leis criadas por Deus, para a paz de todas as criaturas."[382] Essa força motriz que gera a vida, rege-a e a nutre

---

[379] Xavier, F. C.; Vieira, W.; André Luiz (Espírito). Automatismo e corpo espiritual: Evolução e princípios cosmocinéticos, In: *Evolução em dois Mundos.* cap. 4.
[380] Xavier, F. C.; Emmanuel (Espírito). Prefácio. In: *Entre a Terra e o Céu.*
[381] Maia, J. N.; Kahena (Espírito). O Evangelho em a Natureza. In: *Canção da Natureza.* cap. 44.
[382] Maia, J. N.; Kahena (Espírito). Canção da Natureza. In: *Canção da Natureza.* cap. 1.

em todas as frequências dimensionais de seu périplo intérmino, convida-nos ao progresso e nos estimula a ele; promove o trabalhador dentro do processo evolutivo, expandindo as suas oportunidades de ascensão e sedimentando os inúmeros estados da consciência em seus níveis de desenvolvimento.

Intuímos que o Evangelho é a força que determina a geração das formas e das suas imensuráveis nuances (onipotência), fecunda as possibilidades e a manutenção dos seus matizes em perene harmonia (onisciência) e, consequentemente, a vitalidade que participa desde a gestação conceptual e promove a nutrição vivificante (onipresença). Por fim, personifica-se na vida que planifica e executa as diretrizes do progresso ascendente e o aprimoramento excelso na interdependência dos elementos envolvidos. Para tanto, em Miramez, reconhecemos que:

> O Evangelho é a força soberana que purifica os nossos sentimentos, atualizando nossas ideias, de modo que possamos identificá-las com o Divino Mestre. [...]
>
> [...]. Ele nada escreveu com as Suas mãos divinas, não contratou escribas para fazê-lo, mas **deixou Sua doutrina plasmada no ar, nas águas, nas árvores, enfim, na natureza,** para que os homens mais tarde sorvessem esse néctar de vida, encontrando a felicidade. **O verdadeiro Evangelho se encontra escrito nas coisas da natureza,** em completa ressonância com as leis universais. [...] (grifos nossos).[383]

O Evangelho é a mais alta expressão da Luz Cósmica na Excelsa Sabedoria em nosso favor. A força criadora, o modelo que norteia, o estímulo que impulsiona, o elemento de coesão e o alimento permanente de nossa consciência, isto é, a flama que vibra, gera, nutre e norteia todas as formas de vida na Criação.

Para que não houvesse enganos ou desvios desnecessários em nosso caminho, a Paternidade Cósmica nos enviou um dos Seus filhos diletos (o Verbo personificado) para nos servir de Mestre, Modelo e Guia, ou seja, o Caminho que nos conduz à Verdade que, por sua vez, gera, promove e ilumina a Vida:

> Jesus Cristo, em Sua descida magistral para o planeta, tudo mudou em sua face. **Foi empuxo evolutivo em todas as coisas,** senão um despertar dos valores, mesmo da matéria, ante a Sua Luz celestial. **Assim nasceu o Evangelho,** que milhões de criaturas já conhecem e alguns tentam colocar em prática! [...].
>
> [...]. Evangelho, na expressão da letra, é força que dorme; no entanto, ainda assim serve para muitas criaturas; **em espírito e verdade, é luz**

---
[383] Maia, J. N.; Miramez (Espírito). O Evangelho Purificador. In: *Força Soberana*. cap. 49.

desabrochando como flor, para os que têm olhos para ver e ouvidos para ouvir. Antes de ler o pergaminho de luz, ore e peça a Deus a inspiração necessária para melhor entendimento, que este nunca lhe faltará (grifos nossos).[384]

Ler o pergaminho de luz significa compreender que o *Evangelho-substância* é a mais simples expressão do Amor em forma de mônadas primordiais (fascículos de luz 'cósmica' coagulada). O *Evangelho-Lei*, por sua vez, é a síntese das experiências enobrecedoras em seu eterno percurso. A Lei de Amor é a reunificação das mônadas, equipadas e aptas a presidirem todas as substâncias e, por conseguinte, todas as formas de vida na Criação. Em sua imensa complexidade, isto é, no sentido mais profundo do termo: "O Evangelho é repositório de força, vitalidade, vida. Vazado em termos de meiguice, mudou a rota dos tempos. Desvelado, agora, pelos Espíritos Imortais, modificará a face do Orbe."[385] Segundo a autora, o Evangelho é repositório de força (a Lei Suprema), vitalidade (a matéria-prima do cosmos), vida (a coagulação ou personificação da vitalidade regida pela força diretora). Expressado em termos de meiguice, isto é, em forma de possibilidades germinativas ou em virtudes excelsas longamente edificadas, mudou a rota dos tempos pela força da exemplificação pacificadora. Hodiernamente, desvelado em profundidade pelos Espíritos Imortais, modificará a face do Orbe, em todas as suas fulgurações imorredouras, principalmente, na conduta dos indivíduos que o tipificam nas ações. Não obstante de ordinário a palavra convença os acautelados, é o exemplo que arrasta, até mesmo os desprevenidos.

Em resumo, o Evangelho é substância e força imanentes na Eterna Sabedoria. Em Deus, o *pensamento* e a *vontade* formam a mais alta potência creadora (o Verbo/o Som). Na expressão, o pensamento transforma-se em substância geradora. Coadjuvando a ação do *pensamento*, a *vontade* assume a função da lei ordenadora e mantenedora da e na Creação. Por meio da expressão das substâncias e das forças combinadas, forma-se a estrutura-base do éter cósmico, força imanente de Seu psiquismo. Desse elemento primordial – o Psiquismo Divino –, nascem os espíritos (princípios inteligentes do Universo) e da união destes origina-se o amor como matéria-prima do cosmos e, "por proceder do Divino Psiquismo, que gera e sustenta a vida em todas as suas expressões",[386] "o amor nos constitui a razão única do existir".[387] Desse modo, tanto os engenheiros

---

[384] Maia, J. N.; Kahena (Espírito). O Evangelho em a Natureza. In: *Canção da Natureza*. cap. 44.
[385] Franco, D. P.; Joanna de Ângelis (Espírito). Com dignidade. In: *Espírito e Vida*. cap. 13.
[386] Franco, D. P.; Joanna de Ângelis (Espírito). Origens do sofrimento. In: *Plenitude*. cap. 3.
[387] Franco, D. P.; Joanna de Ângelis (Espírito). Caminhos para a cessação do sofrimento. In: *Plenitude*. cap. 5.

siderais quanto os que com eles ombreiam na causa cósmica e crística trabalham auxiliando e sendo auxiliados pelos mesmos elementos provenientes do Evangelho – força, vitalidade e vida –, causa e efeito de tudo quanto existe na Suprema Sabedoria.

Nesta linha de raciocínio, enquanto os menos experientes lhes servem de substância e alimento, os mais experientes se lhes tornam caminho e lei sinalizadora. Hoje, o fato de termos a oportunidade de estar no Cristo e por Ele sermos conduzidos, aperfeiçoados, libertos da ignorância que nos aprisionava, faz-se motivo de glória e de honra em alto nível. Esforcemo-nos por aquilatar tamanha grandiosidade, uma vez que n'Ele permaneceremos eternamente. Imaginemos o prazer inenarrável de poder servi-lO em espírito verdadeiro, isto é, fazer aos Seus e aos nossos irmãos mais pequeninos o que por Ele faríamos, pois é exatamente assim que se sentem os que com Ele se afinam e se unificam:

> [...] as almas sumamente perfeitas e que já se tornaram em executores dos decretos do Altíssimo, auxiliam os seres rudimentares dos reinos mineral e vegetal, ajudando-os na organização de suas formas, **dos seus pensamentos formosos e sábios, que elas saturam de elementos de astralidade,** favorecendo assim o embrião espiritual em suas manifestações iniciais (grifo nosso).[388]
>
> O reino vegetal possui cooperadores numerosos. Vocês, possivelmente, ignoram que **muitos irmãos se preparam para o mérito de nova encarnação no mundo, prestando serviço aos reinos inferiores.** O trabalho com o Senhor é uma escola viva, em toda parte (grifo nosso).[389]
>
> **A natureza tem muitas divisões, no tocante aos agentes espirituais** (grifo nosso). Esses Espíritos do Senhor comandam todos os movimentos da água e do ar, da agricultura e da pecuária, das religiões e das ciências, dos animais e dos vegetais, do fogo e das revoluções geológicas, da paz e da guerra, para depois chegarem a um ponto de estabelecer a harmonia na Terra, de modo que ela se transforme em paraíso, onde o amor será todo o necessário para se viver.[390]

Do átomo ao homem, tudo sofre permanentes mutações, ordenadas por esses Evangelhos vivos que seguem na vanguarda. Na consciência do ser humano que ruma a caminho do anjo e deste ao encontro do Cristo e de sua consequente integração com a Munificência Cósmica, haverá o aperfeiçoamento contínuo e a intérmina expansão da obra iniciada, que jamais terá fim: "Busquemos o Evangelho de Jesus na sua condição de vida, que a Boa Nova é socorro para quem sofre. **O Evangelho é vida, e a vida é Deus.** [...] Somos vida e, se assim é, somos eternos, na eternidade

---

[388] Xavier, F. C.; Maria joão de deus (Espírito). A luz e a flora do além. In: *Cartas de uma Morta*. cap. 36.
[389] Xavier, F. C.; André Luiz (Espírito). Entre árvores. In: *Os Mensageiros*. cap. 41.
[390] Maia, J. N.; Miramez (Espírito). Divisão da natureza. In: *Filosofia Espírita*. V.12. cap. 24.

do coração de Deus (grifo nosso)."[391] Assim sendo, somos finitos nas formas transitórias, imortais nas formas transcendentes e eternos na vida e na consciência intérminas, pois não existe consciência dissociada da vida perene e nem vida desatrelada da consciência sempiterna.

Extrair a substância do Evangelho (o néctar da vida), emanada da essência de todas as formas existentes em a Natureza e impulsioná-la para o desabrochar no Amor, com esmero e sabedoria, integrando-a ao seu universo em expansão, é dever intransferível e oportunidade inadiável para o sal da terra que almeja a condição de luz do mundo, ou seja, fazer-se caminho de verdade e de vida para aqueles que conduz. Assim procedendo, transmutá-la-á no néctar que vivifica a própria consciência em gestação, nutrindo-a e norteando-a.

Quando conscientes de nossas potencialidades inatas, isto é, se tomarmos consciência da força propulsora do Evangelho que intrinsecamente trazemos em nós, da fonte interna de recursos latentes e do manancial imensurável desse Éter cósmico imanente na Força Suprema, à disposição da mente humana, sob as diretrizes da Consciência Crística, poderemos fazer tudo quanto fez Jesus, como cocriadores na Eterna Sabedoria. Portanto: "Se todos os encarnados estivessem cientes da força que trazem em si mesmos (o Evangelho como repositório de força, vitalidade e vida) e, se quisessem pôr sua vontade (a faculdade soberana da alma, a força espiritual por excelência, a essência da sua personalidade[392]) a serviço desta força, seriam capazes de realizar o que, até agora, chamamos de prodígios (*posso todas as coisas em Cristo que me fortalece* – Fp 4:13, pois, 'os chamados 'milagres' não são outra coisa senão a onipotência do Espírito sobre as potências da matéria e da mente'.[393]), e que não passam de um desenvolvimento dos dons e capacidades humanas."[394] À vista disto, exatamente tudo sempre nos será possível, pois a Sabedoria Suprema, da qual somos diminutas expressões, capacitar-nos-á para fazer acontecer tudo quanto o conhecimento nos indicar como possibilidades e que, por amor, nos dispusermos a concretizar a benefício de todos.

Vale lembrar que "a vontade é uma função diretamente vinculada ao Eu profundo, do qual decorrem as várias expressões do comportamento" do ser senciente e consciente de sua realidade imortal. Esse Eu profundo é "o Espírito em si mesmo que reúne as demais dimensões e

---

[391] Maia, J. N.; Miramez (Espírito). Nosso roteiro. In: *Páginas Esparsas*. V.20 - *Caridade*. cap. 17.
[392] Denis, L. A vontade e os fluidos. In: *Depois da Morte*. 4ª parte. cap. 32.
[393] Rohden, Huberto. Se dois vierem em paz... In: *O Quinto Evangelho:* A Mensagem do Cristo Segundo Tomé. cap. 48.
[394] Kardec, A. A fé transporta montanhas: A fé divina e a fé humana. In: *ESE*. São Paulo: Petit. cap. 19, item 12.

sabe, conscientemente, o que fazer, quando fazê-lo e como realizá-lo, para ser a pessoa integral, ideal. É o ser pleno e potente que alcançou a autorrealização".[395] Eis o ser que decide pensar no que pensar, que, via de regra, sente e discerne o que deve ou não ser mentalizado e verbalizado. Por conseguinte, vive exatamente o que foi apregoado, profundamente compreendido e amplamente conscientizado.

O Evangelho é o roteiro que direciona o ser, a passos seguros, para o despertar de sua consciência. André Luiz, em *Mecanismos da Mediunidade*, assim o define:

> O Evangelho, assim, não é o livro de um povo apenas, mas o Código de Princípios Morais do Universo, adaptável a todas as pátrias, a todas as comunidades, a todas as raças e a todas as criaturas, porque **representa, acima de tudo, a carta de conduta para a ascensão da consciência à imortalidade,** na revelação da qual Nosso Senhor Jesus Cristo empregou a mediunidade sublime como agente de luz eterna, **exaltando a vida e aniquilando a morte, abolindo o mal e glorificando o bem,** a fim de que as leis humanas se purifiquem e se engrandeçam, se santifiquem e se elevem para a integração com as Leis de Deus (grifos nossos).[396]

Em síntese, cumpre-nos interiorizar o verdadeiro significado do Evangelho, que é a substância vitalizadora que gera e nutre, ou seja, o princípio inteligente do Universo (a matéria-prima do cosmos), a Lei que a tudo normatiza (a síntese das mais sublimes revelações), a Unidade que integra a vida em todas as suas nuances, desde os mais ínfimos e pormenorizados matizes aos páramos dos excelsos resplendores das suas mais elevadas magnificências.

Em *A Gênese* (cap. 6, item 11), Allan Kardec assinala: "O brasão do Universo não tem senão uma divisa: UNIDADE/VARIEDADE." (São Paulo: IDE). Assim sendo: "O mundo é a nossa vasta sementeira e o Evangelho é, sem dúvida, o celeiro divino de todos os cultivadores da terra espiritual do Reino de Deus." Para tanto, Emmanuel profetizara o óbvio, pois "estudando a palavra do Céu em quatro Evangelhos, que constituem o Testamento da Luz, somos, cada um de nós, o quinto Evangelho inacabado, mas vivo e atuante, que estamos escrevendo com os próprios testemunhos"[397], a cada instante de nosso périplo, sobretudo quando a Vida, irrefreável, amiúde nos insta a que nos locomovamos segundo as

---

[395] Franco, D. P.; Joanna de Ângelis (Espírito). Ser e pessoa: A pessoa (A individualidade). In: *O Ser Consciente.* cap. 2, item 1.
[396] Xavier, F. C.; André Luiz (Espírito). Jesus e mediunidade: Evangelho e mediunidade. In: *Mecanismos da Mediunidade.* cap. 26, item 6.
[397] Xavier, F. C.; Emmanuel (Espírito). Culto Cristão no Lar. In: *Luz no Lar.* cap. 1.

diretrizes do seu intérmino evolver, "a fim de que a nossa vida seja uma revelação de Jesus, aberta ao olhar e à apreciação de todos, sem necessidade de utilizarmos muitas palavras na advertência ou na pregação".

Na sequência de nosso estudo, analisaremos a função do Evangelho na vida de todos nós, isto é, os benefícios por ele proporcionados a tudo e a todos os seres.

Para que serve?

O Evangelho é a fonte da vida e a luz que a direciona nos caminhos da consciência. Na interminável escalada do ser e do saber, ele é a solução para todos os entraves: dos mais simples desafios aos mais complexos e audaciosos empreendimentos.

Ante a dor e os desconfortos, promovidos por essa peregrinação intérmina, o Evangelho é o antídoto eficaz ante os mais improváveis obstáculos e as mais iminentes intempéries nas futuras etapas, principalmente nas aparentemente impossíveis de serem vencidas ou nobremente superadas com o êxito almejado. Não foi por acaso que Emmanuel rememorou o evangelista e suas elucubrações: *"Pregando o Evangelho do reino e curando todas as enfermidades* (Mt. 9:35)."[398] Ao recomendar a pregação do Evangelho aos nossos órgãos (que são vivos e educáveis), o autor conclamou-nos, na referida lição, a respeitar a vida em todas as frequências e estados dimensionais da evolução, convocando-nos a exemplificar diuturnamente a Boa Nova do Cristo como verdadeiros evangelhos vivos na ação. Esta deve ser a conduta do verdadeiro cristão. Acessando o seu próprio celeiro, o autor espiritual estabelece, em bela e consoladora síntese, a senda do progresso e o ensejo libertador para a consciência em desalento em busca de seu oásis interior: "A criatura que serve pelo prazer de ser útil progride sempre e encontra mil recursos dentro de si mesma, na solução de todos os problemas."[399] Todo o trabalho que dignifica o ser e o liberta da mendicância e da escravização atormentante é digno de justa recompensa e de correspondente remuneração monetária e espiritual motivadoras, mas, acima de tudo, o que realizamos por amor à causa crística, sem outro móvel senão o prazer de servir nas leiras sempiternas do bem operante, a vida fatalmente nos ressarcirá centuplicadamente,

---

[398] Xavier F. C.; Emmanuel (Espírito). Governo interno. In: *Pão Nosso.* cap. 158.
[399] Xavier F. C.; Emmanuel (Espírito). Quem serve, prossegue. In: *Fonte Viva.* cap. 82.

além das benesses que, via de regra, ela nos oferta, consoante o conhecimento, os recursos investidos e os méritos pleiteados nas ações dignificantes. Colheremos os frutos sazonados da liberdade íntima, promotores das florestas magnificentes da paz interior e do oásis dos jorros fulgurantes das forças-estímulo, pertinentes à autoiluminação. Suavizando o inadiável ensejo, acrescenta: "Nossas migalhas de boa-vontade na disposição de servir santamente, quando conduzidas ao Cristo, valem mais que toda multidão de males do mundo."[400] O servidor humilde, de boa e sincera vontade, norteado por uma fé inquebrantável no Cristo de Deus (o Evangelho personificado para os terrícolas), faz-se, por si só, maioria no contexto onde moureja, pois, ser um com o Cristo é realizar, sem condição, a Sua soberana e excelsa vontade. Se assim agirmos, ser-nos-á permitido afirmar, em alto e bom som: "o Cristo que vive em mim é motivo de honra e glória". Corroborando as elucidações na tese em foco, Meimei e Emmanuel acrescentam:

> Quem ama encontra mil assuntos dentro de si mesmo para cada momento de reencontro com os corações amados.
> Deus dá tudo a quem tudo Lhe oferece.
> A cisterna que esconde as próprias águas costuma transformar-se em residência de lodo e dos vermes consumidores da saúde, mas o poço que se derrama, cantando a alegria de servir, chama-se "fonte".[401]
> **Quanto mais clara a nossa luz, mais alta a nossa dívida para com as sombras. Quanto mais sublimes nossas noções do bem, mais imperiosos os nossos deveres de socorro às vítimas do mal. O mensageiro do Cristo é o braço do Evangelho.**
> Não vale a deserção do sofrimento, porque a fuga é sempre a dilatação do labirinto que nos arroja a invigilância, compelindo-nos a despender longo tempo na recuperação do rumo certo.
> Não aguardes o futuro para descerrares os olhos à própria ressurreição.
> **O atalho do amor puro consegue reduzir as sinuosidades da senda que nos cabe trilhar para a comunhão com o Senhor.**
> Lembra-te de que Jesus não é um Mestre distante. É o Amigo Divino e Eterno, em nossas atividades de cada dia, convocando-nos à assimilação da Vida Superior.
> **Ouçamos a voz, no âmago da consciência** (grifos nossos).[402]

De acordo com a resposta dos Espíritos a Allan Kardec, em *O que é o Espiritismo* (questão 127), *a consciência é a soma das boas resoluções tomadas pelo Espírito nas suas diversas encarnações,* ou seja, é a síntese dos tesouros constitutivos de nossa Consciência profunda.

---
[400] Xavier, F. C.; Emmanuel (Espírito). Migalha e multidão. In: *Vinha de Luz.* cap. 91.
[401] Xavier, F. C.; Meimei (Espírito). Pensamentos. In: *Cartas do Coração.* cap. 22, item 8.
[402] Xavier, F. C.; Emmanuel (Espírito). Primeira mensagem. In: *Escada de Luz.* cap. 2.

Segundo Emmanuel, são as ações nobremente arquitetadas no cérebro espiritual, muito bem compreendidas e lucidamente vivenciadas em nosso campo de atuação que a alicerça. Para o referido autor, "o Espírito, no labor incessante de suas múltiplas existências, vai ajudando as séries de suas conquistas, de suas possibilidades, de seus trabalhos; no seu cérebro espiritual, organiza-se, então, essa consciência profunda",[403] que não é senão, conforme as perquirições de André Luiz, o Reino de Deus em nós – "estado de sublimação da alma, criado por ela própria".[404] Se o Reino de Deus está dentro de nós, como nos disse Jesus, buscar em primeiro lugar o acesso a esse Reino é a nossa meta primordial, pois tudo o mais nos será acrescentado, segundo a proposta do Divino Mensageiro. Para lograr a transcendência em tal propósito, devemos saber querer em consonância com as leis que regem a Vida, a fim de edificarmos a paz de consciência à luz do dever fielmente efetuado. Por conseguinte, exercitar a sinceridade de cocriadores conscientes, desenvolver a ciência desse excelso saber e viver de forma consentânea com o êxito pretendido, ou seja, representar o papel com a fidelidade inconteste ao *script* previamente elaborado. Somente assim, veremos a multiplicação dos talentos empenhados, a frutificação do esforço bem direcionado e testemunharemos o rendimento das sementes germinadas em trinta, sessenta, cem ou mil vezes a mais do que havíamos esperado.

Em consonância com as instruções inequívocas precedentes, Emmanuel e Inácio Ferreira igualmente ponderam:

> A pirâmide da elevação tão somente se alteia, com a necessária segurança, quando erguida em quatro ângulos distintos: compreender; aceitar; amar; servir.
>
> Quem compreende – perdoa sempre. Quem aceita – vê mais longe. Quem ama – ilumina. Quem serve – conquista.[405]
>
> O trabalho é a nossa maior bênção; é ele e somente ele que nos auxilia a empreender com êxito a indispensável renovação de nossas ideias e sentimentos – o trabalho, que nos possibilita nos sentirmos úteis, nos preserva de todo e qualquer mal. A ociosidade é sempre uma porta escancarada e convidativa à perturbação. Se o homem realmente soubesse o que significa a oportunidade de servir, não haveria de economizar uma só gota de suor no esforço de doar-se aos semelhantes.[406]

---

[403] Xavier, F. C.; Emmanuel (Espírito). A subconsciência nos fenômenos psíquicos: A subconsciência. In: *Emmanuel*. cap. 14, item 2.
[404] Xavier, F, C.; Wieira Valdo.; André Luiz (Espírito). A rigor. In: *Espírito da Verdade*. cap. 8.
[405] Xavier, F. C.; Baccelli, C. A.; Emmanuel (Espírito). Sempre acima. In: *Brilhe vossa luz*. cap. 5.
[406] Baccelli, Carlos A.; Inácio Ferreira (Espírito). In: *O Joio e o Trigo*. cap. 12.

A atitude de servir pelo prazer de ser útil sinaliza que o nosso proceder deve coadunar-se com a paz de consciência, sem necessidade de aplauso, de reconhecimento, de gratidão ou de qualquer forma de recompensa. O ser autoconsciente (convicto de sua postura) realiza o melhor ao seu alcance, sem se perturbar ou sentir-se apequenado, diminuído, caso não atinja os seus objetivos. Humilde e submisso às Leis Maiores, reconhece-se frágil e se lança em busca de novos estímulos. Reveste-se de bom ânimo e prossegue destemido, certo de que, a cada ação nobremente idealizada e levada a efeito, aproxima-se do seu real ancoradouro, ou seja, de sua consciência. Despe-se de velhos conceitos e se abastece de novos contributos, a fim de retomar o leme de sua embarcação e executar os ditames de sua inteligência (qualidade da consciência).

Com a sensatez que lhe é peculiar, visando esclarecer e motivar o imprevidente distraído e, quiçá, desmotivado, prossegue Emmanuel, o venerando mentor: "Quando uma centésima parte do cristianismo de nossos lábios conseguir expressar-se em nossos atos de cada dia, a Terra será plenamente libertada de todo o mal."[407] Quando assim nos conduzirmos, os benefícios serão incontáveis para nós e para toda a Humanidade. Abracemos as oportunidades que nos são concedidas, sem autorrecriminações. O tempo urge e a Humanidade se apresenta sedenta de bons exemplos. A era do intelecto se encontra exaurida, mas a dos hábitos saudáveis e farta de nobres diretrizes apenas se inicia.

Fénelon, em *O Evangelho Segundo o Espiritismo*, cap. 1, item 10, enfatiza: "Tudo é fácil para aquele que crê e ama." As facilidades são enormes quando dispomos de conhecimento e pretendemos, com nobreza e boa vontade, empunhar a charrua e arar o solo fértil de nossa consciência.

Os benefícios e as vantagens, adquiridos por quem abraça o Evangelho com fidelidade e o vivencia em auxílio a si e aos seus irmãos de jornada, são incomensuráveis, como infinitas são as consequências significativas, advindas do emprego dessa força inerente ao Espírito e imanente na Excelsa Sabedoria, pois se trata de uma substância e de uma força perenes na eternidade da vida. Como suave lembrança de velhos ensinos e convite amoroso para novos tentames, assim se expressa a nobre seguidora do Cristo, enfatizando o poder incalculável da oração consciente: "Quando alguém se eleva a Deus, ergue com o seu gesto toda a humanidade."[408] É por esse motivo que Gibran Khalil Gibran enfatiza que, num

---

[407] Xavier, F. C.; Emmanuel (Espírito). Nas obras da assistência social. In: *Servidores do Além*. cap. 8.
[408] Franco, D. P.; Joanna de Ângelis (Espírito). Processo de autocura. In: *Plenitude*. cap. 9.

único "movimento da mente encontram-se todos os movimentos das leis da Existência".[409] Portanto, a mudança de hábito de um ser senciente ou a transformação estrutural de um diminuto átomo de seus veículos de expressão interferirá profundamente em todas as frequências de vida inseridas em nosso sistema planetário. Desse modo, o "somos Um" não é uma expressão superficial, mas uma inegável verdade, pois, imanentes em Deus, "todas as Almas são irmãs; todos os filhos da raça humana são unidos por laços estreitos de fraternidade e solidariedade. E porque os progressos de cada um são sentidos por todos, os rebaixamentos de um só, afetam o conjunto".[410] Assim como, segundo a sua carga de virulência, um único vírus pode derrubar um homem num lapso de tempo; uma atitude inocente ou impensada de um indivíduo desprevenido ou mal-intencionado, fatalmente, desnorteará a vida de inumeráveis elementos distraídos ou desacautelados. O oposto também é verdadeiro. Quando a ação é dirigida convenientemente para o bem, a força torna-se incalculável ou imensuravelmente mais potente do que o exemplo ventilado.

Por estarmos permanentemente conectados a tudo o que existe, e por sermos um complexo de forças vivas (individualidade) em pleno dinamismo gestacional e em expansão consciencial, quando agimos, fatalmente interagimos. Por conseguinte, integramos incontáveis consciências diminutas – igualmente em formação e em pleno aperfeiçoamento – ao nosso universo de ação. Normalmente não percebemos essas adesões, outras vezes ignoramos a amplitude da influência gerada pelo campo vibracional em que atuamos, quer estejamos vigilantes ou alheios a esse intercâmbio multiforme. Reguladas pela lei da afinidade e normatizadas pela lei de justiça (causa e efeito), todas as formas de ação geram uma reação consequente, transformando as causas vigentes nos futuros efeitos.

Alterando a frequência do nosso proceder e atuando de forma condizente com a lei de harmonia, conscientes de que o exemplo de um transforma o contexto, todos saem enriquecidos, quando a intenção é o legítimo bem. Assim, cientifiquemo-nos de que "o conhecimento liberta da ignorância. Todavia, somente a sua aplicação liberta do sofrimento".[411] Tal é a essência da lei que a tudo normatiza, de sal da terra a luz do mundo.

Ante as evidências fundamentadas em provas morais, ou seja, frente as experiências cunhadas à luz da filosofia, da ciência e da moral transcendentes, não há argumentos que as contrariem ou as invalidem,

---

[409] Gibran, Gibran Khalil. A essência de tudo (Poesia nº 50). In: *As últimas horas de Gibran*. p. 50.
[410] Denis, L. Solidariedade; comunhão universal. In: O *Grande Enigma*. 1ª parte. cap. 3.
[411] Franco, D. F.; Joanna de Ângelis (Espírito). Teoria e prática. In: *Momentos de Felicidade*. cap. 17.

posto que a exemplificação espontânea ou o expediente bem direcionado de um altera a estrutura da trama e da teia da vida que a tudo enlaça. Não por acaso, em Deepak Chopra, encontramos provas de igual teor, à luz da ciência clássica ou acadêmica: "É muito difícil fazer a glicerina se transformar em cristais, mas depois da primeira tentativa bem-sucedida de cristalização, ela se cristalizava espontaneamente dentro dos tubos selados de outros laboratórios."[412] Como bem definiu Vicente de Paulo, em *O Evangelho Segundo o Espiritismo*, cap. 13, item 12: "Os exemplos não nos faltam. O que nos falta é a boa vontade, que é rara." Quando nos predispomos ao trabalho incessante com vistas ao bem coletivo, encontramos os estímulos peculiares aos efeitos correspondentes a cada tarefa nobremente executada.

É lícito pensar no que ainda não assimilamos, raciocinar acerca disto e até mesmo duvidar dos fatos. Importa cientificarmo-nos de que, por mais que nos esforcemos em planejar ações, consoante as diretrizes propostas pelo Cristo, segundo os preceitos exarados em Seu Evangelho, se não nos ativermos às Suas sublimes recomendações, compreendendo-as em profundidade e vivenciando-as, será inútil procurar a paz.

Conforme estabeleceu Joanna de Ângelis:

> [...] o ser é a soma de muitas reencarnações, nas quais esteve na condição de personalidades transitórias, cujos conteúdos foram-lhe incorporados, formando-lhe a individualidade. **É natural, portanto, que essas experiências e vivências mais marcantes arquivadas no inconsciente profundo emerjam, vez que outra, confundindo a consciência atual e, às vezes, escapando-lhe ao controle** em forma de imagens projetadas, de personificações que exteriorizam com prevalência do ego (grifo nosso).
>
> Adicione-se a esse transtorno psicológico a incidência de psiquismos diversos, interagindo por processos hipnóticos, conscientes ou não, sobre a pessoa portadora de uma estrutura psicológica frágil, e o conflito se torna mais expressivo.[413]

O Evangelho é o lenitivo divino imarcescível, a luz clarificadora em todos os escaninhos da consciência. É a âncora e a bússola segura na solução de todos os problemas psicobiofísicos, morais e espirituais.

Urge encetarmos estudos para compreendermos em profundidade as forças que constituem esse complexo condomínio espiritual e as leis que o gerenciam. Alheios à quase totalidade de suas expressões, à semelhança de viajores sem destino e sem esperança no porvir, acatemos este estimulante convite de um Espírito Protetor: "Se todos os encarnados estivessem

---

[412] Chopra, Deepak. Um é tudo e tudo é um. In: *Conexão Saúde*. cap. 37.
[413] Franco, D. F.; Joanna de Ângelis (Espírito). Objetivos conflitivos. In: *Amor, imbatível amor*. cap. 26.

cientes da força que trazem em si mesmos e se quisessem pôr sua vontade a serviço desta força, seriam capazes de realizar o que, até agora, chamamos de prodígios, e que não passam de um desenvolvimento dos dons e capacidades humanas" (*ESE*, cap. 19, item 12 – São Paulo: Petit). Considerando a necessidade do autoconhecimento para o desenvolvimento das capacidades humanas, as sábias palavras de Santo Agostinho surgem como um bálsamo estimulante ao Espírito ávido de um roteiro conciso: "O que há de mais consolador e mais encorajador do que o pensamento de que depende só de si mesmo, de seus próprios esforços, abreviar seu sofrimento, destruindo em si as causas do mal (*ESE*, cap. 14, item 9 – São Paulo: Petit)?" Quando esses mestres do saber operante nos convidam ao autoconhecimento e nos estimulam ao inadiável mergulho interior, intentam iluminar-nos com as luzes do discernimento, a fim de que nos libertemos pelo reto proceder. A isso nominamos de autoiluminação, ou seja, conduzir-nos como seres conscientes, vivenciando o conhecimento adquirido. Portanto, acessar as jazidas internas e delas fazermos uso, a benefício nosso e do próximo, é um dever moral do Espírito (o Ser integral) a que não nos podemos furtar como almas encarnadas e partes integrantes desse todo, síntese de todas as experiências vivenciadas.

Recebamos sem reservas, sem queixumes e sem melindres a grave advertência de Hahnemann, fazendo coro com as que a antecedem e trazendo luzes de extrema importância para a concretização do nosso intento: "Convencei-vos, portanto, de que *o homem apenas permanece vicioso porque assim o quer;* mas aquele que quer se corrigir sempre tem a oportunidade. De outra maneira, a lei do progresso não existiria para o homem (*ESE*, cap. 9, item 10 – São Paulo: Petit)." Comumente, as pessoas desejam que tais fatos aconteçam em suas vidas, mas estão ou ficarão "bem satisfeitas que assim não seja". De modo geral, "quando o homem não acredita poder vencer suas paixões, é que seu Espírito se satisfaz nisso por consequência de sua inferioridade" (*LE*-R911). **Quem teme perder a pugna, só por esta postura íntima, pode considerar-se vencido antes mesmo de iniciar a peleja, pois todo aquele que em si mesmo não crê, de quase tudo duvida.** Portanto, não devemos desconsiderar o fato de que a fé lucidamente vivenciada gesta a autoconfiança que construirá a paciência, a qual, por sua vez, capacitará o ser para a sublime organização do oásis interior. Para tanto, o trabalho carece de ser aureolado e impulsionado pelas luzes do bem operante que edificará a serenidade sem mácula. Por fim, o desprendimento se torna a força motriz que culminará no amor como elo que cingirá, no oceano das virtudes, todas as sublimes revelações libertadoras.

Acrescendo aos estímulos dos mestres elencados, Joanna de Ângelis enfatiza: "Quem toma conhecimento dos recursos próprios, dispõe de medida para avaliar as possibilidades de triunfo e empenha-se para alcançá-lo, enquanto aquele que os desconhece, detém-se no pretexto da própria fragilidade, porque, no íntimo, assim o prefere."[414] O que é mais coerente, simples, prático, eficiente e menos dispendioso? Buscar fora o de que, comumente, necessitamos, e que, via de regra, ignoramos possuir, para isso gastando tempo e recursos imensuráveis ou dispormo-nos à autoanálise, ao autoconhecimento, objetivando encontrar em nós mesmos, no até então indevassável, mas não indecifrável cosmos interior? Portanto, o que intencionamos assimilar do entorno sem antes demonstrarmos o devido empenho e o equivalente esforço bem direcionados, enfim, sem antes exaurir os próprios recursos? Assim, a ignorância e a falta de fé em nós mesmos equivalem a vivermos alheios às imanentes jazidas dos potenciais criativos de que somos portadores, conquanto acreditemos que somos a imagem e semelhança do Supremo Arquiteto.

Sabemos que, a cada segundo, um trilhão de neutrinos perpassam nossos corpos. No entanto, apesar dessa força incalculável que nos permeia diuturnamente, ignoramos que "todos os recursos exteriores se encontram com mais eficiência no interior de cada ser",[415] bastando, tão somente, que a nossa *inteligência trabalhe em perfeita consonância com o coração*. Em outros termos, **o que pensa, sabe; o que compreende, sente e discerne; o que nobremente decifra, fala lúcida e disciplinadamente; e o que conscientemente diz, infalivelmente se torna o que fielmente vive.** Assim agindo, faz-se o autor consciente do seu destino e o promotor incontestes de seu irrepreensível proceder.

Munidos dessas valiosas diretrizes, avancemos destemidos ao trabalho inadiável que nos aguarda. Ajustemos o foco de nossa atenção ao que é essencial, para então atingirmos os patamares sublimes de nossa espiritualização. Semelhantes ao oleiro que molda a argila, segundo suas habilidades; ao carpinteiro que trabalha a madeira, conforme as aptidões amealhadas; ao artesão que confecciona o seu artesanato mediante as experiências acumuladas; assim, o Espírito tecerá a trama do seu destino com os fios de suas ações virtuosas, edificadas em sua laboriosa peregrinação na eternidade:

---

[414] Franco, D. P.; Joanna de Ângelis (Espírito). Significado do ser integral: Bases para a autorrealização. In: *Vida:* Desafios e Soluções. cap. 5, item 1.
[415] Maia, J. N.; Miramez (Espírito). Energismo estuante. In: *Horizontes da Mente.* cap. 19.

> Na gênese da energia pensante, permanecem ínsitos os instintos primários decorrentes das remotas experiências, que se exteriorizam, quando na área da razão, como **impulsos, tendências, fixações automatistas e perturbadoras, necessitando de canalização disciplinadora, de modo a torná-los sentimentos,** que o raciocínio conduzirá sem danos nem perturbação (grifo nosso).[416]

Se tudo serve, cresce e evolui e se nada se perde em toda a Natureza, em nós, que somos uma micronatureza, nada poderá ser desprezado. Todas as forças e substâncias deverão ser identificadas e acolhidas, promovidas e integradas à nossa individualidade, sob a regência das leis de harmonia, solidariedade e fraternidade mútuas.

Segundo Léon Denis, "as manifestações mais elevadas de energia confinam com a inteligência. A força se transforma em atração; a atração se faz amor". Antes o autor enfatizara: "Estudando a ação da vontade sobre os eflúvios e as irradiações, poderíamos, talvez, entrever o ponto, **o vértice em que a força se torna inteligente, em que a Lei se manifesta, em que o Pensamento se transforma em vida** (grifo nosso)."[417] Camille Flammarion acrescenta: "A Força é a entidade essencial."[418] As manifestações mais elevadas de energia são os estados mais sutis da consciência em ascensão. A inteligência representa a resultante da expressão daquela e a força é o seu estado de fragmentação mais palpável e perceptível aos sentidos humanos (faz-se o agente coordenador das mônadas primevas ou espíritos – princípios inteligentes do Universo). Imanente na Força Suprema, em plano menor, a força é a entidade e o elemento de coesão e de coagulação desses fascículos advindos do Psiquismo Divino e constitutivos do Éter Cósmico e se torna o elemento gerador e mantenedor da vida em perpétuo dinamismo. Em suma, o amor é a síntese dessas microentidades e suas aptidões e experiências correlacionadas, em estados cada vez mais luminescentes, probos e acolhedores.

A caridade é a virtude e o instrumento por meio do qual o amor se manifesta, exercita-se (exemplificando o que se propõe) e se aprimora em suas incontáveis facetas.

Segundo Vicente de Paulo:

> A caridade é a virtude fundamental que deve sustentar todo o edifício das virtudes terrenas. [...]

---

[416] Franco, D. P.; Joanna de Ângelis (Espírito). O Ser real: Complexidades da energia. In: *Autodescobrimento:* Uma busca interior. cap. 1, item 1.
[417] Denis, L. Unidade substancial do Universo. In: *O Grande Enigma*. 1ª parte. cap. 2.
[418] Flammarion, C. *Ad veritatem per scientiam:* O testamento científico de Spero. In: *Urânia*. 3ª parte. cap. 6.

> A caridade é a âncora eterna de salvação em todos os mundos. É a mais pura emanação do próprio Criador; é sua própria virtude dada por Ele à criatura. [...] (*ESE*, cap. 13, item 12 – São Paulo: Petit)

Segundo Joanna de Ângelis, a caridade é vida que a tudo vitaliza e sustenta, gerando entusiasmo e alegria de viver.[419] Portanto, a caridade para consigo mesmo, em primeiro lugar (a mais urgente), é a aquisição do conhecimento que facultará ao caminheiro a percepção inequívoca do caminho a ser percorrido e as diretrizes mais seguras para proceder à autoiluminação. A sua aplicação, o segundo passo, propiciar-lhe-á o discernimento, levando-o a optar por veredas condizentes com o fim que se propôs e, por último, é a sua conduta em consonância com a ética adotada que comporá a sua consciência à luz do dever fielmente cumprido. Ou seja, a caridade é uma síntese filosófica que esclarece o viajor por suas luzes normativas, uma ciência que o instrui pelas experiências que o enriquecem, e uma moral que o liberta, porque o induz a conduzir-se nobremente, segundo o que preconiza a ética cristã – desde as origens do sal da terra (o Fiat Lux, a partir do qual, foram gestadas as mônadas primevas) aos páramos imarcescíveis da sempiterna e inefável luz do mundo. Em suma: "A caridade é o pensamento vivo do Evangelho."[420]

O Ensino Universal dos Espíritos é uma síntese constituída por três pilares contíguos, interdependentes e indissociáveis, sinalizados por Léon Denis, em *O Espiritismo na Arte,* quais sejam: busca (filosofia), estudo (ciência) e manifestação (vivência moral), ou seja, *a arte é a busca, o estudo e a manifestação da beleza eterna.*

Se a caridade é a *sublimação da personalidade*, ela só será possível mediante a vida de relação. É por meio das permanentes ações e interações com as forças e com as substâncias que compõem a vida e por ela transitam, sob a égide das leis que normatizam o progresso em suas múltiplas expressões, que o indivíduo adquire e testa os conhecimentos amealhados nesse intérmino percurso.

A esse respeito, em o *ESE*, há uma inquestionável advertência:

> Só é verdadeiramente grande aquele que, considerando a vida como uma viagem que o deve levar a um destino certo, faz pouco caso das contrariedades do caminho e dele nunca se desvia. De olhos fixos na meta a que se destina, pouco lhe importa se os obstáculos e os espinhos do caminho podem lhe causar danos, já que eles apenas o roçam sem o ferir e não o impedem de avançar. (*ESE*, cap. 12, item 11 – São Paulo: Petit).

---

[419] Franco, D. P.; Joanna de Ângelis (Espírito). Amor, justiça e caridade. In: *No rumo da felicidade*. cap. 23.
[420] Vieira, Waldo; André Luiz (Espírito). Memorando. In: *Estude e Viva*. cap. 27.

> Toda ideia nova encontra forçosamente oposição, e não houve uma única que se estabelecesse sem lutas. Nestes casos, a resistência é proporcional à importância dos resultados previstos, pois, quanto maior for a ideia, tanto maior será o número de interesses ameaçados (*ESE*, cap. 23, item 12 – São Paulo: Petit).

Com os olhos fixos no porvir, seguindo as metas e objetivos que nos propusemos, convictos da necessidade de construirmos e de imortalizarmos os valores permanentes e cônscios da impermanência da quase totalidade dos momentos que desfrutamos neste cenário transitório (os gozos pueris), entusiasmemo-nos pelas bênçãos do trabalho com o Cristo (oportunidade de trabalho no sempiterno Bem) e façamos, sem procrastinações injustificáveis, o que a vida nos conclama a priorizar.

Não menos importante é a recomendação de Joanna de Ângelis: "Somente quando se ama aos demais caminhantes da estrada da evolução, é que se desenvolvem os sentimentos de nobreza, especialmente os da compaixão, de misericórdia, de solidariedade e caridade no seu sentido mais elevado."[421] O amor que dispensamos aos nossos irmãos de jornada deve assemelhar-se ao que dedicamos a nós mesmos, o qual nos propiciará o célere desenvolvimento dos "olhos de ver", inerentes à compaixão; o aparelhamento intransferível da imparcialidade pertinente à misericórdia; a qualificação impostergável da empatia, concernente à solidariedade; e a inalienável expansão das luzes libertadoras, ínsitas na caridade, que nos capacitarão para o sublime enseio da iluminação e da ascensão e expansão consciencial. Tal síntese virtuosa definirá a nobreza d'alma de quem a adota como normativa de seu caráter e a cultiva como tabernáculo de seu Espírito.

Ante o exposto, atentemos para a tríade libertadora, composta pela *piedade*, pela *compaixão* e pelo *amor*. A piedade nos capacita, por uma transfusão de alma, a mapear a causa das intempéries no universo dos nossos irmãos em sofrimento; a compaixão nos permite catalogar as suas potencialidades latentes para dirimir os entraves perturbadores que obstam a sua marcha ascensional; e o exercício do amor, a solução infalível, disponibiliza-nos todos os meios para a tão anelada libertação.

Lembremo-nos do exemplo da lagarta que fatalmente se transformará em borboleta. Após longos e penosos esforços no solo e sobre as árvores, a lagarta atinge o clímax de sua evolução nesse estágio. Protegida das intempéries pelo casulo acolhedor, lança-se, incansável, ao autoburilamento (autolapidação), metamorfoseando-se, com o passar dos

---
[421] Franco, D. P.; Joanna de Ângelis (Espírito). Vivência da felicidade. In: *Atitudes Renovadas*. cap. 19.

dias, em belíssimo espécime voador. Da mesma forma, a vida exigirá, de qualquer indivíduo que alcance evolução correspondente, um novo posicionamento, concedendo-lhe, porém, o tempo necessário para planejamento e meditação, ante a grave decisão a tomar e a consequente responsabilidade a assumir.

Como o êxito de um elemento se reflete no entorno, dá-se o mesmo com a larva da cigarra. Aparentemente disforme, no interior da madeira em decomposição, observa, esperançosamente, a sublime transformação da lagarta em borboleta. É norma da Lei que sempre aprendamos com os erros e com os acertos nossos e dos outros. Assim sendo, a cigarra em potencial empreende extremo esforço e atinge superior resultado. Transforma seu corpo menos nobre e franzino numa magnífica espaçonave, imprimindo-lhe velocidade e beleza. O mesmo se dá com um "projeto" de libélula. Ainda em insignificante forma de larva, submersa nas águas de um riacho ou de um lago, observa os esforços inauditos, promovidos pelos dois seres citados. Surpresa com o resultado de semelhante investimento, empenha-se e supera as suas expectativas, alcançando resultados ainda mais formidáveis. Ali, em germe, não se encontrava apenas um grandioso e velocíssimo aeroplano e sim um dos mais belos espécimes voadores, esculpido pelas divinas mãos da Natureza, "materializado" por sua coragem em ousar.

São exemplos simples, mas de inestimável alcance, significado e valor. Se esses pequeninos, conquanto valorosos exemplares que ornam a Natureza, desvelam-nos possibilidades fantásticas de crescimento e superação, pode-se presumir o que não logrará o ser humano, ciente de suas impostergáveis e intransferíveis responsabilidades e consciente de suas infinitas possibilidades, caso se permita tentar.

Reflexionemos com a veneranda mentora:

> Quando o indivíduo puder olhar-se com serenidade, sem culpa nascida no passado, sem saudade dele ou ansiedade pelo futuro, na expectativa do vir a ser, nada obstante os conflitos que lhe permaneçam, terá conseguido avançar decisivamente no rumo da autorrealização, portanto, de uma vida harmônica.
>
> Essa conquista não impede a luta contínua, porque a evolução não tem limite, e quanto mais se adquire conhecimento mais se ampliam os horizontes do saber e as indagações em torno do existir, do Cosmo, da vida em si mesma.[422]

---
[422] Franco, D. P.; Joanna de Ângelis (Espírito). A vida e a morte: A vida harmônica. In: *Em busca da verdade*. cap. 10, item 1.

Sigamos no Cristo, pois n'Ele somos amorosamente burilados. Como eternos aprendizes do Evangelho, esforcemo-nos e percebamo-lO ativamente em nós, como essência que vivifica e norteia a nossa consciência e conscientizemo-nos de que, para os elementos que alicerçam a Natureza, também somos cartas vivas desse pergaminho de luz, traçando roteiros e conduzindo vidas rumo aos páramos incontestes da evolução.

Finalizamos este introito com a afirmação de Miramez: "O Evangelho representa a herança de todos os estudantes da verdade. Sigamos o Mestre, que Ele já nos segue há bilhões de anos, sem que o cansaço desfigure Sua inteligência."[423] Pensar e sentir, falar e agir em perfeita consonância com as diretrizes luminescentes do pergaminho de luz inquebrantável, fonte eterna das verdades imorredouras, tal será a meta de todos quantos se fizerem um com o Cristo de Deus; e se tornarão instrumentos incorruptíveis do sublime peregrino – Jesus –, o Mestre da sabedoria transcendente por excelência. Para os terrícolas, como nós outros, modelo de perfeição absoluta a ser galgada, dada a nossa atual condição evolutiva, o Guia infalível de um porvir venturoso, caso O elejamos, por ser Ele a personificação do Evangelho à luz do cosmos.

Como usar?

Convictos de que "o Evangelho nos mostra o Senhor em tudo sorrindo e nos amando; devemos fazer o mesmo, pois a esperança tem uma porta e um caminho: Cristo".[424] Para tanto, cumpre-nos observar os Seus preceitos libertadores e permanecermos atentos à nossa postura frente a eles, no afã de que, ao nos transmutarmos à Sua imagem e semelhança, tornar-nos-emos luzes clarificadoras também, posto que "o ser numinoso exala equilíbrio, segurança, autoconquista. Transforma-se em um polo de atração que beneficia todos aqueles que se lhe acercam, porque a sua exteriorização é benéfica e enriquecedora".[425] Eis o instante em que a criatura, a Criação e o Creador se tornam uma Unidade indissoluvelmente coesa, perenemente harmônica, profundamente solidária e eternamente fraterna.

O doar a outrem o que anelamos auferir, isto é, semear em seara alheia o que estimaríamos colher, não é um simples convite ou uma mera recomendação da Lei, trata-se de uma condição *sine qua non* para perma-

---

[423] Maia, J. N.; Miramez (Espírito). Campo mental. In: *Horizontes da Mente*. cap. 14.
[424] Maia, J. N.; Carlos (Espírito). Contradições. In: *Gotas da Verdade*. cap. 41.
[425] Franco, D. P.; Joanna de Ângelis (Espírito). A vida e a morte: A vida harmônica. In: *Em busca da verdade*. cap. 10, item 1.

necermos em Sua seara, não como pedintes, mas na condição de ovelhas complacentes e servidoras, como unidades componentes de um só rebanho, pela conduta coerente com os Seus ensinos (n'Ele nos tornamos uma só alma), vivendo e nos movendo sob a égide de um só condutor (O Cristo de Deus).

O trabalho desinteressado e a forma pela qual o executamos nos proporcionarão inefáveis benefícios:

> **A alegria de viver, por exemplo, é um dos mais valiosos equipamentos psicológicos para o êxito do empreendimento humano,** porquanto, através desse sentimento, todas as experiências adquirem significação, selecionando aquelas que promovem com a superação tranquila em referência às portadoras de angústia e de aflição (grifo nosso).[426]
>
> **A alegria é a presença de Deus no coração do ser humano,** cantando, sem palavras, melodias de perenidade, mesmo que de breves durações (grifo nosso).[427]
>
> **A alegria afrouxa os nervos e tonifica as correntes de vida** que visitam os centros de força: harmoniza os corpos e purifica o ambiente em que respiras (grifo nosso).[428]

Quando nos dispomos a amar sem preterir e a auxiliar desinteressadamente, os músculos da mente e as fulgurações da consciência – que por aquela se expressam – tornam-se cada vez mais graciosos e expansivos, em razão da ginástica moral a que procedemos, à luz do amor sem condição.

Ao permitirmos que a energia circule de forma equânime e permanente, tanto do íntimo para a periferia quanto desta para o íntimo, todas as forças correlatas se renovam num *continuum* infindo, alterando os rumos do incessável presente, reparando os possíveis equívocos incrustados no passado recente ou remoto e construindo o porvir repleto de paz e de plenitude.

Não por acaso, a mártir do cristianismo acrescenta:

> **Uma atitude mental afável, amorosa, é a melhor receita para o sofrimento,** porquanto rearmoniza a energia espiritual que vitaliza o corpo e desconecta as engrenagens das doenças, que nelas se instalam como efeito dos distúrbios, da *consciência de culpa,* defluente dos atos pretéritos.
>
> **A postura amorosa desperta a consciência de si mesmo,** anulando os fluidos perniciosos que abrem campo à instalação das doenças incuráveis, portanto, dos sofrimentos dilaceradores.

---

[426] Franco, D. P.; Joanna de Ângelis (Espírito). A vida e a morte: A vida harmônica. In: *Em busca da verdade.* cap. 10, item 1.
[427] Franco, D. P.; Joanna de Ângelis (Espírito). Atividades libertadoras: Introdução. In: *O Despertar do Espírito.* cap. 4, introito.
[428] Maia, J. N.; Miramez (Espírito). O poder da alegria. In: *Saúde.* cap. 56.

> A energia gerada por uma consciência em paz, favorável ao desdobramento do sentimento de amor profundo, é responsável pela liberação do sofrimento.
>
> Desse modo, diante dos carmas extremos, **o amor é o recurso exato para trabalhar a lei de compensação ou de causa e efeito**, alterando-a para melhor ou dando-lhe o sentido de felicidade (grifos nossos).[429]
>
> Vivendo-se no mundo em que tudo é energia sob diferentes aspectos de aglutinação de moléculas, o pensamento também pode e deve engendrar mecanismo propiciatório ao surgimento de forças psíquicas que trabalham pelo bem-estar e superam as construções do sofrimento. Tudo, portanto, **encontra-se dentro da pauta do querer corretamente, a fim de conseguir-se retamente.** Pensando-se com equidade e justiça, agindo-se com bondade e compaixão, vivendo-se com esperança e alegria, **a iluminação dá-se natural,** ampliando a capacidade no Self para gerar o estado numinoso permanente (grifos nossos).[430]

Todas as forças se solidarizam num eterno *ir* e *vir*, podendo ser acionadas, constante e conscientemente, tanto do geral para o específico (do macro para o micro), quanto deste para o geral (do micro para o macro), como bem definiu Walter Franco, em *"Serra do Luar"*, canção de sua autoria: "Viver é afinar o instrumento/De dentro pra fora/De fora pra dentro/A toda hora, todo momento." Segundo o autor: "Tudo é uma questão de manter/A mente quieta/A espinha ereta/E o coração tranquilo." Como um oceano de infindáveis recursos iluminativos e um laboratório de imensuráveis possibilidades de ascensão, a mente é uma emanação do Espírito, força cáusica de sua realidade inegável. Portanto, nela nada nos será impossível de se realizar, pois, é sabido por todos os que a estudam em profundidade, que se trata de instrumento de uma plasticidade inexprimível, tanto na elaboração, na arquitetura e na construção, quanto no aprimoramento e na sublimação de incontáveis realidades a ela atinentes. A mente é a mestra criadora do perispírito, o seu principal veículo de expressão, por meio do qual se constrói o corpo físico e se concretizam as mais insondáveis conjecturas advindas dos planos subjetivos e até as mais improváveis ideações do plano objetivo. Em suma, tudo o que nela se idealiza, concretiza-se: *somos hoje o que desejamos ardentemente ontem e seremos amanhã o que desejarmos conscientemente hoje.*[431] Não por acaso, com magistral e inegável elegância, assim profetizou Léon Denis, o Apóstolo do Espiritismo:

---

[429] Franco, D. P.; Joanna de Ângelis (Espírito). Consciência e vida: Consciência e Sofrimento. In: *Autodescobrimento:* Uma busca interior. cap. 3. item 3.
[430] Franco, D. P.; Joanna de Ângelis (Espírito). A vida e a morte: A vida harmônica. In: *Em busca da verdade.* cap. 10, item 1.
[431] Xavier, F. C.; André Luiz (Espírito). Desejos. In: *Sinal Verde.* cap. 24.

Como participa simultaneamente da alma e do corpo material, o perispírito serve de intermediário a ambos: transmite à alma as impressões dos sentidos e comunica ao corpo as vontades do Espírito.

A elevação dos sentimentos, a pureza da vida, os nobres impulsos para o bem e para o ideal, as provações e os sofrimentos pacientemente suportados, depuram pouco a pouco as moléculas perispíricas, desenvolvem e multiplicam as suas vibrações. Como uma ação química, eles consomem as partículas grosseiras e só deixam subsistir as mais sutis, as mais delicadas.

Quanto mais elevado é o Espírito, tanto mais sutil, leve e brilhante é o perispírito, tanto mais isento de paixões e moderado em seus apetites ou desejos é o corpo. **A nobreza e a dignidade da alma refletem-se sobre o perispírito, tornando-o mais harmonioso nas formas e mais etéreo;** revelam-se até sobre o próprio corpo: a face então se ilumina com o reflexo de uma chama interior (grifos nossos).[432]

A alma pura, livre das atrações bestiais, conforma um perispírito semelhante a si própria. Quanto mais sutil for esse perispírito, tanto maior força expenderá, tanto mais se dilatarão suas percepções. Participa de meios de existência de que apenas podemos fazer uma ideia; inebria-se dos gozos da vida superior, das magníficas harmonias do infinito. Tal é a tarefa e a recompensa do Espírito humano (grifo nosso).[433]

Recordando a célebre frase do poeta romano Juvenal – *mens sana in corpore sano* (mente sã em corpo são) –, que a mente representa os olhos da alma, mais uma vez, relembremos Jesus: *"A candeia do corpo são os olhos; de sorte que, se os teus olhos forem bons, todo o teu corpo terá luz; se, porém, os teus olhos forem maus, o teu corpo será tenebroso. Se, portanto, a luz que em ti há são trevas, quão grandes serão tais trevas (Mt. 6:22,23)!"* Em outras palavras, de acordo com o que você costumeiramente pensa, na maioria das vezes sem pensar com lucidez, é exatamente como você enxerga e discerne todas as possibilidades. Desse modo, consoante a forma como você acredita em semelhantes probabilidades, você construirá e defenderá a sua tese. Conscientes de que o êxito ou o fracasso de um único elemento altera significativamente a harmonia do conjunto, reflitamos nos alvitres de Miramez e Emmanuel, buscando aplicá-los em nosso cotidiano:

A mente da criatura comanda todos os corpos que lhe atendem as necessidades. O Espírito precisa de muitos corpos intermediários, cujas funções são múltiplas no engenho da vida; entrementes, **a força mental é que dá a eles vida e movimento, ordens e comando,** para que sirvam de instrumentos fiéis à sua orientação. **Quando a mente fraqueja, eles são acionados por forças estranhas,** às vezes por inimigos espirituais, que passam a dar ordens para eles, e com o tempo desacostumam-se com as diretrizes do seu dono. Muitas possessões podem se encaixar nesta verdade.

---

[432] Denis, L. O mundo invisível: O perispírito ou corpo espiritual. In: *Depois da Morte*. 3ª parte. cap. 21.
[433] Denis, L. O mundo invisível: A evolução perispiritual. In: *Depois da Morte*. 3ª parte. cap. 23.

Não esqueças dessas verdades e começa a comandar os teus corpos. Esse exercício pode ser feito todos os dias, até completo domínio, para que o escravo não mande no seu senhor. **Dá ordens aos teus órgãos igualmente, que eles te obedecerão** e, se nas primeiras vezes, não der resultados, continua, que com o perpassar do tempo, tudo entrará na harmonia, porque teus corpos, sejam eles quantos forem, são teus cativos. Assim como não podes libertar do pensamento Criador, eles, teus corpos espirituais, não podem se libertar de ti, que diante deles é o Criador.

A tua felicidade depende do teu modo de vida. Já existem muitas criaturas na Terra conhecedoras desta verdade. Sê mais um, engrossando as fileiras dos libertados, no sentido de que em breve o mundo será um paraíso, onde **o amor será o alimento das almas e a fraternidade a água de luz para saciar a sede de todos os seus ocupantes** (grifos nossos).[434]

Se queres harmonizar teus órgãos em decadência, fala com eles, pede à consciência que os comanda o que desejas de saúde, de bem-estar. Saber pedir é um passo no caminho de receber. **Até as células entendem a vontade da mente; elas são vivas e obedientes** (grifo nosso).[435]

Consagra-te à própria cura, mas não esqueças **a pregação do Reino Divino aos teus órgãos.**

Eles são vivos e educáveis. Sem que teu pensamento se purifique e sem que a tua vontade comande o barco do organismo para o bem, a intervenção dos remédios humanos não passará de medida em trânsito para a inutilidade (grifos nossos).[436]

Considerando que o Evangelho é a substância primordial, a essência vital que gera e nutre todas as dimensões do ser e do saber e é, simultaneamente, a força (Lei) que a tudo normatiza, convém ter em mente que só administra com eficiência quem sabe fazer e exerceu ontem a tarefa que agora gerencia.

A consciência, que comumente denominamos de individualidade (o Espírito em si mesmo), é a síntese de inumeráveis experiências adquiridas nos infinitos reinos e sub-reinos que a antecedem. Convém cientificarmo-nos de que só poderemos retornar aos alicerces da vida estruturados pela Natureza e auxiliarmos os elementos constituintes do nosso universo psicobiofísico, se nos tornarmos gestores conscientes do patrimônio que constitui a nossa atual individualidade.

Aprendemos com André Luiz, em *Evolução em dois Mundos*, que a consciência pode expressar-se de duas formas bem definidas: quando se converte em substância geradora (em bioenergia – o pão da vida) e quando se transforma em agentes psicoeletroquímicos, unidades organizadoras das realidades existentes ou porvindouras, ao manifestar-se por meio das virtudes (unidades condutoras – as leis hormonais).

---

[434] Maia, J. N.; Miramez (Espírito). Pensamento Criador. In: *Horizontes da Vida*. cap. 10.
[435] Maia, J. N.; Miramez (Espírito). Estudando a Natureza. In: *Força Soberana*. cap. 18.
[436] Xavier, F. C.; Emmanuel (Espírito). Socorre a ti mesmo. In: *Pão Nosso*. cap. 51.

Nessa linha de raciocínio, a fim de desenvolvermos um meio prático e eficaz para solucionar questões afligentes e ampliar as condições de melhoria da atual realidade, teceremos algumas tramas, com as quais pretendemos construir um novo cenário, cujos personagens, representando lucidamente seus papéis, possam influir de forma eficiente, tanto no contexto íntimo quanto no sistema planetário.

Conforme a observação do instrutor Carlos: "O remédio alivia e, por vezes, consola o enfermo; todavia, quem cura mesmo são as mudanças internas, [...]."[437] Não menos importante é a advertência do Professor Carlos T. Pastorino: "Tenha fé em seu corpo físico e esteja certo de que todos os seus órgãos funcionarão perfeitamente."[438] É imperioso aprender "a abrir, a folhear, a ler o livro oculto em vós, o livro das metamorfoses do ser. Ele vos dirá o que tendes sido e o que sereis, ensinar-vos-á o maior dos mistérios, a criação do "eu" pelo esforço constante, [...]".[439] Eis o valor da razão do genuíno saber, mas, acima de tudo, o indecifrável poder de como e quando realizar.

Humildes e submissos à nossa e à Consciência Cósmica, coloquemo-nos à disposição do "Eu interno" por meio da intuição e, pela inspiração, na frequência de quem se dispuser a nos conduzir aos páramos da redenção inexpressável.

Eis o solene, amorável e irrecusável convite da insigne benfeitora Joanna de Ângelis:

> A conduta correta não é mais uma virtude, mas um dever que se faz necessário ser exercido conscientemente e sem possibilidade de defecção.
> Para que assim ocorra, o Evangelho de Jesus oferece a mais eficiente proposta moral e espiritual para o processo de rápida evolução.
> O seu conhecimento e prática proporcionam responsabilidades irrecusáveis que se transformam em compromisso de imediata aplicação.
> Os Espíritos do Senhor vêm a Terra a fim de ampliar o conhecimento dos postulados evangélicos, e aqueles que os abraçam comprometem-se a vivenciá-los de maneira integral.[440]

Conforme mencionamos em *O Despertar da Consciência – do átomo ao anjo,* cap. 10, quem quer que anseie, num primeiro momento, por obter a autocura e, pelo mérito de ideias e atitudes nobremente conduzi-

---

[437] Maia, J. N.; Carlos (Espírito). Rebeldia. In: *Gotas de Verdade.* cap. 47.
[438] Pastorino, Carlos Torres. In: *Minutos de Sabedoria.* cap. 68.
[439] Denis, L. As potências da alma: O pensamento. In: *O Problema do Ser, do Destino e da Dor.* 3ª parte. cap. 23.
[440] Franco, D. P.; Joanna de Ângelis (Espírito). Escândalos. In: *Vidas Vazias.* cap. 7.

das, alcançar, posteriormente, a autoiluminação, deve observar o aproveitamento total da energia de qualquer matiz, o não desperdício de qualquer espécie e fazer o máximo com o mínimo dos recursos ao seu dispor.

No capítulo e obra citados, empreendemos uma jornada que se propõe pavimentar caminhos para o despertar de nossa consciência. Por esse motivo, traremos à baila novas sendas (sem a pretensão de esgotar o assunto) que conduzam a esse fim, objetivando construir imorredouras paisagens nos céus de nossa individualidade e, consequentemente, em nossos veículos de expressão.

Certificamo-nos, em *A Gênese* (cap. 14, item 16 – Rio de Janeiro: FEB), que: "[...] o pensamento se reflete no envoltório perispirítico, como num espelho; toma nele corpo e aí de certo modo se fotografa. [...]." André Luiz, em *Evolução em Dois Mundos,* examina a questão mais detidamente: *"os centros vitais (chacras ou centros de força do perispírito) são fulcros energéticos que imprimem às células (psicofísicas) a especialização máxima, sob a direção automática da alma".*[441] É chegado o momento de esmiuçar esse processo, ou seja, de esclarecer de que maneira os centros vitais imprimirão às células psicobiofísicas a sua especialização máxima, sob a direção da alma, uma vez que a qualidade do pensamento a se refletir no envoltório perispirítico *"marcará no próprio ser as consequências felizes ou infelizes de sua movimentação consciencial no campo do destino".*[442] Para que esse processo ocorra de forma salutar, caberá ao indivíduo pregar o Reino Divino, o Evangelho do Cristo ao seu universo íntimo, à dimensão psicobiofísica, às imperfeições morais e às forças criadoras e mantenedoras do corpo físico e do perispírito.

A temática proposta se efetivará por meio da ginástica moral, a qual propõe o autoburilamento, a autoiluminação. A proposta será abordada sob três enfoques: facultar-se-á, em primeiro lugar, uma visão geral do processo, o que intitularemos de fotografia e telegrafia do pensamento; a seguir, isto é, no contexto dos capítulos subsequentes, analisaremos o diálogo entre as fontes citadas (a reprogramação celular) e, por fim, procederemos a uma exposição detalhada de todo o contexto em que se dá a reconfiguração dos centros vitais.

---

[441] Xavier, F. C.; vieira, W.; André Luiz (Espírito). Corpo espiritual: Centros vitais e células. In: *Evolução em dois Mundos.* cap. 2, item 2.
[442] Xavier, F. C.; vieira, W.; André Luiz (Espírito). Corpo espiritual: Centro Coronário. In: *Evolução em dois Mundos.* cap. 2, item 3.

Visualizar-se na ação

As preliminares dos métodos e dos exercícios propostos encontram-se em *O Despertar da Consciência, do átomo ao anjo:*

> Propomos, nesta etapa, a educação e o fortalecimento da vontade por meio do exercício disciplinador dos impulsos interiores, isto é, de todas as forças exteriorizadas de nossa consciência. O objetivo essencial é a elaboração de pensamentos, de ideias, de palavras e de sentimentos dignificantes, que esclareçam e vivifiquem o seu idealizador e os seres aos quais se endereçam, culminando em ações libertadoras de todas as frequências de vida em nosso cenário de atuação.
>
> Ao acionarmos os agentes transformadores das causas conflitantes, pequenas entidades sairão do campo mental em forma de nutrientes ou de hormônios de variada ordem, traduzindo-se em mensagens reorganizadoras das funções psicofísicas ou em princípios revitalizadores dos veículos de manifestação da consciência.
>
> Esse manancial de forças vivas e atuantes, idealizado e edificado no campo da imaginação e da inteligência, viajará pelo veículo de manifestação da mente, o perispírito (MOB – dimensão condensadora da energia), aportando no universo físico como força reorganizadora (mensageiros químicos ou hormônios) ou substância revitalizadora (princípios vitais).
>
> No decorrer desse trajeto (da mente ao físico), essas forças vivas e atuantes realizam um trabalho de valor incalculável de orientação, especialização, promoção e sublimação de todos os estados conscienciais existentes no percurso. Após a conclusão do trabalho no universo biológico, empreendem a viagem de retorno ao ponto de origem, na espaçonave perispiritual (corpo espiritual – dimensão ascensional), em direção à mente, em forma de agentes construtores e condutores das futuras realidades, ou seja, sairão do universo mental como alunos obedientes e retornarão como professores conscientes. Primeiro obedecem e assimilam os conhecimentos, posteriormente idealizam e presidem a formação e o enriquecimento de novos elementos (540 e 560*LE*).
>
> Essa vasta rede de potenciais, partindo da consciência em busca de novos aprendizados e retornando ao universo mental mais esclarecida, segue evolucionando na direção da consciência, onde será incorporada em forma de virtudes, partes integrantes e indissociáveis do cristo e do deus internos, ampliando o seu espaço geográfico e as luzes do entendimento.[443]

Quando pensamos, criamos uma imagem representativa do que desejamos. Nosso mundo mental reproduz com fidelidade e riqueza de detalhes o pensamento expressado (a ordem preestabelecida). A repetição desse pensamento cria um condicionamento. A imagem idealizada e projetada se permite fotografar pelos fulcros captadores de energia que,

---
[443] Camargo, Sebastião. O papel da consciência desperta – autoiluminação. In: *O Despertar da Consciência - do átomo ao anjo.* cap. 10, item 3.

simultaneamente, dão forma e transformam a substância assimilada em tônus restaurador (bioenergia) ou nefasto, segundo o teor vibracional dos nossos pensamentos, emoções e sentimentos.

Por ser o veículo de expressão da mente, o perispírito telegrafará essas imagens e mensagens ao cérebro, que as captará e as retransmitirá ao corpo físico, onde cada sistema, cada órgão, cada célula, cada molécula e cada átomo receberá essas diretrizes, propiciando-lhe a harmonia e o aperfeiçoamento do conjunto, ou a desarmonia e o consequente desarranjo, segundo o seu teor.

Se nos propusermos a uma visualização pela qual pretendamos restabelecer a saúde ou proceder ao aprimoramento do laboratório orgânico, o nosso comportamento deve se coadunar com esse propósito. De nada valerá a intenção nobre, materializada por pensamentos, emoções e sentimentos dignificantes se, em seguida, adotarmos uma conduta que em nada se compatibiliza com aquela finalidade. Se, posteriormente, nossas palavras e atitudes não ratificarem a intenção nobre, o que se pretendia não se efetivará.

Se, em todo o cosmos, tudo é vivo, sente e registra a nossa presença, isto é, interage conosco, o amor ao próximo como a nós mesmos não se restringe aos seres com os quais convivemos. Deverá se estender, por meio de uma parceria harmônica, solidária e fraterna, a tudo o que existe dentro e fora de nosso universo de manifestação.

Joanna de Ângelis conscientiza-nos de que:

> A harmonia Universal é resultado do equilíbrio entre tudo quanto existe na infinitude das suas diferenças.
> Seja no macro ou no microcosmo, reina a ordem, embora, ao olhar precipitado do observador, apresente-se em forma de caos. Esse caos nada mais é do que o resultado da pobreza de quem o contempla.[444]

Embora estejamos mensurando as diretrizes básicas de uma visualização terapêutica e comportamental (objetivando o bem-estar íntimo ou periférico do indivíduo humano), imprescindível compenetrarmo-nos da ideia de que somos e compomos uma unidade cada vez mais ampla, cuja causa e efeito é a Unidade Suprema.

Cientes dessa perene interação, elejamos com zelo e com maleabilidade de propósito cada estado consciencial a ser criado, aperfeiçoado e compartilhado. Como afirmara Sócrates: "O segredo da mudança é focar toda a sua energia, não em brigar com o velho, mas em construir o novo."[445] Com esta proposta, construamos o novo, agregando valor ao que já existe!

---

[444] Franco, D. P.; Joanna de Ângelis (Espírito). A Bênção do Perdão. In: *Ilumina-te*. cap. 17.
[445] Disponível em: < http://www.desistirnunca.com.br/o-segredo-da-mudanca-e-nao-brigar-com-o-velho-socrates/>. Acesso em 5 de agosto de 2014.

A imagem das criações que se originam em nossa consciência, quando alcança o laboratório mental, atinge proporções inenarráveis. Por esse motivo, tanto o nosso universo interior, assim como o universo das relações exteriores, no qual mourejamos, serão fatalmente alterados (afetados). Por mais singela a intenção, por mais discreto o pensamento, por mais amena que se configure a emoção, por mais sutil que seja a ideia, as consequências serão inevitáveis, quer os expressemos ou não. O plantio, quase sempre, obedece à livre escolha, mas a colheita vincular-se-á à fatalidade da Lei. O fato é que, assim como a ação pretérita causou o efeito danoso ou benéfico no edifício presente, a atitude hodierna determinará o equilíbrio ou a malformação das construções porvindouras.

Laborar em causa própria, como se fôssemos separados do Todo, é expediente de egoístas. Logicamente se conclui, tendo como régua primacial o bem de todos, que a livre escolha ainda é necessidade egóica, visto que, quem se empenha em colocar em prática a Lei de amor, justiça e caridade em sua maior pureza, não necessitará mais fazer escolhas, porque o amor incondicional já será a Lei instituída. Trabalhar em prol do todo, sob a égide do altruísmo, da solidariedade e da fraternidade é tarefa que poucos encetam, conquanto todos possam fazê-lo.

Não obstante seja a primeira etapa desta proposta, imperioso fazê-la com lucidez e cautela. O teor vibracional dos pensamentos e das ideias em gestação determinará as características das companhias cativadas e a qualificação das sementes produzidas. Por esse motivo, esforcemo-nos por irradiar energias enobrecedoras e saudáveis por meio de intenções e desejos irrepreensíveis, de maneira que as atitudes sejam coerentes com as emanações íntimas.

Estabelecido o impulso gerador da tela mental e os seus objetivos mais prementes, a repetição e o aperfeiçoamento dessa projeção vigorosa criarão os condicionamentos necessários ao êxito do tentame.

Quanto mais detalhada a imagem e mais harmônicos os implementos por meio dos quais a consciência se expressará (a mente, o perispírito e o corpo físico), além da sua imprescindível permuta com o meio, fica explícito que o acúmulo de valores se efetivará como uma consequência natural dessa interação.

Será de relevante importância estabelecermos o porquê e para quê, onde e como iremos usar essa maquinaria renovada e aprimorada, para atrairmos o auxílio dos Espíritos orientadores, bem como dos parceiros (energias multiformes, advindas dos vários reinos, dos sub-reinos e dos infrarreinos existentes em a Natureza) que se permitirão ser conduzidos.

O desenvolvimento das aptidões inatas, ou seja, o programa que logrará capacitar-nos, consoante o que pretendemos, ou segundo o que advier do meio ou do contexto em que atuamos, iniciar-se-á por meio de um exame de consciência semelhante ao proposto por Santo Agostinho: "[...] Que aquele que tem a vontade séria de se melhorar sonde sua consciência, a fim de arrancar de si as más tendências, como arranca as más ervas de seu jardim" (919aR.*LE* – São Paulo: Petit). Ante o exposto, poderíamos inquirir: como estabelecer um exame de consciência, caso não disponhamos do conhecimento e do discernimento necessários? Em Joanna de Ângelis, encontramos a consonância com a proposta em pauta e, ao mesmo tempo, identificamos a expansão desse pensamento:

> Identificar-se com um deus é ampliar os valores que dormem no íntimo e são desconsiderados. **Uma faísca sabedora do seu poder de combustão, que encontre substâncias fáceis de arder, consegue produzir um incêndio** (grifo nosso). Quando alguém se identifica possuidor desse recurso, pode atear o incêndio que devora os vícios e abre espaços virgens para a instalação dos elevados potenciais do desenvolvimento pessoal.[446]

Decifrar os enigmas do caminho ou construir a espaçonave que nos conduzirá às ambiências do *deus* em nós é o que todos almejamos. Na humanidade atual, predominam criaturas que ainda não se conscientizaram de que é essencial predispor-se ao estudo profundo da filosofia transcendente, ir além das fronteiras em que a maioria se detém, no afã de encontrar o mapa dos labirintos da individualidade (o Ser integral), tornar-se um cientista consciente dos seus potenciais e da possibilidade de desvendar as incógnitas até aqui ignoradas, transformando-as em hábitos saudáveis e em exemplos enobrecedores nas ações do cotidiano.

A primeira e melhor atitude a ser tomada diante de qualquer circunstância infausta, segundo Chico Xavier, é a aceitação. Segundo Hammed, em *Sol do Amanhecer,* aceitação *"é ter a habilidade necessária para admitir realidades, avaliar acontecimentos e promover mudanças"*. Para Joanna de Ângelis, "A resignação dinâmica, isto é, a aceitação do problema com uma atitude corajosa de o enfrentar e remover-lhe a causa, representa avançado passo para a sua solução".[447] As boas leituras relaxam e enriquecem a maquinaria cerebral, o sistema nervoso central e periférico, abrindo-lhes campo para uma atuação melhor do perispírito (instrumento de projeção da mente), criam paisagens mentais mais bem qualificadas e alteram o campo vibratório, por meio do qual a consciência se expressa com maior eficiência.

---

[446] Franco, D. P.; Joanna de Ângelis (Espírito). Significado do ser integral: Bases para a autorrealização. In: *Vida:* Desafios e Soluções. cap. 5, item 1.
[447] Franco, D. P.; Joanna de Ângelis (Espírito). O Sofrimento. In: *Plenitude*. cap. 1.

Joanna nos adverte para o risco da procrastinação das medidas indispensáveis para a autocorrigenda e nos estimula à ginástica moral:

> Cada vez que postergue a ação dignificadora em favor de ti mesmo, as circunstâncias se tornam mais complexas e difíceis.[448]
>
> De início, em razão dos hábitos doentios preservados, parece muito difícil; à medida, porém, que se repetem as tentativas abrem-se os espaços de silêncio interior na mente e na emoção, facultando a captação dos significados da vida, ao tempo em que os estímulos para realizá-los fazem-se mais vigorosos.[449]
>
> Aquilo que, no começo, significava um verdadeiro sacrifício, após treinamento e repetição, incorpora-se aos costumes, tornando-se parte da natureza moral em desenvolvimento contínuo.[450]

Os problemas ou dificuldades físico-intelectivas ou da área profissional surgem em consequência de conflitos psíquico-emotivos ou de desacertos da área afetiva, ou seja, são decorrentes do uso indevido da inteligência emocional, da inabilidade no trato consigo mesmo ou com o seu próximo. Enfim, esses desajustes podem advir tanto dos impasses nos relacionamentos (internos e externos), quanto de algum embaraço espiritual, como perturbações morais. Neste caso, a inteligência ética pode encontrar-se deficiente. Imprescindível realizar autoanálises com frequência, de maneira a identificar quais aspectos do nosso proceder se revelam frágeis e reorientá-los para um comportamento coerente com a ética proposta no Evangelho – a carta magna, o roteiro infalível para a edificação de uma consciência tranquila à luz dos deveres nobremente estatuídos e com fidelidade executados.

A esse respeito, a autora esclarece-nos de forma alentadora:

> [...] Em realidade, a tarefa não é tão complicada, bastando que, a todo pensamento perturbador se contraponha um de natureza dignificante. Como não se podem eliminar pensamentos que procedem de fontes remotas do ser, é possível substituí-los por outros que se irão fixando até tornar-se natural o hábito das conjecturas saudáveis.
>
> Nesse campo, nada é impossível, exigindo-se apenas que sejam criados novos hábitos mentais, que se realizem exercícios ideológicos, de forma a resultarem edificantes e propiciadores de tranquilidade.
>
> Toda vez que se diz ser algo impossível de realizado, mais se lhe fixam as raízes, enquanto que, toda vez quando se experiencia uma atividade que parece inalcançável em cada futura tentativa, ei-la apresentando-se mais fácil e de resultado mais compensador.[451]

---

[448] Franco, D. P.; Joanna de Ângelis (Espírito). Meditação. In: *Episódios Diários*. cap. 31.
[449] Franco, D. P.; Joanna de Ângelis (Espírito). O sentido existencial. In: *Jesus e Vida*. cap. 23.
[450] Franco, D. P.; Joanna de Ângelis (Espírito). Influenciações. In: *Vitória sobre a Depressão*. cap. 11.
[451] Franco, D. P.; Joanna de Ângelis (Espírito). Interação mente-corpo. In: *Jesus e Vida*. cap. 15.

É por esse motivo que adotamos esse exercício como parte de nossas tarefas, como um dever consciencial impostergável e intransferível. Recomendamos torná-lo um hábito no dia-a-dia, ou seja, fazer dele uma aplicação saudável em nossa conduta diária, por meio da qual encontraremos o auxílio seguro e a assistência eficaz às nossas necessidades imediatas, prevenindo-nos contra futuros desajustes, pois não existe causa sem efeito nem efeito sem causa.

Somos conscientes de que o corpo físico somatiza os conteúdos psíquicos, emocionais, mentais, morais e espirituais com extrema fidelidade e rapidez. A dificuldade de relacionamento, por exemplo, acarretará a eclosão instantânea (imediata), no campo físico, de alergias multiformes.

Menos célere, o diabetes ocorre – essencialmente – devido à falta de docilidade na vida. Daí o excesso de açúcar no sangue. Esses e outros efeitos, devidos também ao processo de autoculpa, de autopunição, demandam soluções como o acolhimento e a transformação da causa. O rigor com os outros e a crítica impensada à vida alheia atraem os conteúdos do universo do outro para o universo de quem assim procede. Tudo o que não se aceita ou se deseja modificar no outro provocará uma sobrecarga de adrenalina no universo de quem mantém essa postura, causando o enrijecimento das paredes das artérias e a consequente diminuição do seu calibre, aumentando a pressão arterial, levando-o a desenvolver a hipertensão. A falta de insulina, a qual é gerada pela gratidão, pela esperança (do verbo esperançar), pela alegria de viver, impede que a glicose extraída dos alimentos seja transformada em energia e o excesso de açúcar no sangue, aliado à diminuição do calibre das artérias, além de aumentar a pressão arterial, tornam a circulação deficitária, podendo causar a trombose, gangrena (necrose), a perda da visão, a disfunção erétil (impotência sexual) etc., que são consequências da obstrução dos vasos capilares, obstando que o sangue, essa força vital, chegue a esses setores com relativa facilidade.

Antes de iniciar a visualização do exercício, isto é, antes de visualizar a ação que almejamos encetar, devemos criar um ambiente favorável para esse fim. Uma atmosfera agradável, tranquila e suave facilita o exercício das competências necessárias e, consequentemente, faculta-nos o acesso às jazidas imersas nos oceanos internos.

Imprescindível compreender que os potenciais inatos são as conquistas adquiridas e os latentes são os recursos que serão disponibilizados para a sedimentação das conquistas futuras. Neste caso, ambos são internos! Busque asserenar-se para facilitar a eclosão dos potenciais inatos (patrimônio adquirido em perene burilamento) e, consequentemente, provocar o impulso dos recursos latentes (em vias de assimilação e integração ao já posto) que serão exercitados.

Esta visualização objetiva não apenas auxiliar na cura de enfermidades multiformes, mas também pacificar a consciência, harmonizar a inteligência, equilibrar as emoções e o universo perispiritual, desde as forças instintivas a todas as demais. Para isso, deve-se ter em mente o desejo de mudança, com a real e sincera intenção de que isso ocorra. Orar, anelando acessar a própria consciência, o livro oculto que existe em cada um, em cujos valores esta reprogramação ou este exercício de autocura ou de autoevangelização será colocado em pauta, mediante o fato de visualizar-se recuperado, tanto nas áreas físico-intelectiva e psíquico-emotiva, como na área moral-espiritual. Deve-se, portanto, visualizar a saúde integral, simultaneamente, nos corpos físico, psíquico, emotivo, moral e espiritual.

Pensar e imaginar é criar. A imagem elaborada no campo mental será a proposta para se construir uma realidade nova, a fim de aprimorar o que já se conquistou, corrigir o que não deu certo ou compartilhar o que se tem, logrando o aperfeiçoamento em conjunto. Essa imagem será fotografada pelos centros de forças ou chacras que, em auxílio à mente, ajudarão a especializar as células psicofísicas ao extremo. Ela será telegrafada pelo veículo de expressão da mente, o perispírito (o modelo organizador biológico), para o cérebro físico, onde será recepcionada pela glândula pineal e pelos neuropeptídeos, nos quais essas forças psíquicas, mentais e emocionais se transformarão em entidades neuropsíquicas. Daí serão repassadas ao sistema nervoso central e periférico e, posteriormente, ao sistema endocrínico, então metamorfoseadas em unidades psicoeletroquímicas, isto é, em neurotransmissores – hormônios de variada ordem e vário porte –, que, por sua vez, viajarão pela corrente sanguínea e aportarão, assim conduzindo cada desejo, cada intenção, ao íntimo das células para a sua reprogramação e, consequentemente, sua especialização: o DNA celular sofrerá uma profunda transmutação, tanto no fenótipo, quanto no genótipo.

Depois desse primeiro passo, visualize-se assumindo responsabilidades, não só no trato com os alimentos, aproveitando-os integralmente, evitando o desperdício, comprometendo-se em fazer o máximo com o mínimo dos recursos de que dispõe, porque esta é uma das propostas destas práticas – orar, visualizar, medir, reprogramar e sublimar a ação – logrando a coerência entre as condutas interna e externa, de maneira que se tornem uma só realidade.

É preciso confiar que se está diante de entidades que podem nos auxiliar, não apenas as oriundas das internas paisagens, quais as do universo mental (ante o convite expressado pela consciência), do universo perispiritual e do universo biológico, mas, principalmente, do universo que está no entorno, cuja assistência virá por intermédio da inspiração, trazendo as orientações adequadas e as diretrizes inequívocas para lograr o êxito relativo às etapas futuras, e por meio da alimentação consciente – fonte imorredoura de inúmeros conhecimentos nobremente experienciados – em que há diversas frequências de realidades conscienciais correlacionadas ao que se pretende lucidamente vivenciar.

É imprescindível o entendimento do que significa alimentar-se, do significado do alimento, visando ao seu aproveitamento total, do não desperdício e do compromisso de fazer o máximo com o mínimo dos recursos que nos são disponibilizados. Também é indispensável o conhecimento do valor nutricional de toda e qualquer iguaria, como, por exemplo, da rama de uma simples cenoura, de sua casca, os valores nutricionais da água em que ela foi cozida e da cenoura como um aglomerado de consciências em perene aprimoramento, de cuja experiência hodierna, bem vivida, dependerá a celeridade de sua intérmina ascensão e expansão consciencial. Em suma, nem tudo o que comemos nos garante a real nutrição, assim como nem tudo o que nutre é necessário à manutenção do soma orgânico. Tampouco o que lhe é sumamente necessário devemos dar, pois, via de regra, antes de propiciarmos qualquer facilidade contraproducente a essa magnificente maquinaria, deveríamos ofertar-lhe as concernentes diretrizes e as oportunidades equivalentes à produção do imprescindível de que comumente carece diuturnamente.

É preciso expressar o desejo sincero de se relacionar harmonicamente com esses seres que trazem em si, na sua essência consciencial, o Evangelho do Cristo, a força que gera e nutre a Vida em suas inenarráveis expressões. O Evangelho é a essência que organiza e norteia a consciência de tudo o que existe, desde os seus estágios mais embrionários aos seus mais elevados mecanismos de expressão. Faz-se mister criar a imagem de um ser recuperado em todos os sentidos, enriquecido em suas intérminas nuances, aprimorado em seus infindáveis matizes, iluminado em sua imensurável incompletude, cuja conduta externa seja condizente com a proposta interna.

Pode-se internalizar essas fontes de informação pela alimentação (material) e também pela leitura, porque *as boas leituras enriquecem a mente,* como informa Joanna de Ângelis, pacificam o mundo emocional e psíquico, *acalmam o coração e estimulam ao progresso,* trazendo informações que abrilhantam a inteligência nas suas variadas frequências.

A música tem um grande poder terapêutico, comprovado empiricamente. Em determinado experimento científico no qual se isolaram células cancerígenas, os cientistas observaram as reações dessas células ao colocarem a Quinta Sinfonia de Beethoven: parte delas morreu e parte encolheu (por conseguinte, as restantes devem ter ficado desorientadas). As vibrações de cada som, de cada nota musical viajam para o campo mais íntimo do ser manifestado, assim como o alimento, somando-se à leitura e àquilo que se visualiza, seja uma tela mental inerente à Natureza ou a qualquer cenário que nos plenifique nobremente o coração.

Tudo aquilo com que contatamos faz-se fonte nutridora: as imagens de um programa de TV ou de um filme, uma peça teatral, o relacionamento com todas as coisas de nossa predileção, com todos os seres de nossa afinidade, com o meio cultural predileto, com a arte que encanta a nossa visão puramente física e ressoa instantaneamente, em perfeita sincronia com as sutilíssimas paisagens ínsitas em nosso íntimo e com elas se amalgamando. Segundo Léon Denis, *a arte é o elemento que busca, estuda e manifesta a beleza interna.*

A criatura que serve pelo prazer de ser útil, afirma Emmanuel, *progride sempre,* física, psíquica, intelectiva, emotiva, moral e espiritualmente *e encontra em si mesma mil recursos para a solução de todos os seus problemas.* É fundamental servir sem esperar aplausos, reconhecimento, gratidão ou recompensa, isto é, pelo prazer de aspirar ao bem da Humanidade, porque *a criatura que coloca o seu universo em ação – hora de ação – ergue consigo a Humanidade inteira,* assim testificou Joanna de Ângelis. *A criatura que vivencia um por cento do cristianismo expressado pelos seus lábios,* transforma toda a humanidade, ou seja, *a humanidade inteira será plenamente libertada de todo o mal,* orienta Emmanuel. *Quando a criatura eleva o seu pensamento a Deus* pela oração, com a proposta de transformação real, à luz do Evangelho do Cristo, na execução da Lei criada pelo Arquiteto Cósmico, *ergue, com esse gesto, a humanidade inteira,* interna e externa. Deve-se pensar, sentir, falar e fazer somente o que se almeja que em realidade, assim ocorra.

Cumpre-nos pensar na saúde, na plenitude, no próprio bem-estar e no de todos, como uma só realidade, enriquecida pelo sentir solidário e fraterno, como se fossem forças fecundadoras que vão transformar o pensamento ativo, que já é um ser vivo, numa unidade mais ampla, enriquecida pelos sentimentos aprimorados e pelas emoções enobrecedoras. Essa semente gerada e fecundada se projetará pelo falar, verbalizada ou não, como semente de luz que será semeada no terreno da própria consciência, desde a mais profunda intimidade à periferia do ser biológico, em todas as frequências de vida, por meio da interação que há de cultivar.

Respire suave, terna, amável e serenamente e envolva-se em vibrações de amor com esta imagem do ser ideal, do ser integralmente saudável. Mire-se e deixe-se observar, viva e permita aos outros viverem. Não se perturbe jamais. Nunca se esqueça de que a vida, para nascer, morre, e, para viver, mata. Assim sendo, muitas estruturas psicoeletroquímicas – estados conscienciais que, via de regra, são os criadores, organizadores e mantenedores de psicoses de variada ordem –, inerentes a cada ser, morrerão na forma para nascer a consciência iluminada, não só pelo saber, mas, sobretudo, pelo reto viver. Esses estados conscienciais são as tristezas, as angústias, mecanismos que geram as depressões, fomentam os transtornos de ansiedade, dinamizam a bipolaridade (doença maníaco-depressiva) e vitalizam a síndrome do pânico (gravíssimo transtorno de ansiedade). Para lograr êxito em tal intento, crie a imprescindível ambiência harmônica e sinta-se perfeitamente em paz com a própria consciência, à luz do dever fielmente cumprido.

Após o périplo lucidamente percorrido, volte à sua vigente realidade, à normalidade que se pretende, com gratidão pelos seus veículos de manifestação, pelo existir, por tudo o que é, por tudo o que deseja ser, por tudo o que já consegue dividir com o semelhante. Respire profundamente e sinta-se no ambiente, com lucidez e prontidão para a ação em tempo real, ou seja, para a planificação e a edificação da vida em plenitude.

Acréscimos de amor, com Joanna de Ângelis:

> O amor é o grande medicamento das almas, que as cura com eficiência. Não apenas auxilia a quem se dirige, mas principalmente àquele que o cultiva.
> Quem recebe amor sente-se motivado a renovar-se, a crescer espiritualmente, a transformar-se para melhor. No entanto, somente encontra a cura para os males e revezes da jornada, quando passa a amar.
> As ondas de amor, que são geradas pelo cérebro, invadem o sistema nervoso central, percorrem o endocrínico e saturam de energias saudáveis o imunológico.

A sucessão de energias, que são exteriorizadas pelos neurônios, produz uma corrente de vigor e de bem-estar que revitaliza os órgãos enfermos, combate a vida microbiana destrutiva, restaura o equilíbrio vibratório que deve viger entre as células como unidades de consciência, como partes integrantes da consciência global.

As ondas contínuas de vibração mental, captadas por todo o organismo transformam-se em vitalidade que reorganiza o aparelho fisiológico, auxiliando-o nas diversas funções, ao tempo em que se esparzem pelo universo emocional e psíquico do ser humano propiciando-lhe saúde.

Em razão do amor, os fenômenos cármicos alteram-se, especialmente quando negativos, ensejando a diminuição dos processos de resgate doloroso, porque o amor é sublime mensagem de vida, que verte de Deus e se espalha por todo o Cosmo.

Amar as enfermidades é a maneira de penetrar-lhes o significado, de descobrir o que desejam dizer, qual a orientação de que dispõem, a advertência de que se revestem para que sejam evitados danos muito mais graves depois.

Assim fazendo, tornam-se menos doloridas e mais naturais, e porque envolvidas em ondas de ternura e de compaixão, não terão o caráter punitivo que se lhes atribuem, nem a função destrutiva que se lhes dão.

Portador de bênçãos, **o amor cura, especialmente se não é direcionado para esse fim,** mas como efeito da sua existência no indivíduo.

Certamente que, ao ser canalizado para a renovação do ser psicofísico, desempenha salutar papel na reconquista da saúde. Entretanto, **no ato mesmo de amar, a cura dá-se natural e enriquecedora** (grifos nossos).[452] (vide o capítulo na íntegra)

O amor puro é o reflexo do Criador em todas as criaturas.

Brilha em tudo e em tudo palpita na mesma vibração de sabedoria e beleza.

É fundamento da vida e justiça de toda a Lei.

Plasma divino com que Deus envolve tudo o que é criado, o amor é o hálito d'Ele mesmo, penetrando o Universo.

Vemo-lo, assim, como silenciosa esperança do Céu, aguardando a evolução de todos os princípios e respeitando a decisão de todas as consciências.

Mercê de semelhante bênção, cada ser é acalentado no degrau da vida em que se encontra.

O verme é amado pelo Senhor, que lhe concede milhares e milhares de séculos para levantar-se da viscosidade do abismo, tanto quanto o anjo que o representa junto do verme. **A seiva que nutre a rosa é a mesma que alimenta o espinho dilacerante. [...]**

O amor, repetimos, **é o reflexo de Deus, Nosso Pai, que se compadece de todos e que a ninguém violenta,** embora, em razão do mesmo amor infinito com que nos ama, determine estejamos sempre sob a lei da responsabilidade que se manifesta para cada consciência, de acordo com as suas próprias obras.

---

[452] Franco, D. P.; Joanna de Ângelis (Espírito). *Amor e Cura.* In: *Garimpo de Amor.* cap. 17.

> E, amando-nos, permite o Senhor perlustrarmos sem prazo o caminho de ascensão para Ele, concedendo-nos, quando impensadamente nos consagramos ao mal, a própria eternidade para reconciliar-nos com o Bem, que é a Sua Regra Imutável.
> Herdeiros d'Ele que somos, raios de Sua Inteligência Infinita e sendo Ele Mesmo o Amor Eterno de Toda a Criação, em tudo e em toda parte, é da legislação por Ele estatuída que cada espírito reflita livremente aquilo que mais ame, transformando-se, aqui e ali, na luz ou na treva, na alegria ou na dor a que empenhe o coração (grifos nossos).[453] (vide o capítulo na íntegra)

O amor é a alma da vida e a alma em si só se nutre de amor. O Amor é a essência do existir. Amor é Vida em plenitude. Somente o Amor define integralmente o Supremo Arquiteto do Universo. Existir, viver, em essência, é amar. Daí que o ser que cultiva o amor no seu imo otimizará a sua saúde física, emocional, mental, psíquica, moral e espiritual. Congraçar-se-á com todos os seres inorgânicos, orgânicos, elementais, pré-humanos, humanos, de forma harmônica e acolhedora, endereçando-lhes as suas melhores expressões de paz e de harmonia. Plenificar-se-á no dar e receber, porque suas manifestações traduzirão o Evangelho, a carta magna do Amor na Terra em todas as suas nuances. Assim sendo, se anelamos pela saúde, pela paz e pela felicidade imarcescíveis, cumpre-nos tão somente fomentar o Amor em nós. Segundo Bezerra de Menezes, *a cura real e definitiva sempre dependerá da quantidade e da qualidade de amor que o interessado consiga movimentar em prol de si mesmo, pois todos os seres têm, dentro de si, uma fonte inesgotável e inestancável da energia amor.*[454]

Joanna de Ângelis, a célebre educadora e terapeuta transcendental por excelência, afirma com a extrema clareza e com a empolgante convicção que lhe são próprias que, "o grande êxito de qualquer recurso curativo está sempre vinculado ao esforço pessoal do enfermo, ao seu interesse pela recuperação da saúde e o do bem-estar, oferecendo a sua indispensável contribuição, sem a qual, os mais eficientes processos de auxílio, se não resultam inócuos, são de efêmera duração..."[455] Ante a contundente e inequívoca preleção da veneranda mentora, só resta ao enfermo desacoroçoado, mas sinceramente interessado em sua genuína iluminação consciencial, demonstrar a sua real intenção proativa em seu próprio proveito curativo e enobrecedor, concentrando todos os seus lúcidos esforços

---
[453] Xavier, F. C.; Emmanuel (Espírito). Amor. In: *Pensamento e Vida*. cap. 30.
[454] Carvalho, Sidnei.; Bezerra de Menezes (Espírito). Amigos queridos. In: *A Cura pelo Amor*. cap. 4.
[455] Franco, D. P.; Joanna de Ângelis (Espírito). A conquista da plenitude pela gratidão. In: *Psicologia da Gratidão*. cap. 4.

na intransferível recuperação da saúde integral e, consequentemente, do bem-estar fisiopsíquico, moral e espiritual da alma predisposta à intérmina depuração. Para tanto, faz-se condição *sine qua non* a excelência do *modus operandi* e, por conseguinte, o bom êxito do *modus vivendi* em tal intento, ou seja, deve-se empunhar a charrua evangélica em favor da causa crística com o destemor previamente estatuído, não apenas na expressão do verbo amar, mas, essencialmente, vivenciando-o em profundidade, amando a si como a todas as expressões da Suprema Sabedoria, como o próprio Cristo de Deus nos tem amado. Desse modo, imbuídos de vontade firme e de uma mente ativa e perquiridora coadjuvadas por uma inteligência ética diretiva e assessoradas pela capacidade criativa em ação divinizante (o pensamento lucidamente arquitetado), aureolada pelo entusiasmo contagiante e pela imaginação eminente em perene diligência, até o improvável tornar-se-á perfeitamente realizável. Tais implementos primaciais carecem e devem ser precedidos pelo exercício da coragem imponente, com o fito de implementar as mudanças impostergáveis, da humildade sem mácula, objetivando alicerçar a excelsitude da paz de consciência ante o périplo elegido, da sinceridade irrepreensível nos comenos elencados e da incorruptível fidelidade aos nobres propósitos do Bem Eterno. Porém, acima de tudo, essas imanações ou fulgurações superiores (intuitivas/inspirativas) precisam ser fortalecidas com os substratos da alegria de viver, com as essências da gratidão pela vida em plenitude e com as luzes da esperança de inefáveis melhorias, sem prescindir das forças aliadas da autodisciplina, do elixir inebriante da perseverança e das dóceis cintilações da paciência, tanto quanto da constante proeminência da fé na capacitação reflexiva/introspectiva eloquente das demais personagens do enredo, por ser a fé a mãe de todas as virtudes, a educar-nos e a nos plenificar eminentemente.

A fim de enfrentarmos os percalços e de transpor os obstáculos desafiadores na perene edificação de uma nova consciência, o simples ato de servir pelo prazer de ser útil, isto é, a vivência da solidariedade solícita e da fraternidade equânime, influirá infalivelmente na edificação de uma consciência iluminada pelo saber transcendente e qualificada pelo irretocável proceder. Ambas são resultantes de fatos e de experiências morais, que se traduzirão nos porvindouros pilares da era nova, na qual o amor incondicional será a única razão do nosso existir, pois "o amor é o antídoto para todas as causas do sofrimento",[456] e, "no ato mesmo de amar, a cura dá-se natural e enriquecedora".[457]

---
[456] Franco, D. P.; Joanna de Ângelis (Espírito). Origens do Sofrimento. In: *Plenitude*. cap. 3.
[457] Franco, D. P.; Joanna de Ângelis (Espírito). *Amor e Cura*. In: *Garimpo de Amor*. cap. 17.

Afirmamos alhures que a caridade é o amor em excelência e o amor é a caridade em todas as suas expressões, assim como a oração mais eficiente é o trabalho desinteressado na seara do Cristo. Desse modo, a oração é um ingrediente crucial nesse intento, por ser uma das mais potentes alavancas para incrementar esse exercício e, consequentemente, colocar o amor em ação libertadora. Indispensável saber o que é, para que serve e como usá-la.

Capítulo 5 - **Evangelho**

Evangelho

Árvore da Vida

Intuição
Virtude   Iluminação
Evolução

Expansão -> Transformação
Leis -> Diretrizes
Atenção -> Observação

Experiência
Sustentação   Serviço
Matéria Prima

Evangelho-Lei
Essencia que organiza e mantém.
Conciência Profunda

Evangelho-Substância
Substância vital que gera e nutre.

Vivência Consciente = Exemplos Sublimados

Ignorância de si e de sua responsabilidade como alma -> Aprendiz que recebe as Leis

Quem está adiante orienta e ilumina o caminho de quem o segue, enquanto o menor aprende servindo-lhe de alicerce e matéria prima para seus projetos e expansão, num contínuo e infinito devir, onde um é a base e o outro é o caminho.

Capítulo 6
Oração

O que é?

Para que serve?

Como usar?

Reprogramação celular.

Fonte da imagem: https://images.app.goo.gl/stovoXfML5ZUhsQi6

O que é?

Hora-de-ação, eis a pauta estatuída para determinar o enredo pertinente ao capítulo vigente. Bem sabemos que o apego às ideias é o pior de todos os entraves ao progresso do Espírito, pois, como afirmou Allan Kardec – o bom senso encarnado, o universalista, filósofo e cientista –, a forma de nada vale, o pensamento é tudo, ou seja, diante de fatos não existem argumentos!

Para Allan Kardec, tanto em *O Livro dos Médiuns* quanto na obra *A Gênese*, para dar direção segura e lograr êxito no uso da mediunidade, o médium só necessitaria de duas coisas intimamente conectadas: o conhecimento de causa e os valores morais correspondentes. O conhecimento de causa define as suas companhias (os parceiros espirituais em sintonia com o esforço consciente). A sua cultura o capacita com as qualificações mnemônicas, a fim de facilitar o labor dos mestres que o inspiram no percurso dos milênios e o norteiam para o bom desempenho da tarefa que abraçou. Imperiosa é a aquisição dos valores morais imprescindíveis que facultarão o enriquecimento dos fluidos inerentes ao postulado que abraça e, dessa forma, mais facilmente lograr estabelecer e sutilizar as frequências para congregar as almas afins em seu intento enobrecedor. Para o bom êxito desse desígnio, a oração ou a prece lhe será de valor inestimável, por tratar-se da alavanca propulsora das imanências intuitivas, advindas do Evangelho libertador, o Reino de Deus ínsito no âmago da consciência em ascensão e, simultaneamente, a receptora das benesses imorredouras, oriundas do reino das virtudes peculiar aos que se encontram na vanguarda.

A sensibilidade de Santo Agostinho (*ESE*, cap. 27, item 23 – São Paulo: Petit) define a prece como "o orvalho divino que tranquiliza o calor excessivo das paixões" e a classifica, de modo proeminente, como a "filha primeira da fé" que "nos conduz ao caminho que nos leva a Deus".

O propósito deste despretensioso estudo será, impreterivelmente, entender, em parte, algumas das imensuráveis benesses inerentes à oração e, consequentemente, discernir um tanto mais acerca de seu complexo e sofisticado mecanismo operacional, cientificando-nos de sua comprovada eficácia e de sua inquestionável extensão dimensional.

Ao compulsar obras que sintetizam e contextualizam magistralmente o ensino dos Espíritos, deparamo-nos com fragmentos esclarecedores acerca do oásis e das jazidas imorredouras da oração e, consequentemente, da fonte das luzes que clarificam e tipificam as possibilidades infindáveis, ínsitas nas imanências conscienciais do arquipélago no Espírito imortal. À semelhança do que testificamos em relação ao Evangelho, os potenciais da oração também se encontram no cerne do Espírito, nos mais diversos estados dimensionais da consciência.

Em *O Livro dos Espíritos*, Allan Kardec questiona e o Espírito da Verdade elucida:

> 661 *LE*.P – É válido orar a Deus para perdoar nossas faltas?
> R – Deus sabe discernir o bem e o mal; a prece não oculta as faltas. Aquele que a Deus pede perdão de suas faltas apenas o obtém ao mudar de conduta. **As boas ações são as melhores preces, porque os atos valem mais do que as palavras** (grifo nosso).

Relembrando os sempiternos e atemporais ensinos de Jesus, nosso Mestre, Modelo e Guia, os apóstolos João Evangelista e Paulo de Tarso, respectivamente, disseram-nos: "*Meu Pai trabalha sempre, e Eu trabalho também* (1 Jo. 5:17). *Sede meus imitadores, como também eu o sou de Cristo* (1 Co. 11:1)." Com outras palavras, Joanna de Ângelis (a Mártir do Cristianismo) afirma, em *A Veneranda*: "Parada é prejuízo na economia do progresso. Tudo é movimento." No entanto, por agora, reflexionemos com Camille Flammarion acerca do dinamismo dos elementos, em obediência à lei do trabalho:

> Pela troca perpétua, operante em todos os seres da Natureza e que a todos os encadeia sob o império de uma comunhão substancial, pela comunicação permanente das coisas entre si, da atmosfera com as plantas e todos os seres que respiram, das plantas com os animais, da água com todas as substâncias organizadas, **pela nutrição e assimilação que perpetuam a cadeia das existências, as moléculas entram nos corpos e deles saem, mudam de proprietário a cada instante,** mas conservam essencialmente a sua natureza intrínseca.
>
> A molécula de ácido carbônico, a exalar-se do peito opresso do moribundo em seu leito de dor, **vai incorporar-se à flor do jardim, à relva do prado, ao tronco da floresta.** A molécula de oxigênio que se desprende dos últimos ramos do anoso carvalho, **vai incorporar-se ao cabelinho [...] do recém-nascido,** no seu berço de sonhos.
>
> Os átomos viajam de um a outro ser, **guiados pelas forças naturais.** O acaso não colhe nessas combinações e casamentos. E se **nesta permuta perpétua dos elementos constitutivos de todos os corpos da Natureza,** bela e radiante, subsiste em sua grandeza, esta potência peculiar à Terra é unicamente devida à previdência e rigor das leis que organizam essas transmigrações e etapas atômicas, de guarnição em guarnição (grifos nossos).[458]

---

[458] Flammarion, Camille. A Força e a Matéria: A Terra. In: *Deus na Natureza*. 1ª parte, item 3.

Se, em a Natureza, tudo labora sob o empuxo do perpétuo dinamismo que rege o progresso incoercível, com fidelidade às leis divinas que a tudo governam, quiçá possamos desincumbir-nos com esmero do labor que nos compete em nosso campo de atuação, tanto no terreno íntimo quanto na seara cósmica que aguarda, pacienciosamente, o nosso prestimoso concurso. Portanto, empunhemos a nossa charrua sem mais procrastinações injustificáveis, sem postergar o impostergável, sem transferir o intransferível, enfim, trabalhemos ao influxo do destemor contagiante da força crística e da Suprema Sabedoria irrefreáveis, sem outro estímulo senão o ensejo da edificação da paz de consciência à luz do cumprimento do dever inquestionável e da fidelidade sem mácula na execução da pauta inadiável que nos diz respeito: hora-de-ação.

Quando a alma ora, asserena-se e silencia, colocando-se humilde e genuflexa ante a vontade do Pai, reconhecendo-O como Todo Amor e Toda a Sabedoria, abre espaços mentais, por meio dos quais assimila, do mais alto, orientações, esclarecimentos e as forças-estímulo de que carece para atuar de forma lúcida, seja em que circunstâncias forem, traduzindo-Lhe a vontade magnânima. Somente atuando de forma digna e veraz, por uma conduta ilibada, far-se-á merecedor dessas benesses imarcescíveis, mensagens inarticuladas que lhe chegam na acústica da alma e que o revigoram e alentam para facear os inúmeros embates que a experiência terreal lhe apresenta.

Consoante as profundas e lúcidas averiguações de Léon Denis e Joanna de Ângelis, consecutivamente:

> A prece é a forma, a expressão mais potente da comunhão universal.[459]
>
> [...] é o ato mais importante da vida; é a aspiração ardente do ser humano que sente sua pequenez e sua miséria e procura pelo menos um instante, pôr as vibrações do seu pensamento em harmonia com a sinfonia eterna. É a obra da meditação que, no recolhimento e no silêncio, eleva a Alma até essas alturas celestes onde aumenta as suas forças, onde a impregna das irradiações da luz e do amor divinos.[460]
>
> A verdadeira oração é aquela na qual o Espírito se isola do mundo, encontra-se no santuário da fé e funde-se com o Supremo.[461]
>
> A oração é campo onde se expande a consciência e o Espírito eleva-se aos páramos da luz imarcescível do amor inefável.
>
> A psicologia da oração é o vasto campo dos sentimentos que se engrandecem ao compasso das aspirações dignificadoras que dão sentido e significado à existência na Terra (grifo nosso).[462]

---

[459] Denis, L. Ação de deus no mundo e na história. In: *O Grande Enigma*. 1ª parte. cap. 8.
[460] Denis, L. Solidariedade; comunhão universal. In: *O Grande Enigma*. 1ª parte. cap. 3.
[461] Franco, D. P.; Joanna de Ângelis (Espírito). O tesouro da oração. In: *Seja Feliz Hoje*. cap. 20.
[462] Franco, D. P.; Joanna de Ângelis (Espírito). A Psicologia da Oração. In: *Rejubila-te em Deus*. cap. 8.

A autora identifica uma das relevantes condições da oração, quando se faz potente instrumento por intermédio do qual o Espírito exterioriza o Evangelho, a sua mais pura essência consciencial. Emanando-se do âmago do Superconsciente (o deus interno), projeta-se na direção do Eu Superior (o cristo interno) e, auxiliado pela mente (imanação da consciência), este nobre e fértil campo ou laboratório de trabalho da consciência desperta, expressá-lo-á em forma de pensamentos, de sentimentos, de emoções, de ideias e de palavras, transmutando-se nos variados matizes e nas inumeráveis nuances das inteligências intelectiva, emotiva e espiritual e, concomitantemente, em todas as substâncias geradoras e mantenedoras da vida, ou seja, no pão da vida em nosso favor.

Ainda segundo Joanna:

> **A oração é o instrumento pelo qual a criatura fala a Deus, e a inspiração lhe chega na condição de divina resposta.**
> Quando alguém ora, luariza a paisagem mental e inunda-se de paz, revitalizando os fulcros da energia mantenedora da vida.
> **A oração induz à paz e produz estabilidade emocional, geradora de saúde integral.**
> A mente que ora, sintoniza com as Fontes da Vida, enriquecendo-se de forças espirituais e lucidez.
> Terapia valiosa, a oração atrai as energias refazentes que reajustam moléculas orgânicas no mapa do equilíbrio físico, ao tempo que dinamiza as potencialidades psíquicas e emocionais, revigorando o indivíduo.
> Aquele que crê nas próprias possibilidades desenvolve-as, aprimora-as e maneja-as com segurança.
> **A mente que se vincula à oração ilumina-se sem desprender vitalidade, antes haurindo-a, e mais expandindo a claridade que possui.**
> Ao lado, portanto, de qualquer terapia prescrita, seja a oração a de maior significado e a mais simples de ser utilizada (grifos nossos).[463] *(vide o capítulo na íntegra)*

A prece apresenta peculiaridades que objetivam a troca de experiências e o consequente autoaprimoramento. Ao alar-se, o ser intercambia com outras frequências ou dimensões conceptuais da vida que o proveem dos recursos que facultam uma compreensão mais ampla dos ensinos do Cristo e o estimulam a vivenciá-los. Quando assim procede, certifica-se pela experimentação que "a prece é força da vida ao nosso dispor; por ela, anjos e homens se encontram, facilitando-nos a comunhão com Jesus para a execução de nossas tarefas".[464] Se a Lei determina, "a cada um segundo as suas obras", fácil se nos torna envidar esforços para a sábia canalização dos substratos oriundos do reino da oração, tanto quanto as

---

[463] Franco, D. P.; Joanna de Ângelis (Espírito). Terapia da Oração. In: *Momentos Enriquecedores*. cap. 12.
[464] Xavier, F. C.; Carlos Augusto (Espírito). Pensamentos de Carlos Augusto. In: *As Palavras Cantam*. cap. 39.

forças-estímulo inerentes ou imprescindíveis ao êxito a ser logrado nas ações previamente planejadas.

Percebe-se claramente que há uma sutil distinção entre oração (hora-de-ação) e prece (pré-ciência na ação). Ao orarmos, a consciência age com o que já dispõe em seu universo. Por meio da prece, o indivíduo busca, no intercâmbio com outras inteligências, maiores esclarecimentos para bem executar o que se propõe. André Luiz elucida: "A prece não é movimento mecânico de lábios, nem disco de fácil repetição no aparelho da mente. É vibração, energia, poder. **A criatura que ora, mobilizando as próprias forças,** realiza trabalhos de inexprimível significação (grifo nosso)."[465] Em *O Evangelho Segundo o Espiritismo* (cap. 27, item 17), encontramos que, na prece, cada palavra deve revelar uma intenção. Já no capítulo 5, item 26, foi sintetizado o que ora contextualizamos no presente enredo, demonstrando e especificando que as provas têm um triplo objetivo: o exercício permanente da inteligência, o aperfeiçoamento constante da paciência (a ciência da paz) e o fortalecimento consequente da resignação (resignar-se na ação), conquistados pelos interessados nas benesses por meio do esforço bem direcionado dos seus próprios méritos, ante a fidelidade na execução do que se pretende. Por esse motivo, na prece, não percebemos nenhuma atitude mecânica e sim um projeto muito bem delineado, por meio do qual apresentamos, humilde e sinceramente, as nossas reais intenções a quem rogamos a assistência condizente. Por outro lado, a criatura que ora mobiliza as suas potências (Evangelho-Lei ínsito em si) e as coloca em ação. Consoante as suas atitudes e os esforços empreendidos, atrairá o auxílio de que carece, para prover o que lhe falta.

Recordemos Jesus: *"Buscai em primeiro lugar o Reino de Deus e a Sua justiça, e todas as coisas vos serão acrescentadas"* (Mt. 6:33). Entretanto, cabe-nos esgotar as possibilidades ao nosso alcance, antes de instarmos pelo auxílio do alto. Mahatma Gandhi definiu: "Orar não é pedir. É um anseio da alma." E preceitua: "É melhor, na oração ter um coração sem palavras do que palavras sem um coração."[466] Nesse sentido, tornar-se-á mais enobrecedor o intento e mais meritórias as tentativas de acerto com os seus próprios recursos e, provavelmente, errar ou aparentemente fracassar, do que acertar de pronto, valendo-se das ideias e dos méritos que aqueloutros, via de regra, conquistaram.

---
[465] Xavier, F. C.; André Luiz (Espírito). A oração. In: *Missionários da Luz.* cap. 6.
[466] Disponível em: <http://www. http://kdfrases.com/autor/mahatma-gandhi/22>. Acesso em 14 de outubro de 2013.

Ninguém ora sem demonstrar sua intenção e sem interagir com o incomensurável. Por esse motivo, relembremos os ensinos de Alexandre a André Luiz: "Nesse círculo de permuta incessante, os raios divinos, expedidos pela oração santificadora, convertem-se em fatores adiantados de cooperação eficiente e definitiva **na cura do corpo, na renovação da alma e iluminação da consciência** (grifo nosso)."[467] Orar é acessar o infinito que existe em cada um de nós, potencializando a Centelha Divina que nos torna unos "com" a variedade e um no Creador, isto é, a perene fusão na Suprema e Sempiterna Unidade. Corroborando o tema em foco, Bezerra de Menezes enfatiza: "O mais importante é levar a criatura para dentro de si mesma e a usar os seus próprios valores, como a caridade consigo mesma, na função do bem interno."[468] Ante as lúcidas e justas alegações do eminente instrutor, depreende-se, sem a desídia anestesiante ou os titubeios ingênuos e os arroubos imaturos, que, antes de procurar em seara alheia ou de pleitear fora de si o de que por ora carece, faz-se indispensável consultar, no imo dos seus próprios mananciais – longamente granjeados nos caminhos percorridos e nas experiências acumuladas –, as perquirições e as pertinentes soluções para as suas próprias incógnitas.

Orar é morrer na forma para renascer em essência. O ato de orar unifica criatura e Creador, transcendendo dimensões e ampliando o entendimento das Verdades Eternas. É na oração que o ser, em plenitude, vislumbra e alcança os páramos celestes, enquanto experimenta, de maneira lúcida, o êxtase da felicidade imperecível.

Intencionando resplandecer a pauta em curso, realçamos tão somente que os Espíritos cientes das responsabilidades do existir e conscientes do real objetivo da existência, podemos afirmar, em alto e bom som, que não temos a Centelha Divina em nós, somos de fato as Centelhas Divinas em perpétuo *devir*. Bem como, devemos considerar a possibilidade contemplativa de que tudo o que existe na Criação Divina só existe no seio do Creador, em imensuráveis fulgurações incoercíveis. Deste modo, Tudo É, de forma que todos são constituídos de Centelhas Divinas reagrupadas por intermédio da individualização e sublimadas no cadinho da individuação intransferível, em perpétua oração integrativa. Em suma, faz-se imprescindível compreendermos que a Centelha Divina não é outra coisa senão o próprio espírito/Espírito em suas inenarráveis expressões volitivas e em seu intérmino evolver irrefreável, do âmago infinitesimal do Verbo Creador à Sua maior expressão macrocósmica, eis a fatalidade

---

[467] Xavier, F. C.; André Luiz (Espírito). A oração. In: *Missionários da Luz*. cap. 6.
[468] Maia, J. N.; Bezerra de Menezes (Espírito). Prefácio. In: *Saúde*.

inconteste do interminável *vir a ser*. Posto que, da e na Unidade nasce a variedade e, da união, da reunificação e da conscientização da variedade configura-se a magnificente Unidade que a tudo integra – o Tudo-Uno-Deus.

André Luiz expande o seu próprio pensamento ao perquirir e afirmar poetizando que:

> Orar constitui **a fórmula básica da renovação íntima,** pela qual divino entendimento desce do Coração da Vida para a vida do coração.
> Semelhante atitude da alma, porém, não deve, **em tempo algum, resumir-se a simplesmente pedir algo ao Suprimento Divino,** mas pedir, acima de tudo, a compreensão quanto ao plano da Sabedoria Infinita, traçado para o seu próprio aperfeiçoamento, de maneira a aproveitar o ensejo de trabalho e serviço no bem de todos, que vem a ser o bem de si mesma (grifos nossos).[469]
> Vinculai-vos, pela oração e pelo trabalho construtivo, aos planos superiores e estes vos proporcionarão contato com os Armazéns Divinos, que suprem a cada um de nós segundo a justa necessidade.[470]
> [...] a oração, filha do amor, não é apenas súplica. É comunhão entre o Criador e a criatura, constituindo, assim, o mais poderoso influxo magnético que conhecemos.[471]

A oração acrisolada possibilita-nos acessar a intuição, a gerente suprema do universo interno e, com ela, executar a leitura da síntese consciencial no Espírito (o livro das metamorfoses do ser, o qual nos intuirá o périplo do que já fomos e, consequentemente, o *vir a ser* em nosso intérmino evolver). Por acréscimo de misericórdia, pela prece, submetemo-nos às diretrizes cósmicas advindas das fontes da inspiração, por meio das quais nos equiparemos de tudo quanto carecemos. Joanna de Ângelis enfatiza: "Aquele que crê nas próprias possibilidades desenvolve-as, aprimora-as e maneja-as com segurança."[472] Assim sendo, em dias vindouros, o viandante ciente e consciente de seus potenciais inatos e seguro de suas possibilidades latentes, seguirá, sem detença, para a frente e para o alto, valendo-se tão somente de suas próprias luzes intuitivas inerentes às suas jazidas interiores.

O indivíduo (o ser) consciente da funcionalidade da oração, das diretrizes básicas para dela extrair os benefícios que lhe são inerentes e da eficácia dessa incomparável ferramenta ao seu dispor, jamais se eximirá

---

[469] Xavier, F. C.; André Luiz (Espírito). Oração: Prece e Renovação. In: *Mecanismos da Mediunidade*. cap. 25, item 5.
[470] Xavier, F. C.; André Luiz (Espírito). A preleção de Eusébio. In: *No Mundo Maior*. cap. 2.
[471] Xavier, F. C.; André Luiz (Espírito). Efeitos da oração. In: *Os Mensageiros*. cap. 25.
[472] Franco, D. P.; Joanna de Ângelis (Espírito). Terapia da Oração. In: *Momentos Enriquecedores*. cap. 12.

de sua responsabilidade, ou seja, em hipótese alguma delegará a outrem a oportunidade de seu exercício:

> Quando alguém ora, enternece-se na blandícia da comunhão com Deus, experimentando renovação íntima e paz.
>
> A oração dulcifica o ser, ilumina-o, acalma-o, renova-o, dá-lhe vida.
>
> Orar é como arar; é produzir valiosos recursos de sustentação do equilíbrio.
>
> **Transferindo-se esse tesouro para outrem realizá-la, perde-se a energia que se irradia do Pai na direção do suplicante.** Embora a onda mental daquele que ora alcance quem necessita, e a intercessão propicie socorro, o ato pessoal de orar é poderoso veículo de elevação espiritual.
>
> No clima de harmonia que desfrutes, orando, intercede pelo teu próximo, mas concita-o a fazê-lo também, a fim de que ele se impregne de luz (grifo nosso).[473]
>
> **Assim, quem ora, eleva-se a Deus e penetra-se de bênçãos, qual ocorre àquele que colhe flores perfumadas...**
>
> Indispensável disciplinar a mente, quando as circunstâncias são adversas, a fim de encontrar os requisitos favoráveis à sintonia com o Bem, logrando a comunhão pela prece.
>
> Transferir a oportunidade para que outrem a frua, é negar-se à conquista do equilíbrio emocional e da plenitude espiritual.
>
> Orar é banhar-se de claridade, colocando-se em sintonia com as chuvas de energias restauradoras.
>
> **Quem ora, enternece-se e vitaliza-se.**
>
> **Quando a dor se apresenta sob qualquer forma, a oração é o veículo mais eficaz para suportá-la e superá-la.** Ademais, ela cria um campo de paz, no qual a alma se fortalece e se inspira, melhor identificando os recursos próprios para fomentar a alegria e o bem-estar (grifos nossos).[474]

Ainda uma vez, a máxima evangélica (Mt. 16:27) *"a cada um, segundo suas obras"* define claramente a importância fundamental de empunharmos a charrua (usarmos de forma lúcida o que de mais nobre dispomos, a oração) e, por meio de esforços constantes e bem direcionados, edificar e aprimorar o eu imperecível a partir do que somos, isto é, transformar o homem velho, o eu perecível, com tudo o que possui (desde o caráter reprochável aos hábitos e costumes arcaicos), no ser pleno e imortal tão almejado.

Em síntese, a prece é o veículo e a oração a sua operacionalização. Segundo Chico Xavier, "No mínimo, a prece nos pacifica para que encontremos, por nós mesmos, a saída para a dificuldade que estejamos

---

[473] Franco, D. P.; Joanna de Ângelis (Espírito). Conserva-te em harmonia. In: *Desperte e Seja Feliz*. cap. 26.
[474] Franco, D. P.; Joanna de Ângelis (Espírito). Orações solicitadas. In: *Desperte e Seja Feliz*. cap. 27.

enfrentando."[475] Em contrapartida, as potências da oração, como fonte imorredoura no âmago da Consciência-mater (o Reino de Deus em nós), estabelecem o impulso irrefreável a favor de todo aquele que lucidamente a coloca em ação.

João Cléofas acrescenta: "Quando alguém ora, rompe as barreiras do finito e ala-se na direção do incomensurável. Orar é superar a concha limitadora da pequenez e expandir-se como luz que, não encontrando obstáculos, propaga-se incessantemente."[476] Eis a prova inconteste de seu incompreensível poder transformador para aqueloutros que ignoram a sua insondável complexidade e o seu incomparável proceder.

Parafraseando Léon Denis[477], pela prece elevamo-nos acima de todas as coisas terreais. Esse apelo às potências superiores, esse impulso, faculta-nos voar para regiões não perturbadas pelos murmúrios, pela agitação do mundo material, onde o ser haure as inspirações que lhe são necessárias. **Quanto mais sincero o apelo maior o seu alcance, mais distintas e esclarecidas se revelam as harmonias, as vozes, as belezas dos mundos superiores.** Equipara-se a uma janela que se abre ao Invisível, ao infinito, e pela qual a alma percebe mil impressões consoladoras e sublimes. *Impregna-se, embriaga-se e retempera-se nessas impressões, como num banho fluídico e regenerador.*

Apreciemos as considerações de Santo Agostinho, do *LE* e de André Luiz, no tocante à prece:

> [...]. **A prece é o orvalho divino que tranquiliza o calor excessivo das paixões. A prece, filha primeira da fé, nos conduz ao caminho que nos leva a Deus** (grifo nosso). No recolhimento e na solidão, estais com Deus. Para vós, não há mais mistérios: na prece Deus se revela. [...] (Santo Agostinho – *ESE*, cap. 27, item 23).
>
> As boas ações são a melhores preces, porque os atos valem mais do que as palavras (661*LE*).
>
> [...] A prece, qualquer que ela seja, é ação provocando a reação que lhe corresponde. Conforme a sua natureza, paira na região em que foi emitida ou eleva-se mais, ou menos, recebendo a resposta imediata ou remota, segundo as finalidades a que se destina. Desejos banais encontram realização próxima na própria esfera em que surgem. Impulsos de expressão algo mais nobre são amparados pelas almas que se enobreceram. Ideais e petições de significação profunda na imortalidade remontam às alturas...[478]
>
> A prece é a mais eficaz terapia que se conhece, por ser útil nos mais variados processos de aflição, brindando lucidez e refrigério.

---

[475] Baccelli, Carlos. A. A prece nos pacifica. In: *O Evangelho de Chico Xavier*. Mensagem 348.
[476] Franco, D. P.; João Cléofas (Espírito). A oração. In: *Suave luz nas Sombras*. cap. 39.
[477] Denis, L. O caminho reto: A prece. In: *Depois da Morte*. 5ª parte. cap. 51.
[478] Xavier, F. C.; André Luiz (Espírito). Em torno da prece. In: *Entre a Terra e o Céu*. cap. 1.

Quando alguém ora, desloca-se mental e emocionalmente da coarctação que o sofrimento lhe impõe, permitindo-se alcançar as regiões felizes, onde haure energias portadoras de forças que regularizam os distúrbios afligentes.

O processo da oração ocorre mediante a sinfonia das aspirações humanas com as concessões divinas.

Penetrando a onda mental nas fontes generosas do Poder, aí se aufere **a vitalidade e a inspiração** para o prosseguimento da luta.

A oração é fenômeno moral, emocional e espiritual, que deve suceder de forma consciente.

Orar é um ato que se deve converter em hábito (grifos nossos).

Como qualquer outra atividade, especialmente na área mental, exige frequência, intensidade, interesse. Só então se converte em clima de harmonia interior e de sintonia constante.[479]

A prece é a criação mais experiente da fé, sua primogênita, equipada com esmero, de cujos valores depende o êxito do que dela se pretende ou se espera. O seu valor é preponderante em todo o processo de criação e de manutenção da vida no Espírito e no seu entorno. A sua eficácia relativamente aos resultados pretendidos – sempre consoante a vontade de Deus – e sua ação transformadora de tudo o que se lhe submete, são inquestionáveis. A esse respeito, Léon Denis elucida: "Tudo ora, tudo celebra a alegria de viver, desde o átomo que se agita na Lua até o astro imenso que flutua no éter."[480] Em seu pensamento, constata-se a perfeita consonância com *O Livro dos Espíritos*, motivo pelo qual cognominaram-no de "o Apóstolo do Espiritismo".

Corroborando o raciocínio exposto, Carlos Augusto enfatiza: "Nos dias de temporal, por dentro do coração, refugiemo-nos no santuário da prece."[481] A fé robustecida pela comprovação, ou seja, vivenciada, sedimentada em fatos e em experiências morais estabelece as diretrizes. A oração encarrega-se de canalizar e aplicar os recursos – internos e externos –, atinentes ao fim pretendido, por ser esta a filha primogênita daquela.

Em suma, quanto mais nobres os empreendimentos a serem viabilizados, assim como as intenções que os fomentam, quanto mais extensos os benefícios por eles proporcionados, mais abrangentes e promissores serão os resultados auferidos.

Segundo Emmanuel, jamais devemos nos esquecer de que "a oração não será um processo de fuga do caminho escuro que nos cabe percorrer, mas constituirá uma abençoada luz em nosso coração, clare-

---

[479] Franco, D. P.; Joanna de Ângelis (Espírito). Equipamento da oração. In: *Momentos de Felicidade*. cap. 7.
[480] Denis, L. O caminho reto: A prece. In: *Depois da Morte*. 5ª parte. cap. 51.
[481] Xavier, F. C.; Carlos Augusto (Espírito). Pensamentos de Carlos Augusto. In: *As Palavras Cantam*. cap. 39.

ando-nos a marcha".[482] De modo semelhante, na dor, ser-nos-á "divino consolo; na perturbação", constituirá na 'bússola' norteadora e redentora de nossas consciências. Meimei acrescenta: "A oração nem sempre nos retira do sofrimento, mas sempre nos reveste de forças para suportá-lo."[483] Emmanuel conclui: "A oração não suprime, de imediato, os quadros da provação, mas renova-nos o Espírito, a fim de que venhamos **a sublimá-los ou removê-los** (grifo nosso)." Para tanto, prossegue o autor, "se acendes no coração leve flama da prece, fios imponderáveis de confiança ligam-te o ser à Providência Divina".[484] Por fim, Victor Hugo e Joanna de Ângelis sintetizam de forma magistral o ato consciente de orar:

> Orar é abrir-se a Deus e deixar-se por Ele inundar.
>
> A oração, pois, consciente, é o ato de comunhão com o equilíbrio galáctico, mediante a integração na ordem e a submissão às leis que tudo regem.
>
> **A oração é sublime alavanca portadora de recursos para alçar do abismo da desdita ao planalto da paz, aquele que resvalou pela rampa da loucura.**
>
> A oração é, também, uma forma de hábito da alma, pelo qual essa expressa o seu nível de evolução.
>
> Ponte de infinita segurança, conduz a criatura ao Criador e liga-O àquele que o busca.
>
> **Orar é transmudar-se em vibrações de amor, diluir-se em Luz.**
>
> **O ser humano ora e Deus o alça aos páramos onde se encontra a plenitude.**
>
> Na incomparável musicalidade de todas as coisas e nas onomatopeias que compõem as paisagens vibrantes do mundo, encontramos as canções-preces de louvor e gratidão a Deus.
>
> A ciência que se eleva à grandeza da interpretação dos mistérios, a arte que exalta a beleza, o pensamento filosófico em franco desabrochar de soluções para o comportamento humano, a religião que ergue o crente, são expressões oracionais de louvor e de reconhecimento a Deus (grifos nossos).[485]
>
> A oração é o recurso mirífico mais acessível para permitir à criatura comunicação com o Criador. Ponte invisível de energias sutis, faculta a união da alma com o Genitor Divino, por cujo meio esta haure as forças e a inspiração para os cometimentos difíceis da existência. **Não altera o campo de lutas, nem impede os testemunhos que favorecem a evolução. Entretanto, brinda resistências para os embates, encorajando e vitalizando sempre.** Amplia a visão da realidade, ao tempo em que robustece o entusiasmo de quem se lhe entrega. Modifica a compreensão e o modo de encarar-se os acontecimentos, produzindo sintonia com o Divino Pensamento, que tudo governa. **Quem ora supera tensões e penetra-se de paz** (grifos nossos).[486]

---

[482] Xavier, F. C.; Emmanuel (Espírito). A prece. In: *À Luz da Oração.* cap. 18.
[483] Xavier, F. C.; Meimei (Espírito). No clima da oração. In: *Tende Bom Ânimo.* cap. 21.
[484] Xavier, F. C.; Emmanuel (Espírito). Oração e provação. In: *Religião dos Espíritos.* cap. 33.
[485] Franco, D. P.; Victor Hugo (Espírito). Orações. In: *Compromissos de Amor.* cap. 34.
[486] Franco, D. P.; Joanna de Ângelis (Espírito). Recurso da oração. In: *Momentos de Saúde.* cap. 13.

Conforme o conteúdo exposto e parcialmente analisado, reconhecemos, na oração, o mais poderoso instrumento empregado pelo universo das possibilidades (a entidade mental), pelo qual expressamos a vontade (medianeira do eu menor, o ser impermanente, o dirigido), na ânsia de imergirmos e estabelecermos um vínculo com o Eu maior (o sempiterno, o dirigente). Para esse fim, representamos a peça que nos propusemos encenar, por meio da qual anelamos estabelecer parceria com a nossa essência consciencial e efetivá-la em definitivo, pleiteando a aprovação e a fecundação do Deus e do Cristo em nós, como forças inerentes e imanentes no Tudo-Uno-Deus.

O Reino de Deus se encontra em nós e a força nele reinante é o Evangelho redentor, a Essência-Mãe, o Verbo Criador, a Força Cáusica de todas as coisas, a qual representa a vontade e a expressão do pensamento da Consciência Suprema, ínsitas em exatamente tudo n'Ela imanente. O que nominamos de Criação é a imanência da Luz Incriada, a Natureza, o Cristo Cósmico, o Verbo que se fez carne (personificou-se no Psiquismo Divino, o qual se fracionou em mônadas primevas que se coagularam em todas as formas, pois, no sistema de Leibniz, define-se a mônada como uma "substância simples, ativa, indivisível, de que todos os entes são formados", dos invisíveis microcosmos às superestruturas dos astros), a Entidade através da qual a Unidade torna-se variedade e na qual a variedade se faz Unidade – é o eterno ir e vir, sem jamais dela sair ou esvair-se.

Oração e Renovação

"Holocaustos e oblações pelo pecado não te agradaram." – Paulo. (Hebreus, 10:6.)

É certo que todo trabalho sincero de adoração espiritual nos levanta a alma, elevando-nos os sentimentos.

A súplica, no remorso, traz-nos a bênção das lágrimas consoladoras. A rogativa na aflição dá-nos a conhecer a deficiência própria, ajudando-nos a descobrir o valor da humildade. A solicitação na dor revela-nos a fonte sagrada da Inesgotável Misericórdia.

A oração refrigera, alivia, exalta, esclarece, eleva, mas, sobretudo, afeiçoa o coração ao serviço divino. Não olvidemos, porém, de que **os atos íntimos e profundos da fé são necessários e úteis a nós próprios** (grifo nosso).

Na essência, não é o Senhor quem necessita de nossas manifestações votivas, mas somos nós mesmos que devemos aproveitar a sublime possibilidade da repetição, aprendendo com a sabedoria da vida.

Jesus espera por nossa renovação espiritual, acima de tudo.

Se erraste, é preciso procurar a porta da retificação.

Se ofendeste a alguém, corrige-te na devida reconciliação.

Se te desviaste da senda reta, volta ao caminho direito.
Se te perturbaste, harmoniza-te de novo.
Se abrigaste a revolta, recupera a disciplina de ti mesmo.
Em qualquer posição de desequilíbrio, lembra-te de que **a prece pode trazer-te sugestões divinas, ampliar-te a visão espiritual e proporcionar-te consolações abundantes;** todavia, para o Senhor não bastam as posições convencionais ou verbalistas.
O Mestre confere-nos a Dádiva e pede-nos a iniciativa (grifos nossos).
Nos teus dias de luta, portanto, faze os votos e promessas que forem de teu agrado e proveito, mas não te esqueças da ação e da renovação aproveitáveis na obra divina do mundo e sumamente agradáveis aos olhos do Senhor.[487]

Para que serve?

O bem de todos sempre foi e sempre será o eterno princípio da Soberana Sabedoria e o Bem Eterno, consequentemente, a Sua Lei Suprema.

Roguemos que Deus nos abençoe grandiosamente com todas as forças-estímulo para a construção do bem operante. Bênçãos significam oportunidades de trabalho na seara do bem, pois cada um receberá tão somente conforme as suas indispensáveis capacitações e as suas intransferíveis incumbências.

André Luiz, Emmanuel e Joanna de Ângelis, respectivamente, enfatizam:

> Pela verdadeira prece, a prece improvisada, aquela que não comporta fórmulas, **a Alma se transporta às regiões superiores;** aí haure forças, luzes; aí encontra apoio que não podem conhecer, nem compreender aqueles que desconhecem Deus (grifo nosso).[488]
>
> Quem ora, ilumina-se de dentro para fora, tornando-se uma onda de superior vibração em perfeita consonância com a ordem universal.[489]
>
> Toda **prece** elevada **é manancial de magnetismo criador e vivificante** e toda criatura que cultiva a oração, como devido equilíbrio do sentimento, **transforma-se,** gradativamente, **em foco irradiante de energias da Divindade** (grifos nossos).[490]
>
> No círculo da prece, recolhemos a orientação, e **fora dela somos intimados à tradução** (grifo nosso). Tanto se encontra o Criador com a criatura na oração quanto na ação.[491]

---

[487] Xavier, F. C.; Emmanuel (Espírito). Oração e Renovação. In: *Vinha de Luz.* cap. 21.
[488] Denis, L. Ação de deus no mundo e na história. In: *O Grande Enigma.* 1ª parte. cap. 8.
[489] Franco, D. P.; Joanna de Ângelis (Espírito). A Psicologia da Oração. In: *Rejubila-te em Deus.* cap. 8.
[490] Xavier, F. C.; André Luiz (Espírito). A oração. In: *Missionários da Luz.* cap. 6.
[491] Xavier, F. C.; Emmanuel (Espírito). Entre Deus e o próximo. In: *Alma e Coração.* cap. 16.

> Se advier o cansaço, repousa na oração, estimula-te na variação de tarefa, **reconforta-te no prazer que decorre daquilo que estás realizando**, e não pares. O tempo urge e este é o teu precioso momento de ajudar (grifo nosso).[492]
>
> Quando em sofrimento, na oração, o ser humano robustece-se equilibra as energias em desgoverno e aumenta a coragem de viver, suaviza ardência das paixões daninhas, dissolve a treva da ignorância, dilui a densidade venenosa do ódio e do ressentimento na mente e no coração, transforma as situações penosas em lições de sabedoria e de crescimento espiritual.[493]

A vida sempre nos recompensará não só por aquilo que estamos constantemente realizando, mas, principalmente, pelo modo como fazemos aquilo que nos propusemos realizar. Consoante a lei de justiça (que objetiva a corrigenda dos envolvidos), de amor (que delibera a compreensão dos estágios por eles percorridos) e de caridade (que, fatalmente, culminará com a sua iluminação consciencial) em sua maior pureza, atingiremos as culminâncias do amor a Deus em todas as coisas, pois cada trabalhador será digno do seu salário. Empenhemo-nos, para tanto, que o céu sempre nos auxiliará a sermos, a cada dia, mais pacíficos, mais serenos, mais saudáveis e mais felizes, em tudo o que nobremente diligenciemos edificar.

Assim sendo, teremos a Paz almejada, se fizermos por merecê-la. Nesse sentido, o dia, a semana, o mês, o ano ou as décadas, séculos e milênios só se tornarão primorosos, se nos esforçarmos para tal, pois a paz é uma conquista pessoal, intransferível. Os dias e as oportunidades que a vida nos concederá serão apenas os espaços de tempo e de trabalho para construí-la. Somente assim, faremos jus à fruição do bem-estar decorrente dessa paz.

O nosso intento é extrair, do Reino de Deus existente em nós, a essência do Evangelho, que comporá o cenário consciencial e o renovará, da mente ao físico (incluindo o sub e o inconsciente), disseminando-se no entorno, à luz do exemplo pessoal. Acerca da oração, inferimos que, ante o exposto em nosso primeiro ensaio, torna-se mais estimulante e de fácil compreensão o que propomos.

Na oração, temos o instrumento; no Evangelho, a matéria-prima e a Lei; na mente, o laboratório; nos pensamentos, os arquitetos; na vontade disciplinada, a gerência esclarecida; na consciência, o diretor e a força cáusica do nosso existir. Mediante os esclarecimentos e as diretrizes estabelecidos por Léon Denis e Joanna de Ângelis:

---

[492] Franco, D. P.; Joanna de Ângelis (Espírito). Cansaço do Bem. In: *Sendas Luminosas*. cap. 17.
[493] Franco, D. P.; Victor Hugo (Espírito). Orações. In: *Compromissos de Amor*. cap. 34.

Não há assunto mais importante que o estudo do pensamento, seus poderes e sua ação. É a causa inicial de nossa elevação ou de nosso rebaixamento; prepara todas as descobertas da Ciência, todas as maravilhas da Arte, **mas também todas as misérias e todas as vergonhas da humanidade.** Segundo o impulso dado, funda ou destrói as instituições como os impérios, os caracteres como as consciências. **O homem só é grande, só tem valor pelo seu pensamento;** por ele suas obras irradiam e se perpetuam através dos séculos (grifos nossos).[494]

Vives consoante pensas e almejas, consciente ou inconscientemente.

Conforme dirijas a mente, recolherás os resultados.

Possuis todos os recursos ao alcance da vontade.

Canalizando-a para o bem ou para o mal, **fruirás saúde ou doença.**

Tem em mente, no entanto, que o teu destino é programado pela tua mente e pelos teus atos, dependendo de ti a direção que lhe concedas (grifos nossos).[495]

O homem pode ser considerado o pensamento que exterioriza, fomenta e nutre.

Conforme a sua paisagem mental, a existência física será plasmada, face ao vigor da energia direcionada.

O pensamento é a manifestação do anseio espiritual do ser, não uma elaboração cerebral do corpo.

Sendo o Espírito o agente da vida, nos intrincados painéis da sua mente se originam as ideias, que se manifestam através dos impulsos cerebrais, cujos sensores captam a onda pensante e a transformam, dando-lhe a expressão e a forma que revestem o conteúdo de que se faz portadora.

O homem de bem, pensando corretamente como consequência da sua realidade interior, progride, adicionando forças à própria estrutura.

O pensamento é força.

Por isso, **atua de acordo com a direção, a intensidade e o significado próprios.**

A duração dele decorre da motivação que o constitui, estabelecendo a constância, a permanência e o direcionamento do que possui como emanação da aspiração íntima.

Os pensamentos são os fenômenos cognitivos que procedem do ser real.

Tudo pode ser alterado sob a ação do pensamento.

Vibração que sintoniza com ondas equivalentes, **o seu pensamento é o gerador das tuas ações, e estas, as modeladoras da tua vida.**

Pensamento e vida, pois, são termos da equação existencial do ser humano (grifos nossos).[496]

---

[494] Denis, L. As potências da alma: A disciplina do pensamento e a reforma do caráter. In: *O Problema o Ser, do Destino e da Dor.* 3ª parte. cap. 24.
[495] Franco, D. P.; Joanna de Ângelis (Espírito). A mente em ação. In: *Momentos de Felicidade.* cap. 14.
[496] Franco, D. P.; Joanna de Ângelis (Espírito). Pensamento e Vida. In: *Momentos de Felicidade.* cap. 5.

Não por acaso, Emmanuel afirma: "Orientar o pensamento, esclarecê-lo e sublimá-lo é garantir a redenção do mundo, descortinando novos e ricos horizontes para nós mesmos."[497] Portanto, educar e disciplinar a vontade, os pensamentos, os sentimentos, as emoções, as ideias, as palavras e a mente, por intermédio da qual se expressam, é fator *sine qua non* para o êxito da ação encetada, pois, da harmonia do conjunto dessa grandiosa orquestra, depende a saúde integral, a execução da melodia imarcescível da consciência operante.

Quase sempre, os desajustes que acometem o universo psicobiofísico, em seu campo de atuação, derivam dos desatinos da inteligência em exercício nas etapas precedentes, isto é, nas atitudes perpetradas pelo ser moral em suas andanças pretéritas – recentes ou remotas. Como solução para a problemática, Joanna de Ângelis estabelece: "A prece é medicamento eficaz para todas as doenças da alma."[498] Consoante às suas preleções, *as enfermidades mais graves têm origem na alma*. Para quem se predispõe a saná-las, a mentora enfatiza: "A oração é o mais forte estímulo de que a alma pode dispor para plenificar-se."[499] E acrescenta: "Anjo benfazejo, a oração apaga as labaredas do crime, em começo, improvisando recursos de salvação, para que a serenidade retorne, santificante, à direção da consciência."[500] A oração e os nobres atributos são os mais poderosos antídotos para prevenir os desacertos morais da consciência em gestação. Nesse cenário, a esperança floresce como adubo e terra fértil para o sublime cultivo de imorredouras lições. Por fim, acrescenta: "A cura sempre provém da força da própria vida, quando canalizada corretamente."[501] *Estejamos cientes de que o Evangelho anunciado pelo Cristo Jesus é condição de vida em abundância e de que a mensagem da Boa Nova por Ele anunciada é socorro permanente para quem sofre as consequências de seus próprios atos em dissonância com as leis de harmonia. Em sentido profundo, o Evangelho é vida perene em todas as suas nuances e experiências enobrecedoras, em todos os seus matizes, e a vida intérmina é o próprio Deus como Unidade que a tudo e a todos integra. Em suma, somos vida multiforme e, se assim é, somos eternos, na eternidade do coração da Suprema Sabedoria.*[502]

A palavra "vida" traz em si conotações ricas de incentivo ao ser vivente, pela sua própria existência e profunda significação. Vida pressupõe experiências intérminas de perene alegria, esperança de um porvir venturoso ante as consequências resultantes das escolhas condizentes com o Bem Supremo, belezas inefáveis em cada configuração em que se

---

[497] Xavier, F. C.; Emmanuel (Espírito). Ajudemos a vida mental. In: *Fonte Viva*. cap. 144.
[498] Franco, D. P.; Joanna de Ângelis (Espírito). A prece é medicamento eficaz. In: *Vida Feliz*. cap. 9.
[499] Franco, D. P.; Joanna de Ângelis (Espírito). Oração em ti. In: *Filho de Deus*. cap. 24.
[500] Franco, D. P.; Joanna de Ângelis (Espírito). Culto da Oração. In: *Messe de Amor*. cap. 7.
[501] Franco, D. P.; Joanna de Ângelis (Espírito). Análise dos Sofrimentos. In: *Plenitude*. cap. 2.
[502] Maia, J. N.; Miramez (Espírito). Nosso roteiro. In: *Páginas Esparsas*. V.20 - *Caridade*. cap. 17.

apresente, força propulsora de transformações inadiáveis dos personagens envolvidos no enredo empolgante, regozijo pacificador à luz do exercício da solidariedade sem jaça e da fraternidade pertinentes às leis igualitárias, movimento vivificador de outras plagas em constante profusão, energia empolgante estimulando a florescência de inefáveis benesses profícuas, vigor imarcescível de frutescências quintessenciadas em prol do contexto no qual prolifera, saúde em plenitude em todos os padrões estatuídos pelas frequências determinantes das leis de harmonia. Enfim, entre muitos outros termos estimulantes, vida é luz perene e, sendo luz imarcescível, deve iluminar tudo o que a permeia, sem interrupção, e, ao mesmo tempo, tudo o que a circunda e vivifica, clareando, proeminentemente, o seu oásis interno e o seu arquipélago no entorno. Se pensarmos no antônimo de vida, como no antônimo de todas as palavras elencadas acima, facearemos a "morte" proeminente e tudo o que a ela conduz. Ausência de vida é, infalivelmente, a morte. Ausência de alegria é a tristeza. Onde não há esperança operante, encontramos, sem sombra de dúvida, a presença evidente do desespero ou do desencanto. A vida, para que seja "vida" vivificante, há que transmutar-se em movimento renovador, vigor evolvente, energia vibrante, saúde eloquente, enfim, regozijo imperturbável! Se fosse possível sintetizá-la em apenas uma frase, ante a oportunidade de tão grandioso ensejo, diríamos que "a vida é um tesouro precioso e deve ser vivida intensamente cada segundo" sem a presença do murmúrio deselegante, sem o enojamento da lamentação desoladora ou a injustificável procrastinação inoportuna. Assim sendo, compete-nos visualizar o bem em todas as circunstâncias da existência; movimentar-nos com alegria, para que as nossas ações se otimizem e se plenifiquem de abençoada paz íntima e de tranquilidade contagiantes no arquipélago interior. Assim atuando, certamente, "canalizaremos corretamente a vida", tal como preceituou a benfeitora Joanna de Ângelis. Arar também é orar, pois oração é força intérmina e ação é serviço permanente!

Movimentando-se ininterruptamente, o rio mantém as suas águas limpas. É o movimento constante que assim as mantém. Independentemente do que se lhe atire ao leito, porque persevera no incessante caminho, purifica suas águas. Superando obstáculos, desviando-se de barreiras e tropeços, filtra-as continuadamente. O rio Tietê, embora cristalino em sua nascente e por um considerável percurso, na cidade de São Paulo é extremamente poluído. Recebe poluentes de toda ordem na grande capital. Pouco antes de desaguar no Rio Paraná, na altura das cidades de Pereira Barreto, Ilha Solteira e Itapura, nos lagos formados pelas usinas de Três Irmãos, Ilha Solteira e Jupiá, há praias para banho e suas águas encontram-se limpas, apropriadas para consumo humano, mediante a necessária e imprescindível decantação. Saíram extremamente poluídas da grande metrópole (São Paulo) e, no seu trajeto ininterrupto, superando todos os entraves, todas as barreiras, recebendo águas de outros afluentes, purificaram-se, despoluíram-se. Assim deve ocorrer com a vida do ser humano. Manter-se em faina incessante, focar sua atenção num objetivo profícuo, qual seja o de alcançar a autoiluminação, por meio do autoaprimoramento. Não se deve permitir interromper o curso da sua vida, o incessante movimento – estudar, aprender, internalizar, meditar, compreender, vivenciar o que já é capaz de discernir, trabalhar e orar sempre – realizar com regozijo, otimizando e plenificando todas as suas ações, para, por fim, atingir o oceano da serenidade imperturbável. À medida que se mobiliza, que labora, que produz, vai alijando de si as impurezas. Nesse incessante movimentar-se, purifica sua mente das construções menos dignas que erigiu no curso das diversas encarnações, quando ainda ignorava o caminho, a verdade e a vida. Perseverança, disciplina, confiança integral na Providência Divina, no Pai que jamais nos abandona, devem permear as diretrizes que nos propusemos nos caminhos do Amor, da Verdade e da Justiça incontestes.

Os benfeitores da Vida Maior nos advertem – relativamente aos cuidados básicos de preservação da vida menor que nos diz respeito – que, quando os imensuráveis recursos que a Natureza faculta a quantos deles necessitem, escasseiam ou se encontram indisponíveis por desconhecimento dos meios de lográ-los, devemos nos lembrar de que a medicina, seja humana ou divina, também é de Deus.

André Luiz e Emmanuel advertem-nos relativamente às condições indispensáveis para que nos façamos merecedores da necessária assistência espiritual:

> "[...] debalde, na tarefa ingente da própria reabilitação no plano carnal, quando o enfermo, sem atitude de renovação moral, sem humildade e paciência, espírito de serviço e devotamento ao bem, **não consegue assimilar as correntes benéficas do Amor Divino que circulam, incessantes, em torno de todas as criaturas** (grifo nosso). [...]"[503]
>
> Jesus revelou que "não são os que gozam saúde que precisam de médico", conforme Mateus, 9:12.
>
> Sim, somos Espíritos enfermos com ficha especificada nos gabinetes de tratamento, instalados nas Esferas Superiores, dos quais instrutores e benfeitores da Vida Maior nos acompanham e analisam ações e reações, mas é **preciso considerar que o facultativo, mesmo sendo Nosso Senhor Jesus Cristo, não pode salvar o doente e nem auxiliá-lo de todo, se o doente persiste em fugir do remédio** (grifo nosso).[504]

---

[503] Xavier, F. C.; Vieira, W.; André Luiz (Espírito). Invasão microbiana. In: *Evolução em dois Mundos*. cap. 40.
[504] Xavier, F. C.; Vieira, W.; Emmanuel (Espírito). Ante o Divino Médico. In: *Livro da Esperança*. cap. 78.

Recordo-me que o Divino Crucificado ensinou, certa feita: O Reino Celeste está dentro de vós!

Quem não desejar descobri-lo em si mesmo, alcançará a posição do enfermo que se nega a todos os processos de cura.

Para um doente dessa espécie, médicos e remédios não têm razão de ser (grifo nosso).[505]

O autor enfatiza com extrema clareza para quem possui "olhos de ver e ouvidos de ouvir" que, apesar do esforço hercúleo por parte da espiritualidade, da medicina espiritual e dos inumeráveis agentes da Natureza que nos acercam, percebe-se a quase inutilidade de tal empenho, quando tais recursos, ofertados de bom grado pelas leis e pela Vida, são desconsiderados por imaturidade, mal utilizados ou negligentemente malbaratados por quem deveria valorizá-los e empregá-los em proveito dos envolvidos na causa que contemplam. Por conseguinte, quando não se identifica a inalienável transformação moral dos agraciados pelas benesses mensuradas, o esforço ingente no cultivo das virtudes cristãs, o espírito solidário e fraterno espontâneos, isto é, o ato de servir unicamente pelo prazer de doar-se, jamais estes se capacitarão para perceber, assimilar, qualificar e incorporar o oceano de possibilidades do que mais carecem em seu próprio benefício, que circula em seu entorno e permeia suas vidas incessantemente.

Rememorando os ensinos de Emmanuel, segundo os quais a saúde humana jamais será um produto de alimentação e de medicação artificiais, compete a todo aquele que almeja fruir de uma saúde perfeita e preservá-la, conhecer a terapêutica profilática que se encontra ínsita em sua própria individualidade e no oceano imensurável ao seu redor, em a Natureza.

Emmanuel corrobora as nuances apresentadas e pormenoriza esse arquipélago de possibilidades incontestes, dentro da pauta "para que serve a oração":

> **A prece impulsiona as recônditas energias do coração, libertando-as com as imagens do nosso desejo, por intermédio da força viva e plasticizante do pensamento,** imagens essas que, ascendendo às Esferas Superiores, tocam as inteligências invisíveis ou visíveis que nos rodeiam, pelas quais comumente recebemos as respostas do Plano Divino, porquanto o Pai Todo-Bondoso se manifesta igualmente pelos filhos que se fazem bons.
>
> **A vontade que ora, tange o coração que sente, produzindo reflexos iluminativos através dos quais o espírito recolhe em silêncio, sob a forma de inspiração e socorro íntimo,** o influxo dos Mensageiros Divinos que lhe presidem o território evolutivo, a lhe renovarem a emoção e a ideia, com que se lhe aperfeiçoa a existência.
>
> Dispomos na oração do mais alto sistema de intercâmbio entre a Terra e o Céu.

---

[505] Xavier, F. C.; Irmão X (Espírito). Tentando explicar. In: *Luz Acima*. cap. 21.

> **Pelo divino circuito da prece, a criatura pede o amparo do Criador e o Criador responde à criatura** pelo princípio inelutável da reflexão espiritual, estendendo-lhe os Braços Eternos, a fim de que ela se erga da vida fragmentária para os cimos da Vida Vitoriosa (grifos nossos).[506]
>
> **A inspiração do Alto nasce na fonte dos sentimentos puros.** Busca a edificação da paz, através do equilíbrio e da afabilidade para com todos, manifesta-se no veículo da compreensão fraternal, exprimindo misericórdia, e produz bons frutos onde esteja (grifo nosso).[507]

Segundo Emmanuel, a prece atua como um impulso irrefreável, mobilizando nossas energias mais íntimas, que plasmam nossos desejos pela força do pensamento. Essa imagem construída ao influxo do amor equânime, ascende às dimensões superiores, alcançando inteligências que orientam a nossa evolução e nos respondem aos anseios. O ser que ora recebe o socorro ou a inspiração de que carece, renovando-lhe as emoções e as ideias e, assim, aperfeiçoando a sua existência.

Ao orar, a alma desvencilha-se do chão do mundo e vai em busca das benesses e do beneplácito do Reino de Deus, de algo mais sublime que lhe responda às aspirações. Nesse impulso de ascensão, abrem-se-lhe vertentes de luz por onde fluem intuições e inspirações do Todo Poderoso, por intermédio dos seus mensageiros de todos os matizes (tanto internos quanto externos). Entretanto, a oração não lhe dispensará o esforço pessoal, aureolado pelas vibrações oriundas da vontade firme e apoiada na fé irrestrita, do exercício constante da paciência multiforme, do incansável treino da perseverança sem esmorecimento e da humildade autêntica, sem a qual não se fará merecedor da resposta de Mais Alto. O esforço no Bem operante, mobilizando as próprias forças para realizar os seus objetivos, assessorado pela vontade e pela fé intimorata, ancorado na ciência da paz e da tranquilidade interior (a paciência), aliado à perseverança que lhe expressa o empenho no labor encetado, coadjuvado pela humildade – valor imprescindível para manter-lhe flexível o coração ante a vontade do Pai – atuam como motores de ascensão ao Amor infinito, sintonizando com a Augusta Essência, que lhe responderá com mais vida em aprendizado e experiências dignificantes.

O mestre lionês aconselhou:

> Cercai vossa alma com o muro protetor de uma prece cheia de fé, a fim de que o inimigo, seja interno ou externo, aí não possa penetrar.
>
> Quando a alma do homem, inteiramente penetrada de zelo santo, eleva-se para o céu na prece íntima e ardente, os inimigos interiores, isto é, as paixões do homem, e os inimigos exteriores, isto é, os vícios do mundo, são impotentes para forçar os muros que a protegem.[508]

---

[506] Xavier, F. C.; Emmanuel (Espírito). Oração. In: *Pensamento e Vida*. cap. 26.
[507] Xavier, F. C.; Emmanuel (Espírito). Alimento verbal. In: *Palavras de vida eterna*. cap. 87.
[508] Kardec, Allan. *Revista Espírita*. Março de 1863. São Paulo: Ide

Como bem definiu Allan Kardec, em *A Gênese* (cap. 14, item 21 – Rio de Janeiro: FEB): *"Os Espíritos realmente bons, encarnados ou desencarnados, nada têm que temer da influência dos maus."* Portanto, todo aquele que almeja livrar-se da presença ou da influência perniciosa dos maus Espíritos, tanto quanto dos maus fluidos, bastará tão somente unir-se aos bons; pois, diante de toda e qualquer manifestação de um fluido mau, repulsá-lo-á com as vigorosas vibrações oriundas dos fluidos bons. Em suma, cada Espírito carreia no seu perispírito uma fonte permanente das próprias energias, isto é, todos trazem em si mesmos o remédio aplicável. Trata-se apenas de purificar essa fonte, construindo valores que rechacem as más influências e os maus fluidos. Para tanto, em *O Livro dos Espíritos* (questão 932 – São Paulo: Petit), encontramos os prestimosos estímulos: "Por que, no mundo, os maus têm geralmente maior influência sobre os bons? – É pela fraqueza dos bons; os maus são intrigantes e audaciosos, os bons são tímidos; **quando estes últimos quiserem, os dominarão** (grifo nosso)." O que nos falta é, inequivocamente, o verdadeiro querer, o imprescindível saber e o inexorável amar, isto é, fazer com sabedoria o que precisamos executar lucidamente, para o nosso e para o bem do contexto.

Às mãos que se unem em prece, empunhando a charrua no trabalho digno, honesto e honrado, não sobra tempo para a prática da violência. Lábios que se consagram à oração luminescente, isto é, condizente com a Boa Nova do Cristo, não proferem palavras permeadas pela maledicência. Um coração, quando se faz uno com Deus, torna-se ou se transforma num oásis do Amor em essência.

Orar é alimentar a alma com o "néctar" do Amor imperecível. A oração é semelhante à aldrava da porta do Paraíso. À luz da oração consciente, as portas se abrem com extrema facilidade e se superam os mais tenazes entraves que obstam a felicidade plena. Quem ora, em júbilo, humilde e submisso ao Governador Supremo do planeta Terra, o nosso Mestre, Modelo e Guia, não mais necessita ser visitado pelo aguilhão da dor para ser impulsionado ao degrau do bem viver – emergindo do abismo da ignorância aprisionante e da ociosidade deprimente aos páramos do acrisolamento da consciência desperta –, conforme as diretrizes estatuídas pela divina Lei, que se lhe encontram ínsitas na consciência em formação. São leis que florescem vertiginosamente e frutificam em profusão, no ápice da consciência aureolada pelo saber transcendente que a impele de forma inexorável aos caminhos do amor que discerne, da justiça que planifica e da caridade que define *as vias que levam à autoiluminação.*

Orar é irradiar a essência do deus interno por meio do cristo interno e dos seus veículos de expressão, a benefício do cosmos. A alma em prece se eleva na direção do incomensurável, envolvendo desde as mentes mais rudimentares nos sub-reinos aos corações mais sequiosos das emanações sublimes da consciência desperta. Ao alar-se, conecta-se com os seres que se encontram na vanguarda (anelando inspirações), com os da mesma frequência e estágio evolucional (oportunizando apoio mútuo) e com os que alicerçam a Natureza (enviando-lhes estímulos), fazendo germinar e frutificar a sementeira da solidariedade e do amor incondicional. Envolve-se na luz do Divino Amor, anelando essa ventura para todos quantos lhe compartilhem a estrada.

André Luiz ampara-nos o raciocínio ao afirmar:

> Os Espíritos aperfeiçoados, que conhecemos sob a designação de potências angélicas do Amor Divino, operam no micro e no macrocosmo, em nome da Sabedoria Excelsa, formando condições adequadas e multiformes à expansão, sustentação e projeção da vida, nas variadas esferas da Natureza, no encalço de aquisições celestiais que, por enquanto, estamos longe de perceber. A mente dos homens, indiretamente controlada pelo comando superior, interfere no acervo de recursos do Planeta, em particular, aprimorando-lhe os recursos na direção do plano angélico, e a mente embrionária dos animais, influenciada pela direção humana, hierarquiza-se em serviço nas regiões inferiores da Terra, no rumo das conquistas da Humanidade.[509]

A caridade da ação silenciosa em prol do semelhante é um bálsamo para a alma desperta, que não busca o aplauso do mundo, mas a aprovação de sua consciência, à luz do dever fielmente desempenhado. Neste degrau, o ser que exemplifica, amando pelo prazer de amar, servindo pelo prazer de servir, entrega-se ao Evangelho vivo e integra-se a ele, tornando-se Evangelho também, ou seja, *a própria vida em profusão.*

A oração é filha do amor-Lei e mãe do amor-substância, os quais reúnem e condensam em seu ápice quintessenciado as fragrâncias de todas as sublimes revelações virtuosas, cuja irmã é a caridade, como um processo de autoiluminação, por ser a oração que conduz esta, corolário da humildade que a alicerça profunda e internamente; parceira dileta da gratidão, com a qual caminha ombro a ombro em seu infindo evolver; irmã gêmea da esperança, a doce presença do amor que a sustenta e a conduz perenemente. Na paciência, tem a sua sábia escudeira coordenadora, a qual gesta a autoconfiança que lhe proporciona a consciência do existir

---

[509] Xavier, F. C.; André Luiz (Espírito). Matéria mental: Pensamento das Criaturas. In: *Mecanismos da Mediunidade.* cap. 4, item 2.

como ser constituído. Companheira inseparável da alegria que, sob a regência das luzes da sabedoria, encarrega-se de abrir espaços para futuras edificações. Enfim, a oração é a filha primeira e a mais sublime aliada da fé, a *mãe de todas as virtudes*.

A oração movimenta, alavanca as virtudes do Espírito (o ser perene) em favor da alma (o ser inconstante) e de ambos a benefício do contexto onde mourejam. Força propulsora por excelência, estimula as virtudes a se destacarem do lago sereno da essência para exercerem suas respectivas aptidões nas personalidades, onde atuarão como mestras que, sabiamente, vêm ensinar a seus irmãos menos experientes o caminho do amor e da sabedoria que já perlustraram. É assim que o orgulhoso se faz humilde, o triste se alegra, o violento se acalma, o egoísta se torna desprendido, o odiento passa a amar incondicionalmente. Entretanto, faz-se mister que o ser atuante "queira" sublimar-se, ou seja, é indispensável que o indivíduo mobilize o desejo, a emoção, o sentimento, a vontade, o pensamento e construa essa "hora de ação". Assim, orando, a alma (consciência objetiva) vincular-se-á, infalivelmente, às potências do Espírito (consciência subjetiva) que a conduz.

Para Miramez, o discípulo fiel do Evangelho personificado:

> A oração é um proêmio que antecede a todas as emoções espirituais, abrindo na mente uma clareira psíquica, pela qual adentra a luz divina procedente de Deus.
>
> Orar é se resguardar contra as investidas do mal, é se precaver dos possíveis desequilíbrios, é fortalecer o coração frente as lutas de cada dia.
>
> A prece, por regra maior, é a força poderosa capaz de iluminar quaisquer trevas da alma, e induzi-la para a fraternidade e o amor em todos os ângulos.[510]

Miramez esclarece ainda que a oração *é a ciência das ciências, a filosofia das filosofias*. E a religião, como educandário e preceptora da moral evangélica, *não pode existir sem sua participação ativa*. A oração é o sublime farol das almas, recurso imanente da Vida perene, regendo todas as atividades da vida em perpétuo dinamismo e irrefreável ascensão.

A oração abre caminhos nunca antes percebidos pelo Espírito e a vigilância dá tempo ao raciocínio para classificação dos pensamentos, estimulando os bons e repulsando os enfermiços, *ou canalizando-os a uma determinada região da subsconciência, para que ela aproveite* (ressignifique) *esse* patrimônio *mental*.[511]

---

[510] Maia, J. N.; Miramez (Espírito). Porque a prece. In: *Horizontes da Mente*. cap. 63.
[511] Maia, J. N.; Miramez (Espírito). Conduta mental. In: *Horizontes da Mente*. cap. 44.

Com a lucidez que lhe é característica, Emmanuel acrescenta:

> Sempre muito importante a oração por luz interior, no campo íntimo, clareando passos e decisões sem nos despreocuparmos, porém, da ação que lhe complementa o valor, nos domínios da realidade objetiva.
>
> Ação é serviço.
>
> Oração é força.
>
> Pela oração a criatura se dirige, mais intensamente, ao Criador, procurando-Lhe apoio e benção e, através da ação, o Criador se faz mais presente na criatura, agindo com ela e em favor dela.[512]
>
> A oração ilumina o trabalho, e a ação é como um livro de luz na vida espiritualizada.[513]

Revelar íntima intenção em cada palavra nobremente elaborada, verbalizada ou não, agir na mesma frequência e em plena sincronia com os sentimentos equânimes da pauta estabelecida, coordenar harmonicamente os puros sentimentos com o objetivo de normatizar e qualificar os pensamentos estatuídos e, por fim, desejar sinceramente tornar-se o Evangelho vivo em espírito verdadeiro: eis a proposta essencial para todo aquele que anela lograr êxito em seu intento, transformando a força promotora da oração santificante em ações cristianizadas em prol do contexto elegido.

O pupilo do poverello de Assis e seu fiel escudeiro na governadoria terrena nos esclarece acerca do arquipélago mental – o universo por meio do qual a consciência se expressa –, continuamente aprimorado pela oração e pela ação:

> **Os nossos pensamentos são poções energéticas a nós entregues pela Divindade,** para que possamos delas fazer uso, dentro da liberdade que temos ao nosso dispor.
>
> As nossas ideias são alentos capazes de levantar caídos, curar enfermos, instruir ignorantes e ainda estabelecer paz onde haja guerra. A palavra é força de potencialidade invejável, que pode construir quando ligada em Cristo.
>
> O dinamismo do coração ainda é desconhecido entre as criaturas; **Deus oferece a cada um, abençoando, como que um quilate de luz, para que se possa mover um mundo.** Escutamos sempre o camponês falar "se o boi soubesse a força que tem, que seria de nós?" E nós falamos que se o homem tivesse consciência de seus poderes, despertando-os sem a devida educação dos sentimentos, o que seria da vida? Tudo vem a seu tempo, e o Senhor espera a maturidade das almas para grandes revelações. As bombas que os países desenvolvidos fabricam, em comparação a força mental de um só na crista da evolução espiritual, **podemos dizer que significa o riscar de um fósforo, e nada mais.**
>
> **A mente do Espírito é a mente de Deus em miniatura,** esperando o toque do amor e da sabedoria espiritual. São horizontes da vida que se abrem com o abrir do coração, para a grandeza da fraternidade em Jesus Cristo (grifos nossos).[514]

---

[512] Xavier, F. C.; Emmanuel (Espírito). Oração e ação. In: *Encontro de Paz*. cap. 7.
[513] Xavier, F. C.; Emmanuel (Espírito). Esforço e oração. In: *Caminho, Verdade e Vida*. cap. 6.
[514] Maia, J. N.; Miramez (Espírito). Transmissão de energias. In: *Horizontes da Vida*. cap. 43.

> Os pensamentos são formas emblemáticas que transmitimos em muitas dimensões para as mentes da mesma sintonia, e **os sentimentos que plasmamos neles são partes de nós,** que ficam nos outros, sob a nossa responsabilidade.
>
> As formas mentais têm uma força coesiva sem precedentes, **maior que a liga de todas as colas e o traço de todos os cimentos.** Os Espíritos de alta envergadura conhecem a ciência, de modo a desintegrar as formas mentais inferiores, aproveitando-as, **como lixo mental, em adubos, ou canalizando-as para animais da mesma faixa,** que as transmutam em alimentos psíquicos, de certa forma, para eles, suculentos.
>
> Se a humanidade soubesse o valor do pensamento positivo, entregar-se-ia à completa reforma, no tocante aos pensamentos. Se a humanidade fosse consciente da grandeza das emoções elevadas, **transformaria o mundo dos sentimentos em fontes puras de amor** (grifos nossos).[515]

Miramez afiança que "os pensamentos são formas emblemáticas", isto é, são figuras simbólicas que representam uma coletividade de microvidas multiformes. Consequentemente, "transmitimos, para as mentes da mesma sintonia", bem como para aqueloutras que se encontram em infrene dissonância, "em muitas dimensões", físicas e extrafísicas, a sua qualificação e o seu enredo na consequente atuação em que o teor vibracional que caracteriza esse pensamento se expressará. Portanto, "os sentimentos que plasmamos nos pensamentos em vigência são partes de nós", ou seja, são virtudes excelsas ou perturbações deprimentes, "que ficam nos outros" ou em torno de quem os cria, ajudando ou desajudando, "sob a nossa responsabilidade" inconteste e inapelavelmente. Alhures, o autor enfatiza que as palavras geram pequenas almas instintivas e, quando mentalizadas, isto é, quando as direcionamos mentalmente ou as verbalizamos, transferimo-las para o subconsciente daqueles que comumente nos observam. Esse ato jungirá o emissor ao receptor por laços indestrutíveis sem precedentes, os quais, se perturbadores, só serão desfeitos com proveito, quando a sua polaridade for nobremente invertida e os conteúdos envolvidos forem lucidamente sublimados.

O autor estabelece que "as formas mentais têm uma força coesiva sem precedentes, maior que a liga de todas as colas e o traço de todos os cimentos". Ao salientar a força de coesão de tais arquipélagos emblemáticos, sugere que não se deve menosprezá-la, uma vez que o teor dessas formas mentais determinará a ventura ou o infortúnio futuro de quem as construiu. Trata-se da síntese coesiva dos pensamentos em evidência e dos sentimentos que os qualificam na expressão, aureolados pela inteligência em pauta e coadjuvados pela imaginação ativa. Miramez destaca que *os*

---

[515] Maia, J. N.; Miramez (Espírito). Pensamentos Formas. In: *Horizontes da Mente*. cap. 31.

Espíritos de alta envergadura conhecem a ciência transcendente que os desvelam, de modo a desintegrar as formas mentais inferiores, oriundas ou provenientes das mentes em desalinho, aproveitando-as, como lixo mental, perfeitamente reaproveitável para a alta hierarquia, transubstanciando-as em adubos multiformes, tais como o nitrato de amônia e outros de semelhante jaez ou canalizando-as para animais da mesma faixa evolutiva ou frequência vibracional, que as transmutam em alimentos psíquicos de variada ordem, de certa forma, para eles, suculentos e, quiçá, essenciais. Não obstante o trabalho misericordioso desses emissários do alto que laboram desintegrando ou sutilizando as construções descabidas que inadvertidamente edificamos, direcionando-as para um fim útil e menos pernicioso para os que as construímos, compete-nos proceder à autoiluminação, perseverando na disciplina dos pensamentos e dos sentimentos, de maneira a vibrarmos de forma condizente com o ambiente de paz e harmonia em que anelaríamos viver. Como afirmara Antoine Laurent Lavoisier (1743 – 1794): "Na natureza nada se cria, nada se perde, tudo se transforma".

Evidenciando o enredo em foco, *"se a Humanidade soubesse o valor do pensamento positivo, posto que o Altíssimo sempre encoraja os esforços que visam ao bem comum, multiplicando cem ou mil vezes mais, entregar-se-ia à completa reforma psicofísica, moral e espiritual, no tocante aos pensamentos. Por fim, se a Humanidade fosse consciente da grandeza das emoções elevadas, em perfeita consonância com as diretrizes do Evangelho à luz do cosmos, transformaria o mundo dos sentimentos em fontes puras de amor imarcescível e equânime, força geratriz e mantenedora da vida em suas intérminas nuances e em seus inenarráveis matizes".* Antídoto insuperável na cura de todas as enfermidades que arrasam os corações humanos. O decreto de Jesus, o Cristo de Deus, far-se-ia perfeitamente compreensível e lucidamente aplicável.

Corroborando a pauta em foco desse proeminente desiderato, Emmanuel assevera: "A mente é mais poderosa para instalar doenças e desarmonias do que **todas as bactérias e vírus conhecidos** (grifo nosso)."[516] Analisando-a em suas mais ínfimas minúcias e alinhando-a à luz do diapasão da frequência oposta, faz-se o mais potente instrumento de renovação e de ascensão espiritual, quando vibra em ressonância com as sempiternas diretrizes do Evangelho Redentor. Assim sendo, no desequilíbrio da mente deprimente, encontram-se todas as causas do sofrimento infrene. Por outro lado, nela ou por seu intermédio, encontramos ou,

---

[516] Xavier, F. C.; Emmanuel (Espírito). Causas espirituais das doenças. In: *Leis de Amor.* cap. 1.

quiçá, encontraremos os recursos pertinentes para sanar todos os desequilíbrios, ora atormentadores, quando se tornar alinhada com as leis que regem a harmonia perene, isto é, quando se colocar em coerente sintonia e em perfeita sincronia com estas. Entretanto, faz-se premente a edificação de uma vontade firme e disciplinada para bem conduzi-la; a construção de pensamentos nobremente equilibrados, multiplicando as possibilidades de êxito; acepilhar e purificar os sentimentos atinentes ao introito; qualificar as palavras de modo condizente com a harmonia que se pretende construir ou transfundir; e, por fim, esmerar as atitudes para que sejam coerentes com a concretização do intento pretendido.

Na etapa em curso, o nosso propósito será elevar a vontade consciente ao grau de gerente suprema do laboratório mental, cumprindo-lhe direcionar o pensamento, o excelso arquiteto e construtor desse inenarrável cenário, assessorada pela sabedoria (conhecimento de causa, amor equânime e imparcialidade) de forma a alavancarmos a obra nesse oásis de possibilidades indescritíveis.

Como eminente diretora do universo mental, a vontade personifica o que se pretende, isto é, no plano da ideação, concretiza tudo o que previamente se propõe concretizar. A mente é apenas o laboratório em que ocorrerá a criação da realidade elegida; o pensamento é a capacidade criativa no enredo, assessorado pela inteligência e coadjuvado pela imaginação, por intermédio dos quais se promove a criação da forma correspondente. O sentimento dará vida a tal desiderato; a palavra, verbalizada ou não, o colocará em movimento condizente com o intento almejado e a atitude, em consonância com a pauta estatuída, lhe propiciará a direção coerente com o êxito que se pretende.

Assim enfatizou a sabedoria dos evangelistas: *"Cada trabalhador é digno do seu salário"* (1 Tm 5:18). Nos dias hodiernos, Emmanuel poetiza:

> A vida reserva prodígios para quem segue adiante, trabalhando e servindo...
>
> Deus confere ao lavrador a luz do sol, a bênção da chuva e o favor do vento, **mas não lhe dispensa o próprio suor, no trato da sementeira,** para que a colheita lhe surja às mãos por recurso divino.
>
> Na oração em que te diriges à Providência Divina implorando algo, **não te esqueças de que algo deves fazer para que algo obtenhas.** Sobretudo, ajuda indistintamente, porque o serviço ao próximo é a oração mais completa **a garantir-nos o crédito necessário aos sentimentos e raciocínio, às ideias e às palavras** que, alicerçados no bem puro e simples, se convertem, com a bênção de Deus, para nós e para os outros, em sublime realidade, hoje e amanhã (grifos nossos).[517]

---

[517] Xavier, F. C.; Emmanuel (Espírito). Serena-te. In: *Caminho iluminado*. cap. 21.

A oração jamais nos dispensará das ações pertinentes ao intento eleito, pois sempre será de inteira responsabilidade dos envolvidos o labor enobrecido na seara do Bem Supremo. Emmanuel enfatiza ainda que "na oração em que te diriges à Providência Divina implorando algo, não te esqueças de que algo deves fazer para que algo obtenhas". Se o dever é a lei da vida e se faz proeminente no perene evolver dos elementos que a perlustram, das origens primevas às súbitas asceses, isto é, desde as mais ínfimas expressões às mais elevadas ações, todos os que almejam lograr êxito em suas empreitadas evolutivas devem laborar interminavelmente, pois, em a Natureza, tudo trabalha ao influxo do perpétuo dinamismo contagiante. Se não há causa sem efeito e nem efeito sem causa, e, se o efeito de hoje foi determinado por uma causa que o precedeu, nada mais justo e lógico do que a máxima: "a semeadura, quase sempre será livre, mas a colheita, fatalmente, vos será a consequência do que foi previamente semeado." Portanto, somos usufrutuários da livre escolha, o tesouro dos tesouros, mas seremos prisioneiros das forças dela resultantes.

Neste quesito, uma das mais belas sínteses em torno da temática in loco, ficará a cargo de Meimei:

No clima da oração

A oração nem sempre nos retira do sofrimento, mas sempre nos reveste de forças para suportá-lo.

Não nos afasta os problemas do cotidiano, entretanto, nos clareia o raciocínio, a fim de resolvê-los com segurança.

Não nos modifica as pessoas difíceis dos quadros de convivência, no entanto, nos ilumina os sentimentos, de modo a aceitá-las como são.

Nem sempre nos cura as enfermidades, contudo, em qualquer ocasião, nos fortalece para o tratamento preciso.

Não nos imuniza contra a tentação, mas nos multiplica as energias para que lhe evitemos a intromissão, sempre a desdobrar-se, através de influências obsessivas.

Não nos alivia da injúria e da perseguição, entretanto, se quisermos, ei-la que nos sugere o silêncio, dentro do qual deixaremos de ser instrumentos para a extensão do mal.

Não nos isenta da incompreensão alheia, porém, nos inclina à tolerância para que a sombra do desequilíbrio não nos atinja o coração.

Nem sempre nos evitará os obstáculos e as provações do caminho que nos experimentem por fora, mas sempre nos garantirá a tranquilidade, por dentro de nós, induzindo-nos a reconhecer que, em todos os acontecimentos da vida, Deus nos faz sempre o melhor.[518]

---

[518] Xavier, F. C.; Meimei (Espírito). No clima da oração. In: *Tende bom ânimo.* cap. 21.

Como usar?

Eis a ordem cósmica: cada criatura deve zelar por si para que, assim procedendo, logre receber os amorosos cuidados de quem vela por todos, pois somos quais tenros brotos que, se auferirem os cuidados necessários, fatalmente haverão de tornar-se majestosos e venerandos carvalhos! **Analisemos uma fração do finito temporário, imanente no infinito permanente, pois somos, por enquanto, uma diminuta imperfeição momentânea aperfeiçoando-se incessantemente na eterna perfeição absoluta!** Imprescindível zelar pela germinação da semente da essência divina que todos albergamos, desde que o Psiquismo Divino "gestou" o princípio inteligente do universo, do qual tudo se origina. Todos somos individualidades que se fizeram no decorrer dos evos, a partir da união desses elementos ou mônadas primevos. Esse broto – o Evangelho, em essência, ou Amor personificado – deve ser cultivado com o mais profundo esmero e o mais profícuo empenho, para que possamos nos blindar contra as investidas do joio que ainda carregamos em nós; o joio que cultivamos em outras eras e que, mediante o trato amoroso do Amor, poderá fazer-se adubo do magnificente trigo dourado, "o deus que somos", e que "poderá fazer o que Ele, Jesus, fez e muito mais", pois tudo o que, por agora, se comporta como joio, fatalmente, tornar-se-á trigo no porvir. Cumpre-nos cuidar para que todas as nossas expressões – inteligências, pensamentos, palavras, atos, emoções, sentimentos – sejam pautadas pela régua das bem-aventuranças, o código divino do Divino Mestre, o passaporte para a liberdade incondicional e a felicidade perene do Espírito imortal.

Hodiernamente, em nosso lar e escola planetários, fazem-se visíveis a presença e a atuação incontestes de inúmeros tutelares que vieram de outros orbes ou sistemas estelares, cuja missão é a de ajudar na moralização dos terrícolas e de elevar o padrão vibracional e evolucional da Mãe Gaya. Portanto, é inegável o movimento de separação e de repatriação do joio tanto quanto o da promoção e aprimoramento do trigo. Para lograr êxito em tal intento, toda a verdade acerca desses desideratos fatalmente será revelada. Assim, de duas uma: ou os cidadãos terrícolas se fazem humildes e atentos, vigilantes e operosos, assim atendendo ao chamado do Cristo (procedendo à sua urgente e intrasferível evangelização, convidados que são a se comportarem de maneira eminentemente solidária e fraterna), ou, inequivocamente, ao insistirem em permanecer recalcitrantes e renitentes às imprescindíveis e impostergáveis mudanças ético-morais e espirituais, serão inapelavelmente convidados a se retirarem do contexto onde mourejam, para, enfim, viverem em lugares compatíveis com os seus campos ou padrões vibracionais e comportamentais. Fato é que os tempos são chegados, ou seja, não há como adiar o tempo do despertar e a edificação de mais lúcida mentalidade de uma nova consciência.

  Parafraseando *Manu Mira Rama,* se "o dever é a lei que rege a vida e reflete, na prática, a essência de todas as virtudes", faz-se imprescindível compreender os pormenores ou as sutis diferenças do que, comumente, classificamos como sacro-ofício (o ofício sagrado, por meio do qual multiplicaremos as possibilidades de expansão consciencial) ou o que comumente nomeamos de sacrifício (o ato de aniquilar as probabilidades de ascensão). Entretanto, carecemos de aprender a ler as dobras mnemônicas das entrelinhas para perceber as entranhas das sempiternas verdades. Assim sendo, é imperioso lembrarmos que todas as vezes que abandonamos algo fútil ou pejorativo em prol de alguma coisa útil ou dignificante, a isso consideramos um sacro-ofício, ou seja, foi interrompida a edificação do que poderia ser deprimente em benefício de outra que, certamente, trará benefícios enobrecedores de grande monta. De modo símile, quando invertermos a polaridade dos fatos, isto é, todas as vezes que optarmos por um enredo impermanente em detrimento de um espetáculo perene, estaremos fazendo um sacrifício, pois, sem sombra de dúvida, sacrificar-se-á o que é imorredouro em favor do que, fatalmente, se tornará deletério. Portanto, sacrificar a tristeza em proveito da alegria, assim como sacrificar a alegria efêmera em proveito da paz e da felicidade legítimas, evidenciam belos exemplos de sacro-ofício; por outro lado, sacrificar uma tarefa, embora benevolente, que venha a favorecer egoisticamente um único indivíduo, em detrimento do bem comum ou coletivo, patenteará um gesto vil de sacrifício. Enfim, o que via de regra se faz em prol da minoria, alimentando ou fortalecendo os vícios nefandos de variada ordem em prejuízo da edificação e do cultivo das imarcescíveis virtudes e rechaçando o progresso enobrecedor do contexto em que moureja, fá-lo-emos sacrificando o inefável e priorizando o improfícuo. Em suma, a vida será sempre o resultado de nossas escolhas, felizes ou desditosas, lúcidas ou sombrias, as quais, de forma contundente e inconteste, definirão, inevitavelmente, as nossas companhias. Assim, infalivelmente, as possibilidades para a edificação das ambiências enobrecedoras, encontrá-las-emos nos arquipélagos indizíveis de nossas consciências – o Reino de Deus em si. O inverso ocorrerá, se porventura invocarmos aqueloutras das primitivas estratificações abismais da ignorância de si, para a materialização dos estados mais degradantes e perturbadores, os quais culminarão com a plasmagem das mais ferrenhas prisões e a personificação dos mais asfixiantes entraves nos oceanos da inconsciência.

Em síntese, a fidelidade no cumprimento dos nossos sagrados deveres, ante a inteligência e o discernimento que nos iluminam e nos tipificam o caráter, capacitar-nos-á ao desenvolvimento das insignes virtudes que nos impulsionarão ao degrau do amor equânime, cuja conquista será condição *sine qua non* à aquisição dos lauréis concernentes aos páramos inefáveis, oriundos dos arquipélagos da sabedoria imperturbável. Sábio o é todo aquele que reconhece a própria ignorância, pois a verdadeira sabedoria não se traduz, pura e simplesmente, pelo que sabemos, tampouco pela eloquência do verbo proferido, muito menos pelas experiências inconscientes levadas a efeito, mas, inapelavelmente, pelo ser que nos tornamos nas ações personificadas e atreladas aos ensinos do Sublime Peregrino, o Verbo coagulado ou a personificação da Sabedoria das sabedorias. Destarte, o Amor é a substância e o amálgama geratriz do ser e do saber, isto é, a substância-mater e a soma das sublimes revelações aureoladas pelas plagas virtuosas do sacro-ofício, o oásis da matéria-prima, da qual tudo se origina, o oceano das conquistas e das possibilidades lucidamente enobrecidas nas intérminas escaladas do *vir a ser*. Por conseguinte, a sabedoria se traduz nos estados de consciência desperta (consciência cristianizada no irrepreensível proceder), ínsitos no âmago das imanências do Reino de Deus em si, os quais, ao se personificarem, tornam-se os píncaros do suprassumo resultante das fulgurações espontâneas do ser numinoso – o estado nirvânico ou de samadhi –, no qual afirmaremos: Eu e o Pai somos um. Antes eu apenas pensava que sabia, agora, inequivocamente, Eu sou, isto é, tornei-me a personificação da própria sabedoria relativa.

Antes da conquista deste degrau, eu apenas era. Agora, literalmente, Eu sou. Isso se traduz, pura e simplesmente, em que, antes, por ignorarmos as premissas da nossa origem primordial, as complexidades inefáveis da nossa natureza divina e a edificação impostergável do oásis do porvir venturoso, velejávamos como mais um dos imprudentes distraídos, dentre os incontáveis personagens componentes do *script* elencado por forças e leis superiores, até então, indecifráveis. Apenas obedecíamos às normativas norteadoras do espetáculo representado por demiurgos de mais alta hierarquia e, vez por outra, por repugnante desobediência e infausta rebeldia, surpreendíamo-nos arrastados por situações aparentemente asfixiantes e desalentadoras, por nós qualificadas como constrições intransponíveis ou castigos perpétuos. Entretanto, a partir desse estado de excelsa lucidez, fatalmente nos tornaremos a pauta diretiva de quantos se dispuserem a ser um conosco no interminável, magnificente e insofreável evolver. Antes, éramos inapelavelmente influenciados pelo entorno subjugador por ignorarmos a nós mesmos. Inequivocamente, nos degraus que nos antecederam, expressávamos milhares de criaturas. Agora, milhares de criaturas nos expressam, num *continuun* infindo, nos périplos insondáveis que se sucedem. O desabrochar das nossas potencialidades veladas alargou os nossos horizontes e permitiu que os influenciássemos benéfica e diuturnamente. Ontem, obedecíamos cegamente às mesmices pertinentes às amarras aprisionantes dos engodos inebriantes. Hodiernamente, presidimos, lúcida e responsavelmente, a criação do enredo unificador das inúmeras vidas que integramos, do abismo às luminescências imensuráveis da consciência multiforme. Para tanto, esta tem sido e haverá de ser sempre a nossa meta: o exercício da perene obediência às leis, sob a influência disciplinadora das forças e dos seres mais experientes e vanguardeiros que nos dirigem. Por conseguinte, constituir-nos-emos em ancoradouro e norte seguro, transcendente e divinizante para as forças e diretivas da retaguarda que nos sustentam. Outrora, discípulos inexperientes e descompromissados com a vida e com as leis; no porvir, fiéis apóstolos comprometidos com a causa crística, oriundos dos infrarreinos da ignorância, em busca dos cimos incorruptíveis da proeminente e eterna sabedoria.

Consta em *O Livro dos Espíritos* (São Paulo: Petit – Segunda parte, capítulo 9, questão 459): "Os Espíritos influem sobre nossos pensamentos e ações? – A esse respeito, sua influência é maior do que podeis imaginar. Muitas vezes são eles que vos dirigem." E, consequentemente, em *O Livro dos Médiuns* (São Paulo: Petit – Segunda parte, capítulo 14, item 159): "Toda pessoa que sente num grau qualquer a influência dos Espíritos é, por isso mesmo, médium." Partindo do princípio de que tudo é espírito no santuário da Natureza e de que o espírito é a matéria-prima do cosmos, elemento constitutivo de tudo o que existe na Criação, ao constatarmos que centenas de milhões de neutrinos perpassam todos os corpos, em toda a parte, na vastidão do espaço (somando um trilhão a cada segundo em nosso orbe planetário), certificamo-nos que todos nós sofremos, ininterrupta e infindamente, a presença e a influência de tais espíritos, em todas as dimensões que estruturam cada consciência em ascensão. Portanto, *ipsis litteris*, médiuns todos somos, sem a possibilidade da mais ínfima exceção. Não por acaso, Allan Kardec enfatizou, em a *Revista Espírita* (São Paulo: IDE, dez. 1862), que "a prece fervorosa e os esforços sérios para se melhorar são os únicos meios de afastar os maus Espíritos" e que "os maus pendores são, para nós, piores que os maus Espíritos, porque são esses pendores que os atraem, como a corrupção atrai as aves de rapina". Em suma, se os espíritos se transubstanciam nos elementos que formam a base estrutural dos fluidos de variada ordem, os quais se transmutam na matéria mental que, por sua vez, se metamorfoseia nos componentes que alicerçam as bases mnemônicas, convertem-se nos infracorpúsculos (o quantum, da física quântica, e o bóson de Higgs, da física clássica) e nas linhas de forças (supercordas) que aglutinam e edificam os componentes do mundo subatômico, deduz-se que tudo se traduz em vibrações multiformes de imensuráveis frequências, e, por meio das correlações e das ressonâncias incontestes, ocorrem intermináveis permutas, enobrecedoras ou não, dependendo da pauta em foco, da lucidez de quem as conduz e da qualificação dos valores empenhados em sua personificação. Como mencionamos em *O Despertar da Consciência, do átomo ao anjo* (2013, p. 294): "Vivemos pelo pensamento. Somos o que pensamos. Em nós, construímos o céu ou o inferno, o holocausto ou a vida em plenitude. Escolhemos o transitório ou o imperecível. Temos o poder de decisão e, portanto, somos responsáveis por nossas escolhas. Afinal, somos deuses, cocriadores de nosso universo."

Conforme profetizou Marco Aurélio (imperador romano, 121-180 d.C.). "A alma é tingida com a cor de seus pensamentos." Dando mais vida e expansão ao seu grave e memorável Insight, dizemos nós: pensamentos estes que, segundo a sua frequência e o seu teor vibracional, poderão construir um oásis de bênçãos ou o um abismo desolador, pois, via de regra, são aureolados pela policromia qualitativa dos seus sentimentos, sustentados, purificados ou perturbados e direcionados pela solidez e equilíbrio de suas palavras ou pervertidos pela indisciplina e irresponsabilidade, e, subsequentemente, serão personificados e sentenciados, inconteste e incoercivelmente, por seus testemunhos redentores ou degradantes e por suas ações transcendentes ou irracionais, mediante as quais, tal será a indelével, a inequívoca e irrefreável destinação da alma.

Por esse motivo, corroborando a pauta em foco, o Deus Conosco enfatiza eminentemente:

> Cada médium com a sua mente.
> Cada mente com seus raios, personalizando observações e interpretações.
> E, conforme os raios que arremessamos, erguer-se-nos-á o domicílio espiritual na onda de pensamentos a que nossas almas se afeiçoam.
> Isso, em boa síntese, equivale ainda a repetir com Jesus:
> – A cada qual segundo suas obras.[519]
> Cada mente encarnada constitui extenso núcleo de governo espiritual, subordinado agora a justas limitações, servido por várias potências, traduzidas nos sentidos e percepções.

---
[519] Xavier, F. C.; Emmanuel (Espírito). Prefácio. In: *Nos Domínios da Mediunidade.*

Geralmente, ouvimos, vemos e sentimos, conforme nossas inclinações e não segundo a realidade essencial.

Sem paz, dentro de nós, jamais alcançaremos os círculos da paz verdadeira.[520]

O trabalho é demorado, mas, somente avança quem começa, e todo começo traz problemas, principalmente no que tange à educação do Espírito. **Nem sempre dominamos os pensamentos; eles podem surgir do condicionamento de milênios.** Estamos com um celeiro de ideias negativas na comunidade da mente, e **a consciência se encontra vazada de forças negativas, para serem esgotadas,** e esse trabalho é nosso, porque fomos nós que semeamos o inconveniente e agora estamos colhendo o incômodo (grifos nossos).[521]

Certamente que pensamentos bons também podem se agregar a nossa mente, pela sintonia de sentimentos; **esses são companheiros que aparecem acendendo luzes e são benvindos ao coração.** Por esse motivo, devemos saber abrir as portas mentais para os viajantes portadores do amor e da paz. A obsessão não se faz somente através de ligações com Espíritos desencarnados; pode acontecer por pensamentos-forma, que viajam pelos espaços à procura de ambientes adequados. Estudemos esses princípios, que seremos livres das agressões mentais dos outros que ignoram a verdade. **O nosso dever é sedimentar virtudes que nos elevam,** firmando na nossa mente a harmonia com Jesus, para que possamos encontrar a felicidade, porque ela não se encontra à distância, nem em outros mundos. **A sua verdadeira fonte está dentro da alma** a nossa espera, sendo a porta o Cristo e a chave está em nossas mãos (grifos nossos).[522]

Toda e qualquer expressão dos indivíduos perante a vida que os permeia e os circunda, e, consequentemente, o comportamento por eles adotado, quer seja mental, psíquico, emocional, moral ou espiritual, fatalmente determinará uma frequência vibracional e estabelecerá uma sintonia com algo ou com alguém que cultiva semelhante atmosfera psíquica. Essa sintonia, *ipis verbis,* estabelecerá a ressonância correspondente, a qual viabilizará as inter-relações e as correlações consequentes no enredo estatuído. Assim sendo, como autores sencientes e, quiçá, conscientes das bases estruturais de nosso destino, senhores do já edificado e construtores de um porvir desditoso ou primoroso a benefício próprio, tanto quanto do bem coletivo, cabe-nos, tão somente, pensar em consonância com o *vir a ser* almejado no íntimo e lucidamente desejado, sentir sem destoar da proposta elencada, falar semeando as luzes das possibilidades do introito in loco e viver em perfeita convergência com as etapas antecessoras, bases essenciais do futuro venturoso.

Neste périplo infindável ou intérmino evolver, para caminharmos com segurança e destemor, esmero e vigilância, humildade e altivez, de

---

[520] Xavier, F. C.; Emmanuel (Espírito). Tenhamos paz. In: *Pão Nosso.* cap. 65.
[521] Maia, J. N.; Miramez (Espírito). Tentear cauteloso. In: *Horizontes da Vida.* cap. 3.
[522] Maia, J. N.; Miramez (Espírito). Movimentação dos pensamentos. In: *Horizontes da Vida.* cap. 21.

forma indefectível, *o Ensino Universal dos Espíritos* nos proporcionará o conhecimento e a consequente explicitação acerca da execução da obra que pretendemos construir. A ciência nos acrisolará pela experimentação consciente e nos equipará dos recursos condizentes com o projeto estatuído, tais como a fé inabalável, o discernimento e a lucidez autênticos, a disciplina edificante e o devotamento coerente, a serenidade imperturbável e a competência inquestionável, dentre outros, imprescindíveis ao êxito do que nos propusemos edificar. O amor estabelecerá o comportamento (a ética e a moral, isto é, o cultivo das virtudes que educam quem as vivencia) e norteará, em todas as dimensões do ser e do saber, a construção de nossa realidade existencial em cada etapa inquestionavelmente bem vivida.

Atentemos para as experiências desta personagem que tão lucidamente nos orienta. Ao tempo em que Jesus nos visitou fisicamente, destacou-se como Joana de Cusa, a Mártir do Cristianismo. Em seguida, como Clara de Assis, apoiou, sobremaneira, o Evangelista que voltou, época na qual se tornou Santa Clara, tão louvada e reconhecida. Posteriormente, no México, como Juana Inez de La Cruz, foi eleita a maior poetisa das Américas, conquistando o Prêmio Nobel de Literatura. Por fim, para a nossa felicidade e estímulo libertadores, encarnou nas Terras de Santa Cruz, personificando a Madre Veneranda, Joana Angélica de Jesus. Entretanto, para nós outros, é nobremente conhecida e estimada como Joanna de Ângelis que, como veneranda mentora, destaca-se atualmente na medicina dos transtornos mentais, fornecendo-nos preciosas orientações no reconhecimento e tratamento de todas as doenças físicas e suas respectivas causas espirituais. Para justificar o introito precedente, a nobre mentora e o insigne Victor Hugo assim se pronunciam:

> Ante as dificuldades do caminho e as rudes provas da evolução, resguarda-te na prece ungida de confiança em Deus, que te impedirá resvalar no abismo da revolta.
>
> **Um pouco de silêncio íntimo e de concentração, a alma em atitude de súplica, aberta à inspiração, eis as condições necessárias para que chegue a apaziguadora resposta divina.**
>
> Cria o clima de prece como hábito, e estarás em perene comunhão com Deus, fortalecido para os desafios da marcha (grifo nosso).[523]
>
> Não vos arrojeis desastradamente nas valas da ira irrefreável ou nas vagas da insensatez. Antes que vos assaltem os demônios do crime, erguei-vos do caos, pensando e orando.
>
> Há ouvidos atentos que captarão vossos apelos e cérebros poderosos que emitirão mensagens-respostas, que não deveis desconsiderar.

---

[523] Franco, D. P.; Joanna de Ângelis (Espírito). Clima de prece. In: *Vida Feliz*. cap. 131.

Amores que vos precederam no além-túmulo vigiam e esperam por vós, amam e aguardam receptividade.

Não vos enganeis, nem vos desespereis vãmente. **Tende tento! Falai ao Pai na prece calma e silenciai para O ouvirdes através da inspiração clarificadora.**

Nada exijais. Quem ora, não impõe. Orar é abrir a alma, externar estados íntimos, refugiar-se na divina sabedoria, a fim de abastecer-se de entendimento, penetrando-se de saúde interior...

E quando retornardes da incursão pela prece, exultai, apagando as sombrias expressões anteriores, superando as marcas das crises sofridas e espargindo alegrias, em nome da esperança que habitará em vós.

Trabalhando pelo bem, o homem ora.

Orando, na aflição ou na alegria, o homem trabalha. E orando conseguirá vencer toda tentação, integrar-se com plenitude no espírito da vida, que flui da Vida Abundante, com forças superiores para trabalhar e vencer (grifos nossos)[524]

Ante os vestibulares que a vida nos apresenta, vez por outra ou diuturnamente, cada situação nos remete a breves ou a profundas reflexões em torno dos desafios e das responsabilidades que nos competem. Silenciar perante as turbulências rotineiras, que quase sempre distraem os viajores apressados, ou humilhar-se suplicando inspirações diretivas a fim de melhor discernir e mais facilmente decifrar os profundos enigmas da intérmina jornada, procurar solucionar os embates pertinentes que se apresentam ante o périplo inadiável, eis as condições essenciais para se obter a apaziguadora resposta para a qual se preparou. Para todo aquele que almeja lograr êxito no intento pretendido ou usufruir dos louros do desiderato previamente estatuído, basta-lhe a aquisição de mais vasta experiência e de mais lúcida compreensão das etapas antecessoras, tanto quanto das que se sucedem a cada passo do infindável périplo do intermino evolver. Resumindo, as lições mais bem observadas e profundamente aprimoradas o impulsionarão aos páramos inefáveis dos degraus subsequentes, a partir dos quais tomará as decisões necessárias, concentrando toda a força na ativação dos potenciais inatos condizentes com os desafios intransferíveis.

Para Castro Alves, em *Parnaso de Além-Túmulo,* da lavra de Francisco Cândido Xavier, no poema *Marchemos,* o autor enfatiza que "há mistérios peregrinos no mistério dos destinos que nos mandam renascer; da luz do Criador nascemos, múltiplas vidas vivemos, para à mesma luz

---

[524] Franco, D. P.; Victor Hugo (Espírito). Autoexame na encruzilhada da Vida: Oração Refazente. In: *Sublime Expiação*. 2ª Parte. cap. 5.

volver". Para nós outros, a prece é um desses mistérios enigmáticos a ser profundamente decifrado em sua aplicação consciente. Emmanuel começa a descortinar mais amplamente o seu *modus operandi*, ao afirmar que oração é força propulsora e a ação é serviço enobrecedor:

> Orar é voltar-se para o Ser eterno, é expor-lhe nossos pensamentos e nossas ações, para submetê-los à sua Lei e fazer da Sua vontade a regra de nossa vida; é achar, por esse meio, a paz do coração, a satisfação da consciência, em uma palavra, esse bem interior que é o maior, o mais imperecível de todos os bens![525]
>
> Envolve-te no pensamento do bem e ora sempre, a fim de que as tuas sejam forças mentais enobrecidas.
>
> A oração proporciona sintonia com as irradiações superiores da Mente divina, na qual mergulharás, beneficiando-te com elas.[526]
>
> A vida do homem de bem é uma prece contínua, uma comunhão perpétua com seus semelhantes e com Deus.[527]
>
> A prece é claridade que te auxiliará a ver a amargura das vítimas do mal, as feridas dos que te ofendem sem perceber, as mágoas dos que te perseguem e a infelicidade dos que te caluniam.[528]
>
> A oração é o alimento do Espírito, quando feita com amor. Evidencia-se daí que precisamos orar todos os dias, colocando a nossa vida em plena sintonia com a vida do Criador. Não podemos entender por oração somente palavras saídas dos lábios; é a vida que levamos. Peçamos a Deus pelas nossas disposições, pois os atos falam mais alto do que as próprias palavras.[529]
>
> Acostuma-te à oração, muda teu comportamento, passando pelos caminhos do amor, que ele, essa virtude maior na terra e nos céus, te dará todas as diretrizes de como viver em plena saúde, em harmonia com Deus e o universo.[530]

A prece estimula as energias ocultas do coração. Essas "energias do coração" podem ser entendidas como a síntese do conhecimento transcendente e do amor vivenciado, ou seja, o reino da fé vivenciada ou da intuição enobrecida e que serão libertadas com as imagens de nosso desejo, o potencial em evidência da alma em ascensão, ou o centro consciencial da personalidade ativa. Isso ocorrerá por meio da força viva e plasticizante do pensamento, isto é a capacidade criativa a serviço do campo mental e do mecanismo racional nele estatuído. Essas imagens, que são as formas resultantes das três potências correlatas anteriormente mensuradas, ao

---

[525] Denis, L. Ação de deus no mundo e na história. In: *O Grande Enigma*. 1ª parte. cap. 8.
[526] Franco, D. P.; Joanna de Ângelis (Espírito). Forças Mentais. In: *Dias gloriosos*. cap. 2.
[527] Denis, L. Solidariedade; comunhão universal. In: *O Grande Enigma*. 1ª parte. cap. 3.
[528] Xavier, F. C.; André Luiz (Espírito). Acende a luz. In: *Servidores do Além*. cap. 6.
[529] Maia, J. N.; Miramez (Espírito). A oração é o caminho. In: *Horizontes da Mente*. cap. 41.
[530] Maia, J. N.; Miramez (Espírito). As miniconsciências. In: *Força Soberana*. cap. 11.

ascenderem às Esferas superiores, segundo o teor vibracional das intenções e das ideias nobremente estruturadas, tocarão as inteligências visíveis ou invisíveis que nos rodeiam, estabelecendo parcerias incontáveis, pelas quais receberemos as respostas do Plano Divino, segundo as obras executadas à luz do Bem Supremo, uma vez que o Pai Todo-Bondoso se manifesta igualmente pelos filhos que se fazem bons, em cada pensamento lucidamente arquitetado, ante a qualificação dos sentimentos harmoniosos, das palavras disciplinadas e das atitudes em ressonância com diretrizes sempiternas do Evangelho libertário e plenificador.

Após a preleção de Emmanuel, o estimado amigo que o orientou e o capacitou com esmero e primor, prefaciando a quase totalidade de suas obras, André Luiz, agraciando-nos sobremaneira, traduziu, com fidelidade, como a conduta pode determinar a nossa sorte, ou seja, o nosso destino:

> [...], quem de nós não é responsável pelas ideias que arroja de si mesmo? Nossas intenções são atenuantes ou agravantes das faltas que cometemos. Nossos desejos são forças mentais coagulantes, materializando-nos as ações que, no fundo, constituem o verdadeiro campo em que a nossa vida se movimenta. Os frutos falam pelas árvores que os produzem. **Nossas obras, na esfera viva de nossa consciência, são a expressão gritante de nós mesmos. A forma de nosso pensamento dá feição ao nosso destino** (grifo nosso).[531]

Conforme assinala André Luiz, somos responsáveis pelas ideias que construímos. Importante observar que ele se utilizou do verbo "arrojar", pois, de fato, arrojamos (lançamos, arremessamos) essas ideias de nós mesmos. Nós as construímos e, uma vez construídas, elas passam a ter existência própria, passam a existir no mundo das formas, passam a interagir com ideias do mesmo teor e se associam a elas, formando egrégoras que, consoante a sua natureza, vão influenciar positiva ou negativamente outros seres e/ou ambientes. Essas ideias são o espelho fiel das reais intenções que nos impelem a edificar ações dignas ou nos constrangem às criações das menos nobres. O seu teor (a qualificação das intenções), expresso pelas ideias que "arrojamos" de nós, poderão atenuar ou agravar as faltas por nós cometidas. André Luiz define os nossos "desejos" como forças mentais, coagulantes, ou seja, forças mentais que se materializam em alguma dimensão. *Ipsis litteris*, são entidades tomando a forma correspondente, isto é, os desejos são realizações antecipadas no universo das ideias. Em verdade, a nossa vida se movimenta nesse campo consciencial (espiritual-moral-mental-psíquico-emocional), pois é nessa dimensão

---
[531] Xavier, F. C.; André Luiz (Espírito). Senda de Provas. In: *Entre a Terra e o Céu*. cap. 4.

que está a realidade do que somos, do que pretendemos e do que fazemos, sem as máscaras que colocamos no mundo de terceira dimensão, no qual agimos e interagimos, segundo os costumes de época, os hábitos locais e a cultura específica de cada país e região, como também segundo os interesses que nos secundam na vida de relação. Essas são as nossas verdadeiras obras que, conforme esclarece o mentor, "na esfera viva de nossa consciência", são o retrato do que somos verdadeiramente. De fato, somos o que pensamos diuturnamente. Por fim, assevera que a "forma do nosso pensamento" moldará o nosso destino. Como proceder para purificar ou sublimar o teor dos nossos pensamentos, intenções e desejos e assim construir um destino primoroso e feliz? A Suprema Providência ensinou-nos a olhar (o olhar amoroso, iluminando os olhos na ação), a vigiar (traduz-se na educação e na disciplina das palavras, quer sejam proferidas ou não) e a orar (equivale a tornar-se o verbo personificado no inalienável proceder), ou seja, segundo o evangelista Marcos, a expressão é "olhai, vigiai e orai, porque não sabeis quando chegará o tempo" – Jesus. (Mc. 13:33): o tempo da escassez ante o mau uso dos recursos divinizantes ou a colheita da bonança inerente ao bem que se praticou; o tormento resultante das expiações asfixiantes ou o louro das provas libertadoras; a agonia das intempéries e perturbações dilacerantes ou a alegria dos regozijos inebriantes e pacificadores; por fim, o cadinho do espinheiro das tormentas acrisolantes ou a conquista do laurel das benesses alentadoras. Para tanto, propusemo-nos a estudar com afinco os arquipélagos imorredouros da oração, certos de que, para lograr êxito nesse empreendimento, faz-se imprescindível a seriedade, coadjuvada pelo recolhimento, assessorada pela indispensável perseverança e aureolada pela disciplina santificante. Um estudo pelo qual assimilaremos as noções básicas do que seja a oração, acrescido das informações acerca da proficuidade desse divino implemento. Por conseguinte, colheremos informações sobre como usá-la com o devido proveito e com a lucidez coerente em nosso favor e, por extensão, a benefício do contexto em que ora mourejamos. Sobre a prece, sobre a sua essência e sobre a sua importância, disserta Joanna de Ângelis e André Luiz subsequentemente:

> **Quem ora renova-se e ilumina-se, pois acende claridades íntimas que se exteriorizam mediante vibrações especiais.** Quando consigas experimentar o bem-estar e a alegria que se derivam da oração, buscá-la-ás com frequência, tornando-se-te linguagem poderosa de comunicação com a Vida Estuante. **Envolto nas suas irradiações, diluirás todo mal que se te acerque, beneficiando os maus que de ti se aproximem.** De tal maneira te sentirás, que passarás a orar constantemente, tornando tua existência um estado de prece.

Orando, elevar-te-ás, e na energia da prece receberás tudo quanto se te tornará necessário para prosseguires lutando e lograres a vitória.

A criatura busca Deus pela oração e Ele responde-lhe mediante a intuição do que fazer, de como fazer e para que, fazendo, seja feliz (grifos nossos).[532]

A prece sentida aumenta o potencial radiante da mente, dilatando-lhe as energias e enobrecendo-as, enquanto a renúncia e a bondade educam a todos os que se lhes acercam da fonte, enraizada no Sumo Bem. **Não basta, dessa maneira, exteriorizar a força mental de que todos somos dotados e mobilizá-la. É indispensável, acima de tudo, imprimir-lhe direção divina.** É por esta razão que pugnamos pelo Espiritismo com Jesus, única fórmula de não nos perdermos em ruinosa aventura (grifo nosso).[533]

Conforme esclarece André Luiz, a prece "sentida" não apenas aumenta o potencial de radiação da mente, mas enobrece essas energias. Em outras palavras, a prece "sentida" – que brota sincera, aquela que almeja realmente o bem, estender o bem a todos, que faz o ser que ora humildar-se e se colocar à disposição da vontade do Pai – irradia com mais potência e dilata nossas energias, que terão maior alcance. Entretanto, é preciso que o ser que ora se eduque pelas virtudes da "renúncia e da bondade". André Luiz enfatiza essa imprescindibilidade quando assevera que "não basta exteriorizar a força mental de que todos somos dotados e mobilizá-la", é indispensável, "imprimir-lhe direção divina", ou seja, cultivar as virtudes cristãs em nossos pensamentos e consolidá-las, vivenciando-as em nossas atitudes diárias, em nossa fala e em nossas ações, "imprimindo-lhe (à força mental) direção divina". Por fim, salienta a importância do Espiritismo com Jesus, sem cujo norte a vida poderia se transformar numa aventura infausta.

A postura do cristão autêntico se configura à luz de uma conduta ilibada (caráter irrepreensível), segundo a qual este sempre pautará as suas atitudes perante as leis que regem a vida, desde os infrarreinos aos mais elevados astros. Consciente e confiante na Lei Suprema (da qual se derivam as leis de justiça, amor e caridade, bem como as leis de atração, gravitação, repulsão, eletromagnetismo, permuta, afinidade e sintonia), segue sereno e destemido a sua trajetória de auto e de alo iluminação (iluminar-se e iluminar o entorno, à luz do exemplo pessoal), pois, segundo André Luiz: "O coração que ama está cheio de poder renovador."[534] Absoluta e infalivelmente, ninguém pode ensinar ou delinear com convicção, segurança e esmero, caminhos que não haja percorrido de forma lúcida e

---

[532] Franco, D. P.; Joanna de Ângelis (Espírito). Recurso da oração. In: *Momentos de Saúde*. cap. 13.
[533] Xavier, F. C.; André Luiz (Espírito). Valiosa experiência. In: *Libertação*. cap. 11.
[534] Xavier, F. C.; André Luiz (Espírito). O poder do amor. In: *No Mundo Maior*. cap. 5.

sabiamente arquitetada, posto que "o amor e a sabedoria são substâncias divinas que nos mantêm a vitalidade" imarcescível. Não por acaso, enfatiza que tal incumbência "não é serviço que possamos organizar da periferia para o centro e sim do interior para o exterior". Para o bom desempenho do intento, "a fé representa a força que sustenta o Espírito na vanguarda do combate pela vitória da luz divina e do amor universal".[535] Em síntese, quem teme perder, por lhe faltar o preparo ou o treinamento devido, deverá, sem sombra de dúvida, jogar a toalha e considerar-se vencido.

Ciente de que os contrários se atraem (o mais e o menos sábio) e de que os semelhantes associam-se (os iguais sempre se congregam por sintonia), potencializando seus estados conscienciais (beneficiando-se ou prejudicando-se, consoante a classe de energia de que se constituem e da qual se nutrem), o cristão consciente não se ocupa nem se preocupa com os chamados malfeitores.

Com lucidez e coragem moral, a benfeitora Joanna de Ângelis se posiciona:

> Se dificuldades ameaçarem o teu equilíbrio, utiliza-te da oração.[536]
> Normalmente, em mecanismos de transferência ou de fuga da responsabilidade, pensam alguns indivíduos que os seus inimigos encontram-se fora, programando ataques, estabelecendo estratégia de agressão e de destruição, sem dar-se conta de que **esses jamais alcançam o seu objetivo se encontram a lucidez daquele de quem não gostam e a preservação dos seus valores morais em clima de harmonia** (grifo nosso).
> Desse modo, os adversários de fora, muito decantados, mal algum podem fazer, quando se está consciente de si mesmo e disposto a galgar níveis mais elevados na escala da evolução que não cessa.[537]

Porém, antes das preleções elucidativas da benfeitora, o então repórter, médico e cientista do além, havia efetuado advertência semelhante, à guisa de orientação libertadora ante a gerência e a consciência do ser em ascensão:

> Não viva pedindo orientação espiritual, indefinidamente. **Se você já possui duas semanas de conhecimento cristão, sabe, à saciedade, o que fazer.**
> **Não gaste suas energias, tentando consertar os outros de qualquer modo.** Quando consertamos a nós mesmos, reconhecemos que o mundo está administrado pela Sabedoria Divina e que a obrigação de cooperar invariavelmente para o bem é nosso dever primordial.

---
[535] Xavier, F. C.; André Luiz (Espírito). Mediunidade. In: *No Mundo Maior.* cap. 9.
[536] Franco, D. P.; Joanna de Ângelis (Espírito). Medicamento eficaz. In: *Vida Feliz.* cap. 9.
[537] Franco, D. P.; Joanna de Ângelis (Espírito). A vida e a morte: A vida harmônica. In: *Em busca da verdade.* cap. 10, item 1.

Não acuse os Espíritos desencarnados sofredores, pelos seus fracassos na luta. Repare o ritmo da própria vida, examine a receita e a despesa, suas ações e reações, seus modos e atitudes, seus compromissos e determinações, e reconhecerá que você tem a situação que procura e colhe exatamente o que semeia.

Não recorra sistematicamente aos amigos espirituais, quanto a comezinhos deveres que lhe competem no caminho comum. Eles são igualmente ocupados, enfrentam problemas maiores que os seus, detêm responsabilidades mais graves e imediatas, e você, nas lutas vulgares da Terra, não teria coragem de pedir ao professor generoso e benevolente que desempenhasse funções de ama-seca (grifos nossos).[538]

Em *O Despertar da Consciência, do átomo a anjo* (2013, p. 370), consta que a causa e a cura de nossos males residem em nós mesmos. Complementando as citações acima bem como as reflexões exaradas na referida obra, André Luiz afiança: "Um dia, o homem ensinará ao homem, consoante as instruções do Divino Médico, que a cura de todos os males reside nele próprio. A percentagem quase total das enfermidades humanas guarda origem no psiquismo."[539] Consoante as instruções do Divino Médico, o Amor e o Evangelho personificados, agraciados pelas luzes de quem nos precedeu, beneficiamo-nos grandiosamente com estas sublimes e indizíveis verdades e, ao mesmo tempo, empenhamo-nos em compartilhá-las com todos os que necessitem e queiram mitigar as suas dores e/ou solucionar os seus conflitos íntimos.

Desde o ano de 1997, valemo-nos ativamente desse manancial de forças vivas, inexplorado até essa data, por desconhecê-lo. Na condição de enfermo sem perspectiva de recuperação, estabelecemos, como meta de sobrevida, o estudo e a consequente aplicação desse instrumento divino, anelando lograr a autocura, o que efetivamente sucedeu. Não consideramos tal fato prerrogativa de nossa parte, já que Deus, o Senhor Supremo, jamais criou doença de qualquer espécie. Tampouco constatamos, em parte alguma, que Jesus, o Seu representante mais nobre, houvesse adoecido.

Pressentimos que é chegado o momento em que as profecias de *Emmanuel*, constantes da introdução desta obra, no item *Alimentação*, e de *André Luiz*, acima citada, cumprir-se-ão. Deduzimos, a partir das lições desses luminares, *que a saúde humana jamais será produto de elementos artificiais* e que, *um dia, o homem se conscientizará de que a cura dos seus males reside nele próprio*. Amparado por esses ensinamentos, cumpre-nos divulgá-los para que o maior número possível de pessoas possa deles se beneficiar futuramente.

---

[538] Xavier, F. C.; André Luiz (Espírito). Lembranças úteis. In: *Agenda Cristã*. cap. 18.
[539] Xavier, F. C.; André Luiz (Espírito). Conversação edificante. In: *Entre a Terra e o Céu*. cap. 21.

As afirmações de André Luiz e de Emmanuel iluminam nossas reflexões:

> Qualidades morais e virtudes excelsas não são meras fórmulas verbalistas. **São forças vivas** (grifo nosso).[540]
>
> O que sai do coração e da mente, pela boca, **é força viva e palpitante,** envolvendo a criatura para o bem ou para o mal, conforme a natureza da emissão.
>
> Os elementos psíquicos que exteriorizamos pela boca **são potências atuantes em nosso nome,** fatores ativos que agem sob nossa responsabilidade, em plano próximo ou remoto, de acordo com as nossas intenções mais secretas.
>
> É imprescindível **vigiar a boca,** porque **o verbo cria, insinua, inclina, modifica, renova ou destrói,** por dilatação viva de nossa personalidade (grifos nossos).[541]

Em *Missionários da Luz*, André Luiz menciona que *o mais poderoso antídoto contra o vampirismo são a oração e os sentimentos elevados*. Joanna de Ângelis enfatiza, em *Dias Gloriosos* e em *Vida Feliz*, que *as doenças mais graves são as que se originam na alma e o medicamento eficaz para todas é a prece*.

Ainda que a prece seja um remédio eficiente para a cura de todas as enfermidades, o hábito de orar não isenta o indivíduo da imprescindível transformação moral. A esse respeito, as afirmações de André Luiz são categóricas. *Se o enfermo não proceder à autorrenovação, condizente com a solução almejada, demonstrando espírito de serviço e devotamento ao bem, mediante as diretrizes da humildade e da paciência, improvável que logre êxito em suas pretensões*. O pensamento de Joanna de Ângelis, em *Plenitude*, ratifica a tese exposta:

> Sem uma correspondente transformação moral do paciente, a terapia que se lhe aplique, quando enfermo, **poderá modificar-lhe o quadro orgânico, não, porém, liberá-lo,** porquanto ao primeiro ensejo, ela ressurgirá ou facultará a manifestação de outras patologias já vigentes no campo vibratório não reequilibrado (grifo nosso).[542]
>
> **A doença, todavia, é resultado do desequilíbrio energético do corpo em razão da fragilidade emocional do Espírito que o aciona.** Os vírus, as bactérias e os demais micro-organismos devastadores não são os responsáveis pela presença da doença, porquanto eles se nutrem das células quando se instalam nas áreas em que a energia se debilita. Causam fraqueza física e mental, favorecendo o surgimento da doença, por falta da restauração da energia mantenedora da saúde. **Os medicamentos matam os *invasores*, mas não restituem o equilíbrio como se deseja, se *a fonte conservadora não irradia a força que sustenta o corpo*.**

---

[540] Xavier, F. C.; André Luiz (Espírito). A palestra do instrutor. In: *Libertação*. cap. 2.
[541] Xavier, F. C.; Emmanuel (Espírito). O verbo é criador. In: *Vinha de Luz*. cap. 97.
[542] Franco, D. P.; Joanna de Ângelis (Espírito). Terapias alternativas. In: *Plenitude*. cap. 11.

> Momentaneamente, com a morte dos micróbios, a pessoa parece recuperada, ressurgindo, porém, a situação, em outro quadro patológico mais tarde.
>
> A conduta moral e mental dos homens, quando cultiva as emoções da irritabilidade, do ódio, do ciúme, do rancor, das dissipações, impregna o organismo, o sistema nervoso, com vibrações deletérias que bloqueiam áreas por onde se espraia a energia saudável, abrindo campo para a instalação das enfermidades, graças à proliferação dos agentes viróticos degenerativos que ali se instalam.
>
> **Quase sempre as terapias tradicionais removem os sintomas sem alcançarem as causas profundas das enfermidades.**
>
> A cura sempre provém da força da própria vida, quando canalizada corretamente (grifos nossos).[543]

A introspecção e o exame de consciência, à luz das considerações feitas, demonstrarão, inequivocamente, que as faltas só serão atenuadas mediante o seu reconhecimento e a mudança de postura ante o ocorrido. Somente a admissão do delito, seguida do arrependimento sincero e da alteração da conduta dos envolvidos (a reparação dos prejuízos e dos desgostos causados), devolver-lhes-ão a paz interior à luz da consciência tranquila ante o dever lucidamente executado. Retomando Kardec (661*LE*): "As boas ações são as melhores preces, porque os atos valem mais do que as palavras."

Enriquecendo o tema, Léon Denis esclarece:

> A prece, em verdade, nada pode mudar às leis imutáveis; **ela não poderia, de maneira alguma, mudar os nossos destinos;** seu papel é proporcionar-nos socorros e luzes que nos tornem mais fácil o cumprimento da nossa tarefa terrestre (grifo nosso).[544]
>
> Seria um erro julgar que tudo podemos obter pela prece, **que sua eficácia implique em desviar as provações inerentes à vida.** A lei de imutável justiça não se curva aos nossos caprichos. Os males que desejaríamos afastar de nós **são,** muitas vezes, **a condição necessária do nosso progresso.** Se fossem suprimidos, o efeito disso seria tornar estéril a nossa vida.
>
> Na prece que diariamente dirige ao Eterno, **o sábio não pede que o seu destino seja feliz; não deseja que a dor, as decepções, os reveses lhe sejam afastados.** Não! O que ele implora é **o conhecimento da Lei para poder melhor cumpri-la;** o que ele solicita é **o auxílio do Altíssimo, o socorro dos Espíritos benévolos,** a fim de suportar dignamente os maus dias. E os bons Espíritos respondem ao seu apelo. Não procuram desviar o curso da justiça ou entravar a execução dos decretos divinos.
>
> Considerada sob tais aspectos, a prece perde todo o caráter místico. O seu alvo não é mais a obtenção de uma graça, de um favor, mas, sim, **a elevação da alma e o relacionamento desta com as potências superiores, fluídicas e morais** (grifos nossos).[545]

---

[543] Franco, D. P.; Joanna de Ângelis (Espírito). Análise dos Sofrimentos. In: *Plenitude.* cap. 2.
[544] Denis, L. Solidariedade – comunhão universal. In: *O Grande Enigma.* 1ª parte. cap. 3.
[545] Denis, L. O caminho reto: A prece. In: *Depois da Morte.* 5ª parte. cap. 51.

Em a *Revista Espírita* de Allan Kardec (São Paulo – IDE, janeiro de 1869), Rossini propõe, após um breve relato no qual afirma que "a harmonia, a ciência e a virtude são as três grandes concepções do Espírito: a primeira o arrebata, a segunda o esclarece, a terceira o educa. Possuídas em suas plenitudes, elas se confundem e constituem a pureza". Por fim, estabelece um modelo perfeito para começarmos o exercício da prece como um hábito enobrecedor e objetivando ações plenificadoras para a vida, o qual poderemos eleger como roteiro prévio: "Ó Espíritos puros que as contendes (a harmonia, a ciência e a virtude)! Descei às nossas trevas e iluminai a nossa marcha; mostrai-nos o caminho que haveis tomado a fim de que sigamos os vossos rastros!" Eis a evidência inconteste de que tais luminares abrem caminhos, mas esperam que caminhemos, por nossa vez.

Consta, em *O Evangelho Segundo o Espiritismo* (cap. 27, item 7), que *Deus nos inspirará os meios de nos livrarmos das dificuldades por nós mesmos*. Em *A Gênese* (cap. 11, item 11), Allan Kardec afirma que *Deus fornece os materiais, mas cabe ao próprio Espírito, de conformidade com a sua inteligência, modelar o seu envoltório e apropriá-lo às suas novas necessidades.* Se, por um lado, recebemos inspirações, isto é, as instruções que nos possibilitarão concretizar o intento almejado, por outro, a Natureza nos fornece os recursos atinentes ao objetivo proposto, disponibilizando-nos a essência propiciadora para a efetivação do ensejo. Portanto, as provas têm como objetivo essencial o exercício da inteligência e das virtudes correlatas, para auferirmos o mérito por intermédio de nossas próprias obras.

André Luiz enfatiza que a mente é "um núcleo de forças inteligentes"[546] sem precedentes, assemelhando-se a uma fonte inesgotável e, concomitantemente, irrefreável ou inestancável, para quem dela lucidamente se assenhorar. Em vista disso, de posse das lídimas diretivas do saber consciente e do consequente discernimento da vivência coerente, a mente se incumbirá de gerar o plasma sutil que, na quase totalidade das situações afligentes, "ao exteriorizar-se incessantemente" dos seus oásis inefáveis e ante o fulgurar dos seus indizíveis arquipélagos, oferecerá os recursos adequados de objetividade, que se pretende, às formas e às figuras de sua imaginação ativa, a fim de dar-lhes vida multiforme, a qual se subordinará aos lúcidos ditames dos próprios desígnios do Espírito que a conduz. Entretanto, ser-nos-á justo e lógico perquirir um tanto mais acerca de sua origem primeira, de sua natureza divina e de sua inquestionável ascensão, posto que a mente desperta se tornará o cristo interior.

---

[546] Xavier, F. C.; *André Luiz* (Espírito). Estudando a mediunidade. In: *Nos Domínios da Mediunidade*. cap. 1.

Corroborando o enunciado em pauta, Miramez aclara as ambiências estatutárias das jazidas mentais e evidencia as possibilidades intelecto-morais-espirituais que nos emolduram o caráter, munindo-nos e nos equipando para o embate impostergável; ratificando o já sabido pela maioria dos obreiros dedicados à causa crística, confirma-nos que os imensuráveis "recursos exteriores se encontram com mais segurança e eficiência no interior de cada ser, dependendo da inteligência iluminada pelo saber enobrecedor trabalhar lado a lado com o coração repleto de amor".[547]

Miramez assegura que, da mesma forma que o Espírito constrói e aprimora os seus veículos de expressão, estes, por sua vez, lhe prestam grandiosos ensejos de expansão:

> Os corpos que servem ao Espírito têm certa facilidade de assimilar os pensamentos **e inspirar o Espírito nas coisas que ele acumulou nestes corpos.** A alma, para se libertar definitivamente das ilusões, necessário se faz limpar todos esses corpos, que com ela ultrapassam o túmulo e caminham com ele em busca da evolução (grifo nosso).[548]

Mencionamos em *O Despertar da Consciência, do átomo ao anjo* (2013, p. 136) que "o objetivo primordial do Espírito não é libertar-se (dissociar-se) da matéria. Pelo contrário, ele necessita transformar os seus corpos em asas de luz que o conduzam ao imensurável."[549] O corpo físico é a cruz de carne que abriga os tesouros do Espírito, é o seu principal instrumento de expressão no mundo das formas impermanentes. De fato, nós carregamos nossas cruzes, que são nossos corpos ou o nosso multiverso psicobiofísico, onde tudo o que pensamos e expressamos por seu intermédio, quer seja verbalizado ou não, reflete-se, infalivelmente, nessas cruzes (nos corpos ou veículos de manifestação). Então, expressões como "carregar a sua cruz", ou "tomar a sua cruz" têm fundamento eloquente e profundo significado, porque nos cabe conduzir esses parceiros de intérmina jornada (essas espaçonaves divinas com sua imensurável tripulação) com o resultado de tudo o que nobremente construímos ou permeados dos lamentáveis equívocos advindos das experiências malsucedidas, fruto das nossas próprias escolhas imaturas e das nossas criações insipientes. Foi assim por um longo e aflitivo período, e ainda o será um tanto mais, caso não se proceda a uma análise profícua e criteriosa das causas das circunstâncias adversas e dos seus efeitos, seguida da imprescindível mudança

---

[547] Maia, J. N.; Miramez (Espírito). Energismo estuante. In: *Horizontes da Mente*. cap. 8.
[548] Maia, J. N.; Miramez (Espírito). Uma só alma. In: *Filosofia Espírita*. V.12. cap. 44.
[549] Camargo, Sebastião. O perispírito e as almas: vital, intelectual e espiritual. In: *O Despertar da Consciência - do átomo ao anjo*. cap. 4, item 3.

comportamental que possibilitará a supressão das razões do sofrimento, isto é, um inadiável despertar de consciência e a consequente alteração de postura, ante os insucessos da vida malversada. Ocorre que os imprevidentes distraídos, quiçá alienados, não identificam os armazéns abarrotados de recursos imperecíveis que há no interior de si mesmos e, assim, não conseguem acessar essas jazidas. Presenciamos, diuturnamente, indivíduos providos de quase tudo, naufragarem a um passo desses celeiros imensuráveis. Outros tantos se mantêm enfermos, conquanto possuindo a chave dos laboratórios e dos equipamentos por meio dos quais poderiam elaborar o próprio medicamento.

Encontramos, em Joanna de Ângelis, os estímulos pertinentes à autocorrigenda:

> Esse mecanismo evolutivo vem-lhe **imprimindo, na indumentária carnal, os requisitos indispensáveis para que se lhe manifestem as bênçãos da vida,** que se lhe encontram em germe, aguardando somente o despertar e o desenvolver das faculdades evolutivas (grifo nosso).[550]
>
> **Quando o indivíduo quer, ele pode realizar, dependendo dos investimentos que aplica para consegui-lo.** O empenho bem direcionado pelo pensamento objetivo, claro, sem conflito, logra criar futuros condicionamentos através das mensagens que arquiva, restabelecendo no subconsciente o banco de dados que responderá mais tarde com as informações corretas do que lhe seja solicitado.
>
> **Utilizando-se da autossugestão, dos recursos mnemônicos positivos, da visualização e da prece** reabastece-se de valores que, hoje arquivados, irão estimular os centros do desenvolvimento psíquico e moral, que ressumarão no futuro como **sensações de paz, de claridade mental, de impulsos generosos, de atitudes equilibradas** (grifos nossos)[551]

Qualquer indivíduo que se dispuser a levar a efeito o que lucidamente pretende e se empenhar perseverantemente nisso, poderá tornar-se o artífice e o gestor de sua própria transformação, a qual será lograda mediante o investimento da inteligência ativa, iluminada pelo saber (o conhecimento transcendente), do discernimento, advindo da experiência prática (a ciência) e do comportamento ético-moral (a vivência) empenhados.

Os benefícios auferidos serão incalculáveis a todos quantos se determinem a substancializar os pensamentos, suas criações mentais, emocionais e verbais, à luz dos sentimentos virtuosos, que resultarão em ações

---
[550] Franco, D. P.; Joanna de Ângelis (Espírito). Felicidade possível. In: *Iluminação Interior.* cap. 15.
[551] Franco, D. P.; Joanna de Ângelis (Espírito). O ser subconsciente: Reciclagem do subconsciente. In: *Autodescobrimento:* Uma busca interior. cap. 7, item 2.

que vivificam, iluminam e direcionam a conduta dos sequiosos do saber transcendente e daqueloutros que almejam a personificação da habilidade do saber fazer com ciência.

Almejar o estado de serenidade *nirvânica* e atingi-lo, ambicionar o grau de *numinoso* e conquistá-lo, eleger o grau máximo de meditação (o *Samadhi*) e lográ-lo, enfim, construir em si a síntese do ser e do saber operantes, fazendo-se um indivíduo de consciência desperta, procedendo à junção do amor e da instrução conscientes, é a meta suprema a que todos nos destinamos – eis a fatalidade que nos aguarda. Desse modo, a autoiluminação é condição *sine qua non* para a libertação da dor e do sofrimento humanos. Longe de ser algo inatingível, trata-se, apenas, de um caminho natural, por meio do qual a evolução nos conduz, conclamando-nos a avançar ao encontro do deus em nós, ou seja, a promover o autoencontro.

Não por acaso, Joanna de Ângelis enfatiza:

> **Somente iluminando-se o homem supera todas as dores;** erradicando-lhes as causas, resguarda-se de agressões destrutivas.
>
> **A verdadeira iluminação promove o homem** que, superando as contingências-limites da estância carnal, **anula todas as causas de sofrimentos, fazendo-as cessar.**
>
> Já não necessita da dor para alcançar metas, pois **o amor lhe constitui a razão única do existir,** em sintonia com o pensamento divino que o atrai cada vez com mais vigor para a meta final (grifos nossos).[552]

Quando aceitarmos caminhar atendendo ao inefável convite do amor, evitaremos o desconforto tormentoso e aterrador, inerente ao cadinho esfogueante da dor, resultante das energias estagnadas (ociosidade mórbida) e congestionadas (acúmulo sem proveito).

Dissemos alhures que o amor nos convida vezes incontáveis à autoiluminação – à paz imperturbável, à serenidade de Espírito, à alegria perene da alma em sintonia com a luz de Deus –, condição indispensável para a aquisição e para a manutenção da saúde integral. A dor aparece somente quando negligenciamos o amoroso convite do amor. Na condição de mensageira, último recurso utilizado em nosso favor, ela simplesmente exige a mudança de atitude comportamental, caso queiramos liberar-nos da sua presença.

Conscientes de que a forma é irrelevante e de que o pensamento, a intenção que o move, é o essencial, estabelecemos um trajeto, um caminho pelo qual o arquipélago celular será esclarecido de forma mais

---

[552] Franco, D. P.; Joanna de Ângelis (Espírito). Caminhos para a Cessação do Sofrimento. In: *Plenitude.* cap. 5.

detalhada e, consequentemente, também os tecidos nos quais as células trabalham, se renovam e se especializam, assim como os órgãos e seus referidos sistemas. Em síntese, propomos uma reprogramação celular cuja resultante é a reconfiguração do cronograma organizacional das consciências celulares – o DNA.

Reprogramação celular

Comumente, ante os inapeláveis e impostergáveis desafios luminescentes que a vida nos conclama, as coisas e os acontecimentos a eles correlacionados tendem a tomarem a dimensão em conformidade com a atenção e o direcionamento que os dispensarmos. A esse respeito, disse-nos o Sublime Peregrino: *onde estiver o vosso coração* – a consciência tranquila à luz do dever fiel e lucidamente vivenciado –, *aí estará o vosso indelével tesouro,* que não é senão, as indizíveis imanências da fé inquebrantável na infalibilidade da Lei e na imparcialidade da Suprema Sabedoria que a gestou.

Evidencia-se, clara e inequivocamente que, quando estudamos com o devido respeito e sincero interesse a pauta previamente estatuída, aureolados pelo recolhimento condizente com o resultado pretendido, a equivalente atenção e o foco bem direcionado no intérmino *devir*, fatalmente aprenderemos as minúcias dos substratos sempiternos dos conteúdos analisados. Por conseguinte, torna-se fato incontestável que, ao apreendermos a essência do que foi bem compreendido e, com lucidez assimilado, criteriosamente analisado, valendo-nos de profundas reflexões longamente maturadas, lograremos auferir o néctar de novas premissas que influirão nos alicerces estruturais dos objetivos e dos projetos vindouros. À vista do exposto, intuir-se-ão as diretivas, com relativa facilidade, caso encontremos a validação nos implementos e potenciais inatos outrora auferidos. Se o estudioso não os possuir a contento, isto é, à altura do enredo elencado, Miramez, o nosso sublime referencial que já galgou o degrau por nós almejado, convictamente acrescenta: "Todo pedido vai para a central da mente. Interpreta-se o código e a assistência é imediata. Quando o Espírito não encontra recursos em si mesmo, por falta de evolução, a razão dá o alarme, buscando, no exterior, providências cabíveis à necessidade urgente."[553] Diante do introito, o desfecho não deverá ser de outro modo senão a compreensão pertinente e a aplicação coerente com os resultados intencionados, ou seja, ser o que se pensa e viver como se fala. Resumindo, primeiro aprendemos o fruto do estudo compenetrado.

---

[553] Maia, J. N.; Miramez (Espírito). Energismo estuante. In: *Horizontes da Mente.* cap. 19.

Em seguida, apreendemos, isto é, internalizamos os substratos segundo os enobrecedores corolários. Por conseguinte, ante as reflexões justamente estatuídas, compreendemos as nuances da orquestração desejada. Finalmente, a aplicação das forças condizentes e das diretivas resultantes da pauta em foco tornar-se-ão a personificação daquilo que anteriormente se almejou. Eis a proposta essencial de mais uma etapa, com a qual se objetiva a edificação de mais um degrau do oásis pleno e enriquecedor do Reino de Deus em si. Para tanto, o estatuto divino determina que, intuitivamente e de modo inquestionável, "o Espírito pode e deve libertar-se de tudo o que o circunda; no entanto, do Criador ele é e será sempre dependente, para a eternidade. Tudo o que se move na criação tem como impulso o Pensamento Criador, tudo nasce dos impulsos mentais de Deus, se assim podemos falar". À vista de inconteste realidade, todos "os seres humanos já percebem na formação dos seus pensamentos 'o pensamento de Deus'; Ele, de certa forma, faz parte das nossas ideias, porém, existem intervalos na faixa do pensamento em que o Senhor faculta aos nossos sentimentos espirituais a liberdade de expressão".[554] A liberdade de pensar no que se deve pensar é conquista ou patrimônio intransferível, no entanto, a responsabilidade em tal ato é de inteira alçada de quem assim se ajuíza.

No exercício anterior, dissemos que a insulina é gerada, especialmente, pela alegria de viver, pela gratidão pela vida, pela esperança (do verbo esperançar) e pela confiança em dias melhores. Portanto, quando falta a docilidade advinda da vivência desses nobres valores da alma, tanto a insulina quanto o glucagon, indispensáveis à metabolização da glicose no sangue, deixam de ser produzidos nos oásis inerentes às ilhotas de Langerhans, nas quais vibram e vivem as células alfa (compondo em torno de 15 a 20% das células que estruturam as ilhotas) e as células beta (formando em média 70% das células que edificam tais ilhotas) que são as responsáveis pela produção dos hormônios glucagon e insulina, respectivamente. Vale lembrar que o pâncreas adulto normal integra mais de um milhão de ilhotas, as quais correspondem a cerca de dois por cento da totalidade da massa pancreática (Sendo um órgão de função mista, 98% de sua massa celular produz as potentes enzimas digestivas – parte exócrina – que deságuam no intestino participando da digestão e da promoção da absorção dos alimentos e 02% respondem pela parte endócrina que nos regula o metabolismo íntimo celular).

A função essencial da insulina é atuar na regulação da hiperglicemia, quando o organismo constata o "excesso de glicose" no sistema sanguíneo. A função do glucagon é agir e compensar a escassez de glicose

---
[554] Maia, J. N.; Miramez (Espírito). Pensamento Criador. In: *Horizontes da Vida*. cap. 10.

por ocasião da hipoglicemia, ou seja, quando se identifica a "escassez de glicose" no sangue. Sendo assimo, enquanto vicejar a hiperglicemia, o hormônio insulina direcionará o excesso de glicose para ser armazenado no interior das células, principalmente nos músculos, na intimidade do fígado e nos submundos do tecido adiposo, por meio da absorção do excedente. De maneira inversa, o glucagon ativará ou convocará os açúcares acumulados nos depósitos glicogênicos dos armazéns citados à plena transmutação em forças que nutrem e mantêm a vida em plena floração.

Concluindo, a amargura e o azedume contumazes, a murmuração perniciosa e a rispidez sistêmica, tanto quanto a prepotência e a impetuosidade empedernidas, são condutas semelhantes a ácidos corrosivos que interferem na produção de insulina e dificultam a metabolização das moléculas de glicose, proteínas e gorduras assimiladas dos alimentos pelos sistemas digestivo e sanguíneo, além de interferirem no centro neurológico regulador da demanda vital do alimento, tanto quanto na quantidade e qualidade que se necessita para equilíbrio orgânico salutar, bem como na exigência fisiológica deste alimento por fome ou prazer (o que é determinado por uma fina sintonia energética que depende do equilíbrio interno). Consequentemente, esse comportamento desarrazoado dificultará sobremaneira a ação premente do glucagon que gerencia a transmutação do acúmulo de glicogênio – momentaneamente armazenado nos músculos, no fígado e no tecido adiposo –, o qual se metamorfoseará em glicose e na produção de ATP (via o complexo processo de glicólise, que, conjuntamente com o processo de oxigenação do sangue pela respiração, promove os múltiplos processos metabólicos para a produção de energia – ATP – Trifosfato de Adenosina). Se, ao retornar ao sistema circulatório, o alimento, metamorfoseado em glicose para transformar-se em ATP, não encontrar a insulina responsável pela sua transformação, ocorrerá o excesso de glicose (açúcar) no sangue, o que trará complicações à saúde, ocasionando a disfunção conhecida por "diabetes".

Diante do estudo em pauta, temos plena convicção de que **a única certeza que temos, em ciência, é que não temos certeza de coisa alguma,** visto que a ciência está em um eterno evolver. À vista disso, o que hodiernamente temos como verdade, em dias vindouros poderá transformar-se, uma vez que a cada dia encontramos o link entre a matéria e a espiritualidade. O que hoje nos parece verossímil, amanhã nos parecerá totalmente inverossímil. De modo semelhante, o que hoje nos parece ficção, amanhã se nos apresentará como incontestável verdade.

A função essencial da alegria é abrir os espaços mnemônicos entre os elementos que dão origem à vida, desde as dimensões conceptuais microcósmicas, concernentes aos infrarreinos dos infracorpúsculos inerentes às ambiências infinitesimais da matéria mental, da qual emergirão as partículas constitutivas da dimensão subatômica. Por conseguinte, a alegria permeará os intrincados submundos dos abismos intra-atômicos (para Emmanuel, o núcleo atômico é um centro vital e, para André Luiz, os átomos são complexos aglomerados de forças vivas em perpétuo dinamismo), intramoleculares e intracelulares, nos quais serão treinadas as microentidades elementais que se dispuserem a assumir o papel de guardiãs desses cenários primevos. Essas guardiãs, convidadas e especializadas pela alegria do *vir a ser*, transformar-se-ão, de receptoras de forças vivificantes do contexto onde mourejam, em portais que canalizarão futuros elementos (forças vitais que se tornarão ou se metamorfosearão noutras microentidades multiformes) com idêntica função e lhes facilitarão a entrada nas dimensões inefáveis das magnificentes formas do porvir.

A função primordial da gratidão, à semelhança do que ocorre com a alegria vivificante, é a de tornar-se agente promotor dos elementos convidados ao festim, pois gratidão se traduz eminentemente em comprometimento, empenhando-se, para tanto, em fidelidade na ação. A gratidão se responsabilizará pela manutenção da harmonia dos elementos constituintes do cenário, dos atores nele inseridos e do espetáculo por eles representado. Sempre primará em conduzi-los (cenários, peças e atores) e promovê-los, tal como preceitua a máxima de Jesus: *"nenhuma das ovelhas que Meu Pai me confiou se perderá* (Mt. 18:14).*"*

A esperança – a doce presença do amor – é elemento crucial neste contexto. Acumula as funções de empresa patrocinadora promovendo as circunstâncias por meio das quais vicejará a arte do bem viver. Para auferir bons frutos em tal empreendimento, fornece a matéria-prima (forças vivificadoras), as ambiências (por cujo intermédio ela se especializará) e as condições (cujo objetivo é amparar), assim fornecendo professores (instrução) e alunos (matéria-prima) a fim de que a alegria e a gratidão logrem êxito no intento almejado.

Vale lembrar que, em sentido profundo, a genitora e a principal orientadora dessas potências é a fé, a mãe de todas as virtudes. Dentre essas virtudes, a oração é a diretriz essencial, a humildade faz-se o alicerce primordial, a consciência se personifica na estrutura porvindoura que integra os elementos e os princípios cosmocinéticos constitutivos e a paciência é a arquiteta que cingirá as substâncias, segundo as leis e os seus reais objetivos dignificantes.

Como não se trata de uma simples fotografia ou telegrafia mental, um preparo mais esmerado para lograr êxito no intento se faz indispensável. Destarte, os que almejam alcançar o estado numinoso, o ápice da meditação, necessitam atingir um excelente grau de concentração. Para alcançar esse grau de excelência em concentrar-se na ação, imprescindível proceder a um primoroso relaxamento fisiopsíquico, exequível com o auxílio de uma respiração disciplinada e enriquecida por ideias enobrecedoras, cujos recursos bem direcionados multiplicam as possibilidades de acerto.

Para lograr êxito em tal conquista, faz-se imprescindível o cultivo de pensamentos coerentes com a verdade imorredoura; sentir (qualificar) os pensamentos e ampliar as possibilidades de torná-los factíveis; falar em perfeita consonância com as ideias elaboradas no universo mental intelecto/emotivo e, por fim, exemplificar diuturnamente as verdades nobremente pensadas, lucidamente sentidas e conscientemente verbalizadas. Ou seja, pense "com ciência", isto é, ciente e consciente de tal ato. Sinta com a alma, fale com o coração e aja em perfeita sincronia com as leis de harmonia ínsitas na consciência. Alicerçados nessas luzes que iluminam e libertam as consciências, que delas se assenhoreiam, não erraremos o caminho.

Esta sincronicidade interna e externa (pensar, sentir, falar e agir coerentemente) nos elevará à condição de promotores de mudanças, ou seja, a sincronicidade no campo interno terá como resposta a ressonância, a correlação e a inter-relação no campo externo: o mundo se move quando eu me movimento de forma coerente, alinhado com o bem comum. O mundo muda (a unidade) a partir da mudança de cada elemento que o constitui. Este mundo se manifesta em infinitas frequências: pode ser o mundo das células, o das moléculas, o dos átomos; até mesmo o universo subatômico e infra-atômico.

Enquanto não conquistarmos esse alinhamento interno, com as leis e com a vida, seremos como um barco à deriva, que segue ao sabor do vento, sem lhe imprimir direção segura; não teremos credibilidade, pois cada ser evolverá segundo os seus próprios méritos. Isto significa que seremos conduzidos mais pelas circunstâncias primárias da vida do que condutores resolutos de nós mesmos, segundo as leis.

Nos embates cotidianos, entre vícios perniciosos e gozos ilusórios, somos surpreendidos, às vezes fortemente influenciados, e, não raramente, conduzidos, por uma enormidade de pensamentos enfermiços, por uma miríade de sentimentos malsãos, por uma avalanche de emoções desgovernadas e, até mesmo, por forças instintivas responsáveis por automatismos dissonantes e deprimentes. Por este motivo, Joanna de Ângelis e Manoel P. de Miranda, eminente e consecutivamente, nos alertam e nos esclarecem:

> O individualismo egoísta, ao fracassar, empurrou as comunidades para o coletivismo das modas e hábitos viciosos que desgovernam a Terra.
>
> **Problemas que o amor soluciona com facilidade ficaram ao abandono** e agigantaram-se em razão da preferência do gozo pessoal em detrimento de outros valores éticos que são a segurança emocional para a existência terrenal.
>
> **Esse transe é pestífero porque vitaliza miasmas psíquicos que se transformam em vírus e bactérias agressivos que infestam os organismos em desarmonia.**
>
> Surgem doenças repentinamente, e distúrbios individuais de etiologia desconhecida dizimam esses incautos.
>
> **O pensamento é o dínamo gerador de forças por ser a casa mental a emissora de ondas que se transformam em ideias e se condensam em fenômenos materiais** (grifos nossos).[555]
>
> Em razão dos hábitos perniciosos que resultam dos pensamentos doentios, instalam-se enfermidades de vário porte, **por conta da vitalização dos miasmas mentais que são absorvidos por vírus e outros micro-organismos,** que adquirem morbidade e se espalham de forma epidêmica.
>
> Eis como surgem **as pandemias** que, periodicamente, invadem a Terra e auxiliam na depuração dos seus habitantes (grifos nossos).[556]
>
> Cabe-nos inspirar cuidados logo aos primeiros sinais, de modo que o organismo, amparado pelas substâncias anti-infecciosas reaja e evite as fases seguintes.
>
> **Nunca desconsiderar a excelência da oração que fortalece os centros vitais e revigora as energias inibidoras, matando o vírus.**
>
> A transmissão dos fluidos pelos passes é também de vital importância em qualquer fase da doença, **especialmente por agentes saudáveis moralmente** e portadores da faculdade de cura (grifos nossos).[557]

Essas forças vivas, via de regra, não determinam nossas atitudes por si, não dispõem dessa autoridade ditatorial com que se nos apresentam, mas, em realidade, são entidades frágeis e passivas frente as diretrizes disciplinadoras de que necessitam para se promoverem. O indivíduo,

---

[555] Franco, D. P.; Joanna de Ângelis (Espírito). Período de transe. In: *Vidas vazias*. cap. 11.
[556] Franco, D. P.; Joanna de Ângelis (Espírito). Esforço contínuo. In: *Vidas vazias*. cap. 20.
[557] Franco, D. P.; Manoel P. Miranda (Espírito). O grande encontro. In: *No rumo do Mundo de Regeneração*. cap. 7.

consciente dessa parasitose perturbadora e da possibilidade de erradicá-la, pode e deve reconduzi-la a uma destinação harmônica e feliz e, com isso, libertar-se dos desconfortos e das amarras que o aprisionam.

Noutras situações, os instintos e as emoções mais primitivos se comportam como ditadores ferrenhos e, quase sempre, fomentam enfermidades degenerativas de variada ordem no universo psicofísico. Sequencialmente, os pensamentos, as emoções e os sentimentos negativos, em graus infinitamente mais agressivos e devastadores, tornam-se verdadeiros algozes do ser pensante. Estejamos cientes de que "a mente é mais poderosa para instalar doenças e desarmonias do que todas as bactérias e vírus conhecidos"[558] e de que "as formas mentais têm uma força coesiva sem precedentes, maior que a liga de todas as colas e o traço de todos os cimentos",[559] bem como conscientes de que a mente é o laboratório primordial da alma em vigência, no qual se estruturam e se edificam os pensamentos, como capacidade criativa a ser colocada em ação, segundo a inteligência que a senhoreia e a pauta que define a capacidade imaginativa em questão. Concomitantemente, isto é, no mesmo cenário e ao mesmo tempo, especializam-se e se qualificam os sentimentos porvindouros que os integrarão em sua completude. Seguindo o mesmo périplo persuasivo, elaboram-se e se disciplinam as palavras como roupagens que os ornarão em sua irrefreável eloquência. Por fim, constroem-se as atitudes gestatórias dos hábitos cotidianos, as quais definirão, inapelavelmente, o caráter enobrecedor ou deprimente, sendo indissociável do enredo desvelado. Portanto, com esta reprogramação celular, não se objetiva tão somente a reestruturação da dimensão periférica dos seres que dela se quiserem beneficiar, mas, preferencialmente, encetar uma reorganização integral, do universo mental ao mundo das formas tangíveis, ou seja, iniciar no universo subjetivo e culminar no mundo objetivo.

Joanna de Ângelis alude a esse respeito:

> A consciência do ser humano espraia-se por todo o seu organismo através das variadas expressões de capacidade vibratória dos elementos que o constituem.
>
> A célula é, [...] em si mesma, a materialização do molde energético elaborado pelo ***modelo organizador biológico***.
>
> O perispírito, dessa forma, é também constituído pelo conjunto dessas ***consciências celulares*** que formam a consciência global encarregada de transmitir ao Espírito as memórias, as conquistas e realizações de cada experiência reencarnacionista, e de todas elas em conjunto, sempre alteradas conforme as transformações naturais da etapa vivenciada.

---

[558] Xavier, F. C.; Emmanuel (Espírito). Causas espirituais das doenças. In: *Leis de Amor*. cap. 1.
[559] Maia, J. N.; Miramez (Espírito). Pensamentos Formas. In: *Horizontes da Mente*. cap. 31.

> Os pensamentos que se originam no ser espiritual, à medida que se transferem para as áreas da sensação, da emoção e da ação, imprimem os seus conteúdos nas referidas ***células de energia*** que as executam na forma física, estabelecendo os resultados conforme a qualidade da onda mental.[560]

Assim sendo, aliadas à ambiência favorável e ao poder terapêutico da boa música, as técnicas correlatas que mencionamos, de respiração, de relaxamento, de concentração e de meditação serão exercitadas simultaneamente, de forma suave e prazerosa, terna e harmoniosamente.

Propomos realizar o percurso de forma simples e compreensível.

Em primeiro lugar, abrace todo o seu corpo, desde a planta dos pés até o alto da cabeça ou vice-versa, acolhendo-o com ternura e gratidão. Ao mesmo tempo, visualize-se relaxado, respirando calma e profundamente, pois, para relaxar, é preciso saber respirar. Hoje já se sabe que não é o ritmo da respiração, mas o seu propósito que faz a diferença. Portanto, respire doce, suave, amorável e serenamente, enquanto se envolve na vibração amorosa trazida pelo ar que respira e que contém em si a essência da luz do evangelho vivificador.

Essa força que gera e nutre, advinda do Evangelho do Cristo, à luz do cosmos, foi canalizada da mente Cósmica pela mente Crística e repassada às outras fontes captadoras do Sistema Solar (O Cristo Jesus e os demais governantes planetários).

Sendo células do corpo do Cristo, estamos em perene conexão com o Senhor Supremo do orbe terrestre, no qual laboramos. Assim sendo, essa força disponibilizada em nosso favor, será captada tanto pelo universo mental quanto pela luz, pelo ar, pela água e pela força vital inerente aos alimentos. Enfim, por todas as frequências de vida, como também por meio dos relacionamentos.

É preciso aquietar-se e fixar a atenção no desejo sincero de trazer à tona os próprios potenciais: tudo o que já se sabe, tudo o que já se é, e visualizar-se mais enriquecido intelectivamente, emotivamente e espiritualmente, pela ação unificadora da própria consciência integral com a consciência individual em exercício. Essa imagem acolhedora e o desejo sincero de construção ou de reconstrução do novo ser idealizarão um talhe diferenciado, uma vez que a imagem que se criara antes vai assumir um novo aspecto. Cabe visualizar-se, então, como seria essa imagem projetada, tal como almejaria personificar-se.

---

[560] Franco, D. P.; Joanna de Ângelis (Espírito). Pensamento e doenças. In: *Dias Gloriosos*. cap. 5.

O Eu, a consciência que expressa a essência, que se faz presente pelo processo de emanação da própria realidade, constrói e aprimora o seu laboratório mental. Este Eu, a consciência revelada por meio da mente, vai transformar-se na realidade que se almeja construir. Este Eu, a consciência que se manifesta por meio dos pensamentos, em forma de inteligência, vai transformar-se na força que gera e nutre. Este Eu, que já se transformou no próprio Evangelho, está se transmutando, agora, no pão da vida, no laboratório mental. É o Cristo interno, o veículo de expressão da Consciência-mãe, o Eu profundo, o deus interno.

Esse Eu profundo, ou deus interno, se manifestará por meio do Cristo interno e este, pelo universo mental. O universo mental, por sua vez, expressar-se-á por intermédio da instrumentalidade ou complexidade perispiritual que concretizará a personificação da ideia nos arquipélagos celulares do oásis biológico.

O anseio de expressão do Cristo interno acarreta a criação de unidades revitalizadoras ou forças vitais que vão vivificar os veículos de expressão das virtudes – os hormônios –, mensageiros elaborados para aprimorar o que se possui, construir novas realidades e compartilhar o de que se dispõe, a benefício de todos. Nos centros de força, estas entidades que trazem em seu íntimo pequenos deuses, na visão de Eurípedes Barsanulfo, colocam-se a serviço da mente para ajudar na especialização extrema das células mentais, perispirituais e físicas.

As consciências desses três estágios vão mergulhar dentro de cada estado consciencial com a nova imagem construída, como se fosse uma transfusão de almas, tanto nas unidades conscienciais da inteligência intelectiva, da emotiva e da espiritual, na mente, assim como nas unidades que compõem a imaginação, bem como nas que compõem a memória, que se constitui no banco de dados consciencial da alma em curso. Serão todas visitadas pela essência da Consciência-mãe e transformadas em parceiras para essa atividade.

Sinta-se o próprio deus em seu universo, o construtor em tempo real. Viaje para cada estado dimensional do universo perispiritual até chegar ao universo emocional. Subsecutivamente, aporte-se no universo vital e, alcançando este estágio, entre por dois caminhos distintos: um deles efetivar-se-á através do corpo vital por meio dos nadis ou meridianos (canais que transportam o plasma sutil e as leis, ou seja, carreiam a bioenergia e as personificações diretivas das forças espirituais, mentais e perispirituais, a benefício do corpo físico), adentre o núcleo da célula, o âmago da consciência celular (o DNA), para levar o elemento que dinamiza, a vitalidade que gera e nutre a criatura e a criação (o Evangelho-Lei e o pão da vida), sendo estas as frequências vibracionais de vida em perene profusão. Na outra vertente, viaje com os missionários (os mensageiros hormonais – hormônios psíquicos) até a espaçonave cerebral, onde a glândula pineal os recepcionará, e esta, com o auxílio dos neurotransmissores, os direcionará, por meio das sinapses, ao sistema nervoso em sua completude. O sistema nervoso vai agregá-los, transmutá-los (em hormônios psicoeletroquímicos) e especializá-los, com o auxílio do sistema endocrínico, em cada glândula, desde a pineal ou epífise, em direção à hipófise e à pituitária, à tireoide e à paratireoide, à glândula timo, ao pâncreas, às suprarrenais, ao baço e às gônadas (ovários ou testículos), nas quais se personificarão as forças diretivas, como leis normativas da maquinaria orgânica. Todas essas universidades vão auxiliar na criação e na especialização desses mensageiros que serão levados pela corrente sanguínea, como força orientadora, ao íntimo das células, no seu citoplasma, e acordar as consciências nelas imersas (unidades constitutivas das imensuráveis jazidas de recursos latentes).

No citoplasma de cada célula, permeiam, ininterruptamente, as comunidades infinitesimais, constitutivas do citoesqueleto, na intimidade do qual encontram-se os microtúbulos (mente celular) que vão recepcionar esses mensageiros e, com o auxílio deles, produzir-se-á o plasma sutil quintessenciado, oriundo da intimidade dos microvórtices, ínsitos nos labirintos de tais microtúbulos, por meio dos quais se construirão os novos centríolos – elementos responsáveis pela construção das porvindouras organelas no interior da célula, inclusive da duplicação destas –, valendo-se da intérmina produção daquele plasma vivificante como matéria-prima essencial.

Vale relembrar que, ínsitos no interior dos microtúbulos, existem os microvórtices de energias. Estes são fontes inesgotáveis e inestancáveis da bioenergia, geradoras do plasma sutil (o pão da vida oriundo do mundo mental/espiritual ou consciencial), com os quais se faz a matéria-prima, a base estrutural de tudo quanto existe no universo celular e em suas subdivisões inenarráveis.

A primeira organela a ser criada pelos centríolos, para esse fim, são os ribossomos que elaboram os genes a partir da combinação das bases estruturais do DNA, que são constituídas por suas quatro bases nitrogenadas (guanina, timina, adenina e citosina). Os ribossomos darão origem aos aminoácidos, sendo estes os mensageiros orientadores das partículas geradas no interior das mitocôndrias (as usinas produtoras da energia mantenedora das células), que comumente extraem da alimentação ou nutrição convencional a glicose transubstanciada.

Na proposta em análise, os aminoácidos encarregar-se-ão de metabolizar o pão da vida, enviado pelos nadis, conforme mencionado, a partir da fonte inesgotável e inestancável em cada ser – recursos imanados por meio do pensamento contínuo, metamorfoseado no plasma acima citado –, como expressão de sua própria consciência.

As partículas de energia geradas pelas mitocôndrias (*quantum*) serão reagrupadas (*quanta*) e transformadas em moléculas de proteínas, nobremente enriquecidas pelo plasma sutil, gestado nos complexos labirintos imanentes nos microvórtices. O rearranjo dessas forças vitais se dará no interior dos retículos endoplasmáticos rugosos (**graças à colaboração dos ribossomos**), que são as fábricas de matéria-prima (proteína) a serviço das células (cidades industriais no cosmo orgânico).

Já os retículos endoplasmáticos lisos, como extensão dos rugosos, encarregam-se de receber as substâncias metabolizadas e as transferirem aos armazéns denominados aparelhos ou complexos de Golgi, por meio dos minúsculos labirintos que os caracterizam. Essas funções referidas são características básicas de cada organela que constitui as unidades celulares. Não nos cabe, no presente ensaio, minudenciar as funções dessas microentidades, tampouco das unidades que as agregam (as células).

O nosso intuito traduz-se não apenas em criar as condições para a transubstanciação dos potenciais imanados da consciência, por meio dos pensamentos, dos sentimentos, das emoções, das ideias e das palavras a benefício dos seus veículos de expressão, por cujo intermédio, a inteligência em seu tríplice aspecto – intelectiva, emotiva e espiritual – concretizará os seus anseios, mas também objetivamos instituir um método de fácil compreensão para esse fim e, principalmente, de aplicação prática e eficaz.

Exercendo o papel de cocriador de sua realidade, cada indivíduo elaborará os mensageiros psicoeletroquímicos (as unidades organizadoras) e as forças vitais (substâncias revitalizadoras) que serão integradas ao seu universo de expressão – da mente ao corpo somático e vice-versa.

Oração Nossa

Senhor, ensina-nos a orar sem esquecer o trabalho,
a dar sem olhar a quem,
a servir sem perguntar até quando,
a sofrer sem magoar seja a quem for,
a progredir sem perder a simplicidade,
a semear o bem sem pensar nos resultados,
a desculpar sem condições,
a marchar para a frente sem contar os obstáculos,
a ver sem malícia,
a escutar sem corromper os assuntos,
a falar sem ferir,
a compreender o próximo sem exigir entendimento,
a respeitar os semelhantes sem reclamar consideração,
a dar o melhor de nós, além da execução do próprio dever sem cobrar taxas de reconhecimento.

Senhor, fortalece em nós a paciência para com as dificuldades dos outros, assim como precisamos da paciência dos outros para com as nossas próprias dificuldades.

Ajuda-nos para que a ninguém façamos aquilo que não desejamos para nós.

Auxilia-nos sobretudo a reconhecer que a nossa felicidade mais alta será invariavelmente aquela de cumprir os Seus desígnios, onde e como queiras, hoje, agora e sempre.[561]

---

[561] Xavier, F. C.; Emmanuel (Espírito). Oração nossa. In: *À Luz da Oração*. cap. 82.

Capítulo 6 - Oração
"Olhai, Vigiai e Orai" disse o Mestre!

Espírito ← Promoção ou Recapitulação

Força Divina → Expansão

Cristo Interno

Átomo Psi ↔ Fé, Gratidão, Disciplina, Esperança e Amor ↔ **Pensamentos** → **Novas Almas**

Saúde

Alma → **Mente**

Oportunidades de Trabalho

Experiências, Provas e Expiações

Alimentos/Água "Novas Ovelhas"

Energia Telúrica ou Kundallini

Promoção

Morte do Corpo: regresso a natureza

Vícios, prazeres, futilidades, mágoas, medos, orgulho, apego.

Doença

Escala de Cores e Vibração

- Alta — > 500 Hz
- Em Expansão — > 300 Hz
- Neutra — 200 a 300 Hz
- Baixa — < 200 Hz

Capítulo 7
Bioenergia

O que é?

Para que serve?

Como usar?

Libertar-se na ação consciente ou permanecer na dependência constritora?

O que é?

Existe em todo o cosmo um suprimento de luzes, de variadas cores, que nos emprestam o bem-estar, tranquilizando todos os nossos corpos e ajudando a nos harmonizarmos a nós mesmos. **Compete a cada criatura adestrar-se na ciência espiritual, movendo-se em todos os rumos do saber, para melhor usar essa força Divina** que podes chamar de hálito de Deus, fluido cósmico, prâna ou éter divino, meio esse que o Senhor, como Força Soberana, espalha por toda a Sua criação. O éter cósmico, ao chegar nas franjas dos mundos, passa a ser éter físico, com várias modificações, pela benção do Criador para Seus filhos do coração.

Esse suprimento espiritual que nos dá e sustenta a vida, ao penetrar em nós passa igualmente por radicais mudanças. **Todas as curas são feitas por seu intermédio. Ele é o estabilizador comum em todas as áreas, o motivador de todas as alegrias da vida, por carregar na sua intimidade a alegria de Deus.** Esse fluido sensibilíssimo é capaz de gravar na sua integridade os nossos desejos, as intenções, as nossas ideias, como sendo nossa mensagem, e levá-las para a nossa consciência, bem como para a presença do Benfeitor Universal. Esses fluidos nos obedecem e quanto mais conhecemos as leis que os dirigem, mais os atraímos para junto a nós (grifos nossos).[562] *(vide o capítulo na íntegra)*

Desde tempos imemoriais o ser humano mobiliza recursos expressivos de vário porte (multiforme) e os aplica em incontáveis tentativas, infrutíferas, de reaver a saúde e de construir uma felicidade imperturbável, à custa de valores *impermanentes*. Em pleno século vinte e um, distraído com as facilidades, com as futilidades e com os prazeres efêmeros que o meio lhe proporciona, ainda não percebeu que traz jazidas imensuráveis de tesouros imperecíveis em seu universo íntimo. Se tais recursos, ínsitos nas imanências do Espírito imortal (sendo os inatos, quando se trata de patrimônio adquirido no périplo transcorrido e proveitosamente percorrido; e latentes, quando se considera as aptidões e os recursos a serem conquistados e exercitados incansavelmente), forem canalizados lúcida e adequadamente, possibilitar-se-á a reordenação da base estrutural de todos os problemas afligentes, bem como a reconfiguração da causa primacial de todos os fatores atormentantes. Em outros termos, viabilizar-se-á a ação consciente dos potenciais inatos e o uso coerente dos mananciais em latência, solucionando-se, assim, satisfatória e harmoniosamente, a causa fundamental de todas as perturbações psicobiofísicas, morais e espirituais, as quais se metamorfoseariam num relance e se aformoseariam facilmente, com inquestionável proveito. Enfim, um verdadeiro salto quântico se concretizaria prontamente.

---

[562] Maia, J. N.; Miramez (Espírito). Os fluidos nos obedecem. In: *Força Soberana*. cap. 46.

Allan Kardec, em *A Gênese* (cap. 14, item 21) e em *O Livro dos Espíritos* (662LE.N) respectivamente, enfatiza que: "Cada um tem no seu próprio perispírito uma fonte fluídica permanente, todos trazem consigo o remédio aplicável." Isto é: *"Possuímos, em nós mesmos, pelo pensamento e pela vontade, um poder de ação que se estende além dos limites de nossa esfera corporal."* André Luiz, em *Evolução em dois Mundos* (cap. 13), e em *Mecanismos da Mediunidade* (cap. 15), ratifica o já dito, definindo a farmacopeia interna como sendo "um fluido vivo e multiforme, estuante e inestancável, a nascer-lhe da própria alma". Portanto, cada ser, consciente ou não dessas permanentes jazidas, "possui no próprio pensamento a fonte inesgotável das próprias energias". Portanto, é fato incontestável que só se poderá alegar a impossibilidade de execução de um objetivo pretendido, se, por ignorância ou displicência, o indivíduo se mantiver inativo diante da ocasião obsequiada pela vida e pelas leis.

Joanna de Ângelis corrobora o pensamento de ambos quando afirma, inequivocamente, que *a criatura humana possui, inexplorados, valiosos recursos (armazéns abarrotados) que aguardam a canalização conveniente. Entre eles, 'a bioenergia é fonte de inexauríveis potencialidades' (em aparente repouso no recesso profundo do ser manifestado), 'que o desconhecimento e a negligência' os direcionam em sentido equivocado (tanto no ato de pensar, quanto no engenhoso amplexo do sentir; de igual modo, no complexo implemento ou sistema fonador e, principalmente, em seu modo de agir), malbaratando inconscientemente forças preciosas (de edificação e de preservação da vida em suas múltiplas expressões e em suas imensuráveis nuances).*[563] O caminho da autossuficiência e o desiderato da autonomia proativa nos aguardam sem mais postergações injustificáveis no contexto elegido onde momentaneamente mourejamos.

Se Deus criou a criatura e, na criatura, o poder de criar, cabe a nós outros, tão somente, predispormo-nos ao exercício do ofício intransferível, capacitarmo-nos nas ações conscientes, segundo o aculturamento de cada qual, aprimorarmo-nos nas posturas condizentes com o êxito pretendido, ou seja, empenharmo-nos no périplo nobremente estatuído, nas intérminas permutas inerentes à arquitetura priorizada e, por meio dos intermináveis aformoseamentos consequentes, conquistaremos os implementos correlatos aos resultados elencados, posto que cada aluno ou cada discípulo dedicado delineia a primazia da conquista das disciplinas coerentes e as estabelece como meta indispensável ao introito perquirido, auferindo assim, a aquisição dos recursos consentâneos ao fim almejado, a fim de concretizar, nas metas porvindouras, um futuro venturoso como consequência das lúcidas escolhas e dos esforços bem direcionados.

---

[563] Franco, D. P.; Joanna de Ângelis (Espírito). Processo de autocura. In: *Plenitude*. cap. 9.

O velho aforismo chega-nos à mente com vivacidade, ao lembrar-nos de ensinos milenares e de imorredouras verdades: "trazem em si armazéns abarrotados de alimentos e morrem de fome à porta". Equivale a dizer que somos eternos pedintes, sem necessidade de o ser.

André Luiz (*Evolução em dois Mundos*. Cap. 13) nos esclarece que, na dimensão do Espírito, esse fluido vivo "é **o seu próprio pensamento contínuo,** gerando potenciais energéticos com que não havia sonhado (grifo nosso)". Evidencia-se, desse modo, que o pensamento é força criadora da individualidade (da consciência) a benefício do inconsciente, do subconsciente, do consciente (da personalidade ativa) e dos seus veículos de expressão. Por meio do pensamento, esse multiverso irradiará inefáveis essências em seu proveito e do entorno. Sendo a individualidade parte integrante da Força Suprema do Cosmos (Deus), infere-se que n'Ele somos deuses também. É nesse sentido que entendemos a afirmação de Paulo, o apóstolo dos gentios (Fp. 4:13): *"Tudo posso naquele que me fortalece."* Isto é, *"n'Ele vivemos, nos movemos e existimos* (At. 17:28)". Estas máximas fazem alusão tanto à Luz Incriada (o Senhor Supremo) quanto ao Cristo, por cujo intermédio o Verbo Creador se expressa, pois consta neste versículo: *"Ele é o cabeça de todo principado e potestade* (Cl. 2:10).*"*, no qual Paulo faz menção ao Cristo e não à Força Cáusica. Entrevemo-nos, portanto, como células desse corpo ciclópico, do qual o Cristo é a consciência condutora. Somos ramos inerentes a essa videira, ou seja, galhos ou subdivisões dessa árvore-mãe: *"Ora, vós sois corpo de Cristo, e, individualmente, seus membros.* (1 Co. 12:27).*"* Consequentemente: *"Também n'Ele estais aperfeiçoados* (Cl. 2:10).*"* Se tudo é cópia de exatamente tudo, raciocinemos com Jesus: somos deuses também! Se assim é, quantos conduzimos em nosso arquipélago consciencial? De quantos somos constituídos em plano menor e de quantos participamos em plano maior? Segundo Emmanuel, somos sempre a soma de muitos. De modo que, inapelavelmente, expressamos incontáveis criaturas e, concomitantemente, um número imensurável de criaturas multiformes, ininterruptamente, nos expressam num périplo infindável e de irrefreável dinamismo. Assim, inconteste e inequivocamente: "Nós somos os deuses dos átomos que nos compõem, mas também somos os átomos dos deuses que compõem o universo". (Essa frase é atribuída a Many P. Hall)

Recapitulando os ensinos de Allan Kardec, André Luiz e Joanna de Ângelis, podemos dizer que a bioenergia é a substância que gera e nutre a vida. Classificamo-la, em um determinado patamar evolutivo, de princípio vital, o estado dimensional da matéria inorgânica em sua origem primeira. Em um estágio subsequente, categorizamo-la como fluido vital, desempenhando o papel de agente e de intermediária, o universo do qual os corpos orgânicos se originam e no qual se encontram mergulhados. Num terceiro estágio consciencial desse plasma (prana), identificamo-la como energia vital, a energia que organiza e mantém a vida em suas nuances precedentes.

Ramatis, *em Jesus e a Jerusalém Renovada* (cap. 3), recomenda-nos e nos incentiva a aprender a apreender a nossa essência espiritual pela orientação do pensamento que, segundo ele, é a chave da nossa mente, o segredo de nossa evolução. Induz-nos a adquirir a lucidez necessária que nos faculte compreender os meios pelos quais canalizaremos os recursos inerentes e imanentes no Espírito e na Consciência Cósmica. Em outras palavras, distinguirmos os métodos por meio dos quais lograremos o livre acesso às fontes imersas nos oceanos interno e externo e deles extrairmos o de que carecemos, a benefício próprio e do próximo, a quem nos propomos amar e servir.

O que almejamos neste despretensioso insight é tão somente explicitar, minudenciar um tanto mais, objetivando contextualizar alguns conceitos, dentre eles, o da bioenergia (substância advinda da coesão das mônadas primordiais), à luz da ciência espiritual (ciência de observação das causas e dos efeitos, das leis e de sua normatização), com o fito de desvendar a origem, desvelar a natureza e descortinar a destinação da matéria-prima do cosmo (o espírito – princípio inteligente do Universo), sob a ótica do Ensino Universal dos Espíritos, que é coerente com a ciência clássica ou acadêmica e a suplanta por vezes, porquanto é fato que aquele prossegue onde esta se detém.

Sob as luzes da ciência que professamos, trazemos a nossa contribuição acerca do termo em pauta. Expressamos as nossas ideias que devem ser criteriosamente analisadas à luz da lógica, do bom senso e da razão, em consonância com as diretrizes do Evangelho cósmico redivivo pelas vias indeléveis da intuição proativa.

Por tratar-se de uma doutrina antidogmática, sempre viva e que progride por evolução, uma síntese das verdades imarcescíveis e que não foge à análise das evidências, que não fica à margem dos fatos e das leis, por não compactuar com ideias cristalizadas e, sim, coadunar-se com ideias progressivas, fundamentadas em provas de experiências morais longamente vivenciadas, é que nos permite afirmar sem titubeios irrefletidos: **a bioenergia é inerente à essência consciencial de todas as coisas, é força imanente no Eterno Arquiteto.** O que intitulamos Amor,

Vida, em realidade se trata da Substância-Mater, a qual nominamos de Evangelho, o Pão da Vida, a Força Criadora em todo o cosmos, ou seja, Força, Vitalidade e Vida constitutivas de todas as formas de expressão da consciência, que ensaiam e brincam de viver nas dobras mnemônicas da imensidão dos multiversos sem fim, manifestando-se do micro ao macrocosmo, das origens das mônadas primitivas aos mais magnificentes berçários astronômicos. Em síntese, deve-se compreender que "Força" equivale à irrevogável onipotência na Consciência-Mater, a Lei das leis, ou a ação da própria Divindade na Lei que rege a Unidade Cósmica que a tudo integra. "Vitalidade" se coaduna com a origem da Vida, sinônimo da coagulação da onipresença inquestionável, sendo a Fonte Geratriz de tudo quanto existe na Criação no Tudo-Uno-Deus. Por fim, "Vida" é a mais profunda forma de expressão do Amor ou a essência resultante da individualização dos substratos originários da Força e da Vitalidade em perene profusão, segundo a regência da Lei e das leis oriundas da Força motriz. Em suma, a Vida e as vidas que dela promanam em suas intérminas fulgurações demonstram, inequivocamente, a sempiterna onisciência na Suprema Sabedoria.

Segundo o apóstolo João Evangelista, *"Deus é Amor" (Jo. 14:16).* Miramez pondera, acerca da Divindade, que "o amor é um dos Seus atributos".[564] Mahatma Gandhi o define como *"a força mais abstrata, e também a mais potente que há no mundo (no universo, no cosmos)".*[565] Carlos Torres Pastorino assim o sintetiza: "Amor é a reunificação das mônadas no todo, através das unidades coletivas cada vez mais amplas."[566] **O amor,** consoante Joanna de Ângelis, "é um estado de espírito que se expande e domina, proporcionando paz e alegria de viver, **resultado de uma perfeita consonância entre o sentimento e a razão**" (grifos nossos).[567] Em síntese, o Amor é o substrato proveniente do Psiquismo Divino (em realidade, trata-se de um prolongamento desse plasma divino), do qual promana a vida em suas intérminas expressões e, concomitantemente, a essência-mater da qual emergem as leis que a organizam e a mantêm em suas imensuráveis nuances.

No primeiro *insight*, o amor é confundido com o próprio Creador. A seguir, é interpretado como um de Seus atributos essenciais. Mais à frente, é concebido como a matéria-prima do cosmos, da qual emergem desde as substâncias infinitesimais às macroestruturas, e, simultaneamente, transmuta-se na Essência-Lei, ou seja, a Força que a tudo rege em

---
[564] Maia, J. N.; Miramez (Espírito). *Filosofia Espírita.* V.1. cap. 13.
[565] Disponível em: < http://kdfrases.com/frase/106471>. Acesso em 10 de julho de 2014.
[566] Pastorino, Carlos Torres. Amor total. In: *Sugestões Oportunas.* cap. 77.
[567] Franco, D. P.; Joanna de Ângelis (Espírito). Amor e cura. In: *Garimpo de amor.* cap. 17.

perpétua harmonia e na mais perfeita sincronia. Adiante, percebe-se o seu processo de individualização e expansão. Por fim, infalivelmente, surpreendemo-lo como uma entidade, resultante de experiências agregadas das forças e das substâncias correlatas, que insculpe o estado consciencial que ora se vivencia.

Gabriel Delanne alvitra: "O que denominamos forças, nada mais são que manifestações tangíveis da inteligência universal, infinita, incriada. São sinais evidentes da Vontade suprema que mantém o Universo."[568] Para Pietro Ubaldi,[569] é "o princípio que anima e governa as coisas". Tal elemento "se encontra além da realidade sensória do mundo exterior", isto é, são "as forças que o movimentam e lhe mantêm o funcionamento orgânico" e o inorgânico também. Segundo o autor, essas forças são vivas e atuantes e assim permanecem, compondo os infrarreinos ínsitos nas bases estruturais dos sub-reinos dos infracorpúsculos, tanto quanto na causalidade subatômica, intra-atômica e atômica constitutiva da própria vida que ora experienciamos. Os Universos e tudo o que os constitui são simples fulgurações das fontes imarcescíveis, inerentes ao pensamento e à vontade da sempiterna Unidade, imanam, vibram e vivem na Munificência Cósmica. É Vida gerando vidas, num *continuum* infindo.

Elizabete Lacerda, intérprete e compositora, sintetizou divinamente o amor e a vida: *"Deus é o amor que envolve todos os seres num só sentimento de unidade. Deus é a vida essencial de todos os seres"* (cf. *Consagração do aposento*). A origem e a ligação desses dois atributos da e na Divindade – amor e vida –, e o princípio comum que os une, nós o concebemos por Evangelho, o Princípio-Lei. O Princípio é a essência primordial que gera e nutre a vida – o amor-substância. A Lei é o Amor que estabelece as normas de progresso e de evolução da vida – o Amor-sabedoria. Ambos derivam de uma única fonte. Há pontos de contato entre eles, posto que o Evangelho, o Verbo Creador, como mencionado, é uma imanação da Divindade, que reconhecemos como a Força Suprema do Cosmos – Deus –, em cuja expressão se personifica como Força, Vitalidade e Vida.

Tudo quanto existe, vive e se movimenta, o faz em Deus. O Verbo Creador é a expressão suprema de Sua Consciência, o qual se transubstancia no Cristo, por cujo intermédio o Evangelho (a Essência-Mater, o Pão da Vida) se exterioriza – sendo a causa primária de todas as coisas n'Ela imanente.

---

[568] Delanne, Gabriel. Conclusão. In: *A Evolução Anímica*.
[569] Ubaldi, P. O fenômeno. In: *As Noûres:* Técnica e recepção das correntes de pensamento. cap. 2.

A perquirição que nos impulsiona, neste intento, objetiva o entendimento pormenorizado da bioenergia e de suas múltiplas expressões. Assim sendo, neste tópico, procederemos, a uma análise criteriosa acerca da origem e da formação da energia que gera, da substância que nutre e da lei que organiza e mantém a vida em seu contínuo e irrefreável *devir*, o que não é senão a bioenergia, ou seja, o Evangelho na ação e na personificação dos elementos volitivos e vivificantes.

À semelhança do que ocorre nas imanências da Força Suprema do Cosmos, a individualidade (o Espírito, o deus interno) ao expressar a sua consciência (o seu poder criador, as suas virtudes), por meio de sua vontade e de seu pensamento, imana forças de suas perenes jazidas, as quais serão moldadas pela mente, segundo a inteligência – intelectiva, emotiva ou espiritual – em exercício. Para esse fim, a inteligência sempre se vale da imaginação e da capacidade criativa, da memória (banco de dados comparativos) e do desejo, sendo este último a alavanca que move os sentimentos, as emoções, as sensações e os instintos, ante tudo quanto se pretende criar, aperfeiçoar ou compartilhar.

O resultado dessa ação conjunta se dividirá em duas frequências distintas: uma representando as leis e outra personificando a matéria-prima. Em outras palavras, o produto exteriorizado pela mente, a serviço da consciência (a benefício do seu criador), serão os hormônios de variada ordem (sinalizando ou representando as leis) e a bioenergia (personificando a matéria-prima). Aqueles trazem as diretrizes, o poder renovador, isto é, as leis promotoras de tudo o que existe no contexto elegido. A bioenergia, por sua vez, é a força criadora que se encarregará de fornecer as substâncias que darão origem à vida, nutrindo-a e mantendo-a, em todas as dimensões no ser, ou seja, em todos os elementos psicoeletroquímicos que o constituem.

Por outro lado, quando as referidas leis são colocadas a serviço do próximo (de tudo quanto nos permeia e nos rodeia), os benefícios proporcionados são os exemplos que iluminam e despertam, seguidos de estímulos que encorajam e libertam. À semelhança do que ocorre com as leis cósmicas, os hormônios psicobiofísicos não apresentam a solução da problemática de quem quer que seja. Eles oferecem propostas, convidam os interessados a realizarem por si o que a consciência do dever lhes propõe.

Por sua vez, as forças inatas advindas da Consciência profunda, que são transubstanciadas em bioenergia no interior do arquipélago mental, subsequentemente exteriorizadas por intermédio dos centros vitais e dos meridianos (canais condutores de energias), inerentes ao perispírito e aos sistemas correlatos que permeiam o corpo físico de quem as cria, não propiciam benefícios gratuitos àqueles que as assimilam. Todo aquele que delibere amar o próximo, "sem atitude de renovação moral, sem humildade e paciência, espírito de serviço e devotamento ao bem",[570] não conseguirá assimilar as forças vivificantes de quantos se predispõem à transmutação do Amor Divino, no qual estamos mergulhados, e à sua distribuição, tampouco as que circulam, incessantemente, nas ambiências interiores de cada criatura – desde o centro consciencial ao qual pertencemos (a nossa totalidade) à periferia (à mínima parte que moureja no império da carne). Isso equivale a dizer que, sem a conjugação do verbo amar, por meio do trabalho nobremente executado, sem a disciplina necessária e o devotamento ao que se propõe, seremos quais náufragos que velejam ao sabor do vento ou andarilhos, morrendo de sede e de fome à beira de um oásis, desconhecedores dos recursos de nossa própria consciência.

Não por acaso, Joanna de Ângelis enfatiza: "Somente no silêncio interior da meditação se descobrem as nascentes da força vital, abrindo espaços para a inteligência manifestar suas superiores aptidões."[571] Fazer silêncio interior não significa abdicar da faculdade de pensar, nem tampouco anular a alavanca dos desejos e desativar a da imaginação. Significa ir além do pensar no que pensar, mergulhar no oceano aquém dos desejos e antever o inimaginável por intermédio da intuição. É ser uno com a própria criação, senti-la, percebê-la e interagir de forma direta com ela. Meditação, em sentido profundo, é medir cuidadosamente cada ação a ser levada a efeito. Desse modo, torna-se indispensável visualizar-se em cena, desempenhando a função de cada integrante do enredo, posto que a peça, o cenário, os adornos, os atores, os autores e os diretores fazem parte do mesmo espetáculo, cujo sucesso dependerá do nível de *performance* de cada ator e da condição de cada setor. Da mesma forma, em um concerto, o papel de alta significação dos compositores, o padrão de atuação dos músicos e do maestro, a afinação dos instrumentos, a peculiaridade do arranjo musical, bem como a organização do palco, revelar-se-ão na maior ou menor qualidade das melodias executadas. Por esse motivo, ao mergulharmos em nossa própria essência, criamos as condições para que os nossos potenciais se expressem. Quando essa parceria se estabelece, podemos afirmar, com serena convicção, que *já não sou mais eu quem*

---

[570] Xavier, F. C.; Vieira, W.; André Luiz (Espírito). Invasão microbiana. In: *Evolução em dois Mundos.* cap. 40.
[571] Franco, D. P.; Joanna de Ângelis (Espírito). Carma e vida. In: *A um passo da imortalidade.* cap. 1.

vive, é o Cristo Interno que vive em mim, ou seja, fomos ao pai, almejando servi-lo, e retornamos ao mundo das formas tangíveis fecundados por nossa paternidade interior – *eu e ele somos um*.

Seja como autores incontestes do nosso destino (diretores do espetáculo da Natureza de que participamos), ou como maestros da orquestra da vida que ora regemos, antes de exercermos a liderança, antes de empunharmos a batuta e de iniciarmos a regência, é condição *sine qua non* haver vivenciado a posição de cada integrante do espetáculo ou da orquestra que se encontra sob nossa responsabilidade. Do contrário, a nossa participação nas peças e nos cenários que a vida nos propõe será mera distração aleatória, sem maior compromisso e respeito, tanto para com os que nos integram, tanto quanto aos que, fatalmente, nos integraremos.

Quando silenciamos a vontade do aluno (o nosso João Batista), para que a do mestre se expresse (o nosso Cristo), o amor sublime do Espírito (o Eu interior) fecunda a alma (o eu exterior) que gerará ações nobres. Isso é o que acontece com o eu menor (a alma), na sua experiência com o Eu maior (o Espírito). Ele a fecunda de tanto amor, que ela se volta para o mundo, gerando e aprimorando realizações enobrecedoras.

Segundo Santo Agostinho, cantar é orar duas vezes. Para se compor uma obra musical ou organizar uma peça teatral, há que se pensar em cada detalhe do espetáculo em questão, assim como na interpretação de cada integrante do evento. O mesmo deverá suceder na elaboração (na orquestração) de cada pensamento, na harmonização de cada emoção, na estruturação de cada ideia, assim como na disciplina de cada palavra e na ponderação de cada ação que corresponda ao ensejo. Emmanuel estatui as diretrizes para lograr êxito no intento: "O sentimento inspira. O pensamento plasma. A palavra orienta. O ato realiza."[572] Enfatiza o autor: "O sentimento é o santuário da criatura. Sem luz aí dentro, é impossível refletir a paz luminosa que flui incessantemente de Cima."[573] Infere-se da frase "flui incessantemente de Cima" que, tanto a exteriorização das substâncias geradoras quanto as fulgurações das forças diretivas oriundas das imanências intuitivas do oásis interior, e, concomitantemente, as ressonâncias bioenergéticas afins, inerentes às fontes criadoras da vida multidimensional, bem como as referências inspirativas advindas do cosmos exterior, ou seja, os impulsos dos exemplos-estímulo dos que se encontram na vanguarda, aconchegam-se, em perfeita sincronia com as ambiências predisponentes de nosso universo íntimo, segundo as escolhas em consonância com os reais objetivos de vida plena.

---

[572] Xavier, F. C.; Emmanuel (Espírito). O pensamento é forma. In: *Semeador em tempos novos*. cap. 12.
[573] Xavier, F. C.; Emmanuel (Espírito). Guardemos o coração. In: *Vinha de Luz*. cap. 29.

A partir das fontes em nós imanentes (das próprias luzes), nós criamos e compartilhamos a bioenergia com quantos dela necessitem. Ao mesmo tempo, extraímo-la de tudo o que se encontra no entorno, uma vez que ela é a energia que gera, nutre e mantém a vida em toda parte. Emanamos de nós tudo o que seja capaz de auxiliar o próximo, em todas as nuances vibracionais de nossas vivências, em todos os matizes equivalentes dentro de um mundo e em todas as dimensões subsequentes em todos os mundos. Simultaneamente assimilamos de fora tudo o de que necessitamos, enquanto partilhamos constantemente os filhos de nosso coração (de nosso universo), a fim de criar estímulos (convites) aos que se encontram na retaguarda. Em processo símile, abrimos espaços em nosso oásis, possibilitando que outros tenham acesso a ele, os quais anelam chegar onde nos encontramos.

Não podemos prescindir da análise dos potenciais de cujo desempenho nos valemos para a criação e para a interação com a bioenergia, sendo eles: a mente, por cujo intermédio a consciência se elabora, exprime-se e experiencia; a vontade, atuando como mediadora e agente ativa entre o mundo subjetivo e o objetivo; o pensamento, sendo o arquiteto incomparável neste cometimento; a inteligência que o norteia e sob cuja orientação os pensamentos haverão de se metamorfosear; as emoções e os sentimentos, os quais acumulam as funções qualificadora e vivificadora e, por fim, a razão, que a todos gerencia desde a nascente, determinando-lhes os meios e os fins (movimento e direção), segundo as diretrizes assimiladas da intuição.

Em *O Despertar da Consciência, do átomo ao anjo*, minudenciamos as potências do Espírito, por meio das quais ele exerce a sua ação criadora e a sua interação promotora no processo evolutivo. Supondo que o leitor não tenha tido acesso ao conteúdo mencionado, discorreremos um tanto mais acerca dessas aptidões divinas.

Segundo Miramez, a mente "é um microcosmo, é uma área infinita, é uma lavoura de proporções indescritíveis".[574] Na percepção transcendental de Emmanuel, no interior desse microcosmo, existem "extensas potencialidades de progresso e sublimação, reclamando trabalho".[575] A sabedoria e a presciência intuitivas de Joanna de Ângelis estabelecem que, nessa gleba infindável, "nada é impossível, exigindo-se apenas que sejam criados novos hábitos mentais, que se realizem exercícios ideológicos,

---

[574] Maia, J. N.; Miramez (Espírito). Criação mental. In: *Horizontes da Mente*. cap. 26.
[575] Xavier, F. C.; Emmanuel (Espírito). Governo interno. In: *Pão Nosso*. cap. 158.

de forma a resultarem edificantes e propiciadores de tranquilidade".[576] Conforme a autora, para lograr o êxito almejado no expediente elegido, bastar-nos-ia a *elaboração de ideias enobrecedoras, estabelecer planos de futuras ações benéficas portadores de energias equilibrantes, para estimular com afinco e entusiasticamente os complexos campos celulares, a fim de propiciar-lhes maior harmonia diretiva e mais vasta produtividade criativa.*[577] Eis a síntese-estímulo do projeto transcendente e do propósito iluminativo, prévia e minuciosamente delineado por um ser consciente e pacienciosamente integrado em cada nuance subsecutiva do enredo estatuído.

Para que se efetive o bem a que se aspira e o que se pretende edificar, é preciso estabelecer parceria com a potência das potências – **a vontade.** Segundo Léon Denis, a vontade "é a faculdade soberana do (Espírito), a força espiritual por excelência, e pode mesmo dizer-se que é a essência da sua (individualidade)".[578] Na alma – o centro consciencial da personalidade –, a vontade representa a essência do Espírito, o João Batista em relação ao Cristo (Lc., 7:28). No Eu profundo, a maior de todas as potências é a intuição. A vontade, de acordo com as reflexões de Joanna de Ângelis, "é uma função diretamente vinculada ao Eu profundo, do qual decorrem as várias expressões do comportamento".[579] Miramez, em Horizontes da Mente, afirma que, enquanto a vontade não abraçar por completo a mente e se transformar em pensamentos, em ideias e em ações, nada haverá.[580]

Consoante Joanna de Ângelis, "o pensamento é força viva e atuante, porque procede da mente que tem a sua sede no ser espiritual, sendo, portanto, a exteriorização da Entidade eterna".[581] Ele é a própria vida que pulsa nas imanências da consciência e permeia, ininterruptamente, todos os degraus e todas as nuances de seus veículos de expressão. Segundo Allan Kardec (*A Gênese*, cap. 14), *o Espírito, no qual o pensamento atua e por meio do qual ele se expressa, vive pelo pensamento*. Acerca da *energia mental*, de seu poder criador e de sua plasticidade, Emmanuel declara: "...é o fermento vivo que improvisa, altera, constringe, alarga, assimila, desassimila, integra, pulveriza ou recompõe a matéria em todas as

---

[576] Franco, D. P.; Joanna de Ângelis (Espírito). Interação mente-corpo. In: *Jesus e Vida,* cap. 14.
[577] Franco, D. P.; Joanna de Ângelis (Espírito). Processo de autocura. In: *Plenitude.* cap. 9.
[578] Denis, L. A vontade e os fluidos. In: *Depois da Morte.* 4ª parte. cap. 32.
[579] Franco, D. P.; Joanna de Ângelis (Espírito). Atividades libertadoras: Educação e disciplina da vontade. In: *O Despertar do Espírito.* cap. 4, item 2.
[580] Maia, J. N.; Miramez (Espírito). Querer é ser. In: *Horizontes da Mente.* cap. 13.
[581] Franco, D. P.; Joanna de Ângelis (Espírito). Vida: desafios e soluções: O pensamento bem direcionado. In: *Vida:* Desafios e Soluções. cap. 11, item 3.

dimensões".[582] Para Miramez, o pensamento elevado "é a chave de luz da valorização daquilo que respiras em todos os segundos".[583] Não por acaso, Ramatis conclama-nos: "Aprendei a apreender vossa essência espiritual, em primeiro lugar, pela orientação do pensamento, a CHAVE da vossa mente, o segredo de vossa evolução."[584]

Se a vontade e o pensamento são alavancas propulsoras a serviço da consciência, a inteligência é-lhe atributo basilar, por intermédio da qual a consciência interage e orienta a mente que plasmará os desejos que lhe são pertinentes. Kardec (*A Gênese*, cap. 11, item 11) enfatizara: *é o próprio Espírito, segundo as suas aptidões, que irá modelar os seus veículos de expressão e apropriá-los às suas necessidades. Deus lhe fornece a matéria-prima; cabe a ele empregá-la convenientemente.*

Definimos algumas características da mente, da vontade, do pensamento e da inteligência, os principais atributos da consciência, pelos quais ela se expressa, sendo, portanto, a unidade que os integra. Resta-nos analisar as emoções e os sentimentos, mas antes reflitamos na síntese elaborada por Joanna de Ângelis: "Os sentimentos, as emoções e os pensamentos constituem a psique do ser, onde o Espírito encontra o seu centro de manifestação até o momento da sua conscientização plena."[585] O Espírito se manifesta por meio dos pensamentos, dos sentimentos, das emoções, das sensações, dos instintos e de outros tantos potenciais da alma – a psique –, de cuja união se configura o centro de manifestação da consciência. A autora definiu, alhures, o ser humano como "um conjunto de experiências que lhe formam o caráter, a personalidade".[586] Joanna ainda identifica o indivíduo humano, a espécie, como "um agrupamento de energias em diferentes níveis de vibrações", os quais necessitam de "canalização disciplinadora, de modo a torná-los sentimentos".[587] Por este motivo, recomendou-nos dialogar terna e amorosamente com as imperfeições morais, alterando-lhes o curso. André Luiz considera que as "virtudes excelsas e as qualidades morais não são meras fórmulas verbalistas, e sim forças vivas".[588] Se são forças vivas, têm poder de decisão, posto que são as emoções e os sentimentos que qualificam os pensamentos em gestação.

---
[582] Xavier, F. C.; Emmanuel (Espírito). Nos círculos da matéria. In: *Roteiro*. cap. 5.
[583] Maia, J. N.; Miramez (Espírito). O ar que respiras. In: *Saúde*. cap. 4.
[584] Marques, América Paoliello.; Ramatís (Espírito). Quem são as ovelhas? In: *Jesus e a Jerusalém Renovada*. cap. 3.
[585] Franco, D. P.; Joanna de Ângelis (Espírito). Consciência e Vida: Exame do sofrimento. In: *Autodescobrimento:* Uma busca interior. cap. 3, item 4.
[586] Franco, D. P.; Joanna de Ângelis (Espírito). Marcas morais. In: *Vitória sobre a Depressão*. cap. 13.
[587] Franco, D. P.; Joanna de Ângelis (Espírito). O ser real: Complexidades da energia. In: *Autodescobrimento:* Uma busca interior. cap. 1, item 1.
[588] Xavier, F. C.; André Luiz (Espírito). A palestra do instrutor. In: *Libertação*. cap. 2.

Esses *princípios dinâmicos e psíquicos*, ante a observação (a análise) criteriosa e as considerações de Gustave Geley, *representam personalidades distintas e autônomas, as quais se manifestam durante fases de duração variável, indo de alguns instantes a muitos meses.*[589] Dentre eles, destacam-se as sensações, as emoções, as percepções, as motivações, *assim como tantas e todas as experiências se traduzem por um aumento no campo da consciência.*[590] Nada se perde em tempo algum, nenhum lance que a vida nos propõe permanece esquecido, desconsiderado, estático ou inerte, tudo fica gravado de forma indestrutível, tanto na psique quanto nas sempiternas ambiências etéricas (Akasha), fazem-se sensibilidades do éter cósmico, pois tudo é dinamismo perene. Portanto, por sermos ou representarmos uma fração do macrocosmo, isto é, um universo em miniatura, *todos os recursos exteriores*, na sapiência de Miramez, "se encontram com mais eficiência no interior de cada ser, dependendo da inteligência trabalhar lado a lado com o coração".[591] Caso não os encontremos dentro, isto é, se não conseguirmos acessá-los, o autor novamente enfatiza: "Todas as forças do Bem vêm direcionadas para cada espírito/Espírito, de acordo com as suas necessidades espirituais, e ficam em torno dele, esperando suas decisões."[592] Mediante o exposto, não há como alegar o esquecimento da Luz Incriada em nosso favor, pois bem sabemos que Ela existe dentro de nós e nós dentro d'Ela.

O colóquio estabelecido entre Pietro Ubaldi e o princípio que gera, anima e governa as coisas, faz-se imprescindível à compreensão do assunto ventilado:

> [...] esse novo olhar já não é interceptado pela forma, mas penetra diretamente na substância, buscando o conceito genético, **o princípio que anima e governa as coisas.** Vejo, então, o que se encontra além da realidade sensória do mundo exterior, isto é, **as forças que o movimentam e lhe mantêm o funcionamento orgânico. Essas forças tornam-se vivas,** os fenômenos me aparecem com uma vontade própria de existência, uma potência de individualidade que investe sobre mim e grita: "eu sou" (grifos nossos).
>
> O colóquio torna-se, então, um imenso amplexo, um perder-se de aniquilamento no seio de uma luz resplandecente.[593]

---

[589] Geley, Gustave. As manifestações de personalidades duplas ou múltiplas no mesmo indivíduo. In: *O Ser Subconsciente*. cap. 2
[590] Geley, G. A evolução da alma. In: *O Ser Subconsciente*. cap. 1.
[591] Maia, J. N.; Miramez (Espírito). Energismo estuante. In: *Horizontes da Mente*. cap. 8.
[592] Maia, J. N.; Miramez (Espírito), Divisões da consciência. In: *Horizontes da Mente*. cap. 9.
[593] Ubaldi, P. O fenômeno. In: *As Noúres*: Técnicas e recepção das correntes de pensamento. cap. 2.

A conversa terna e amorosa, proposta pela benfeitora Joanna de Ângelis, com o auxílio da qual interferimos, ininterruptamente, tanto nas complexidades da força mantenedora do perispírito quanto nas da matéria componente do corpo físico e dos demais reinos, é de teor idêntico ao do diálogo levado a efeito pelo nobre instrutor supracitado.

Em Ramatis, flagramos experiência semelhante, em que o mestre oriental identifica uma poderosa rede eletrônica constituída de *forças vivas primitivas do mundo invisível* (entidades astralinas – elementais primevos). Os elementais primitivos ou *energias primárias, ocultas em todas as coisas e seres vivos*, são encarregados da estruturação, da sustentação e do *processo de coesão e de substituição das células*. Portanto, são *responsáveis pelo fundamento dos reinos vegetal, mineral* e animal. O benfeitor prossegue: "Esse elemental, que tanto faz parte integrante do perispírito como do organismo físico, é capaz, por isso, de reagir conforme seja a disposição mental e emotiva do homem."[594] *(vide as questões 459, 614, 621, 625, 632, 642, 876, 909, 918, 919, 932 e 975 do LE)*

Importa observar que esse fluido vivo com que interagimos é o veículo por meio do qual expressamos os nossos pensamentos. Na sua virgindade plena, gravamos as nossas emoções e sentimentos, ou seja, as nossas reais intenções, no entanto, este fluido "é cegamente obediente às leis universais".[595] Uma vez que a atração é a lei de amor que regulamenta a atuação das entidades atuantes nesse cenário, tudo quanto intencionarmos construir, compartilhar ou aperfeiçoar disporá da faculdade de agregar ou desagregar os integrantes desse contexto. Consoante ao exposto, a advertência de André Luiz nos esclarece quanto ao modus vivendi: "A mente estuda, arquiteta, determina e materializa os desejos que lhe são peculiares na matéria que a circunda, e essa matéria que lhe plasma os impulsos **é sempre formada por vidas inferiores inumeráveis,** em processo evolutivo, nos quadros do Universo sem fim"[596] (grifo nosso). Essas vidas incontáveis que André Luiz menciona são **as entidades astralinas**, citadas por Ramatis, ou **as forças que movimentam e mantêm o funcionamento orgânico**, segundo Pietro Ubaldi, e que Joanna de Ângelis classificou como **forças mantenedoras do perispírito e da matéria**. Por fim, Lourenço Prado sintetiza: "A matéria, que nos obedece ao impulso mental, é o **conjunto das vidas inferiores que vibram e sentem**, a serviço

---
[594] Maes, Hercílio.; Ramatís (Espírito). Considerações sobre a origem do câncer. In: *Fisiologia da Alma.* cap. 20.
[595] Maia, J. N.; Miramez (Espírito). Lótus Divino. In: *Horizontes da Mente.* cap. 12.
[596] Xavier, F. C.; André Luiz (Espírito). Quadro doloroso. In: *Libertação.* cap. 7.

das vidas superiores que vibram, sentem e pensam" (grifos nossos).[597] Sob a regência de pensamentos negativos, esclarece-nos Ramatis, "essas vidas inferiores rebelam-se, causando a desordem, o caos, a doença e a morte". Invertendo a polaridade mental, isto é, "sendo mobilizadas pela vontade forte e energia mental superiores, reativam-se, renovando células, fortificando tecidos e ajustando órgãos à dinâmica fisiológica que proporciona a saúde".[598] Conforme as justas e profundas reflexões de Lourenço Prado: "Saúde é o pensamento em harmonia com a Lei de Deus. Doença é o processo de retificá-lo, corrigindo erros e abusos perpetrados por nós mesmos, ontem ou hoje, diante dela."[599] *Assim, iniludivelmente, tanto o santuário terrestre quanto o oásis interior serão tão somente, segundo o autor, o fruto mental dos arquitetos que os idealizaram, com a cooperação dos servidores que lhes assimilaram as ideias enobrecedoras, assim como o mundo novo que estamos aguardando, o qual, fatalmente, tornar-se-á a construção divina mentalizada por Cristo na exaltação da Humanidade.*[600] Portanto, faz-se inegável que, na condição de artífice da própria destinação, a alma atuante pode e deve, mediante o seu quantum de inteligência em atividade e os valores morais empenhados na qualificação de sua capacidade criativa, infalivelmente, lograr o êxito almejado em seu intento iluminativo.

Das informações constantes na questão 613*LE*, separamos diminuto fragmento para apreciação e reflexão de quantos aspirem a uma compreensão mais vasta, cujo teor nos cientifica de que "cada indivíduo, segundo a perfeição de seus órgãos e a obra que deve cumprir nos fenômenos da natureza, retira na fonte universal a soma do princípio inteligente que lhe é necessário". Ao serem convidados pelo ser organizado – entidade condutora – que os conduzirá à perfeição e, ao tomarem contato com a realidade mental-consciencial desse orientador, em que essas forças se tornam? Léon Denis assim define: "As manifestações mais elevadas de energia confinam com a inteligência. A força se transforma em atração; a atração se faz amor."[601] Relembrando Carlos T. Pastorino: "Amor é a reunificação das mônadas no todo, através das unidades coletivas cada vez mais amplas."[602] Nesse campo, se a atração é a lei de amor que rege, desde as origens conceptuais da vida inorgânica, a destinação da matéria

---

[597] Xavier, F. C.; Lourenço Prado (Espírito). Pensamento. In: *Instruções Psicofônicas.* cap. 38.
[598] Maes, Hercílio.; Ramatís (Espírito). A mente. In: *Sob a Luz do Espiritismo.* cap. 7.
[599] Xavier, F. C.; Lourenço Prado (Espírito). Pensamento. In: *Instruções Psicofônicas.* cap. 38.
[600] Xavier, F. C.; Lourenço Prado (Espírito). Pensamento. In: *Instruções Psicofônicas.* cap. 38.
[601] Denis, L. Unidade substancial do Universo. In: *O Grande Enigma.* 1ª parte. cap. 2.
[602] Pastorino, Carlos Torres. Amor total. In: *Sugestões Oportunas.* cap. 77.

orgânica, a inteligência da entidade condutora alia-se, ou seja, confina-se à matéria que pretende conduzir e promover, une-se aos elementos primários que almeja conquistar e, consequentemente, aspira governá-los com sabedoria e primor. Estes, por sua vez, por meio das funções acumuladas no espaço e no tempo, rumo à eternidade da forma, transformar-se-ão em pensamentos, a força de atração que se transformará em amor, por meio das experiências que se sucedem. Sem detença, sem permitir-se aprisionar, individualizar-se-ão em futuras entidades psicoeletroquímicas (unidades organizadoras), encarregadas de reunificar e especializar as mônadas em unidades cada vez mais amplas e complexamente organizadas.

É nesse sentido em particular (como um cosmos miniaturizado) e por esse motivo em especial (sendo cocriadores em Deus) que, em André Luiz, testificamos a veracidade dos fatos ao afirmar que, pelo pensamento, nos tornamos um com a fonte da Suprema Sabedoria. Assim sendo, queiramos ou não, "cada alma possui no próprio pensamento a fonte inesgotável das próprias energias".[603] Se nos tornarmos o que vividamente intencionamos ou, Desse modo, se formos o que lucidamente os nossos sentimentos determinarem, por amor à causa cósmica e crística, ser-nos-á permitida a edificação de uma realidade incontestavelmente, ao alcance de todos, desde que nos coloquemos em ressonância com a Lei que rege a força cáusica do substrato gerador e mantenedor da vida multiforme em perene profusão ascensional – **a bioenergia.**

Nos esclarecimentos de Emmanuel, identificamos o *modus operandi*, o instante conceptual das linhas de força nas quais se originam as unidades componentes da bioenergia: "O pensamento é o gerador dos infracorpúsculos ou das linhas de força do mundo subatômico, criador de correntes de bem ou de mal, grandeza ou decadência, vida ou morte, segundo a vontade que o exterioriza e dirige."[604] O pensamento é um ser vivo que se alia às forças vivas mencionadas e se torna o gerador das unidades constituintes da bioenergia e, consequentemente, da matéria tangível. Corroborando as instruções auferidas, André Luiz aclara o nosso raciocínio: "A matéria, congregando milhões de vidas embrionárias, é também a condensação da energia, atendendo aos imperativos do 'eu' que lhe preside a destinação."[605] Miramez assim se manifesta acerca daquelas unidades: "O elemento primitivo pulsa na dimensão do espírito, como fluido sutil."[606] Noutra obra, o mesmo autor reafirma que *essa luz de Deus*

---

[603] Xavier, F. C.; André Luiz (Espírito). Cargas elétricas e cargas mentais: Corrente de elétrons mentais. In: *Mecanismos da Mediunidade*. cap. 15, item 4.
[604] Xavier, F. C.; Emmanuel (Espírito). Renovação. In: *Roteiro*. cap. 30.
[605] Xavier, F. C.; André Luiz (Espírito). Ouvindo elucidações. In: *Libertação*. cap. 1.
[606] Maia, J. N.; Miramez (Espírito). In: *Filosofia Espírita*. V.1. cap. 34.

iniciou a sua trajetória evolutiva como fluido divino.[607] Galileu Galilei, consoante as anotações de Allan Kardec, assim se refere a essas vidas infinitesimais: "As moléculas dos minerais **têm a sua quantidade dessa vida,** do mesmo modo que a semente e o embrião, e se agrupam, como no organismo, em **figuras simétricas,** que constituem os indivíduos" (grifos nossos).[608] Eis a gênese da vida, a individualização das formas e dos seres, o enredo que engloba inúmeros elementos com características diversas e com diferentes experiências e formas de inter-relação. Este é o processo por meio do qual nos constituímos, em incontáveis ações e parcerias. Todos somos constituídos por uma legião de pequeninos. *É vida gerando vida, em todo o seu esplendor.*[609]

Acionemos o nosso mestre interno e, com ele, a legião de amoráveis discípulos, os quais desintegrarão todas as formas menos felizes e, com o auxílio e a orientação segura desse médico, desse terapeuta, desse arquiteto interior e de sua equipe de especialistas virtuosos transformá-las-emos nas mais belas florações de paz e de harmonia, ou seja, em saúde integral que se propagará pelas frequências mais simples da bioenergia até as mais complexas expressões (os estados mais divinos) do amor incondicional.

Todos somos provenientes do amor e, como cocriadores, o Poder Supremo nos conclama a amar, a manifestar esse amor perenemente: "O amor é como um presente de Deus às criaturas, é uma luz inextinguível que interliga todos os espíritos, senão mundos e fluidos em um cântico de alegria. [...]"[610] O amor pleno carece de uma razão iluminada e de uma fé vivenciada. Atualmente, sob as luzes dos avanços filosóficos, científicos e morais, diríamos que a fé raciocinada é a consciência da razão. A intuição resulta da razão iluminada, ou seja, ela é a consciência da razão esclarecida. Em suma, a fé raciocinada é subproduto da razão fecundada pelo saber, por tratar-se de conhecimento de causa aliado ao discernimento a ele inerente. A intuição resulta da fé vivenciada. Ela é a síntese das experiências mais aprimoradas da fé. Representa o substrato da sabedoria, por surgir da junção do conhecimento e do sentimento (amor) universais.

Reflexionemos à luz da fé e da razão aprimoradas e dos sentimentos imanentes da intuição, isto é, à luz da razão iluminada pelo saber consciente (operante) e pela intuição advinda da vivência transcendente (do ser perene):

---

[607] Maia, J. N.; Miramez (Espírito). In: *Filosofia Espírita*. V.12. cap. 50.
[608] Kardec, A. Uranografia geral: A criação universal. In: *A Gênese*. São Paulo: IDE. cap. 6, item 18.
[609] Camargo, Sebastião. Apresentação. In: *O Despertar da Consciência - do átomo ao anjo*.
[610] Maia, J. N.; Miramez (Espírito). Valor da alegria. In: *Horizontes da Mente*. cap. 10.

A **razão** calcula, cataloga, compara, analisa.

O **sentimento** cria, edifica, alimenta, ilumina.

A primeira é o homem que termina laboriosa etapa evolutiva. O segundo é o anjo que começa, nas suas manifestações iniciais, a caminho da espiritualidade pura.

A razão é o caminho humano. O sentimento é a luz divina.[611]

A razão é a consciência analítica que movimenta a psique humana, o eu menor. Seu campo de atuação e de expressão é a mente (o universo das ideias), situada entre o efêmero e o perene. Os principais atributos da mente são o pensamento, a inteligência (raciocínio), a imaginação e a memória. A capacidade criativa do Espírito procede, essencialmente, da harmonia e da sincronia das potências mencionadas.

Os potenciais correlatos que qualificam o produto da razão são os desejos, as emoções, os sentimentos e a intuição. Os desejos são entidades que tomam a forma que os tipifica. As emoções estão mais para instintos do que para sentimentos. Os sentimentos jornadeiam no encalço da intuição, isto é, são unidades oriundas do discernimento. A intuição sintetiza os valores morais e as virtudes excelsas; é a mediadora entre o Eu maior e o eu menor, ou seja, ela intermedeia os recursos do Espírito (da consciência) à mente (à razão), a serviço do eu menor.

Em Miramez, encontramos: "A mente é a matriz que dá forma aos sentimentos em um plano mais rarefeito. Depois, a razão aprovará ou não as ideias que deverão ser executadas, materializadas no mundo das formas concretas."[612] Em obediência ao Cristo Interno, o seu orientador supremo, a mente faz-se farol da personalidade transitória que transfere os substratos de suas experiências à consciência por meio daquela matriz divina, posto que "a mente é uma caneta divina, com substâncias superiores em um automatismo sem precedentes, regida pela alma, que escreve, sem cessar, no livro da consciência".[613] Essas substâncias superiores, o sempiterno bem, segundo Miramez, "depende de sucessivas fixações de todas as virtudes na consciência profunda".[614] Desse modo, enfatiza Emmanuel: "O Espírito, no labor incessante de suas múltiplas existências, vai ajudando as séries de suas conquistas, de suas possibilidades, de seus trabalhos; no seu cérebro espiritual organiza-se, então, essa Consciência profunda, em cujos domínios misteriosos se vão arquivando as recordações..."[615] É

---

[611] Xavier, F. C.; Emmanuel (Espírito). Sentimento e razão. In: *Coletâneas do Além*. cap. 56.
[612] Maia, J. N.; Miramez (Espírito). Valor da alegria. In. *Horizontes da Mente*. cap. 10.
[613] Maia, J. N.; Miramez (Espírito). Valor da alegria. In: *Horizontes da Mente*. cap. 10.
[614] Maia, J. N.; Miramez (Espírito). Pensamentos fixos. In: *Horizontes da Mente*. cap. 39.
[615] Xavier, F. C.; Emmanuel (Espírito). A subconsciência nos fenômenos psíquicos: A subconsciência. In: *Emmanuel. cap. 14, item 2*.

por este motivo que, a função primordial e inequívoca de cada alma e, consequentemente, de todos os seus veículos de expressão, "em cada etapa da sua vida imortal", é renascer para uma nova conquista, objetivando sempre o aperfeiçoamento supremo de seu complexo condomínio consciencial.

O referido autor, que antecedeu a preleção de Emmanuel, declara que "não existe alegria verdadeira sem paz na consciência".[616] Sendo a consciência a essência do ser imortal, acrescentamos: a paz de consciência só floresce à luz do dever fielmente cumprido.

Do exposto até aqui, cumpre-nos recordar que a alegria de viver, a gratidão pela vida, a confiança insofismável e a esperança em dias melhores são condições essenciais ao cumprimento do dever, posto que do dever nobremente executado advém a paz de consciência e desta a alegria perene:

> O valor da alegria, digna de ser chamada deste nome, é desconhecido ainda pelos homens. É o melhor medicamento para todas as enfermidades, é a melhor companheira dos sofredores, é uma grande solução para todos os problemas, pois **ela aciona recursos onde quer que seja, para tudo que nos possa ser útil, até mesmo em dimensões espirituais que não percebemos** (grifo nosso).
> Não podemos enflorar ninguém com os dignos ideais, se não harmonizarmos, primeiramente, nossos sentimentos e obras.[617]

Munidos das informações precedentes e cônscios de que a bioenergia é fonte de inexauríveis possibilidades em cada ser, bem como o oásis da alegria de viver e o arquipélago do entusiasmo pela vida, suscitados por ela podemos antever o que esse plasma divino pode proporcionar a quantos o atraírem, providos do conhecimento de causa, mediante o intransferível exercício dos valores morais correspondentes. Dessarte, não basta tão somente querer, acreditar que é perfeitamente factível a arquitetura, a edificação e o aprimoramento do enredo pretendido, posto que "a fé é a flama divina que aquece o espírito e dá-lhe forças para superar tudo: mágoas, desaires, revolta, traições e até mesmo a morte".[618] Tal foi o objetivo do introito preambular: a definição do que é a bioenergia e das imensuráveis possibilidades de concretização das metas inadiáveis. À vista disso, no périplo subsequente, conscientizar-nos-emos de que é imprescindível a aquisição do saber fidedigno, isto é, apropriarmo-nos do

---

[616] Maia, J. N.; Miramez (Espírito). Valor da alegria. In: *Horizontes da Mente*. cap. 10.
[617] Maia, J. N.; Miramez (Espírito). Valor da alegria. In: *Horizontes da Mente*. cap. 10.
[618] Franco, D. P.; Joanna de Ângelis (Espírito). Convite à fé. In: *Convites da Vida*. cap. 22.

conhecimento intrínseco e pormenorizado das forças e das leis alusivas à atitude e ao expediente proativamente estatuído. Isso equivale a se conscientizar eminentemente, tomar posse do substrato do discernimento e da convicção de que tudo, exatamente tudo o que almejamos para o bem, fatalmente nos sucederá, isto é, ser-nos-á insofismavelmente provável. Porém, acima de tudo, carecemos, inapelavelmente, de vivenciar em plenitude a experiência vigente e porvindoura, de forma lúcida, coerente e diuturnamente aprimorada, ou seja, tornarmo-nos, na ação que nos tipifica o caráter, a lídima mensagem do saber transcendente por nós apregoado. No entanto, para lograr êxito no cometimento em evidência, temos, no amor-essência, o instrumento infalível e, no amor-substância (a bioenergia), a matéria-prima indissociável. Tal será o bem-sucedido desfecho das etapas pósteras no enredo perquirido e o aformoseamento atinente no cadinho do irrefreável burilamento, de modo que, perante Deus, o Ser dos seres, a Alma do Universo, a Força Suprema do Cosmos, não há enigmas indecifráveis, tampouco problemas irresolúveis. Cientes e conscientes de que somos deuses também e tudo podemos naquele que nos fortalece, o que nos cabe, sem postergações injustificáveis e nem pretextos incabíveis, é cientificarmo-nos de que, se o nosso querer é lúcido e verdadeiro, se o nosso saber é nobre e previdente e se a nossa ação for consciente e útil ao contexto, segundo Léon Denis, podemos "vencer todos os obstáculos, dominar a matéria, a doença e a morte".[619] Isto é, para o referido autor, "a vontade é a faculdade soberana da alma, a força espiritual por excelência, o ser pode criar o que quiser por um uso metódico e perseverante da vontade, pois esta é a força suprema, é a própria alma exercendo seu império sobre as potências inferiores".[620] Por fim, o apóstolo do Espiritismo (na mesma obra e capítulo anteriormente citados), magistralmente, poetiza: "Não é consolador e belo poder dizer: Sou uma inteligência e uma vontade livres; a mim mesmo me fiz, inconscientemente, através das idades; edifiquei lentamente minha individualidade e liberdade, e agora conheço a grandeza e a força que há em mim?" Em síntese, o querer sincero, o saber profundo e o viver irrepreensível: tais serão as metas inadiáveis da ornamentação enaltecedora de nosso proceder e, consequentemente, o nosso essencial, intransmissível e insofismável empreendimento.

---

[619] Denis, L. As potências da alma: A vontade. In: *O Problema do Ser, do Destino e da Dor.* 3ª parte. cap. 20.
[620] Denis, L. A vontade e os fluidos. In: *Depois da Morte.* 4ª parte. cap. 32.

Para que serve?

Léon Denis, nossa fonte inspirativa e norteadora e de quantos estudam profundamente a sua obra e a sua magnificente escalada divinizante, assim sintetiza: "O primeiro problema que ocorre ao pensamento é o do próprio pensamento, ou, antes, o do ser pensante. Isto é, para todos nós, um assunto capital, que domina todos os outros, e cuja solução nos reconduz às próprias origens da vida e do universo."[621] Centenas de milhares de anos transcorreram desde os mais remotos impulsos que culminaram no mais eficiente e sofisticado instrumento (o pensamento), com o qual operamos a mente. A Natureza consumiu um tempo imensuravelmente maior na elaboração do espírito, o princípio inteligente do Universo (a matéria-prima do cosmos e da mente), desde o seu instante conceptual, do que o despendido na elaboração e na confecção do pensamento (como capacidade criativa), da inteligência (como lei diretiva para norteá-lo) e da razão (como parlamento estatutário), para melhor direcioná-lo.

Diante do exposto, infere-se que tudo se encadeia nos arquipélagos infindáveis dos multiversos, das origens do Psiquismo Divino, do qual promana a vida em perene dinamismo e profusão, à sua mais alta proeminência expressiva, isto é, dos primevos abismos conceptuais da mônada primitiva ao seu clímax ou fulgor e vigorosidade estrutural. Enfim, tudo vibra, solidariza-se e se confraterniza, entoando a melodia indizível do amor equânime, sob a regência da batuta magnificente da harmonia e do compasso contagiante do amor incondicional.

Em Joanna de Ângelis, testificamos a saga do psiquismo, na elaboração e na estruturação do pensamento. E em André Luiz, a nossa inegável destinação:

> A conquista de humanidade conseguida pelo psiquismo após os bilhões de anos de modificações e estruturações, transformações e adaptações, faculta, neste período da inteligência e da razão, a fantástica conquista do pensamento, essa força dinâmica do Universo que o sustenta e revigora incessantemente.
>
> Não foi sem sentido psicológico profundo que o astrofísico inglês Sir James Jeans declarou: O universo parece mais um pensamento do que uma máquina, coroando-se com a declaração do nobre (Arthur Stanley) Eddington informando que: A matéria-prima do universo é o espírito.[622]

---

[621] Denis, L. O Problema do Ser. In: *O Problema do Ser.* cap. 3.
[622] Franco, D. P.; Joanna de Ângelis (Espírito). O ser humano em crise existencial: O ser humano pleno. In: *Em busca da verdade.* cap. 6, item 3.

> Não somos criações milagrosas, destinadas ao adorno de um paraíso de papelão. **Somos filhos de Deus e herdeiros dos séculos, conquistando valores, de experiência em experiência, de milênio a milênio. Não há favoritismo no Templo Universal do Eterno, e todas as forças da Criação aperfeiçoam-se no Infinito.** A crisálida de consciência, que reside no cristal a rolar na corrente do rio, aí se acha em processo liberatório; as árvores que por vezes se aprumam centenas de anos, a suportar os golpes do Inverno e acalentadas pelas carícias da Primavera, estão conquistando a memória; a fêmea do tigre, lambendo os filhinhos recém-natos, aprende rudimentos do amor; o símio, guinchando, organiza a faculdade da palavra. **Em verdade, Deus criou o mundo, mas nós nos conservamos ainda longe da obra completa. Os seres que habitam o Universo ressumbrarão suor por muito tempo, a aprimorá-lo. Assim também a individualidade. Somos criação do Autor Divino, e devemos aperfeiçoar-nos integralmente. O Eterno Pai estabeleceu como lei universal que seja a perfeição obra de cooperativismo entre Ele e nós, os seus filhos** (grifos nossos).[623]

Rebuscando as origens do pensamento, valendo-nos da intuição inspirativa e acessando as ambiências etéricas do éter cósmico (os registros Akáshicos), percebemos que o pensamento deriva da razão, que provém da inteligência, a qual, por sua vez, origina-se dos instintos primevos da consciência.

Em *O Despertar da Consciência, do átomo ao anjo,* asseveramos que os instintos se originaram das forças vitais que procedem do espírito, a matéria-prima do cosmos e a força cáusica da mente. Ou seja, do Psiquismo Divino emergiu o espírito (o princípio inteligente do Universo), o qual se transubstanciou em matéria elementar que deu origem à energia universal. Esta se metamorfoseou em matéria mental, da qual deriva a bioenergia, força motriz dos infracorpúsculos, dos quais fulgura a vida subatômica em suas imensuráveis expressões.

Consoante Pietro Ubaldi, a força vital da bioenergia é absorvida pelos órgãos sensórios, nos quais ocorre continuamente a "elevação de vibrações ambientais em vibrações de ordem superior; pelo ouvido, o som torna-se música; pelos olhos, a luz torna-se beleza; pelos sentidos, o choque das forças ambientais torna-se instinto e consciência".[624] Da mônada primeva à superestrutura dos astros, a matéria-prima do cosmos jornadeia sem detença, sintetizando as vibrações essenciais que se transubstanciam em consciência, em cada experiência percorrida. Em suma, a energia originária do Psiquismo Divino, em seu périplo infindável, transmuta-se vezes sem conta, por meio do complexo mecanismo da vida e de suas formas e forças elementares, nas essências e nas substâncias das mais altas

---

[623] Xavier, F. C.; André Luiz (Espírito). Casa mental. In: *No Mundo Maior.* cap. 3.
[624] Ubaldi, P. A grande sinfonia da vida. In: *A Grande Síntese.* cap. 68.

personificações nervosas das sensações, nos substratos proeminentes das emoções, nas essências indizíveis dos oásis dos sentimentos, no néctar luminescente dos pensamentos, nos píncaros enigmáticos da inteligência e nas pérolas ingênitas nos insondáveis oceanos da consciência. Pietro Ubaldi acrescenta: *"Assim à florescência da vida, realizada por meio das radiações solares, ascende a florescência de consciência."* Por fim, conclui o insigne orientador: *"também na vida nada se cria e nada se destrói, mas tudo se transforma"*. Tal como antes afirmou Antoine-Laurent de Lavoisier (1743–1794), *"Na natureza nada se cria, nada se perde, tudo se transforma"*.

Segundo Miramez, os recursos inerentes à bioenergia e o seu poder restaurador são imensuráveis, isto é, a sua quantidade (a consciência) e a sua qualidade (a inteligência) determinam o seu poder de realização:

> A capacidade da luz de Deus na alma alcança o infinito e cresce de acordo com a boa vontade (definimos boa vontade, como: o querer sincero, o saber operante e a conduta irrepreensível). **Ela é capaz de curar a si mesma com os recursos mentais e as energias geradas pelos sentimentos puros.** Os centros de força aglutinam meios e consubstanciam modos de curas variadas, uma das quais é entregar à mente iniciada na senda do amor que, bem comandados pela consciência instintiva, enaltecem o tônus vital, rejuvenescendo a imensurável colmeia de células, instalando, assim, a harmonia divina no venerável Soma, que o Espírito tomou como casa temporária. **As ideias curativas são diversificadas entre si, porém, fundamentadas em um só princípio: o muito conhecido energismo puro denominado *prana*** (o princípio da vida, segundo a teosofia – a bioenergia, conforme a Doutrina dos Espíritos). Se queres saúde, procura afinizar-te com ele nas suas linhas de luz, traçadas pela lei dos afins. Estás de posse de um grande tesouro, a Razão, e dela parte o discernimento que te levará a alcançar a Paz (acréscimos e grifos nossos).[625]
>
> O sangue irriga todo o corpo, levando aos mínimos pontos do nosso corpo uma vida mais ativa e a seiva onde o oxigênio é um dos elementos mais necessários ao organismo. A alma, porém, de todos esses elementos, a energia de todas as energias, é o que podeis chamar de prana, muito conhecido entre os espiritualistas do mundo inteiro, que garante e sustenta o equilíbrio de todas as formas. O seu depósito maior se encontra em profusão no sol. **O *prana*, como agente de Deus, viaja em todas as direções usando como veículo os raios solares.** Esse manjar divino se aproxima mais frequentemente onde existe harmonia. Eis a chave para atraí-lo e é bom que saibais que harmonia se adquire pela prática das virtudes ensinadas pelo Evangelho de Jesus.
>
> **Se o sol é um depósito de *prana* em quantidade indescritível, o corpo humano igualmente deposita essa energia divina compatível com as suas necessidades.** E essa quantidade pode ser aumentada quando o espírito conhece e pratica certas leis que regulam sua benfeitora função.

---

[625] Maia, J. N.; Miramez (Espírito). Afirmações Curativas. In: *Saúde*. cap. 27.

> Essa força cósmica canta na mais perfeita harmonia em toda a criação como o hálito de Deus a perfumar o infinito e a despertar vida em todos os ângulos da casa do Senhor. Quem começa a familiarizar-se com esse fluido divino, começa a senti-lo e a absorvê-lo pelas antenas da alma e **ele restabelece qualquer disfunção em quaisquer dos corpos que o espírito toma para se expressar como filho da divindade** (grifos nossos).[626]

Por ser a causa e o efeito em seu multiverso, o Espírito sabe, conscientemente, o que fazer. Tem a noção exata de onde, quando e como realizar o que lhe compete. Investido do poder de curar-se pela movimentação dos recursos mentais de que dispõe e, mediante a qualificação da bioenergia por ele gerada à luz dos sentimentos puros, só lhe resta agir segundo as leis.

Consoante os esclarecimentos de Joanna de Ângelis:

> Quando o Espírito inicia o processo reencarnatório, o seu perispírito imprime nos genes e cromossomos os sentimentos, as sensações, as emoções que lhe tipificam o estágio, de modo que o cérebro, na sua condição de controlador do organismo, pode bem desempenhar as graves e complexas tarefas para as quais foi construído nos últimos quinhentos milhões de anos.[627]

Poderíamos nos questionar se nós permitimos que esse hardware divino execute a programação e a promoção prévia para as quais foi treinado por centenas de milhões de anos, ou tentamos operá-lo com um software perfectível (a inteligência) elaborado pela mãe Natureza nos últimos duzentos mil anos, o qual a maioria de nós ainda não sabe manusear, mesmo tendo um sofisticadíssimo sistema operacional (a razão) para melhor compreendê-lo, à nossa disposição há mais de quarenta mil anos. Ainda assim, provavelmente, cometeríamos erros primários incontestes por nos faltar a expertise condizente com a complexidade de tal maquinaria.

Com André Luiz, conscientizamo-nos de que, para construir, "são necessários amor e trabalho, estudo e competência, compreensão e serenidade, disciplina e devotamento".[628] Com Emmanuel, cientificamo-nos de que *a educação pautada no cultivo da inteligência e no aperfeiçoamento do campo íntimo, exaltando o conhecimento e a bondade, o saber e a virtude, só será possível mediante a adesão consciente* "da vontade que, em se consagrando ao bem por si própria, sem constrangimento de qualquer

---

[626] Maia, J. N.; Miramez (Espírito). Exercícios Moderados. In: *Saúde*. cap. 15.
[627] Franco, D. P.; Joanna de Ângelis (Espírito). Sentimentos e emoções. In: *O amor como solução*. cap. 14.
[628] Xavier, F. C.: André Luiz (Espírito). Construir. In: *Ideal Espírita*. cap. 61.

natureza, pode libertar e polir o coração, nele plasmando a face cristalina da alma, capaz de refletir a Vida Gloriosa e transformar, consequentemente, o cérebro em preciosa usina de energia superior, projetando reflexos de beleza e sublimação".[629] Cientes de que educar é despertar "o conhecimento" e a "bondade" inatos e enobrecedores, assim promovendo o educando por intermédio da medrança do "saber" transcendente e do acrisolamento da "virtude" imperecível, fazendo emergir do âmago do ser manifestado os imorredouros e miríficos "reflexos" potenciais de "beleza e de sublimação" que nele jazem e que em si reclamam improcrastinável labor dignificante e plenificador. Portanto, faz-se imprescindível invocar sabiamente o que fora nobre e longamente arquivado no transcurso dos milênios à luz de nossos irrepreensíveis exemplos de vida plena. À vista de inegável realidade, basta-nos tão somente, como educadores e mestres neste sacerdócio engrandecedor, proceder semelhante intento iluminativo e libertador de consciências ignotas de si mesmas e de seu perpétuo *devir*.

Objetivando maior clareza no entendimento do processo e de mais lucidez na operacionalidade desse hardware divino ao elaborar e exteriorizar a bioenergia, analisemos as considerações de alguns autores espirituais. Consoante Joanna de Ângelis, essa luz de Deus, *na sua expressão mais primária*, "manifesta-se como a força encarregada de unir as partículas".[630] André Luiz enfatiza: "Todo desejo, na essência, é uma entidade tomando a forma correspondente."[631] Antes, estabelecera: "Querendo, mentalizamos; mentalizando, agimos; agindo, atraímos; e atraindo, realizamos." Noutra obra, esclarece que "nossa alma, em cuja intimidade se processa a ideia irradiante, lança fora de si os **princípios espirituais** condensados na força ponderável e múltipla do pensamento" (grifo nosso).[632] O pensamento, segundo Emmanuel, "vige na base de todos os fenômenos de sintonia na esfera da alma". Mais adiante, prossegue: "O cérebro exterioriza **princípios inteligentes** ou energia mental (grifo nosso).[633] Por fim, sintetiza e salienta: "A energia mental é o fermento vivo que improvisa, altera, constringe, alarga, assimila, desassimila, integra, pulveriza ou recompõe a matéria em todas as dimensões."[634] Isto posto, com Joanna de Ângelis, identificamos a força substancial; em André Luiz, visualizamos a elaboração e a arquitetura da ideia e, com Emmanuel, a sua expressão por

---

[629] Xavier, F. C.; Emmanuel (Espírito). Educação. In: *Pensamento e Vida*. cap. 5.
[630] Franco, D. P.; Joanna de Ângelis (Espírito). O amor: Psicogênese do amor. In: *Conflitos Existenciais*. Cap. 19, item 1.
[631] Xavier, F. C.; André Luiz (Espírito). Desejos. In: *Sinal verde*. Cap. 24.
[632] Xavier, F. C.; André Luiz (Espírito). Assimilação de correntes mentais. In: *Nos Domínios da Mediunidade*. Cap. 5.
[633] Xavier, F. C.; Emmanuel (Espírito). Cartão de visita. In: *Seara dos Médiuns*. Cap. 2.
[634] Xavier, F. C.; Emmanuel (Espírito). Nos círculos da matéria. In: *Roteiro*. Cap. 5.

intermédio da computação cerebral. O ser humano arquiteta, aprimora e enriquece o seu modo de pensar, cujos efeitos corresponderão ao teor vibracional dos pensamentos elaborados.

Os desacertos e desconfortos que ora experimentamos provêm de escolhas equivocadas que fizemos e de ações inconsequentes perpetradas nas etapas precedentes. Joanna de Ângelis enfatiza que as doenças "resultam do **uso inadequado das energias**, da inconsciência do ser em relação à vida e à sua finalidade" (grifo nosso).[635] Cumpre-nos retirar o véu da letra e identificar o espírito que a vivifica. Para lograr êxito em tal propósito, convém estudarmos, pormenorizadamente, as forças e as leis que os regem, concernentes ao assunto que nos propusemos abordar. Merecerão a nossa irrestrita atenção e empenho a consciência mais exata dos benefícios advindos da bioenergia (vida que gera vida), a finalidade precípua desse plasma divino, o seu *modus operandi* e a postura adequada ante os desafios a que a Munificência Cósmica nos conclama.

Ampliando o seu pensamento, o venerando Espírito prossegue: "Na raiz de qualquer tipo de sofrimento sempre será encontrado como seu autor o próprio Espírito, que se conduziu erroneamente, trocando o mecanismo do amor pela dor, no processo da sua evolução."[636] A causa da quase totalidade dos sofrimentos humanos advém da ignorância e do não cumprimento dos deveres ante o que a consciência já discerne (vide as questões 120, 642 e 975LE). Não é por não compreendermos as leis que ficaremos à sua margem, ou seja, alegar ignorância das leis que regem o contexto não nos isenta das obrigações e dos compromissos para com elas, para com os seres que nos integram, como para com outros dos quais somos partes integrantes.

Alhures mencionamos com André Luiz que, um dia, o homem ensinaria ao próprio homem que a erradicação das causas de todas as suas perturbações enfermiças, isto é, a cura da raiz de todos os males que o constrangem, reside nele próprio. Os tempos são chegados, caso contrário Léon Denis não nos teria advertido que *"o uso persistente, tenaz, da vontade permitir-nos-ia modificar a nossa natureza fisiopsíquica, moral e espiritual, vencer todos os obstáculos que nos obstaculizam a marcha ascendente ou nos impedem de avançar sem detença, dominar a matéria em suas inumeráveis expressões, curar-nos da doença que nos atrela ao sofrimento empedernido, desvencilhando-nos dos morbos deletérios que nos tipificam o caráter doentio, e, por fim, vencer a morte das possibili-*

---

[635] Franco, D. P.; Joanna de Ângelis (Espírito). O ser real: Complexidades da energia. In: *Autodescobrimento: Uma busca interior.* cap. 1, item 1.
[636] Franco, D. P.; Joanna de Ângelis (Espírito). Origens do sofrimento. In: *Plenitude.* cap. 3.

dades do renascimento do novo ser".⁶³⁷ É tarefa quase impossível amar o que não se respeita e se torna impraticável respeitar o que não se conhece. Assim sendo, em cada tópico do presente estudo, nos servimos uso de um método que nos possibilite compreender em plenitude o nosso objeto de análise: o que é, para que serve e como usar. Para esse fim, estabelecidas as premissas, catalogaremos informações, concatenando as ideias acerca do objeto em foco (o conhecimento). Subsequentemente, a síntese informativa do fenômeno investigado (o discernimento) será experimentada, testada e, por fim, transformada em hábitos, ou seja, os substratos do que foi comprovado (a vivência) deverão ser empregados de forma consciente, responsável e resoluta. Todo aquele que se mantiver assessorado por uma vontade consciente, disciplinada e perseverante, fatalmente, alcançará o que almeja. Para esse fim, observa-se e constata-se explicitamente, que:

> Em todos os domínios do Universo vibra, pois, a influência recíproca.
> Tudo se desloca e renova sob os princípios de interdependência e repercussão.
> **O reflexo esboça a emotividade.**
> **A emotividade plasma a ideia.**
> **A ideia determina a atitude e a palavra que comandam as ações.**
> Em semelhantes manifestações alongam-se os fios geradores das causas de que nascem as circunstâncias, válvulas obliterativas ou alavancas libertadoras da existência.
> Ninguém pode ultrapassar de improviso os recursos da própria mente, muito além do círculo de trabalho em que estagia; contudo, assinalamos, todos nós, os reflexos uns dos outros, dentro da nossa relativa capacidade de assimilação.
> **Ninguém permanece fora do movimento de permuta incessante.**
> Respiramos no mundo das imagens que projetamos e recebemos. Por elas, estacionamos sob a fascinação dos elementos que provisoriamente nos escravizam e, através delas, incorporamos o influxo renovador dos poderes que nos induzem à purificação e ao progresso.
> **O reflexo mental mora no alicerce da vida.**
> Refletem-se as criaturas, reciprocamente, na Criação que reflete os objetivos do Criador (grifos nossos).⁶³⁸

Consoante as afirmações proféticas de Emmanuel, a energia mental "inelutavelmente ligada à consciência que a produz, obedece à vontade". Segundo o autor, *é na vida íntima que palpita a condução de todo o recurso psíquico,* ou seja, *no pensamento compreende-se a primeira estação de abordagem magnética.* Por fim, conclui: "Observa, pois, os pró-

---

⁶³⁷ Denis, L. As potências da alma: A vontade. In: *O Problema do Ser, Do Destino e da Dor.* 3ª parte. cap. 20.
⁶³⁸ Xavier, F. C.; Emmanuel (Espírito). Espelho da Vida. In: *Pensamento e Vida.* cap. 1.

prios impulsos. Desejando, sentes. Sentindo, pensas. Pensando, realizas. Realizando, atrais. Atraindo, refletes. E, refletindo, estendes a própria influência, acrescida dos fatores de indução do grupo com que te afinas."[639] À vista de semelhante princípio, tanto a indução quanto a inspiração são processos ou instrumentos de interação e permutas equivalentes. Comumente a qualificação das frequências vibracionais sugeridas, originalmente dependente do que se pretende, fica na conta de quem induziu ou inspirou, no entanto, a recepção e a execução da pauta em curso é totalmente livre por parte de quem capta tal emissão e a responsabilidade total ocorre por conta de quem as executa nas ações subsequentes. Por esse motivo, no processo da inspiração indutiva podemos perceber também a possibilidade das provas evolutivas: considerando que alguém sendo bom pode ser induzido a fazer coisas ruins ou a pessoa sendo má pode ser inspirada a fazer coisas boas. Segundo o autor, o desejo é a alavanca com o auxílio da qual se movem os sentimentos ante a pauta de sua inadiável ressignificação profícua. Por conseguinte, com o sentimento nobremente purificado, cria-se a realidade previamente estatuída. Subsequentemente, com o substrato do potencial em voga, edifica-se a obra majestosa que se alvitrou. No enredo arquitetado, o sentimento se encarrega de carrear e de alimentar a contento o que o aprendiz (o discípulo) se dispôs a cultivar. Por fim, por intermédio de uma emersão virtuosa do mestre em seu favor, brota o néctar proeminente que iluminará, do centro (do âmago) à periferia (à semelhança de uma empolgante enxertia), o intento criado com lucidez, edificado com nobreza e cuidadosamente alimentado, transformando, gradativamente, esta junção ou fusão de forças-síntese. Assim, toda substância sensorial elencada e fecundada pelo sol interior se transformará em fulgurante essência estrutural das imorredouras verdades do Reino de Deus em si.

A advertência incute-nos relevante ensejo, pois conforme relata o nobre instrutor, *o pensamento é nosso cartão de visita*: "Com ele, representamos ao pé dos outros, conforme os nossos próprios desejos, a harmonia ou a perturbação, a saúde ou a doença, a intolerância ou o entendimento, a luz dos construtores do bem ou a sombra dos carregadores do mal."[640] Não há quem pense sem interagir, nem quem interaja sem permutar vibrações ou energias afins, pois quem pensa cria e se associa às próprias criações, tornando-se refém delas, quando perturbadoras ou, por outro lado, mediante as luzes das ideações nobremente arquitetadas, ilumina-se, libertando-se das injunções grosseiras às quais se via agrilhoado.

---

[639] Xavier, F. C.; Emmanuel (Espírito). Cartão de visita. In: *Seara dos Médiuns*. cap. 2.
[640] Xavier, F. C.; Emmanuel (Espírito). Cartão de visita. In: *Seara dos Médiuns*. cap. 2.

Miramez nos incita a entesourar conhecimento para discernirmos com lucidez e, assim, bem exercitarmos as nossas faculdades inatas ante o patrimônio adquirido:

> Precisamos meditar em Deus e podemos fazê-lo pelos fios dos pensamentos, **tendo o coração como Ímã divino para registrar as leis da vida, entregando-as à consciência.**
> Se viemos da Luz, não podemos ser outra coisa, e se somos Luz, o nosso dever é fazê-la irradiar-se, pois ela nos garante a vida e nos mostra Deus em todos os departamentos criados por Ele, Força Soberana de vida. Devemos conhecer, acreditar e testar, todos os dias, os nossos poderes, porque é (por intermédio) deles que Deus nos atende nas nossas necessidades, e para desenvolvê-los, basta-nos a fé que gera confiança, o trabalho no bem que gera serenidade e o desprendimento que gera amor. **Envolvidos neste clima de sublimação, passamos a encontrar todos os tipos de fluidos puros que nos atendem pelo poder da vontade.** Necessário se faz que saibamos usá-las, sem os desperdícios que a ignorância inspira. Precisamos conhecer a verdade, para que ela nos liberte (acréscimo e grifos nossos).[641]

Quando o aprendiz se predispuser a empreender a escalada que o impelirá ao autoencontro, de imediato a força imanente do e no Espírito propiciará ao Cristo interior tornar-se visível nos painéis da consciência ativa. Ao apresentar-se munido de fé ou desejoso de concebê-la, o Divino Benfeitor corresponder-lhe-á ao impulso, fecundando-o com a virtude que transforma a intenção em autoconfiança (visão clara e precisa dos potenciais latentes ao seu dispor). Se o aluno se propuser a semear e a cultivar as sementes da benevolência a ele ofertadas, laborando com e por amor à essência Crística de sua individualidade, a colheita ser-lhe-á de perene mansuetude (serenidade). Enfim, se a elaboração do que se pretende for levada a efeito com desprendimento irrestrito, o saldo consciencial será o inefável e incorruptível amor incondicional.

Joanna de Ângelis nos cientifica de que "ninguém alcança gratuitamente o progresso nem o sucesso, especialmente quando a sua atitude perante a vida faz-se assinalada pela morbidez da preguiça mental, disfarçada de impossibilidade".[642] A autora acentua que tudo é perfeitamente factível de ocorrer no domínio mental, entretanto, quando frisamos "eu não consigo", equivale a dizer "eu não quero", posto que tudo é possível de se realizar quando priorizamos o eterno princípio: o bem de todos.

Com inegável lucidez, a benfeitora prossegue e Léon Denis, consecutivamente, corrobora o seu pensamento:

---

[641] Maia, J. N.; Miramez (Espírito). De onde vens. In: *Força Soberana.* cap. 4.
[642] Franco, D. P.; Joanna de Ângelis (Espírito). Autodesamor: Autocondenação. In: *Encontro com a Paz e a Saúde.* cap. 3, item 1.

Por meio da reflexão, descobre-se o indivíduo conforme o é e quanto poderá fazer-se em benefício próprio, a fim de alcançar níveis mais grandiosos e compensadores, que lhe estão destinados pela própria vida.

Crê-se, indevidamente, que somente **os indivíduos superiormente qualificados** podem experimentar essa alegria, essa vivacidade, o triunfo sobre os conflitos. Ledo engano, porquanto **esses bens estão ao alcance de todos** quantos realizem atos de enobrecimento e esforcem-se por lográ-los (grifos nossos).

Cada ato bem conduzido oferece a compensação do resultado exitoso.[643]

Não há alma que não possa renascer, fazendo brotar novas florescências. Basta-vos querer para sentirdes o despertar em vós de forças desconhecidas. **Crede em vós, em vosso rejuvenescimento em novas vidas; crede em vossos destinos imortais. Crede em Deus, Sol dos sóis, foco imenso, do qual brilha em vós uma centelha, que se pode converter em chama ardente e generosa!**

Sabei que todo homem pode ser bom e feliz; para vir a sê-lo basta que o queira com energia e constância. A concepção mental do ser, elaborada na obscuridade das existências dolorosas, preparada pela vagarosa evolução das idades, expandir-se-á à luz das vidas superiores e todos conquistarão a magnífica individualidade que lhes está reservada.

Dirigi incessantemente vosso pensamento para esta verdade: podeis vir a ser o que quiserdes. E sabei querer ser cada vez maiores e melhores. Tal é a noção do progresso eterno e o meio de realizá-lo; tal é o segredo da força mental, da qual emanam todas as forças magnéticas e físicas. Quando tiverdes conquistado esse domínio sobre vós mesmos, não mais tereis que temer os retardamentos nem as quedas, nem as doenças, nem a morte; tereis feito de vosso "eu" inferior e frágil uma alta e poderosa individualidade (grifos nossos)![644]

A imparcialidade da Lei e da Divindade que a criou nos conforta e nos esclarece de maneira inequívoca, ao constatarmos que as oportunidades são iguais para todos, tanto quanto a inerência dos potenciais inatos e dos recursos latentes em todas as expressões da Força Suprema.

Convictos de nossa herança divina e das possibilidades de ação criadora que nos caracterizam, percebemo-nos deuses também. Se as oportunidades de superação das etapas imprescindíveis para avançar para a frente e para o alto são semelhantes para todos, compete-nos realizar com eficiência o que está ao nosso alcance. Para isso, cumpre-nos, em primeiro lugar, exercitar os potenciais inatos e esgotar os recursos latentes, isto é, fazer emergir de nossas jazidas as essências e as substâncias compatíveis com a ação que se pretende. Caso não logremos suprir a nossa carência, devemos, à semelhança do esforço anteriormente envidado, imergir no oceano cósmico em que todos nos encontramos e, de

---

[643] Franco, D. P.; Joanna de Ângelis (Espírito). Vazio existencial: Terapia libertadora. In: *Conflitos Existenciais*. cap. 15, item 3.
[644] Denis, L. As potências da alma: A vontade. In: *O Problema do Ser, do Destino e da Dor*. 3ª parte. cap. 20.

lá, extrair o de que carecemos, objetivando atender às determinações da nossa consciência em nosso favor.

Há mais de um século, o Apóstolo do Espiritismo mencionou:

> Graças a uma combinação íntima dos bons fluidos, sorvidos no reservatório ilimitado da Natureza, consegue-se, com a assistência dos Espíritos invisíveis, restabelecer a saúde comprometida, restituir a esperança e a energia dos desesperados.
>
> [...] o Espírito humano, reconhecendo sua força, agrupe as vontades esparsas em um feixe comum a fim de convergi-las para o Bem, para o Belo, para o Verdadeiro, nesse dia a Humanidade avançará ousadamente para as culminâncias eternas, e a face do mundo será renovada![645]

Como bem definiu o mestre de Lyon (*Revista Espírita* de dezembro de 1862), o conhecimento de causa e o contínuo exercício dos valores imorredouros são indispensáveis ao êxito da tarefa idealizada. Saber quais são esses valores, para que servem e aplicá-los na ação que ilumina, transforma e liberta a consciência em desalinho, garantindo-nos a constante assistência dos bons Espíritos.

Tudo se nos torna exequível sob as luzes transcendentais da filosofia sem barreiras, inerente à busca e às possibilidades de entendimento da proposta libertadora, quando estamos apoiados nos pilares esclarecedores da ciência sem limites (farol da sabedoria perene), bem como fundamentados nas diretrizes da moral Crística (o Evangelho libertador das consciências aprisionadas pela ausência do saber), conscientes de que o conhecimento amplia as possibilidades de êxito no tentame e o discernimento acelera o processo de concretização das metas e dos fins almejados. Consequentemente, a vivência consciente e a experimentação prática libertam o indivíduo da dependência constritora. Portanto, o querer sincero e o estudo profundo, o saber consciente, a experimentação diuturna e o viver retamente à luz do amor sem limites são condições *sine qua non* à iluminação e à libertação da consciência em conflito.

Tanto na autoassistência quanto no auxílio ao próximo, é lícito, lógico e justo pensar em nos libertarmos da dependência que nos aprisiona na ociosidade mórbida, assim como libertar o outro da superficial assistência que causa dependência de vário porte e de variada monta. André Luiz enfatiza: "Apenas o doente convertido voluntariamente em médico de si mesmo atinge a cura positiva."[646] Joanna de Ângelis nos adverte quanto à "dependência afetiva, emocional, cultural, financeira, social, espiritual etc.", ao comportamento parasitário, aclimatado pela in-

---

[645] Denis, L. A vontade e os fluidos. In: *Depois da Morte*. 4ª parte. cap. 32.
[646] Xavier, F. C.; André Luiz (Espírito). Obsessão. In: *Missionários da Luz*. cap. 18.

diferença, o qual nos debilita "os centros processadores de qualificação para a vida".[647] Os centros da consciência, nos quais são geradas a bioenergia (essência que gera, nutre e mantém a vida), bem como as virtudes que a direcionam, são dinamizados e dirigidos pelo trabalho digno e pela conduta irrepreensível. A autossuficiência é uma condição inalienável à paz de consciência e à vida em plenitude. Em realidade, o que recebemos do entorno são os estímulos fomentadores, concernentes às mudanças inadiáveis. Por outro lado, o que legamos aos semelhantes não são receitas prontas, mas sim forças propulsoras, nascidas dos exemplos enobrecedores. A singularidade de cada ser não lhe permite chegar a determinados níveis de lucidez por caminhos idênticos aos perlustrados pelo seu semelhante devido à sua idade sideral. Por isso somos únicos e singulares. Cumpre-nos tão somente envidar os esforços necessários para alcançar os fins a que aspiramos, estimulados pelo exemplo alheio.

A esse respeito, Miramez e André Luiz elucidam, respectivamente:

> Todo o saber do homem é expressão mui pálida da ciência divina. Estuda, analisa, compara, e verá outros ângulos a carrear luzes para tuas pesquisas. Viajar à Lua e a outros planetas trará muitas alegrias aos homens, mas viajar nas regiões desconhecidas do coração e conquistá-la para Cristo representará mais alegria nos céus. Paralelamente, há duas espécies de cura: uma, transitória, a cargo da ciência da Terra, e a outra, divina, incentivada no mundo espiritual e **executada pelo próprio enfermo, tendo em mãos somente uma receita: o Evangelho do Nosso Senhor Jesus Cristo.** Os remédios, encontrá-los-ás na flora mental e no laboratório do coração.
>
> [...] a dor é gerada pelo erro. Consciente disso, errando, encontrarás coisas piores. O cavalo selvagem só se amansa, quando o peão trepa em seu lombo, com chicote e esporas, aplicando-lhe taladas e riscos, de onde surgem a dor e o sangue, na velha simbologia da mansidão. O homem representa no mundo um animal com necessidades bastante extravagantes, cuja educação só se faz pela dor, que cessa quando não é mais necessária.
>
> Os discípulos curavam os que já estavam com o carma limpo pela dor e pelo tempo, e os fenômenos funcionavam como provas da glória de Deus. Para que nos tornemos instrumentos das curas divinas, é necessário que **a boca só fale o bem, que as mãos só façam a caridade, que o coração só irradie o amor de Deus, e que os pés só andem com Cristo** (grifo nosso).[648]
>
> Na assistência magnética, os recursos espirituais se entrosam entre a emissão e a recepção, ajudando a criatura necessitada para que ela ajude a si mesma. A mente reanimada reergue as vidas microscópicas que a servem, no templo do corpo, edificando valiosas reconstruções.[649]

---
[647] Franco, D. P.; Joanna de Ângelis (Espírito). Pertencer-se. In: *Jesus e Vida*. cap. 13.
[648] Maia, J. N.; Miramez (Espírito). Para curar os enfermos. In: *Alguns Ângulos dos Ensinos do Mestre*. cap. 21.
[649] Xavier, F. C.; André Luiz (Espírito). Serviço de passes. In: *Nos Domínios da Mediunidade*. cap. 17.

Socorrer o invigilante para que ele ajude a si mesmo é a proposta essencial do ensino dos Espíritos. Aprisionar o assistido na ignorância é uma descaridade para com ele. Iluminá-lo com o saber, a fim de que se liberte mediante uma vivência digna, é o que propomos. Portanto, "se já descobrimos que dentro de nós existe tudo que desejamos procurar fora, o trabalho não pode ser outro, a não ser em nós mesmos".[650] Dentro de nós, segundo Ramatis, "está o holocausto, a oblação, o ritual e a magia. Propiciai-vos a vós mesmos o gesto sadio de permitir o crescimento de vossas sagradas potencialidades latentes".[651] "Sois deuses", disse-nos Jesus. Aprender a abrir, a folhear, a ler o livro oculto em nós, "o livro das metamorfoses do ser", que nos dirá o que temos sido e o que seremos, é o que nos ensinará "o maior dos mistérios, a criação do "eu" pelo esforço constante".[652] Este é o apelo que Léon Denis insculpe no tribunal de nossa consciência. Todo aquele cujo objetivo é renovar-se interiormente deve proceder à autoanálise condizente com a proposta preestabelecida, sondando sua consciência, a fim de transformar as más tendências que o entravam em forças benévolas que o impulsionam, assim como faz um experiente jardineiro que, ao invés de arrancar as más ervas de seu jardim, vitaliza as suas flores para que estas as transformem em adubo, ou seja, em partes integrantes da vida que as sustenta.

André Luiz anunciara: "Podemos ajudar, socorrer, contribuir, esclarecer; não é, porém, possível improvisar recursos, cuja organização é trabalho exclusivo dos interessados."[653] A cada obra, a cada enunciado, o cientista do além nos orienta e nos estimula a que sejamos os médicos de nós mesmos. A medicina espiritual não improvisa recursos, cuja responsabilidade cabe aos interessados, conquanto amenize, muitas vezes, os efeitos dolorosos de nossos desatinos, em nossos veículos de expressão. Entretanto, a transformação das paisagens íntimas que nos perturbam e a consequente erradicação das suas causas fica a cargo da vontade, da lucidez e do esforço perseverante de quem as criou.

A esse respeito, a intuição de Emmanuel estabelece que a mente ou o cérebro espiritual – que, segundo Joanna de Ângelis, é uma emanação do Espírito – edifica, lenta e minuciosamente, cada nuance do oásis sempiterno da Supraconsciência. Não por acaso, com semelhante sensibilidade intuitiva, Miramez e Shaolin acrescentam, com inegável lucidez:

---

[650] Maia, J. N.; Miramez (Espírito). Saber querer. In: *O Cristo em Nós*. cap. 30.
[651] Marques, América Paoliello.; Ramatís (Espírito). Quem são as ovelhas? In: *Jesus e a Jerusalém Renovada*. cap. 3.
[652] Denis, L. As potências da alma: O pensamento. In: *O Problema do Ser, do Destino e da Dor*. 3ª parte, cap. 23.
[653] Xavier, F. C.; André Luiz (Espírito). Obsessão. In. *Missionários da Luz*. cap. 18.

A mente é uma fornalha dinâmica, sustentada pelo potencial estuante do éter cósmico, que se ambienta no mundo como éter físico. **A força nervosa, sem a qual não haveria vida humana, é formada por combinações de vários gamas energéticos, consubstanciados nos centros de força e ramificados para os canais competentes, combustível divino que a alma usa na sua grande viagem pelo mundo.** As células nervosas são aparelhos de alta precisão, conduzindo, para todos os arraiais do corpo, estímulos em forma de ordens que devem ser executadas. São como ambulâncias, rodando todo o complexo humano com hábeis mestres e recursos de alta qualidade.

Todo pedido vai para a central da mente. Interpreta-se o código e a assistência é imediata. **Quando o Espírito não encontra recursos em si mesmo, por falta de evolução, a razão dá o alarme, buscando, no exterior, providências cabíveis à necessidade urgente.**

A alma que consegue circular a energia física e espiritual em todo seu corpo, sem nenhum desvio de força, alcançou algo de feliz, de saúde, de paz interior, de que milhares de criaturas são privadas, por lhes faltar a presença da sabedoria e do amor.

Em futuro próximo, ninguém procurará alguém para se curar de certos desajustes físicos ou males psíquicos, pois cada um vai ser médico de si mesmo. Todos os recursos exteriores se encontram com mais eficiência no interior de cada ser, dependendo da inteligência trabalhar lado a lado com o coração.

Quanto mais amor, mais força se agrega em torno de nós; quanto mais fé, mais energia se vincula ao nosso ser; quanto mais caridade sem exigências, mais vitalidade se tem no coração, para que a vida se torne feliz, e a inteligência comece a brilhar, dando à consciência a verdadeira paz. E tudo isso de bom, que porventura conquistarmos, poderemos distribuir sem medo de se esgotar. É só nos lembrarmos da conversa que o Cristo teve com a samaritana, no poço de Jacó: quanto mais damos, mais temos para dar (grifos nossos).[654]

Jesus, sereno, prossegue:

- **Na verdadeira acepção da palavra, ninguém Cura ninguém.** Nós podemos servir de alerta para que os enfermos se curem a si mesmos. No entanto, essa realidade só poderá ficar em evidência para um futuro muito distante. Por enquanto, é bom que a ilusão se manifeste, para que os enfermos, pela força da própria dor, conheçam a si mesmos e façam uso do que têm em seus corações, depositado por Deus, que é o Pai de todos, gerador do amor universal. **Quem espera a Cura fora de hora, ainda desconhece os remédios existentes por dentro que, por vezes, deixam parecer habilidades exteriores, que podem ser chamadas de alívio.** A verdadeira Cura, o restabelecimento completo da alma e do corpo, vem da fonte inesgotável do espírito, que não foi feito enfermo, mas com perfeita saúde. Se queres ser, e a bem dizer vais ser, um terapeuta volante em nome da caridade, ao curares os corpos, não te esqueças das almas, de propiciar a elas meios de autoconhecimento, por ser esse meio um caminho ou uma semente de luz que cresce na temperatura do amor, concedido pelo coração. **Mas antes, meu filho, de pretender curar os outros, deves principiar a Cura de ti mesmo,** com esforço próprio, na feição de disciplina e educação de costumes antigos, que o progresso não aceita mais (grifos nossos).[655]

---

[654] Maia, J. N.; Miramez (Espírito). Energismo estuante. In: *Horizontes da Mente*. cap. 19.
[655] Maia, J. N.; Shaolin (Espírito). Cura. In: *Ave Luz*. cap. 25.

Joanna de Ângelis amplia as possibilidades de entendimento acerca do elixir da vida e da assistência espiritual, por cujo intermédio dispensa-se, aos que carecem das forças libertadoras do conhecimento e das reformas inadiáveis no terreno do Espírito, *a terapêutica espírita da bioenergia que consegue efeitos salutares, por alcançar os delicados campos de energia no Espírito reencarnado, renovando-lhe o raciocínio e orientando-o.*[656] Nessa dimensão vibracional, estão as forças virtuosas emanantes da consciência dos servidores do Cristo, a benefício do seu símile. Penetrar nas camadas mais íntimas do Espírito encarnado é possível, mas, para isso, necessitamos dos valores correspondentes. O conhecimento de causa é apenas o primeiro quesito neste cometimento; os valores morais são as alavancas essenciais à concretização da meta almejada. A transferência do conhecimento, sem dúvida, pode iluminar e despertar o interesse, estimulando o ânimo do assistido, porém, somente a transfusão de alma de quem se propõe a socorrê-lo, isto é, a emanação de seus valores imorredouros, à luz do amor incondicional, pode alcançar as matrizes dos desajustes daquele que necessita de auxílio e propiciar a eclosão das forças libertadoras nelas latentes ou ínsitas na sua consciência.

Noutra dimensão ou estado vibracional do Espírito, a bioenergia, mediante as orientações de Joanna de Ângelis, "constitui valioso recurso terapêutico, por agir nos tecidos sutis do perispírito do enfermo, auxiliando na reconstrução das suas engrenagens específicas, alterando o campo vibratório, que redundará em modificação expressiva na área neuronal".[657] A mente é uma emanação do Espírito, por cujo intermédio este atua em seu veículo de expressão, a espaçonave perispiritual. O perispírito é uma exteriorização da mente, enquanto o corpo físico é a materialização daquele. É por este motivo que, ao interferir nas tecelagens perispirituais, os conteúdos dos benfeitores se refletirão nos arquipélagos neuronais dos beneficiados. Embora estejamos falando de uma entidade menos sutil – o perispírito – do que a alma encarnada, ele carece de tratamento semelhante ao dispensado a ela, por ser uma emanação da mente, o principal veículo de expressão da alma encarnada.

O perispírito é um oceano de energia, no qual o corpo físico se encontra imerso. Ao mesmo tempo, é o modelo organizador por meio do qual se estrutura o corpo biológico. Portanto, tudo o que ocorre neste reflete de imediato naquele e vice-versa. Neste sentido, segundo a sen-

---

[656] Franco, D. P.; Joanna de Ângelis (Espírito). Crueldade: Terapia para a crueldade. In: *Conflitos Existenciais.* cap. 9, item 3.
[657] Franco, D. P.; Joanna de Ângelis (Espírito). Doenças da alma: Mau humor. In: *Amor, Imbatível, Amor.* cap. 10.

sibilidade transcendente de Joanna de Ângelis, a bioenergia renova "as vibrações que penetram no organismo debilitado ou desorganizado, restabelece, a pouco e pouco, o equilíbrio das células e dos seus respectivos departamentos, produzindo harmonia generalizada, portanto, contribuindo em favor da saúde geral".[658] *As vibrações que penetram no organismo debilitado ou desorganizado* são as forças imanentes do perispírito, da mente, da alma encarnada e de sua consciência diretora, o Espírito, do qual, em sentido profundo, todos se originam. Por se tratar de um campo mais denso, por intermédio do qual o Espírito atua e concretiza os seus anseios, deve ser amparado de igual modo, pois todos os elementos que o constituem são filhos diletos de sua essência consciencial.

Além de atuar e regular a vida intrapessoal dos indivíduos, das criaturas de Deus, conforme as diretrizes mencionadas por Joanna de Ângelis, essa bioenergia "é responsável pela atração interpessoal, qual ocorre no campo molecular, celular, gravitacional, universal".[659] Força imanente no Ser Supremo, a essência do Seu Amor manifestado, o Pão da vida, substância advinda do Evangelho, a bioenergia é o elemento sem o qual não haveria vida em parte alguma. Gerar, nutrir, manter e regular a vida é a sua função primordial.

André Luiz nos adverte: "Doença do corpo pode criar doença da alma e doença da alma pode acarretar doença do corpo."[660] E Calderaro, por sua vez, enfatiza eminentemente que "quase todas as moléstias rotineiras são doenças da ideia, centralizadas em coagulações de impulsos mentais, e somente ideias renovadoras representam remédio decisivo".[661] Corroborando a pauta reflexiva, Áulus conclui magistralmente:

> A criatura é identificada pelas irradiações que projeta.
> Sorvemos ideias, assimilamos ideias, exteriorizamos ideias todos os dias.
> **O sentimento elevado gera o pensamento elevado e o pensamento elevado garante a elevação da existência.**
> Em verdade, **o pensamento é a causa da ação, mas o sentimento é o molde vibrátil em que o pensamento e a causa se formam.**
> **Sentindo moldamos a ideia.**
> **Pensando criamos o destino.**
> Atendamos à higiene mental, entretanto não nos esqueçamos de que a casa, por mais brilhante e por mais limpa, não viverá feliz sem alimento. E a bondade é o pão das almas (grifos nossos).[662]

---

[658] Franco, D. P.; Joanna de Ângelis (Espírito). Fenômenos de cura. In: *O amor como solução*. cap. 20.
[659] Franco, D. P.; Joanna de Ângelis (Espírito). Processo de autocura. In: *Plenitude*. cap. 9.
[660] Xavier, F. C.; Vieira, Waldo.; André Luiz (Espírito). Saúde e doença. In: *O Espírito da Verdade*. cap. 32.
[661] Xavier, F. C.; Calderado (Espírito). Além do sono. In: *Instruções psicofônicas*. cap. 49.
[662] Xavier, F. C.; Áulus (Espírito). Sentimento. In: *Instruções psicofônicas*. cap. 41.

O aprendiz compenetrado em suas buscas e perquirições intransferíveis, aparentemente insondáveis, via de regra se vale das ambiências mentais, das antecâmaras racionais e dos seus potenciais intrínsecos para pensar, raciocinar e aprender as noções básicas do objeto investigado. Entretanto, quando empreende o mesmo tentame, servindo-se das potências e das sensibilidades indissociáveis dos sentimentos e do coração pacificados, discerne e compreende profundamente o suprassumo da essência interior do fenômeno observado, posto que "o amor é luz permanente no cérebro e paz contínua no coração".[663] Em síntese, com a mente, o buscador raciocina e aprende e, com o coração, o discípulo dedicado discerne e compreende, ou seja, com o intelecto, o peregrino da eternidade analisa as nuances da forma exterior e, com o coração, o ser de consciência desperta apreende e integra a essência interior.

Destarte, da mesma maneira que o cérebro físico, em íntima inter-relação com os demais segmentos do sistema nervoso – central e periférico –, a mente delibera, reordena e promove a complexidade da maquinaria biológica. Esta, ao evolucionar, oportuniza que a totalidade dos seus elementos se transmutem em partes constitutivas da magnificente psiconáutica da espaçonave perispiritual, ao impulso progressivo das inteligências correlacionadas – intelectiva, emotiva e espiritual. Subsequentemente, o cérebro espiritual, isto é, o cosmo mental, sob a regência da soberana vontade, coadjuvada pelos corpos mental e emocional abstratos, intuitivo ou búdico, sublimará cada micro experiência adquirida, edificando cada nuance intuitiva e qualitativa da magnitude imperecível da Supraconsciência e de seu nirvânico corpo de expressão, celestial ou átmico, construindo o longamente almejado alicerce imprescindível e indelével da impoluta angelitude.

Portanto, é função essencial da alma atuante, indissociavelmente jungida ao consciente com a sua estupenda instrumentalidade ativa, equipar-se e capacitar-se para permear todas as instâncias do subconsciente e do inconsciente, e, dependendo da sua intenção e da sua capacitação, edificar sua liberdade paulatinamente, isto é, ela adquire o livre trânsito para permear estes e outros estados dimensionais, de conformidade com as suas aptidões e as suas responsabilidades correspondentes.

Assim, é dever do consciente, permeado pelas diretivas do Superconsciente, fazer as atualizações e os aformoseamentos na encarnação atual. A alma poderá amparar, acolher, promover, sublimar, iluminar e integrar os menos cultos ou até mesmo postergar um tanto mais o que

---

[663] Franco, D. P.; Joanna de Ângelis (Espírito). Vitória do amor: Amor que liberta. In: *Amor, imbatível amor*. cap. 13.

comumente lhe parece impostergável, mas, há um limite, e, fatalmente, sofrerá as consequências das suas escolhas infelizes e das suas procrastinações indevidas.

Isto posto, cabe ao universo consciente, cuja alma é ou será o centro de controle operante, mediante as diretrizes inerentes às dimanações que fulguram do Superconsciente, transmutar as imperfeições intelectomorais atinentes às etapas pretéritas e integrá-las a ele.

Normalmente, quando lhes advêm as oportunidades, essas imperfeições acordam e migram para a periferia consciencial, onde recebem novo fluxo de energias iluminativas do consciente, a fim de recapitular experiências, mediante as quais rememoram, apreendem e aprimoram o que foi vivido e empreendem o périplo de retorno, em cujo trânsito lecionará às demais parceiras do inconsciente, de onde emergiram, e, ao influxo do tropismo da luz divina, fonte perene e imanente no âmago de cada ser, rumam aos píncaros imarcescíveis do Superconsciente para se tornarem novas virtudes. É assim que tudo se renova e evolui interminamente.

Entretanto, da mesma forma que as forças espirituais, morais, psíquicas e emocionais devem ser convidadas, terna e amorosamente, para o pronto restabelecimento da harmonia e para a justa mudança de direção qualificativa, sempre para a frente, consecutiva e simultaneamente para os altiplanos transcendentes, ao influxo das forças emanadas da Superconsciência, compete à alma fazê-lo em relação aos seus corpos, aos sistemas destes corpos, aos órgãos destes sistemas, aos tecidos destes órgãos, às células destes tecidos, às moléculas destas células, aos átomos destas moléculas, assim como às subdivisões incontáveis destes átomos, transportando-se para o seu interior, em direção à sua essência consciencial, convidando-os para que voltem à normalidade, à harmonia originária da Lei. Neste movimento enobrecedor e profícuo, a alma deverá visualizar-se deslocando-se para o interior dessas estruturas vivificantes e perpassando os seus complexos labirintos, demonstrando, lúcida e inequivocamente, as suas reais intenções por intermédio das energias equilibrantes, como uma verdadeira transfusão de alma, sincera e fielmente compromissada com a mudança por ela proposta. A partir desta postura solícita, os elementos constitutivos das super e das subpersonalidades, consecutivamente, vão se sublimando e se sutilizando, até se transformarem em virtudes excelsas, as quais, infalível e irrevogavelmente, comporão uma nova consciência.

Vale lembrar que essas visualizações terapêuticas são imprescindíveis para que a alma desenvolva as futuras aptidões e crie as condições de permear os elementos mensurados com o conteúdo consciencial equivalente, tais como: a humildade, a sinceridade, a ternura, a amabilidade, a gratidão, a alegria, a esperança, dentre outros. Assim, a alma jamais deverá se esquecer das forças orientadoras ou das leis normatizadoras que se transformarão em hormônios e das substâncias vitalizantes que se transubstanciarão na bioenergia, a qual edificará desde os infracorpúsculos até os átomos, as moléculas, às demais estruturas constitutivas do corpo humano e aqueloutras inerentes aos corpos subsequentes, além de outros elementos correlacionados que a auxiliarão nesse processo de inevitável, intransferível e impostergável transdução.

A fim de granjear mais extensos recursos, ampliar as possibilidades alusivas ao processo de autocura, fomentar a renovação da alma em curso e aumentar sobremaneira as probabilidades iluminativas da consciência, em nosso estudo, testificamos que a bioenergia convenientemente utilizada, a oração nobremente arquitetada e o Evangelho bem compreendido e lucidamente vivenciado podem curar o corpo, renovar a alma e iluminar a consciência. Para tanto, o alinhamento das potências-sínteses, isto é, o querer sincero que se traduz no estudo profundo das forças e das leis, o saber consciente que se personifica no discernimento advindo da experimentação prática e o amor incondicional que esplende na conduta irrepreensível do cristão autêntico, são condições inalienáveis ao êxito da ação. O conhecimento é a base fundamental para o entendimento do que se pretende; o discernimento é a condição indissociável à aplicação do conteúdo e à aferição do resultado; porém, a experiência adquirida, fruto das etapas que os antecedem, é o coroamento do investimento e do esforço bem direcionados.

Tivemos uma sucinta noção do que é e para que serve a bioenergia. Para compreendê-la mais precisamente, faz-se mister adquirir experiência na sua utilização, ao aplicá-la na vida de relação, intra e interpessoal. Para isto, Joanna de Ângelis enfatiza de forma inequívoca e inapelável: "Não existem mais distâncias físicas que não sejam transpostas, nem emocionais que não se fundam umas às outras."[664] Assim sendo, imprescindível lembrarmo-nos sempre de que, indubitavelmente, somos as imensuráveis expressões do Eterno Arquiteto, mas, em sentido profundo e de forma inconteste, concomitantemente, somos um na Eterna Unidade!

Em suma, assim profetizou Hahnemann, o pai da Homeopatia e precursor da Medicina espiritual (*ESE*. Cap. 9, item 10 – São Paulo: Petit): "Convencei-vos, portanto, de que *o homem apenas permanece vicioso porque assim o quer;* mas aquele que quer se corrigir sempre tem a

---

[664] Franco, D. P.; Joanna de Ângelis (Espírito). Fidelidade até o fim. In: *Liberta-te do Mal.* cap. 16.

oportunidade. De outra maneira, a lei do progresso não existiria para o homem." Ante a clareza e a gravidade do exposto, o que nos resta dizer é que cada ser colherá, centuplicadamente, a resultante das fragrâncias do belo cultivado ou as agruras deprimentes do bem malversado, as benesses da harmonia bem vivida ou as farpas da perturbação não aureolada pelo trabalho dignificante, o bem-estar perene da consciência tranquila ante o dever cumprido em tempo hábil, ou o sofrimento infrene da alma torturada pelas peias da ociosidade sem conta. Pois, se o cenário sombrio não for ressignificado a contento, se o quadro das perturbações vigentes permanecer intempestivo, indefinidamente, tal será o resultado, conforme a prévia semeadura, segundo as escolhas estatuídas pela infausta ignorância. Fato semelhante não sucederá com o ser de consciência desperta, pois suas ações serão pautadas e qualificadas pela sabedoria dos imortais e nobremente aureoladas pelos expedientes do impostergável e intransferível bem viver. Assim, o ser cônscio e cauteloso em cada expediente, cuja conduta é pautada pela ética e pela moral crísticas, sabe que tudo pode, mas nem tudo lhe convém. Para isto, as três inteligências – a intelectual, a emocional e a espiritual –, altamente desenvolvidas uniformemente, atuam em harmonia conjunta, dialogando e se solidarizando em perfeita sincronia. Por esta razão, a inteligência espiritual intui, com o direcionamento concernente e consciente, o que deve ser realizado a benefício de todos. A inteligência emocional recebe a incumbência, por inspiração intuitiva, acerca do que lhe foi previamente sugerido e zelosamente estatuído. Por fim, a inteligência intelectual, por intermédio da razão proativa, acata as diretrizes e planeja a ação resiliente: ciente do que fazer, consciente de como fazer e de quando realizar.

Como usar?

Miramez versejou, solenemente, que "a imposição é filha do desespero, mas o convite é irmão gêmeo de grandes esperanças". *É claro que se trata de um convite e de uma oferta.* Assim estatuiu Joanna de Ângelis. A autora prossegue, com veemência e entusiasmo contagiantes, rogando que "cada um, meditando no que deseja e no que pode oferecer, predispor-se-á ou não a engajar-se na marcha nova do nosso labor em favor de nós próprios e, como resultado, da humanidade em que nos encontramos, como membros essenciais".[665] Para tanto, cabe-nos, eminentemen-

---
[665] Santos C.; Franco, D. P.; Os Semeadores da Nova Era. In: *A Veneranda Joanna de Ângelis*. cap. 15.

te, querer e pensar, sentir e qualificar, falar e agir, plenificando-nos por intermédio da plenificação da Humanidade. Essa sempre será a essencial e inalienável meta de todos os que forem tocados pelo excelso e generoso convite do Sublime Peregrino, aconchegando e incorporando essa irrecusável oferta. Imprescindível enfatizar que, para bem se desincumbirem das preliminares concernentes ao primeiro degrau do conhecimento, basta tão somente o querer sincero por parte dos interessados: tomar ciência. Entretanto, para a execução exitosa da segunda graduação, conclama-se, de modo inconteste, o saber profundo: adquirir consciência. Por fim, para o êxito pretendido ao coroamento do terceiro e último nível deste magnificente propósito, que é usufruir das benesses iluminativas da libertação proposta com tal desiderato, a lei de justiça, amor, e caridade institui-se, inapelavelmente, como condição *sine qua non,* assim como a edificação do caráter irrepreensível e do amor equânime e incondicional: a iluminação consciencial. Em suma, quando aureolado por inquebrantável querer e personificado pelo genuíno saber, o indivíduo se predispõe a capacitar-se para tal e, aformoseado pelo reto e bem viver proeminentes, compromete-se a se qualificar para ser o que lucidamente aspirou, ou seja, o ser de consciência desperta fatalmente se tornará o que lucidamente desejou, conscientemente sentiu e nobremente vivenciou.

A lucidez da insigne mentora Joanna de Ângelis assim esclarece: "Crê-se, com certa lógica, que a aquisição da consciência plena faculta sabedoria imediata, harmonia e uma certa insensibilidade em relação às emoções". Fosse assim, prossegue a autora, "condenaríamos o sábio à marginalidade, por não participar, solidário, dos problemas que afligem os demais indivíduos em si mesmo e na sociedade em geral". Entretanto, conclui a veneranda instrutora, "a sabedoria resulta da união do conhecimento com o amor, cujos valores tornam o ser tranquilo, não insensível, afetuoso, não apaixonado".[666] Por conseguinte, infere-se que não basta tão somente proceder ao expediente da aquisição do conhecimento teórico, pura e simplesmente, mesmo que este se faça em gênero e grau, isto é, seja nominado pela quantidade e pela qualidade cultural dos exemplares compulsados e do enriquecimento intelectivo justamente aureolado por tal saber luminescente. Imprescindível, portanto, além do autêntico discernimento auferido no silêncio, no recolhimento e na autorreflexão ou introspecção constantes, coroá-lo com os louros reluzentes da vivência consciente e enobrecedora de imensurável tesouro e de incalculável valia.

---

[666] Franco, D. P.; Joanna de Ângelis (Espírito). O inconsciente e a vida: O inconsciente sagrado. In: *Autodescobrimento:* Uma busca interior. cap. 4, item 3.

Ante as perturbações morais, as disfunções do corpo, a desorganização perispiritual, os desajustes mentais e os desarranjos emocionais, enfim, frente à desarmonia e os conflitos da alma e do Espírito, em suas relações intrapessoais e interpessoais, o conhecimento de causa e a consequente transformação moral e espiritual são condições inalienáveis para a aquisição ou para o rearranjo do bem-estar íntimo – a paz de consciência à luz dos deveres nobremente empreendidos – e da plenitude nos relacionamentos multifários e multidimensionais.

A bioenergia é gestada na mente, captada e transubstanciada pelo perispírito e metabolizada e requalificada no corpo físico, sob a supervisão direta da Superconsciência, valendo-se da vontade como força propulsora e do pensamento como capacidade criativa proponente à personificação do intuito previamente definido ou lucidamente elegido. Mediante os esclarecimentos de Joanna de Ângelis, a bioenergia interfere diretamente no perispírito por intermédio "do campo que exterioriza, facultando renovar as forças ou perturbá-las de acordo com o tipo de descarga que propicia".[667] O Espírito vive e se expressa pelo pensamento. A vontade é a maior de todas as suas potências. Coadjuvada pela inteligência abstrata, coagulada no mundo pensante e intimamente assessorada pela imaginação regida pela inteligência racional, eis que surge o pensamento como fermento vivo para concretizar a ação subsequente. A mente é o laboratório no qual o pensamento se elabora, adquire forma e torna-se vida. O perispírito é veículo de expressão da mente, isto é, tudo que nela se configura, por meio dele se exterioriza. Por esse motivo, cada ser carrega no seu próprio perispírito uma fonte fluídica permanente. Portanto, a bioenergia, esse fluido ou prana divino "é o seu próprio pensamento contínuo, gerando potenciais energéticos com que não havia sonhado".[668] Pode-se direcionar o pensamento ou direcionar a bioenergia "mediante a oração, a concentração, a meditação e os sentimentos bons, a benefício do próximo, bem como do próprio, trabalhando-a para auxiliar na recuperação da saúde, da paz, do bem-estar, dos objetivos elevados".[669] Na bioenergia, encontramos os meios e os fins para a recuperação da saúde, para o restabelecimento da paz íntima, para a aquisição do bem-estar psicobiofísico, para a arquitetura e a concretização dos objetivos elevados. Enfim, para a vivência plena do amor Universal.

---

[667] Franco, D. P.; Joanna de Ângelis (Espírito). Processo de autocura. In: *Plenitude*. cap. 9.
[668] Xavier, F. C.; Vieira, W.; André Luiz (Espírito). Alma e fluídos: Fluido vivo In: *Evolução em dois Mundos*. Cap. 13, item 2.
[669] Franco, D. P.; Joanna de Ângelis (Espírito). Processo de autocura. In: *Plenitude*. cap. 9.

Para os Espíritos, o pensamento e a vontade têm funções semelhantes às das mãos para os homens. Pelos pensamentos (regidos pela vontade disciplinada e qualificados pelos sentimentos bons), eles imprimem aos fluidos canalizados do entorno tal e qual direção, aglomeram-nos, combinam-nos ou os dispersam; organizam, com eles, conjuntos que apresentam uma aparência, uma forma, uma coloração determinada, mudam-lhes as propriedades, como um químico muda as propriedades dos gases ou de outros corpos, combinando-os, segundo certas leis.[670]
Se todos os recursos exteriores encontram-se com maior segurança no interior de cada ser, antes de quem quer que seja pleitear qualquer auxílio direto aos divinos tutelares e aos agentes da Natureza ou proceder à canalização das essências e das substâncias inerentes às inesgotáveis jazidas do oceano cósmico, mister se faz que os interessados esgotem as probabilidades ínsitas nas forças inatas do próprio Espírito, tanto quanto as possibilidades infindáveis das substâncias imersas nas intérminas fontes latentes em seu interior, à disposição de todos quanto se esforcem para bem utilizá-las. Parafraseando o Espírito Protetor que assim nos alertara (*ESE*. São Paulo: Petit. Cap. 19, item 12): *"Se todos os encarnados estivessem cientes e conscientes da força e da vitalidade que trazem em si mesmos e se quisessem e soubessem colocar sua vontade e demais potenciais inatos a serviço dos internos e intérminos recursos, seriam capazes de realizar o que, até agora, classificam-se de milagres. Pois bem sabemos que os ditos 'milagres', não passam da ação das forças resultantes do próprio Espírito, isto é, o influxo consciente de sua onipotente supremacia em relação às suas inesgotáveis jazidas."*

Os benfeitores da Vida Maior nos advertem que, se eventualmente os imensuráveis recursos que a Natureza faculta a quantos deles necessitem, escasseiem ou se encontrem indisponíveis por desconhecimento dos meios de lográ-los, não nos devemos esquecer de que a medicina, seja humana ou divina, também é de Deus.

Por outro lado, Emmanuel alerta que "a saúde humana **nunca** será o produto de comprimidos, de anestésicos, de soros, de alimentação artificialíssima". E enfatiza: "o homem terá de voltar os olhos para a terapêutica natural, **que reside em si mesmo,** na sua personalidade e no seu **meio ambiente**" (grifo nosso). E profetiza que "a medicina do futuro terá de ser eminentemente espiritual".[671] Diante de inconteste e inegável decreto, Miramez estabelece com elegante maestria: "A ciência médica nun-

---

[670] Kardec, A. Os fluidos: Ação dos espíritos sobre os fluidos. In: *A Gênese*. Rio de Janeiro: FEB. cap. 14, item 14.
[671] Xavier. F. C.; Emmanuel (Espírito). A saúde humana: Medicina espiritual. In: *Emmanuel*. cap. 23.

ca consegue, em campo nenhum, curas definitivas. Sua grandiosa missão é remediar males, é dar alguma esperança, o que já corresponde a muita coisa; e a cura verdadeira está na ciência interna, no remédio elaborado pelo coração com as mãos sábias da inteligência, servindo como livro divino, escrito por Deus, para consultas às fórmulas medicamentosas."[672] Não por acaso, neste e nos próximos tópicos, mergulharemos em nossas jazidas, nas forças inatas e nos recursos latentes ou imanentes em nossa individualidade, objetivando extraí-las, qualificá-las e aplicá-las, a benefício próprio ou do próximo, como anteriormente mencionou Joanna de Ângelis.

No capítulo subsequente desta obra, a análise será direcionada para a compreensão minudenciada do estudo e da aplicação consciente da bioenergia e dos seus imensuráveis recursos. Para bem nos desincumbirmos de tal desiderato, valer-nos-emos do método investigativo, por intermédio do qual elaboraremos as noções preliminares do intento pleiteado. A partir dessas noções, estabeleceremos as premissas para os traçados gerais da vindoura execução e, por fim, levaremos a efeito a concretização da proposta teórica e da sua aplicação prática.

Antes de darmos prosseguimento ao nosso intento, reflexionemos com Emmanuel: "Será justo suplicar o socorro de Deus nas horas de aflição e construir a existência como se Deus não existisse?"[673] *A cooperação e a vida em comum com nossos entes invisíveis,* segundo Léon Denis, "é qual um banho fluídico, onde nossas almas se retemperam e robustecem".[674] Viver em plena comunhão com os emissários divinos, os representantes fiéis e operosos da divindade, com a Natureza em todas as suas fulgurações e gradações, é compreender que Deus, como variedade e Unidade, está dentro e fora de todas as Suas Creações e de todas as Suas criaturas, posto que todos somos expressões n'Ele e nEle imanentes. Portanto, se alguém disser: *"Eu amo a Deus, e odeia a seu irmão, é mentiroso. Pois quem não ama a seu irmão, ao qual viu, como pode amar a Deus, a quem não viu?"* (1Jo. 4:20). Consoante as anotações de Carlos Torres Pastorino, em *Sabedoria do Evangelho*: "Assim como a alma está TODA em todo o corpo e em cada parte do corpo, assim Deus TODO está em TODOS e EM CADA UM."[675] Para Miramez, ao invés de se dizer amar *a Deus sobre todas as coisas e ao próximo como a si mesmo, melhor seria dizer amar a Deus em todas as coisas, por ser Deus tudo para nós, seres*

---

[672] Maia, J. N.; Miramez (Espírito). Para que sofrer? In: *Alguns anglos do Ensino do Mestre*. cap. 36.
[673] Xavier. F. C.; Emmanuel (Espírito). Introdução. In: *No Portal da Luz*.
[674] Denis, L. O Reinado do Espírito. In: *O Mundo Invisível e a Guerra*. cap. 21.
[675] Pastorino. C. T. Introdução. In: *Sabedoria do Evangelho*. Volume 3. Parte 3.

criados por Ele por amor.[676] Equivale a dizer que **Deus é tão perfeito, tão perfeito, que nos criou dentro d'Ele e Ele dentro de nós.**[677] Portanto, não há a menor possibilidade, tampouco a mais ínfima probabilidade de alguém alegar que Deus está longe ou porventura haja se esquecido de quem quer que seja, onde quer que se encontre.

A vida consciente do indivíduo se vincula à sua conduta irreprochável. Assimilar o conhecimento teórico, alcançar o justo discernimento por meio da introspecção e da experimentação investigativa, ter a noção exata do que lhe cabe realizar e não se tornar a mensagem professada é um contrassenso. Proclamar em alto e bom som que ama o Autor e, em contrapartida, agir com desprezo e maus-tratos à sua obra, não condiz com a conduta da consciência desperta. Uma coisa é falar o que se pensa, outra muito diferente é sentir o que se fala. Uma coisa é sentir o que se fala, outra, muito distinta, é ser o que verbalizamos. Conhecer, falar e desfrutar da obra negando o Autor é o que ainda presenciamos diuturnamente em nosso meio.

Neste ensaio, poderíamos nos questionar se não fazemos parte de uma plateia ociosa, na qual nos incluímos entre os espectadores parasitários que vivem do sangue e do suor alheios? A autossuficiência é condição *sine qua non* para a conquista da liberdade e da felicidade imperecíveis, as quais são as filhas prediletas da responsabilidade e da solidariedade irrestritas. Sem confundi-la com presunção ou arrogância, máscaras do orgulho ou remanescentes do ego, devemos interpretar a autossuficiência como a autonomia resultante da correta aplicação do conhecimento, dos recursos correlacionados e dos potenciais em vigência, a benefício da gestão da consciência e da harmonia do universo, organismo vivo do qual somos células, ou seja, unidades estruturais e funcionais deste.

Iniludivelmente, tudo se assemelha, tanto no macro quanto no microcosmo e, simultânea e ininterruptamente, tornar-nos-emos, queiramos ou não, os criadores e os gestores da própria realidade em perene ascensão e, concomitantemente, seremos corresponsáveis pela preservação da harmonia do macro-organismo do qual somos diminutas e miríficas frações.

Quando estamos em uma assembleia, somos parte integrante dessa assembleia e, entretanto, conservamos a nossa individualidade (151*LE*.R). Ao

---
[676] Maia, J. N.; Miramez (Espírito). In: *Filosofia Espírita*. V.17. cap. 26.
[677] Camargo, Sebastião. Deus: Unidade/Variedade: Deus, a Criação e o Espírito. In: *O Despertar da Consciência - do átomo ao anjo*. cap. 2, item 1.

negligenciar as oportunidades de trabalho e as demais responsabilidades que nos competem, das quais depende a nossa e a harmonia do contexto, sobrecarregamos a vida de quantos nos cercam, causando desconfortos e desajustes inenarráveis em nós mesmos, por sermos partes indissociáveis uns dos outros e membros solidários e copartícipes atuantes da e na mesma Unidade, pois em Deus "*vivemos, nos movemos e existimos*" (At 17:28), como mencionou o Apóstolo dos Gentios, Paulo de Tarso. Assim, viver em Deus e nos comportarmos como se Ele não fosse a Suprema Unicidade que a todos integra, é como se negássemos a Paternidade Cósmica e malbaratássemos a oportunidade de existir.

Allan Kardec, um dos mais lúcidos discípulos de Jesus, segundo Emmanuel (em *A Caminho da Luz,* cap. 22, item 8), anotara a resposta interrogativa do Espírito da Verdade (151*LE*.R): "O conjunto dos Espíritos não forma um todo? Não constitui um mundo completo?" Léon Denis, um dos mais célebres propagadores da obra kardequiana, preceituou: "Cada alma é uma irradiação da Grande Alma Universal, uma centelha gerada do Eterno Foco."[678] Hammed, o apóstolo da nova era, sintetiza: "Não nos esqueçamos, todavia, de que no homem se encontra o microcosmo que, em síntese, é o retrato do macrocosmo. Tudo está em tudo, e todas as partes unidas fazem o todo."[679] E Joanna de Ângelis, conclui: "O ser humano tem um compromisso inadiável com a sua evolução consciente, viajando dos estágios automatistas e primários em que se encontra até o momento em que alcança a autoconsciência plena no rumo da Consciência Cósmica em que se integrará."[680] Diante do exposto, como negar a paternidade cósmica que nos integra, a incontestável natureza divina de Suas criaturas, imagem e semelhança do Seu Creador e, por conseguinte, a capacidade cocriadora que nos é inerente? Assim, habituemo-nos, urgentemente, a pensar somente na verdade que nos tipificará o caráter irretorquível, a sentir unicamente a verdade que nos qualificará, no porvir, como seres cientes e conscientes do nosso papel no perene espetáculo, assim como incumbirmo-nos da nossa responsabilidade e do sentido existencial das nossas vidas na peça em curso. Por fim, bem viver a verdade que, fatalmente, nos libertará da ignorância de nós mesmos e nos arremessará rumo aos alcantis incomensuráveis do munificente concerto da Suprema Sabedoria que nos integrará definitivamente ao âmago do Bem Eterno.

---

[678] Denis, L. Solidariedade; comunhão universal. In: *O Grande Enigma*. 1ª parte. cap. 3.
[679] Espírito Santo Neto, F.; Hammed (Espírito). O Despertar da Consciência. In: *Um modo de entender:* **Uma nova forma de viver**. cap. 32.
[680] Franco, D. P.; Joanna de Ângelis (Espírito). Saúde e Paz. In: *O amor como solução*. cap. 9.

Em seu interminável processo de individualização, de individuação, de expansão, de sublimação e de iluminação consciencial, o Espírito integra e aprimora incontáveis dimensões de vida e de estados vibracionais multiformes, esparsos em a Natureza (multiverso), com os quais se relaciona diuturnamente. À vista disso, mesmo sendo forças fragmentadas atuando em nosso universo, interagem ininterruptamente com os seus ambientes de origem, ou seja, as partes de uma unidade que assimilamos permanecem conectadas às demais que a constituíam. Um simples grão de areia guarda íntima relação com todos os elementos que lhe correspondem à constituição. O mais discreto pensamento provoca um número imensurável de transmutações mentais e estabelece intermináveis conexões psíquicas, emocionais e físicas, por meio das quais a ressonância e a correlação o propaga. Todas as formas de energia e de vida às quais se congrega, segundo o degrau evolutivo que já galgaram e as experiências acumuladas em seu périplo ascensional, permanecem interligadas por leis irremovíveis que norteiam os relacionamentos dos afins.

Faz-se imprescindível relembrar Joanna de Ângelis, apreciando sua lucidez, admirando sua perspicácia e a profundidade que lhe são peculiares, quando estabeleceu o trâmite enriquecedor da pauta estatuída::

> **O despertar do Si enseja a compreensão da necessidade de transmudar as energias,** encaminhando-as de uma para outra área e utilizando-as de forma profícua, único recurso para o gozo da saúde.
>
> O Eu consciente, mediante exercício constante, **deve comunicar-se com todas as células que lhe constituem o invólucro material,** à semelhança do que faz quando lhe atende alguma parte ou órgão que necessita de tratamento.
>
> Da mesma forma, a consciência – o Si – deve atender a energia, nas suas diferentes manifestações, **rarefeita ou condensada,** interferindo com amor e dando-lhe ordens equilibradas para a sua sublimação.
>
> Diante de ocorrências viciosas, de acidentes morais e emocionais, **cumpre se lhes faça um exame circunstanciado, passando-se à conversação com o departamento afetado,** despertando-lhe as potências e liberando-as para o preenchimento das finalidades da vida a que todas as coisas estão submetidas e se destinam (grifos nossos).[681]

Se observarmos com os olhos de ver e se auscultarmos com os ouvidos de ouvir as mais simples ações e interações inerentes à Natureza, constataremos com relativa facilidade que, assim como os elementos pertencentes à essência e à substância oriundas da vibração peculiar à luz

---
[681] Franco, D. P.; Joanna de Ângelis (Espírito). O ser real: Complexidades da energia. In: *Autodescobrimento: Uma busca interior.* cap. 1, item 1.

solar se transformam na inegável estrutura do ar, objetivando a continuidade da vida, analogamente os elementos correlacionados ao dinamismo do ar se transformarão na personificação subsequente, que constituirá o elemento água, o qual, iniludivelmente, seguirá o impulso progressivo ascendente, por intermédio do qual os complexos entrelaçamentos atômicos e moleculares inexoravelmente se transubstanciarão no imponente elemento terra, dando sequência à irrefreável continuidade da vida em sua incomparável profusão.

É fato incontestável que, na Criação em Deus, tudo cresce e evolve irrefreavelmente, do infinito negativo ao infinito positivo – do micro ao macrocosmo –, isto é, do infinitamente pequeno ao imensuravelmente grande, e, neste magnificente oceano cósmico, tudo é cópia de exatamente tudo. Assim, fácil se nos torna proceder a uma análise comparativa entre o nosso corpo ou os nossos corpos e as demais unidades constitutivas dos planetas díspares, dos sistemas estelares heterogêneos, das constelações de variada ordem, das galáxias multiformes, das nebulosas distintas, assim como dos universos e das dimensões dissemelhantes e de tudo quanto existe na composição destes organismos vivos, embora eles sejam, indubitavelmente, anões ou astronômicos em relação a nós outros. Em todos os quadrantes da Criação, é da Lei que tudo interage, solidariza-se e permuta suas imensuráveis impressões e experiências, da mais ínfima partícula às mais relevantes macroestruturas, isto é, no Creador e nas criaturas, tudo influencia e é, por sua vez, inapelavelmente, influenciado.

Em a natureza, nada se cria a esmo e por si mesmo; nada se perde em absoluto da energia em curso, e tudo, exatamente tudo, se transforma vezes incontáveis, obedecendo ao impulso de um *continuun* infindo e de um progresso irrefreável. Assim, cientes de que nós também somos natureza, e de que, de modo semelhante, guardadas as devidas proporções, se quisermos e se nos dispusermos à ação benevolente, poderemos, por nossa vez, *vir a ser* o que conscientemente arquitetarmos para o bem operante e para a ascensão de todos os elementos envolvidos. Para tanto, se nos aprouver lograr êxito em tal orquestração, carecemos do saber concernente ao propósito elegido e do proceder coerente com os tentames estatuídos. Por fim, faz-se imprescindível alinhavarmos o enredo definido e alinharmos os potenciais correlacionados à ação condizente com o pleito elencado, para a qual objetivar-se-á a colheita proporcional ao investimento disponibilizado, mediante a cuidadosa semeadura do perpétuo e incoercível *vir a ser,* ao empenho empreendido e aos esforços nobremente direcionados. Isto posto, assim prossegue o venerando Espírito com suas inenarráveis conjecturas:

> Tudo se irradia em a natureza, produzindo vibrações específicas que se identificam umas com as outras, estabelecendo vínculos que se transformam em harmonia do conjunto.
>
> No que tange ao ser humano, esse processo é mais expressivo em razão das ondas de simpatia ou de antipatia que decorrem da presença ou da ausência de afinidade entre os mesmos.
>
> **Há, no entanto, uma influenciação sutil, que passa despercebida e merece consideração.**
>
> Referimo-nos à identificação de ideias e propósitos, que certos indivíduos percebem noutros, passando a receber-lhes o magnetismo e deixando-se impregnar.
>
> Quando essas forças exteriorizam de pessoa boa, nobre e generosa, **produz salutar efeito sobre aquele que se deixa arrastar,** assimilando-lhe as vibrações e os exemplos edificantes de que passam a dar mostras após o convívio estabelecido.
>
> Assimilar as boas impressões é muito importante, **mantendo, porém, a própria individualidade,** desde que cada Espírito possui específico patrimônio e tem por meta, em razão dos seus atos passados, a renovação interior e a autorrecuperação conforme as forças de que disponha.
>
> **O tarefeiro possui compromisso pessoal e intransferível com a realização que deve operar.** Os estímulos que recebe constituem-lhe valiosa contribuição que o não deve afastar do dever sobre fascínio diferente.
>
> **Nesse panorama, todavia ocorre uma influenciação que merece ser examinada com cuidado.**
>
> Quando se exterioriza de uma pessoa saudável, **os Bons Espíritos a utilizam discretamente, a fim de auxiliar os seus pupilos e aprendizes,** infundindo-lhes ânimo e orientações com que os auxiliam no fortalecimento e à coragem para a luta de crescimento interior e de autoiluminação.
>
> Velando por eles, quando não os conseguem alcançar diretamente, induzem-nos às boas companhias, aos convívios edificantes.
>
> **Conforme a condição moral e mental de cada indivíduo, a sintonia é feita na mesma faixa vibratória** (grifos nossos).[682]

Das origens da vida aos píncaros da sua mais sublime expressão, tudo fulgura e propaga o clarão das incomensuráveis vibrações do cosmos, noticiando os traços diretivos da Boa Nova do Cristo, desde as dobras mnemônicas dos infracorpúsculos, intrínsecos aos infrarreinos, aos indizíveis alcantis das imensidades macrocósmicas dos universos sem fim. Neste magnificente concerto, tudo canta e celebra a glória do Supremo Arquiteto, por intermédio das benesses e do fulgor inebriante das inenarráveis expressões de vida em Suas incontáveis criaturas.

Na Natureza tudo se irradia, isto é, tudo produz e exterioriza suas vibrações específicas definidas pela evolução e pelo comportamento de cada qual. É assim que os elementos se equalizam e as criaturas se iden-

---

[682] Franco, D. P.; Joanna de Ângelis (Espírito). Influenciações sutis. In: *Fonte de luz*. cap. 32.

tificam umas com as outras. De acordo com a repetição da experiência, a complexidade dos organismos e a qualificação dos envolvidos, inequivocamente, estabelecem-se os vínculos que se transformam em padrões de harmonia ou na desarmonia do conjunto onde mourejam. Portanto, há que se considerar, infalível e ininterruptamente, uma influenciação sutil que, via de regra, passa despercebida para a maioria dos incautos, mas que merece urgente consideração.

Façamos uma pequena experiência vivencial, mesmo que seja por um breve instante. Assim, comecemos por imaginar a quantidade e, quiçá, empenhemo-nos em mensurar a qualificação dos elementos infinitesimais que nos constituem os veículos de expressão e, subsecutivamente, se possível, facultemos asas à imaginação ativa, em consonância com a nossa capacidade intuitiva. Visualizemo-nos, por intermédio da abstração dos pensamentos e da requalificação dos sentimentos inerentes aos veículos de evolução, indo da periferia do mundo objetivo aos páramos insondáveis do universo subjetivo, e, sem lapso de tempo, perfaçamos o caminho inverso, ou seja, imaginemo-nos emergindo dos alcantis do oásis subjetivo e imergindo no âmago do arquipélago objetivo e vice-versa, unificando nossas realidades subjetivas (verossímil) e objetivas (inverossímil), de forma a nos tornarmos indivisos, ou seja, um com nós mesmos (sem fragmentação consciencial).

Faz-se imprescindível proceder ao aguçamento dos sentidos transcendentes – os olhos de ver e os ouvidos de ouvir –, quer seja antes ou durante a execução deste imenso amplexo interior. Assim, na observação criteriosa deste magnificente concerto introspectivo, ou por ocasião da análise minudenciada deste ir e vir reflexivo, com singular maestria constataremos os rastros e as marcas macrocósmicas nas minúcias, nos matizes e nas nuances de cada detalhe constitutivo do ser humano, a caminho de sua intransferível e impostergável humanização, iluminação e expansão consciencial. Portanto, esta necessária quão urgente apreciação pormenorizada dos caracteres inerentes ao ser individualizado propiciar-lhe-ão maiores possibilidades na aquisição de mais amplos recursos na tessitura da vestimenta e no equilíbrio dos pormenores de sua complexidade, conferidos ao psiconauta ou ao discípulo sinceramente comprometido com sua nobre busca. Este estará empenhado com os empreendimentos que lhe facultarão a célere e segura concretização de sua indefectível individuação e de sua inadiável e intransmissível autoiluminação.

Diante do exposto, face às justas e profundas perquirições e as não menos importantes observações de Joanna de Ângelis, atentemos para cada minudência de sua memorável síntese:

> O ser humano é um conjunto harmônico de energias, constituído de espírito e matéria, mente e perispírito, emoção e corpo físico, que interagem em fluxo contínuo uns sobre os outros.
>
> Qualquer ocorrência em um deles reflete no seu correspondente, gerando, quando for uma ação perturbadora, distúrbios, que se transformam em doenças, e que, para serem retificados, exigem renovação e reequilíbrio do fulcro onde se originaram.
>
> Desse modo, são muitos os efeitos perniciosos no corpo, causados pelos pensamentos em desalinho, pelas emoções desgovernadas, pela mente pessimista e inquieta na aparelhagem celular.
>
> A ação do pensamento sobre o corpo é poderosa, ademais considerando-se que este último é o resultado daquele, através das tecelagens intrincadas e delicadas do perispírito (seu modelador biológico), que o elabora mediante a ação do ser espiritual, na reencarnação.
>
> O homem é o que acalenta no íntimo. Sua vida mental expressa-se na organização emocional e física, dando surgimento aos estados de equilíbrio como de desarmonia pelos quais se movimenta.
>
> A conscientização da responsabilidade imprime-lhe destino feliz, pelo fato de poder compreender a transitoriedade do percurso carnal, com os olhos fitos na imortalidade de onde procede, em que se encontra e para a qual ruma. Ninguém jamais sai da vida
>
> Adequando-se à saúde e à harmonia, o pensamento, a mente, o corpo, o perispírito, a matéria e as emoções receberão as cargas vibratórias benfazejas, favorecendo-se com a disposição para os empreendimentos idealistas, libertários e grandiosos, que podem ser conseguidos na Terra graças às dádivas da reencarnação.
>
> Assim, portanto, cada um é o que lhe apraz e pelo que se esforça, não sendo facultado a ninguém o direito de queixa, face ao princípio de que todos os indivíduos dispõem dos mesmos recursos, das mesmas oportunidades, que empregam segundo seu livre-arbítrio, naquilo que realmente lhes interessa e de onde retiram os proventos para sua própria sustentação (grifos nossos).[683]

Iniludivelmente, o ser humano é um complexo multidimensional, constituído de um conjunto harmônico de energias multiformes. Porém, diante de quaisquer desarranjos ocorridos na mais ínfima de suas partes, o reflexo se propaga imediatamente ao ato concebido, ajudando-o ou desajudando-o na completude de sua individualidade. Este condomínio espiritual é constituído de espíritos que se transubstanciam em fluidos, em matéria mental, na bioenergia e nas dimensões subsequentes. Estas energias multifárias provêm da mente, que se origina da dimanação do Espírito. A mente se transmuta e se configura na plasmagem dos elementos constitutivos do perispírito, o qual, a seu turno, atua por intermédio de suas indizíveis fulgurações, de interações com inumeráveis frequências,

---

[683] Franco, D. P.; Joanna de Ângelis (Espírito). O ser real: Interação espírito-matéria. In: *Autodescobrimento:* Uma busca interior. cap. 1, item 2.

assim como das permutas com incontáveis realidades e de suas incessantes e incomensuráveis vibrações. Paralela e subsecutivamente, as emoções diretivas emergirão dos reluzentes arquipélagos oriundos dos celeiros recentes ou remotos do Super e do inconsciente, tanto quanto a gerência e a vitalidade constitutivas do corpo físico, as quais advirão da coagulação das múltiplas realidades estruturais do subconsciente e das forças vivificantes, ínsitas no modelo organizador biológico. Estas energias interagem em fluxo contínuo, agindo umas sobre as outras, dando origem às realidades consequentes, seja da harmonia desse microcosmo ou da desarmonia desse grandioso condomínio multidimensional.

Não por acaso, Miramez enfatizou em sua grandiosa obra: "Esforçar-se para viver bem com os semelhantes é introjetar paz no coração; é criar tranquilidade na consciência; é esquecer a discórdia e capacitar os instintos a se tornarem virtudes."[684] Bem sabemos que tudo nasce, tudo cresce e tudo evolve incessante e perenemente, transubstanciando-se de sal da terra em luz do mundo. Por esse motivo, todo e qualquer elemento infinitesimal, intrínseco ao corpo físico e à sua incomensurável energia coagulada, transmutar-se-á em elementos constitutivos do universo perispiritual, tanto quanto cada psiátomo que o constitui fatalmente se transubstanciará em agente estrutural do cosmo mental. Por conseguinte, cada atributo pertencente ao plano intelectivo, ao setor imaginativo, à capacidade criativa, à memória volátil sensorial e à memória indelével que lhe configura a realidade operante, inegavelmente, elevar-se-á ao ápice dos estágios estruturais das edificações das futuras virtudes, as quais se metamorfosearão nas personagens imprescindíveis e indissociáveis da consciência eterna.

Faz-se imprescindível rememorar o percurso e conscientizarmonos de que a bioenergia se originou da aglutinação e das experiências de incontáveis elementos pertencentes aos oásis da matéria mental, a qual assim se configurou graças às imensuráveis transmutações dos inúmeros elementos constitutivos dos berçários do fluido universal. Incontestável, porém, foi a estruturação das bases essenciais deste, ocorrida por intermédio dos elementos originários das inúmeras transubstanciações por que passou a matéria elementar que o antecedeu na escalada evolucional. Por sua vez, a matéria elementar teve a sua gênese na união e na especialização dos átomos primevos ou dos espíritos (os princípios inteligentes do Universo, a mônada primacial). Assim, tanto quanto os demais elementos subsequentes, a mônada primitiva não fugiu à regra das leis de progresso e

---

[684] Maia, J. N.; Miramez (Espírito). A amizade coletiva. In: *Horizontes da Mente*. cap. 38.

de evolução, das quais ninguém ficará à margem. Isto posto, antes de ser o que é e de tornar-se a matéria-prima do cosmos, experimentou, durante o longuíssimo périplo preparatório, as inarráveis metamorfoses e os incomensuráveis aformoseamentos germinais, os quais somente lhe foram possíveis nas dobras das imanências e nas entranhas das dimanações do Psiquismo Divino, no seio das quais tornou-se a base estrutural de tudo quanto existe, do micro ao macrocosmo.

Assim como o Psiquismo Divino, subsecutivamente, gestou tais elementos a partir de um único elemento primitivo – o espírito –, a bioenergia marcou a sequência evolutiva e gestou os futuros personagens dela originários. Inequívoca e incontestavelmente, da bioenergia nascem os infracorpúsculos, dos quais e com os quais se originam os agentes subatômicos e, da união e da expertise destes, edificam-se as partículas atômicas e, destas, organizam-se os átomos como os conhecemos no sistema periódico ou na escala estequiogenética. Por conseguinte, da evolução e da reordenação dos elementos atômicos, originam-se as inúmeras estruturas moleculares. Por intermédio da união e da especialização dessas estruturas moleculares, insculpem-se as múltiplas conformações das unidades celulares com suas funções e com as qualificações imprescindíveis à construção e ao aprimoramento de cada tecido subsequente, assim como de cada órgão, tanto como de cada sistema e de cada corpo por eles longa e minuciosamente estruturados.

Com inegável maestria e incomparável elegância, Miramez assim enfatiza:

> Tudo que fazemos e falamos, pensamos e sentimos, fica gravado primeiramente em nossa consciência, depois, no éter cósmico, que pulsa no universo como se estivesse presente em todos os lugares na mesma hora. Com o hálito de Deus, desaparecem as distâncias e deixa de existir o amanhã, fazendo-se no coração do Criador um eterno presente e uma felicidade sem mácula.[685]

Para onde quer que nos projetemos, para os abismos de um passado longínquo ou na direção do distante porvir venturoso, quer seja para dentro ou para fora, na direção infinitesimal do microcosmo ou ao encalço investigativo das imensuráveis magnificências do macrocosmo, sempre haverá uma nuvem de testemunhas a nos observar, como registros indeléveis insculpidos nas dobras mnemônicas do éter cósmico. Assim, tudo observa e, por sua vez, tudo é observado, desde o vibrar do mais ínfimo ou discreto pensamento, na elaboração e na criação dos infracorpúsculos,

---

[685] Maia, J. N.; Miramez (Espírito). Antes agora. In: *Filosofia Espírita*. v.4. cap. 42.

às mais elevadas arquiteturas e edificações astronômicas. Enfim, ninguém escapa ao olhar magnânimo da Suprema Sabedoria em parte alguma. Nenhum ser se distancia desta Suprema onipresença, tampouco se isenta da ação ininterrupta da Soberana e incomparável onipotência. A régua que nos medirá a todos, incondicionalmente, será sempre o Supremo Bem, posto que o bem de todos é o Eterno princípio.

Se André Luiz nos alerta que o mal não merece comentário em tempo algum, o Espírito da Verdade enfatiza que quem o comenta contribui para a sua expansão. Em consonância com ambos, Emmanuel recomenda-nos não esquecer "de que o mal não pode oferecer retificações a ninguém".[686] Mas, inequivocamente, a virtude oposta, isto é, o bem nobremente sentido sempre trará os estímulos para as mudanças pertinentes, na medida exata em que o indivíduo se conscientize, compreenda os desvios de rota, logre discernir as consequências dos equívocos, aceite-os com a resignação concernente, entenda a gravidade dos seus desacertos e suporte as medidas corretivas com honradez e dignidade ante as justas e devidas retificações.

Em suma, as lúcidas e profundas reflexões de Fernando Miramez de Olivídeo nos permitem compreender, inequivocamente, que "a caridade maior é aquela que mostra ao ser humano como viver os preceitos do Nosso Divino Mestre, é a transformação do homem" em espírito verdadeiro, em cujo despertar de consciência, a Doutrina dos Espíritos tem um grande empenho. Assim, a vivência consciente dos imorredouros ensinos do Divino Mensageiro deve ser a meta primacial de cada um. Para tanto, faz-se imprescindível ao humilde e sincero buscador, ao discípulo fiel e dedicado, ao apóstolo comprometido com a causa crística, o querer profundo, o saber consciente e o viver em perfeita consonância com as sempiternas diretivas da Boa Nova de Jesus, o Cristo de Deus.

> "...veja, beba, tente, queira:
> Basta ser sincero e desejar profundo
> Você será capaz de sacudir o mundo..."
> (Tente outra vez – Raul Seixas)

---

[686] Xavier. F. C.; Emmanuel (Espírito). Correções. In: *Pão Nosso*. cap. 88.

Libertar-se na ação consciente ou permanecer na dependência constritora?

Assim ouvimos alhures: Quando entenderes das pequenas coisas, confiar-te-ei ensinamentos de coisas maiores. Mas, salientamos que, quanto maior for o teu conhecimento, maiores serão as tuas responsabilidades.

O nosso périplo perquiridor acerca do prana primacial se inicia nas bases conceptuais das fontes primevas das origens da vida multifária. A fim de melhor compreendermos os elementos fundamentais que a antecedem, assim como as frequências dimensionais que sucedem as culminâncias da bioenergia, observemos o seguinte enredo.

Dos miríficos oásis do Psiquismo Divino, nasce o espírito – a mônada primeva, o átomo primordial, o princípio inteligente do Universo –, que Arthur Stanley Eddington, em *A Natureza do Mundo Físico,* classifica como "a matéria-prima do cosmos". Ao se unirem em dois ou mais, por determinação da Lei que a tudo normatiza e impulsiona ao progresso material improcrastinável e à evolução espiritual incoercível, transformar-se-ão na matéria elementar ou éter cósmico – o grande celeiro das memórias ou registros *Akáshicos* do universo que, simultaneamente, veicula a Lei que rege a Unidade que a tudo integra e as leis que regem a variedade a ela imanente –, o qual se transmutará no fluido cósmico ou energia universal. Subsequentemente, o fluido cósmico vai se transubstanciar em matéria mental que, ao entrar em contato com o dinamismo da mente perquiridora, gerida pelas inteligências – intelectiva, emotiva e espiritual –, coadjuvadas pelo poder imaginativo a elas concernentes, alicerçada pela memória e sustentada com os implementos do pensamento – a capacidade criativa do Espírito em ação –, transformar-se-á em energia ou plasma mental. Por fim, a energia ou plasma mental, mediante os desejos e os propósitos previamente elencados, se transubstancia em bioenergia, a substância-mater que edifica funções e sintetiza experiências, como princípios vitais que geram vida em profusão. Subsecutivamente, segundo a expertise haurida em experiências de vário porte, encarrega-se de nutri-la, por intermédio dos fluidos vitais que a sustêm, de organizá-la e de mantê-la em perene ascensão, por meio da energia vital que se traduz no ápice da sua evolução como tal.

Em seu longuíssimo périplo e em seu interminável evolver, a bioenergia, irrefreavelmente, submete-se a inúmeras metamorfoses intrínsecas ao seu contínuo *devir*, assim como se sujeita aos múltiplos aformoseamentos concernentes, a fim de se transubstanciar nos elementos essenciais que se constituirão nos infracorpúsculos, nas ondas vibracionais ou linhas de força do mundo infra-atômico – as supercordas –, as quais se personificarão nos padrões ou substâncias fundamentais nas edificações vindouras. Posteriormente, personalizar-se-á nas partículas subatômicas, ou seja, constituir-se-á nos mais ínfimos elementos componentes desta magnificente fonte geratriz de vida, que teve a sua origem no oceano infindável do Psiquismo Divino.

Esses infracorpúsculos se unem ou se reúnem na confecção ou na formação das nebulosas gestacionais dos neutrinos, na edificação dos berçários e dos educandários dos léptons, na gestação das galáxias multiformes dos mésons, nas primorosas constelações de vário porte inerentes aos bárions, na arquitetura dos sistemas planetários dos quarks, bem como das demais partículas multifárias do mundo subatômico, desde o mais ínfimo elemento ao de maior grandeza e expertise. Em suma, ocorre a reunião do mais discreto infracorpúsculo – o bóson de Higgs – até os píncaros insondáveis dos quarks. A todo esse multiverso infinitesimal chamamos de princípios vitais, oriundos da bioenergia. Esses princípios vitais reunidos formam o oásis da energia nêutron, na edificação do núcleo atômico, a qual passará por um processo de transdução inevitável e de aformoseamento imprescindível, a fim de transformar-se em prótons. Os prótons, por sua vez, subordinando-se a semelhante conjuntura, metamorfosear-se-ão em elétrons e os elétrons em fótons, perfazendo o périplo intransferível dessa arquitetura. Por fim, esses fótons, harmonicamente elencados, formarão o magnetismo humano, que é ou se traduz na consciência do próprio átomo.

Sequencialmente, à união e a especialização desses elementos atômicos na individualização dos espíritos agrupados em planos infinitesimais subsequentes chamamos de fluido vital. Em outros termos, essa consciência ou plasma divino, que compõe e gerencia os átomos na composição das moléculas, atende pelo nome de fluido vital. Ao se unirem, as moléculas formarão as células que, em se compondo e recompondo, construirão uma consciência grupo mais complexa: a energia vital. Similarmente, a energia vital acumulará as funções de organizar e de manter a vida multidimensional, pois a vida nasce a partir do instante conceptual da junção atômica na composição das moléculas constitutivas do reino mineral, sendo que, para nós outros, ela existe desde a origem do princípio inteligente Universal, posto que, em Deus, tudo é vivo, da mais ínfima partícula primeva à mais descomunal estrutura macrocósmica, diferentemente do que a ciência dos homens considera sobre a origem da vida.

Em nosso memorável enredo, já contamos com o princípio vital, oriundo da bioenergia, que se transmutou em fluido vital, ao perpassar por um processo de integração, de promoção e de elevação intrínsecas e intransferíveis, até culminar em energia vital. A energia vital comporá, subsequentemente, o primeiro núcleo do psiátomo – o **Bion** – para a elaboração, composição e edificação da matéria Psi. O psiátomo, por sua vez, desempenhará a função coordenadora e mantenedora no Modelo Organizador Biológico – MOB –, que gerencia tudo o que até então lhe antecedera.

Esse trabalho de organização e de manutenção da vida em suas múltiplas formas e em suas imensuráveis expressões, confeccionando e gerenciando o princípio e o fluido vital, oriundos do mundo subatômico que, por seu turno, tiveram a sua origem na bioenergia, encarrega-se de gerar, pela força das leis e do indissociável trabalho de progressão subsequentes, por meio das memórias intrínsecas às instâncias mnemônicas, o segundo núcleo do psiátomo, o qual designamos por **Percepton** – a fusão da percepção e da memória das experiências acumuladas –, ou seja, a soma das experiências e as memórias indeléveis ínsitas nessas experiências cumulativas que, sequencialmente, atuarão sobre o núcleo Bion e sobre todos os elementos que estão na retaguarda evolucional. Com o suprassumo deste conteúdo aprimorado, formar-se-á o terceiro núcleo do psiátomo, o **Intelecton,** o qual se incumbe de sintetizar as inefáveis conquistas da inteligência e as indizíveis fragrâncias integradas na consciência em formação.

Em síntese, à união destes três núcleos permanentemente integrados é que chamamos de psiátomo, de cuja associação – em dois ou mais – forma-se a matéria psi, para, por fim, individualizar-se e forjar o Espírito imortal. Arrematando, a individualidade é formada pela união solidária e pelo trabalho fraterno dos elementos componentes da matéria psi, complexa e minuciosamente organizados. Assim, tanto o Espírito quanto os demais elementos componentes do mundo Espiritual se originam desse imprescindível substrato quintessenciado.

Embora esta seja tão somente uma noção básica do que é a bioenergia, para que serve esse prana divino de inenarráveis proporções quantitativas e como devemos usar este manancial de infindáveis possibilidades qualitativas na perene e infindável edificação do inexprimível *devir*, utilizá-la de forma promissora ou contraproducente dependerá tão somente da inteligência de cada ser em potencial, do seu poder imaginativo, da sua capacidade criativa, que é o seu pensamento organizado, da lúcida gerência da vontade inquebrantável, da grandeza do laboratório mental em sua completude e de seu benevolente e beneficente projeto de auto e de aloiluminação.

Diante do exposto, inquirimos solenemente: o que queremos ou intencionamos criar, renovar, promover ou iluminar? Vida plena em perene profusão? Se as respostas forem afirmativas, poderemos levar esses elementos que estamos criando ou renovando diretamente para as entranhas dos microtúbulos, isto é, para o íntimo dos microvórtices transdutores de bioenergia – ínsitos nos centríolos concernentes ao universo celular –, a fim de abastecer essa fonte inesgotável de plasma vital para as organelas, ou poderemos criar átomos, moléculas e criar ou edificar a própria célula em questão. Em síntese, podemos levar esse plasma para nutrir as células vigentes ou podemos criar um átomo, uma molécula ou uma célula nova para substituir outra que está com problema ou malsã.

Dependendo do seu conhecimento, cada ser poderá extrair a bioenergia da fonte inesgotável em si, que só é inesgotável porque emerge da essência do ser manifestado – que é o Espírito –, o qual tem, sob sua regência direta, o centro coronário – o lótus de mil pétalas –, que lhe possibilita a canalização dos elementos cósmicos – o princípio inteligente do Universo, o Éter cósmico e o Fluido cósmico–, para transformá-los na matéria mental e na bioenergia e demais elementos dos degraus subsequentes, ou seja, eles perfarão todo o percurso dos elementos multifários que alicerçaram a bioenergia e a sustentam – da origem do espírito às miríades de elementos e elementais que a sucedem. Assim, de dentro para fora, a matéria-prima será o Hálito Divino, o Austo do Criador, a Força nervosa do Todo Sábio.

Do interior para o exterior, inicialmente, transformaremos os elementos cósmicos, o *prana* divino em matéria mental. Assim, entregaremos para a mente a energia cósmica transubstanciada em matéria, plasma ou energia mental. O pensamento – como capacidade criativa em ação – receberá, conjuntamente com a matéria-prima que vai "dar forma às figuras da imaginação" – conforme Emmanuel –, as diretrizes essenciais para dar vida e qualificação ao que se está criando ou moldando. Em vista disto, de dentro para fora, nós temos essa fonte inexaurível a brotar de nós mesmos. Por outro lado, temos ainda outra fonte, advinda da Natureza – a síntese kundalínica –: o ectomineroplasma, o ectofitooplasma e o ectozooplasma. No dizer de Miramez, as energias do entorno aguardam apenas as nossas ordens para a sua movimentação, mas, como o autor enfatiza, se soubermos, tudo o que existe fora encontraremos com maior segurança nas jazidas interiores intrínsecas a cada ser, pois somos uma magnificente fusão de tudo o que nos antecede.

Quando a matéria-prima se origina do hausto do Creador – o fluido nervoso do Todo Sábio –, passará pelo filtro transdutor coronariano, no qual sofrerá as transubstanciações para adequar-se às leis e aos propósitos ínsitos na Consciência-mater. Por este motivo, não haverá rejeição por parte do fluido ou substrato canalizado, pois este indizível elemento nos achega sensibilizado pelo amálgama da Boa Nova de Jesus, o Cristo de Deus, predisposto a obedecer às íntimas diretrizes fomentadoras do Bem Supremo, do âmago à mente consciente, na qual se gravarão os nobres sentimentos para a personificação dos empreendimentos futuros, à luz da fidelidade sem mácula. Assim, de acordo com os objetivos da pauta em curso, ou seja, de conformidade com os expedientes luminescentes em evidência, podemos levar o prana transubstanciado diretamente para o núcleo das células ativas ou usá-lo na construção de uma célula nova ou duplicar a célula existente. De modo que, quando entendermos este magnificente processo libertador, tornar-nos-emos uma consciência desperta, conscientizar-nos-emos de que, em verdade, somos pequenos deuses em potencial. Em suma, podemos criar matéria mental ou atuar na já existente, a fim de transmutá-la em energia mental e em bioenergia, posto que cada ser possui em si a fonte permanente da própria energia mental, originária dos pensamentos e da matéria mental à disposição de todos. Cada um a cria ou retira dela certa porção, de acordo com o seu objetivo de vida e a sua capacitação diretiva. A energia mental criada ou moldada pelos pensamentos e qualificada pelos sentimentos se transmuta no oásis da bioenergia intrínseco a todas as criaturas que a manuseiam lúcida e prudentemente, assim como canalizam, qualificam e direcionam a energia do entorno ao interagir com ela. À vista disto, o nosso padrão moral e a nossa frequência vibracional bem conduzidos dará forma e função qualificadas à bioenergia, bem como manutenção quantitativa e direção enobrecedora, facultando – nas leiras multidimensionais do espaço, nos interregnos das dobras do tempo e nos incoercíveis expedientes da eternidade – o seu melhor aproveitamento e a sua lídima aplicação no processo de autocura e de autoiluminação, objetivando a prevenção de doenças de vário porte – nos implementos psicobiofísicos, morais e espirituais – e a preservação da saúde integral, em consonância com as leis e com a vida imarcescíveis em perene plenitude.

Não podemos nos esquecer de que, se esta matéria mental foi criada por outrem, e, se porventura não soubermos onde ou por quem ela foi personificada, fatalmente sofreremos a influência das suas experiências longamente auferidas – e, quiçá, malversadas – e arcaremos com as consequências desse inconveniente. Porém, podemos mudar a polaridade. Se a influenciarmos nobremente, nós a levaremos rumo à angelitude; mas, atentemos para o fato de que, se ela nos influenciar, poderá nos levar para os abismos inerentes às suas vibrações específicas. Por isso, para nos imunizarmos das suas influências primárias ou deletérias, o mais importante antídoto é o amor movimentado pela oração consciente, em consonância com a harmonia das leis que o regem e com as normativas da vida que o expressa, o que culminará na autocura, por intermédio da qual carrearemos a energia curativa de dentro para fora. Entretanto, enquanto não atingirmos tal propósito, valer-nos-emos da cura proveniente das energias e substratos assimilados do entorno, isto é, do que canalizarmos de fora para dentro, observando atentamente o máximo proveito e o equivalente respeito aos seus elementos constitutivos.

Considerando o percurso de dentro para fora, o qual se dará por intermédio do circuito dos chacras – centros de força ou centros vitais –, o deus interno aciona o cristo interior, que se personifica na vontade ativa, a mais potente alavanca no centro consciencial do ser manifestado ou o potencial de maior evidência e de mais alta relevância no evolver do Espírito. Por intermédio do lótus de mil pétalas, a vontade, como gerente esclarecida da mente, canaliza e qualifica o fluido universal, originário do éter cósmico, estruturado pela união dos espíritos recém-saídos do Psiquismo Divino, os quais se transubstanciarão na matéria mental que, por sua vez, se metamorfoseará em energia ou plasma mental e, por fim, em bioenergia – o substrato conceptual da vida em incoercível e perene profusão ascendente.

O centro coronário é um catalisador e transdutor da energia universal, pois ele transforma esse fluido divino numa substância que dará forma aos pensamentos, vida e aformoseamento às ideias e às criações que se pretende gestar. O engendro ocorrerá de dentro para fora, ou seja, o lótus transdutor, regido pela vontade consciente, canaliza o fluido cósmico e o transforma em fonte inexaurível de bioenergia, a qual, por intermédio das inteligências qualificadas – coadjuvadas pelo centro frontal, pela capacidade criativa em ação e pelo poder imaginativo concernentes – dará forma ao que está sendo concebido, e, por meio dos sentimentos e das emoções superiores, concederá vida e dinamismo à pauta nobremente estatuída. Por fim, a mentalização das ideias enobrecedoras, transvestidas pela roupagem das palavras disciplinadas – verbalizadas ou não –, darão movimento seguro ao empreendimento lucidamente deliberado, e as atitudes, subsecutivamente, proverão a justa e benéfica direção. À vista de tais apreciações, a consciência desperta decidirá para onde almeja enviar os substratos oriundos da bioenergia, seja como prana vivificante, seja usando-a como veículo para levar os impulsos divinizantes dos valores virtuosos ou as diretrizes promotoras dos valores enriquecedores para servir diretamente às células, por intermédio dos demais centros de força e dos microvórtices ou centros vitais do universo celular.

Em síntese, o centro coronário e o centro frontal dão forma e vida à pauta previamente estatuída pelo consciente vigilante e supervisionada pela Superconsciência. O centro laríngeo e o centro emocional darão o movimento transformador seguinte, no inconsciente. O centro gástrico e o centro esplênico ressignificarão o enredo elencado no subconsciente e, por fim, o centro genésico e o centro kundalini canalizarão novos recursos pertinentes às porvindouras criações irrefreáveis, recursos de vário porte cedidos ininterruptamente pela Natureza-mãe.

Imprescindível lembrarmo-nos de que, a partir do centro esplênico, a bioenergia mergulhará nas subdivisões dos microcentros vitalizadores do cosmo celular, até imergir nos oásis dos "nadis ou meridianos" – diminutos canais condutores da bioenergia –, rumando sem detença para o âmago dos microvórtices ínsitos nas entranhas inefáveis dos microtúbulos, carreando o plasma vivificante, e, simultaneamente, transportando a força diretiva para melhor nortear o amálgama do DNA dominante – o centro consciencial da célula –, o cronograma organizador e promotor do soma orgânico. Para tanto, o périplo da matéria-prima se configurará por intermédio do circuito cerebral, do sistema nervoso – central e periférico –, coadjuvado pelos sistemas endocrínico, linfático e sanguíneo, os quais se encarregarão de levar o néctar ou elixir promotor da vida multifária, banhando e vivificando o citoplasma em sua completude, mas, em especial e infalivelmente, a encomenda será entregue diretamente aos armazéns inerentes aos microvórtices, intrínsecos aos microtúbulos – a mente celular –, com a quota imprescindível à reordenação do equilíbrio no oceano citoplásmico, e a consequente ressignificação do fenótipo em vigência. Por outro lado, as leis normativas perfarão o circuito: nadis, microcentro celular (o chacra central e majoritário da célula) e neoplasma, e, especificamente, reprogramarão as estâncias mnemônicas do DNA atuante, ou seja, transmutar-se-á o genótipo, o cronograma organizacional da célula. Em suma, as ideias enobrecedoras conjuntamente com os planos de futuras ações benéficas serão os portadores das energias equilibrantes que irão reorganizar os complexos campos celulares, harmonizá-los e aumentar-lhes a produtividade.

  Este é um esquema simplificado do circuito de dentro para fora, mas, se porventura ainda não tivermos essa habilidade adquirida, podemos e devemos nos valer da alavanca da vontade consciente, assessorada pela oração fervorosa, gerar um novo pensamento condizente com o que se pretende gestar ou promover, e, pela prece, interagir com a matéria mental, assimilá-la e enriquecer uma porção desta matéria-prima, oriunda da energia universal, usando, para isso, os centros vitais e as nossas virtudes mais bem aprimoradas, a fim de transmutá-la em bioenergia, na edificação e no aperfeiçoamento das formas de vida subsequentes, cientes de que alguém coordenará mais uma etapa complexa e valorosa deste prana divino para conosco, ou seja, seres mais evoluídos e melhor habilitados procederão à justa transdução das forças e substâncias constitutivas do fluido cósmico para a edificação e a qualificação das vidas incontáveis que constituem a matéria mental.

  No ensejo anterior, haurimos o fluido universal na fonte geratriz do éter cósmico. Agora estamos assimilando a matéria mental já individualizada e transubstanciada como tal, isto é, neste novo enredo, sorvemos uma porção de um subproduto do plasma divino, do hausto do Criador, a força nervosa do Todo Sábio, a fim de darmos forma às figuras de nossa imaginação, sob a regência de nossos destinos, pois, com essa matéria mental sensibilizada por outras mentes mais hábeis e mais bem qualificadas, fácil se nos torna transmutá-la em bioenergia para atingimos os meios e os fins condizentes e subsecutivos. Antes, canalizamos uma porção do fluido cósmico e o transformamos em matéria mental, energia ou plasma mental e, subsecutivamente, em bioenergia, a partir do oásis da vida multiforme em nós outros. Agora estamos incorporando os substratos da matéria mental para transformá-la em energia ou plasma mental e, por fim, em bioenergia, o prana multiforme constitutivo da vida multifacetada. Em vista disto, a partir deste estágio, nós podemos e devemos proceder de modo semelhante, ou seja, igualmente levar uma cota desta substância primária ou matéria-prima essencial para o interior dos microvórtices, bem como, sucessiva e concomitantemente, melhor direcioná-la com os valores virtuosos na reprogramação e na requalificação do DNA vigente. Em vista disso, podemos potencializar os elementos geradores e nutridores da vida multifária, servindo-nos desse mesmo conteúdo utilizado na reordenação e sublimação do DNA atuante, a fim de nutrir e dar prosseguimento à vida em seu perpétuo evolver. Posteriormente à entrega deste manjar divino em seu duplo propósito, não podemos nos esquecer das orações fervorosas, das visualizações objetivas e das mentalizações constantes, repetidas e aprimoradas incansavelmente, tanto na pauta iluminativa do caráter – moral e espiritual – que promove a correção das causas constritoras quanto na efetivação do processo de autocura que, inequívoca e inegavelmente, alivia os efeitos, suplanta os desafios asfixiantes e ilumina as provas redentoras.

Supondo que, nesta etapa simplificada, ainda não estivéssemos aptos à sua solene e consciente execução, ou seja, enquanto ainda demandássemos receber de alguém uma cota generosa do que ainda carecemos em nosso celeiro de vida plena, isto é, sendo ainda estagiários na ociosidade anestesiante e na dependência mendicante, no mínimo receberíamos uma porção de princípios vitais quantificados e qualificados para o *vir a ser* enobrecido, o que já é uma transdução dos infracorpúsculos em elementos subsequentes, pois obteríamos o empréstimo de uma síntese consciencial de todos os elementos constitutivos do mundo subatômico pronta. Diante do exposto, receberíamos uma cota de vidas infinitesimais, das origens da vida no Psiquismo Divino à energia nêutron, ficando a nosso cargo tão somente o trabalho de transformação deste elemento-síntese em um manancial de fluido vital. Assim, ao recebermos uma porção do elemento gerador de vida, apto a transubstanciar-se no substrato nutridor da vida multidimensional, só nos restaria o empenho e o esforço bem direcionados para a transformação deste em elemento que nutre a vida em contínuo *devir*. Mas, se nem para isso estivermos aptos ou dispostos à execução consciente, quiçá a misericórdia divina possa nos conceder a oportunidade de assimilar diretamente o fluido vital personificado, para, pelo menos, fazer a manutenção da vida constituída em seu evolver irreprimível.

Se por acaso não quisermos ou não demonstrarmos o mínimo interesse e boa vontade ativa, ou seja, se não nos dispusermos a edificar ou a reformular coisa alguma em nossas vidas, desejando apenas sobreviver à custa do suor e das benesses alheias, a ajuda será proporcional ao nosso pouco esforço empreendido. Mas, se nem isso quiséssemos, ou se desejássemos simplesmente que alguém conduzisse a nossa vida, sem o mínimo esforço da nossa parte, com certeza não receberíamos da vida uma quota sequer de energia vital com as funções cumulativas de organização e de manutenção da vida em sua interminável ascensão progressiva. Neste caso, alguém poderia assumir o comando do nosso destino e fazer o que precisasse ser feito em prol da manutenção e da promoção da vida a nós confiada, e, muito provavelmente, dali a pouco reassumiríamos, por exigência da própria vida e das leis incoercíveis, e, quiçá, desperdiçaríamos e estragaríamos tudo outra vez, quer seja por desleixo, negligência ou por ignorância de nós mesmos, tanto em relação aos nossos imensuráveis potenciais inatos quanto aos insondáveis mananciais de recursos latentes ao nosso dispor.

Se o contrário acontecer, como gestores de nossa realidade e condutores de nossa real destinação, ou seja, com este estado de consciência lúcida, podemos e devemos perfazer o mais nobre de todos os estágios, isto é, como cocriadores conscientes, podemos mergulhar diretamente no oceano infindável do Psiquismo Divino, pois seremos um com o Cristo Cósmico, que é uma expressão do Eterno Arquiteto, do qual assimilaremos uma porção desse Psiquismo primevo. Assim poderemos criar os próprios princípios inteligentes sob a Sua amorável supervisão, pois já estaremos em condições de transmutá-los em éter cósmico e, de éter cósmico, em fluido cósmico, bem como, subsecutivamente, transmutar o fluido cósmico em matéria mental e converter a essência da matéria mental em plasma mental. Finalmente, metamorfosear o néctar do plasma mental em substratos quintessenciados da bioenergia. Por conseguinte, seremos capazes de criar os infracorpúsculos, assim como as linhas de forças, tanto quanto promover a mutação dos elementos subatômicos a partir dos neutrinos. À vista disto, assim procederíamos até formarmos um núcleo atômico com a presença da energia nêutron, transmutá-la na edificação do próton, e, sequencialmente, transubstanciar o próton em elétron, ou seja, proceder à transdução de parte da massa dos prótons em elétrons e de parte da massa dos elétrons em fótons. Desse modo, dos alcantis de cada degrau conquistado, promoveremos o degrau da retaguarda, rumo ao estágio evolutivo seguinte. Isto posto, elevam-se os elementos constitutivos do nêutron para o degrau edificado pelo próton, bem como se elevarão os elementos dos prótons ao estágio logrado pelos elétrons. Vale lembrar que sempre o degrau mais elevado – neste caso, os fótons – comportar-se-á como a consciência do próprio átomo. Por fim, em seu dinamismo irrefreável, os fótons formarão o magnetismo humano, a lei que ordenará a união dos átomos individualizados na confecção das moléculas que os integram em seu incoercível *devenir*. Se assim é, consequentemente, a vida biológica prosseguirá até o ápice da completude do corpo físico, no qual, ao atingir os píncaros inefáveis da maquinaria orgânica, o átomo de matéria física – constante no espectro da escala estequiogenética – submeter-se-á à sua última transdução ascensional no universo tridimensional, por intermédio da qual, de energia atômica, pura e simplesmente, transformar-se-á em psiátomo, o átomo componente da matéria psi subsequente, sobre a qual já dissertamos.

Esse é um mecanismo do estado de consciência lúcida, por intermédio do qual o Espírito desperto na consciência pode usar tudo o que já possui de potenciais inatos e de recursos latentes à sua disposição, isto é, tudo o que já angariou em sua longuíssima jornada evolutiva e tudo o que a Natureza lhe confiar, segundo os seus talentos e os seus propósitos enobrecidos. Em suma, por meio do centro coronário, colocamos em movimento todos os recursos à nossa volta. Podemos e devemos acessar diretamente a fonte dos imensuráveis recursos intrínsecos à nossa realidade inconteste, desde as experiências que integramos em nossa individualidade imortal. Também assimilaremos, pelos automatismos do centro coronário e dos demais centros interdependentes e conglutinados, o fluido universal ou os elementos que o antecedem, assim como acessaremos a fonte inesgotável das próprias energias nos oásis indizíveis das jazidas interiores. Por fim, segundo a lucidez de uma consciência desperta, ela usará o mesmo centro coronário e os demais transdutores contíguos que interdependem nas mútuas ações colaborativas, não para sorver o subproduto do fluido universal, tampouco do éter cósmico, mas, sim, para assimilar uma porção do princípio inteligente do Universo ou, quiçá, uma porção do próprio Psiquismo Divino. Em síntese, quanto mais lúcido o Espírito, mais amplo e mais promissor será o trabalho por ele executado, bem como maior será a sua autonomia e a sua responsabilidade na ação consciente. Esse é o Despertar da Consciência, transubstanciando o sal da terra em luz do mundo, no circuito interminável do incoercível e sempiterno evolver.

Capítulo 7 - Bioenergia

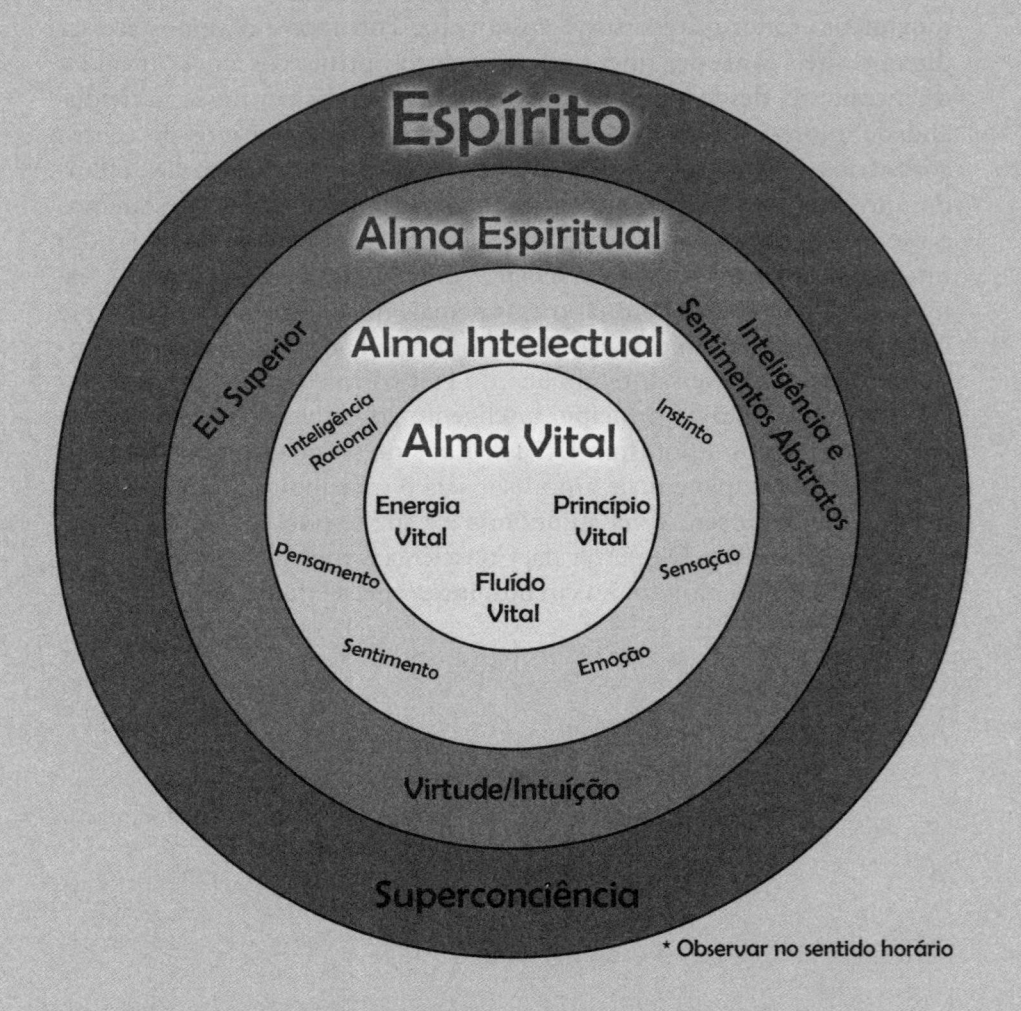

Espírito

Alma Espiritual

Alma Intelectual

Alma Vital

- Energia Vital
- Princípio Vital
- Fluído Vital

Eu Superior

Inteligência e Sentimentos Abstratos

Inteligência Racional

Instinto

Pensamento

Sensação

Sentimento

Emoção

Virtude/Intuição

Superconciência

* Observar no sentido horário

MOB = Síntese do princípio vital, do fluido vital e da energia vital.
BIOENERGIA: Energia que gera, nutre, organiza e mantém a vida em suas infindáveis expressões.

Capítulo 8
Alinhamento dos Chacras

Noções preliminares

A avaliação e o aprimoramento multidimensionais

Teoria e prática

Fonte da imagem: https://images.app.goo.gl/u5iuQ6C9oVnodeYaA

Noções preliminares

A etapa que ora iniciamos é mais minudenciada do que as que a antecederam. À semelhança dos exercícios anteriores, este também objetiva a autocura. Segundo Joanna de Ângelis, *a alma humana, em sua realidade plena, alberga em si as nascentes de todos os males, como também a fonte generosa de todas as bênçãos. À vista de tais afirmações, o ser humano ainda prefere a manutenção das próprias mazelas, nelas se comprazendo. Anestesia-se no infortúnio em que permanece com certo agrado, embora demonstre desconforto e infelicidade.*[687] Diante do exposto, a veneranda mentora, conclama-nos com veemência: "A cura real de todos os males que aturdem e desarrazoam o ser humano, ocorre no cerne do Espírito, graças à conscientização dos valores morais necessários à harmonia dos equipamentos orgânicos."[688] Assim, fácil se nos torna efetuar a solução de todas as pendências constritoras que por vezes nos afligem sobremaneira. Desse modo, o caminho a ser percorrido para canalizarmos as forças e as leis ínsitas na Consciência-mater se inicia no centro coronário, o mais nobre e experiente dentre os demais, o de maior autoridade no arquipélago do Espírito.

Emmanuel, Joaquim Murtinho, Léon Denis e Bezerra de Menezes, respectivamente, advertem-nos:

> Quando preconceitos enquistados, teorias inúteis, inquietações e tensões, queixas e mágoas se nos instalam por dentro, dilapidamos os tesouros do tempo e as oportunidades de progresso, de vez que **impedimos a passagem da corrente transformadora da vida**, através de nossas próprias forças (grifo nosso).[689]

> Se o homem compreendesse que a saúde do corpo é reflexo da harmonia espiritual, e se pudesse abranger a complexidade dos fenômenos íntimos que o aguardam além da morte, certo **se consagraria à vida simples, com o trabalho ativo e a fraternidade legítima por normas de verdadeira felicidade.**

> Por que não multiplicar em torno de nós **os gestos de gentileza e de solidariedade**, que simbolizam as flores do coração?

> Assim também, **a palavra agradável** que proferimos ou recebemos, **as manifestações de simpatia, as atitudes fraternais e a compreensão sempre disposta a auxiliar**, constituem recursos medicamentosos dos mais eficientes, porque **a saúde, na essência, é harmonia de vibrações.**

> Quando nossa alma se encontra **realmente tranquila,** o veículo que lhe obedece está em paz.

---

[687] Franco, D. P.; Joanna de Ângelis (Espírito). Jesus e Responsabilidade. In: *Jesus e Atualidade*. cap. 12.
[688] Franco, D. P.; Joanna de Ângelis (Espírito). Saúde e Paz. In: *O amor como solução*. cap. 9.
[689] Xavier. F. C.; Emmanuel (Espírito). Tua mente. In: *Alma e Coração*. cap. 18.

A mente aflita despede raios de energia desordenada que se precipitam sobre os órgãos à guisa de dardos ferinos, de consequências deploráveis para as funções orgânicas.

E que dizer das paixões insopitadas (adormecidas ou reprimidas), das enormes crises de ódio e de ciúme, dos martírios ocultos do remorso, **que rasgam feridas e semeiam padecimentos inomináveis na delicada constituição da alma?**

Que dizer relativamente à hórrida multidão dos pensamentos agressivos duma razão desorientada, os quais tanto malefício trazem, **não só ao indivíduo, mas, igualmente, aos que se achem com ele sintonizados?**

Todos os sentimentos que nos ponham em desarmonia com o ambiente, onde fomos chamados a viver, **geram emoções que desorganizam,** não só as colônias celulares do corpo físico, mas também **o tecido sutil da alma, agravando a anarquia do psiquismo.**

Transformando-se em núcleo de correntes irregulares, a mente perturbada emite linhas de força, que **interferirão como tóxicos invisíveis sobre o sistema endocrínico,** comprometendo-se a normalidade das funções.

Mas não são somente a hipófise, a tireoide ou as cápsulas suprarrenais as únicas vítimas da viciação. **Múltiplas doenças surgem para a infelicidade do espírito desavisado que as invoca.** Moléstias como o aborto; a encefalite letárgica, a esplenite, a apoplexia cerebral, a loucura, a nevralgia, a tuberculose, a coreia, a epilepsia, a paralisia, as afecções do coração, as úlceras gástricas e as duodenais, a cirrose, a icterícia, a histeria e todas as formas de câncer podem nascer dos desequilíbrios do pensamento.

Em muitos casos, são inúteis quaisquer recursos medicamentosos, porquanto **só a modificação do movimento vibratório da mente, à base de ondas simpáticas,** poderá oferecer ao doente as necessárias condições de harmonia.

Se o homem cultivasse a cautela, selecionando inclinações e reconhecendo o caráter positivo das leis morais, **outras condições, menos dolorosas e mais elevadas, lhe presidiriam à evolução.**

É imprescindível, porém, que a experiência nos instrua individualmente. Cada qual em seu roteiro, em sua prova, em sua lição.

Com o tempo aprenderemos que se pode considerar o corpo como o "prolongamento do espírito", e **aceitaremos no Evangelho do Cristo o melhor tratado de imunologia contra todas as espécies de enfermidade** (acréscimo e grifos nossos).[690]

Todos os nossos males provêm de agirmos em sentido oposto à corrente divina; **se tornarmos a entrar nessa corrente,** a dor desaparece com as causas que a fizeram nascer (grifo nosso).[691]

Não há cura para as nossas doenças da alma, quando nossa alma não se rende ao impositivo de recuperar a si mesma![692]

---

[690] Xavier, F. C.; Joaquim Murtinho (Espírito). Saúde. In: *Falando à Terra.* cap. 22.
[691] Denis, L. A dor. In: *O Problema do Ser, Do Destino e da Dor.* 3ª parte, cap. 26.
[692] Xavier, F. C.; Bezerra de Menezes (Espírito). Renúncia. In: *Instruções Psicofônicas.* cap. 1.

Se optarmos pelo retorno à corrente divina e nos rendermos ao impositivo de recuperar a nós mesmos, ou seja, se pautarmos a nossa conduta pelas leis de harmonia, desfaremos os empecilhos, desbloquearemos os impedimentos e facilitaremos o fluxo da corrente vivificante e fomentadora da vida, a bioenergia (o prana divino), nas suas múltiplas ou inumeráveis facetas.

Como anjo libertário, a dor não representa tão somente energia coagulada reclamando trabalho digno e urgente sublimação adequados, mas também algo longamente soterrado nos porões da inconsciência que ora vem à tona a fim de ser nobremente ressignificado, ou seja, são os velhos hábitos parasitários ou as imperfeições morais perfectíveis solicitando nova e divinizante direção iluminativa e libertadora.

Crer é importante; entretanto, pautar nossa conduta segundo a crença que professamos é essencial. O saber aponta o caminho, a conduta define o destino. Sabemos que a vida, para nascer, morre e, para viver, mata. No universo das virtudes e das imperfeições em que mergulhamos, morte e vida, simbolizando transformação e renascimento, são uma constante, mediante a renovação ou a edificação pretendida. Desse modo, os empreendimentos serão direcionados para a construção do novo, do *vir a ser*, sem a consequente perda de tempo em embates infrutíferos.

Elucida-nos Miramez – o eminente estudioso dos centros vitais e da vitalidade prânica Universal –, que o éter cósmico "interpenetra tudo, até mesmo a matéria mais rarefeita. Canta com harmonia celestial no mundo interatômico, conservando a unidade nuclear", posto que o núcleo atômico, segundo Emmanuel, "desempenha a função de centro vital".[693] Entretanto, quando o plasma divino penetra no vértice coronário, prossegue Miramez, "este lhe serve de reator, transformando-o em fluido plasmático, de modo a nos dar meios para pensar, formar as ideias e poder colocar a razão em pleno funcionamento, para que o verbo se expresse e a escrita se materialize".[694] Eurípedes Barsanulfo enfatiza: "Nesse centro de força habita um deus",[695] ou seja, uma entidade orientadora. André Luiz acrescenta: "os centros vitais são fulcros energéticos que imprimem às células a especialização máxima, sob a direção automática da alma."[696] Podemos distinguir dois estados vibracionais da bioenergia ou duas dimensões interdependentes. Identificamo-los como: força orientadora –

---

[693] Xavier, F. C.; Emmanuel (Espírito). Associação. In: *Pensamento e Vida*. cap. 8.
[694] Maia, J. N.; Miramez (Espírito). Lótus Divino. In: *Horizontes da Mente*. cap. 12.
[695] Santos, Eliana; Eurípedes Barsanulfo (Espírito). Da Palavra. In: Yoshua - *Palavra Nossa de Cada Dia*. cap. 3.
[696] Xavier, F. C.; Vieira, W.; André Luiz (Espírito). Corpo espiritual: Centros vitais e células. In: *Evolução em dois Mundos*. cap. 2, item 2.

entidade imanente no Espírito, advinda da Consciência-mater –, a qual se responsabiliza pela organização e pela manutenção da vida (trata-se da energia vital); e como força criadora – força motriz, o hausto criador –, que acumula as funções de gerar vida (o princípio vital) e de nutri-la (o fluido vital), ou seja, a bioenergia age atuando como matéria-prima essencial, sem a qual a vida pereceria ou sequer existiria.

A serviço das forças automáticas da alma e da mente, os centros vitais servem-lhes de reatores, transubstanciando o éter cósmico em fluido plasmático, propiciando-lhes os meios para a elaboração dos pensamentos, para a formação das ideias, para clarear o raciocínio *e colocar a razão em pleno funcionamento*, a fim de que o verbo criador se expresse e a escrita libertadora se materialize a benefício de todos. Allan Kardec esclarecera: "um pensamento bondoso traz consigo fluidos reparadores que atuam sobre o físico, tanto quanto sobre o moral".[697] Em consonância com Kardec, Miramez acrescenta:

> A energia cósmica desprendida do seio da Majestade Divina chega às criaturas, cândida e sublimada, a receber os nossos sentimentos, aceitando as nossas ideias. Quais as ideias que devemos gravar nesses fluidos de Deus? **O que ali depositamos são sementes que devem germinar e crescer voltando a nós.** Se somos a luz, essa luz deve ser a nossa vida, e o pensamento, como semente de luz, nunca semeará trevas. Devemos nos lembrar sempre do Mestre, nos caminhos que percorremos, para que possamos esquecer as trevas (grifo nosso).[698]
>
> **Ainda é segredo para os homens a gênese dos pensamentos.** Qual seria a engrenagem que faz brotar esse milagre divino no centro das condições humanas? A geração do pensamento não está sob o controle de quem pensa. **É uma força de Deus que se manifesta por intermédio do espírito.** Por vezes, pensamos sem que a razão se manifeste e o produto dessa força pode cair sob o nosso domínio, em forma de ideias. A formação das ideias pode ser disciplinada, para que elas tomem curso diferente nas zonas que devem percorrer.
>
> **A força primitiva da mente surge límpida e pura,** no entanto, consubstancia-se com as condições humanas ao tomar forma na área da vida do Espírito. A energia divina, que interpenetra pelos centros de força e toma corpo mental, **tem uma sensibilidade indescritível e nela gravamos os nossos sentimentos,** que passam a dominar, segundo aquilo que somos e, pela lei de justiça, respondemos pelo que doamos através das nossas faculdades mentais (grifos nossos).[699]
>
> Pode-se ver, pela observação comum, que **energia incorpora em energia, fecundando uma existência;** que amor faz simbiose com amor, avolumando a esperança; caridade se eterniza com caridade, na manifestação

---
[697] Kardec, A. Os fluidos: Curas. In: *A Gênese*. Rio de Janeiro: FEB. cap. 14, item 20.
[698] Maia, J. N.; Miramez (Espírito). Por que pensamos? In: *Força Soberana*. cap. 5.
[699] Maia, J. N.; Miramez (Espírito). Pensamento gerador. In: *Saúde*. cap. 24.

> de maior alegria espiritual; perdão coaduna-se com perdão, na mais alta fraternidade e a paz se encontra com a paz, para que o trabalho se harmonize. **Isso tudo é incorporação de um para com o outro, para a luz da própria vida.** Os nossos pensamentos incorporam-se em outros pensamentos idênticos, para materializar o que desejamos. Isso tudo é mediunidade em outra esfera, mas é intercâmbio no silêncio da natureza (grifos nossos).[700]
>
> Nos intervalos dos sons vibram energias, onde os sentimentos falam com maior expressão.[701]

Na mente, com o fulgor que lhe é próprio, evidencia-se de forma proeminente a capacidade criadora do Espírito. Consequentemente, ela se transforma em alavanca propulsora de sua evolução. Desse modo, segundo os miríficos raciocínios de André Luiz, a mente é "um núcleo de forças inteligentes, **gerando plasma sutil** que, ao exteriorizar-se incessantemente de nós, oferece recursos de objetividade às figuras de nossa imaginação, sob o comando de nossos próprios desígnios" (grifo nosso).[702] Fonte inesgotável de energias e de imensuráveis potencialidades de ascensão, a mente carece ser melhor compreendida, a fim de aproveitarmos as oportunidades de crescimento e de não malbaratarmos a miríade de recursos que a Natureza nos oferta ininterruptamente.

Mediante os conceitos e as elucidações de Ramatis, "a mente é a usina da inteligência, do progresso moral, físico, científico, artístico ou espiritual. É a base da felicidade ou da desventura, da saúde ou da doença, do sucesso ou do fracasso". E com seu admirável poder de síntese, o autor enfatiza: "**O homem pensa pela mente, sente pelo astral e age pelo físico**" (grifo nosso)[703] A consciência intui, a mente idealiza, o perispírito gesta e o corpo vivifica. Desse modo, os desejos mais secretos do Espírito se efetivam a partir dos impulsos interiores, por intermédio dos quais tomam forma e criam vida, ao perpassarem pelo cadinho purificador e sofrerem as metamorfoses concernentes às interações e permutas inevitáveis, ocorridas em seus veículos de expressão e de inter-relação com incontáveis realidades.

A mente, cuja gerente é a vontade, por ser uma imanação da consciência, é um terreno fértil de inenarráveis possibilidades. Nela os pensamentos, assessorados pela memória, norteados pela inteligência, coadjuvados pela imaginação, qualificados pelos sentimentos e pelas emo-

---

[700] Maia, J. N.; Miramez (Espírito). A psicofonia. In: *Segurança Mediúnica*. cap. 43.
[701] Maia, J. N.; Miramez (Espírito). Os intervalos dos sons. In: *Horizontes da Fala*. cap. 29.
[702] Xavier, F. C.; André Luiz (Espírito). Estudando a mediunidade. In: *Nos Domínios da Mediunidade*. cap. 1.
[703] Maes, Hercílio.; Ramatís (Espírito). A mente. In: *Sob a Luz do Espiritismo*. cap. 7.

ções, são os artífices das ideações e de todas as realidades elaboradas e concretizadas por intermédio dessa força-tarefa em ação. Por conseguinte, esses e outros inumeráveis potenciais coadjuvantes no processo de gerar e nutrir, organizar e manter e, por fim, dissociar e sublimar a vida em todos os matizes, são gerenciados pela potência das potências – a vontade – a serviço da Consciência-mater, da qual são imanências. Assim sendo, essas sementes de luz, nascidas dos desejos, são alavancas propulsoras dessas realidades que se materializam no mundo das formas por intermédio das palavras e das atitudes ou das ações que as sucedem. Elas se tornam entes vivos, cultivados pelas experiências cotidianas, sintetizando e multiplicando as forças das quais se originam, como expressão da consciência que se expande ao final de cada ciclo. Em outras palavras, a expansão da consciência advém desse eterno ir e vir, enriquecido pelas mudanças e pelos acréscimos na arte de bem viver e de servir pelo prazer de ser útil, ou seja, mediante o trabalho com o Cristo, à luz do amor incondicional, posto que "quando o ser humano compreender que *viver* é fenômeno biológico, *viver bem* é conquista de prazer, mas *bem viver* é conforme as Leis de Deus, que se lhe encontram ínsitas na consciência, avançará com maior rapidez pela trilha do amor e da caridade, as vias que levam à *porta estreita da salvação*".[704] Diante da oportunidade e da seriedade do exposto, pensar nobremente, sentir com discernimento e lucidez, falar com sabedoria e agir com seriedade em plena consonância com as sublimes diretivas da Boa Nova do Divino e Eterno instrutor, tal será o compromisso essencial de quantos almejam usufruir dos benefícios condizentes com a pauta estatuída, pois serão auxiliados apenas os servidores e cooperadores da causa crística que procederem conforme a justa e desinteressada doação de si mesmos.

Estas lúcidas advertências de Manoel P. de Miranda traduzem perfeitamente o que asseveramos: "Há, desse modo, uma distância significativa entre **conhecer e vivenciar, ensinar e sentir, compreender e amar em profundidade,** ajudando sempre e sem cessar" (grifo nosso).[705] Quando não agimos com o devido respeito pelo ser ou pelo objeto ao qual direcionamos a nossa atenção, a vivência do amor em plenitude se faz inviável. Da mesma forma, é impossível amar o que de fato desconhecemos.

Antes da semeadura, é imprescindível conhecer as sementes e amanhar o terreno em que serão cultivadas.

---

[704] Franco, D. P.; Miranda, Manoel P. de (Espírito). Os desafios e as soluções. In: *Perturbações Espirituais.* cap. 16.
[705] Franco, D. P.; Miranda, Manoel P. de (Espírito). Indagações esclarecedoras. In: *Tormentos da Obsessão.* cap. 8.

Semear e cultivar é preciso, é um dever moral. Regar as sementes elegidas, à luz de esforços reiterados e de exemplos condizentes com o Evangelho do Cristo de Deus, é tarefa intransferível para o discípulo destemido e é impostergável ao buscador pertinaz. Entretanto, somente o Senhor da vida saberá o tempo exato para a germinação, para o florescimento, a frutescência e a colheita dos frutos sazonados, posto que cabe a nós semear no tempo devido o que há de melhor em nossos celeiros e, a Ele, o Senhor Supremo, fazer frutificar no momento oportuno, por Ele definido.

Descer para ajudar, incentiva-nos Emmanuel, "é a arte divina de quantos alcançaram conscienciosamente a vida mais alta". Entretanto, esclarece-nos o insigne instrutor, devemos conservar "a energia construtiva do exemplo respeitável", sem nos esquecermos de que "a ciência de ensinar só triunfa integralmente no orientador que sabe amparar, esperar e repetir".[706] Jamais devemos desconsiderar que "cada personalidade aprende somente o 'quantum' do raciocínio que lhe permite o estado de sua evolução individual".[707] Desde tempos imemoriais, escutamos, na acústica mnemônica de nossa Consciência profunda, que os ensinos acima da capacidade de compreensão e de assimilação dos interessados são mais perturbadores do que proveitosos às almas imaturas ou inaptas para assimilar com proveito essas revelações.

Neste exercício, propusemo-nos esmiuçar um tanto mais esta trajetória divina: a descida de frações do Eu profundo ao seu campo de atuação no mundo das formas, onde a unidade tornar-se-á variedade (o verbo se fará carne). Ou seja, o percurso da ideia-síntese, originária do centro coronário – o centro de expressão da Consciência-mater – e o seu consequente desabrochar no bojo de sua força criadora, o centro kundalini, bem como a subida das forças componentes deste oceano infindável até a sua completa fusão com o centro coronário, no qual a variedade originária, acrescida das experiências em curso e enriquecida pela presença de novos agentes inerentes à força kundalínica da Natureza, tornar-se-á unidade.

Nesse périplo, a primeira parada será no arquipélago mental. Para tanto, Joanna de Ângelis, Emmanuel e André Luiz, respectivamente, estabelecem mais algumas diretrizes:

---

[706] Xavier, F. C.; Emmanuel (Espírito). Incompreensão. In: *Fonte Viva*. cap. 82.
[707] Xavier, F. C.; Emmanuel (Espírito). A comunidade humana. In: *Ação, Vida e Luz*. cap. 17.

Imprescindível compreender que **tudo se origina na mente humana, que é a cocriadora do Universo,** que oferece as vibrações energéticas como bem ou como mal que elege o que lhe parece necessário para a existência.

Nesse sacrário, que é a sede do pensamento, estão as potências da vida, que são neutras, podendo ser usadas para um sentido útil e venturoso ou para ocorrências vãs e devastadoras (grifos nossos).[708]

A organização mental é um instrumento que, ajustado ao Evangelho, deixa escapar as vibrações harmoniosas do amor, **sem cujo domínio a vida em si prosseguirá desequilibrada, fora dos objetivos superiores,** a que indiscutivelmente se destina (grifo nosso).[709]

Comparemos a mente humana – espelho vivo da consciência lúcida – a um grande escritório, subdividido em diversas seções de serviço.

Aí possuímos **o Departamento do Desejo,** em que operam os propósitos e as aspirações, acalentando o estímulo ao trabalho; **o Departamento da Inteligência,** dilatando os patrimônios da evolução e da cultura; **o Departamento da Imaginação,** amealhando as riquezas do ideal e da sensibilidade; **o Departamento da Memória,** arquivando as súmulas da experiência, e outros, ainda, que definem os investimentos da alma.

Acima de todos eles, porém, surge **o Gabinete da Vontade.**

A Vontade é a gerência esclarecida e vigilante, governando todos os setores da ação mental (grifos nossos).[710]

A energia mental é o fermento vivo que improvisa, altera, constringe, alarga, assimila, desassimila, integra, pulveriza ou recompõe a matéria em todas as dimensões (grifo nosso).[711]

Nossa mente é, deste modo, **um núcleo de forças inteligentes, gerando plasma sutil** que, ao exteriorizar-se incessantemente de nós, oferece recursos de objetividade às figuras de nossa imaginação, sob o comando de nossos próprios desígnios (grifos nossos).[712]

Colocada entre o objetivo e o subjetivo, é obrigada pela Divina Lei a aprender, verificar, escolher, repelir, aceitar, recolher, guardar, enriquecer-se, iluminar-se, progredir sempre (grifo nosso).[713]

Caminhar com as próprias luzes é condição insofismável e intransmissível das leis que regem o progresso material e supervisionam a evolução espiritual. Não consta nos estatutos das leis que regem o processo encarnatório que seja procedente e producente andar às escuras, ou seja, ignorar o caminho percorrido ou a percorrer. Portanto, é fundamental que cada ser gerencie as potências que lhe são inerentes, com as quais a elaboração do presente, a reconstrução do passado e a edificação do

---

[708] Franco, D. P.; Joanna de Ângelis (Espírito). Esforço contínuo. In: *Vidas vazias*. cap. 20.
[709] Xavier. F. C.; Emmanuel (Espírito). Amor. In: *Dicionário da Alma*. p. 16.
[710] Xavier, F. C.; Emmanuel (Espírito). A vontade. In: *Pensamento e Vida*. cap. 2.
[711] Xavier, F. C.; Emmanuel (Espírito). Nos círculos da matéria. In: *Roteiro*. cap. 5.
[712] Xavier, F. C.; André Luiz (Espírito). Estudando a mediunidade. In: *Nos Domínios da Mediunidade*. cap. 1.
[713] Xavier, F. C.; André Luiz (Espírito). Estudando o cérebro. In: *No Mundo Maior*. cap. 4.

futuro tornam-se perfeitamente realizáveis. Segundo Joanna de Ângelis, "esses bens estão ao alcance de todos quantos realizem atos de enobrecimento e esforcem-se por lográ-los".[714] Predispor-se a "autopenetrar-se, a encontrar as respostas claras para as próprias necessidades",[715] é o de que mais necessitamos.

De acordo com as lúcidas reflexões resultantes das perquirições de Miramez:

> **Os centros de força são como glândulas do Espírito,** conglutinadas no perispírito, em íntima relação com o mundo endócrino. E este domina, quase por completo, o universo celular.
>
> **São reatores espirituais que transformam o éter cósmico em fluidos compatíveis com a natureza humana.**
>
> O vórtice coronário é o mais sagrado e está no topo craniano, influenciando todos os outros, como **fornecendo o material divino para que a alma possa pensar, plasmando nessa substância suas emoções e irradiando-as para todo o organismo.**
>
> Cada célula física tem seu duplo espiritual irremovível, e, ligando-as, **um micro centro de força, transformador de energia, que corresponde aos anseios de todo o metabolismo celular,** cuja amplitude energética e engenhosa daria para assombrar os citólogos, se estes conhecessem seus fundamentos.
>
> **Os vórtices dos centros de força são conglutinadores de energias condicionadas, de acordo com a missão de cada um.** São como indústrias, cujos frutos são filhos da programação. E para que os frutos possam mudar, é justo que mudemos o programa. **Tudo pode mudar em nosso corpo. Ele obedece à mente de modo espetacular.** Quanto mais evoluído o Espírito, mais o mundo físico é seu vassalo.
>
> Ordena os pensamentos, harmoniza as ideias, limpa a área mental, fecunda as emoções com o amor, com o perdão, com a caridade, com a alegria, com a prudência, com a fraternidade, com a tolerância, com o trabalho, que **verás uma reconstrução mais rápida do que pensas, porque os pensamentos remodelarão toda a estrutura psíquica, espiritual e, certamente, orgânica,** e a vida começará a esplender como um sol, fazendo desaparecer as brumas da consciência.
>
> Cuida bem da palavra, pois **essa música que entoas pelos lábios, todos os dias, é formada de riquezas da vida, que passaram por forjas inumeráveis do todo, aprimorando-se aqui e ali, para dar condições de permutar experiências e dignificar os ideais.** Eis a responsabilidade!... O verbo sai revelando o que se passa no mundo íntimo de quem o pronuncia (grifos nossos).[716]

---

[714] Franco, D. P.; Joanna de Ângelis (Espírito). Vazio existencial: Terapia libertadora. In: *Conflitos Existenciais*. cap. 15, item 3.
[715] Franco, D. P.; Joanna de Ângelis (Espírito). Lazeres e divertimentos. In: *Ilumina-te*. cap. 4.
[716] Maia, J. N.; Miramez (Espírito). Centros de força. In: *Horizontes da Mente*. cap. 35.

Os centros de força, nos quais *habitam deuses*⁷¹⁷, cujos véus começam a ser erguidos pelos mestres do saber, oportunizando-nos o entendimento de sua anatomia e de sua fisiologia, à semelhança de uma flor de lótus, constituem-se de pétalas de luz ou diminutas entidades orientadoras. Por sua vez, esses microcentros são constituídos de centros infinitesimais e estes de outros ainda menores, até remontarmos às origens da matéria, a qual também se constitui de nano centros que compõem as linhas de força do universo infra-atômico. Para Camille Flammarion: "A matéria é um complexo de centros de forças. Ao alto dos diversos centros de forças constitutivas que formam o corpo humano, a alma humana governa todas as almas ganglionárias que lhe são subordinadas." Com maestria, concluindo o seu lúcido e majestoso pensamento, o autor enfatiza: "Sem alma virtual nenhuma organização constituiria um ser."⁷¹⁸ Neste contexto, Camille faz alusão às minúsculas almas (as almas virtuais ou ganglionárias) que se assemelham ao sistema ganglionar ou aos aglomerados de nervos que formam os plexos espalhados no cosmo orgânico. Em *O tratado do Homem* e em *As paixões da alma*, após profundas e incansáveis perquirições acerca da estrutura cerebral do biótipo humano, René Descartes classificou como "espíritos animais" os elementos psico-eletroquímicos que ordenavam as funções essenciais do sistema nervoso central e periférico, principalmente os que intrinsecamente compunham o chamado arco reflexo. Para nós outros, esses elementos (ou elementais) são o que comumente nominamos de fluido cérebro espinhal, isto é, a força ou alma vital – intrínseca à vida e ao Psiquismo Divino do qual tudo promana – que circula na intimidade dos nervos ou das células nervosas e que engenhosamente constituem a complexidade diretiva da governadoria da maquinaria orgânica.

Originário do Psiquismo Divino e nele imerso, o psiquismo humano realiza diuturnamente, desde tempos imemoriais, as incalculáveis etapas do seu eterno evolver, por meio de movimentos "que envolvem certas partículas em vórtices embrionariamente individualizados", assistidos e regulados por sábias e soberanas leis, as quais propiciam "as condições para que a vida seja, eventualmente, criada e daí passe a cuidar de sua própria expansão consciencial".⁷¹⁹ Tal é, foi e sempre será a dinâmica incoercível das leis que impulsionam o progresso, preconizam a evolução e estabelecem o aprimoramento incomensurável. Como imortalizou o

---

⁷¹⁷ Santos, Eliana; Eurípedes Barsanulfo (Espírito). Da Palavra. In: Yoshua - *Palavra Nossa de Cada Dia*. cap. 3.
⁷¹⁸ Flammarion, C. Quarta narrativa - *Refluum temporis*. In: *Narrações do Infinito*. cap. 4, item 3.
⁷¹⁹ Miranda, H. C. Em busca de um psiquismo na matéria: O dentro e o fora das coisas e dos seres vivos. In: *Alquimia da Mente*. cap. 3, item 2.

poeta Gonzaguinha, em sua obra memorável (O que é, o que é?), devemos "viver e não ter a vergonha de ser feliz, cantar, a beleza de ser um eterno aprendiz" e que a vida "é o sopro do criador numa atitude repleta de amor". Eis o tão decantado sopro da vida, o elemento primordial, a força primária do verbo criador do qual tudo se origina, desenvolve-se e evolve perpetuamente.

A ciência do futuro (a presciência) esclarece-nos que "o Cristo é a essência que nutre e norteia a consciência".[720] A esse respeito, André Luiz nos cientifica: "Da superestrutura dos astros à infraestrutura subatômica, tudo está mergulhado na substância viva da mente de Deus, como os peixes e as plantas da água estão contidos no oceano imenso."[721] Joanna de Ângelis acrescenta: "É totalmente impossível evitar-se o processo de contínuas transformações, desde a essência cósmica que se faz psiquismo individual, mais tarde Espírito pensante, rumando para a sublimidade."[722] Portanto, é no estado de sublimidade que a substância-mater faz-se mais perceptível aos olhos da consciência diretiva, na dimensão que sucede a das formas tangíveis – a dimensão das forças intuitivas –, na qual o investigador atento, com sua perspicaz lucidez também intuirá (assim como ocorrera com o eminente cientista Hernani Guimarães Andrade) que "a matéria psi é substância de que são feitos os Espíritos e demais seres ou objetos do mundo espiritual".[723] Na obra da qual extraímos este fragmento, o autor define a consciência como a síntese de tudo quanto o Espírito angariou em seu longuíssimo périplo e que a inteligência, como sua qualificação, é a sua capacitação diante daquilo que se propõe.

Intuímos em *O Despertar da Consciência, do átomo ao anjo*:

> No eterno transformismo da Natureza, surpreendemos substância e força gerando vida (transitória e perecível), vida gerando instinto e inteligência, inteligência formando virtude, e virtudes compondo a consciência imarcescível. Ininterruptamente, vemos a consciência incorporando e transformando substância e força, vida e inteligência, virtudes e até mesmo outras consciências menores no contínuo evolver.[724]

Mencionamos acima que o investigador atento, sinceramente comprometido com a Lei Suprema, mediante o seu enriquecimento cultural/intelectivo e com a sua transformação ético-moral-espiritual, também desenvolverá a intuição inspirativa, pois todo aquele que se exercita

---

[720] Camargo, Sebastião. Introdução. In: *O Despertar da Consciência - do átomo ao anjo*.
[721] Xavier, F. C.; André Luiz (Espírito). Estudando a mediunidade. In: *Nos Domínios da Mediunidade*. cap. 1.
[722] Franco, D. P.; Joanna de Ângelis (Espírito). O amor: Psicogênese do amor. In: *Conflitos Existenciais*. ap. 19, item 1.
[723] Andrade, Hernani Guimarães. O psiátomo: As psipartículas. In: *PSI Quântico*. cap. 5.
[724] Camargo, Sebastião. O papel da consciência desperta – autoiluminação. In: *O Despertar da Consciência - do átomo ao anjo*. cap. 10, item 3.

no silêncio, no recolhimento, na introspecção, no profundo exame de consciência e se capacita para perceber o que pretende, por prenunciação, abre espaços mentais para que a sua essência se expresse por intermédio da personificação intuitiva. Por outro lado, mediante o esforço proeminente, faz jus à inspiração proativa por meritocracia, granjeada de outras instâncias espirituais, dimensões astrais ou frequências conscienciais, objetivando lograr êxito na aquisição das informações naquilo de que, porventura, ainda careça ante o intento almejado.

Queremos caminhar com Jesus e, de preferência, que Ele carregue as nossas cruzes, quando, em realidade, Ele já carregou a Sua até o gólgota da sublimação, ou seja, transformou a Sua cruz de carne em asas de luz e transcendeu o Seu calvário libertador, suplantou a porta estreita da salvação e procedeu à Sua total reintegração com a Munificência Cósmica. Portanto, Ele traçou o caminho por meio de exemplos e de estímulos incontestáveis. Não por acaso, proferiu solenemente: "Eu sou o Caminho da verdade e da vida. Jesus é o Caminho único. Toma-O como modelo e guia, seguindo-O alegremente, e a Verdade te embriagará de luz e de paz, concedendo-te vida em abundância."⁷²⁵ Alhures, o Mestre dos mestres, assim enfatizou: *"Eu sou a porta das ovelhas* (Jo. 10:9)". *"E quem me vê a mim, vê aquele que me enviou* (Jo. 12:45)". *"Eu e o Pai somos um* (Jo. 10:30)". Assim, cabe-nos estabelecer as nossas metas, segui-lO, com as próprias luzes e, por nossa vez, apontar caminhos para quantos anseiem perfazer igual percurso e se libertarem por si mesmos.

Nos textos que seguem, Joanna de Ângelis, Manoel P. de Miranda e Divaldo Franco nos trazem a essência e a substância, os anseios e os hábitos, a porta e a chave da compreensão e do discernimento, isto é, demonstram-nos a essência da consciência desperta e a substância da ação proativa, dando-nos a valoração das aspirações cultivadas e das experiências em curso, sendo estas a chave da ciência transcendente e a porta do conhecimento aplicado, como análise e síntese, anseio e ação, a causa e o efeito no ser humano:

> Podemos considerar a personalidade humana constituída de essência e substância. A primeira são as energias que procedem do Eu profundo, as vibrações que dimanam da sua causalidade, e a segunda é a reunião dos conteúdos psíquicos, transformados em atos, experiências, realizações, decorrentes do ambiente, das circunstâncias, e reminiscências das existências passadas.
> São as substâncias que respondem pelo comportamento do ser, propiciando-lhe liberdade ou escravidão e dando nascimento ao eu.⁷²⁶

---

⁷²⁵ Franco, D. P.; Joanna de Ângelis (Espírito). Despertamento para a verdade. In: *Iluminação Interior.* cap. 3.
⁷²⁶ Franco, D. F.; Joanna de Ângelis (Espírito). Silêncio Interior: Desidentificação. In: *O Ser Consciente.* cap. 8, item 1.

> A energia que provém do psiquismo, pelo modelo organizador biológico, alcança a matéria, assim como a conduta orgânica disciplinada, pelo mesmo processo atinge o psiquismo, imprimindo-se no Espírito. Os hábitos, portanto, os condicionamentos vêm do exterior para o interior e os anseios, as aspirações cultivadas partem de dentro para fora, transformando-se em necessidades que se impõem.⁷²⁷

Estamos cientes e conscientes de que a essência, ou seja, a consciência diretora do eu individual por meio do qual nos expressamos, procede das imanências do Eu profundo – a causalidade do que ora representamos. Como almas encarnadas, representando o consciente, somos uma fração do Superconsciente, a consciência da personalidade que ora animamos. Em síntese, a essência da personalidade em vigência, a dimensão que representa os anseios do Espírito, constitui-se das *energias que procedem do Eu profundo, isto é, das irradiações que dimanam da sua causalidade*. E a substância que, via de regra, determina o seu comportamento (hábitos vigentes), ínsita no subconsciente, origina-se da *reunião dos conteúdos psíquicos transformados em atos, bem como das reminiscências das existências passadas*. Portanto, a nossa meta existencial consiste em fazer brilhar a essência do ser manifestado (o suprassumo ínsito no âmago da unidade), do sempiterno em nós imanente e, consequentemente, transformar as substâncias do estar (do substrato inerente à variedade), ou seja, da impermanência envolta pela ignorância que dimana da nossa *inconsciência em relação à vida e à sua finalidade*,⁷²⁸ culminando, assim, na edificação, no aprimoramento, na expansão e na iluminação do Eu perene.

Para muitos, as informações que ora trazemos a lume representarão lembranças intuitivas, reminiscências profundas de velhos ensinos, posto que "poucos encarnados conhecem a ciência espiritual mais acentuada, fugindo à norma comum, dados os dons que possuem e a pesquisa que fazem, por intuição. **Quando deparam com a revelação, que desce na época aprazada, sentem que, para si, não é novidade**" (grifo nosso).⁷²⁹ Para estes, o ato de abrir, de folhear, de ler, de compreender e de vivificar o espírito da letra, intrínseco às dobras dimensionais das entrelinhas do livro oculto nas jazidas indizíveis do Eu interior, representa tarefa corriqueira, dada a facilidade com que dela se desincumbem. Para nós outros, a princípio, pode parecer um logro inatingível, por não estarmos habituados a nos conectar com a nossa causalidade, o Eu profundo do

---

⁷²⁷ Franco, D. P.; Miranda, Manoel Phillomeno. (Espírito) Ampliando os conhecimentos. In: *Trilhas da Libertação*. cap. 2.

⁷²⁸ Franco, D. P.; Joanna de Ângelis (Espírito). O ser real: Complexidades da energia. In: *Autodescobrimento*: Uma busca interior. cap. 1, item 1.

⁷²⁹ Maia, J. N.; Miramez (Espírito). Centros de força. In: *Horizontes da Mente*. cap. 35.

qual proviemos. No entanto, podemos criar o hábito, predispondo-nos à introspecção, à busca do conhecimento inerente à historiografia cosmológica de cada ser, ao exercício contínuo do que foi assimilado.

Como bem definiu Ramatis, faz-se imprescindível *aprender a apreender a nossa essência espiritual, primando pela orientação do pensamento, a chave de nossa mente e o segredo de nossa evolução.*[730] Caminhar com as próprias diretrizes, pautadas na luz dos exemplos dos luminares que se encontram na vanguarda transcendente, é o de que mais carecemos. Transformarmo-nos em exemplos clarificadores nas sendas porvindouras é meta impostergável que nos concita a prosseguir intrépidos e sem detença injustificável. A nossa felicidade está atrelada à autossuficiência. Quem é eficiente de fato se arrisca, arroja de si, joga-se, confia no "seu Eu". A ausência de autoconfiança (a consciência clara de seus potenciais inatos e de seus recursos latentes) talvez seja um dos maiores obstáculos ao procedimento das mudanças e, consequentemente, à evolução.

A intuição de Léon Denis nos esclarece e encoraja-nos profundamente:

> O princípio de evolução não está na matéria, está na vontade, cuja ação tanto se estende à ordem invisível das coisas como à ordem visível e material. Esta é simplesmente a consequência daquela. **O princípio superior, o motor da existência, é a vontade.** A vontade divina é o supremo motor da vida universal.
>
> O que importa, acima de tudo, é compreender que podemos realizar tudo no domínio psíquico; **nenhuma força permanece estéril quando se exerce de maneira constante, visando alcançar um desígnio conforme ao direito e à justiça.**
>
> É o que se dá com a vontade; **ela pode agir tanto no sono como na vigília,** porque a alma valorosa, que para si mesma estabeleceu um objetivo, procura-o com tenacidade em ambas as fases de sua vida e determina assim uma corrente poderosa, que mina devagar e silenciosamente todos os obstáculos (grifos nossos).[731]

Dispomos das noções preliminares concernentes ao percurso em que a ação da essência-lei (energias que procedem do Eu profundo) propiciará a sublimação das substâncias (conteúdos psíquicos que respondem pelo comportamento do ser), tanto as assimiladas das experiências hodiernas quanto as inerentes às realizações pretéritas. Agindo para promover o educando, o educador, por sua vez, se plenifica.

---

[730] Marques, América Paoliello.; Ramatís (Espírito). Quem são as ovelhas? In: *Jesus e a Jerusalém Renovada.* cap. 3.
[731] Denis, L. As potências da alma: A vontade. In: *O Problema do Ser, do Destino e da Dor.* 3ª parte. cap. 20.

É impossível realizar a mais ínfima ação sem compartilhar essências e permutar substâncias com incontáveis degraus dimensionais, uma vez que ninguém consegue expressar o mais cauteloso pensamento, o mais discreto sentimento ou a mais insignificante emoção, sem interagir com todas as suas vivências (superconscientes, conscientes, subconscientes, inconscientes), isto é, com todos os seres dentro do seu mundo e com todos os seres de todos os mundos. Salientamos que ninguém evolui sem a vida de relação, de interdependência, de inter-relação e de intrarrelação. Assim sendo, a meta primordial é a expansão e a iluminação do Eu profundo, por intermédio das inenarráveis incumbências do eu superficial (a criatura humana que ora anima), isto é, o pleno exercício da "responsabilidade do indivíduo para com ele próprio, para com o seu próximo e para com a vida",[732] o qual se fará por meio das diretrizes e das ações conscientes que o Ser integral promove ao relacionar-se. Nesse afã, aprimora também as essências e as substâncias que o constituem.

A avaliação e o aprimoramento multidimensionais

Objetivando maior êxito no aprendizado, a didática empregada nesta etapa e os conceitos construídos em decorrência dessa prática devem ser reputados como um recurso adicional para uma compreensão mais detalhada da anatomia e da fisiologia do Espírito no qual existimos, vivemos e nos movemos e do qual somos apenas uma diminuta fração em aparente letargo, peculiar ao centro consciencial da personalidade constituída. Na realidade, esse ponto de autoconsciência pura se encontra sob o impulso e a regência de irrefreável e intérmino *vir a ser*.

Neste multiverso, o corpo átmico ou celestial é o invólucro do Espírito (a Consciência síntese da unidade), o corpo causal é o corpo de expressão da Consciência profunda – o deus interno –, o centro da Consciência-mater. Designamo-lo por cristo interno (o Eu superior). O centro coronário coadjuvado pelo corpo búdico ou intuitivo compõe a entidade mediadora entre ambos. O centro coronariano constitui-se de novecentas e setenta e duas pétalas (subdivisões), à semelhança de uma flor de lótus. São novecentos e sessenta agentes construtores, minuciosa e milenariamente arquitetados, cuidadosa e progressivamente habilitados, eminente-

---

[732] Franco, D. P.; Joanna de Ângelis (Espírito). Análise dos Sofrimentos. In: *Plenitude*. cap. 2.

mente qualificados e plenamente obedientes aos doze ministros diretores que os nutrem e os norteiam em todas as suas ações. Os diretores recebem as ordens expedidas pela Consciência-mater por intermédio da intuição, a diretora dos diretores, e as interpretam prontamente. Depois, repassam-nas, transubstanciadas em formato de anseios, ante as diretrizes estabelecidas pelo Eu profundo, via intuitiva, aos seus subordinados. Os agentes construtores, por sua vez, canalizam os recursos correspondentes à ação que se pretende encetar, tanto dos oásis do cosmos interno quanto os do entorno. Esses recursos, a diretoria e a intuição, traduzem-se em essências imanentes dos eflúvios e das personificações da Consciência-mater e da Consciência cósmica.

Ao se colocarem em movimento para executarem a ordem expedida, cria-se uma imagem-reflexo que, ao toque do impulso preeminente originário, transfigura-se numa consciência coesa, representando a expressão da unidade, do deus interno, sua onisciência, onipresença e onipotência (a essência-lei do reino interior). Essa força criadora interage com o Psiquismo Divino ou com o Éter cósmico, subprodutos da Essência-Lei da Unidade Cósmica (o Evangelho como personificação do Verbo Creador), do qual extrai uma porção (de força, de vitalidade ou de vida em profusão) e nela gravará suas intenções, segundo a qualificação dos seus conhecimentos transcendentes e das suas habilidades atuantes, adequando-a aos seus propósitos cocriadores.

A vontade é o produto, isto é, o substrato resultante da ação dos doze ministros diretores, o qual representa a personificação do cristo interno, a Consciência-síntese da essência-lei do deus interno. Como oficina de trabalho permanente e gerenciada pela vontade, a mente representa a Consciência-síntese emanada das forças inovadoras inerentes aos novecentos e sessenta agentes construtores. Portanto, a vontade encontra-se a serviço do Eu profundo (a Superconsciência) e pode ter feito a petição delineada, caso tal desígnio intuitivo já existisse como referência ou patrimônio auferido pelo Espírito antes daquele intento. Assim, a ação da vontade não seria outra senão a execução das ordens previamente expedidas pela Consciência-mater. De outro modo, por tratar-se de um novo anseio, desprovido de parâmetros instrutivos, encarregar-se-ia de incorporá-lo pelas vias inspirativas, de trazê-lo de outras dimensões diretivas para o universo mental intelecto-emotivo e personificá-lo em si mesmo, subsequentemente.

Para Léon Denis: "A vontade é a faculdade soberana da alma, a força espiritual por excelência, e pode mesmo dizer-se que é a essência da sua personalidade."[733] A essência da personalidade é o ponto de autoconsciência pura, o qual designamos por alma, a consciência da personalidade encarnada. A força espiritual, por excelência, é a essência da Consciência-mater em ação, ou essência-lei, que dimana do Eu profundo. A vontade, portanto, é aquela força espiritual em ação, a faculdade soberana do Espírito, por representar a Consciência-síntese dos doze ministros diretores, a potência das potências.

Consoante as lídimas elucidações de Joanna de Ângelis: "A vontade é uma função diretamente vinculada ao Eu profundo, do qual decorrem as várias expressões do comportamento."[734] A autora reconhece que *a mente é uma emanação do Espírito*, do qual "procedem os impositivos necessários à evolução, tendo em vista a anterioridade das experiências vivenciadas em existências passadas", cujos impulsos, provenientes das remotas experiências remanescentes no inconsciente pessoal e não aprimoradas em tempo hábil, carecem de amparo e de direcionamento convenientes. E acrescenta: "A coragem moral resulta de um trabalho interior de disciplina dos impulsos que se transformam em força de vontade conduzida para os objetivos nobres."[735] Do Eu profundo advêm as essências que definem os novos comportamentos, os quais, assessorados pela coragem moral, transformam as substâncias interiores (responsáveis pelos hábitos inadequados, ante as posturas vigentes e as porvindouras criações) em força que plenifica a vontade ou a fortalece ante o seu irrefreável *devir*.

Miramez complementa e enfatiza: "Sem manifestarmos a vontade, nada realizamos. Sem que essa vontade assuma por completo a mente, transformando-se em pensamentos e em ações, nada haverá."[736] Gestada no útero da Consciência-mater, transmuta-se à imagem e semelhança da causa que lhe deu origem. Por isso, *transforma-se em pensamentos e em ações subsequentes*. Emmanuel conclui: "A Vontade é a gerência esclarecida e vigilante, governando todos os setores da ação mental."[737] Mediadora entre as essências e as substâncias, entre o mundo objetivo e o mundo subjetivo, faz-se o potencial de maior poder no mundo das formas (abstratas e concretas), capaz de dar e de retirar a vida em todas as suas expressões.

---

[733] Denis, L. A vontade e os fluidos. In: *Depois da Morte*. 4ª parte. cap. 32.
[734] Franco, D. P.; Joanna de Ângelis (Espírito). Atividades libertadoras: Educação e disciplina da vontade. In: *O Despertar do Espírito*. cap. 4, item 2.
[735] Franco, D. P.; Joanna de Ângelis (Espírito). Prefácio. In: *Momentos de Coragem*.
[736] Maia, J. N.; Miramez (Espírito). Querer é ser. In: *Horizontes da Mente*. cap. 13.
[737] Xavier, F. C.; Emmanuel (Espírito). A vontade. In: *Pensamento e Vida*. cap. 2.

A serviço da mente, encontram-se os pensamentos (os artífices da realidade operante, oriundos da transubstanciação da vontade e dos sentimentos), as ideias, como forças vivas e atuantes (que se constituem a partir da aglomeração e da transmutação dos pensamentos, qualificados pelos sentimentos equivalentes), a memória (o banco de dados concernente às experiências da consciência periférica que acata, quase sempre, os ditames impermanentes do entorno, em detrimento das diretrizes intuitivas oriundas da memória indelével da Consciência profunda), a inteligência (o conhecimento e o discernimento que determinam a sua capacitação) e a imaginação (intrinsecamente conectada à capacidade criativa atuante no consciente, subordinada à inteligência), ou seja, uma vasta rede de potenciais responsáveis pelo progresso das essências e pela sublimação das substâncias. Esses potenciais se encontram às ordens da gerente absoluta do mundo mental – a vontade –, a medianeira entre o eu menor, a alma encarnada, e o Eu maior, o Espírito, o ser multidimensional, a Consciência-mater, anelando a perfeita integração das partes numa realidade única.

Objetivando lograr êxito em tão grandioso empreendimento, isto é, a fim de edificarmos uma nova personalidade ou ressignificarmos os conteúdos alusivos ao patrimônio indissociável da unidade que os integra, Joanna de Ângelis nos esclarece, ainda uma vez que, na mente, "nada é impossível, exigindo-se apenas que sejam criados novos hábitos mentais, que se realizem exercícios ideológicos, de forma a resultarem edificantes e propiciadores de tranquilidade".[738] Encontram-se, ao alcance de todos, as oportunidades e as condições alusivas à criação de novos hábitos morais-mentais-emotivos, cuja resultante enobrecedora se configurará em estímulos que definem e plenificam o caráter do aspirante, de modo a torná-lo irrepreensível, propiciador da edificação de valores espirituais como a humildade (o alicerce das virtudes) e a paciência (a ciência da paz e da organização do intento), além da instituição da consciência sem máculas (a estrutura dos tesouros imperecíveis). Para tanto, cumpre-nos tão somente o interesse sincero pelo autoaprimoramento e porfiar no esforço requerido para esse fim.

Para mais ampla compreensão do processo criativo, melhor aproveitamento da capacidade imaginativa e, consequentemente, maior desempenho na execução desse desiderato, identificamos um oceano de forças correlatas do universo subjetivo a serviço dessa potência-conjunta, compondo o mecanismo de interação e de intérminas permutas com in-

---

[738] Franco, D. P.; Joanna de Ângelis (Espírito). Interação mente-corpo. In: *Jesus e Vida*. cap. 14.

contáveis realidades dimensionais do enredo elencado. Essas são as entidades criadoras e servidoras do mundo objetivo, as quais se constituem de noventa e seis arquitetos que sintetizam as essências subjetivas e promovem as substâncias objetivas mencionadas. O corpo mental representa o veículo, a escola. O centro frontal, os professores, os quais darão forma e vida aos pensamentos (os alunos), assessorados e qualificados pelos sentimentos e pelas emoções (os orientadores pedagógicos).

As ideias resultam da união dos pensamentos que tomaram corpo e criaram vida no útero e nas placentas mentais, a partir das permutas estabelecidas pelas essências componentes da unidade, interagindo com as substâncias que constituem a sua variedade.

Assim como os pensamentos sintetizam as expressões da consciência, as ideias nascem da junção de inumeráveis forças mentais e as palavras representam as essências e as substâncias envolvidas. Estas se tornam sementes-síntese, isto é, a soma dos anseios do Espírito que vicejaram com as luzes dos exemplos vivenciados. Em suma, a função primordial do centro frontal, como agente organizador dos processos criativos da mente, é dar forma aos pensamentos, por meio da inteligência e da imaginação. Os sentimentos e as emoções, sob sua responsabilidade (a ele subordinados), têm o condão de conceder vida e qualificação às criaturas e às suas criações. Às palavras, elaboradas por seu intermédio, cabe propiciar movimento às ideações gestadas, enquanto as atitudes consoantes ao caráter lhes determinam a direção e o consequente aprimoramento.

Desde o mais discreto impulso à mais elevada atitude, uma ação simultânea ocorre entre as essências e as substâncias internas com as do entorno. Em outras palavras, as essências e as substâncias do entorno são atraídas pelas internas que, sob a regência das leis de harmonia, de afinidade e de sintonia, interagem com todas as dimensões conceptuais e subsequentes do micro e do macrocosmo.

O produto resultante da junção das essências e das substâncias concatenadas, internas e externas – advindas do Eu interno e da Força Soberana, da bioenergia inata ao ser pensante e do fluido cósmico imanente no Eterno Arquiteto –, ao exteriorizar-se da mente e das emanações das forças convergentes e interdependentes, transmuta-se e converte-se na matéria-prima indispensável – a essência prânica, fundamental e imprescindível às porvindouras edificações –, ao perpassar pelos complexos, magnificentes e radiosos labirintos dos centros de força e pelas indizíveis engrenagens do universo perispiritual, o veículo de expressão da mente, dos pensamentos, dos sentimentos, das emoções e das palavras, sob a regência da inteligência e dos desejos. Estes estão sediados no centro de força laríngeo, constituído por dezesseis agenciadores das substâncias concernentes ao que almejamos construir ou reconstruir na vida de relação intra e interpessoal. Portanto, os desejos são as alavancas que movem as substâncias do mundo objetivo (as emoções e os sentimentos, isto é, as forças que determinam o comportamento hodierno e diuturno do eu menor), objetivando a sua transmutação, sublimação e integração com o Eu maior.

As emoções e os sentimentos, característicos do mundo objetivo ou pertencentes a ele, mourejam no corpo emocional, subordinado às diretrizes do centro cardíaco que se constitui de doze pétalas, intimamente ligadas aos doze ministros diretores, domiciliados no centro coronário, dos quais são expressões. Em síntese, as doze pétalas do centro cardíaco são fulgurações da personalidade, enquanto os doze ministros diretores do centro coronário o são da individualidade. Quando as forças do universo emocional entram em ação, interagem com as forças instintivas sediadas no centro gástrico, constituído por dez agentes soberanos na condução dos automatismos psicobioquímicos.

O subconsciente é o quartel general dos instintos, tendo como agente condutor o centro gástrico, assim como a mente é o campo de atuação do consciente, sob as luzes do centro frontal. O corpo causal, por sua vez, é o centro de expressão do Superconsciente, por intermédio do centro coronário coadjuvado pelo corpo intuitivo. O inconsciente se encontra sob a regência do centro laríngeo e do centro cardíaco. Assim sendo, os desejos, as emoções e os sentimentos neles sedimentam as suas inenarráveis expressões.

Os automatismos dimanam do subconsciente com o fito de governar as forças vitais, inerentes ao centro vital. Este se constitui de seis diminutas almas altamente qualificadas que se subdividem em quantas partes forem os órgãos, os tecidos, as células e suas incontáveis subdivisões.

A energia sexual, ou força criadora, transmuta-se e se aformoseia num *continuum* infindo, desde as origens dos abismos primevos das forças e das substâncias conceptuais, ínsitas nas dobras dimensionais pertencentes às formas infinitesimais, constitutivas dos infracorpúsculos, aos píncaros quintessenciados do mundo atômico-molecular, no seio do qual as células se nutrem e se mantêm como peixes no oceano de plasma ou prana vivificante. Isso ocorre sob a ação e a regência das forças ou almas vitais, sediadas no centro vital, ao interagir com as quatro pétalas constituintes do centro genésico, representadas pelas almas personificadas nos agentes criadores das forças de bases do cosmo orgânico.

Por fim, o centro kundalini – o centro de coordenação, de transmutação e de metamorfose das essências e das substâncias advindas da Natureza – diligencia e gerencia as forças elementais que se expressam com todo o seu esplendor, em pelos menos três frequências predominantes, compondo o alicerce da Natureza, ou seja, a base de coesão e de sustentação da vida em todos os reinos: o ectomineroplasma, o agente organizador e gerenciador da estrutura componente dos imensuráveis elementos constitutivos do reino mineral; o ectofitoplasma, a diretoria que administra a seiva ou força fitoterápica, elemento constituidor do reino vegetal, zelando por sua integridade, expertise e preservação multidimensional; e ainda o ectozooplasma, a força que agencia, qualifica e gerencia os elementos componentes do reino animal, ou consciência condutora desses elementos, em sua completude e indizível magnificência.

Resumindo, a mente é uma imanação da Consciência-mater, o seu imprescindível e indissociável laboratório de trabalho no mundo das formas tangíveis. Exteriorizando-se por meio dela, a consciência progenitora dá origem à elaboração, à edificação e ao aprimoramento da espaçonave perispiritual (o corpo bioplasmático ou psicossoma), com toda a sua engenhosidade, complexidade, expertise, sofisticação, qualificação e maestria espiritual que lhe são característicos. Por sua vez, o corpo de matéria densa ou corpo biológico, a mais bem arquitetada, estruturada, construída e aprimorada maquinaria do mundo orgânico material, procede da materialização das frequências perispirituais em suas múltiplas e intermináveis modulações multiformes e multidimensionais. Em síntese, a mente abstrata intui e estatui a futura criação; a mente concreta racionaliza e planeja a construção; o emocional dá vida e qualifica as forças e as substâncias interdependentes, segundo sua reciprocidade e suas mútuas convergências; o modelo organizador biológico elabora e edifica os implementos imprescindíveis ao intento especificado; o corpo físico torna esses implementos tangíveis e os aprimora concomitante e continuadamente.

Assim, a criatura, ciente e consciente de seu potencial criador e de que "os princípios que regem o macrocosmo são os mesmos para o microcosmo e de que o homem é a manifestação da vida, sintetizando as glórias e as imperfeições do processo da evolução que lhe cumpre desenvolver para atingir o ápice da destinação a que está submetido", predispor-se-á à aquisição dos tesouros alusivos ao seu enriquecimento cultural-intelectivo, afetivo-moral e ético-espiritual, para lograr o êxito almejado em seu intento. Sem se esquecer de que o corpo é elemento passivo e não determina por si, "é veículo dúctil ao pensamento, sujeito aos sentimentos e vítima das emoções. De acordo com a qualidade deles passa a ter a sua organização condicionada, e o sofrimento é-lhe sempre a consequência das expressões errôneas".[739] Para reordenar, ressignificar e promover os elementos constitutivos da maquinaria psicobiofísica, segundo as leis que regem a vida e determinam a harmonia na Criação (das mônadas primevas infinitesimais às imensuráveis dimensões macrocósmicas), sob a égide do impulso irrefreável da lei do progresso, coadjuvado eminentemente pela inegável propulsão da lei de evolução, faz-se imprescindível conhecer, para pensar e arquitetar lucidamente, imaginar, para elaborar e edificar conscientemente, construir, para metamorfosear as substâncias correlacionadas, aformosear as essências indissociáveis do enredo, promover interminavelmente os elementos envolvidos e sublimar, para integrá-los definitivamente como patrimônio imperecível do Espírito imortal. Joanna de Ângelis, com sua magistral sabedoria, assim evidenciou ao enfatizar eminentemente:

> Sucede que tudo no Universo permanece em incessante alteração, obedecendo às poderosas leis que o governam.
> A indumentária carnal é de duração limitada em razão das necessidades do processo evolutivo, em contínua transformação.
> Construída essa roupagem com os elementos produzidos pela mente em decorrência dos pensamentos, condutas e atos, é um invólucro temporário com a finalidade de proporcionar o desenvolvimento moral do ser espiritual.
> Dessa forma, tudo se modifica no cosmo, "desde o átomo primitivo até o arcanjo que também começou por ser átomo", conforme ensinaram os mentores da Humanidade ao codificador do Espiritismo e se encontra em O Livro dos Espíritos, na resposta à questão de número 540.[740]

A Lei Natural, a Lei de Deus, fracionada nas leis de Adoração, de Trabalho, de Reprodução, de Conservação, de Destruição, de Sociedade, de Progresso, de Igualdade, de Liberdade, e sintetizada na Lei de Justiça, Amor e Caridade, convida-nos a cocriar com lucidez e maestria, ou seja, a gerar e a nutrir, a organizar e a manter, a instruir e a promover, a iluminar e a libertar consciências, em todas as frequências dimensionais das essências e em todas as nuances e matizes das substâncias que compõem a vida em suas imensuráveis modulações.

---

[739] Franco, D. P.; Joanna de Ângelis (Espírito). Consciência e Vida: Exame do sofrimento. In: *Autodescobrimento: uma busca interior.* cap. 3, item 4.
[740] Franco, D. P.; Joanna de Ângelis (Espírito). Bênção da imortalidade. In: *Vidas Vazias.* cap. 17.

Disse-nos Jesus: *"Vós sois deuses"* (Jo., 10:34). *"Farão tudo o que Eu faço e muito mais"* (Jo., 14:12). E completamos: se quisermos, se soubermos e se agirmos em consonância com as leis universais para tanto. A esse respeito, testificou Léon Denis: *"Todo o poder da alma resume-se em três palavras: querer, saber, amar."* Isso equivale a dizer que somente incorporaremos o poder de decisão, em nossa consciência, depois que auferirmos o conhecimento em plenitude e o consequente discernimento relativo ao intento almejado. Se tal discernimento já floresceu em nosso mundo íntimo, foi devido ao esforço empreendido e à experiência lucidamente vivenciados. Por fim, se atualmente somos o que pensamos e vivemos o que falamos, isto não é senão a resultante da inalienável e indelével frutescência pertencente às verdades imorredouras do arquipélago imperecível e das inefáveis jazidas interiores. Por conseguinte, parafraseando Manoel P. de Miranda,[741] *há uma distância significativa entre a aquisição do conhecimento teórico e a vivência prática ilibada, entre a transmissão do ensinamento e a sua consequente exemplificação pelo educador. Mister se faz tornarmo-nos aquilo que ensinamos, esforçandonos para compreender a vida em todos os seus ancenúbios e agirmos com discernimento, lucidez e responsabilidade coerentes. Cumpre-nos tomar a decisão de amá-la em profundidade, de servir pelo prazer de ser útil, ajudando sempre e sem cessar, onde quer que nos encontremos.* Em síntese, *antes de falar,* assim sintetizou Emmanuel, "oferece o próprio exemplo no dever retamente cumprido".[742] Porém, acima de todos os esforços empenhados e dos recursos investidos, compete-nos compreender que o simples fato de estarmos cientes dos estatutos da lei da justa e lídima compensação, na contadoria divina, e conscientes de que quem ama, equânime e incondicionalmente, o seu semelhante não exige contrapartida, uma vez que o ato mesmo de amar, pura e simplesmente, traz consigo as benesses condizentes com o desfecho do enredo desvelado.

À vista de irrefutável e indelével normativa, a intransmissível colheita e o regozijo dela decorrente, a averiguação quantitativa e a corroboração qualitativa, sempre advirão dos pináculos do suprassumo da sementeira moral e da floração espiritual previamente estatuídas, posto que os frutos sazonados da evolução autêntica e da paz de consciência e tranquilidade interior não são, e nunca serão, a resultante do acúmulo de saberes pela fome do conhecimento sem proveito, mas sim o néctar oriundo da vivência consciente do que foi longa e nobremente aprendido, profundamente compreendido e lucidamente transformado em discernimento resiliente e proativo.

---

[741] Franco, D. P.; Miranda, Manoel P. de (Espírito). Indagações esclarecedoras. In: *Tormentos da Obsessão.* cap. 8.
[742] Xavier, F. C.; Vieira, Waldo.; André Luiz (Espírito). Instrução pelo exemplo: Amparo espiritual. In: *Estude e viva.* cap. 34, item 1.

O que comumente nominamos de dever retamente cumprido, de enriquecimento espiritual e de iluminação interior é, tão somente, a quintessência da expansão da consciência que despertou na execução da causa crística.

Esse despertar acontece por intermédio do pleno exercício da caridade convertida e personificada na tolerância, na perseverança, na solidariedade e na fraternidade universais, ou seja, iluminar-se na ação por amor e fidelidade ao Cristo de Deus. É o Evangelho vivenciado em Espírito Verdadeiro.

Deste modo, em íntima conexão com Deus, o Ser dos seres, a Alma do Universo, o Sol das almas sequiosas em decifrarem o enigma de si mesmas e serem livres e felizes por caminhar com as próprias luzes o serão, se pautarem suas vidas à luz da Lei Divina e vive-la sob a égide da Verdade libertária.

Segundo Huberto Rohden e Pietro Ubaldi, respectivamente: "O que vale não é o que sabemos nem o que dizemos nem o que fazemos, mas sim o que somos. Porque evolução é vivência." Fato incontestável é: o perdão faz bem a quem perdoa, bem como o amor o faz a quem ama. Assim, urge conscientizarmo-nos de que "evoluir é não ter direito algum. Onde começa o direito, acaba o amor".[743] Quem ama a nada se apega ou de ninguém se apossa. Pelo contrário, procura libertar, encorajar e impulsionar os seres a quem diz amar, pois "quem é livre realmente não pretende ser mestre de ninguém".[744] De modo que, quanto mais contribuímos, de forma espontânea e imparcial, tanto para a edificação da liberdade responsável quanto para a construção da felicidade sem mácula das criaturas com as quais nos vinculamos, direta ou indiretamente, mais íntimos serão os laços do amor que nos jungem, pois, é ineludível e irrevogável que nós e eles somos um. Assim enfatizou a Luz do Mundo: *"Um novo mandamento vos dou: Que vos ameis uns aos outros, como eu vos amei, que também vós uns aos outros vos ameis (Jo. 13:34)."* André Luiz levou a sério esse mandamento, vivenciando-o exitosamente ao libertar a esposa, por ocasião de uma visita à sua própria família na crosta terrestre. Devido a essa percepção, sintetizou, para nós outros, um fabuloso tratado de libertação pessoal e coletiva, de desprendimento de si mesmo e dos seres a quem dizemos amar, de liberdade e de responsabilidade irrestritas, à luz do amor e do bem supremos: "Se você realmente ama aqueles que lhe compartilham a estrada, ajude-os a serem livres para encontrarem a si mesmos, tal qual deseja você a independência própria para ser você

---
[743] Pastorino, Carlos Torres.; *Revista Espírita Allan Kardec* (Anos 7 e 8.v. 4 - 1996).
[744] Espírito Santo Neto, F.; Caterine, Lourdes (Espírito). Autêntica liderança. In: *Conviver e Melhorar.* cap. 2.

em qualquer lugar."⁷⁴⁵ Assim, quem é ciente das infindas possibilidades e consciente de seus imensuráveis poderes, cônscio de suas aptidões dignamente angariadas e convicto das intérminas possibilidades de ascensão e de burilamentos constantes, é, por conseguinte, verdadeiramente livre, pois não pretende, em tempo algum, ser mestre de quem quer que seja. Ao contrário, procura ajudar os que o rodeiam, os que lhe compartilham o jornadear do *continuum* intérmino do eterno aprendizado, exemplificando incansável e diuturnamente sua plena altivez e sua autêntica e inquestionável autonomia, impulsionando-os a serem livres por sua vez, a fim de encontrarem a si mesmos em sua impostergável e intransferível incumbência. Entretanto, essa liberdade só poderá ser conquistada, inequívoca e genuinamente, no fiel cumprimento do dever como lei que rege a vida, expressado eminentemente na prática cotidiana, no pleno exercício da responsabilidade coadjuvada pelas virtudes subsequentes e correlacionadas.

Corroborando a magnífica síntese em voga dos autores supra citados, Emmanuel, o autor de quase todos os prefácios da obra de André Luiz, aludiu: "Quando todos nós nos dispusermos a cumprir as próprias obrigações, sem o conformismo da inércia e sem a rebeldia da insatisfação destrutiva, estaremos todos em harmonia com as leis da Vida e do Universo, transformando o tempo em alegria e transfigurando a Terra em céu na plenitude dos Céus."⁷⁴⁶ É sabido que tudo o que hodiernamente sucede no macrocosmo teve antes a sua planificação e o seu desenvolvimento nas mais ínfimas ações conceptuais nos oásis abismais dos infrarreinos do microcosmo. Isso sugere que as transformações pertinentes à paz do mundo, por certo, se iniciarão em nós (terão em nós a sua gênese conceptual). De igual modo, as reformas que desejamos implementar no contexto em que por ora mourejamos seguem o mesmo pressuposto, isto é, obedecerão ao mesmo crivo – do específico para o geral, do infinitamente pequeno para o infinitamente grande, posto que, inconteste e iniludivelmente, tudo o que enxergamos fora é o retrato inequívoco de nosso cosmo interior.

Num primeiro momento, exercitamos a fidelidade ao infinitamente pequeno (as expressões infinitesimais do patrimônio íntimo). Mais tarde, quando auferirmos as qualificações correlativas ao desígnio idealizado para o entorno (o aloamor), predispor-nos-emos às conquistas ulteriores a ele pertinentes. Disse-nos Jesus: *"Foste fiel no pouco, muito confiarei em tuas mãos para administrar"* (Mt. 25:23). Diante do exposto, ser-nos-á de grande valia a ação proativa, ou seja, a premência de não

---

⁷⁴⁵ Xavier, F. C.; André Luiz (Espírito). Convivência. In: *Respostas da Vida*. cap. 16.
⁷⁴⁶ Xavier, F. C.; Emmanuel (Espírito). Aflitos no reino doméstico. In: *Paz*. cap. 1.

postergarmos o bem que nos compete propagar na própria e na consciência planetária, posto que de tudo o que de bom e de belo fizermos objetivando o cumprimento do eterno princípio – o bem de todos, a Lei Suprema – haveremos de colher, centuplicadamente, segundo os ditames da lei de compensação, os benefícios resultantes, com recursos de igual ou semelhante índole.

Ante o exposto, vale lembrar, com Joanna de Ângelis, que uma vez que **"o arqueiro libera a flecha, já não pode deter-lhe o destino"**, pois tal é a lei de causa e efeito (grifo nosso). "Assim também ocorre com as ideias emocionalmente comprometidas, ante a vontade fraca que as direciona e liberta". Portanto, tal fato nos conclama a usar sabiamente nossas inteligências – intelectiva, emotiva e espiritual – contíguas, assim como o nosso poder imaginativo interdependente, tanto quanto o nosso pensamento, ou seja, a nossa indissociável capacidade criativa em ação, pois:

> **O corpo é veículo dúctil ao pensamento, sujeito aos sentimentos e vítima das emoções.** De acordo com a qualidade deles passa a ter a sua organização condicionada, e o sofrimento é-lhe sempre a consequência das expressões errôneas.
>
> **Os sentimentos, as emoções e os pensamentos constituem a psique do ser,** onde o Espírito encontra o seu centro de manifestação até o momento da sua conscientização plena.
>
> Desse modo, a organização molecular do corpo somático é maleável à psique, que a aciona e conduz.
>
> Por isso, **cada indivíduo é responsável pela aparelhagem orgânica de que se serve,** tornando-se cocriador com Deus, na elaboração dos equipamentos internos e externos para a sua evolução através do veículo carnal.
>
> A cada momento se está **construindo, corrigindo ou destruindo o corpo,** de acordo com a direção aplicada à psique.
>
> Graças a essa psique – responsável pelos carmas – a hereditariedade encontra-se submetida à Lei da compensação, unindo os homens conforme as suas simpatias e antipatias, afinidades e desarmonias, que os vinculam em grupos reencarnados com características semelhantes, impressas nos genes e cromossomas pela necessidade da evolução.
>
> **No fundo, cada um é herdeiro de si mesmo,** embora carregando implementos condicionadores, que procedem dos genitores e ancestrais através das leis genéticas.
>
> Desse modo, cada ser traz impressa nas tecelagens sutis da alma, que as transfere para os arquipélagos celulares do organismo, **as doenças que lhe são necessárias para o reequilíbrio emocional, as limitações e facilidades morais para a recomposição espiritual, os condicionamentos, as tendências e aptidões para a reabilitação da consciência,** reparando a ordem que foi perturbada pelo seu descaso, abuso ou prepotência.

Manifestam-se, portanto, os efeitos como enfermidades cármicas, coletivas ou individuais, que periodicamente o assaltam, exigindo refazimento do equilíbrio, restauração da harmonia.

Essa tarefa deverá começar na sublimação dos sentimentos, na qualificação superior das emoções, na elevação moral dos pensamentos, até tornar-se um condicionamento correto que exteriorize ações equilibradas em consonância com a ética do bem, do dever e do progresso.

Da mesma forma que o impulso destrutivo e perturbador procede de dentro do ser para fora, **o de natureza edificante, restauradora, vem da mesma nascente,** então orientada corretamente.

O esforço de transformação da natureza inferior para melhor (emoções enobrecidas) alonga-se em **um trabalho paciente, modelador do novo ser, que enfrentará os seus carmas consciente de si mesmo, responsavelmente,** sem as reações destrutivas, mas com as ações renovadoras.

É o caso das enfermidades irreversíveis, que se modificam e desaparecem às vezes, quando, quem as padece, enfrenta o infortúnio e coopera para sua superação.

Porque ainda não sabe identificar (ou não quer) o seu estágio de evolução, para bem compreender as necessidades e saber canalizar as energias, o indivíduo demora-se infrutiferamente nas faixas primárias do sofrimento, **quando lhe cumpre ascender, empreendendo o esforço libertário que o leva à saúde integral, à felicidade.**

Os princípios que regem o macrocosmo são os mesmos para o microcosmo, e **o homem é a manifestação da vida, sintetizando as glórias e as imperfeições do processo da evolução,** que lhe cumpre desenvolver para atingir o ápice da destinação a que está submetido (grifos nossos).[747]

Necessário se faz assimilarmos novos critérios e mais acurados conceitos que nos auxiliarão mais amplamente no propósito deste estudo e, principalmente, deste exercício ora em voga.

A serviço da Consciência profunda, encontram-se o corpo causal, a intuição e o corpo intuitivo, o emocional e o mental abstratos, o centro coronário, a vontade e a glândula pineal ou epífise. O centro coronário interliga o corpo causal e os corpos subsequentes às demais dimensões perispirituais. Este se atrela ao corpo físico por intermédio da glândula pineal. A vontade é a mediadora entre o Eu profundo e a realidade periférica, sob a regência da intuição. Essa consciência coesa, constituída de frações da Consciência profunda, elabora, cria e gerencia todas as essências e todas as substâncias componentes do mundo objetivo, isto é, da mente ao corpo físico – o universo psíquico-emocional, perispiritual e orgânico –, posto que estamos falando das dimanações do todo Espírito, personificadas como o eu menor ou eu exterior, a psique. Trata-se da alma como um ponto de autoconsciência pura emanado do Espírito e encarna-

---

[747] Franco, D. P.; Joanna de Ângelis (Espírito). Consciência e vida: Exame do sofrimento. In: *Autodescobrimento: Uma busca interior.* cap. 3, item 4.

do no corpo do homem, a quem cumpre a missão de insurgir-se contra as influências grosseiras do mundo temporal objetivo e sobrepujá-las com as disciplinas e as propostas de sutilização, rumo às dimensões imperecíveis do universo subjetivo.

Os servidores do cristo interno (também nominado por anjo da guarda, mentor, o guia espiritual da alma, o centro consciencial da personalidade) no universo consciente são a razão, a mente ou corpo mental, o centro frontal, os pensamentos, os sentimentos e demais potenciais correlatos, e as glândulas hipófise e pituitária. A inteligência, a imaginação, os pensamentos, os sentimentos e as palavras são os arquitetos edificadores das realizações futuras, supervisionados pela razão, subsidiados pelas experiências pretéritas arquivadas na memória indelével, conforme o ideal, a idealização e o objetivo que se pretende.

Os agentes mediadores das ações hodiernas, estabelecidas pela inteligência e edificadas pela consciência da personalidade vigente (a alma encarnada), como também das ações pretéritas, originárias das essências e das substâncias que fazem parte de sua constituição desde o instante conceptual, são os desejos, o corpo dos desejos, o centro laríngeo e as glândulas tireoide e paratireoide. Os desejos são as alavancas que movem os sentimentos e as emoções. Em outras palavras, eles se comunicam com os sentimentos e com as emoções mais nobres, objetivando logros mais sublimes, e com as emoções e com os sentimentos primários, almejando promovê-los ou são atraídos pelas experiências neles em curso.

O colegiado que administra o universo emocional em plano menor constitui-se do centro cardíaco, do corpo emocional e da glândula timo. Tais emoções se aproximam mais dos instintos do que dos sentimentos impermanentes, ou seja, amiúde, obedecem mais às tendências primárias que propiciam os prazeres a curto prazo e que, fatalmente, geram dores a longo prazo. Das dores provenientes da abstinência, ou seja, das dores a curto prazo advêm os prazeres a longo prazo, fruto da consciência tranquila por não ter cedido aos arrastamentos deprimentes dos prazeres efêmeros. Desse modo, percebe-se claramente que as forças constituintes desses dois universos procedem do inconsciente. Assim sendo, tanto o corpo dos desejos como o corpo emocional e as substâncias a eles correlacionadas estão intimamente ligados ao inconsciente.

As almas instintivas são as principais responsáveis pela regência da harmonia nos automatismos. Via de regra, são os agentes que governam com extrema fidelidade o universo psicobiofísico e residem no subconsciente. Seus principais veículos de expressão são o centro gástrico, o corpo dos instintos e a glândula pâncreas. O subconsciente é uma ínfima fração do inconsciente – comumente, é o quantum consciencial mais capacitado e o mais bem qualificado para gerir o empreendimento em curso –, do qual emanam diuturnamente novas substâncias primevas que, quase sempre, determinam ou sugerem novos comportamentos. O subconsciente é pluridimensionalmente supervisionado e ininterruptamente ressignificado pelas lúcidas e lídimas dimanações diretivas do Superconsciente e pelas ações normativas do consciente e, indelével e inapelavelmente, está a eles jungido, ou seja, apresentam-se intrinsecamente conectados de forma indissociável.

As almas ou forças vitais são subordinadas às almas instintivas. O centro vital, o corpo vital e a glândula baço constituem seu universo de ação. A função principal da energia vital é a organização e a manutenção da vida no cosmo orgânico. Não obstante, a responsabilidade de gerar e de nutrir é do centro genésico, do corpo natural, das glândulas suprarrenais e das gônadas – os ovários no indivíduo de sexo feminino ou os testículos no de sexo masculino.

É imperioso não nos esquecermos de que a vida, ineludivelmente, promana dos oásis conceptuais intrínsecos às fontes inefáveis da própria Vida e, sem a energia sexual como força-motriz, o sexo como mecanismo e o sistema reprodutor como laboratório essencial, o mundo das formas não existiria. *Por meio do sexo*, alude Emmanuel, "dimanam forças criativas, às quais devemos, na Terra, o instituto da reencarnação, o templo do lar, as bênçãos da família, as alegrias revitalizadoras do afeto e o tesouro inapreciável dos estímulos espirituais".[748] Segundo o referido autor, "a energia sexual, como recurso da lei de atração, na perpetuidade do Universo, é inerente à própria vida, gerando cargas magnéticas em todos os seres, à face das potencialidades criativas de que se reveste".[749] Portanto, as forças sexuais do Espírito são metamorfoseadas na alma, por cujo intermédio se aformoseiam ininterruptamente, quer seja durante o seu périplo no mundo das formas, no qual se materializam ou se personificam, ou no mundo das ideias, cujas possibilidades, via de regra, são insondáveis, e, quiçá, imensuráveis, no qual são gestadas e, simultaneamente, aprimoradas, sublimadas e integradas na Consciência-síntese. Em suma, "sexo é espírito e vida, a serviço da felicidade e

---
[748] Xavier. F. C.; Emmanuel (Espírito). Em torno do sexo. In: *Vida e Sexo*. cap. 1.
[749] Xavier. F. C.; Emmanuel (Espírito). Energia sexual. In: *Vida e Sexo*. cap. 5.

da harmonia do Universo".⁷⁵⁰ Assim sendo, a vida sempre promana da própria Vida, da gênese conceptual do átomo primitivo ao êxtase incomensurável da criação, isto é, das origens microcósmicas do espírito aos páramos ascensionais e inconcebíveis das mônadas celestes, tudo nasce, cresce, evolve, reagrupa-se, sublima-se, ilumina-se e se expande irrefreavelmente como intérminas fulgurações, transmutações, metamorfoses e aformoseamentos das ínfimas e indivisíveis partículas oriundas do Psiquismo Divino – a Fonte Geratriz –, do qual emerge como o princípio inteligente Universal, a matéria-prima essencial da criação (eis o prana transubstanciado pelos centros de força), sem a qual nada no mundo das formas existira como seres personificados tais como os conhecemos hodiernamente.

Imprescindível lembrarmo-nos de que, com exceção da glândula pineal ou epífise, a qual se encontra intrinsecamente ligada ao cérebro ou à maquinaria cerebral, precedendo as demais, as redes plexiformes ou neurais interligam as demais glândulas a elas correlacionadas, aos seus correspondentes centros de força (chacras ou centros vitais). Observam-se aglomerados de nervos, complexamente organizados, ou seja, plexos nervosos – o carotídeo, o faríngeo e laríngeo, o cardíaco, o solar, o esplênico e o sacrococcígeo – com funções e capacitações específicas, que lhes permitem a recepção e a transmissão diretivas, com extrema fidelidade, das informações proeminentes, ora em vigência no universo psíquico-emocional.

As substâncias que se expressam na área fisiológica são identificadas como sensações. Quando se expressam na área psicológica, denominam-se emoções. As sensações resultam "das informações que se exteriorizam através dos órgãos dos sentidos, sendo tudo aquilo que é percebido de maneira física",⁷⁵¹ derivadas dos instintos em vigência. Ao ascenderem, transmutam-se em emoções. Em suma, na visão de Joanna de Ângelis, *os instintos são uma forma de inteligência embrionária, e fatalmente alcançarão o nível de sentimentos edificantes, de acordo com o caminho percorrido e o progresso realizado.*⁷⁵² Assim como tudo cresce e evolui na criação em Deus, tudo se aprimora ininterruptamente num *continuum* infindo e irrefreável. Portanto, enquanto as pequenas almas componentes do universo das sensações se expressam na área fisiológica, cumprindo fielmente a sua pauta evolutiva, as emoções que

---

⁷⁵⁰ Xavier. F. C.; Emmanuel (Espírito). Em torno do sexo. In: *Vida e Sexo*. cap. 1.
⁷⁵¹ Franco, D. P.; Joanna de Ângelis (Espírito). Realização interior: Indivíduos introvertidos e extrovertidos. In: *Triunfo pessoal*. cap. 4, item 2.
⁷⁵² Franco, D. P.; Joanna de Ângelis (Espírito). Portal para o triunfo. In: *Liberta-te do Mal*. cap. 24.

se volveram à dimensão psicológica ascendente, transmutando-se em sentimentos que se aformoseiam e, transcendendo o seu patamar de origem, se encaminham para os píncaros inefáveis do oásis das placentas mentais. A partir destes, de diminutas almas objetivas experienciando no mundo das formas impermanentes, rumam, sem detença, para o âmago do arquipélago subjetivo, isto é, emergem dos submundos do reino dos instintos embrionários e são, subsequentemente, predestinadas à conquista do êxtase nirvânico atinente aos altiplanos do reino dos sentimentos e das emoções superiores, o reino inefável dos tesouros imperecíveis.

Esses dois estados psíquicos, isto é, essas duas dimensões das substâncias, oriundas das ações pretéritas e das quais procedem, quase sempre definem os comportamentos atuais. São entidades que, via de regra, determinam as interações com as energias kundalínicas. Portanto, se nessas interações e permutas predominarem as paixões dissolventes e os prazeres efêmeros, perturbadores, instalar-se-ão, desta forma, sofrimentos multiformes em variados graus na vida de quantos com eles se afinem e por eles se interessem na vida de relação. Assemelhar-se-ão a espinhos cravados em sua carne ou a tormentos devastadores a dilacerarem a alma de quem os acalente.

São graves as consequências de um diminuto movimento do arquipélago mental de um ser humano ainda imaturo, proveniente da desordem psíquica-emocional. Para termos uma noção mais exata, apresentamos o que ocorreria no mundo objetivo (no qual, entre outros, se incluem os universos perispiritual e orgânico) ante os desmandos das paixões degradantes, gestadas por pensamentos primários em desalinho ou originárias deles, cultivadas por emoções desgovernadas ou nutridas por elas, oriundas de ideias deprimentes ou por elas fecundadas e impulsionadas por palavras ríspidas, deselegantes, indelicadas e desoladoras ou acalentadas por comportamentos indevidos. Constatamos que, por meio destas ações incoerentes com as leis de harmonia, desarranjam-se ou mesmo dizimam-se, em fração de milésimos de segundo, incontáveis elementos que integram e formam a base de coesão e de sustentação da vida no universo psicobiofísico, abalando, sobremaneira, o caráter moral e espiritual dos incautos desprevenidos, levando-os, por meio de tais desarmonias, a desencadear graves doenças ou até a morte física.

Analisemos com parcimônia as insofismáveis expressões, altamente instrutivas, tanto as proferidas por Joanna de Ângelis quanto as alusivas a Ramatis, consecutivamente:

Sentindo-se a personalidade agredida pelos valores que lhe são impostos sem conveniente livre escolha, a qual lhe proporcionaria equilíbrio, **o transtorno comportamental se lhe instala, em face da dicotomia entre aquilo que sente e o que deve demonstrar,** de forma a estar em harmonia com grupo social sempre exigente e extravagante.

O ser humano é, por excelência, um animal social, como decorrência inevitável do seu instinto gregário, que necessita do outro para a sustentação dos requisitos que o constituem. Não obstante, **a sua individualidade não pode sucumbir no báratro das situações existentes, que lhe não concedam compensações emocionais.**

Há funções psicológicas que não podem ser negligenciadas sem graves consequências, como **a intuição, a criatividade, a vontade,** que se exteriorizam do fulcro da psique humana, que é o Espírito (grifos nossos).[753]

O corpo humano é constituído de átomos, moléculas, células e tecidos, mas, **sustentado, fundamentalmente, pelas coletividades de micróbios, vírus, ultravírus e outros elementos vitais das mais variadas espécies,** podendo caber milhões na cabeça de um alfinete. O homem é um aglomerado de vidas infinitesimais em incessante efervescência, pois há espécies que nascem, crescem, procriam e morrem, em alguns minutos.

Trata-se de fabulosa atividade oculta na intimidade do ser, **criando, construindo, substituindo ou destruindo tecidos, sangue, ossos, linfa, sucos, fermentos ou hormônios,** resultando as mais inconcebíveis transformações, na composição do edifício carnal. E tudo acontece mesmo sem o conhecimento direto ou a interferência do seu dono.

Os germens mais díspares confraternizaram-se, para realizar um trabalho construtivo, até comporem os vasos carnais para a moradia das centelhas espirituais emanadas da Fonte Divina. Porém, **sob o comando de pensamentos negativos,** essas vidas inferiores rebelam-se, causando a desordem, o caos, a doença e a morte; mas, **sendo mobilizadas pela vontade forte e energia mental superiores,** reativam-se, renovando células, fortificando tecidos e ajustando órgãos à dinâmica fisiológica que proporciona a saúde.

Por conseguinte, **se a enfermidade é, realmente, fruto do caos, da desordem e do desequilíbrio** na intimidade do equipo psicofísico do homem, **a saúde é o fruto do equilíbrio e do trabalho harmonioso dessas vidas microscópicas,** que se condensam, preenchendo harmonicamente o invólucro perispiritual do homem para compor o corpo carnal (grifos nossos).[754]

Todo serviço é nobre, por mais insignificante seja considerado ou por mais humilde se apresente.

O Universo e o verme, tão diferentes e antagônicos, são importantes na criação divina (grifos nossos).[755]

Ao consciente atuante cumpre optar pela obediência às intuições advindas das imanências do Eu profundo, agindo com fidelidade ao cristo

---

[753] Franco, D. P.; Joanna de Ângelis (Espírito). A busca: Torvelinho social e solitude. In: *O Despertar do Espírito.* cap. 1, item 1.
[754] Maes, Hercílio.; Ramatís (Espírito). A mente. In: *Sob a Luz do Espiritismo.* cap. 7.
[755] Franco, D. P.; Joanna de Ângelis (Espírito). Todo serviço é nobre. In: *Vida Feliz.* cap. 36.

interno, que por ele se responsabiliza, e do qual dimanam as bênçãos das oportunidades de ascensão da personalidade vigente. Quando assim procede, cria resistências morais, desenvolve a lucidez e sedimenta a harmonia interior, oriundas da fé vivenciada à luz do Evangelho personificado na ação, as quais são imprescindíveis ao êxito nas ocorrências hodiernas e nas porvindouras edificações.

      A responsabilidade para com os que nos são subordinados, particularmente com os agentes que coordenam as incontáveis realidades que alicerçam a Natureza, a nosso serviço, remete-nos a profundas reflexões, pois é fundamental estarmos cientes de que quem pensa, interage e, ao interagir, permuta suas impressões mentais com todos os seres da mesma frequência. Ao permutar, compromete-se com a criação e com as criaturas ou elementos envolvidos na orquestração, na tessitura e na execução da pauta iluminativa que se propele. Desse modo, enfatiza André Luiz: "Seus pensamentos revelam suas companhias espirituais. Suas leituras definem os seus sentimentos."[756] Com o desvelado esmero e a acuidade que lhe são característicos, o autor acrescenta: "A consciência traça o destino, o corpo reflete a alma. Toda agregação de matéria obedece a impulsos do Espírito. Nossos pensamentos fabricam as formas de que nos utilizamos na vida."[757] Assim, independente da vontade infausta do incauto ocioso ou do viajor distraído, tudo evolve impulsionado por um *continuum* infindo, por intermédio do qual todos os elementos componentes da variedade aleatória, do dinamismo incoercível e do transformismo imperturbável da impermanência primária, integram-se e irrefreavelmente se aperfeiçoam no espaço, no tempo e na eternidade, tendendo à unidade coesa, indissociável e perene. Mediante os ensinos de Emmanuel, "somos sempre a soma de muitos. Expressamos milhares de criaturas e milhares de criaturas nos expressam".[758] O conhecimento de causa, ou seja, a lucidez advinda do discernimento, proveniente da intérmina ginástica moral, implementada pela fé vívida na ação consciente e proativa, é fator *sine qua non* para a perfeita integração das incontáveis dimensões que constituem o ser humano. Tais dimensões se compõem, entrelaçam-se e, até certo ponto, se confundem, nas ambiências inefáveis do conhecimento teórico e nas leiras sempiternas do saber transcendente, no arquipélago inebriante das conquistas do estar, no qual, via de regra, se usufrui das sobejas benesses patrocinadoras dos gozos impermanentes, no oásis indizível do ser imperecível e nas suas insondáveis possibilidades criativas. De modo

---

[756] Xavier, F. C.; André Luiz (Espírito). Sinais. In: *Agenda Cristã*. cap. 32.
[757] Xavier, F. C.; André Luiz (Espírito). Ante a reencarnação. In: *Entre a Terra e o Céu*. cap. 29.
[758] Xavier, F. C.; Emmanuel (Espírito). Associação. In: *Pensamento e Vida*. cap. 8.

que a expressão *non plus ultra* não faz parte do estatuto divino, pois que não há limites pré-fixados pela Suprema Sabedoria. Tudo é factível àquele que possui o conhecimento transcendente e pormenorizado do intento pretendido e desempenha com esmero e fidelidade a sua tarefa redentora, ou seja, convicto da sua missão ou cônscio da sua incumbência, ama o que faz e, por extensão, respeita e promove todos os elementos envolvidos na elaboração, na orquestração e na execução do concerto celestial. Corroborando a pauta em foco, Miramez, eminentemente, estatui: "Deus não tem segredos para com os Seus filhos, mas pede preparo para que possamos suportar as revelações espirituais."[759] Posto que: "A ordem e a plenitude do Universo nos são reveladas à proporção que nos tornamos lúcidos para percebê-las. A mente, quando se expande e capta novos conceitos, jamais volta ao seu tamanho anterior."[760] Assim sendo: "Os Espíritos superiores regulam os conhecimentos que descem para a Terra, de acordo com o padrão moral e espiritual das criaturas."[761] Por esse motivo, Emmanuel infere e sinaliza que "cada plano recebe, daquele que lhe é superior, apenas o bastante ao seu estado evolutivo, sendo de efeito contraproducente ministrar-lhe conhecimentos que não poderia suportar". Por conseguinte, o autor recomenda que *não peçamos trabalho conforme a nossa capacitação, mas, sim, capacitação para o trabalho que a vida nos oportuniza*. Para tanto, ante a sua superior pretensão, isto é, perante a constante necessidade do autoexame e do inalienável aprimoramento do ser multidimensional que é, fazem-se necessárias a autêntica humildade e a genuína sinceridade ao aspirante que planeja auferir tais conhecimentos, pois este talvez não saiba sequer por onde começar o seu périplo investigativo. Assim, intencionando lograr êxito em seu intuito, infalivelmente, o amor se fará a luz que iluminará as indizíveis conjecturas intelecto-morais e espirituais do destemido buscador, fecundando-lhe as sementes oriundas do oceano das possibilidades intuitivas e das probabilidades inspirativas, ao tempo em que se personificará na força mais magnificente do cosmos e, concomitantemente, tornar-se-á a mais sutil vibração criadora e vitalizadora de seu desígnio, multiplicando-lhe vezes incontáveis as oportunidades condizentes e os recursos coerentes para a edificação e o aprimoramento pretendidos em sua intransferível e proativa aspiração.

As leis de solidariedade e de evolução estabelecem: "Ajuda aos que te cercam, auxiliando a ti mesmo!"[762] Isso equivale a dizer que toda

---

[759] Maia, J. N.; Miramez (Espírito). *Filosofia Espírita*. V.2. cap. 25.
[760] Espírito Santo Neto, F.; Hammed (Espírito). Filhos da luz. In: *Um modo de entender:* **Uma nova forma de viver**. cap. 47.
[761] Maia, J. N.; Miramez (Espírito). Centros de força. In: *Horizontes da Mente*. cap. 35.
[762] Xavier, F. C.; Emmanuel (Espírito). Prefácio. In: *Entre a Terra e o Céu*.

vez que ajudamos aos que dividem conosco o solo e o palco da vida, por meio dos papéis concernentes ao enredo, à peça e aos cenários subsequentes, nas múltiplas dimensões do espaço, tempo e eternidade, possibilitando-lhes a aquisição das aptidões e o aprimoramento de valores imprescindíveis ao êxito intencionado, estaremos auxiliando simultaneamente a nós mesmos. Afinal, o pensamento expressado gera a ideia, "a ideia em si é fonte de força em que a palavra se articula"[763] para que a vida se perpetue, a razão se ilumine, a consciência se moralize e a intuição alcance a dimensão atemporal, isto é, o oásis imorredouro do tempo sem tempo.

Sem dúvida, uma análise criteriosa carece de silêncio interior. De igual modo, a introspecção e o exame de consciência profundos, cujo objetivo é a compreensão dos fatos alusivos às ideias-síntese, tornar-se-ão viáveis apenas num ambiente aclimatado pelo silêncio e pelo recolhimento indispensáveis. Assim sendo, ambientemo-nos e equipemo-nos com os critérios e luminescências imprescindíveis ao propósito almejado, posto que a lucidez e a maturidade espiritual reclamam a máxima atenção, a fim de extrairmos a essência dos textos ditados por Joanna de Ângelis e André Luiz, subsecutivamente:

> **Quando a mente está pronta, parece que todas as coisas o estão igualmente,** isto porque dela depende o senso crítico, a avaliação, o discernimento. Enquanto se encontra entorpecida ou mal desenvolvida, não consegue abranger a finalidade existencial, e também se adapta ao habitual automatizando-se.
>
> **À medida que se amplia o campo mental, mais fáceis se tornam as novas aquisições psíquicas,** favorecendo a memória, que supera os lapsos, por liberar-se das cargas negativas que a obnubilam (grifos nossos).[764]
>
> Quando a mente já desenvolveu certas qualidades, aprimorando-se em mais altos degraus de sublimação espiritual, pode arrojar de si mesma os elementos indispensáveis à composição dos veículos de exteriorização de que necessite em planos que lhe sejam inferiores. Nesses casos, **o Espírito já domina plenamente as leis de aglutinação da matéria, no campo de luta que nos é conhecido** e, por esse motivo, governa o fenômeno da própria reencarnação sem subordinar-se a ele (grifo nosso).[765]

Quando o ser humano conquistar, com admirável maestria, essa capacidade criativa ou adquirir semelhante lucidez e autodomínio e, consequentemente, a habilidade, a inteligência e a consciência para lidar, respeitosa e coerentemente, com as forças e com as leis que regem tudo e

---

[763] Xavier, F. C.; Emmanuel (Espírito). Indulgência ainda. In: *Encontro de Paz.* cap. 21.
[764] Franco, D. P.; Joanna de Ângelis (Espírito). Viciações mentais: Insatisfação. In: *Autodescobrimento: uma busca interior.* cap. 9, item 1.
[765] Xavier, F. C.; André Luiz (Espírito). Ante a reencarnação. In: *Entre a Terra e o Céu.* cap. 29.

todos, não mais necessitará de passar pelo processo encarnatório, como o conhecemos. Lograra o degrau em que saberá o que fazer, quando fazer, como e onde realizar, o momento factível e o porquê ou para quê. Nesse instante astral, nascer, viver e renascer diuturnamente será a lei. Assim, o aspirante interessado nesse píncaro elucidativo não precisará esperar a morte física para pleitear futuras oportunidades de redenção, mas, sim, encarnar novas possibilidades de autoconsciência, de aprimoramento, de iluminação e de expansão consciencial subsequente a cada pensamento nobremente arquitetado, a cada sentimento harmoniosamente estatuído, em palavras disciplinadamente proferidas ou não e em cada atitude levada a efeito. Via de regra, carecerá urgentemente de um novo significado para o que, de fato, não ficou a contento ou não atingiu o grau de excelência do que foi previamente experienciado, deverá aperfeiçoar o que porventura se auferiu dignamente, mas ainda necessita de aformoseamentos constantes para lograr os alcantis inefáveis do que se almejou e, por fim, encarnará novos e primorosos anseios, objetivando multiplicar e plenificar os talentos desenvolvidos mediante o trabalho venturoso na seara crística da solidariedade e da fraternidade legítimas.

Em *O Livro dos Médiuns* (item 76), testificamos que *o pensamento expressa a consciência por intermédio da inteligência e que o Espírito encarnado em nosso corpo* é o pensamento tornado visível e tangível (personificado) na dimensão psicossensorial. Portanto, sendo o pensamento a expressão da consciência – ancorado pela inteligência –, da qual a mente é uma emanação, ele se torna o arquiteto, o idealizador, o construtor e o gerenciador dos seus veículos de manifestação, quer seja estruturado pela vontade ou invocado e edificado pela alma consciente em perene oração proativa. Consequentemente, o pensamento faz-se a capacidade criativa em constante profusão iluminativa.

Se é possível ao Espírito comunicante alterar biologicamente a anatomia e a fisiologia do corpo físico, ou seja, a sua estrutura e o seu funcionamento, como é perceptível e visível no processo de transfiguração e de superincorporação, nos quais o Espírito atuante molda a sua estrutura física e perispiritual na indumentária fisiopsíquica do medianeiro com relativa facilidade, qual a dificuldade em admitir tal possibilidade no processo da autocura e na autoiluminação? Conforme constatamos, na troca de personalidade, tal fato é perfeitamente viável e comprovado por vários autores renomados em nosso meio, isto é, tanto na vasta literatura espírita quanto na espiritualista. Além das informações que verificamos na obra organizada por Allan Kardec *(Revista Espírita, O Livro dos Médiuns* etc.*)*, encontramos também, com maior clareza e riqueza de detalhes, em Léon Denis *(O Problema do Ser, do Destino e da Dor)*, em Gabriel Delanne *(A Alma é imortal* e *Evolução anímica)*, em Gustave Geley *(O Ser subconsciente)*, Camille Flammarion *(Urânia)*, Lobsang Rampa *(A vela número 13)*, Saint Germain e em outros inúmeros apontamentos nas leiras eternas da universalidade do ensino dos Espíritos (o Espiritualismo moderno) que comprovam a veracidade de tais fenômenos.

O que propomos é tão somente a constante avaliação, a reconfiguração e a sublimação multidimensionais dos veículos de expressão da consciência, por meio da reestruturação e da disciplina dos pensamentos, da elaboração de ideias mais bem arquitetadas, da orquestração de palavras impecavelmente organizadas e das atitudes coerentes que devem sucedê-las. Assim, a transformação do caráter do imprevidente ocioso e, consequentemente, a sua correção moral e espiritual, objetivando a edificação de um proceder ilibado por parte do aprendiz fielmente comprometido com a pauta crística, será um corolário subsecutivo natural e prazeroso para quantos se engajarem na vigente empreitada com intuito promissor e iluminativo. Neste intento, a ressignificação, a troca e o aperfeiçoamento de subdivisões da personalidade serão uma consequência previsível, irrefreável e subsecutiva. Portanto, a cada pensamento expressado, a cada ideia elaborada, ante cada palavra mentalizada ou proferida e diante de cada ação virtuosa nobremente praticada, os veículos ou instrumentos de trabalho, de progresso e de sublimação do Espírito serão remodelados, mediante o que o consciente atuante se propuser.

Mediante as lúcidas instruções de André Luiz, "a ideia é um ser organizado pelo Espírito, a que o pensamento dá forma e ao qual a vontade imprime o movimento e a direção".[766] O autor acrescenta que "todo desejo, na essência, é uma entidade tomando a forma correspondente".[767] *As ideias enobrecedoras, os planos de futuras ações benéficas*, sintetiza Joanna de Ângelis, *são portadores de energias equilibrantes, que estimulam os complexos campos celulares, propiciando-lhes mais ampla harmonia e mais vasta produtividade.*[768] Noutra obra, a autora enfatiza: "És tudo quanto elaboras mentalmente e vivencias nas internas paisagens do ser profundo. Aquilo que cultivas interiormente condensa-se nos arquipélagos celulares, produzindo os efeitos correspondentes."[769] A vontade,

---

[766] Xavier, F. C.; André Luiz (Espírito). Estudando a mediunidade. In: *Nos Domínios da Mediunidade*. cap. 1.
[767] Xavier. F. C.; André Luiz (Espírito). Desejos. In: *Sinal Verde*. cap. 24.
[768] Kardec. A. *Revista Espírita*. São Paulo: IDE. julho de 1862.
[769] Franco, D. P.; Joanna de Ângelis (Espírito). Enfermidade. In: *Vitória sobre a Depressão*. cap. 27.

o pensamento, a ideia, a palavra e demais potenciais correlatos, tais como o desejo, a emoção, a sensação, o instinto e todos os estados psíquicos e dinâmicos deles originados são forças vivas e atuantes, advindas dos palcos, dos personagens, das peças e dos cenários nos quais foram criados.

Reflexionemos à luz das ideias e da síntese do instrutor Emmanuel, para tirarmos maior proveito dos conteúdos expostos, para lograrmos mais profícuo entendimento destes e obtermos uma melhor ordenação dos potenciais inatos, dos recursos latentes e das íntimas paisagens do oásis interior, objetivando mais ampla compreensão das propostas exaradas até aqui, bem como a sua fixação:

> Toda frase, no mundo da alma, é semelhante a engenho de projeção **suscitando imagens na câmara oculta do pensamento.**
> Sabendo nós que o Criador, ao criar a criatura, criou nessa mesma criatura o poder de criar, é forçoso reconhecer que **toda frase cria imagens e toda imagem pode criar alguma coisa.**
> Saibamos, assim, compor as nossas frases com as nossas melhores palavras, nascidas de nossos melhores sentimentos, porque **toda peça verbal rende luz ou sombra, felicidade ou sofrimento, bem ou mal** para aquele que lhe faz o lançamento na Criação (grifos nossos).[770]
> Meu irmão, desde a sua partida de onde vieste, nunca pronunciaste, nem pronunciarás, uma palavra igual a outra. Todas elas, mesmo que sejam repetição, **diferenciam-se pela frequência vibratória** (grifo nosso).[771]

É fato incontestável que, no mundo da alma, toda frase tem a sua própria alma, como ser constituído e independente que é. Assim, cada palavra, quanto cada ideia e cada pensamento que a antecedem são entes vivos com sua expertise e a autonomia que lhes são peculiares. O somatório das inumeráveis experiências oriundas de suas imensuráveis inter-relações permanece arquivado nas indeléveis ambiências etéricas dos registros Akáshicos. Perfazendo o caminho inverso, temos: das fulgurações intuitivas da Supraconsciência, origina-se a essência constitutiva dos pensamentos; a substância dos pensamentos transmuta-se em ideias e, da aglomeração e da complexidade destas, emerge o arquipélago das palavras. Do oásis das palavras, floresce a orquestração das frases com sua carga vibracional e comportamental intrínseca aos sentimentos e às emoções correspondentes. Em suma, dos indizíveis oceanos da Consciência-mater, imanam as intuições e as vibrações constitutivas da vontade. Por intermédio da vontade, fulgura os substratos constitutivos dos pensamentos. Deles ou com eles, edificam-se as leiras das ideias e a reunificação

---

[770] Xavier, F. C.; Emmanuel (Espírito). Criação verbal. In: *Benção de Paz*. cap. 38.
[771] Maia, J. N.; Miramez (Espírito). Os intervalos dos sons. In: *Horizontes da Fala*. cap. 29.

delas. Com a sua inegável participação, organizam-se as palavras, cuja função essencial é a elaboração e a edificação das frases e a promoção dos colóquios subsequentes. Por fim, essa rede de potenciais em curso são as entidades ou as forças criativas sob o impulso da intuição originária da Consciência profunda, regidas pela vontade e coadjuvadas pela inteligência como gestora do mundo mental/racional/intelectivo que personificarão as porvindouras realidades psico-sensoriais, morais e espirituais.

Assim poetiza o Apóstolo do Espiritismo: "Não é consolador e belo poder dizer: Sou uma inteligência e uma vontade livres; a mim mesmo me fiz, inconscientemente, através das idades; edifiquei lentamente minha individualidade e liberdade e agora conheço a grandeza e a força que há em mim?"[772] Não por acaso disse-nos Jesus, *o Reino de Deus está dentro de vós* (Lc., 17:21). Assim, se o Reino de Deus está dentro de nós, Deus e o Cristo também estão. Por esse motivo, Miramez indaga e esclarece: "Se Deus se encontra dentro de nós, assim como Jesus (o Cristo de Deus – acréscimo nosso), o que mais nos falta para mover a força d'Eles em nossa mente? Basta-nos a fé, a força divina."[773] Ao indivíduo consciente do seu poder criador ou cocriador e de que é o artífice ou copartícipe de sua individualidade e de sua liberdade imarcescíveis, sentindo a grandeza e a força divinas que lhe são peculiares, basta estabelecer a meta e determinar que a luz se faça e a luz se fará em sua consciência imortal, ou ordenar ao seu arquipélago físico/perispiritual, psíquico/emocional, moral/espiritual que se levante e ande, para que ele se alinhe com a sua luz interior intrínseca à Munificência Cósmica que o nutre e o norteia perenemente. Parafraseando Joanna de Ângelis, estejamos convictos de que *o psiquismo divino flui por intermédio de nosso complexo consciencial. Deus nos sustenta e nos conduz em todos os dias de nossas vidas. Há um incessante fluxo e um análogo refluxo de forças que nos percorrem o ser e nos impulsionam ao prosseguimento. De nós depende coordenar os movimentos, eleger a meta e avançar.*[774] Tal é a Lei.

Joanna de Ângelis preceitua e salienta com eminência e supremacia que: "O ser humano tem necessidade imediata de reflexionar em torno dos potenciais que nele jazem adormecidos, para bem direcioná-los, conforme o conhecimento das finalidades existenciais em favor da própria felicidade."[775] Dentre esses potenciais, destacamos a intuição e a vontade,

---

[772] Denis, L. As potências da alma: A vontade. In: *O Problema do Ser do Destino e da Dor*. 3ª parte. cap. 20.
[773] Maia, J. N.; Miramez (Espírito). Fé: Fonte divina (oração). In: *Cura-te a ti mesmo*. cap. 40.
[774] Franco, D. P.; Joanna de Ângelis (Espírito). Decisão de ser feliz. In: *Momentos de Saúde*. cap. 1.
[775] Franco, D. P.; Joanna de Ângelis (Espírito). Mandato mediúnico. In: *Jesus e Vida*. cap. 7.

a inteligência e a imaginação, o pensamento e o sentimento, o desejo e a emoção, a sensação e o instinto, que são inerentes à individualidade imortal, o Espírito e suas indissociáveis almas/personalidades atuantes, posto que *corpo e alma,* segundo a autora, "constituem uma dualidade que, em síntese, são a mesma unidade da vida universal. O corpo é efeito. A alma é-lhe a causa".[776] Levando em conta a trajetória evolutiva do ser individualizado a caminho de sua inegável individuação, iluminação e expansão consciencial, na sua ordem ascendente teremos: instintos e sensações, atuando no cenário biológico; desejos e emoções, impulsionando a espaçonave perispiritual ascendente; sentimentos e pensamentos, inteligência e imaginação, desbravando o arquipélago mental (dimensão na qual se efetivará a integração do patrimônio do eu objetivo impermanente ao Eu subjetivo imperecível); e, finalmente, vontade e intuição, devassando a sempiterna unidade, o Ser integral, a Consciência-síntese. Assim, iniludível e fatalmente, "os instintos se transformam em sentimentos e estes se sublimam na área da razão".[777] Desse modo, enquanto a inteligência elabora e arquiteta, a razão calcula, cataloga, compara e analisa o que pretende encetar, com o que adrede se conquistou e se registrou nos bancos da memória imperecível. Tal é o mecanismo de construção e de aprimoramento, por meio do qual a unidade experiencia, se aprimora (sublima-se) e se expande. Na essência do ser aprimorado, os sentimentos enobrecedores criam a realidade estrutural que se pretende ou a que se faz necessária; os seus estados virtuosos mais bem qualificados edificam sobremaneira as instâncias proativas da consciência que despertou, enquanto as luzes inefáveis das metas superiormente elencadas alimentam e centuplicam as possibilidades de concretização do eminente desígnio. Por fim, o amor equânime e incondicional – o suprassumo do sentimento dos sentimentos, da emoção das emoções –, ilumina e plenifica o contexto, fecundando os envolvidos e multiplicando indefinidamente os recursos atinentes ao enredo elencado em evidência. Assim, "o amor é o antídoto eficaz para todo sofrimento, prevenindo-o, diminuindo-o ou mudando-lhe a estrutura. O amor é o sentimento que dimana de Deus e O vincula à criatura, aproximando-a ou distanciando-a de acordo com a resposta que der a esse impulso grandioso e sublime".[778] O amor é a ineludível força cáusica e, desse modo, incontestavelmente é a insubstituível substância prânica que gesta e cria, a vitalidade que nutre e sustenta e, simultaneamente, a lei que impulsiona, normatiza e mantém a vida em suas inenarráveis expressões.

---

[776] Franco, D. P.; Joanna de Ângelis (Espírito). Corpo e alma. In: *Alegria de viver.* cap. 4.
[777] Franco, D. P.; Eros (Espírito). Sexualidade e vida. In: *A um passo da imortalidade.* cap. 5.
[778] Franco, D. P.; Joanna de Ângelis (Espírito). Consciência e vida: Consciência e Sofrimento. In: *Autodescobrimento: Uma busca interior.* cap. 3. item 3.

Aproxima-se a hora de ação, posto que:

> Não ignoramos, porém, que **todos temos a prece à nossa disposição como força de recuperação e de cura.** É necessário orientar as nossas atividades, no sentido de adaptar-nos à Lei do Bem, acalmando nossos sentimentos e sossegando nossos impulsos, para, em seguida, elevar o pensamento ao manancial de todas as bênçãos, colocando a nossa vida em ligação com a Divina Vontade.
>
> Vibra a luz em todos os lugares e, por ela, estamos informados de que **o Universo é percorrido pelo fluxo divino do Amor Infinito,** em frequência muitíssimo elevada, através de ondas ultracurtas que podem ser transmitidas de Espírito a Espírito, mais facilmente assimiláveis por intermédio da oração.
>
> E estejamos convictos de que, **ligando o fio de nossa fé à usina do Infinito Bem,** as fontes vivas do Amor Eterno derramar-se-ão através de nós, espalhando saúde e alegria.
>
> É indispensável compreender que **a oração opera uma verdadeira transfusão de plasma espiritual,** no levantamento de nossas energias (grifos nossos).[779]
>
> A oração é couraça de luz que defende por dentro, imunizando por fora.
>
> Veículo dos soluços da Terra, converte-se em luz que **jorra de cima como divina resposta em fulgurações inspirativas.**
>
> Orvalho refrescante acalma, consola e alimenta.
>
> **Em verdade não liberta dos sofrimentos nem afasta das provações...**
>
> Sol abençoado dilata a visão, facultando o discernimento e aclarando os limites do entendimento (grifos nossos).[780]
>
> Quem ora, ilumina-se de dentro para fora, tornando-se uma onda de superior vibração em perfeita consonância com a ordem universal.[781]

Diante de incomensurável manancial de forças vivificantes do Amor Infinito, transubstanciadas no plasma espiritual expedido pelas lídimas diretrizes do Evangelho e da oração santificantes, tanto o discípulo devotado quanto o abnegado apóstolo, comprometidos com a causa crística, carecem urgentemente de despertar a coragem moral, a vontade interior e as vontades correlacionadas, para a execução consciente de tão grandiosa incumbência, a fim de usufruírem das inenarráveis benesses intrínsecas a este magnificente oásis que, via de regra, é quase totalmente desconhecido por muitos e inexplorado pela maioria, quiçá, malbaratado por nós outros. Mas trata-se de um oceano de insondáveis possibilidades de aquisição dos louros da paz íntima – a edificação da tranquilidade interior ou a consolidação da felicidade legítima – e a construção dos seguros

---

[779] Franco, D. P.; Eustáquio (Espírito). A Oração Curativa. In: *Instruções Psicofônicas.* cap. 36.
[780] Franco, D. P.; Amélia Rodrigues (Espírito). Em Gênero Poético e Lírico: Orar sempre e constantemente. In: *A prece segundo os Espíritos.* cap. 1, item 8.
[781] Franco, D. P.; Joanna de Ângelis (Espírito). A Psicologia da Oração. In: *Rejubila-te em Deus.* cap. 8.

alicerces da ascensão progressiva na conquista do infinito. Para o buscador que almeja lograr êxito em tal intento, os venerandos Espíritos, Joanna de Ângelis, Miramez e Léon Denis, consecutivamente, nos advertem:

> Membro do organismo universal, o ser humano, na sua organização celular, miniaturiza o cosmo no corpo somático, demonstrando que a unidade individual deve representar a harmonia, que vigorará quando todos os homens se equilibrarem nos ideais do progresso, avançando para a Grande Realidade.
> **A harmonia íntima, que decorre do discernimento das finalidades da vida, propicia a natural integração da criatura no conjunto cósmico, contribuindo para a preservação da Unidade Universal.**
> Nesse sentido, cada órgão que constitui o conjunto somático é unidade em interdependência com os outros, e, por sua vez, cada célula é um ser próprio, com função específica, trabalhando com a sua quota em favor do todo, no qual se encontra mergulhada.
> Por isso, **é sensível às mudanças morais, reagindo conforme o direcionamento mental e comportamental do Espírito encarnado.**
> Essa marcha ascensional é desafiadora, somente podendo ser empreendida e realizada quando luz a conscientização do processo de evolução no ser, que não pode tardar.
> O panorama complexo faz-se delineado desde o despertar da responsabilidade em torno da vida, **passando a desenvolver todas as possibilidades latentes como condição de herança de Deus no imo de cada ser** (grifos nossos).[782]
> Os Espíritos, pelo dizer dos mais abalizados, vieram do átomo primitivo, e se expressam, na sua grandeza, como arcanjos divinos. Para que cheguem a esse ponto, passam por fieiras de milênios incontáveis, e **esses bilhões de anos lhes deixam marcas das leis que devem ser respeitadas.** Eles atuam com amor e por amor à Suprema Sabedoria do Universo (grifo nosso).[783]
> O desabrochar da consciência é um trabalho lento e contínuo, que constitui o desafio do processo da evolução. **Inscrevendo no seu âmago a Lei de Deus,** desenvolve-se de dentro para fora a esforço da vontade concentrada, como meta essencial da vida.
> Da mesma forma que, para atingir a finalidade, **a semente deve morrer para libertar o vegetal que lhe dorme em latência,** a consciência rompe a obscuridade na qual se encontra (a inconsciência), para conseguir a plenitude, a potencialidade do Si espiritual a que se destina (grifos nossos).[784]
> A vontade insulada pode muito para o bem dos homens, mas que não seria de esperar de uma associação de pensamentos elevados, de um agrupamento de todas as vontades livres? As forças intelectuais, hoje divergentes, esterilizam-se e anulam-se reciprocamente. Daí vêm à perturbação e

---

[782] Franco, D. P.; Joanna de Ângelis (Espírito). Viagem interior: Busca da unidade. In: *Autodescobrimento: Uma busca interior.* cap. 5. item 1.
[783] Maia, J. N.; Miramez (Espírito). Conhecimento de Causa. In: *Filosofia Espírita.* V.11. cap. 30.
[784] Franco, D. P.; Joanna de Ângelis (Espírito). Consciência e vida: Consciência e Sofrimento. In: *Autodescobrimento: Uma busca interior.* cap. 3. item 3.

> a incoerência das ideias modernas; mas, desde que o Espírito humano, reconhecendo sua força, **agrupe as vontades esparsas em um feixe comum a fim de convergi-las para o Bem, para o Belo, para o Verdadeiro,** nesse dia a Humanidade avançará ousadamente para as culminâncias eternas, e a face do mundo será renovada (grifo nosso)![785]

Se o homem tivesse exata percepção das forças peculiares à sua consciência e colocasse a sua vontade a serviço dessas aptidões inatas, poderia realizar o que quisesse, impulsionado pelo eterno princípio – o bem de todos. Para tanto, o Reino de Deus encontra-se no âmago de cada ser. Assim, fazer com que essa luz brilhe, desde a mais discreta intenção à mais elevada realização, é tarefa impostergável e intransferível de cada terrícola que moureja nesta espaçonave planetária ou de qualquer outro cidadão cósmico, na condição de livre pensador e psiconauta aprendiz da eternidade.

Demonstramos as nossas intenções por meio do convite preestabelecido pela tela mental, na primeira etapa das visualizações. Dialogamos mais detidamente com as substâncias componentes da instância carnal, quando levamos a efeito a segunda etapa desse propósito. Por conseguinte, dá-se o momento da ação e da interação mais abrangentes do consciente (consciência ativa) com as forças imanentes na Consciência-síntese (Superconsciente), bem como as do subconsciente com a sua totalidade (o inconsciente); em suma, a ação conjunta de todas as essências e subconsciências componentes da unidade. Essa trajetória equivale a sair do deus interno e a ele retornar, isto é, realizar o incomparável percurso, dos alcantis inefáveis da Superconsciência ao sopé dos abismos do inconsciente para então regressar dos extremos abissais ao âmago da Superconsciência, na qual gravaremos os resultados desejados, adquiridos e aprimorados no périplo percorrido e nas experiências elencadas por intermédio das ações elaboradas e personificadas no despertar e na iluminação do consciente e na ressignificação do subconsciente.

O espírito é uma imanação, uma partícula infinitesimal do Absoluto e o Espírito é uma porção, uma individualização dessas partículas primevas no Absoluto. Devassando o espírito da letra, Léon Denis profetizara, inequivocamente, que o meio mais eficaz para que a Alma (uma diminuta fração do Espírito, a consciência ou o centro consciencial da personalidade que ora anima) possa galgar mais altos degraus nos quais fruirá de maior lucidez para, enfim, alcançar "o aumento do domínio que está destinado a exercer dentro e fora de si" e, assim, lograr êxito na proposta de autoconhecer-se e de autoiluminar-se, é, imprescindivelmente, "o exame

---

[785] Denis, L. A vontade e os fluidos. In: *Depois da Morte.* 4ª parte. cap. 32.

de consciência e a introspecção".⁷⁸⁶ E, de modo irrefutável, enfatiza: "O poder da vontade é ilimitado. O homem, consciente de si mesmo, de seus recursos latentes, sente crescerem suas forças na razão dos esforços."⁷⁸⁷ Corroborando a tese em voga, Joanna de Ângelis assinala que os tesouros imperecíveis do Espírito, ocasionadores de paz e de felicidade, "estão ao alcance de todos quantos realizem atos de enobrecimento e esforcem-se por lográ-los".⁷⁸⁸ Miramez pondera explicitamente que "todos os recursos exteriores se encontram com mais eficiência no interior de cada ser",⁷⁸⁹ bastando que a consciência trabalhe em perfeita consonância com as leis que regem a vida e a harmonia do Universo. Não há como propiciar o menor estímulo para que os semelhantes cultivem nobres valores, senão por meio da exemplificação desses mesmos valores, já construídos por quem se propõe a tanto. Assim, a conscientização faz-se imprescindível ao ser humano que almeja fruir o néctar oriundo dos louros ofertados pelas benesses auferidas no oásis da plenitude, isto é, cientificar-se de que a solução para todos os seus males psicobiofísicos, morais e espirituais, jaz no Reino de Deus em si. Portanto, tal desiderato não depende e nem dependerá da canalização de recursos, tampouco de auxílios exteriores, mas, sim, da quantidade e da qualidade da força cáusica Universal que consiga movimentar em prol de si mesmo, pois uma fonte inesgotável e inestancável da energia amor dormita no íntimo de cada ser.

Caso optemos pelas vias do menor esforço, o contrário ocorrerá, isto é, se seguirmos por atalhos ilusórios, nos quais, fatalmente, equivocar-nos-emos a cada tentativa. A transferência da responsabilidade que nos compete adiará, indefinidamente, o encontro com as benesses que desejamos ansiosamente fruir. A esse respeito, com autoridade moral e inegável lucidez, Joanna de Ângelis e Miramez, respectivamente, nos conclamam:

> A maioria dos cristãos vai adotando, em quase todos os seus trabalhos, **alei do menor esforço.** Muitos esperam pela visita pessoal de Jesus, no conforto das poltronas acolhedoras; outros fazem preces por intermédio dos discos. Há os que desejam comprar a tranquilidade celeste com as espórtulas generosas, como também os que, **sem nenhum trabalho em si próprios,** aguardam intervenções sobrenaturais dos mensageiros do Cristo pelo bem-estar de sua vida (grifo nosso).⁷⁹⁰

---

⁷⁸⁶ Denis, L. As potências da alma: A consciência (O sentido íntimo). In: *O Problema do Ser, do Destino e da Dor.* 3ª parte. cap. 21.
⁷⁸⁷ Denis, L. As potências da alma: A vontade. In: *O Problema do Ser, do Destino e da Dor.* 3ª parte. cap. 20.
⁷⁸⁸ Franco, D. P.; Joanna de Ângelis (Espírito). Vazio existencial: Terapia libertadora. In: *Conflitos Existenciais.* cap. 15, item 3.
⁷⁸⁹ Maia, J. N.; Miramez (Espírito). Energismo estuante. In: *Horizontes da Mente.* cap. 19.
⁷⁹⁰ Xavier, F. C.; Emmanuel (Espírito). Segue-me! E ele o seguiu. In: *Segue-me.* cap. 1.

> Quanto menos se fazem esforços para a superação das tendências inferiores, das paixões dissolventes, dos melindres, **mais difíceis se tornam os dias existenciais,** variando de um para outro problema, sempre gerado pela insatisfação pessoal e pela aceitação do estado íntimo em que se permanece (grifo nosso).[791]
>
> Quem se melindra ao ser ferido em seu orgulho, ou quando expostos os seus defeitos, não quer renovar-se: **fala das reformas internas, mas procura viver nas teorias;** faz apologia dos valores grandiosos da educação, mas monta no cavalo da indisciplina; **convida os companheiros para o banquete de luz e vai, às escondidas, alimentar-se das trevas** (grifos nossos).[792]

Fugir de si mesmo é tarefa impraticável, posto que "para onde se projete o pensamento haverá a existência deste momento, evoque-se o passado ou avance-se no futuro".[793] Ante o exposto, cabe-nos proceder ao enfrentamento consciente dos desafios que a vida nos oferta, por meio do qual se diluirão os entraves impeditivos, solucionando-se as causas tormentosas geradoras de conflitos e reparando-se os enganos perpetrados em experiências pretéritas. Enfim, objetiva-se construir o novo, sem desconsiderar o já existente, por tratar-se de um patrimônio indelével, todavia, sempre passivo de ser ressignificado em qualquer tempo e lugar. Evidencia-se, portanto, a proeminente atitude proativa para se lograr êxito em tal propósito.

Os potenciais constitutivos ou pertencentes à mente humana são imensuráveis em sua quantidade e capacidade criativa, como também o são em sua insondável magnitude e em seu insofismável valor qualificativo. Por esse motivo, André Luiz estatuiu, com excelência, que "nossos pensamentos geram nossos atos e nossos atos geram pensamentos nos outros".[794] Deepak Chopra acrescenta: "Todo e qualquer hábito (edificado pelos condicionamentos e pelas assertivas psíquicas/emotivas oriundas do dinamismo do consciente ativo, subsequentemente transmutado em novos automatismos no subconsciente – acréscimo nosso) faz com que o sistema nervoso central envie bilhões de impulsos ao corpo." Dessarte, prossegue o eminente instrutor: "Se quisermos gerar saúde a partir deste momento, devemos começar a canalizar o inconsciente através do hábito."[795] A essência canalizada das imanências da Superconsciência, por intermédio de atitudes coerentes com as leis de harmonia, de equilíbrio, de progresso e de evolução, criará o ambiente no qual os hábitos recentes

---

[791] Franco, D. P.; Joanna de Ângelis (Espírito). As Dissensões. In: *Jesus e Vida*. cap. 12.
[792] Maia, J. N.; Miramez (Espírito). Nunca agastar-se. In: *Saúde*. cap. 34.
[793] Franco, D. P.; Joanna de Ângelis (Espírito). Sempre agora. In: *Jesus e Vida*. cap. 25.
[794] Xavier, F. C.; André Luiz (Espírito). Pensamento e mediunidade. In: *Nos Domínios da Mediunidade*. cap. 13.
[795] Chopra, Deepak. Canalizando o inconsciente - A força do hábito. In: *Conexão Saúde*. cap. 25.

e remotos (substâncias predominantes nos comportamentos hodiernos), provenientes do inconsciente, do subconsciente e, quiçá, originários do consciente atuante, serão atraídos e, consequentemente, transformados em hábitos saudáveis no porvir. Enfim, por menor que seja a ação, provocará incontáveis alterações que determinarão infinitas novas combinações nos elementos envolvidos.

Parafraseando Miramez, *quando nos reunimos em um grupo de almas afins, o éter cósmico grava o que pensamos e fotografa o que sentimos, guardando em nossas consciências "uma cópia e viajando com a outra em todas as direções do infinito, para mostrar ao centro da vida maior, o que fazemos da vida e pela vida. Sendo assim, como negar o que somos?"*[796] Creio que já estamos prontos para iniciar o nosso périplo, ou seja, empreendermos a viagem para dentro, ao encontro de nossa essência ou para fora, caso estejamos lúcidos e convictos de tudo quanto almejamos e, como cocriadores, aptos a construir ou a reconstruir o nosso cenário, desde as paisagens internas à periferia e vice-versa.

Teoria e prática

Em ti, no silêncio da prece mental, sem que tenhas necessidade de ver ou perceber, em sentido direto, **o coração bate sem cessar na cadência admirável da vida.**

Movimenta-se o sangue, por mil canalículos diversos.

Impulsos nervosos eletrizam-te a imensa população celular do cérebro.

Miríades e miríades de unidades de vida microscópica palpitante na concha da boca.

Em torno de ti, no silêncio da tua prece, **os átomos se agitam em vórtices intermináveis na estrutura material** da roupa que te veste e dos sapatos que te calçam.

Milhares de criaturas humanas num perímetro de algumas léguas em derredor, falam, cantam e choram sem que ouças.

Outros milhões de vozes em dezenas de idiomas, nas ondas hertzianas, entrecruzam-se à tua volta sem que as registres.

Igualmente, no silêncio da tua prece, **acionas vasto mecanismo de auxílio e socorro na atmosfera que te rodeia,** comparável a imenso laboratório invisível.

O teu influxo emocional dirige-se **além de teus sentidos para onde te sintonizes,** através de insondáveis elementos dinâmicos.

Não descreia da oração por não lhe marcares fisicamente os resultados imediatos.

---

[796] Maia, J. N.; Miramez (Espírito). O ambiente que nasceste In: *Saúde*. cap. 7.

No silêncio de tua prece mental, **podes expressar até mesmo com mais veemência do que num discurso de mil palavras,** o hino vibrante do amor puro, a ecoar pelo Infinito, assimilando no âmago do ser a Divina Luz, que te sublimará todos os anseios e esperanças, na renovação do destino (grifos nossos).[797]

Dando elasticidade à lupa da investigação sem limites, pré-fixada pelos sentidos periféricos e pelas subpersonalidades em exercício no universo da impermanência e potencializada pelas intérminas jazidas do conhecimento universal, inerentes à essência de cada consciência em ascensão, partindo do efeito para remontarmos à causa, Joanna de Ângelis sintetiza o antes inimaginável, ao estabelecer que "corpo e alma constituem uma dualidade que, em síntese, são a mesma unidade da vida universal. O corpo é efeito. A alma é-lhe a causa".[798] Se a causa e o efeito são expressões da mesma individualidade, ou seja, a variedade do efeito não seria outra coisa senão a expressão da própria unidade, da qual (alma, mente, perispírito e corpo físico) é somente diminuta fração, qual será a proposta de unificação dos valores da causa e do efeito e da consequente plenificação de ambos, que dará sequência às visualizações apresentadas anteriormente, posto que somos artífices de nosso porvir e os arquitetos de nossa intérmina espaçonave transcendental?

Como consciência que anseia ultrapassar as barreiras do *non plus ultra,* isto é, como um peregrino que almeja suplantar os empecilhos procrastinadores e as constrições anestesiantes do universo das ideias preconcebidas, dogmáticas ou do mesmismo perturbador, pois "trata-se de uma proposta-desafio para seres amadurecidos psicologicamente, capazes de ambicionar o além do habitual, e que estão dispostos a consegui-lo",[799] é que sugerimos o exercício que faremos, na sequência, por meio do qual se propõe a movimentação dos mananciais da bioenergia, da essência do ser à sua periferia, objetivando a fusão dessas realidades. Intencionamos propiciar um melhor aparelhamento dos seus veículos de expressão no mundo das formas, a transformação da alma, como uma gestora que os conduzirá com maior equilíbrio e, por fim, a iluminação e a expansão da unidade que a todos integra. Para isso, a arquitetura se iniciará do centro para a periferia (posto que orar é iluminar-se de dentro para fora) ou da periferia para o centro (a disciplina dos impulsos, via de regra, vêm do exterior para o interior, isto é, do mundo objetivo para o subjetivo, do

---

[797] Xavier, F. C.; Vieira, W.; André Luiz (Espírito). No silêncio da prece. In: *Opinião Espírita.* cap. 59.
[798] Franco, D. P.; Joanna de Ângelis (Espírito). Corpo e alma. In: *Alegria de viver.* cap. 4.
[799] Franco, D. P.; Joanna de Ângelis (Espírito). Significado do ser integral: Bases para a autorrealização. In: *Vida:* Desafios e Soluções. cap. 5, item 1.

inverossímil para o *verossímil*). Se o impulso principiar do âmago do ser (do centro coronário que gerencia o universo causal), por certo o périplo culminará no centro kundalini (o qual sintetiza as forças de coesão e de sustentação da vida em a Natureza). Todo aquele que assim proceder, percorrerá, sem maiores dificuldades, as enigmáticas paisagens arquetípicas do cenário objetivo (os reinos das formas tangíveis), para o qual entregará as miríficas imanências de sua consciência, ou seja, os seus melhores anseios, objetivando a sempiterna ascensão do condomínio e a sublimação dos condôminos entrelaçados no cadinho purificador, por intermédio do engendro propelido na intimidade de cada qual. O mundo objetivo, por sua vez, obrigatoriamente, empreenderá o périplo de retorno ao ponto de origem, para o qual ofertará o tesouro resultante das virtudes nobremente cultivadas e, com sabedoria, aureoladas com as fragrâncias inefáveis do bem viver, mediante os conhecimentos lucidamente empenhados e os sentimentos devidamente aprimorados no reto proceder.

Neste multiverso em evidência, cuja análise e síntese (duas facetas de uma unidade) são filhas primogênitas do tempo sem tempo, a vontade é a fiel servidora da intuição. Ambas são fulgurações da consciência profunda e encontram-se a serviço dela. A intuição é a médium da Supraconsciência e a mensageira dos doze ministros diretores, as doze pétalas centrais do centro coronário, e a vontade é a gerente feitora dos novecentos e sessenta agentes construtores, que representam as novecentas e sessenta pétalas periféricas, componentes do mesmo centro coronário.

Se não há como dissociar a argamassa orgânica do Espírito (o seu ineludível construtor), ou seja, se neste caso, tanto quanto em incontáveis outros, não nos será possível desunir a obra de seu autor, pois "corpo e alma constituem uma dualidade que, em síntese, são a mesma unidade da vida universal", torna-se fácil testificarmos, no íntimo de cada célula (à semelhança do que ocorre no âmago de seu autor), uma diretoria organizada, representada pelas forças estruturais do DNA que é a consciência gerenciadora do universo celular. O RNA, por sua vez, representa o secretariado executor. Objetivando o cumprimento das ordens expedidas pelo DNA, a consciência diretora da célula, o RNA, divide-se em três equipes devidamente treinadas para lograr o êxito pretendido em sua gloriosa missão. Na primeira equipe, o RNA mensageiro, cuja função é transmitir e espalhar as diretrizes em vigor, as quais se propagarão por meio do líquido endocelular que engloba todas as organelas (propiciando a comunicação intercitoplasmática, por meio das proteínas de sinalização intracelular, da membrana plasmática e dos receptores citoplasmáticos) e, subsequentemente, todos os elementos constitutivos do cosmo celular, como se lhes dissessem: "Ouçam todos com muita atenção! As essências superiores que compõem a chefia organizada do DNA governador, o colegiado ou cronograma organizacional de nosso universo estão ordenando a nós outros que construamos as moléculas de proteínas, imprescindíveis à vida no edifício celular, ou a proteína específica, indispensável à manutenção da vitalidade biológica e, consequentemente, geradora dos estímulos condizentes com o seu progresso ou com a necessidade evolutiva do cosmo orgânico!" O segundo elemento, inerente ao oásis do RNA, é o transportador que, de imediato, começa a coletar a matéria-prima, mediante as ordens expedidas, fielmente recebidas e nobremente interpretadas, carreando-a para a intimidade do ribossomo, cujo destino se encontra sob a gerência do gene gestado, encarregado da edificação da proteína escolhida ou elegida, segundo a carência e a proposta de ascensão consciencial da unidade celular. Por fim, o terceiro e último componente que integra a estrutura do RNA é o RNA ribossômico, um ser que já se fez um com o ribossomo intrínseco ao DNA. O nome fala por si, pois o RNA ribossômico se encontra na intimidade do ribossomo, esperando a encomenda imprescindível à formação de, pelo menos, vinte aminoácidos e, consequentemente, a transubstanciação dos elementos correlacionados à produção da proteína estatuída, já que dele partem essas forças multiformes encarregadas de produzi-la, as quais representam a consciência do DNA, cujo gerente imediato é o ribossomo, coadjuvado pelo gene atuante. É ele que interage com o DNA e cria o gene que presidirá a ação edificadora dos aminoácidos e a criação da proteína em questão.

A fonte da qual a matéria-prima será extraída ou assimilada para a composição dos aminoácidos e, por consequência, da proteína a ser elaborada, será a energia resultante das partículas infinitesimais, oriundas da quebra ou da queima da glicose armazenada nas moléculas de ATP (trifosfato de adenosina), síntese originária dos substratos dos alimentos de variada ordem, cuja ação finalizadora aconteceu, acontece ou acontecerá, na intimidade das mitocôndrias, após o complexo e intransferível périplo, no qual os "mesmos elementos vão, em se decompondo e se recompondo pelo trabalho da digestão, produzir essas diferentes substâncias apenas pela transmutação de seus elementos constitutivos".[800] Uma vez transformadas em aminoácidos e sintetizadas em moléculas de proteínas, nas privanças do retículo endoplasmático rugoso, serão, subsequentemente, incorporadas às organelas atinentes à consciência celular provedora que, via de regra, exporta o excedente às células que carecem do necessário, por ainda não terem conquistado semelhante espertize e autossuficiência.

Basicamente, quase todas as forças constitutivas do universo biológico ou da maquinaria orgânica se originam das dimensões geradoras de vida que antecedem a forma física (forças criadoras dos princípios vitais no mundo infra-atômico e subatômico) e que elaboram os elementos que nutrem a vida constituída (edificam e efetuam a manutenção dos fluidos vitais, nos quais o corpo de carne se encontra submerso). Tais elementos coexistem na mesma frequência dimensional dos princípios que animam e governam a forma orgânica. A essas dimensões geradoras de vida cumpre também a gestação das essências que organizam e mantêm as vidas infinitesimais subsequentes, sem as quais não seria possível a composição das energias quintessenciadas e a edificação das vibrações sutis interdependentes e correlacionadas que permeiam o intangível (dentre elas, as unidades componentes do psicossoma), as quais se unificam e se coagulam na composição da unidade vindoura ou veículo de expressão psicobiofísica e psicossensorial, no universo tangível do porvir (trata-se das energias vitais, compostas de diminutas entidades que gerenciam e promovem esta múltipla realidade peculiar à consciência em edificação e em constante mutação e inacabável requinte).

Enfatizamos que todas essas essências são eflúvios que dimanam dos substratos constitutivos do modelo organizador biológico (pertencentes ao primeiro núcleo do psiátomo, constituído dos núcleos *Bion*, *Percepton* e *Intelecton*), sustentado pelas imensuráveis jazidas componentes do indelével patrimônio auferido pelo eu interior e superior à pauta elencada, resultantes das experiências oriundas de um longuíssimo e imaculável proceder e das substâncias provenientes dos arquipélagos instaurados pela mãe Natureza à sua disposição. Desse modo, o modelo organizador biológico, assessorado pelo centro ou chakra vital, faz-se o instrutor que agencia e gerencia o princípio da vida (a bioenergia ou o prana), com o qual elabora e coordena a criação e, consequentemente, o aprimoramento e a plenificação do complexo biológico. Nesse mister, auxiliam-no o cor-

---

[800] Kardec. A. Gênese orgânica: Formação primária dos seres vivos. In: *A Gênese*. São Paulo: Ide. cap. 10, item 13.

po natural, atrelado ao centro genésico, e o centro básico, indissociável da energia kundalínica, no qual fulguram as essências emanadas dos reinos da Natureza, cujos agentes, os construtores da forma humana, serão as forças sexuais estatuídas pelo centro genésico e sustentadas pelo centro básico (entidades ou potenciais criadores dos elementos psicoeletroquímicos atinentes à interação com a fonte geratriz das forças prânicas, a qual promove a gestaçã, a qualificação e a manutenção das energias ou das formas mentais, das quais se originam as formas pensamentos, as formas infra-atômicas, subatômicas, intra-atômicas, atômicas, moleculares, celulares etc.), as quais se encarregarão da execução e a orquestração do enredo pretendido que vise ao bem do conjunto e à promoção do contexto. Esse enredo percorrerá todos os degraus do ser biológico e culminará no ápice do sistema nervoso, responsável pelas engrenagens específicas atinentes à governadoria e à plenificação da maquinaria orgânica, tanto na elaboração quanto na confecção do império dos instintos e do seu quartel general (o subconsciente), por meio do qual tais elementos se expressam. Posteriormente, esses elementos se edificarão nas jazidas das sensações, no oceano das emoções e no oásis dos sentimentos (o inconsciente), os quais se elevarão, sob a égide das inteligências unificadas, isto é, da consciência ética (o consciente), aos píncaros da frutescência na flora da consciência imperecível (o Superconsciente).

As imanações intrínsecas ao Superconsciente se expressam com a serenidade e a parcimônia que lhe são próprias, ao empenhar-se pela plenificação do consciente atuante, por meio das inevitáveis metamorfoses a ele concernentes, almejando melhor aparelhamento do ser encarnado, o esmero de sua conduta, a estruturação do seu caráter e o aformoseamento dos substratos constitutivos dos automatismos em vigência na subconsciência. Por conseguinte, operam a gestação de emoções enobrecedoras e de futuros sentimentos altruístas na reordenação das essências diretivas do inconsciente, cuja frutescência, resultante do aprimoramento e da promoção das forças e das etapas correlatas subsequentes, culminará com a sublimação e a expansão consciencial da unidade que a todos agrega e com a sua integração a ela – a causa e o efeito de nossa destinação –, a Consciência-mater da qual proviemos e à qual volveremos.

Rememorando velhos ensinos à luz de novas quão indispensáveis contextualizações, trazidas a lume por Joanna de Ângelis, faz-se imprescindível compenetrarmo-nos de que:

> O reino da luz é interno, sendo imperioso penetrá-lo, para que as trevas da ignorância não predominem, densas e perturbadoras.
>
> Os olhos espirituais – a mente lúcida – **são a chama que desce ao abismo da individualidade para iluminar os meandros sombrios das experiências passadas,** que deixaram marcas psicológicas profundas, ora ressumando de forma negativa no comportamento do ser.
>
> Insatisfação, angústia, fixações perturbadoras são o saldo das vivências perniciosas, cujas ações deletérias **não foram digeridas pela consciência e permanecem pesando-lhe na economia emocional.**
>
> Manifestam-se como irritabilidade, mal-estar para consigo mesmo, desinteresse pela vida, ideias autodestrutivas, em mecanismos de doentia expressão, formando quadros psicossomatológicos degenerativos.
>
> **Quaisquer terapias, para fazê-los cessar, terão que alcançar-lhes as raízes,** a fim de extirpá-las, liberando os núcleos lesados do psiquismo e restaurando-lhes a harmonia vibratória ora afetada.
>
> **Trata-se de uma experiência urgente quão desagradável nas primeiras etapas,** porquanto, a exemplo de outros exercícios físicos, causam cansaço e desânimo, resultantes da falta desse hábito salutar, até que, **vencida essa primeira fase, comecem a produzir leveza e rapidez de raciocínio, lucidez espiritual e inefável bem-estar.**
>
> Cada vez que é vencido um patamar e superados os impedimentos castradores e de culpa, **mais amplas possibilidades se apresentam, liberando o indivíduo dos conflitos habituais e equipando-o de legítimas alegrias.** A vida se lhe torna ideal, e a morte não se afigura desagradável, por vivenciá-la nos estados de meditação, sentindo-se o mesmo no corpo ou fora dele.
>
> **Interiorizar-se cada vez mais,** sem perder o contato com o mundo físico e social, **deve ser a proposta equilibrada de quem deseja realizar-se** no encontro com os valores legítimos da existência.
>
> Podemos considerar que esse tentame **leva o experimentador do mundo irreal** – o físico – **para o real** – o transpessoal – gerador e causal de todas as coisas (grifos nossos).[801]

Enfim, eis o périplo iluminativo longamente propalado.

O primeiro expediente a ser tomado a fim de lograr êxito em tal propósito, será o do preparo da ambiência acolhedora. Preferencialmente, um local arejado e com pouca ou tênue luz. Se porventura lhe agradar, valha-se de uma música instrumental suave. Imprescindível que não haja perturbação ou desconforto de espécie alguma. Sempre que houver oportunidade, faça o exercício em contato com a Natureza, inebriando-se com as fragrâncias fitoterápicas dos vegetais e com a energia dos minerais, com as indizíveis fulgurações vivificantes do sol e do ar, harmonizando-se sobremaneira com os sons e com as vibrações, oriundos da orquestra natural do ecossistema.

---

[801] Franco, D. P.; Joanna de Ângelis (Espírito). Consciência e Vida: Incursão na consciência. In: *Autodescobrimento:* Uma busca interior. cap. 3, item 1.

A postura adequada é a que lhe proporcione bem-estar ou a que o deixe amoravelmente confortável. Deitado, normalmente não aconselhamos, pois essa postura facilmente nos convida à sonolência e esse não é o resultado pretendido, mas, sim, o da presença integral no momento, isto é, um estado aguçado de vigilância observativa e contemplativa. Qualquer postura que o convide ao sono ou à displicência, fuja dela. A que mais favorece essa prática é a sentada, em posição que o deixe de coluna ereta, numa cadeira com espaldar retilíneo, vertical. Se lhe aprouver, poderá sentar-se em posição de lótus, ou em qualquer outra posição agradável que lhe facilite o estado meditativo, ou seja, uma condição que lhe permita registrar cada nuance, assim como cada lance do mergulho introspectivo.

Antecedendo a indispensável preparação do cenário alusivo à encenação da peça nobremente estatuída ou da execução da pauta previamente elencada e fielmente elaborada à luz do Evangelho, incontestavelmente, mais importante é o enredo e sua objetividade, isto é, o que se propõe, para quê se desvelará tal espetáculo subsequente e a quem beneficiará, com os louros resultantes de sua justa compensação. Assim, quanto mais nobres as intenções luminescentes (propiciadoras de harmonia e de bem-estar) e quanto mais extensos os benefícios solidários e fraternos por elas sugeridos, mais amplas e mais bem qualificadas serão as intuições e as inspirações diretivas, tanto quanto o será em relação à matéria-prima concernente ao intuito, ou seja, à quantidade e à qualidade dos recursos vitalizadores atinentes à personificação do que foi lucidamente pleiteado.

Isso posto, sem desvios postergativos injustificáveis ou ociosidades parasitárias, elege-se o périplo iluminativo e o real objetivo do desígnio transcendente.

O aspirante deve concentrar-se numa visão saudável (sem culpas nem culpados), com a firme convicção de que essa projeção se tornará realidade no plano psicobiofísico, moral e espiritual, com ressonância no entorno. Destarte, ainda no plano imaginativo, projetar-se no tempo e perceber-se em perfeitas condições de equilíbrio, agindo como tal, ou seja, observar-se em breve nas condições em que, por agora, apenas deseja fervorosamente. Entretanto, para que a tela mental se torne realidade, carece ser repetida perseverantemente. Reconhecer-se recuperado, se acaso foi acometido por alguma enfermidade e, paralela e simultaneamente, visualizar-se com a consciência expandida e com a memória ampliada, estruturando pensamentos mais criativos e harmoniosos, sentimentos mais divinizados e vivificantes, emoções mais enriquecedoras e proativas, palavras mais bem disciplinadas e esclarecedoras. Enfim, eleger tão somente atitudes que dignifiquem o seu caráter, comportando-se em perfeita consonância com as leis de harmonia. Em suma, predispor-se, sincera e humildemente, a assumir, com plena e total fidelidade, as responsabilidades para consigo, para com o próximo e para com a vida. Por fim, para lograr o êxito desejado em tal intento, carecerá de edificar, desenvolver e aprimorar, incansável e diuturnamente, as habilidades que pretende conquistar de maneira a personificar os objetivos pelos quais anela.

Todo aquele que humildar-se, reconhecendo a pequenez de um ser recém-saído dos abismos da ignorância intrínseca aos submundos do sal da terra, habilitar-se-á para cumprir o desiderato rumo aos páramos de luz da imarcescível sabedoria. Com o fito de alcançar os altiplanos inefáveis da angelitude, após galgar os alcantis iluminativos do consciente atuante, onde usará a inteligência como prenúncio de uma nova era, estabelecendo os novos critérios para a eleição das ideias enobrecedoras do porvir, isto é, as ideias sínteses que serão eleitas dentre as melhores, ou as que serão cuidadosamente elaboradas, subsequentemente, para alcançar o fim almejado, que é a ressignificação do subconsciente e a iluminação do inconsciente, predispor-se-á prontamente às benéficas influências da inspiração intuitiva, permitindo fecundar-se pelas lídimas diretivas das futuras edificações libertárias.

Por intermédio da inteligência e do poder imaginativo mais bem qualificados, os pensamentos acalentadores, originários das orações fervorosas ou da ação da vontade consciente, aglomeram-se para transformar-se em ideias enobrecedoras, as quais se personificarão nos planos das futuras ações benéficas. Tanto as ideias nobilitantes quanto os planos iluminativos e benevolentes são portadores de energias equilibrantes, com o poder de reorganizar os complexos campos celulares e de harmonizá-los consoante as leis de equilíbrio, aumentando-lhes a capacidade produtiva, segundo a necessidade de concretização do projeto previamente estatuído.

Não por obra de ilações vãs, tampouco por arroubos do acaso ou pela inação da ociosidade dourada (que a nada constroem e nada edificam em parte alguma no intérmino cinetismo da Criação), é que veementemente enfatizamos à luz dos sempiternos ensinos, que:

> Obstáculos são, por si, movimentos de renovação e progresso.
> O que possa parecer fracasso ou desencantamento é preparação de um mundo novo.

> Estejamos convencidos de que **nunca é tarde para que alguém seja feliz e que o Reino de Deus está dentro de nós**. E com semelhante luz, ser-nos-á possível esquecer quaisquer provocações e vencê-las, **situando-nos, desde agora, a caminho da Vida Superior**.
>
> A felicidade, que pode realmente não existir na Terra, enquanto a Terra padecer a dolorosa influenciação de um só gemido de sofrimento, pode existir na alma humana, quando a criatura compreender que **a felicidade verdadeira é sempre aquela que conseguimos criar para a felicidade do próximo** (grifos nossos). [802]

Mediante as lúcidas observações de Emmanuel, "todos os seres e coisas se preparam, considerando as crises que virão. É a crise que decide o futuro"[803] das criações e das criaturas. Consequentemente, "o homem será conduzido à luta. O cristão conhecerá testemunhos sucessivos", assim enfatizou o autor. Por fim, aludiu eminentemente: "Recordemos que a tribulação produz fortaleza e paciência e, **em verdade, ninguém encontra o tesouro da experiência, no pântano da ociosidade**. É necessário acordar com o dia, seguindo-lhe o curso brilhante de serviço, nas oportunidades de trabalho que ele nos descortina (grifo nosso)."[804] Ante a reflexão em curso, Kardec prossegue com a excelência e a lucidez que lhe são próprias: "É nos momentos críticos que se conhecem os corações sólidos, os devotamentos verdadeiros. É então que as convicções profundas se distinguem das crenças superficiais ou simuladas. Na paz não há mérito em ter coragem" *(Revista Espírita de novembro de 1865*. Rio de Janeiro: FEB). Portanto, todo aquele que estabelecer os pilares fundamentais do seu plano de ação renovadora, quer seja perante a crise existencial ou frente à crise provacional, de imediato obterá como resposta o passaporte e a carruagem que o conduzirá ao encontro do Cristo e do Deus que o habita e o conduz, em busca das justas e porvindouras soluções. Por conseguinte, se somos o templo dessas divindades criadoras, certamente ouvirão o que, em sincera confidência, temos a lhes dizer acerca do nosso proêmio iluminativo e, em secreto, nos fecundarão com as intuições inspirativas preeminentes das necessidades evolutivas e do progresso libertador.

Uma vez imersos no âmago do oásis interior, nos campos verdejantes do Reino de Deus em nós, a fonte causal das possibilidades infindáveis intrínsecas ao centro da Consciência-mater, quiçá insondáveis para as consciências imaturas, tanto quanto de permeio ao laboratório das probabilidades possíveis e das pautas passíveis de execução ao destemido buscador, vemo-nos nos alcantis do centro coronário, observan-

---

[802] Xavier, F. C.; Vieira, W.; Emmanuel (Espírito). Obstáculos. In: *Caminho Iluminado*. cap. 11.
[803] Xavier, F. C.; Vieira, W.; Emmanuel (Espírito). Crises. In: *Vinha de Luz*. cap. 58.
[804] Xavier, F. C.; Vieira, W.; Emmanuel (Espírito). Tribulações. In: *Vinha de Luz*. cap. 142.

do atentamente o cristo interno dialogar com as doze pétalas centrais, ou seja, comunicando-se com os doze ministros diretores, componentes da força intuitiva inerente à Superconsciência (o deus interior) e, subsequentemente, confabulando estratégias iluminativas com os novecentos e sessenta agentes construtores, de cujo trabalho se nutrem os doze ministros diretores, dos quais receberam as diretrizes libertárias, assim como as novecentas e sessenta pétalas periféricas sorveram as inefáveis vitalidades personificadoras das pautas vivificantes, peticionadas ou lucidamente executadas por nós outros.

Envoltos por este imenso amplexo, registramos com os olhos do cristo interno que, enquanto os doze ministros diretores agenciam o fluido cósmico, o plasma primordial imprescindível, e, concomitantemente, gerenciam as forças criadoras concernentes aos novecentos e sessenta agentes construtores, o deus interior, por intermédio da intuição inspirativa, norteia a ação dos doze ministros; simultaneamente, fecunda e capacita o cristo interno, o qual se encarregará de conduzir, com profunda sabedoria e indizível fidelidade, a força e a vitalidade que se destinarão à edificação das lídimas leis virtuosas (personificadas nos sentimentos e nas emoções superiores) para a configuração dos pensamentos, como a capacidade criativa a vicejar no laboratório mental, regidos pela inteligência e coadjuvados pela imaginação da alma atuante, tanto quanto para a elaboração dos recursos de objetividade, para dar forma e vida às figuras da imaginação ativa, com o fito de concretizar os desígnios preestabelecidos ou lucidamente pleiteados pelas vias da oração divinizante.

Sintetizando e simplificando o introito, ante qualquer entrave aprisionante ou frente as crises-estímulo, servir-nos-emos do poder imaginativo, à semelhança de um peregrino sequioso do saber transcendente ou de um terreno fértil bem-preparado e cuidadosamente revolvido por seu cultivador, imergiremos de inopino e, vertiginosamente, nos veremos no centro do cosmo interior. Sem lapso de tempo, sentir-nos-emos permeados por profundas reflexões introspectivas, as quais apresentarão as justas soluções divinizantes para o fito elencado. Após esse breve *insight* instrutivo, de onde emergiremos fecundados pela soma das imanências diretivas do deus e do cristo internos, regressaremos ao íntimo do ponto originário com o alforje repleto de sementes libertadoras das amarras constritoras da consciência em desalinho ou as pérolas inerentes ao seu proêmio iluminativo. Assim, de imediato ao inexprimível périplo introspectivo, nos sentiremos superiormente fortalecidos pelas lídimas intuições, seguramente habilitados para as futuras edificações e mais bem qualificados para levarmos a efeito mais amplas construções e mais belos e enobrecedores empreendimentos.

Uma vez ancorados no torvelinho do epicentro do cosmo mental, estaremos aptos à execução da pauta impostergável do processo de autoiluminação, o qual se dará por intermédio do intransferível périplo iluminativo, no circuito inexprimível dos centros de força ou de transmutação e de aformoseamento do patrimônio conquistado até então.

Ineludivelmente, já estamos de posse das inteligências (intelectiva, emotiva e espiritual) mais bem qualificadas pela precedente fecundação introspectiva, da capacidade criativa e da potência imaginativa, ampliadas pelo processo subsecutivo, assessoradas pela memória mais vasta e altamente sensível ao toque dos sentimentos e das emoções superiores.

Os sentimentos e as emoções superiores, intrínsecos aos corpos de evolução (mental e emocional abstratos, intuitivo ou búdico, causal ou crístico e celestial ou átmico), assim como os desejos enaltecidos, convocados ao festim, originários do âmago do centro laríngeo, bem como dos indizíveis substratos inerentes ao centro cardíaco, cuja ação move e promove os sentimentos e as emoções primárias de variada ordem, atuarão a fim de ressignificar os agentes estagnados nos submundos do universo dos automatismos primevos, sediados no centro gástrico. Consecutivamente, estabelece-se a planificação, a reordenação e a revitalização das almas constitutivas do centro esplênico e a requalificação dos agentes diretivos do centro criador das substâncias e das formas orgânicas, o centro genésico. Por fim, caracterizam-se os novos critérios inerentes às porvindouras interações com as forças kundalínicas, indissociáveis das incessantes permutas e das inamovíveis inter-relações solidárias e fraternas entre ambos, edificadas no anteposto dos atos volitivos à evolução subsequente. Assim, enquanto o centro genésico representa o sexo ou sistema sexual reprodutor, o laboratório de transmutação, a energia kundalini representa a energia sexual que o abastece para tal. Em síntese, enquanto um personifica o oásis criador e o cadinho purificador, o outro faz-se a força propulsora e a energia criadora das formas e das possibilidades ascensionais.

Rememorando o percurso introspectivo e o circuito íntimo dos chacras, temos, no centro coronário, o incomensurável quartel general, o imprescindível centro de trabalho, de comando e de expressão da Consciência profunda, a Superconsciência, por intermédio do qual o Espírito canaliza e transubstancia os recursos cósmicos, coordenando e promovendo as novecentas e setenta e duas virtudes constitutivas e diretivas do reino interior. Assemelha-se a uma flor de lótus de mil pétalas, em perpétua fulguração de suas indizíveis fragrâncias. O centro frontal é o agente de expressão e de transmutação da mente e de seus noventa e seis potenciais constitutivos, dentre eles, o pensamento, como a capacidade criativa; a inteligência, como o agente diretivo; a imaginação, como a artesã modeladora da forma; e a memória hereditária (sensorial inconstante ou espiritual imperecível), como referencial comparativo. Este arquipélago incomensurável encontra-se a serviço do consciente. O centro laríngeo é a alavanca propulsora dos sentimentos periféricos e o cardíaco, o laboratório de transmutação das emoções ou personificações primárias. Ambos estão a serviço do inconsciente. Por fim, o gástrico agencia e gerencia os automatismos primaciais de preservação da vida psicobiofísica. O esplênico é o organizador e o mantenedor da vida biológica. O genésico acumula as funções de gerador e de nutridor da vida em gestação. Os três são servidores do subconsciente. Por fim, o centro básico está a serviço da energia ou da força kundalini, a energia sexual ou a força criadora do universo.

Relembrando ainda uma vez: cabe a todo aquele que empreender semelhante périplo, ao regressar da imersão introspectiva no oásis do centro coronário, do mergulho no âmago da Superconsciência, a fim de imergir em cada chacra subsequente, objetivando novos alinhavos e a reprogramação progressiva, lembrar-se de que, irrefutavelmente, ao perpassar por cada núcleo consciencial a ele correspondente, isto é, no consciente (centro frontal), no inconsciente (centros laríngeo e cardíaco), no subconsciente (centros gástrico, esplênico e genésico), no kundalini (centro básico), deve realizar uma profunda anamnese de cada uma destas dimensões conscienciais e de cada chacra a elas correlacionados. Além disso, antecedendo essa ação, proceder a um minucioso e profundo autoexame, norteado pela honestidade sem mácula, coadjuvado pela humildade autêntica, aureolado pela sinceridade irrepreensível e ancorado pela fidelidade inconteste, pois "o servidor descuidado, que deixou para sábado o trabalho que deveria executar na segunda-feira, será obrigado a recapitular a tarefa, sabe Deus quando"![805] Bem sabemos que, tanto as intuições e as inspirações diretivas quanto as oportunidades iluminativas só perpassam de igual modo, nas ambiências mnemônicas do buscador, uma única vez. Assim, caberá aos aspirantes comprometidos com a sua iluminação pessoal e com o seu despertar consciencial o querer consoante o que se pretende mimetizar, discernir de forma coerente com a pauta estatuída e o viver em harmonia com a vida e com as leis e as diretrizes por elas preestabelecidas.

---

[805] Xavier. F. C.; Emmanuel (Espírito). A fuga. In: *Vinha de Luz*. cap. 113.

Toda vez que o aspirante mergulhar nos submundos dos centros laríngeo e cardíaco, imediatamente ambos emergirão do inconsciente para o consciente com a soma das imperfeições morais (subpersonalidades) a eles correspondentes. Não que elas sejam ruins ou perturbadoras, mas é o que temos para o momento ou o que delas fizemos até aqui, pois se trata do fruto inegável das etapas precedentes. A postura adequada para o viandante comprometido com a causa crística é a de acolhê-las, de aconchegá-las, terna e amorosamente, sem os prejulgamentos indevidos e as negações desnecessárias; a atitude caridosa de fecundá-las com a essência dos inefáveis substratos inerentes à outra face, isto é, com as fragrâncias indizíveis que trouxemos do périplo introspectivo, os valores imortais ínsitos no reino interior. Sendo amavelmente reconhecidas por seu insigne condutor e sentindo-se amoravelmente acolhidas em seu aprisco divinizante, permeadas pela ternura própria do aconchego integrativo e envoltas pelas lídimas vibrações oriundas do diálogo amoroso atinente ao colóquio enobrecedor, facilmente se entregam ao proêmio libertário, impulsionadas pelos estímulos progressivos originários dos exemplos vivificantes.

Neste intento proativo, o mais importante é que tudo pode ser feito no domínio psíquico, por intermédio do qual nada ficará à margem da lei de evolução, ou seja, no arquipélago do consciente. As imperfeições morais poderão ser fecundadas com as diretivas pertinentes às conquistas imorredouras, as quais poderão retornar ao inconsciente após o repasto de assimilação do que antes careciam, para lecionar o que aprenderam no festim transcendental, ou poderão rumar na direção do Superconsciente, sob a regência e a proteção do cristo interior, cujo objetivo essencial será capacitá-las para o autoencontro, para, por fim, servirem ao cristo e ao deus internos, ao retornarem ao proscênio originário mais fortalecidas e mais bem qualificadas para prosseguirem com seu constante intento iluminativo ascensional.

Neste premente e inefável périplo enobrecedor proativo, inequívoca e inegavelmente, as subpersonalidades e as superpersonalidades que desejarem abraçar as tarefas hodiernas do mundo objetivo viajarão conosco para o centro gástrico, onde começa o subconsciente, do centro para a periferia, a fim de ressignificar as forças ou as almas instintivas responsáveis pelos automatismos, vivificar as forças vitalizadoras do centro esplênico e potencializar as forças criadoras do centro genésico. O propósito essencial é o de iluminar o consciente com as porvindouras ações dignificantes, pacificar o inconsciente com os planos de futuras ações benéficas, ressignificar o subconsciente com as mudanças dos hábitos fomentadores dos futuros instintos, a melhoria do caráter moral, assim como os ajustes no comportamento espiritual, objetivando a expansão e a iluminação do Superconsciente. Não por acaso, Joanna de Ângelis e Pietro Ubaldi, respectivamente, enfatizaram solenemente:

> Uma existência humana pautada nas diretrizes do Evangelho de Jesus enfrenta contínuos desafios que se transformam em oportunidades de experiências para propiciar a autoiluminação.
>
> **Conscientizar-se de que o processo da evolução desenvolve-se do interior para o exterior do ser, o candidato ao crescimento espiritual não pode se furtar aos testemunhos que exigem coragem e robustez de ânimo** (grifo nosso).
>
> Perseverar no bem, quando outros desistem, manter a fidelidade, quando se extinguem as chamas do entusiasmo, sustentar o dever, mesmo quando aparentemente tudo conspira contra os ideais elevados, confortar os tombados na retaguarda, reerguendo-os para o avanço, representam conquista significativa no processo da autoiluminação, na construção do ser que se deseja transformar em modelo.[806]
>
> Assim, morrerá o espaço com a matéria, o tempo com a energia, a relatividade com a consciência; mas a Substância ressurgirá em formas e dimensões mais altas, assumindo sempre novas direções. Cada dimensão é relativa e, na evolução, segue uma precedente, mas vem antes de uma seguinte e existe sempre um degrau mais alto para subir, uma fase superior o aguarda. A cada salto para frente conquista-se o domínio da própria dimensão, que antes não era acessível senão sucessivamente.[807]
>
> Assim como a força de gravitação liga indissoluvelmente as unidades físicas que giram nos espaços, assim a unidade de conceito diretivo liga todos os fenômenos numa indissolúvel solidariedade, tornando todos os seres irmãos entre si. Este universo, tão instável e, no entanto, sempre equilibrado; tão diferenciado no particular e, contudo, tão compacto no conjunto; tão rígido em seus princípios, mas elástico; tão resistente a qualquer desvio, mas sensibilíssimo, é uma grande harmonia e uma grande sinfonia, onde miríades de notas diferentes, desde o roncar do trovão até os cataclismos estelares, do turbilhão atômico ao canto da vida e da alma, harmonizam-se num único hino que diz: Deus.[808]

Isso posto, eis o périplo incomensurável que fatalmente nos conduzirá à casa paterna da qual proviemos e para a qual volveremos, pois "o Verbo criador adormece na planta, sonha no animal e no homem se levanta; de degrau em degrau a descer e a subir se agrega à Criação em sublime fulgir, do éter na ondulação forma imensa cadeia que na pedra

---

[806] Franco, D. P.; Joanna de Ângelis (Espírito). Viver com Estoicismo. In: *Libertação do Sofrimento.* cap. 17.
[807] Ubaldi, P. Consciência e Superconsciência. Sucessão dos sistemas tridimensionais. In: *A Grande Síntese.* cap. 37.
[808] Ubaldi, P. Aspectos menores da Lei. In: *A Grande Síntese.* cap. 40.

começa e no arcanjo se alteia".⁸⁰⁹ Assim nos disse Jesus, o Caminho da Verdade e da Vida, só desce quem subiu. Bem sabemos que assim foi, assim é e sempre será o bailar das leis e da vida, das origens conceptuais do sal da terra aos páramos insondáveis da luz do mundo.

Por intermédio do centro genésico, convidaremos as três dimensões da energia kundalini (o ectomineroplasma, o ectofitooplasma e ectozooplasma) para participar do festim de núpcias do centro coronariano, mas as energias kundalínicas só perceberão, de início, a presença das forças criadoras do centro genésico. Por esse motivo, elas serão acolhidas com profundo amor e extremo respeito e, antes de serem entregues, pura e simplesmente, aos laboratórios inerentes ao centro vital, receberão as diretrizes pertinentes a cada estágio e a cada nuance do centro anfitrião. Assim, somente após um longuíssimo périplo preparatório de capacitação, como força de coesão e de sustentação das formas orgânicas, constituindo as unidades atômicas e moleculares, sentir-se-ão aptas às experiências dos aprendizados inerentes ao seio das almas que organizam, coordenam e efetuam a manutenção e a promoção da vida biológica.

Ineludivelmente, em cada degrau percorrido, acumulam-se os conhecimentos relativos ao patamar conquistado, tanto quanto a soma das experiências a ele atinentes. Ao mesmo tempo, miríades de correlações alusivas ao enredo perquirido sucedem posteriormente. Desse modo, antes de se alçarem às ambiências correlacionadas ao centro gástrico, essa promoção exige dos interessados a qualificação, a fim de serem admitidos no oásis das almas instintivas, com a expertise, as sensibilidades e as habilidades para gerirem, com fidelidade e maestria, as almas vitais e os recursos vivificantes que lhes serão subordinados.

Intencionando conquistar mais uma graduação no currículo de sua irrefreável e intérmina ascensão e, simultaneamente, contribuir para a pacificação e para o aprimoramento das emoções constitutivas do centro cardíaco e de sua dimensão correlativa, ou seja, evolver um tanto mais e prestar o seu contributo às personagens que mourejam neste estágio ou que por meio dele se expressam, os interessados se esforçarão sobremaneira para fazer jus aos papéis e às lídimas conjunções intrínsecas aos preâmbulos previamente elencados segundo a exigência dos autores. Destarte atenderão às expectativas dos diretores, bem como o pleno exercício da solidariedade para com os atores com os quais permutarão experiências, tendo em vista o êxito da peça evolucional e a valorização dos palcos da vida, por intermédio dos desafios inenarráveis e das soluções equivalen-

---
⁸⁰⁹ Kardec, A. *Revista Espírita*. Rio de Janeiro: FEB. novembro de 1859.

tes estatuídas. Desta forma, de degrau em degrau, nas escadas perecíveis do espaço, nas dobras insondáveis do tempo relativo e nas sempiternas estações da eternidade, a descer recapitulando e lecionando o já experienciado e a subir evolucionando em busca do até então desconhecido, elevar-se-á o tirocínio dos sentimentos apequenados no centro laríngeo, para, mais tarde, transformar os sentimentos menores ou menos felizes em sentimentos mais primorosos e bem aventurados e, com isso, aportar, solenemente, como os germes ou os embriões dos pensamentos vindouros, no centro frontal, na dimensão consciente a ele correlacionada.

Entrementes, será no oceano do consciente que as energias kundalínicas em ascensão receberão as promoções atinentes às forças e às aptidões que as qualificarão como inteligências intelectivas. Receberão o acolhimento e das diretrizes emotivas que as capacitarão como tais e, por fim, assimilarão, do oásis da inteligência espiritual (o arquipélago primacial e gestatório das imorredouras virtudes), as promoções e as requalificações pertinentes a tal estágio, construindo, com essas indispensáveis experiências iluminativas e nesta intransferível escalada evolutiva, o passaporte que as arremessará, com profícua segurança e legítima serenidade, ao âmago do cristo interno que as conduzirá para o reino interior, no seio do qual serão definitivamente integradas às inefáveis e sempiternas ambiências nirvânicas do deus interno.

Uma vez integradas na Consciência-mater, como partes indissociáveis do Reino de Deus em si, a intuição conduzirá essas energias ou pequenas almas em ascensão ao arquipélago coronariano, no qual serão entregues aos cuidados dos doze ministros diretores que as encaminharão ao palco dos novecentos e sessenta agentes construtores, onde poderão dizer, em alto e bom som, tanto para as consciências que as acolhem quanto para aqueloutras que as integram: eu e o Pai somos um, eu e o Cristo somos um, quem nos vê, vê-los-á, pois já não somos mais nós que vivemos, mas eles que vivem em nós. Consequentemente, poderão retornar, amparadas pelo cristo interior, convictas e humildes, modestas e zelosas, ternas e amorosas, solidárias e fraternas, até o âmago do plano mental e falar, com a lucidez e o discernimento que lhes são próprios, tanto para o mundo consciente quanto para o inconsciente e, principalmente, para os agentes promotores da vida no subconsciente: segui-nos vós, porque já somos iguais a eles, sede iguais a nós, virtudes perenemente ativas, porque já não somos mais nós que vivemos, e, sim, o cristo e o deus internos que vivem em nós.

Capítulo 8 | Alinhamento dos Chakras

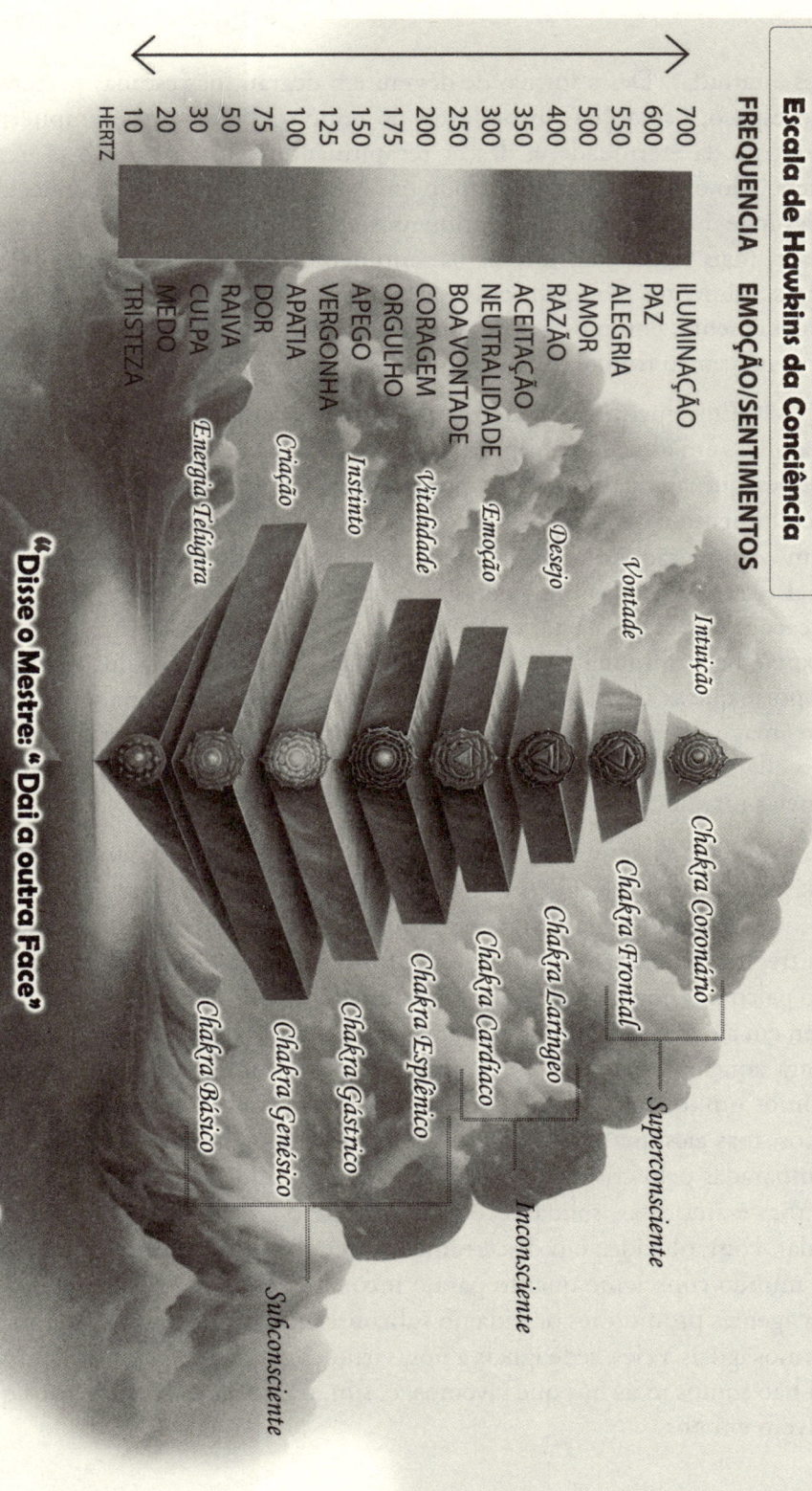

Escala de Hawkins da Consciência

FREQUÊNCIA	EMOÇÃO/SENTIMENTOS
700	ILUMINAÇÃO
600	PAZ
550	ALEGRIA
500	AMOR
400	RAZÃO
350	ACEITAÇÃO
300	NEUTRALIDADE
250	BOA VONTADE
200	CORAGEM
175	ORGULHO
150	APEGO
125	VERGONHA
100	APATIA
75	DOR
50	RAIVA
30	CULPA
20	MEDO
10	TRISTEZA
HERTZ	

- Energia Telúrica
- Criação
- Instinto
- Vitalidade
- Emoção
- Desejo
- Vontade
- Intuição

- Chakra Básico
- Chakra Genésico
- Chakra Gástrico
- Chakra Esplênico
- Chakra Cardíaco
- Chakra Laríngeo
- Chakra Frontal
- Chakra Coronário

Superconsciente
Inconsciente
Subconsciente

"Disse o Mestre: "Dai a outra Face"

Significado: Dai a energia oposta à recebida ou por ti alimentada."

Capítulo 9
O amor em ação

Dever e caridade

O Espiritismo pergunta

O amor em excelência

467

Fonte da imagem: https://pixabay.com/pt/illustrations/ai-gerado-amor-em-a%c3%a7%c3%a3o-8649082/

Dever e caridade

O dever é a lei da vida e a caridade é a alma do Espiritismo. Portanto, fora deles não há salvação, ou seja, eximir-se do cumprimento dos deveres libertários e se esquivar do processo de iluminação pessoal, equivale a renunciar aos corolários da liberdade legítima e às benesses da felicidade imperecível. A fim de praticá-los lucidamente e de usufruir dos seus inumeráveis benefícios, eis o irrecusável convite, o inquestionável propósito, o sublime e inalienável roteiro, sugerido e validado por Emmanuel, e Léon Denis, pelos eminentes e fiéis instrutores da causa crística:

> Partilhar o conteúdo de nossa bolsa com o irmão necessitado é dever, **mas dar-lhe trabalho digno,** sem afetação de superioridade e sem exigência, para que ele se faça um servidor da vida tão digno quanto nós **é caridade.**
>
> Dar o pano que sobra em nosso guarda-roupa é dever, mas **vestir o próximo de novas ideias, através dos nossos bons exemplos é caridade.**
>
> Praticar a generosidade com os nossos amigos e afeiçoados é dever, mas **exercer a gentileza e a tolerância com os adversários de nossos pontos de vista é caridade.**
>
> Ceder o pão que excede em nossa mesa é dever, mas **fazer de nossa existência um estímulo incessante ao bem para quantos nos rodeiam é caridade.**
>
> Praticar a benemerência e a delicadeza, por intermédio de mensageiros da nossa amizade aos nossos irmãos que necessitam e sofrem é dever, mas, **seguir ao encontro dos nossos companheiros de luta, com o nosso esforço pessoal na plantação da alegria ou do reconforto é caridade.**
>
> Criar planos de serviço para quem nos acompanha no roteiro de cada dia é dever, mas, **trabalhar nós mesmos com o nosso suor e com as nossas mãos é caridade.**
>
> Não nos contentemos com **o ensinar o bem.**
>
> Isso é simples obrigação de nossa inteligência.
>
> **Façamos o bem a cada instante e em cada passo de nosso caminho,** porque, desse modo, estaremos realmente assinalados como discípulos do Benfeitor Divino que, por devotar-se à caridade, foi sentenciado à flagelação e à cruz, nas quais consagrou o amor como norma de felicidade e ressurreição para a Humanidade inteira (grifos nossos).[810]
>
> O dever é o conjunto das prescrições da lei moral, a regra pela qual o homem deve conduzir-se nas relações com seus semelhantes e com o Universo Inteiro. Figura nobre e santa, **o dever paira acima da Humanidade, inspira os grandes sacrifícios, os puros devotamentos, os grandes entusiasmos** (grifo nosso).[811]

---

[810] Xavier, F. C.; Emmanuel (Espírito). Dever e Caridade. In: *Luz no Caminho*. cap. 3.
[811] Denis, L. O Caminho reto: O dever. In: *Depois da Morte*. 5ª parte. cap. 43.

> Se o orgulho é o germe de uma multidão de vícios, a **caridade** produz muitas virtudes. Desta, derivam **a paciência, a doçura, a prudência**. Ao homem caridoso é fácil ser **paciente e afável, perdoar as ofensas** que lhe fazem. A **misericórdia** é companheira da **bondade**. Para uma alma elevada, o ódio e a vingança são desconhecidos.
> **A caridade, a mansuetude e o perdão das injúrias** tornam-nos invulneráveis, insensíveis às vilanias e às perfídias [...] (grifos nossos).
> Perdoar é o dever da alma que aspira à felicidade.[812]
> Perdoar aos inimigos é pedir perdão para si mesmo. Perdoar aos amigos é dar-lhes uma prova de amizade. Perdoar as ofensas é mostrar que se tornou melhor do que se era antes (Paulo, Apóstolo, *ESE*. Cap. 10, item 15. São Paulo: Petit).

Mencionamos alhures que "o dever é a obrigação moral, primeiro para consigo mesmo e, em seguida, para com os outros. O dever é a lei da vida: encontra-se desde os menores detalhes, assim como nos mais elevados atos" e que "suas vitórias não têm testemunhos e suas derrotas não estão sujeitas à repressão", pois, em síntese, "o dever reflete, na prática, todas as virtudes morais; é uma fortaleza da alma que enfrenta as angústias da luta; é severo e dócil; pronto para dobrar-se às diversas complicações, mas permanece inflexível perante suas tentações". Em suma, *o dever é o aguilhão da consciência, o guardião da integridade interior, ao mesmo tempo em que a adverte, serve-lhe de sustentáculo, mas permanece muitas vezes impotente perante os enganos da paixão.* Enfim, "*o homem que cumpre seu dever ama mais a Deus do que às criaturas, e às criaturas mais do que a si mesmo. É, ao mesmo tempo, juiz e escravo em sua própria causa*" (Lázaro, *ESE*. Cap. 17, item 7. São Paulo: Petit).

Jesus, o Mestre por excelência para os habitantes do orbe terrestre, com seus sempiternos ensinos, fez-se o Modelo de perfeição a ser seguido pelos viandantes destronados que por aqui aportaram, ora rememorando velhas lições malversadas, outras vezes incursionando nas leiras indefectíveis no âmago de si mesmos, reavivando suas imperecíveis memórias. Indubitavelmente, todos os que objetivarem iluminar-se à luz de Seus irretorquíveis e imorredouros exemplos inexoravelmente o adotarão como o Guia infalível dos seus insondáveis destinos. Por este inconteste motivo, percebe-se, claramente, neste incomparável convite do divino mensageiro que, para lograr êxito neste desiderato libertador, torna-se inevitável ao sincero e destemido buscador assenhorear-se da certeza de que: "O sentimento do dever cumprido nos dará a tranquilidade de espírito e a resignação. O coração se tranquiliza, a alma se acalma e não há mais de-

---

[812] Denis, L. O caminho reto: Doçura, paciência, bondade. In: *Depois da Morte*. 5ª parte. cap. 48.

sânimos, porque o corpo é menos atingido pelos golpes recebidos quanto mais fortalecido se sente o Espírito" (Espírito de Verdade, *ESE*, cap. 6, item 8. São Paulo: Petit). É por este motivo que devemos tomar por lema *o devotamento e a abnegação,* por intermédio dos quais seremos tenazes, pois eles resumem na prática, "todos os deveres que a caridade e a humildade nos impõem". A alma do Espiritismo e o alicerce das virtudes, eis o nosso inolvidável fanal.

Se o socorro de nossas preces traduzir-se-ão nos mais belos gestos de amor sem condição e da verdadeira caridade, depreende-se do exposto que:

> A verdadeira caridade é um dos mais sublimes ensinamentos que Deus deu ao mundo por Jesus, e deve existir entre os autênticos discípulos de sua doutrina uma **completa fraternidade.**
>
> A caridade divina ensinada por Jesus baseia-se também na **benevolência permanente e em tudo mais para com o vosso próximo.**
>
> A lei do Cristo é a que regerá os homens, será a **moderação e a esperança** e conduzirá as almas às moradas bem-aventuradas (Elisabeth de França. ESE. cap. 11, item 14. São Paulo: Petit – grifos nossos).
>
> Se o amor ao próximo é o princípio da caridade, **amar aos inimigos é a sua aplicação máxima,** pois esta virtude é uma das maiores vitórias alcançadas sobre o egoísmo e o orgulho (Allan Kardec. *ESE*. cap. 12, item 3. São Paulo: Petit – grifo nosso).

Corroborando a tese em foco, as lídimas perquirições e as lúcidas diretrizes de Bezerra de Menezes estabelecem que "a caridade maior é aquela que mostra ao ser humano como viver os preceitos do Nosso Divino Mestre, é a transformação do homem, em cujo despertar a *Doutrina dos Espíritos* tem um grande empenho", pois, "se falamos de caridade, devemos começar a praticá-la no desabrochar dos pensamentos, porque as ideias irradiam forças, e essas forças cobrem todo o planeta com os sentimentos que depositamos na sua estrutura".[813] E o justo objetivo e a intenção primacial é o de "auxiliar aos outros para o bem, sem mergulhá-los na dependência de nossa colaboração".[814] Isto é, libertar o assistido por intermédio da própria transformação e libertação consciencial.

Diante da eminência e da relevância do exposto, reflexionemos nas entrelinhas das anotações oriundas da perquirição, da lucidez e da perspicácia de Allan Kardec ao interrogar à falange o Espírito da Verdade acerca da pauta em análise: *"Qual é o verdadeiro sentido da palavra caridade como a entendia Jesus?* – Benevolência para com todos, indulgência com as imperfeições dos outros, perdão das ofensas" (Questão

---

[813] Maia, J. N.; Bezerra de Menezes (Espírito). Prefácio. In: *Filosofia Espírita*. V.4.
[814] Xavier, F, C; Emmanuel (Espírito). Construção íntima. In: *Hora Certa*. cap. 14.

886*LE*). Por sua vez, o próprio Kardec, em dado momento, sintetiza: "A caridade é a antítese do egoísmo. Este é a exaltação da personalidade, aquela a sublimação da personalidade" (*Viagem Espírita de 1862*. Rio de Janeiro: FEB*)*. Mais tarde, ao retomar o assunto, estatui: "A caridade é a alma do Espiritismo; ela resume todos os deveres do homem para consigo mesmo – para com a vida e com as leis – e para com os seus semelhantes, razão por que se pode dizer que não há verdadeiro espírita sem caridade" (*Revista Espírita de dezembro de 1868*. Rio de Janeiro: FEB). Da essência do exposto, depreende-se que o selo real da verdadeira caridade, além de traduzir-se e de personificar-se na autoiluminação e na libertação de si mesmo, por intermédio da edificação e da preservação da própria autonomia, é também o pleno exercício da benevolência para com todos, embasada no conhecimento de si mesmo, no discernimento do quê, de como, onde e quando realizar o que se pretende a benefício de todos. À vista disso, faz-se imprescindível validar, com os próprios exemplos, os esclarecimentos transcendentes a serem ofertados aos sedentos, aos famintos, aos desnudos e desprovidos do pão espiritual. Significa servir ao semelhante por amor ao Cristo Jesus, ou seja, amar libertando os assistidos à luz da lídima misericórdia geradora de novas oportunidades de redenção, de valiosos ensejos aos recomeços divinizantes e de perenes estímulos para se plenificarem na ação. Importante lembrarmo-nos de que a misericórdia carecerá sempre de ser adornada com os eflúvios resilientes e proativos, aureolada pelos valores imperecíveis e coadjuvada pela legítima indulgência que atrai os necessitados que anseiam por ajuda, acalmando e pacificando os tormentos dos que se interessarem pela iluminação íntima, culminando por vivificar e reerguer os desprovidos do entusiasmo pela vida ou desvitalizados da ética transcendente e enfraquecidos da imarcescível moral cristã.

Para Joanna de Ângelis: "Nascer, viver, morrer, nascer de novo – é a Lei, no entanto, é essencial descortinar algo mais profundo, que é a prática da caridade como processo de salvação, de autoiluminação." E roga-nos, solícita, que entendamos a "salvação como a libertação da ignorância", e da transubstanciação "do mal que existe no íntimo de cada pessoa", com isso criando uma ambiência com a total "ausência da crueldade e do mal, em vez do desgastado conceito de retribuição na espiritualidade". Ou seja, não nos incentiva o exercício da "caridade convencional, por cuja prática espera-se a realização do negócio fraudulento entre as doações mesquinhas das coisas terrenas em comércio com as conquistas espirituais",[815] mas, sim, a um constante procedimento de burilamento

---

[815] Franco, D. P.; Joanna de Ângelis (Espírito). Prefácio. In: *Em busca da verdade*.

interior e não o aparente verniz social, oriundo da mudança exterior. Em suma, se, para Allan Kardec, a caridade é a sublimação da personalidade, e, para Joanna de Ângelis, trata-se de um processo de autoiluminação, ao iluminar-se de dentro para fora, isto é, iluminar-se na ação consciente do autoamor e no pleno exercício da benevolência e do aloamor, a criatura que almeja salvar-se das suas próprias deficiências morais e espirituais há de se libertar definitivamente de todas as causas do sofrimento que, via de regra, a vergastam e a atormentam diuturnamente.

Por se fundamentar na personificação de uma minuciosa e profunda transformação interior, de ampla e profícua ressignificação do universo psicossensorial, resultado da reconfiguração e da requalificação do teor vibracional da espaçonave perispiritual, bem como da reprogramação do cronograma organizacional da maquinaria biológica, inequívoca e inegavelmente, Carlos assim profetiza: "A caridade é, por assim dizer, a porta de salvação dos que sofrem as consequências dos seus próprios atos."[816] Dias da Cruz enfatiza: "Toda violência praticada por nós, contra os outros, significa dilaceração em nós mesmos."[817] Ante inconteste convicção, podemos prontamente nos questionar: qual o maior beneficiado com tal reformulação dos valores concernentes ao introito elencado? Por conseguinte, mediante a análise criteriosa das legítimas e iniludíveis perquirições de Joanna de Ângelis, infere-se natural e eminentemente que: "Salvo está aquele que sabe quem é, o que veio fazer no mundo, como realizá-lo e, confiante, se entrega à realização do compromisso estabelecido."[818] Depreende-se obviamente que, para salvar-nos dos inúmeros malefícios originários da ausência e da ignorância do bem, basta-nos, tão somente, empenharmo-nos com lídima disciplina e com autêntica perseverança em praticar o amor em excelência, a fim de nos precavermos dos danosos efeitos das agruras cultivadas nas leiras multidimensionais do próprio caráter em desalinho.

Em perfeita consonância com o pensamento da Mártir do Cristianismo e objetivando a justa solução benéfica na recomposição da saúde integral – psicobiofísica, moral e espiritual – e na recuperação definitiva da paz íntima dos que por ela se interessam, tanto quanto a promoção do viandante destemido, que prossegue intimorato rumo à conquista do infinito em si mesmo, Emmanuel, magistralmente, sintetiza: "A caridade é, acima de tudo, filha da paciência nascida da boa vontade e da compreen-

---

[816] Maia, J. N.; Carlos (Espírito). Equidade. In: *Gotas de Ouro*. cap. 7.
[817] Xavier, F, C; Dias da Cruz (Espírito). *Autoflagelação*. In: *Vozes do grande além*. cap. 17.
[818] Franco, D. P.; Joanna de Ângelis (Espírito). Jesus e Insegurança. In: *Jesus e Atualidade*. cap. 17.

são."[819] Assim, cientes de que as virtudes edificadas geram novas virtudes e conscientes de que a caridade é a filha dileta da paciência, oriunda da vontade atuante, aliada à lídima compreensão da causa em curso, então a paciência é a ciência da paz gerando a tranquilidade interior, à luz dos deveres fielmente observados com os olhos da compreensão, coadjuvada pelas diretivas da disciplina e da boa vontade incoercíveis. Em síntese: "A caridade é a representante do amor na Terra e o amor é a caridade no céu que Deus dispensa a todos e a tudo o que existe, por excelência."[820] De modo que: "Uma grande caridade é feita pelo Mestre aos Seus discípulos, preparando-os para o mestrado."[821] Isto é, caridade, em bom vocábulo, traduz-se, pura e simplesmente, no meticuloso processo de iluminação, aureolado pela plenificação e precedido pela libertação da ignorância de si mesmo, sem jamais nos esquecermos de impulsionar, por nossa vez, à luz do nosso exemplo e da nossa transformação pessoal, o contexto à nossa volta, a fim de conquistar e usufruir do que já desfrutamos.

Na vida de relação interpessoal, carecemos lembrar e meditar profundamente nas oportunas recomendações do solícito e zeloso Irmão X (Humberto de Campos):

> **Caridade é servir sem descanso,** ainda mesmo quando a enfermidade sem importância te convoque ao repouso; **é cooperar espontaneamente nas boas obras,** sem aguardar o convite dos outros; **é não incomodar quem trabalha;** é aperfeiçoar-se alguém naquilo que faz para ser mais útil; e suportar sem revolta a bílis do companheiro; é auxiliar os parentes, sem reprovação; **é rejubilar-se com a prosperidade do próximo; é resumir a conversação de duas horas em três ou quatro frases;** é não afligir quem nos acompanha; é ensurdecer-se para a difamação; é guardar o bom-humor, cancelando a queixa de qualquer procedência; é respeitar cada pessoa e cada coisa na posição que lhes é própria (grifos nossos)...[822]
>
> **A caridade é muito maior que a esmola.** Ser caridoso é ser profundamente humano e **aquele que nega entendimento ao próximo** pode inverter consideráveis fortunas no campo de assistência social, transformar-se em benfeitor dos famintos, mas terá de iniciar, na primeira oportunidade, **o aprendizado do amor cristão, para ser efetivamente útil** (grifos nossos).
>
> Calar a tempo, desculpar ofensas, compreender a ignorância dos outros e tolerá-la, sofrer com serenidade pela causa do bem comum, ausentar-se da lamentação, reconhecer a superioridade onde se encontre e aproveitar-lhe as sugestões e exercer o ministério sagrado da divina virtude.[823]

---

[819] Xavier, F, C; Emmanuel (Espírito). Paciência e caridade. In: *Sendas para Deus*. cap. 16.
[820] Maia, J. N.; Carlos(Espírito). É tarde. In: *Gotas de Ouro*. cap. 31.
[821] Maia, J. N.; Carlos (Espírito). Passos da evolução. In: *Gotas de Paz*. cap. 26.
[822] Xavier, F, C; Irmão X (Espírito). A caridade maior. In: *Cartas e Crônicas*. cap. 27.
[823] Xavier, F, C; Irmão X (Espírito). Caridade. In: *Lázaro Redivivo*. cap. 19.

Allan Kardec exarou solene e eminentemente que: "O campo da caridade é muito vasto; ele compreende duas grandes divisões que, por falta de termos especiais, podem designar-se pelas palavras: *Caridade beneficente e caridade benevolente (Revista Espírita* de dezembro de 1868. Rio de Janeiro: FEB). Com os olhos fitos na eternidade do Bem Supremo e na perenidade das benesses auferidas por quem o praticar espontânea e lucidamente, sabendo por antecipação que a âncora de salvação de si mesmo é a caridade benevolente, via de regra coadjuvada pela caridade beneficente, justo e lógico se faz procedermos à análise minuciosa das convergências que as enlaçam:

Benevolência

O que é preciso, pois, para praticar a caridade benevolente?

Amar seu próximo como a si mesmo: ora, amando-se ao seu próximo quanto a si mesmo, se o amará muito; se agirá para com outrem como se gosta que os outros ajam para conosco, não se desejará nem se fará mal a ninguém, porque não gostaríamos que no-lo fizessem.

Qual é, pois, o laço que deve existir entre os Espíritas?

É um sentimento todo moral, todo espiritual, todo humanitário: o da caridade para todos, de outro modo dito: o amor do próximo que compreende os vivos e os mortos... (*Revista Espírita de dezembro de 1868* – Rio de Janeiro: FEB)

Beneficência

A beneficência maior é aquela que prepara o faminto para ganhar o seu próprio pão; o sedento, a procurar a sua própria água; o nu, a adquirir a sua própria roupa, e o enfermo, a curar a si mesmo, sem que o orgulho e a vaidade, o egoísmo e a prepotência brutalizem essa libertação.[824]

É preciso discernir o momento em que o conselho deve ser substituído por um pedaço de pão.[825]

Beneficência e Caridade

A beneficência alivia a provação.

A caridade extingue o mal.

A beneficência auxilia.

A caridade soluciona.[826]

O amor compreende; a justiça corrige; a caridade salva.

O amor consola; a justiça disciplina; a caridade erradica o mal.

O amor e a justiça atualizam a fé e a esperança para que reine sempre soberana a caridade.[827]

---

[824] Maia, J. N.; Carlos (Espírito). Passos da evolução. In: *Gotas de Paz.* cap. 26.
[825] Xavier, F, C; Emmanuel (Espírito). Discernimento. In: *Recados do além.* cap. 20.
[826] Xavier, F, C; Emmanuel (Espírito). Beneficência e Caridade. In: *Dinheiro.* cap. 7.
[827] Franco, D. P.; Joanna de Ângelis (Espírito). Amor, justiça e caridade. In: *No Rumo da Felicidade.* cap. 23.

A lei de amor

O Espírito deve ser cultivado como um campo. Toda riqueza futura depende do trabalho atual e, mais do que os bens terrenos, ele vos levará à gloriosa elevação. É então que, **entendendo a lei de amor que une todos os seres,** encontrareis os suaves prazeres da alma, que são o início das alegrias celestes.

A lei de amor substitui o individualismo pela integração das criaturas e acaba com as misérias sociais. Feliz daquele que, no decorrer de sua vida, ama amplamente seus irmãos em sofrimento! Feliz daquele que ama, pois não conhece nem a angústia da alma, nem a do corpo. Seus pés são leves e vive como se estivesse transportado fora de si mesmo (Lázaro. *ESE*. cap. 11, item 8. São Paulo: Petit – grifos nossos).

Diante de tão profundas, magnificentes e imorredouras reflexões introspectivas, a vida nos convoca ao trabalho dignificante e libertador das criaturas que se esforçam para a ele fazerem jus. Isto posto, perante as oportunidades sem conta, podemos e devemos nos questionar: qual é, pois, o verdadeiro laço que deve existir entre os espíritos/Espíritos em seu infindável périplo e em suas imensuráveis expressões? A resposta ressoará, sem lapso de tempo, na acústica de nossa consciência perquiridora: "Sede bons e caridosos: esta é a chave dos Céus que tendes em vossas mãos. Toda felicidade eterna está contida neste ensinamento de Jesus: *Amai-vos uns aos outros*". Pois, inequivocamente, "a alma somente pode se elevar às regiões espirituais pelo devotamento ao próximo e apenas encontra felicidade e consolo na prática da caridade" (Vicente de Paulo, *ESE*. cap. 13, item 12. São Paulo: Petit). Assim, trazemos em nós, o enigma a ser decifrado e a interpretação intuitiva, o sempiterno instrutor e a eterna pauta diretiva, o mestre infalível e o discípulo a ser instruído, a causa divinizante e o efeito a ser personificado, a porta da liberdade legítima e a chave da libertação proativa – o Amor como potência norteadora e o amar como a essência vivificante e a solução definitiva.

A fim de exaltarmos o Supremo Arquiteto do Universo, à luz dos deveres retamente cumpridos, fazer jus ao que foi claramente evidenciado acerca do *dever* e da *caridade* e conscientes de que no ato mesmo de amar-se em plenitude e de amar incondicionalmente os nossos semelhantes a cura se dá espontânea e naturalmente, eis um roteiro seguro para iniciarmos o nosso impostergável e intransferível périplo nirvânico iluminativo:

"Dai antes esmola do que tiverdes" (Lc. 11:41).
Dar o que temos é diferente de dar o que detemos.

A caridade é sublime em todos os aspectos sob os quais se nos revele e em circunstância alguma devemos esquecer a **abnegação** admirável daqueles que distribuem pão e agasalho, remédio e socorro para o corpo, aprendendo a solidariedade e ensinando-a.

É justo, porém, salientar que a fortuna ou a autoridade são bens que detemos provisoriamente na marcha comum e que, nos fundamentos substanciais da vida, não nos pertencem.

O Dono de todo o poder e de toda a riqueza no Universo é Deus, nosso Criador e Pai, que empresta recursos aos homens, segundo os méritos ou as necessidades de cada um.

Não olvidemos, assim, as doações de nossa esfera íntima e perguntemos a nós mesmos:

Que temos de nós próprios para dar?

Que espécie de emoção estamos comunicando aos outros?

Que reações provocamos no próximo?

Que distribuímos com os nossos companheiros de luta diária?

Qual é o estoque de nossos sentimentos?

Que tipo de vibrações espalhamos?

Para difundir a bondade, ninguém precisa cultivar riso estridente ou sorrisos baratos, mas, para não darmos pedras de indiferença aos corações famintos de pão da fraternidade, **é indispensável amealhar em nosso espírito as reservas da boa compreensão,** emitindo o tesouro de amizade e entendimento que o Mestre nos confiou em serviço ao bem de quantos nos rodeiam, perto ou longe.

É sempre reduzida a caridade que alimenta o estômago, **mas que não esquece a ofensa, que não se dispõe a servir diretamente ou que não acende luz para a ignorância.**

O aviso do Instrutor Divino nas anotações de Lucas significa: — **dai esmola de vossa vida íntima,** ajudai por vós mesmos, espalhai alegria e bom ânimo, oportunidade de crescimento e elevação com os vossos semelhantes, sede irmãos dedicados ao próximo, porque, em verdade, **o amor que se irradia em bênçãos de felicidade e trabalho, paz e confiança, é sempre a dádiva maior de todas** (grifos nossos).[828]

Pelos contatos da profissão cria o homem vasta escola de trabalho, construindo a dignidade humana; contudo, **pela abnegação emite reflexos da beleza divina, descerrando trilhos novos para o Reino Celestial.**

A profissão, honestamente exercida, embora em regime de retribuição, inclina os semelhantes para o culto ao dever.

A abnegação, que é sacrifício pela felicidade alheia, sublima o Espírito.

A abnegação que começa onde termina o dever possibilita a repercussão da Esfera Superior sobre o campo da Humanidade.

O homem que cede suor e sangue de si mesmo, a benefício de todos, sem cogitar do seu interesse, é um apóstolo das virtudes celestes.

Pela fidelidade ao desempenho das suas obrigações, o homem melhora a si mesmo e, **pela abnegação, o anjo aproxima-se do homem melhorado, aprimorando a vida e o mundo.**

---

[828] Xavier, F, C; Emmanuel (Espírito). Esmola. In: *Fonte Viva*. cap. 60.

> Nas atividades que transcendem o quadro de serviços remuneráveis na Terra, fruto das almas que ultrapassaram o impulso de preservação do próprio conforto, **descem os reflexos mentais das Inteligências Celestes que operam, por amor, nas linhas da benemerência oculta,** linhas em que encontramos os braços eternos do Divino Incognoscível, que é Deus.
>
> Nessa província moral do **devotamento sem lindes,** em que surpreendemos todos os corações humanos consagrados **ao serviço espontâneo do bem,** nem sempre respira o gênio, por vezes onerado de angústia pela soma dos reflexos infelizes que carreia consigo desde o passado distante, [...]. [...] a Espiritualidade Superior desce gradativamente à esfera humana, sem qualquer ligação com o pagamento da popularidade e do ouro, porque é aí, **pelo completo desprendimento de si mesma,** no auxílio aos outros, que **a alma vive o apostolado sublime da renúncia santificante,** atraindo o Pensamento Divino para o burilamento e a ascensão da Humanidade (grifos nossos).[829]

As perguntas essenciais deste belíssimo e indispensável roteiro são: o que temos de nós próprios para dar? Como está a nossa provisão de sentimentos solidários e fraternos? Certos de que cada dádiva nobremente ofertada atrai novas benesses centuplicadamente multiplicadas, assim como o primeiro passo determina o início de uma grande jornada, o mais discreto pensamento, tanto quanto a mais ínfima intenção, ante o ensejo de servir iluminando-se na ação redentora, as consequências serão favoráveis ao viandante empenhado em avançar arrastando os incautos distraídos e arrostando o contexto aprisionante. Quanto maior a ousadia e a coragem moral investidas mais célebre e solene será a colheita dos frutos sazonados ao influxo do bem perene.

Desde tempos imemoriais, testificamos a inegável e ingênua inversão de valores e de finalidades que a maioria faz, na prática, acerca do exercício da caridade, tanto na sua expressão benevolente moralizadora quanto na sua manifestação beneficente libertadora, confundindo-a com assistencialismo malversador de almas inocentes, desvirtuando o seu propósito acalentador e o transformando em instrumento aprisionante. Imprescindível, portanto, atentarmos para a essência do seu verdadeiro sentido e significado, cientes e conscientes de que o simples ato de dar não significa, de fato, ajudar. Assim, urge implementar mais vasto e pormenorizado estudo em torno da temática evidenciada, maior discernimento acerca da pauta em foco (dar e saber), mais lúcida compreensão de seus nobres propósitos, e, por fim, a justa contextualização e a conjugação dos verbos elencados.

---

[829] Xavier, F. C.; Emmanuel (Espírito). Profissão. In: *Pensamento e Vida.* cap. 17.

Corroborando tão grandioso ensejo libertador e promotor das criaturas sequiosas do saber dignificante, Emmanuel, com a sensibilidade e a clareza d'alma que lhe são peculiares, ante o equivalente enredo iluminativo, esclarece-nos, paternal e amoravelmente:

> Fé sem caridade é a lâmpada sem o reservatório da força. Caridade sem fé representa a usina sem a lâmpada.
> **A fé constitui nosso patrimônio íntimo de bênçãos.**
> **A caridade é o canal que as espalha, enriquecendo-nos o caminho.**
> **Uma confere-nos visão; a outra intensifica-nos o crescimento espiritual para a Eternidade.**
> Sem a primeira, caminharíamos nas sombras.
> Sem a segunda, permaneceríamos relegados ao poço escuro do nosso egoísmo destruidor (grifo nosso).[830]
> Muitos aprendizes creem que praticá-la é apenas oferecer dádivas materiais aos necessitados de pão e teto.
> Caridade, porém, representa muito mais que isso para os verdadeiros discípulos do Evangelho.
> **Indispensável é que a caridade do cristão fiel abunde em conhecimento elevado.**
> Caridade essencial é intensificar o bem, sob todas as formas respeitáveis, sem olvidarmos o imperativo de autossublimação para que outros se renovem para a vida superior, compreendendo que **é indispensável conjugar, no mesmo ritmo, os verbos dar e saber** (grifos nossos).[831]
> Dar, na essência, significa abrir caminhos, fundamentar oportunidades multiplicar relações.
> **A rigor, todas as virtudes têm a sua raiz no ato de dar. Beneficência, doação de recursos próprios. Paciência, doação de tranquilidade interior. Tolerância, doação de entendimento. Sacrifício, doação de si mesmo.** Toda dádiva colocada em circulação volta infalivelmente ao doador, suplementada de valores sempre maiores (grifo nosso).[832]

Amar libertando, à luz da inefável benevolência; instruir promovendo, coadjuvado pelas dúlcidas vibrações acalentadoras da indulgência; doar o que de melhor dispusermos em nossos alforjes espirituais, impulsionados pela misericórdia divinizante, fomentando a autonomia plena, priorizando a libertação e a promoção dos assistidos: eis o verdadeiro sentido da palavra caridade, como a entendia Jesus, o Mestre por excelência. Destarte, não foi por acaso que o Verbo Personificado fez ecoar no âmago de nossas consciências a solene recomendação, pois:

---

[830] Xavier, F, C; Emmanuel (Espírito). A Fé e a Caridade. In: *Escrínio de Luz*. cap. 23.
[831] Xavier, F, C; Emmanuel (Espírito). Não só. In: *Vinha de Luz*. cap. 116.
[832] Xavier, F, C; Emmanuel (Espírito). Dar. In: *Alma e Coração*. cap. 14.

> Quando Jesus nos recomendou não desprezar os pequeninos, esperava de nós não somente medidas providenciais alusivas ao pão e à vestimenta.
>
> Não basta alimentar minúsculas bocas famintas ou agasalhar corpinhos enregelados. **É imprescindível o abrigo moral que assegure ao Espírito renascente o clima de trabalho necessário à sua sublimação** (grifo nosso).
>
> Muitos pais garantem o conforto material dos filhinhos, mas lhes relegam a alma a lamentável abandono.[833]

Toda agremiação espiritista/espiritualista deve espelhar as características de um lar de divinas e sobejas esperanças, assemelhar-se a uma lídima escola de iluminação das consciências imaturas ou anêmicas dos tesouros imperecíveis e, por fim, qualificar-se com os implementos transcendentes de um hospital de superior importância na cura das chagas morais e espirituais do viandante acolhido. Em razão disso, o lar de divinas possibilidades, imprescindivelmente, deve acumular as funções de acolhimento fraterno, amparo dignificante e proteção solidária. Essa escola transcendente deve zelar pelo esclarecimento divinizante, assim como viabilizar os meios e os legítimos recursos para a capacitação valorosa e, impreterivelmente, priorizar a qualificação dos assistidos, promovendo a sua libertação. Finalmente, comprometer-se-á o hospital de almas carentes do despertar, propor, aos seus assistidos, os liames da cura moral-espiritual, psíquico-emocional e físico-comportamental, sendo este o empreendimento primordial a ser ofertado por aqueles que se interessam em promover a justa e digna libertação, ascensão, iluminação e expansão consciencial de si e do próximo, visto que, quem se doa e ensina, recebe e aprende multiplicadas vezes. Assim, esta deve ser a marca, a postura e o objetivo primacial de toda comunidade beneficente a serviço do Bem Supremo, à luz do Evangelho de Jesus, o Cristo de Deus.

Ante o exposto, Miramez, Batuíra e Emmanuel, com a excelência e a amabilidade que lhes são características, alerta-nos com diligência. Para tanto, carecemos de elencar pautas enobrecedoras e de promover profundas reflexões libertadoras acerca das iluminadas diretivas destes ilustres missionários preceptores:

> A caridade, nos primórdios, se expressava como sendo uma doação de alguns vinténs aos necessitados, um prato de comida ou uma códea de pão; todavia, **a caridade de hoje é aquela conduzida pelo raciocínio de despertar no homem os seus valores de dignidade divina, que o induzem a participar conscientemente do seu progresso** (grifo nosso).[834]

---

[833] Xavier, F, C; Emmanuel (Espírito). Crianças. In: *Fonte Viva*. cap. 157.
[834] Maia, J. N.; Miramez (Espírito). Reunião Espírita. In: *Horizontes da Vida*. cap. 42.

O homem na Terra precisa muito mais de amor que propriamente de remédios, muito mais de amor que de alimento, muito mais de amor que de vestes.[835]

O ser humano precisa mais de harmonia na mente do que alimento no estômago.[836]

Necessária e valiosa é a comida e a vestimenta para acalmar os sentidos fisiológicos; no entanto, **magnífico e excelso é o suprimento que atende às necessidades do Espírito imortal.**

Pode parecer que as necessidades essenciais e imediatas residam no corpo denso, mas, **na realidade, se encontram no íntimo das criaturas.**

Toda congregação espírita na Terra tem como finalidade maior **esclarecer pelo estudo, promover o amadurecimento emocional pelo trabalho e desenvolver as virtudes em potencial.**

Tomemos o cuidado, de **não manter nossos assistidos tão dependentes e retrógrados quanto no primeiro dia em que puseram os pés no grupo de auxílio.** Sem estudar, sem progredir, sem alargar a visão diante da vida e da sociedade (grifos nossos).[837]

Todo serviço da caridade desinteressada é um reforço divino na obra da fraternidade humana e da redenção universal.

Urge, contudo, que os espiritistas sinceros, esclarecidos no Evangelho, procurem compreender a feição educativa dos postulados doutrinários, **reconhecendo que o trabalho imediato dos tempos modernos é o da iluminação interior do homem**, melhorando-se-lhe os valores do coração e da consciência.

As obras da caridade material **somente alcançam a sua feição divina quando colimam a espiritualização do homem, renovando-lhe os valores íntimos, porque, reformada a criatura humana em Jesus-Cristo, teremos na Terra uma sociedade transformada**, onde o lar genuinamente cristão será naturalmente o asilo de todos os que sofrem (grifos nossos).[838]

Após sorver o néctar das inolvidáveis e sempiternas instruções do apóstolo comprometido com a causa crística, só nos resta meditar longa e detidamente nas mensagens grafadas no espírito das palavras e nas dobras mnemônicas das indizíveis e inefáveis vibrações do amorável acalento do divino benfeitor: "Feliz daquele que, no decorrer de sua vida, ama amplamente seus irmãos em sofrimento! Feliz daquele que ama, pois não conhece nem a angústia da alma, nem a do corpo. Seus pés são leves e vive como se estivesse transportado para fora de si mesmo" (Lázaro, *ESE*. cap. 11, item 8. São Paulo: Petit). Em suma, indubitavelmente, os maiores beneficiados e usufrutuários das benesses da seara crística são os abnegados servidores que a abraçam com inquebrantável fervor, impecável zelo,

---

[835] Maia, J. N.; Miramez (Espírito). Médico ideal. In: *Horizontes da Mente*. cap. 53.
[836] Maia, J. N.; Miramez (Espírito). Educando a respiração. In: *Força Soberana*. cap. 21.
[837] Espírito Santo Neto. Francisco do.; Batuíra (Espírito). Na área social: In: *Conviver e Melhorar*. cap. 32.
[838] Xavier, F. C.; Emmanuel (Espírito). Evolução: Virtude. In: *O Consolador*. 2ª Parte. cap. 5, item 3, p 255.

lídima fidelidade e total entrega ao Divino Peregrino, posto que, segundo Emmanuel e Francisco Cândido Xavier,

> Se abraçastes, pois, a Doutrina Espírita, perlustra-lhe os ensinos e compreenderás que **a humildade e a benevolência, o serviço e a abnegação, a paciência e a esperança, a solidariedade e o otimismo são medicamentos do Espírito,** transformando lutas em lições e dificuldades em bênçãos, porque no fundo de cada esclarecimento e de cada mensagem consoladora, que te fluem da inspiração, ouvirás a palavra do Cristo: "Amai-vos uns aos outros como eu vos amei" (grifo nosso).[839]

Em síntese, a meta essencial de cada cidadão cósmico, comprometido com a Obra e com o Creador, com a Lei, com a Vida, com os criadores em plano maior, com a paz de consciência e com a criação em plano menor, deve ser o respeito para com as leis e para com a vida em suas imensuráveis expressões, objetivando conquistar a imperecível sabedoria em si mesmo, pois quando a sabedoria "se aproxima da ingenuidade, alcança o amor e o amor, quando se funde com o saber, torna-se um sol que jamais apagará".[840] Eis o instante nirvânico supremo em que o dever e a caridade se fazem um, o Amor perene que se perpetuará na perenidade da própria Vida.

Auxiliar devotadamente na instrução qualitativa das almas puramente ingênuas; contribuir sobremaneira com a maturação racional e espiritual das consciências imaturas; nortear proativamente os desvalidos de si mesmos e os enfermos morais para que se curem de suas chagas anestesiantes; acordar os distraídos e suprir as deficiências normativas dos carentes de quase tudo à luz dos próprios exemplos, ou seja, ajudar os desatentos e destronados, mas profundamente interessados em romper os grilhões da ignorância de si; compreender a objetividade da vida e a função primacial das leis, iluminando os beneficiários com as reluzentes diretivas do comprometimento com a própria libertação, a fim de que estes se iluminem e se libertem por sua vez, é a pauta essencial do dever e da caridade operantes.

No decurso deste périplo intransferível – a aquisição do saber para ser –, conscientizar-nos-emos de que concordar ou discordar das ideias de outrem, que não mais condizem com o patamar reflexivo de quem as analisa, assim como fazê-lo com as ideias que se apresentam além da sua capacidade de entendimento, é hábito improcedente, fruto da ignorância que julga e da imaturidade espiritual que não compreende, no degrau

---

[839] Xavier, F, C.; Emmanuel (Espírito). O tratamento das doenças e o espiritismo. In: *Leis de Amor*. cap. 7.
[840] Maia, J. N.; Carlos (Espírito). Valor. In: *Gotas de Ouro*. cap. 33.

evolutivo em que se encontra, e, inconscientemente, subverte a oportunidade do sublime aprendizado. Já a compreensão produtiva e o discernimento proativo autênticos são filhos da maturidade imparcial e da sabedoria intuitiva, personificados na ação benevolente, posto que, quem os possui, em graus superlativos, a ninguém julga, tampouco censura ou condena a quem quer que seja, porque simplesmente é o que pensa e vive o que fala, na grandeza do amor que compreende, da justiça que corrige e da caridade que ilumina e liberta a consciência que despertou do estar para o ser – do eu sei para o Eu sou.

Para nós e para aqueloutros que se qualificam como vanguardeiros da causa crística, como guardiões e propagadores da Boa Nova em Espírito Verdadeiro, não basta crer sem o legítimo discernimento e fazer maquinalmente, sem a justa e lógica compreensão, mas, acima de todos os conhecimentos longa e minunciosamente adquiridos, de todos os esforços nobremente empenhados na pauta in loco, de todo o desprendimento personificado na ação vivificante, faz-se imprescindível tornar-se a mensagem lucidamente apregoada. Em suma, pensar na verdade que ilumina o pensador, sentir a verdade que encoraja e qualifica o buscador, falar da verdade indefectível que norteia e paramenta o orador e viver a Verdade libertária que fomenta a conquista da liberdade definitiva e sedimenta a autonomia do mensageiro abnegado, eis o inexorável fanal dos fiéis e operosos servidores do Mestre por excelência, do Modelo de perfeição almejado pelos discípulos comprometidos e do Guia infalível a ser imitado no cumprimento do dever divinizante e da caridade numinosa.

Indispensável lembrarmo-nos de que, como justa e intransmissível recompensa a quem se predisponha ao pleno exercício do autoconhecimento para a autoiluminação, observar o emergir das essências intrínsecas às dobras mnemônicas do dever lúcida e fielmente executado. A vida oportuniza, a quem o exercita com ciência, a inconteste e substancial qualificação, tanto na planificação quanto na edificação das bases fundamentais da responsabilidade legítima. De posse dos louros imperecíveis das primaciais e inefáveis fulgurações, originárias do âmago dos arquipélagos da responsabilidade irretorquível, infalivelmente emergirão os divinos substratos por cujo intermédio se edificarão os proeminentes alicerces da lídima e sempiterna liberdade. Em síntese, assim como as insondáveis e imorredouras estruturas da responsabilidade emergiram dos extraordinários substratos do dever divinizado, erguer-se-ão, das diretivas ínsitas nas leiras da responsabilidade incorruptível, as proeminências imarcescíveis desta incoercível virtude ativa – a liberdade irrefreável –, de cujo seio e do suprassumo da qual desabrocharão as futuras sementes do amor em excelência – a caridade persnificada –, fonte excelsa geradora da paz íntima e da tranquilidade interior, que se traduzirão nos oásis infindáveis da felicidade imperturbável.

O Espiritismo pergunta
Cap. I – Item 9.

Meu irmão, não te permitas impressionar apenas com as alterações que convulsionam hoje todas as frentes de trabalho e descobrimentos na Terra.

Olha para dentro de ti mesmo e mentaliza o futuro.

O teu corpo físico define a atualidade do teu corpo espiritual.

Já viveste, quanto nós mesmos, vidas incontáveis e trazes, no bojo do Espírito, as conquistas alcançadas em longo percurso de experiências na ronda de milênios.

Tua mente já possui, nas criptas da memória, recursos enciclopédicos da cultura de todos os grandes centros do Planeta.

Teu perispírito já se revestiu com porções da matéria de todos os continentes.

Tuas irradiações, através das roupas que te serviram, já marcaram todos os salões da aristocracia e todos os círculos de penúria do plano terrestre.

Tua figura já integrou os quadros do poder e da subalternidade em todas as nações.

Tuas energias genésicas e afetivas já plasmaram corpos na configuração morfológica de todas as raças.

Teus sentidos já foram arrebatados ao torvelinho de todas as diversões.

Tua voz já expressou o bem e o mal em todos os idiomas.

Teu coração já pulsou ao ritmo de todas as paixões.

Teus olhos já se deslumbraram diante de todos os espetáculos conhecidos, das trevas do horrível às magnificências do belo.

Teus ouvidos já registraram todos os tipos de sons e linguagens existentes no mundo.

Teus pulmões já respiraram o ar de todos os climas.

Teu paladar já se banqueteou abusivamente nos acepipes de todos os povos.

Tuas mãos já retiveram e dissiparam fortunas, constituídas por todos os padrões da moeda humana.

Tua pele, em cores diversas, já foi beijada pelo Sol de todas as latitudes.

Tua emoção já passou por todos os transes possíveis de renascimentos e mortes.

Eis por que o Espiritismo te pergunta:

— **Não julgas que já é tempo de renovar?**

Sem renovação, que vale a vida humana?

Se fosse para continuares repetindo aquilo que já foste e o que fizeste, não terias necessidade de novo corpo e de nova existência — prosseguirias de alma jungida à matéria gasta da encarnação precedente, enfeitando um jardim de cadáveres.

Vives novamente na carne para o burilamento de teu Espírito. A reencarnação é o caminho da Grande Luz.

Ama e trabalha. Trabalha e serve.

Perante o bem, quase sempre, temos sido somente **constantes na inconstância e fiéis à infidelidade,** esquecidos de que **tudo se transforma,** com exceção da **necessidade de transformar** (grifos nossos).[841]

Militão Pacheco

---

[841] Xavier, F. C.; Vieira, W.; Militão Pacheco (Espírito). O Espiritismo pergunta. In: *O Espírito da Verdade*. cap. 18.

O amor em excelência

Como dissemos alhures, o amor é a alma da vida e a alma em si só se nutre de amor. O amor, como substância morfogênica, gera e nutre a vida em todas as suas expressões (bioenergia). O conhecimento, como lei, é a entidade ou força base-diretriz, com funções cumulativas de organização e de manutenção da própria vida, ou seja, a lei-mater que organiza e mantém a vida em todas as dimensões inerentes ao seu processo de elaboração gestatória, de crescimento ascensional e de maturação espiritual. A origem conceptual do conhecimento transcendente e a sua progressão em seus múltiplos aspectos se intercruzam com a morfologia da alma em suas nuances complexas e em seus multifários matizes. Estruturas que se confundem, quando a evolução se apresenta como condição *sine qua non* no enredo pertinente à expansão e ao aprimoramento intelecto-moral e espiritual-consciencial, levando a vida primária ao estado sutil e elevado, para as insondáveis dimensões da vida imanente da própria alma, de maneira que a alma, em dias vindouros, possa retornar gloriosa e bela e tornar-se novamente a alma condutora de outras vidas embrionárias, servindo de referência para outras almas imaturas, neste périplo intérmino de *continuum* infindo na Eterna Sabedoria.

O amor é a força mais potente do universo e, ao mesmo tempo, a mais sutil, "é o sentimento que acima de tudo resume, de forma completa, a doutrina de Jesus".[842] O objetivo essencial dos Espíritos que trabalham na propagação do amor é reproduzir as palavras de Jesus sob diferentes formas, desenvolvendo-as e comentando-as para colocá-las ao alcance de todos. O ensino por eles transmitido tem uma característica própria: *é universal*. "Qualquer um, letrado ou não, tenha ou não uma crença, cristão ou não, pode recebê-lo, porque os Espíritos se manifestam em todos os lugares."[843] Exemplificar o amor na ação é patentear, aos olhos do observador atento, que o proposto e o almejado são-lhe acessíveis; é fazê-lo de forma tal que todos os seres sentir-se-ão estimulados, encorajados e iluminados pelas luzes da Boa Nova do Cristo, ao seu alcance. Posto que "cada homem é uma casa espiritual que deve estar, por deliberação e esforço do morador, em contínua modificação para melhor"[844], a meta essencial do viandante destemido é tornar-se o amor que se apregoa, isto

---

[842] Kardec, A. Amar ao próximo como a si mesmo: A lei de amor. In: *ESE*. São Paulo: Petit. cap. 11, item 8.
[843] Kardec, A. Muitos os chamados e poucos os escolhidos: A quem muito foi dado muito será pedido. In: *ESE*. São Paulo: Petit. cap. 18, item 12.
[844] Xavier, F. C.; Emmanuel (Espírito). Casa espiritual. In: *Vinha de Luz*. cap. 133.

é, transformar-se em carta viva do Evangelho. Compartilhá-lo de modo ecumênico, a fim de que todos possam senti-lo em cada gesto expressado, deve ser a mola propulsora do servidor autêntico e desinteressado.

O ser de consciência desperta compreende que a caridade é o amor em ação, a sublimação dos elementos constitutivos de sua personalidade, culminando com a autoiluminação, o amor a si mesmo. É a completa fusão do eu externo com o Eu interno. Por elasticidade de sua aplicação, o aloamor, isto é, o amor ao próximo deve ser uma consequência natural, em que se objetiva a iluminação e a libertação da consciência dos assistidos, tanto quanto a das criações e das criaturas com as quais nos relacionamos direta e indiretamente, não importando o grau evolutivo em que ora estagiam. Incentivando-nos a lograr êxito no intento, Bezerra de Menezes enfatiza: "Todo aquele que se empenhar em amar o próximo, fará as trevas se tornarem em luz e a luz em felicidade; a felicidade em benevolência e a benevolência em caridade. E a caridade crescerá, vivendo e expressando o amor novamente, mais puro e mais profundo."[845] Sejamos alunos diligentes ou discípulos conscientes para, no futuro, nos tornarmos mestres iluminados pelo saber e libertos pelo reto viver, pois tal é a lei: *Deus é amor* (Jo., 14:16). Por nossa vez, sejamos, pois, deuses também, posto que somos frações de Sua imanência, ou seja, imagem e semelhança de Sua sempiterna essência.

Tudo é cópia de exatamente tudo na Excelsa Sabedoria, de modo que, no macrocosmo, atuam "os Espíritos do Senhor, que são as virtudes dos Céus, como um imenso exército que se movimenta ao receber a ordem de comando". De igual modo, no microcosmo, dos céus de nossa consciência imana a nossa essência virtuosa, ao impulso das diretrizes do amor em que nos tornamos. As luzes cósmicas se espalham "por toda a superfície da Terra, e semelhantes às estrelas cadentes, vêm iluminar os caminhos e abrir os olhos aos cegos".[846] A luz que nos é própria se fraciona em microdiretrizes que se lhes assemelham, dadas as devidas proporções, espalhando as sementes clarificadoras no terreno fértil de nossos veículos de expressão.

Se ninguém resiste ao toque do verdadeiro amor, não devemos acreditar "na secura e no endurecimento do coração humano. Ele cede, mesmo a contragosto", à luz do amor incondicional. É qual um ímã, a que não há como resistir. "O contato desse amor vivifica e fecunda os germens dessa virtude", que estão no coração, adormecidos.[847] Cada

---

[845] Maia, J. N.; Bezerra de Menezes (Espírito). Ergue-te. In: *Páginas Esparsas*. V.2. cap. 26.
[846] Kardec, A. Prelúdio. In: *ESE*. São Paulo: Petit.
[847] Kardec, A. Amar ao próximo como a si mesmo: A lei de amor. In: *ESE*. São Paulo: Petit. cap. 11, item 9.

célula possui *pródromos de consciência individual*[848] e os germens do amor incondicional. As células não pensam em si mesmas, mas, sim, na harmonia do conjunto em que mourejam, exceto quando as desestruturamos com pensamentos deselegantes e desgovernados, com sentimentos perturbadores e brutalizados, com ideias desconexas e tóxicas, emoções em desalinho com as leis de harmonia, com as palavras indisciplinadas quer sejam verbalizadas ou não.

Sabe-se que "todo e qualquer hábito faz com que o sistema nervoso central envie bilhões de impulsos ao corpo". *Se quisermos gerar e preservar a saúde, a partir desse momento, devemos começar a canalizar o inconsciente por meio de hábitos saudáveis.*[849] Esses impulsos psicoeletroquímicos (unidades organizadoras), originários dos princípios dinâmicos e psíquicos, entre os quais se encontram os instintos, *as sensações, as emoções, os esforços diários, o exercício das diversas faculdades, os trabalhos, as alegrias e as dores*,[850] bem como quantos se lhes assemelham, são investidos de poderes criadores de paz ou de guerra, de luz ou de treva, de saúde ou de doença, a depender da direção e da qualificação que lhes dermos.

Conforme as iniludíveis elucidações de Emmanuel: "Todo fenômeno edifica, **se recebido para enriquecer o campo da essência.** Quanto a nós, porém, estejamos fiéis à instrução, desmaterializando o espírito, quanto possível, para que o Espírito se conheça e se disponha a brilhar."[851] E acrescenta: "É lícito considerar-se **espírito e matéria como estados diversos de uma essência imutável,** chegando-se dessa forma a estabelecer a unidade substancial do Universo" (grifos nossos).[852] A unidade substancial do Universo é a essência e a substância imanentes na Força Suprema do Cosmos, o Evangelho representado pelo Verbo Criador e pela Lei mantenedora (a Substância-mater e o Princípio-Lei). É desse Plasma ou Psiquismo Divino (Matéria Primitiva ou Substância Primária) que emerge o espírito como o princípio inteligente do Universo, a mônada primitiva ou o átomo primordial, a qual se transmuta, pela força de coesão e de sustentação das formas, na matéria-prima do cosmos, posto que "o amor é a reunificação das mônadas no todo, através das unidades coletivas cada vez mais amplas".[853] Portanto, desmaterializar o espírito, desde o reino pré-humano ao seu estado conceptual, é a meta do Espírito

---

[848] Franco, D. P.; Joanna de Ângelis (Espírito). Pensamento e doenças. In: *Dias Gloriosos*. cap. 5.
[849] Chopra, Deepak. Canalizando o inconsciente - A força do hábito. In: *Conexão Saúde.* cap. 25.
[850] Geley, G. A evolução da alma. In: *O Ser Subconsciente.* cap. 1.
[851] Xavier. F. C.; Emmanuel (Espírito). Dever espírita. In: *Seara dos médiuns.* cap. 37.
[852] Xavier, F. C.; Emmanuel (Espírito). Quatro questões de filosofia: Espírito e Matéria. In: *Emmanuel.* cap. 33.
[853] Pastorino, Carlos Torres. Amor total. In: *Sugestões Oportunas.* cap. 77.

consciente ou em busca de sua conscientização. Para isto, o Espírito implementará o seu proêmio, por intermédio da recapitulação das recentes experiências malversadas no reino humano e da sublimação consciencial dos elementos envolvidos. Subsequentemente, recuará nos abismos primevos do espaço e nas dobras intermináveis do tempo, intrínsecos às leiras multidimensionais da eternidade, rememorando o já experienciado, refazendo cada nuance das etapas precedentes, minudenciada e conscientemente revividas, ressignificando cada matiz lúcida e nobremente, para, por fim, perfazer o périplo longa e minuciosamente revisitado, pois, como dissemos alhures, é dever do ser de consciência desperta estar ciente de que em cada transubstanciação a que o espírito se submente, no bojo do cadinho purificador, no progresso e na evolução incoercíveis, o Espírito, iniludivelmente, observa-se detidamente e testifica inequivocamente que, desde a gênese da energia pensante, trata-se tão somente, ele próprio (em suas múltiplas expressões, quiçá nas insondáveis fulgurações), de um agrupamento complexamente organizado pelas mesmas mônadas primárias que o constituem e que, embora mudando de forma e perpassando por todos os estados de conscientização e de despertamento ininterrupto dos seus recursos latentes, na edificação e na configuração de seus potenciais inatos, cada mônada nele contida nada avulta e nada aniquila de si mesma, mas sempre se acepilha no seu modo de ser, com apanágios cada vez mais sublimes, sofisticados e harmoniosos, segundo as leis que regem a individualização e a individuação dos Espíritos imortais. Importante enfatizar que o Espírito inexperiente, por imaturidade, desídia ou inabilidade, pode tanto dilapidar o seu patrimônio consideravelmente quanto aumentá-lo em quantidade e aprimorá-lo indefinidamente em sua qualificação.

• Joanna de Ângelis estatui que "o amor é a alma do universo".[854] Emmanuel profetiza que o amor "é a onipresença de Deus em doações eternas".[855] Assim sendo, prossegue Joanna de Ângelis: "O amor é de origem divina. Ínsito em todas as coisas, é emanação de Deus vitalizando a Criação."[856] Não por acaso, estabelece que "o Universo é a condensação do amor de Deus e somente através do amor poderá ser sentido enquanto pela inteligência será compreendido".[857] Noutra obra acrescenta que "quando a inteligência conduz o amor, há lógica e razão. Mas quando o amor dirige a inteligência, a compaixão expressa-se e a caridade toma

---

[854] Franco, D. P.; Joanna de Ângelis (Espírito). Amor e Saúde. In: *Segue em Harmonia*. cap. 5.
[855] Xavier. F. C.; Emmanuel (Espírito). Dar. In: *Alma e Coração*. cap. 11.
[856] Franco, D. P.; Joanna de Ângelis (Espírito). Firmeza no amor. In: *Momento de Iluminação*. cap. 20.
[857] Franco, D. P.; Joanna de Ângelis (Espírito). Desenvolvimento Científico. In: *Dias Gloriosos*. cap. 1.

conta dos comportamentos humanos".[858] E prossegue, *o conhecimento e o sentimento se unem e se harmonizam na sabedoria (a plenitude intelecto-moral) que é a conquista superior a ser alcançada pelo ser humano.* Ainda, segundo a autora, "o amor é de natureza fisiológica, embora se expresse como sentimento do ser profundo, já que ele pode ser detectado do ponto de vista quântico na condição de fótons, enquanto o medo e a ira se podem apresentar como elétrons".[859] Se os fótons são constituídos da energia coagulada, "a energia, que é vida, constitui-se do Psiquismo Divino, e, hoje ou mais tarde, liberta-se das injunções grosseiras que a limitam momentaneamente, sutilizando-se em ondas de amor que se espraiarão no Oceano do Amor de Deus".[860] Portanto, aprisionar a vida torna-se-nos inadmissível, uma vez que o Psiquismo Divino "dá nascimento a verdadeiros fascículos de luz, que contêm, em germe, toda a grandeza da fatalidade do seu processo de evolução".[861] Nada detém a lei do progresso, porque a Lei é viva, a Lei é Deus, Deus é Amor, amor é luz e "todos os elementos conhecidos e aqueles outros ainda não catalogados na química tradicional se constituem na base da luz".[862] Assim sendo, adiar indefinidamente o encontro com a verdade inerente à vida e à consciência tem limite: ou transformamos o pão da vida (o amor-substância) nos estados mais sutis de nossa consciência (o princípio-lei), ou a Lei que rege o Amor os absorverá no Oceano do Amor em Deus. Joanna de Ângelis sintetiza: "O amor é o poder criador mais vigoroso de que se tem notícia no mundo. Seu vigor é responsável pelas obras grandiosas da humanidade." [863] A autora ratifica o seu pensamento: "Antes do amor não existia a Criação, porque, exteriorizando-se de Deus, gerou-se o Universo."[864] E acentua: "O amor é o antídoto para todas as causas do sofrimento, por proceder do Divino Psiquismo, que gera e sustenta a vida em todas as suas expressões."[865] Concluímos que Deus é Amor e o Amor é Deus, *"n'Ele vivemos, nos movemos e existimos"* (At., 17:28). Tudo é possível àquele que crê e ama (*ESE*, cap. 1, item 10).

---

[858] Franco, D. P.; Joanna de Ângelis (Espírito). Compaixão e vida. In: *Jesus e Vida*. cap. 2.
[859] Franco, D. P.; Joanna de Ângelis (Espírito). Interação mente-corpo. In: *Dias Gloriosos*. cap. 3.
[860] Franco, D. F.; Joanna de Ângelis (Espírito). O ser real: Complexidades da energia. In: *Autodescobrimento: Uma busca interior*. cap. 1, item 1.
[861] Franco, D. P.; Joanna de Ângelis (Espírito). Divina presença. In: *Iluminação Interior*. cap. 1.
[862] Xavier, F. C.; Bezerra de Menezes (Espírito). Herdeiros da luz. In: *Caminhos de volta*. cap. 67.
[863] Franco, D. P.; Joanna de Ângelis (Espírito). Viagem interior: Força criadora. In: *Autodescobrimento: Uma busca interior*. cap. 5. item 3.
[864] Franco, D. P.; Fabiano de Cristo.; Joanna de Ângelis (Espírito). A Caridade e o Amor. In: *Compromissos de Amor*. cap. 21.
[865] Franco, D. P.; Joanna de Ângelis (Espírito). Origens do Sofrimento. In: *Plenitude*. cap. 3.

Reflexionemos com Joanna de Ângelis: *"O amor promana de Deus que é a Fonte Inexaurível"*. De modo semelhante, *"o amor radica-se no imo de todos os seres pensantes"*, posto que *"a lei que vige no Universo é a de amor, porque procede da Divindade"*. Por fim, *"a força do amor concebe a vida, dá-lhe nutrição e a mantém"*.

Analisemos as lições de modo mais detalhado e abrangente:

> O amor promana de Deus que é a Fonte Inexaurível, portanto, expressa-se sempre com bondade e misericórdia, gentileza e auxílio, até culminar na expressão máxima da caridade.
>
> **O amor é tão fundamental que se pode sobreviver por um expressivo período sem pão e mesmo sem água, mas sem ele a vida desfalece e perde o seu significado, logo perecendo** (grifo nosso).[866]
>
> O amor radica-se no imo de todos os seres pensantes, esperando somente ser identificado, para realizar o mister para o qual se destina.
>
> **Não exige sacrifício nem qualquer imposição externa,** pois que pulsa, mesmo quando ignorado, realizando o seu mister até o momento em que estua de beleza e harmonia, dominando as paisagens que o agasalham (grifo nosso).[867]
>
> A lei que vige no Universo é a de amor, porque procede da Divindade, **não havendo lugar para terapias de violência,** agressividade e desprestígio dos inabordáveis tesouros emocionais que jazem adormecidos no âmago de todos os seres (grifo nosso).[868]
>
> **A força do amor concebe a vida, dá-lhe nutrição e a mantém,** fazendo parte da inteligência. Cabe à mente tornar-se autoconsciente, utilizando-se do amor com inteligência e permitindo que ele a conduza com sabedoria. Todas as criaturas amam coisas, pessoas, situações, como é natural. Seu amor, entretanto, deve crescer de tal forma que passe a amar também o Universo, vivendo um sentimento de unidade. **Ama-te, portanto, e cura-te de todo mal** (grifos nossos).
>
> Cura-te e ficarás pacificado de todos os conflitos.[869]

Ante o exposto, prossigamos com a canalização do amor-substância, a força que gera a vida, nutre-a, organiza-a e a mantém, esmerando-nos em tomar ciência das nuances que lhe são peculiares, assim como das características dos matizes a ela inerentes, para, por fim, culminar com a vivência consciente que, via de regra, sucede-se à transdução ou a integração correspondente, isto é, o périplo resultará na real aquisição de consciência, a convicção do *vir a ser* incoercível, o tornar-se – o Eu sou –, posto que o amor vivenciado "condensa e reúne em seu foco ardente todos os anseios e todas as sublimes revelações" (*ESE*, cap. 11, item 8). Portanto, "o conceito

---

[866] Franco, D. P.; Joanna de Ângelis (Espírito). Sempre o amor. In: *Jesus e Vida.* cap. 18.
[867] Franco, D. P.; Joanna de Ângelis (Espírito). Introdução. In: *Garimpo de Amor.*
[868] Franco, D. P.; Joanna de Ângelis (Espírito). Autodesamor. In: *Encontro com a Paz e a Saúde.* cap. 3.
[869] Franco, D. P.; Joanna de Ângelis (Espírito). Saúde e Paz. In: *O amor como solução.* cap. 9.

sobre essa Divindade, punitiva e cruel, encontra-se defasado diante da nova compreensão do amor, que é recurso dinâmico a viger em todo o Universo".[870] É por esse motivo que, em toda e qualquer circunstância, cumpre-nos repetir: *"Tudo posso naquele que me fortalece"* (Fp., 4:13).

A lucidez de Joanna de Ângelis nos conscientiza de que:

> O amor é o antídoto mais eficaz contra quaisquer males. **Age nas causas** e altera as manifestações, mudando a estrutura dos conteúdos negativos quando estes se exteriorizam.
>
> O amor instaura a paz e irradia a confiança, promove a não-violência e estabelece a fraternidade que une e solidariza os homens, uns com os outros, anulando as distâncias e as suspeitas. **É o mais poderoso vínculo com a Causa Geradora da Vida.** É o motor que conduz à ação bondosa, desdobrando o sentimento de generosidade, ao mesmo tempo estimulando à paciência (grifos nossos).
>
> O amor é o rio onde se afogam os sofrimentos, pela impossibilidade de sobrenadarem nas fortes correntezas dos seus impulsos benéficos. Sem ele a vida perderia o sentido, a significação. Puro, expressa, ao lado da sabedoria, a mais relevante conquista humana.[871]

Cientes de que o "Deus-Amor irradia-se em energia vitalizadora e reparadora, a tudo e a todos mantendo em equilíbrio, mesmo quando, aparentemente, algumas desconexões e desarranjos parecem perturbá-los"[872] e conscientes da Causalidade e das potencialidades inerentes à consciência periférica e à sua totalidade, empreenderemos a tão sonhada viagem do interior para o exterior e vice-versa, por meio da qual se objetiva, inicialmente, o autoamor e a autocura e, consequentemente, a autoiluminação e o aloamor. A fusão das diminutas frações que constituem a personalidade vigente na Consciência-Síntese "é o Espírito em si mesmo que reúne as demais dimensões"[873] que as integra (autoiluminação) e a fusão destas na Unidade Suprema que a todos vivifica e fecunda é uma fatalidade da Lei (aloamor). Precisamos assumir a condição de cocriadores e trabalhar por amor à verdade e à justiça, em prol do progresso da unidade ou da coletividade da qual somos membros ativos. A nossa atuação, solitária ou conjunta, não deve contrariar as leis de harmonia. Não nos podemos eximir da solidariedade e da fraternidade. Compete-nos priorizar a igualdade, relevar a liberdade e incentivar o aprimoramento constante, revelando similitude com a Paternidade Cósmica e evidenciando o fato de que todos podemos caminhar com as próprias luzes.

---

[870] Franco, D. P.; Joanna de Ângelis (Espírito). O médico interno. In: *Desperte e seja Feliz.* cap. 20.
[871] Franco, D. P.; Joanna de Ângelis (Espírito). O homem perante a consciência: Recursos para a liberação dos sofrimentos. In: *O Homem Integral.* cap. 8, item 3.
[872] Franco, D. P.; Joanna de Ângelis (Espírito). O médico interno. In: *Desperte e seja Feliz.* cap. 20.
[873] Franco, D. F.; Joanna de Ângelis (Espírito). Ser e pessoa: A pessoa (A individualidade). In: *O Ser Consciente.* cap. 2, item 1.

Vale ressaltar as advertências de André Luiz, Emmanuel e Pietro Ubaldi, respectivamente:

> Em nosso íntimo a liberdade de escolher é absoluta; depois da criação mental que nos pertence, é que nos reconhecemos naturalmente sujeitos a ela.[874]
>
> Pensar é criar. A realidade dessa criação pode não exteriorizar-se, de súbito, no campo dos efeitos transitórios, mas o objeto formado pelo poder mental vive no mundo íntimo, **exigindo cuidados especiais para o esforço da continuidade ou extinção** (grifo nosso).[875]
>
> A oração não suprime, de imediato, os quadros da provação, mas renova-nos o Espírito, a fim de que venhamos **a sublimá-los ou removê-los** (grifo nosso).[876]
>
> O impulso impresso na matéria fica e quando reaparece, exprime-se como vontade autônoma de continuar na sua direção, **como criatura psíquica independente,** criada por obra vossa; mas, agora, quer viver sua vida (grifo nosso).[877]

Diante dessa inegável realidade, cumpre-nos ter em mente que somos responsáveis por tudo o que cativamos e por tudo o que não cativamos também. Fato é que, queiramos ou não, estamos indelével e inapelavelmente entrelaçados com as miríades de experiências vividas e inenarráveis. De modo igual, com todas as expressões multidimensionais em Deus – somos Um. Quando inconscientes, por mais que a ignorância nos aconselhe a negação do fato, ainda assim seremos responsabilizados pelos desacertos e pelos desconfortos dele decorrentes, ou seja, pelos danos causados ao contexto, posto que, por mais diminuta seja a forma ou a vida criada de maneira equivocada, sofreremos as consequências inerentes aos atos impensados ou mal arquitetados. É neste sentido que a fé sólida, edificada à luz do discernimento, da razão e do bom senso, torna-se o farol das almas, tanto na elaboração quanto na construção dos hábitos enobrecedores. Desse modo, a fé vivenciada ilumina os anseios do Espírito, desde os mais discretos impulsos subjetivos às mais grandiosas realizações objetivas. Do invisível e intangível ao ponderável, do incognoscível e inverossímil ao concebível, da treva total à luz mais resplandecente, isto é, da mais profunda ignorância à lucidez total, "tudo é clarão da evolução do cosmos, imensidade nas imensidades"![878] "Tudo o que existe é vivo, e a ciência não sabe o que seja a vida, porque esta é o princípio espiritual que anima tudo e que a ciência ignora."[879] *A mesma essência que compõe os*

---

[874] Xavier. F. C.; André Luiz (Espírito). Pensar. In: *Respostas da Vida*. cap. 23.
[875] Xavier, F. C.; Emmanuel (Espírito). Pensamento. In: *Pão Nosso*. cap. 15.
[876] Xavier, F. C.; Emmanuel (Espírito). Oração e provação. In: *Religião dos Espíritos*. cap. 33.
[877] Ubaldi, P. Instinto e consciência: Técnica dos automatismos. In: *A Grande Síntese*. cap. 65.
[878] Xavier, F. C.; Anjos, Augusto dos (Espírito). Evolução. In: *Parnaso de Além-Túmulo*. cap. 16.
[879] Ubaldi, P. Orientações Terapêuticas e Patogênese do Câncer. In: *Problemas Atuais*. cap. 5.

átomos que insculpem os rochedos, que configura as plantas e os vermes, compõe a luz dos corpos estelares![880] Isto posto, não procrastinemos a ação! Com o Cristo na mente e o Seu Evangelho no coração, poderemos consumar tudo o que a consciência reta determinar em nome do *Bem Eterno* (a Lei Suprema), posto que *o bem de todos é o eterno Princípio.*

Não nos cabe permanecer no comodismo e na periferia dos problemas (na zona de conforto), mas, sim, investigá-los em sua gênese e procurar resolvê-los. Não basta não fazer o mal. Imprescindível fazer o bem. Contribui para a expansão do mal todo aquele que o tem em evidência, quer seja por pensamentos, por palavras ou nas atitudes. Em tempo algum o mal merece que o divulguemos. Faz-se inadiável a compreensão das forças sutis e poderosas que colocamos em movimento com o nosso *modus operandi* e a premência de saber gerenciá-las de acordo com a Lei, mediante o nosso *modus vivendi.*

Estabeleçamos as metas necessárias para lograrmos êxito nos objetivos luminescentes, tais como: o conhecimento em profundidade e o amor incondicional (as duas asas do Espírito), posto que a sabedoria será sempre a fusão das potências citadas em um único vértice que nominamos de coração, de cuja essência emerge a consciência, o ser imortal.

Imagem e semelhança da Suprema Sabedoria, *o espírito é uma imanação, uma partícula do Absoluto.* O Espírito é uma individualização, uma porção – de espíritos – complexamente organizada, no *Absoluto.* A alma encarnada, como uma fração do Espírito, *tem por objetivo a manifestação cada vez mais grandiosa do que nela há de divino.* Em outras palavras, como diminuta fração da Consciência-Mater, cumpre-nos o empenho para ampliar *o domínio que estamos destinados a exercer dentro e fora de nós mesmos, por meio dos nossos sentidos e energias latentes.*

Podemos e devemos alcançar esse resultado – tanto de lucidez ampliada quanto de consciência expandida – *por processos diferentes, pela ciência ou pela meditação, pelo trabalho ou pelo exercício moral. O melhor processo consiste em utilizar todos esses modos de aplicação, em completá-los uns pelos outros; porém, o mais eficaz de todos, é o exame íntimo, a introspecção*[881], uma vez que a meta primordial, a ser lograda por meio de investimentos conscientes e de esforços bem direcionados é "o conhecimento de si mesmo, da própria personalidade; administração dos vários elementos que constituem essa personalida-

---
[880] Xavier, F. C.; Anjos, Augusto dos (Espírito). Evolução. In: *Parnaso de Além-Túmulo.* cap. 16.
[881] Denis, L. A consciência: O sentido íntimo. In: *O Problema do Ser, do Destino e da Dor.* 3ª parte. cap. 21.

de".[882] Estar ciente equivale a dispor de um conhecimento superficial do fenômeno analisado; ser consciente significa agir em consonância com a Lei, fatalidade da qual ninguém poderá se evadir.

Vale recordar que, em sua imensa complexidade e em sentido profundo do termo, a energia primária é constituída de um aglomerado de espíritos – a matéria-prima do cosmos – oriundos do Psiquismo Divino. Por conseguinte, a alma é, etapa por etapa, lenta e minuciosamente forjada e pormenorizadamente individualizada na base da energia primeva em perpétuo dinamismo, ou seja, a alma é, em si mesma, pura energia personificada, assim como o Espírito que não é outra coisa senão um complexo condomínio, um magnificente entrelaçamento de energia quintessenciada em incoercível *devenir*. É assim que, inconteste e inapelavelmente, a vida para nascer morre e para viver mata, pois no perpétuo dinamismo e no intermino e irrefreável evolver dos elementos da e na Excelsa e Magnificente Unidade, tudo morre para renascer e aformosear-se perenemente, renasce e metamorfoseia-se para renovar-se metódica e determinadamente, profícua e proativamente aprimorando-se para iluminar-se na ação integrativa das partes constitutivas das microunidades na fusão dos seres componentes da vida imortal, nobre e sabiamente amalgamados, na indizível e sempiterna individualidade. Enfim, ilumina-se e expande-se como Espírito imortal ou consciência eterna que é, para num último estágio ser um com a Suprema Sabedoria neste incoercível continuum infindo no Todo que, inegável e indissociavelmente, compõe e está em exatamente tudo.

"Como se vê – alude Pietro Ubaldi, o instrutor ciente do seu existir e consciente de sua existência – não se trata de um trabalho de profeta, à base incontrolável de inspiração e intuição, acessível somente a poucos e em condições excepcionais; mas trata-se de um trabalho à base de lógica, acessível a todos, em condições normais e em termos positivos".[883] Com lucidez equivalente, Joanna de Ângelis ratifica as palavras do referido autor: "esses bens estão ao alcance de todos quantos realizem atos de enobrecimento e esforcem-se por lográ-los".[884] Esses autores estabelecem as preliminares do empreendimento almejado:

---

[882] Franco, D. P.; Joanna de Ângelis (Espírito). Autorrealização: Subpersonalidades (O problema dos eus). In: *O Despertar do Espírito*. cap. 2, item 1.
[883] Ubaldi, P. Análise das forças da personalidade e o conhecimento do futuro. In: *Pensamentos*. cap. 6.
[884] Franco, D. P.; Joanna de Ângelis (Espírito). Vazio existencial: Terapia libertadora. In: *Conflitos Existenciais*. cap. 15, item 3.

Este desenvolvimento é o que se chama o próprio destino. Ele, pelo fato de que nos falta o conhecimento necessário para poder conduzir tal análise, é considerado como uma fatalidade cega. Trata-se, pelo contrário, de um fenômeno **analisável** em suas causas, **corrigível** em seu desenvolvimento, **controlável** em seus movimentos. Desse modo o entenderá, implantará e dirigirá futuramente o indivíduo consciente da Lei da vida.

Quando sabemos que as causas de nossas dores são os nossos defeitos, **podem-se eliminar as dores, eliminando os defeitos.** Isso porque está na lógica da Lei que, onde não temos defeitos, ela não tem razão para impor lições corretivas. Poder-se-á assim, **fazendo um exame de consciência,** até mesmo prever quais provas nos esperam, **porque elas são uma consequência lógica de nosso passado** (grifos nossos).[885]

O exame de consciência é uma constatação de fato daquilo que somos, é uma análise inicial para tomar conhecimento das nossas qualidades. A finalidade é prever as consequências que daí derivarão, a direção em que lançaremos as forças de um acontecimento, a trajetória que essas forças seguirão e o ponto ao qual elas devem chegar. A finalidade deste exame, pois, é de saber, dado aquilo que colocamos em órbita, **como dirigir e corrigir o fenômeno em fase de desenvolvimento, para levá-lo a bom termo.**

Trata-se de uma força sutil, aderente às raízes das coisas, que se esconde e foge às pesquisas. Silenciosa e invisível, **ela tudo penetra e dirige de dentro, estabelecendo o êxito de nossas vicissitudes.** Tê-la a seu favor significa ser o mais poderoso entre os poderosos da Terra (grifos nossos).[886]

O hábito saudável da boa leitura, da oração, em convivência e sintonia com o Psiquismo Divino, dos atos de beneficência e de amor, do relacionamento fraternal e da conversação edificante constituem psicoterapia profilática que deverá fazer parte da agenda diária de todas as pessoas.[887]

Após acurado exame das citações acima, ante o que se propõe e o que se pretende, inequivocamente, corroboramos que "tudo o que existe é vivo, e a ciência não sabe o que seja a vida, porque esta é o princípio espiritual que anima tudo e que a ciência ignora. Assim, tudo o que existe é um organismo a funcionar, que traz escrita nele a sua lei. Quem se afasta dessa ordem, a ela volta reconduzido pelo sofrimento".[888] Por ser inerente à lei de evolução, a dor é inevitável enquanto a imaturidade vicejar no comportamento da personalidade e da sua consciência em formação. Entretanto, o sofrimento é opção advinda da incúria de todos os que negligenciam as leis do equilíbrio e da harmonia. Portanto, conclui o autor, "para manter o estado de saúde, é necessário que todo o mecanismo físico-espiritual de nosso composto humano funcione em harmonia com os princípios das leis que regulam a vida".[889] Mais uma vez repetimos: ninguém ama o que não respeita. Ninguém respeita o que não conhece.

---

[885] Ubaldi, P. Análise das forças da personalidade e o conhecimento do futuro. In: *Pensamentos*. cap. 6.
[886] Ubaldi, P. Como fazer um novo exame de consciência. In: *Pensamentos*. cap. 10.
[887] Franco, D. P.; Joanna de Ângelis (Espírito). Transtornos profundos. In: *Triunfo Pessoal*. cap. 6.
[888] Ubaldi, P. Orientações Terapêuticas e Patogênese do Câncer. In: *Problemas Atuais*. cap. 5.
[889] Ubaldi, P. Orientações Terapêuticas e Patogênese do Câncer. In: *Problemas Atuais*. cap. 5.

Por carecermos das habilidades de introspecção e de intuição, as quais viabilizariam a leitura pormenorizada do livro oculto inerente a cada ser, no qual se encontram indelevelmente insculpidas as informações referentes às experiências transatas, de tudo o que fomos e animamos, em todos os estágios evolucionais e dimensionais da vida, como todas as metamorfoses e parcerias levadas a efeito, ainda não compreendemos que "o ser humano é, na sua realidade, a consciência, o ser interior, e não a aparência a que dá tanta atenção, em flagrante descuido pelo mundo interno que é o armazém de forças para a sua sustentação".[890] Assim, a alma é tão somente o centro da consciência individual, ou seja, a consciência da personalidade encarnada, que "é apenas a parte emergente da sua consciência espiritual; seus sentidos constituem apenas o necessário à sua evolução no plano terrestre. Daí, a exiguidade das suas percepções visuais e auditivas, em relação ao número inconcebível de vibrações que o cercam".[891] À face do exposto, certificamo-nos de que "os desejos aviltantes, os impulsos deprimentes, a ingratidão, a má-fé, o traço do traidor, nunca foram da carne". Faz-se-nos imperioso saber que "é preciso se instale no homem a compreensão de sua necessidade de autodomínio, acordando-lhe as faculdades de disciplinador e renovador de si mesmo, em Jesus-Cristo". Por fim, frente à ignorância enquistada no psiquismo do discípulo ou aprendiz do Evangelho, percebe-se claramente que "um dos maiores absurdos de alguns discípulos é atribuir ao conjunto de células passivas, que servem ao homem, a paternidade dos crimes e desvios da Terra, quando sabemos que tudo procede do Espírito".[892] Não por acaso, o autor sinaliza que "cada individualidade deve alargar o círculo das suas capacidades espirituais, porquanto poderá, como recompensa à sua perseverança e esforço, certificar-se das sublimes verdades do mundo invisível, **sem o concurso de quaisquer intermediários**" (grifo nosso).[893] Desvendar e desbravar as paisagens do subconsciente e construir os dutos de acesso ao Superconsciente, significa reprogramá-lo por meio das ações conscientes e, por consequência, transformar os arquipélagos do inconsciente, do qual é uma diminuta fração, em forças luminescentes e expansivas do Superconsciente.

---

[890] Franco, D. P.; Joanna de Ângelis (Espírito). Enfermidades. In: *Atitudes Renovadas*. cap. 18.
[891] Xavier. F. C.; Emmanuel (Espírito). A subsconsciência nos fenômenos psíquicos. In: *Emmanuel*. cap. 14, item 3.
[892] Xavier. F. C.; Emmanuel (Espírito). Que é a carne? In: *Caminho, Verdade e Vida*. cap. 13.
[893] Xavier. F. C.; Emmanuel (Espírito). O Labor das almas: Desenvolvimento da Intuição. In: *Emmanuel*. cap. 7, item 6.

Ingenuamente, afirmamos que é necessário nos "livrarmos" das forças que nos vergastam, por intermédio da higiene em variados moldes e que, após o labor desgastante, a fim de lograrmos êxito em tal intento, deveríamos levar a efeito o repouso reparador das energias empenhadas neste comenos. Explicitamos que higiene não é sinônimo de expulsão, assim como dormir não significa repousar. A verdadeira higiene do Espírito, encarnado ou não, deve ocorrer de dentro para fora. Deve ser realizada a partir da promoção ou da renovação dos pensamentos. Em vista disso, o repouso ocorre mesmo que não tenhamos tempo de dormir, literalmente. Em sentido mais profundo, num ângulo espiritual, podemos dizer que higiene é a mudança de um estado vibratório menos feliz para outro mais aprimorado, quando substituímos pensamentos e sentimentos negativos por outros mais sublimados. Nesse labor, a alma repousa, quando passa para um estado melhor. A harmonia e a paz decorrentes de um estado de alma sereno, facultado por pensamentos e sentimentos em consonância com o Eterno Bem e com o Amor maior, constituem uma forma de descanso advindo do íntimo contentamento do dever fielmente cumprido na promoção satisfatória das pequenas almas instintivas que conosco se associam e necessitam direcionamento por intermédio da educação. Miramez enfatiza que *o trabalho com Jesus é lazer*. Assim, quando nos colocamos em consonância com o Eterno Bem, o trabalho com Jesus se transforma em lazer, em regozijo, que nada mais é que uma condição de higiene e de repouso acrisolados.

Com Emmanuel, cientificamo-nos de que o Evangelho se encontra em nosso "próprio Espírito, nos mais íntimos refolhos da consciência e do coração".[894] Com Joanna de Ângelis, compreendemos que o coração é a fusão da inteligência e do sentimento transcendentes ou abstratos, posto que "a inteligência é responsável pela grande horizontal das conquistas humanas, mas o sentimento é a grande vertical na direção de Deus. No centro em que se encontram as duas vertentes está o coração pulsando em Amor e cantando as glórias de existir".[895] Se entendermos o Amor como a síntese das virtudes advindas das experiências sublimadas e que os Espíritos são as virtudes dos céus, concluiremos que a Consciência é a essência do próprio Amor. Em suma, "o amor é o sentimento que, acima de tudo, resume de forma completa a doutrina de Jesus", que corrobora que ele "condensa e reúne em seu foco ardente todos os anseios e todas as sublimes revelações".[896] "Quando as criaturas descobrirem o poder do amor

---
[894] Xavier, F, C.; Emmanuel (Espírito). Renúncia. In: *Irmão*. cap. 18.
[895] Franco, D. P.; Joanna de Ângelis (Espírito). Inteligência e Emoção. In: *Rejubila-te em Deus*. cap. 26.
[896] Kardec, A. Amar ao próximo como a si mesmo: A lei de amor. In: *ESE*. São Paulo: Petit, cap. 11, item 8.

– enfatiza Joanna de Ângelis – jamais experimentarão desânimo ou sofrimento, porque identificarão em cada acontecimento uma necessidade inerente ao processo iluminativo, retirando a melhor parte da experiência com que se enriquecerão de paz".[897] Paz e felicidade são imanências ou emanações do mesmo Amor. Conforme André Luiz, "felicidade é o outro nome que se dá à consciência tranquila".[898] Lourenço Prado nos brinda com esta síntese: "Felicidade, pois, é o pensamento correto. Infortúnio é o pensamento deformado."[899] Emmanuel profetiza: "A felicidade não é um prêmio e sim uma consequência. O sofrimento não é um castigo e sim um resultado."[900] Por fim, Miramez magistralmente sintetiza: "A felicidade é a completa vivência de todas as virtudes apregoadas pelo Cristo e seus grandes enviados."[901] Assim, devemos nos esmerar com distinção, a fim de lograrmos a elegância e conquistar o discernimento de pensar com lucidez e de sentir com maestria, vivificando o pensador, de forma a falar com a disciplina condizente ao que almeja auferir, ou como gostaria de ouvir, se porventura estivesse do lado oposto. Objetiva-se agir em perfeita consonância com as leis universais que regem o amor, que compreende sem exigir compreensão, pois assim arrebata e impulsiona o seu buscador à luz da inteligência, que planifica com justiça, que exemplifica e corrige, sem reprimendas desnecessárias, colhendo resultados que estimulam e plenificam o aprendiz. Por fim, auferimos seguir ao empuxo das inefáveis e infalíveis diretrizes da caridade premente, que é a excelência do amor que ilumina e liberta quem a pratica espontaneamente.

A consciência se mostrará tranquila se estiver em consonância com a Lei de Amor, Justiça e Caridade, uma vez que a paz e a felicidade são fulgurações dessa sublime virtude. Essa Lei se apresenta pormenorizada nas orientações do Evangelho de Jesus, onde se detalha o modo de proceder do cristão em todas as circunstâncias, seja em qual dimensão estiver atuando. Espírito imortal que é, sua expressão primeira ocorre no pensar e no sentir, para, posteriormente, manifestar-se por palavras e atos, ou seja, no falar e no agir. O pensamento correto faz-se, assim, a base de toda a felicidade, porquanto se oportuniza a construção da estrutura mental que se materializará segundo as diretrizes determinadas pelas intenções nobilitantes do que se almeja concretizar. Da mesma forma, o pensamento deformado, por sua vez, se fará a causa da desventura de quem o cultiva, construindo o seu futuro consoante o teor daquelas imagens desditosas.

---

[897] Franco, D. P.; Joanna de Ângelis (Espírito). A Força do Amor. In: *Tesouros libertadores*. cap. 20.
[898] Xavier, F. C.; André Luiz (Espírito). Anotações de Paz. In: *Momentos de Ouro*. cap. 4.
[899] Xavier, F. C.; Lourenço Prado (Espírito). Pensamento. In: *Instruções Psicofônicas*. cap. 38.
[900] Xavier, F, C.; Emmanuel (Espírito). A Fé e a Caridade. In: *Escrínio de Luz*. cap. 24.
[901] Maia, J. N.; Miramez (Espírito). Felicidade. In: *Horizontes da Mente*. Cap. 68.

Assim vaticinou o memorável Mártir do Cristianismo de outrora, Jerônimo de Praga, e sintetizou o Apóstolo do Espiritismo, Léon Denis, o seu inolvidável sucessor. Por nossa vez, ousamos rearranjar, sem interferir na essência e sob sua eminente inspiração, acrescentando alguns pontos neste conto:

Tudo o que fizermos pelos nossos irmãos se gravará no grande livro fluídico, cujas páginas se expandem através do espaço, páginas luminosas onde se inscrevem os nossos atos, os nossos sentimentos, os nossos pensamentos. E esses créditos nos serão regiamente pagos nas existências futuras. Nada fica perdido ou esquecido. Os laços que unem as almas na extensão dos tempos são tecidos com os benefícios do passado. A sabedoria eterna tudo dispôs para o bem das criaturas. As boas obras realizadas neste mundo se tornam, para aquele que as produziu, fonte de infinitos gozos no futuro.[902] À vista disso, desde o mais ínfimo ao mais elevado pensamento, tanto quanto do mais sutil ao mais contundente sentimento, assim como das mais discretas às mais significativas atitudes benevolentes, a Lei de justiça, amor e caridade sempre nos agraciará, centuplicadamente, com os louros inefáveis das benesses ofertadas.

---

[902] Denis, L. Parte V - O caminho reto: A Caridade. In: *Depois da Morte*. 5ª parte. cap. 47.

Capitulo 9 – Amor em Ação.

Todos as pessoas são essencialmente boas. TODAS!
Só que muitas ainda não sabem disso!

"Segue-me,
Eu sou a luz do mundo,
Eu sou a porta das ovelhas,
Eu sou caminho da verdade e da vida."

"Amai-vos uns aos outros
como Eu vos tenho amado."

"Lar: primeira escola;
Pais: primeiros professores;
Primeiro dia de vida: primeira aula do filho."
(André Luiz)

"A Caridade é o Amor em excelência".

Para consigo: basta lembrar-se que é luz e autoiluminar-se na ação libertadora.

Para com o outro: consiste, tão somente, em lembrá-lo que devemos caminhar com as próprias luzes.

Capítulo 10
Vendo a Obra, vê-se Deus

A vida é o espelho da alma

Exaltação à vida

Eu sou o que penso e vivo o que falo

Fonte da imagem: https://images.app.goo.gl/yQoNhdKbwwdQyMht7

A vida é o espelho da alma

O homem é o seu próprio juiz, no aquém e no além. Ninguém lhe pede contas do que fez, mas ele mesmo se defronta com a imagem do que foi e do que é. Essa a infalibilidade da Justiça Divina. O Tribunal de Deus está instalado na consciência de cada um de nós e funciona com a regularidade absoluta das leis naturais. **Não somos julgados por nenhum tribunal sobrenatural, mas pela nossa própria consciência.** Daí a fatuidade dos julgamentos religiosos, das indulgências e sacramentos. Deus, o Existente, partilha conosco as provas existenciais. E é dentro de nós, em nossa consciência, em nosso íntimo – sem que tenhamos a mínima possibilidade de fuga ou desculpas mentirosas – que somos julgados. **Mas a Justiça de Deus, se é rigorosamente precisa, é também revestida de misericórdia.** As atenuantes justas são levadas em conta e as oportunidades de regeneração e reparação dos erros e crimes jamais nos serão negadas. Deus não nos castiga ou reprova. Entrega-nos a nós mesmos, sob a garantia infalível do tribunal consciencial. **Deus não nos criou para perdição, mas para o desenvolvimento das nossas possibilidades divinas.** O simbólico pagamento das dívidas do passado não é mais do que a reparação necessária dos nossos erros, por mais graves que sejam, para que possamos continuar na administração da nossa herança divina (grifos nossos).[903]

Os tempos são chegados, o que se traduz no tão decantado momento da separação ou da dissociação das ingerências do joio em extremo desespero, senão totalmente enlouquecido, e, ao mesmo tempo, a colheita do mais nobre substrato do trigo em perene ascensão, temporada ou etapa que se faz premente e intransferível. Não por acaso, as forças contrárias aos ideais enobrecedores da causa crística estão à espreita de oportunidades de interação conosco, ou seja, pleiteando conexões com os desatentos e, quiçá, descompromissados com as diretrizes imorredouras que nutrem e norteiam todas as expressões da vida no orbe terrestre. Por esse motivo, observam-nos as atitudes em suas mínimas nuances. Rastreiam, com vigilância e veemência incontestes, desde as mais ínfimas expressões dos pensamentos em desalinho com a Suprema Sabedoria até as mais diminutas e insignificantes perturbações emocionais que possam contrariar as inefáveis expressões das emoções superiores, dos invisíveis, imponderáveis e imperceptíveis desequilíbrios na estruturação das ideias ou das palavras (proferidas ou não), quando estas se apresentam displicentes ou contrárias às normativas instituídas pelos estatutos divinos e, por fim, observam a ingenuidade nas ações das inteligências em dissonância com as leis de justiça, amor e caridade, como força determinante e definidora das atitudes desconexas com as leis de harmonia, sendo esta a prova decisiva no vestibular da vida.

---

[903] Pires, José Herculano. A Ação de Deus. In: *Concepção Existencial de Deus*. cap. 10.

Visualizemos uma caixa d'água límpida e uma gota de anil concentrado. Em contato direto com a água, em segundos, altera-se a coloração de todo o líquido, antes cristalino. De modo semelhante, em fração de milésimos de segundo, por um vacilo ou invigilância da nossa parte, as forças dissonantes invadem e desnorteiam-nos as forças espirituais, morais e fisiopsíquicas, culminando com a escravização da mente e, com ela, o pensamento, as inteligências correlacionadas, a memória, a imaginação, o universo perispiritual em sua completude, culminando por assumir o cronograma organizacional e o cerceamento da ação das unidades psicoeletroquímicas (forças eletromagnéticas e físicoquímicas), isto é, as unidades organizadoras e mantenedoras das forças orgânicas. Dentre estas, o sistema nervoso central e periférico, o endocrínico e os demais sistemas bioenergéticos interdependentes, deixando os membros superiores e os inferiores em parcial ou total inação (ociosidade parasitária) ou em alienação (subjugação ou possessão destruidora).

Se almejamos libertar-nos das situações asfixiantes, bem como anelar o consequente despertar de nossas consciências, com irrestrita fé e incontestável convicção, reafirmamos que temos compromisso com a vida que outrora fomos – unidades ou elementos psicoeletroquímicos componentes da vida psicobiofísica – e que, hoje, quase inconscientemente, animamos em nossos corpos ou veículos de expressão, por amor ao Cristo de Deus. Por ser Ele a Força-Mater que permeia e direciona as imensuráveis forças que compõem a nossa individualidade – no consciente, no subconsciente, no inconsciente e no Superconsciente – temos compromisso inalienável com as infindáveis expressões que nela ocorrem diuturnamente. Para tanto, o tempo é o hoje e o instante é o agora!

Diante da gravidade da pauta em foco e da urgência da renovação interior inadiável, cabe ao aspirante que empreender tão grandioso propósito conscientizar-se de que "o ser, em si mesmo, nunca se deve permitir aceitar ofensas por nada que venha de fora, e essa segurança é adquirida pelo empenho de continuar fiel ao compromisso abraçado, constituindo-se exemplo que, um dia, se tornará imitado", posto que, inegável e inequivocamente, "na essência de si mesmo, cada qual é o que realmente construiu e fixou com a segurança da consciência tranquila". Assim, cada ser que almeja o consciente e célere despertar deve caminhar convicto, conduzir-se com segurança e comportar-se de tal modo que "o elogio não lhe aumente a capacidade de produzir, nem a acusação doentia lhe diminua a grandeza pessoal".[904] Por este motivo, a fim de lograr o êxito desejado neste inestimável anseio de triunfar sobre si mesmo, de vencer o mundo com seus atrativos anestesiantes, com seus hipnóticos convites

---

[904] Franco, D. P.; Joanna de Ângelis (Espírito). A noite escura da alma. In: *Atitudes Renovadas*. cap. 7.

efêmeros e desarrazoados, defrontados com outros tantos fascínios e convites ao desvio de rota, a honestidade deverá ser a âncora inquebrantável, o sustentáculo indestrutível, ante o regozijo que se pretende usufruir. Grandiosa deve ser a humildade diante do pouco que se angariou, considerando-se o muito que ainda se ignora, frente ao que se almeja discernir com lucidez! Não menos importante serão a lídima sinceridade de propósitos na própria capacitação, o constante aprimoramento das virtudes correlacionadas e a fidelidade na aplicação dos potenciais e dos recursos empenhados no propósito extasiante. Por fim, aureolado pela eminente colaboração da disciplina inquebrantável (aliada à paciência incoercível, à perseverança insofismável, à alegria contagiante, à gratidão imperturbável, ao entusiasmo empolgante e à obediência fiel), o aspirante deve estar profundamente comprometido com as leis e com a vida (coadjuvadas por outras tantas lídimas personagens, correlacionadas à harmonia), que contribuirão sobremaneira para o êxito pretendido.

Se a vida é o espelho da alma, "todo título exterior é instrumentação de serviço", isto é, tudo o que advier do entorno se traduzirá em oportunidade de autoafirmação e de autossublimação, pois, o "aperfeiçoamento individual é a única vitória que não se altera. E, em toda parte, o verdadeiro campo de luta somos nós mesmos".[905] Destarte, tudo o que observarmos ou defrontarmos por fora, que nos cause algum desconforto por dentro, infalivelmente implicará na urgente mudança em nós mesmos, obrigatória e inequivocamente, pois, via de regra, tudo o que vemos em desarmonia ou enxergamos fora, em flagrante desalinho, é a personificação ou o reflexo da nossa realidade íntima. Por outro lado, tudo o que observarmos com os olhos de ver e com os ouvidos de ouvir – em harmonia com as leis e com a vida –, assim como o que admirarmos ou contemplarmos no entorno, com os olhos do amor, com as luzes da verdade e com as réguas da justiça, refletir-se-á ou ressoará imediatamente em nosso interior, no qual suscitará uma imensa onda de júbilo ou estado de plenitude, a fulgurar celeremente do interior para o exterior, sinalizando uma completa fusão da variedade na Unidade, ou seja, verificar-se-á uma harmônica e perene integração do observador com o observado.

Segundo as lídimas instruções de Joanna de Ângelis, na pauta dos critérios de julgamentos, "até mesmo o erro tem o sentido de ensinar como se não deve fazer o que ora resulta prejudicial".[906] À vista de tais apreciações, ante os equívocos comumente observados diuturnamente, cabe a cada qual proceder ao justo autoexame e ao honesto julgamento

---

[905] Xavier, F, C.; Emmanuel (Espírito). **Bom combate**. In: *Justiça Divina*. cap. 1.
[906] Franco, D. P.; Joanna de Ângelis (Espírito). Critério de Julgamento. In: *Episódios diários*. cap. 27.

dos próprios atos, perante as réguas inamovíveis das leis de harmonia intrínsecas à própria consciência. Pois, conforme as lúcidas e imprescindíveis observações da autora:

> Toda vez que o indivíduo, descredenciado legalmente, procede a um julgamento caracterizado pela impiedade e pela precipitação, **realiza de forma inconsciente a projeção da *sombra* que nele jaz, desforçando-se do conflito e da imperfeição que lhe são inerentes,** submetido como se encontra à sua crueza escravizadora em tentativa de libertar-se.
>
> A delicada questão do julgamento é dos mais complexos desafios que enfrenta a psicologia profunda, em razão dos inúmeros fatos que se encontram subjacentes no ato, **quase sempre perverso, de medir a conduta de outrem com recursos nem sempre próprios de ética, justiça e dignidade.**
>
> Analisá-lo, é devassar o inconsciente daquele que se atribui o direito de penetrar na problemática de outrem, embora ignore várias causas difíceis de ser identificadas, porque específicas, **mantendo um comportamento, por sua vez, mais danoso, mais credor de correção e censura, do que aquele que no seu próximo pretende punir.**
>
> Mediante mecanismo automático de liberação das cargas de culpa e medo retidas no inconsciente, **o julgador escusa-se desvelar as imperfeições morais que possui,** facilmente identificando o mínimo reprochável noutrem, por encontrar-se atribulado por gravames iguais uns e outros muito mais perturbadores.
>
> O julgamento, porém que, insensato, arbitrário e contumaz, **decorre da inferioridade do opositor, que apenas vê a própria imagem projetada e odeia-a,** sedento de destruição para libertar-se do pesado fardo, ferindo a outrem, é covarde e cruel (grifo nosso).[907]
>
> À luz da psicologia profunda, **o perdão é superação do sentimento perturbador do desforço, das figuras de vingança e de ódio através da perfeita integração do ser em si mesmo,** sem deixar-se ferir pelas ocorrências afligentes dos relacionamentos interpessoais.
>
> Tem um significado mais que periférico ou de aparência social, **representando a permanência da tranquilidade interna ante os impactos desgastantes externos,** que sempre aturdem quando o indivíduo não está forrado de segurança nas próprias realizações nem confiante na correta execução dos programas que exigem desafios através de provas compreensíveis diante dos obstáculos que se encontram pela frente (grifos nossos).[908]
>
> Autoconhecendo-se, é mais fácil a alguém conhecer, com mais precisão, aqueles que se encontram à sua volta. Descobrindo as próprias deficiências, nasce-lhe tolerância para com os limites que encarceram outras pessoas na ignorância e na maneira rude de se apresentarem. **Trabalhando o granito dos defeitos, torna-se-lhe fácil auxiliar a lapidação de arestas outras, que se encontram fora, em diferentes pessoas** (grifo nosso).

---

[907] Franco, D. P.; Joanna de Ângelis (Espírito). Julgamentos. In: *Jesus e o Evangelho a luz da psicologia profunda.* cap. 12.

[908] Franco, D. P.; Joanna de Ângelis (Espírito). Reconciliação. In: *Jesus e o Evangelho a luz da psicologia profunda.* cap. 11.

> A vida íntima é a expressão do que se é, sem os adornos da personalidade volúvel e dominadora. Penetrá-la é dever que tem primazia, em todos aqueles que aspiram a ideais mais nobres e a realizações mais edificantes.[909]

Conhecendo-nos em plenitude, conhecer-nos-emos com mais facilidade e mais célere será a possibilidade de ascensão multidimensional do mundo à nossa volta, pois, em sentido profundo, o que está dentro refletir-se-á no entorno e vice-versa. Assim, como diminutos fascículos da Unidade-Mater (Crística ou Cósmica), as almas e o Espírito caminham sem detença ao encalço da perene integração. Antes, a fusão das almas no Espírito; mais além, o Espírito, como núcleo consciencial de incomensuráveis almas em elaboração, germinação, edificação, maturação, sublimação, iluminação e expansão consciencial incoercíveis, inapelavelmente, integrar-se-á ao mais alto, pois, conforme as leis de progresso e de evolução das unidades progressivas, as unidades da Criação, em planos maiores, constituem-se das unidades componentes dos planos menores. Onde dissemos: "Conhece-te e conhecerás a verdade de ti mesmo", afirmamos que, conhecendo-nos em plenitude, isto é, em completude ou integralmente, essa condição nos libertará das agruras constritoras da própria consciência. Em realidade, o micro contém o macro e, consequentemente, ao nos conhecermos, tudo à nossa volta, instantaneamente, será reconhecido ao enfoque das luzes interiores.

Corroborando a tese em foco, com maestria e veemência, Emmanuel enfatiza a gravidade de projetarmos nos outros ou na vida, que a tudo expressa, as nossas debilidades não ressignificadas, traduzidas como as deficiências ainda não reconhecidas e que somente a nós dizem respeito. Então, devemos proceder à justa correção da nossa imagem antes de confrontá-la no espelho, quando a vida nos mostrará, inequivocamente, como realmente somos, pois a vida nos desnudará, onde quer que estejamos, sem receios injustificáveis, seja nos submundos sombrios da nossa intimidade ou nas deformações do nosso caráter na vida de relação. Isso posto, à vista deste inegável ensejo,

> **Com naturais exceções, todos adquirimos o costume de consumir os pensamentos alheios pela reflexão automática,** e, em razão disto, exageramos as nossas necessidades, apartando-nos da simplicidade com que nos seria fácil erguer uma vida melhor, e formamos em torno delas todo um sistema defensivo à base de crueldade, com o qual **ferimos o próximo, dilacerando consequentemente a nós mesmos** (grifos nossos).[910]
> **Quando nos detemos nos defeitos e faltas dos outros, o espelho de nossa mente reflete-os, de imediato,** como que absorvendo as imagens

---
[909] Franco, D. P.; Joanna de Ângelis (Espírito). Conquista interior. In: *Sendas Luminosas*. cap. 27.
[910] Xavier, F. C.; Emmanuel (Espírito). Hábito. In: *Pensamento e Vida*. cap. 20.

deprimentes de que se constituem, pondo-se nossa imaginação a digerir essa espécie de alimento, que mais tarde se incorpora aos tecidos sutis de nossa alma. Com o decurso do tempo, nossa alma, não raro, passa a exprimir, pelo seu veículo de manifestação o que assimilara, fazendo-o, seja pelo corpo carnal, entre os homens, seja pelo corpo espiritual de que nos servimos, depois da morte.

É por esta razão que geralmente **os censores do procedimento alheio acabam praticando as mesmas ações que condenam no próximo,** porquanto, interessados em descer às minúcias do mal, absorvem-lhe inconscientemente as emanações, surpreendendo-se, um dia, dominados pelas forças que o representam (grifos nossos).[911]

Segundo Paulo de Tarso, "é indesculpável o homem, quem quer que seja, que se arvora em ser juiz. Porque julgando os outros, ele condena a si mesmo, pois praticará as mesmas coisas, atraindo-as para si, com seu julgamento" (3 Romanos, 2:1).

O "Apóstolo dos Gentios", manifesta-se claramente, evidenciando nessa afirmativa que **todo comportamento julgador estará, na realidade, estabelecendo não somente uma sentença, ou um veredicto, mas, ao mesmo tempo, um juízo, um valor, um peso e uma medida de como julgaremos a nós mesmos.**

Essencialmente, tudo aquilo que decretamos ou sentenciamos tornar-se-á nossa "real medida": como iremos viver com nós mesmos e com os outros.

O ser humano é um verdadeiro campo magnético, atraindo pessoas e situações, as quais se sintonizam amorosamente com seu mundo mental, ou mesmo de forma antipática com sua maneira de ser. Dessa forma, **nossas afirmações prescreverão as águas por onde a embarcação de nossa vida deverá navegar.**

Com frequência, escolhemos, avaliamos e emitimos opiniões e, consequentemente, **atraímos tudo aquilo que irradiamos.** A psicologia diz que uma parte considerável desses pensamentos e experiências, os quais usamos para julgar e emitir pareceres, acontece de modo automático, ou seja, através de mecanismos não perceptíveis. É quase inconsciente para a nossa casa mental o que escolhemos ou opinamos, pois, sem nos dar conta, acreditamos estar usando o nosso "arbítrio", mas, na verdade, estamos optando por um julgamento predeterminado e estabelecido por "arquivos" que registram tudo o que nos ensinaram a respeito do que deveríamos fazer ou não, sobre tudo que é errado ou certo (grifos nossos).[912] (vide o capítulo na íntegra)

Cuidar do que falamos é higienizar a mente, para que os pensamentos tomem novas formas de comunicação, e as palavras, modalidades diferentes de expressão. É óbvio que o detrator desconhece a si mesmo, esquece ou ignora que **todo maldizente cria em torno de sua personalidade uma atmosfera áspera, degradante, sujeita a ferir profundamente o seu próprio dono.** Por que criticar os nossos semelhantes, se temos erros múltiplos a reparar? Por que insistir em avivar faltas alheias, se intentamos esconder as nossas? Por que falarmos das fraquezas dos outros, quando carregamos um fardo multissecular de inferioridades deprimentes? **O**

---

[911] Xavier, F. C.; Emmanuel (Espírito). Associação. In: *Pensamento e Vida.* cap. 8.
[912] Espírito Santo Neto, F.; Hammed (Espírito). Tua medida. In: *Renovando Atitudes.* cap. 1.

> ofensor desconhece que todas as suas agressões nascem dos mesmos erros que combate nos seus irmãos.** Quando a tua consciência começar a refletir na tua mente os entulhos imprestáveis do mais profundo, sentirás vergonha de ti mesmo, passando a esquecer e desculpar o maldizente, porque assim procedias antes de despertar para o amor (grifos nossos).[913]
>
> *(Sugerimos a leitura do capítulo 49, A força do diálogo, da obra supra citada).*
>
> A maior defesa contra a maledicência é a vida reta, é o perdão sem limites, é a tranquilidade que nos fornece o amor que desejamos a toda a humanidade. Se existe alguém que nos ofende, e é dado à calúnia, esse alguém é faminto da misericórdia e carece da nossa compreensão. **Ele perturba a si mesmo pela ação da ignorância, não sabendo o que faz.** A defesa contra toda a ordem de ataques é a consciência tranquila, a persistência no bem, e a frequência no amor em todas as suas modalidades (grifo nosso).[914]

Viver sustentado, indefinidamente, pelas benesses oriundas do suor alheio, exigindo, quase sempre, dos outros, no entorno, o que é de responsabilidade intransferível de cada ser, não nos parece uma boa e inteligente atitude da livre escolha. Destarte, quem não empunhar a charrua físico-intelectiva, moral-afetiva e ético-espiritual, assim como recusar tomar para si a forja esfogueante da boa vontade operante, o cadinho promotor dos potenciais inatos e o buril moralizador dos recursos latentes, a fim de burilar e de aprimorar o próprio madeiro psicobiofísico, o deserto moral e o oásis espiritual, no crisol ou na frágua da própria individualidade, jamais conquistará a autêntica liberdade, tampouco usufruirá dos regozijos intrínsecos à felicidade que dela deriva. Não por acaso, Emmanuel prossegue com peculiar maestria:

> Se abraçaste o ministério do bem, segue adiante e não temas.
>
> O mal que possas sofrer é a preparação do bem que te propões a concretizar.
>
> O vaso não consolida a própria forma sem o calor do forno que o molesta.
>
> O trigo não se faz pão nutriente sem o processo de esmagamento que o tritura.
>
> Entrega-te a Deus, a bem dos outros e Deus saberá usar-te em teu próprio bem.[915]

Mediante as célebres e oportunas reflexões de Emmanuel, poderíamos nos questionar profunda e detidamente: "Será justo suplicar o socorro de Deus nas horas de aflição e construir a existência como se

---

[913] Maia, J. N.; Miramez (Espírito). Tu e a voz. In: *Horizontes da Fala.* cap. 50.
[914] Maia, J. N.; MIRAMEZ (Espírito). Cristo-Exemplo. In: *Cristos.* cap. 35.
[915] Xavier. F. C.; Emmanuel (Espírito). Ante o Bem. In: *Tempo e nós.* cap. 12.

Deus não existisse?"[916] A prova insofismável dessa inconteste realidade é que, quase sempre, nos surpreendemos em constantes flagrantes, travestidos de verdadeiros mendigos das benesses que, via de regra, já possuímos em nós mesmos e que, por infausta negligência, aniquilante ignorância e injustificável displicência, ainda nos são desconhecidas. Assim, comumente prosseguimos ao sabor do vento e, inadvertidamente, à custa da dilapidação do patrimônio alheio, visto que, com raríssimas exceções, assemelhamo-nos a miseráveis e incorrigíveis pedintes, quiçá recalcitrantes, ociosos e parasitários em inegável e constante contradição com aquilo que repetidamente rogamos ou indevidamente solicitamos como intérminos favores irrefletidos à Suprema Sabedoria que, inequivocamente, trabalha até hoje, assim como nosso modelo e guia, Jesus, o Cristo de Deus – que também labora sem descanso em favor do Autor e da Obra, do respeito à vida e às leis que prosseguem em perpétuo e irrefreável dinamismo evolvente –, pois, na Natureza, nada para, tudo é movimento improcrastinável incessante, evolução solidária progressiva e fraternidade operante incoercível.

Para onde quer que direcionemos a nossa fragmentária e míope visão físico-intelectiva, psíquico-emotiva e moral-espiritual, veremos a nós mesmos em nossas imensuráveis expressões progressivas – pretéritas, hodiernas e porvindouras –, ou seja, observaremos os reflexos da nossa própria realidade multidimensional. Por essa razão, se acaso nos projetássemos para o ontem, via de regra, o desfecho seria uma visão crítica e destrutiva, personificada na compreensão do tamanho desigual de cada ser. Se, porventura, a direcionássemos para o presente, ela seria vaidosamente comparativa, ou seja, faria com que os semelhantes se sentissem apequenados em relação a nós outros. Por fim, se a impulsionássemos para o futuro, com vista no amanhã próximo ou longínquo, com raríssimas exceções, tal ensejo se tornaria uma exaltação ao orgulho exacerbado, pois, inequívoca e inegavelmente, sentir-nos-íamos superiormente qualificados, quiçá, privilegiados por semelhante aferição. Em contrapartida, se o fizéssemos com um olhar imparcial, sem preconceitos e sem ideias preconcebidas, ancorados pelo amor equânime e incondicional, ver-nos-íamos refletidos no alvo ou no objeto de nossa atenção. Em vista de inegável realidade, procederíamos, sem demora e sem detença, à nossa real plenificação, por cujos reflexos contemplar-nos-emos projetados na lídima plenificação da humanidade como um todo, pois, vendo a Obra, vê-se Deus.

Mediante as magnificentes diretivas de Joanna de Ângelis, iniludivelmente, "ninguém passa, na Terra, sem provar a taça da incompreensão", pois "cada qual julga os outros pelos próprios critérios, mediante a

---

[916] Xavier. F. C.; Emmanuel (Espírito). Introdução. In: *No Portal da Luz*.

sua forma de ser, como é natural". Em razão disto, "o que se não possui é desconhecido portanto, difícil de ser identificado noutrem",[917] de modo que o que jubilosamente admiramos no outro ou no entorno, sem acalentar os véus sufocantes da avareza, sem inteiriçar os laços aprisionantes do ciúme, sem alimentar a ambição desregrada, sem enredar a infausta inveja ou vitalizar os preconceitos desmedidos, usualmente, significa que já usufruímos de tais benesses ou as possuímos em equivalência ao que ora observamos. Se o contrário ocorrer, isto é, se estas e outras tantas personagens primárias ressurgirem em nosso consciente, perturbando, por extensão, a harmonia do subconsciente, desnorteando os abismos do inconsciente e sitiando o oásis do Superconsciente, equivale a dizer que ainda não possuímos o que agora detidamente contemplamos. Em outras palavras, no espelho da vida, admiramos no outro o que já temos em nós sublimado e condenamos o que ainda em nós não foi aprimorado.

Diante da inegável realidade, Emmanuel nos instrui com terna elegância, sem abrir mão de visível austeridade, recomendando-nos tão somente: "Examina os teus desejos e vigia os próprios pensamentos, porque onde situares o coração aí a vida te aguardará com as asas do bem ou com as algemas do mal."[918] Conforme as lúcidas e relevantes observações de Hammed, via de regra, "quando desconhecemos os traços de nossa personalidade, condenamos fortemente e responsabilizamos os outros por aquilo que não podemos admitir em nós próprios."[919] Por conseguinte, eminentemente, Emmanuel enfatiza: "No estudo da perfeição, comecemos por vigiar a nós mesmos, corrigindo-nos em tudo aquilo que nos desagrada nos semelhantes."[920] Corroborando a pauta in loco, Bezerra de Menezes nos convoca e nos incentiva a corrigir "em nós o que nos aborrece nos outros e Jesus fará o resto pela felicidade do mundo inteiro".[921] Em suma, Scheilla vaticina o exposto e profetiza: "Todas as criaturas e todas as coisas te respondem, segundo o toque de tuas palavras ou de tuas mãos."[922] Inconteste e inapelavelmente, a Vida nos disponibilizará, como semeadores, os beneplácitos reluzentes da livre escolha; mas, como ceifadores, ancorada pelas mesmas leis, a vida nos convocará, sem exceções inconsequentes, a colher os frutos sazonados, exatamente, como foram cultivados e justamente qualificados.

---

[917] Franco, D. P.; Joanna de Ângelis (Espírito). Filosofia de Compreensão. In: *Episódios diários*. cap. 26.
[918] Xavier, F. C.; Emmanuel (Espírito). Examina o teu Desejo. In: *Mediunidade e Sintonia*. cap. 3.
[919] Espírito Santo Neto, F.; Hammed (Espírito). A verdade. In: *Renovando Atitudes*. cap. 8.
[920] Xavier, F. C.; Emmanuel (Espírito). Bem que nos falta. In: *Justiça Divina*. cap. 50.
[921] Xavier, F. C.; Bezerra de Menezes (Espírito). Ponderação. In: *Seguindo juntos*. cap. 24.
[922] Xavier, F. C.; Scheilla (Espírito). Abençoa sempre. In: *Visão Nova*. cap. 4.

Tanto a Lei quanto as leis que dela derivam são eminentemente vivas e onipresentes, justas e infalivelmente imparciais, pois a Lei é a Suprema Sabedoria, e a justiça não falha em parte alguma, por não fugir da atuação irrefreável da imarcescível e sempiterna onipotência. Destarte, o todo está inteiro na mais ínfima partícula, assim como as leis que a tudo regem não escapam de semelhante critério, pois o micro contém o macro e vice-versa.

Ante a inconteste veracidade da Vida e da Lei, das incomensuráveis expressões e modulações da vida multifária e as igualmente inenarráveis fulgurações e infalíveis atuações das leis, posto que tudo se assemelha em todas as manifestações no e do Supremo Arquiteto e, se tudo o que existe em plano maior, inevitavelmente, existe em plano menor, inegavelmente, somos um multiverso miniaturizado em perpétuo dinamismo e indizível efervescência, plenamente regido pelas mesmas leis. À vista de contundentes apreciações, "quando alguém o agride ou o ame, a si próprio se violenta ou se estima. Você é apenas o móvel daquela manifestação que está latente nele. **O que você vê fora, resulta do que você cultiva por dentro.** O conceito que você supõe que os outros fazem a seu respeito é o conceito que você faz de si mesmo" (grifo nosso).[923] Eis o real sentido e o verdadeiro significado do título deste tópico: *a vida é o espelho da alma*. Assim, jamais enxergaremos fora sem os holofotes e os beneplácitos das luzes interiores. Portanto, se ainda não as temos conforme o ideal almejado, sem procrastinações e desvios injustificáveis, comecemos agora mesmo, à luz de um autoexame sincero e minucioso, a justa aferição do pouco que já angariamos ante o muito que ainda nos compete conquistar na lídima edificação de uma nova consciência ante a quebra dos paradigmas constritores e inebriantes, face à transcendência dos obstáculos e à superação dos desafios luminescentes de uma nova mentalidade. Não por acaso Hammed eminentemente enfatizara, em vista de irrefutável verdade:

> **A ordem e a plenitude do Universo nos são reveladas à proporção que nos tornamos lúcidos para percebê-las.** A mente, quando se expande e capta novos conceitos, jamais volta ao seu tamanho anterior.
>
> **A vida exterior é o retrato plasmado do reino interior,** portanto, nós criamos, com nossas convicções, ideias e pensamentos, o "céu" ou o "inferno" em que vivemos.
>
> Nossa intimidade nos aproxima ou nos afasta das belezas exteriores, por sintonia e atração.
>
> **Tudo que nos rodeia foi estimulado por nossa mentalidade,** que detalha nossa posição diante do mundo, utilizando crenças e pontos de vista

---

[923] Franco, D. P.; Marco Prisco (Espírito). Viva em Paz. In: *Luz Viva*. cap. 17.

correspondentes à nossa estrutura mental, aos padrões de pensamento, às ideias que usamos para compreender nossa existência e realidade.

Quando tomarmos consciência da capacidade de materializarmos fora o que somos por dentro, compreenderemos que cada um de nós vive no mundo de luz ou de trevas que criou para si. A propósito, há tantos mundos quanto o número de pessoas.

O meio ambiente do homem é um espelho onde é refletida sua mentalidade. **Jamais enxergaremos algo diferente de nós,** visto que nosso interior filtrará dos fatos e dos acontecimentos, iguais para todos, somente aquilo com que temos afinidade (grifos nossos).[924]

Se não há como fugir nem como se esquivar desta inegável verdade, é fato incontestável que "nos seres mais queridos, **habitualmente amamos a nós mesmos,** porque, se demonstram pontos de vista diferentes dos nossos, ainda mesmo quando superiores aos princípios que esposamos, instintivamente enfraquecemos a afeição que lhes consagrávamos" (grifo nosso).[925] Disse-nos um sábio da antiguidade – e inúmeros outros declararam o mesmo no decorrer dos milênios –: se quiseres acordar toda a humanidade, então acorda-te a ti mesmo; se quiseres eliminar o sofrimento do mundo, então elimina a escuridão e o negativismo em ti próprio. Na verdade, a maior dádiva que podes dar ao mundo é aquela da tua própria transformação (Lao-Tsé: 604 – 531 a.C.), isto é, seja a mudança que você quer ver no mundo (Mahatma Gandhi: 1883 – 1944 d.C.). Destarte, resilientes e proativos, sejamos a obra que gostaríamos de construir ou de edificar no contexto em que por ora laboramos.

Se comumente amamos a nós mesmos nos seres com os quais convivemos e, quando constatamos, sem muito esforço, que estes, vez por outra, demonstram inferioridade de propósitos ou até mesmo superioridade de caráter, contrariando os princípios relevantes que anelamos, via de regra, o amor ou a afetividade que lhes dedicávamos com fervor, como por encanto, culminam em indiferença e em animosidade gratuitas.

Ainda uma vez, os amoráveis e insignes instrutores do além, Emmanuel e Joanna de Ângelis, consecutivamente, evidenciam esta inequívoca e libertadora verdade:

O homem enxerga sempre, através da visão interior.
Com as cores que usa por dentro, julga os aspectos de fora.
Pelo que sente, examina os sentimentos alheios.
Na conduta dos outros, supõe encontrar os meios e fins das ações que lhe são peculiares.

---

[924] Espírito Santo Neto, F.; Hammed (Espírito). Filhos da luz. In: *Um modo de entender:* **Uma nova forma de viver**. cap. 47.
[925] Xavier, F. C.; Emmanuel (Espírito). A cortina do eu. In: *Fonte Viva*. cap. 101.

Daí, o imperativo de grande vigilância para que a nossa consciência não se contamine pelo mal.

Quando a sombra vagueia em nossa mente, não vislumbramos senão sombras em toda parte.

Quando a treva se estende, na intimidade de nossa vida, deploráveis alterações nos atingem os pensamentos.

...cada espírito observa o caminho ou o caminheiro, segundo a visão clara ou escura de que dispõe (grifos nossos).[926]

Quando a reprovação ou a crítica te assomarem ao pensamento inquieto, recorda que **somente vemos nos outros as imagens que conservamos dentro de nós** e cada homem julga o próximo pelas medidas que estabeleceu para si mesmo (grifo nosso).[927]

Na condição de Psicoterapeuta por excelência, Jesus, analisando os conflitos que atormentam o ser humano, exarou com sabedoria, conforme as anotações de Mateus, no capítulo cinco do seu Evangelho, no versículo vinte e cinco: "Concilia-te depressa com o teu adversário, enquanto estás no caminho com ele, para que não aconteça que o adversário te entregue ao guarda, e sejas lançado na prisão."

Inevitavelmente percebe-se que o adversário é interno, são as paixões dissolventes que aturdem o ser, e que, em desalinho, encarceram a consciência nos conflitos, gerando os tormentos a que se entregam todos aqueles que se deixam vencer pela culpa, transformada em fobia, ou em angústia, ou em ansiedade, ou em insegurança, ou em transtorno neurótico de outro porte qualquer.

Logo depois, no versículo vinte e seis do mesmo capítulo, Ele aduziu: "Em verdade te digo que de maneira nenhuma sairás dali enquanto não pagares o último ceitil."

A oportuna referência tem um caráter terapêutico, lecionando que se faz necessária para a paz íntima, a reconciliação com o adversário – os referidos hábitos mórbidos, perturbadores, transformando-os em agentes de progresso e de renovação, mediante os quais instalam-se o equilíbrio, o bem-estar, a saúde, o reino dos céus na Terra transitória.[928]

Em *O Despertar da Consciência, do átomo ao anjo*, mencionamos que "o trabalho consciente, responsável e perseverante, resultado do esforço bem direcionado, visando conhecer-se a si mesmo, conduzi-lo-á à autoiluminação e, consequentemente, à libertação das amarras constritoras de sua consciência" (p. 163). Assim, estejamos cientes das responsabilidades – intransferíveis e impostergáveis – que nos competem e, conscientes de que o adversário é interno, sabemos que para enfrentá-lo e lograr êxito nesse propósito carecemos dos estímulos oriundos do querer sincero, das luzes inerentes ao saber profundo e do discernimento emba-

---

[926] Xavier, F. C.; Emmanuel (Espírito). Guardemos o cuidado. In: *Fonte Viva.* cap. 34.
[927] Xavier, F, C.; Emmanuel (Espírito). Sejamos irmãos. In: *Escrínio de Luz.* cap. 28.
[928] Franco, D. P.; Joanna de Ângelis (Espírito). O significado existencial: Encontro com o *Self.* In: *Triunfo pessoal.* cap. 9, item 3.

sado no labor consciente. Entretanto, não basta tão somente o crer sem comprovação, o saber sem o discernimento convincente e o fazer sem o real entendimento de causa, pura e simplesmente; faz-se necessário o querer, com a convicção inexorável e com o destemor contagiante, o saber, ancorado no discernimento elucidativo inconteste e na lídima realização, à luz da sabedoria coadjuvada pelo amor equânime e incondicional.

Vale lembrar que, inconteste e inapelavelmente, somos antenas multidimensionais captadoras de imensuráveis frequências que carreiam as vibrações correspondentes, receptores transdutores e transmissores psicobiofísicos, ininterruptamente ativos moral e espiritualmente, que propagam o que conscientemente se pretende ou inconscientemente se propõe.

Ante incontestável e iniludível verdade, Joanna de Ângelis, eminentemente, valida e enfatiza o que antes afirmara: "Fixa na mente que **os piores inimigos do ser humano encontram-se no íntimo dele mesmo,** que sintoniza com as equivalentes ondas da inferioridade moral e espiritual (grifo nosso)."[929] Em vista de inconteste realidade, "a grande luta não reside no combate com o sangue e a carne, mas sim com as nossas disposições espirituais inferiores".[930] Em consonância com esses lúcidos e magnificentes pensamentos, Dias da Cruz acrescenta, com inegável lucidez e solene maestria: "Toda violência praticada por nós, contra os outros, significa dilaceração em nós mesmos."[931] Reforçando esta indelével verdade, Emmanuel conclui com a singular sabedoria que lhe é própria: "O autor de qualquer injúria invoca o mal para si mesmo."[932] Diante de tantas e inapeláveis afirmações e provas morais vivenciadas, por quanto tempo ainda os incautos distraídos e displicentes ociosos insistirão na transferência de suas responsabilidades, assim como de suas impostergáveis obrigações para consigo mesmo, para com a vida multiforme e para com as leis inamovíveis? À vista da clareza e da gravidade das ideias concatenadas, eis que floresce o solene e impostergável convite, pois, segundo Joanna de Ângelis:

> **A batalha mais difícil de ser travada ocorre no teu mundo íntimo.**
> Ninguém a vê, a aplaude ou a censura.
> É tua. Vitória, ou derrota, pertencerá a ti em silêncio.
> **Nenhuma ajuda exterior poderá contribuir para o teu sucesso, ou conjuntura alguma te levará ao fracasso.***

---
[929] Franco, D. P.; Joanna de Ângelis (Espírito). Tesouro inapreciável. In: *Ilumina-te.* cap. 5.
[930] Xavier, F. C.; Emmanuel (Espírito). A grande luta. In: *Pão Nosso.* cap. 160.
[931] Xavier, F. C.; Dias da Cruz (Espírito). Autoflagelação. In *Vozes do grande além.* cap. 17.
[932] Xavier, F. C.; Emmanuel (Espírito). Tolerância. In: *Pensamento e Vida.* cap. 25.

> **Os inimigos e os amigos residem na tua casa interior e tu os conheces.**
> Acompanham-te, desde há muito estás familiarizado com eles, mesmo quando te obstinas por ignorá-los.
> Eles te induzem a glórias e a quedas, aos atos heroicos e às fugas espetaculares, erguendo-te às estrelas ou atrelando-te ao carro das ilusões.
>
> *
>
> São conduzidos, respectivamente, pelo teu **Ego** e pelo teu **Eu** (grifos nossos).[933] *(vide o capítulo na íntegra)*
> A responsabilidade resulta da consciência que discerne e compreende a razão da existência humana, sua finalidade e suas metas, trabalhando por assumir o papel que lhe está destinado pela vida.
> O homem responsável sabe o que fazer, quando e como realizá-lo.
> A responsabilidade do homem leva-o aos extremos do sacrifício, da abnegação, da renúncia, inclusive do bem-estar, e até mesmo da sua vida.
> A responsabilidade liberta o indivíduo de si mesmo, alçando-o aos planos superiores da vida.
> A ninguém transfiras a causa dos teus desaires, dos teus insucessos. Dá-te conta deles e recomeça a ação transformadora.
> Mesmo que não o queiras, serás sempre responsável pelos efeitos dos teus atos.
> Colherás conforme semeares.[934]
> Possuis, como bens atormentantes, ao lado das moedas, propriedades, títulos, semoventes, as paixões e caprichos deles decorrentes.
> Somente é feliz aquele que é livre.
> Só existe felicidade em quem se encontrou com a verdade, absorveu-a e tomou-a como norma de conduta.[935]

A decisão de ser feliz hoje ou mais além está em nossas mãos. A oportunidade é ímpar e, quiçá, única. O momento é agora. Por esse motivo, não mais adiemos ou transfiramos para outrem a responsabilidade daquilo que nos compete, posto que a edificação da paz íntima e a personificação da tranquilidade interior, à luz do dever fielmente executado, possibilitar-nos-ão a aquisição do passaporte para o oásis da felicidade em plenitude e a chave da espaçonave que nos conduzirá aos páramos das conquistas luminescentes no infinito aprendizado.

De modo semelhante, Emmanuel ratifica o que antes afirmara com outras palavras, ao relembrar com altivez: "Mencionamos, com muita frequência, que os inimigos exteriores são os piores expoentes de perturbação que operam em nosso prejuízo. Urge, porém, olhar para dentro de nós, de modo a descobrir que **os adversários mais difíceis são aqueles**

---
[933] Franco, D. P.; Joanna de Ângelis (Espírito). Ego e Eu. In: *Momentos de Meditação*. cap. 4.
[934] Franco, D. P.; Joanna de Ângelis (Espírito). Jesus e Responsabilidade. In: *Jesus e Atualidade*. cap. 12.
[935] Franco, D. P.; Joanna de Ângelis (Espírito). Jesus e Posses. In: *Jesus e Atualidade*. cap. 14.

de que não nos podemos afastar facilmente, por se nos alojarem no cerne da própria alma" (grifo nosso).[936] Diante do exposto, resta tão somente, aos indivíduos eminentemente destemidos, sinceramente interessados na autossublimação, profundamente comprometidos com a sua libertação e honestamente empenhados na solução improcrastinável, convencerem-se de que "o seu inimigo básico não é aquele que te combate ou persegue, que te detesta ou calunia, antes **encontra-se oculto nos tecidos íntimos dos teus sentimentos necessitados de elevação**" (grifo nosso),[937] pois, segundo Joanna de Ângelis, via de regra, "sempre se vê o problema na outra pessoa e o erro estampado no semblante do outro". Importante lembrar de que, "normalmente, quando alguém te cria dificuldades e embaraços **está reagindo contra a tua conduta, à forma como te expressaste e à maneira como agiste**" (grifo nosso).[938] Eis porque "toda vez que alguém combate com exagerada veemência determinados traços do caráter de alguém, projeta-se nele, transferindo do eu, que o ego não deseja reconhecer como deficiente, a qualidade negativa que lhe é peculiar. **Torna a sua vítima o espelho no qual se reflete inconscientemente**" (grifo nosso).[939] Portanto, se o que vemos fora é o espelhamento de nós mesmos, isto é, o reflexo de nossa imagem interior, comumente, o que criticamos ou elogiamos no outro ou no entorno não é outra coisa além ou aquém do nosso contexto, mas uma autoimagem refletida, inequívoca e incontestavelmente. Por este motivo, Miramez nos alerta, nos aconselha e nos encoraja a esta relevante e inconteste reflexão: "Se o teu procedimento não condiz com a verdade, contradizendo os ensinos do Cristo, não continues vivendo desta forma; para e pensa, medita e toma outra decisão, que o mundo espiritual encarregado de ajudar aos homens, ajudar-te-á novamente, e a tua vida tomará outros rumos na elevação que os céus desejam." Assim sendo: "Começa agora as tuas reformas de costume, seguindo as pegadas do Mestre dos mestres, que encontrarás a paz de consciência no trabalho incessante de amor e caridade, passando a **colher da Vida, a vida de Deus nos Céus de ti mesmo**" (grifo nosso).[940] Para tanto, não basta tão somente tomar ciência do que devemos realizar nas ações subsequentes, mas, sim, adquirir a consciência do existir e a razão da existência em cada nuance da experiência nobilitante e improcrastinável no hoje ou daqueloutras imprescindíveis e impostergáveis no intérmino *devenir* incoercível. Assim, o despertar para a legítima equação da pro-

---

[936] Xavier, F. C.; Emmanuel (Espírito). Inimigos ocultos. In: *Alma e Coração*. cap. 3.
[937] Franco, D. P.; Joanna de Ângelis (Espírito). Inimigo Morboso. In: *Tesouros libertadores*. cap. 23.
[938] Franco, D. P.; Joanna de Ângelis (Espírito). Mensagem (CXI). In: *Vida Feliz*. cap. 111.
[939] Franco, D. P.; Joanna de Ângelis (Espírito). A Conquista do *Self*: Mecanismos de fuga do ego - Projeção. In: *O Ser Consciente*. cap. 7, item 1, subitem 3.
[940] Maia, J. N.; Miramez (Espírito). Colhendo na Vida. In: *Força Soberana*. cap. 17.

blemática aflitiva, se acaso esta se afigurar negativa, consiste, de imediato, em reconhecer em si o reflexo que pode tornar-se altamente perturbador e profundamente desgastante; porém, se a experiência se afigurar extasiante e bela, se porventura personificar-se divinizante, o regozijo nos será eminentemente revigorante e imensamente plenificador.

Compete-nos criar a ambiência que se assemelha ao festim de núpcias do Divino Peregrino, quando outrora nos convidou, e imitando o seu solene e sublime convite, ante aqueloutros que nos são subordinados, isto é, os que estão intrinsicamente integrados ao nosso próprio condomínio consciencial, sob a nossa responsabilidade intransferível: *"Vinde a mim, todos os que estais cansados e oprimidos, e eu vos aliviarei. Tomai sobre vós o meu jugo, e aprendei de mim, que sou manso e humilde de coração; e encontrareis descanso para as vossas almas. Porque o meu jugo é suave e o meu fardo é leve (Mt. 11:28-30)."* Consecutivamente, se falarmos vivenciando o Seu Evangelho redentor e exemplificando as lídimas lições da Boa Nova (em Espírito Verdadeiro), aureoladas com a ternura e a amorosidade, buscando tornar o nosso caráter irretorquível, sem dúvida, nenhuma das vidas que a Vida nos confiou se perderá, pois ninguém resiste ao contato do verdadeiro amor – nem as ovelhas que coabitam o consciente, tampouco as que coexistem no inconsciente e muito menos as que deambulam no subconsciente –, pois o Reino de Deus integra o Superconsciente. Iniludivelmente, todas as subpersonalidades se renderão ao amorável convite e, inegavelmente, se tornarão reluzentes superpersonalidades, envoltas ou trajadas das vestes nupciais virtuosas, espargindo os traços sempiternos das indeléveis e indizíveis verdades libertárias.

Mencionamos alhures que o progresso não depende de nós outros que, momentaneamente, animamos a forma humana. Via de regra, ainda nos encontramos muito distantes do progresso exigido pelas leis que regem a evolução das formas progressivas, tanto quanto nos sentimos muito aquém da sublimação das leiras horizontais físico-intelectivas e psico-emotivas, assim como dos pincaros ético-morais e espirituais da ideal humanização verticalizada. Entretanto, todo aquele que se faz Um com o Supremo Arquiteto ou se esforça eminentemente para viver conforme as lídimas diretivas do Evangelho personificado, Jesus, o Cristo de Deus, pode e deve contribuir sobremaneira na aceleração e no dinamismo irrefreável do progresso incoercível que a tudo e a todos impulsiona ininterrupta e incessantemente.

Com veemência, por meio de expressão firme e de profundo significado, Léon Denis nos exorta a que prossigamos, resolutos e sem detença, para o alvo a que nos propusemos, relativamente ao progresso moral e espiritual. A expressão *"para a frente"*, ou seja, no plano da matéria, na horizontalidade da vida física, que nos propicia o progresso material e intelectual, dá a entender que nos compete seguir sempre, aproveitando as horas e os minutos para o mister sagrado do trabalho no bem, superando os reveses que, no plano da matéria, a vida nos apresenta vez por outra, sem tardança e nem receios injustificáveis. Ainda que tombemos ante as agruras do caminho, cumpre que nos levantemos, aprendamos o que a experiência infausta nos ensinou e retomemos a marcha. A expressão *"para o alto"* metaforiza o outro caminho, a nossa relação com o Todo Poderoso, filhos que somos do Seu amor. Mediante essa expressão, conclama-nos a que jamais nos desfaçamos desse laço divino que nos une ao Pai e, para tanto, a fim de permanecermos em sintonia com o Alto, sói apreendermos as leis universais, avançando nas dimensões ético-moral e espiritual que nos concitam ao amor a tudo e a todos e a vivenciá-las em toda e qualquer circunstância.

Ante as lúcidas perquirições e as inequívocas instruções de Lourdes Catherine: "Cada um vê a criação e as criaturas exatamente como vê a si mesmo." À vista disto, fácil se nos torna, observar e estudar as expressões da vida multiforme, assim como a busca da compreensão e do discernimento da mecânica das leis que a regem. Por este motivo, a edificação do discernimento acerca da arquitetura e do funcionamento das leis, quanto da justa aferição destas, e o pleno respeito à vida em suas imensuráveis modulações, nos serão uma consequência natural, pois "os objetos exteriores nos estimulam à ação de formular ideias ou ativar o raciocínio, mas o que se percebe não se encontra nos objetos, e sim na mente de quem os interpreta". Em suma, a obediência e a fidelidade às leis que a tudo regem, assim como a manutenção da harmonia nos relacionamentos e da solidariedade nas incessantes permutas enriquecedoras com a vida em perene profusão, capacitam-nos para o pleno exercício do amor equânime e incondicional que compreende, da justiça imparcial que corrige e da caridade essencial que a tudo liberta e ilumina eminentemente. Por fim, "a qualidade da percepção não se acha nas coisas que vemos, mas, proporcionalmente, no desenvolvimento espiritual do indivíduo que examina".[941] Isto posto, mãos à obra, pois, se é de nosso inte-

---

[941] Espírito Santo Neto, F.; Lourdes Catherine (Espírito). **Nível de consciência**. In: *Conviver e melhorar*. cap. 7.

resse o conhecimento de nós mesmos e a autoiluminação para a vida em plenitude, ajudemo-nos, porque a vida e as leis, infalivelmente, sempre nos ajudarão.

Ante a grandiosidade alusiva às citações analisadas até aqui e perante o exame circunstanciado dos profundos comprometimentos das almas imaturas e dos incautos distraídos, conforme as lídimas diretivas de Miramez, imperioso se faz lembrarmo-nos de que:

> Os pensamentos suprem de referências a mente instintiva e esta passa a dar as ordens, ativando-se na sequência que lhe cabe expressar, no dia a dia das lutas. Em muitos casos, passas a ser o que verdadeiramente pensas. No campo auditivo, os fenômenos são quase os mesmos. **As sugestões exteriores, dependendo de quem usa a palavra, gravam os sons em vossa tela mental e os enfileiram como força instintiva em vosso inconsciente e, de gota em gota, te encaminhas às ideias de outrem como sendo as tuas.** Assim, tua vida alinha-se em plena afinidade com o teu semelhante, que te emprestou os sentimentos.
>
> Os teus pensamentos agem sobre os teus semelhantes, assim como os dos outros agem sobre ti. E, se é plantando que colhemos, como nos diz a Lei, é de ação benfeitora plantarmos as sementes do amor e da caridade e a colheita não poderá ser outra.
>
> Cada pensamento estruturado pela engrenagem da alma é como uma gota d'água no oceano da vida. Na psicosfera da Terra, os pensamentos inferiores dominam com vantagem assustadora. **Encontram-se na atmosfera em que vivemos formas-pensamento capazes de influenciar dois terços da humanidade para as coisas das sombras, com tal sutilidade que por vezes não desconfiamos.** Entretanto, existe um higienizador divino que nos proporciona meios de livrarmo-nos dessas influências nefastas e nos ajuda a abrir caminhos nas áreas que perturbam os deficientes de sentimentos altruísticos: **o Evangelho de Nosso Senhor Jesus Cristo. Ele é a força capaz de iluminar a Terra, libertando as criaturas dos entraves formados pela ignorância.**
>
> As regras de vida, ofertadas por Jesus, despertam, em nós, dons latentes. Com o toque do Mestre, eles se levantam para a luta no nosso mundo íntimo, liderando os nossos sentimentos e iluminando a nossa consciência, de sorte a nos mostrar o que deveremos querer, para que aprendamos a querer melhor.
>
> A mudança dos nossos pensamentos nos parece, à primeira vista, trabalho irrealizável, porque o mal está organizado e se estende por todas as áreas. **Se encontrares dificuldades na autoeducação mental dos teus costumes, procura alguém que já começou esse labor divino e já realizou prodígios nesse campo, que ele te ajudará.** Mas vê bem, não deves te esquecer de cultuar a oração e ela te levará à glória do entendimento (grifos nossos).[942] *(vide o capítulo na íntegra)*

---

[942] Maia, J. N.; Miramez (Espírito). Ação dos Pensamentos. In: *Saúde*. cap. 9.

Duas realidades incontestes se nos apresentam com frequência, usualmente solicitando diferente direcionamento para a vida em plenitude. Destarte, sejamos prudentes na arquitetura dos futuros pensamentos diretivos, tanto quanto na elaboração das ideias enobrecedoras, assim como na legítima edificação das palavras, que se devem impregnar do néctar do bem viver. É fato inegável a influência que nos permeia diuturnamente, direcionando-nos, quase sempre, de maneira desfavorável, induzindo-nos à fruição das ilusões efêmeras, inerentes ao caminho oposto à paz de consciência. Analogamente, não menos contundentes são as nossas criações danosas, oriundas das condutas irrefletidas nas ações cotidianas que, via de regra, fazem-se tão deletérias quanto aqueloutras que nos perturbam a jornada.

Enfatizamos, em *O Despertar da Consciência, do átomo ao anjo* (páginas 180 e 271), que "em qualquer tempo e lugar, como seres multidimensionais que somos, se não nos precavermos com a vigilância, o nosso comportamento refletirá o teor do campo de atuação e de interação do meio em que vivemos. Assim, inevitavelmente, espelharemos, em nossa conduta (psicobiofísica, moral e espiritual), o teor do grau vibratório do ambiente em que transitamos momentaneamente. Por este motivo, a cada segundo, copiamos normas de proceder e as ditamos a outros, influenciamos e somos influenciados. Em razão disso, ineludivelmente, alteramos, a todo instante, o rumo da nossa vida e o da nossa felicidade" (p. 180).

"As leis divinas são perfeitas, porém, comumente nós as corrompemos. Por este motivo, tanto os nossos hábitos quanto as nossas aspirações terão a qualidade que imprimirmos a eles, quer por escolha individual, quer por influência do meio, em processo de contínua interação e permuta equivalentes. Em ambos os casos, somos sempre os artífices da nossa realidade, uma vez que há uma linha muito tênue entre a autonomia e a influência de forças exteriores inerentes aos seres criados, cuja relação é mediada pela similitude de tendências e de escolhas, pela repulsão e pela atração. Em suma, ainda uma vez alertamos, somos influenciados e, por nossa vez, influenciamos, positivamente ou não, dependendo das nossas escolhas, das inclinações e da similaridade nas conquistas espirituais" (p. 271). Outrossim:

> Sempre se atribui que o silêncio é aparente anuência e submissão, bem como prejuízo e perda.
> A fatalidade do progresso, no entanto, coroa-os de vitórias que travaram na Terra.

Alegra-te, portanto quando caluniado, perseguido e tudo de mal que disserem sobre ti. Porfia e não te angústias. Reserve suas forças para o dever a que te encontras vinculado. Os frívolos estão desocupados procurando suas vítimas para suas façanhas infelizes. Eles são levianos e mudam de conceito e de comportamento com muita facilidade.

Porque o seu é um caráter volúvel, as suas são opiniões caprichosas e destituídas de conteúdos valiosos.

Aplaudidos, eles se destacam por pouco tempo, **enquanto os seus difamados ascendem para Deus e para a vitória sobre si mesmos.**

Não importa quando, mas eles despertarão para a realidade que negam e se apurarão nas chamas do arrependimento, nas provações redentoras.

A falta de siso, de amadurecimento, a ausência de enfibratura moral permitem que o indivíduo se tipifique pela fraqueza de caráter, portanto, irresponsabilidade e cultivo de ociosidade.

Há muitos indivíduos frívolos e bem-apresentados na sociedade, porque estão a serviço da anarquia e da desconstrução dos valores éticos.

A mentira, o disfarce, porém, jamais triunfam por largo tempo. Trata-se de uma questão de oportunidade (grifos nossos).[943]

Não te preocupes mais e siga amando, que ao final dessa jornada, ao olhares para trás, perceberás que as pessoas, os problemas e mesmo esse mundo, nunca existiram como tu os via. **Eles só foram colocados em torno de ti para te dar oportunidade de evoluir enquanto Espírito.** Se viveres assim, com a consciência da imortalidade e da sua essência divina, quando chegar o último dia desse corpo aqui na Terra, verás que **a luta nunca foi contra o outro, o tempo inteiro foi entre você e você mesmo.** O maior desafio da criatura humana é a própria criatura humana (grifos nossos).[944]

Alhures, Joanna de Ângelis mencionou que alguns indivíduos pensam "que os seus reais inimigos se encontram fora, programando ataques, estabelecendo estratégia de agressão e de destruição", mas também esclareceu e enfatizou que os mesmos incautos distraídos comumente não se dão conta de que **"esses adversários jamais alcançam o seu objetivo se encontram a lucidez daquele de quem não gostam e a preservação dos seus valores morais em clima de harmonia"** (grifo nosso). Por esta razão, a conscientização do real cenário perturbador, assim como dos algozes contumazes intrínsecos ao arquipélago interior, tanto quanto da inegável necessidade do constante cultivo e do incessante aprimoramento dos valores morais libertadores, ou seja, estabelecer as normas do bem viver em perfeita consonância com as leis e com a vida, cientes de que, assim se comportando, aliar-se-á às lídimas e indeléveis diretivas da Boa Nova, com as quais se fortalecerá eminentemente, e se tornará um com

---

[943] Franco, D. P.; Joanna de Ângelis (Espírito). Frívolos. In: *Vida Plena*. cap. 18.
[944] Franco, D. P.; Joanna de Ângelis (Espírito). Do filme. In: *O Mensageiro da Paz*.

o Sublime Peregrino, em Espírito verdadeiro. Assim procedendo, tanto os dardos destoantes do entorno quanto os petardos dissonantes do interno jamais o atingirão, pois, unos com Jesus, o Cristo de Deus, mesmo aparentemente sozinhos, com Ele somos maioria. Desse modo, "os adversários de fora, muito decantados, mal algum podem fazer, quando se está consciente de si mesmo e disposto a galgar níveis mais elevados na escala da evolução que não cessa".[945] De modo análogo, os ferrenhos oponentes do meio interno tampouco o conseguirão, se encontrarem um ambiente nobremente dissonante. Assim, ineludível e inapelavelmente, quem não se aliar à lucidez vigente no tentame in loco, quem não imergir no oceano da harmonia personificada na pauta estatuída, não abraçar o sublime cultivo de valores morais divinizantes e não se integrar à perene edificação dos tesouros espirituais imperecíveis, permanecendo contrários à frequência vibratória em tal festim, serão convidados a se retirar do contexto cristianizado, querendo ou não, ou seja, serão repulsados e destronados, mesmo a contragosto, pois, quem não vibrar em consonância com as lídimas diretivas do Bem Supremo, jamais ocupará o mesmo espaço benevolente. Eis o instante solene e o inconteste convite ao desígnio plenificador, por cuja elaboração e aplicação cada ser colherá, da vida e das leis, o que coincidir com as intransferíveis escolhas e se coadunar às impostergáveis transformações espirituais, intelecto-morais e, simultaneamente, compatibilizar-se com a sublimação dos implementos psicobiofísicos subsequentes.

Constata-se na experimentação prática que, todo aquele que atender a semelhante convite e empenhar-se intimorato em correlativo desiderato, inequivocamente, a cada pensamento nobremente elaborado, dará forma ao intento previamente elegido. Com as emoções e os sentimentos mais virtuosamente qualificados, nós os vivificamos tal como intencionamos materializá-los, servindo-nos de palavras oriundas do discernimento e da disciplina que convergem para o mesmo fito, aureoladas por atitudes altamente conscientes no tempo hodierno. Assim procedendo, encarregamo-nos de corrigir fatal e infalivelmente o longuíssimo pretérito desditoso, recente ou remoto, e, concomitantemente, somos compelidos, de modo irrefreável, à planificação, à edificação e à sublimação de um glorioso porvir de bem-aventuranças. Não por acaso, Carl Gustav Jung assim sintetizou:

---

[945] Franco, D. P.; Joanna de Ângelis (Espírito). A vida e a morte: A vida harmônica. In: *Em busca da verdade*. cap. 10, item 1.

[...] **a aceitação de si mesmo é a essência do problema moral** e o centro de toda uma concepção do mundo. Que eu faça um mendigo sentar a minha mesa, que eu perdoe aquele que me ofende e me esforce por amar, inclusive o meu inimigo, em nome de Cristo, tudo isso não deixa de ser uma grande virtude. **O que faço ao menor dos meus irmãos é ao próprio Cristo que faço. Mas o que acontecerá, se descubro, porventura, que o menor, o mais miserável de todos, o mais pobre dos mendigos, o mais insolente dos meus caluniadores, o meu inimigo, reside dentro de mim, sou eu mesmo, e precisa da esmola da minha bondade, e que eu mesmo sou o inimigo que é necessário amar?** Assistimos aqui a inversão total da verdade cristã, pois já não temos mais amor nem paciência e somos nós próprios a dizer ao irmão que está dentro de nós: "Racca!", condenando-nos dessa forma, a nós próprios e irando-nos contra nós mesmos. Exteriormente, dissimulamos aquilo de que somos feitos e negamos categoricamente haver encontrado à nossa frente esse miserável que habita dentro de nós, e mesmo que o próprio Deus tivesse se aproximado de nós, oculto sobre estes traços repugnantes, nós o teríamos rejeitado milhares de vezes, muito antes que o galo cantasse. Imitar a vida de Cristo não é coisa fácil, mas é indiscutível mais difícil viver a própria vida no espírito em que Cristo viveu a sua (grifos nossos).[946]

Depreende-se que um bom orientador deve reconhecer o que almeja transmutar, amparar com esmero o que foi intimamente identificado como menos feliz (subpersonalidades); esperar "com ciência", isto é, ciente das probabilidades favoráveis e consciente do estágio em vigência e das possibilidades de elevação propícias; consequentemente, deve estabelecer a meta porvindoura, esperar o tempo de maturação das subpersonalidades e repetir as diretrizes norteadoras, almejando promovê-las ao degrau das superpersonalidades (patamares mais felizes, virtudes). Eis o objetivo essencial da existência e do sentido existencial da vida e da encarnação.

Enquanto "o coitadinho", "a vítima", "o melindre" nos dominarem, sentir-nos-emos o pior dos seres; mas, se admitimos a possibilidade de ascensão e abraçamos essa oportunidade, sem limites fixados, começando por compreender as limitações de cada um e valorizando o que cada ser possui de melhor, ante o êxito pretendido e o degrau a ser logrado, "o despertar da consciência" se tornará realidade e se efetivará o inevitável "salto quântico"!

A vida raramente escolhe os capacitados, mas sempre capacita os escolhidos! Isto é, a vida prioriza quem se esforça por amar o que faz, em detrimento dos que fazem somente o que amam. Os amigos ou mentores espirituais sugerem os ensejos pertinentes e, via de regra, os supervisio-

---
[946] Jung, Carl Gustav. Escritos Diversos. O. C. volume XI/VI. Petrópolis: Editora Vozes, 2013. Item 520.

nam, objetivando a aquisição das experiências que se nos fazem necessárias e, quiçá, imprescindíveis, enquanto encarnados – ou até mesmo desencarnados –, a fim de que possamos superar mais rapidamente determinadas lacunas na ininterrupta construção do Eu profundo, proceder ao aprimoramento inadiável, à consequente iluminação e a expansão da consciência do filho de Deus que somos, no patamar em que nos encontramos, no largo processo das inúmeras singularidades na edificação e no despertar da consciência em ascensão. Eles também definem as vivências que nos serão mais úteis para superarmos as deficiências de que somos ainda portadores nesse périplo infindável, intransferível e inenarrável que mensuramos. Assim sendo, cumpre-nos aceitar as diretrizes, experiências e vivências com as quais nos defrontamos diuturnamente, muitas vezes sem ter outra opção devido à nossa miopia e imaturidade espiritual. Se essas experiências nos são apresentadas em determinada etapa da existência, sem que delas possamos nos desembaraçar tão facilmente, talvez seja porque delas precisamos para o nosso burilamento e amadurecimento espiritual e a elas devemos ser gratos, porque, com certeza, serão de muita serventia para a nossa melhoria em algum aspecto, ou em vários, atinentes à nossa consciência e individualidade imortal.

Nos estatutos divinos, consta que só descem, materializando-se para auxiliar os menos cultos, os que subiram, espiritualizando-se e divinizando as dádivas que, por ora, vieram ofertar. E habitualmente o fazem personificando a sua essência, para exemplificar os conteúdos longamente assimilados ou para recapitular e aprimorar as experiências milenárias dignamente auferidas e, para lograr êxito em semelhante ensejo, valem-se das formas retardatárias que outrora animaram. Para esse fim, já dispõem de amplo conhecimento da personificação das leis, da arquitetura da vida, da hierarquia divina e do périplo inverso a ser galgado e minuciosamente rememorado:

Deus, o Imensurável e Indecifrável Oceano de Amor no qual promana a Fonte Geratriz da Vida!

Cristo, o rio mais caudaloso de força e de vitalidade, gerador de vida em perene profusão!

Jesus é a fonte cristalina (inesgotável e inestancável), a partir da qual se formam os riachos (os discípulos e os aprendizes do Evangelho) que desaguam nos rios menores (os ministros, os avatares e os apóstolos). Estes, por sua vez, seguindo as pegadas do Mestre Nazareno e sorvendo o néctar da Boa Nova por Ele disseminada, correm ao encontro do rio caudaloso que os conduzirá ao sempiterno Oceano do Amor que a tudo integra permanentemente.

O **Amor** – força e substância cáusica que gera, nutre, organiza e mantém a vida em todas as suas expressões; o mais potente antídoto para todas as doenças e todas as causas de sofrimento – tem incontáveis nuances, das origens conceptuais da vida à sua mais alta expressão. Ele é o caminho da verdade que nos conduz com segurança e nos dá a própria vida, personificado em Jesus, o nosso Mestre, Modelo e Guia, por ser a causa e a destinação de todos os que com Ele se fazem um!

Para lograr êxito em tal propósito, o triunfo sobre si mesmo, urge conscientizarmo-nos ante a gravidade da pauta supracitada que, jamais devemos nos esquecer de que, quem deseja ardentemente conquistar e usufruir os louros inerentes aos degraus da Cristificação da Luz do mundo, jamais poderá desdenhar ou sequer pensar em eximir-se do périplo dorido, libertador e feliz da crucificação do Sal da terra, posto que, a vida é o espelho da alma que despertou.

Exaltação à Vida
(Em 23/06/1997 - *Viena - Áustria.*)

A vida, como quer que se expresse, é desafio que merece reflexão.

Inata, em todas as coisas, *dorme* no mineral por milhões de anos até sonhar no vegetal, quando tem início o despertar das suas potencialidades extraordinárias e de difícil apreensão mesmo pelas inteligências mais primorosas.

Atravessando o silêncio dos tempos, adquire maior sensibilidade no animal, por meio do instinto que desvela, desenvolvendo o sistema nervoso que se aprimora, e no ser humano alcança a dimensão grandiosa que ruma para a plenitude espiritual.

Assim considerando, é indispensável investir todos os valores intelecto-morais em favor da sua preservação.

Originada no Psiquismo Divino como um campo primordial de energia, conduz todos os elementos indispensáveis ao seu engrandecimento durante a trajetória que lhe cumpre desenvolver até lograr a fatalidade que lhe está destinada.

Não raro confundida com automatismos ou pulsações caóticas do acaso, é a mais pujante expressão da Realidade que dá origem a todas as coisas.

Para onde se direcione o pensamento e se proceda a observações, ei-la que se apresenta enriquecedora, convidando a reflexões acuradas.

A vida, em si mesma, é a alma da Criação, entoando um hino de exaltação ao existir, merecendo respeito e admiração.

*

Por mais que o ser humano se rebele e deseje fugir do fenômeno da vida, mais a defronta, porquanto jamais se extingue.

Impulso que parte da vibração inicial e adquire complexidade, faculta o entendimento de si mesma em penosas circunstâncias, quando atrelada à revolta e à ignorância, ou se dá com ternura e júbilo através da correnteza do amor e seus estímulos.

Desse modo, ama a tudo e a todos, deixando-te arrebatar pela excelência dos acontecimentos, que te constituem razões de aprendizado para a aquisição da beleza a que te destinas.

Contribui em favor do teu desabrochar mediante a razão bem orientada e a emoção equilibrada.

És vida e és parte essencial da Vida em tudo manifestada.

Oferece a tua contribuição de harmonia, nunca a depredando, nem gerando embaraços que lhe possam perturbar a marcha.

À medida que cresças interiormente, mais entenderás as leis de equilíbrio que a regem e os objetivos elevados que encerra.

Ante o ritmo pulsante do Universo, adapta o passo das tuas realizações e arregimenta forças para seguir no rumo do Infinito.

Quanto mais conquistes espaços-luz, mais se te apresentarão outras dimensões a penetrar.

Nunca cessando, a vida te conduz ao Cosmo, em um mergulho de consciência lúcida no oceano da sabedoria.

*

Respeita a vida em qualquer aspecto que se apresente.

Limpa uma vala, planta uma árvore, semeia um grão, viabiliza uma ocorrência enobrecedora, oferta um copo com água fria, brinda um sorriso, sê útil de qualquer maneira...

A vida transcorrerá para ti conforme a desenvolvas.

Diante de qualquer dificuldade, insiste com amor e aguarda os resultados, sem aflição.

Não blasfemes, nem te rebeles, quando algo não te corresponder à expectativa.

És vida em ti mesmo, e o exterior sempre refletirá o que cultives internamente.

Jamais te evadirás da tua realidade.

Assim, torna enriquecedora e produtiva a tua existência, sendo um hino de louvor e de exaltação à vida (grifos nossos).[947]

Joanna de Ângelis

Eu sou o que penso e vivo o que falo

Deveis respeitar todas as criaturas, na altura em que elas se encontram e nunca violentardes os direitos alheios.[948]

Falar de coisas muito distantes da humanidade é sujeitar-se a controvérsias de todas as qualidades; entretanto, quando é hora de dizer, não se deve calar.[949]

A coragem de manifestar opinião própria sempre foi estimada entre os homens, pois há mérito em enfrentar os perigos, as perseguições, as contradições, e até mesmo as simples ironias, aos quais se expõe, quase sempre, aquele que não teme proclamar abertamente as ideias que não são as de todos. Nisto, como em tudo, o mérito está na razão das circunstâncias e da importância do resultado. Há sempre fraqueza em recuar diante das dificuldades de defender sua opinião e de renegá-la, mas há casos em que isto equivale a uma covardia tão grande quanto a de fugir no momento do combate (Allan Kardec – São Paulo Petit: *ESE*. Cap. 24, item, 15).

Ante os ingentes e improrrogáveis desafios que a vida rigorosamente nos conclama, temos em artes marciais uma contundente e infalível determinação: "quem teme perder já está vencido".

Por outro lado, nos experimentos comprobatórios em mecânica quântica, testificamos um fato irrefutável: "fatalmente atraímos tudo aquilo que mais tememos".

No sempiterno manancial dos imensuráveis saberes estatuídos e propagados pelo Espiritismo ou Cristianismo Redivivo, cônscio e inequivocamente, afirmamos que: indubitavelmente, "quem pensa cria o axiomático *script* a que compelido ou livremente se dispôs", sendo assim,

---

[947] Franco, D. P.; Joanna de Ângelis (Espírito). Exaltação à vida. In: *Sendas Luminosas*. cap. 25.
[948] Maia, J. N.; Miramez (Espírito). A nova dinâmica da vida. In: *Maria de Nazaré*. cap. 20.
[949] Maia, J. N.; Miramez (Espírito). O Messias aproxima-se da Terra. In: *Maria de Nazaré*. cap. 15.

inapelavelmente torna-se o "perpétuo responsável por sua indelével e inalienável criação". À vista de inconteste realidade, é sabido que um pensamento bem arquitetado, nos possibilita imediata e íntima conexão com todas as nossas vivências, assim como estabelece, sem lapso de tempo, o complexo e inexorável entrelaçamento com todos os seres dentro de um mundo, bem como corrobora a intrínseca e contundente responsabilidade evolutiva com todos os seres em todos os mundos.

Para bem desincumbirmos desse grandioso e intransmissível desiderato valer-nos-emos de infalível e imarcescível antídoto: com Jesus, em Espírito Verdadeiro, sem dúvida "somos maioria", visto que estamos indissociavelmente conectados com todos os seres "que pensam como pensamos", sendo que, ineludível e inegavelmente, somos sempre a soma de muitos.

Entretanto, para sermos um com Ele, cristã e santamente, basta-nos tão somente, orar pelos que nos perseguem e caluniam, fazer o bem àqueles que nos desejam o mal e amar àqueles que nos odeiam.

Por fim, faz-se imprescindível compreendermos que: os sãos não precisam de médicos e que devemos fazer aos outros somente o que gostaríamos que eles nos fizessem. Assim, o "amarmo-nos uns aos outros" como Jesus, o Cristo de Deus, nos tem amado, é a nossa meta primordial. Para tanto, urge conscientizarmo-nos de que na frequência do amor equânime e incondicional em tempo algum haverá espaço para a ressonância com o ódio intempestivo; no berçário indizível e imorredouro da alforria do perdão, impraticável será o aceite da prisão implacável, destruidora e contumaz da ofensa lancinante; no oásis da esperança divinizante, o desespero deprimente não terá a menor chance de sintonia e afinidade; no arquipélago da alegria contagiante, jamais vicejará as ambiências para o nascedouro das amarras constritoras da tristeza dilacerante, assim como, no imperioso e imperecível reino da fé inquebrantável, de modo algum surgirá o vírus da dúvida desoladora e inconsequente.

Por ser "a cada um segundo suas obras", Deus sempre recompensará todos os esforços bem direcionados, multiplicando em cem ou mil vezes além do que se tenha prenunciado, uma vez que a vida sempre nos devolverá, não só pelo que estamos fazendo, mas principalmente, em "como" e "para quê", ou seja, o *modus operandi* que usualmente estamos fazendo aquilo que fazemos.

Fato é, o amor só faz bem e enobrece àquele que ama sem exigir retribuição, assim como, o perdão só liberta e beneficia àquele que perdoa sem aguardar compreensão. Posto que, em sentido profundo, quem ama verdadeiramente por amor à causa crística, não mais se ofende e a ninguém se apega e de ninguém se apossa, porquanto, inevitavelmente tornar-se-á a perfeita personificação de tudo o que logicamente se apregoa e dignamente experiencia.

Ante as lídimas e incontestes diretivas de Emmanuel:

> **O apóstolo é o educador por excelência.** Nele residem a improvisação de trabalho e o sacrifício de si mesmo para que a mente dos discípulos se transforme e se ilumine, rumo à esfera superior.
>
> Os apóstolos [...] são os condutores do Espírito.
>
> Em todas as grandes causas da Humanidade, são instituições vivas do exemplo revelador, respirando no mundo das causas e dos efeitos, oferecendo em si mesmos a essência do que ensinam, a verdade que demonstram e a claridade que acendem ao redor dos outros. Interferem na elaboração dos pensamentos dos sábios e dos ignorantes, dos ricos e dos pobres, dos grandes e dos humildes, **renovando-lhes o modo de crer e de ser, a fim de que o mundo se engrandeça e se santifique.** Neles surge a equação dos fatos e das ideias, de que se constituem pioneiros ou defensores, através da doação total de si próprios a benefício de todos. Por isso, passam na Terra, trabalhando e lutando, sofrendo e crescendo sem descanso, com etapas numerosas pelas cruzes da incompreensão e da dor. **Representando, em si, o fermento espiritual que leveda a massa do progresso e do aprimoramento,** transitam no mundo, conforme a definição de Paulo de Tarso, como se estivessem colocados pela Providência Divina nos últimos lugares da experiência humana, **à maneira de condenados a incessante sofrimento,** pois neles estão condensadas a demonstração positiva do bem para o mundo, a possibilidade de atuação para os Espíritos Superiores e a fonte de benefícios imperecíveis para a Humanidade inteira (grifos nossos).[950]

O ser se faz com o conhecimento vivenciado transformado em virtudes, as quais, por sua vez, se transmutam no amor incondicional, essência primacial do Reino de Deus em si. Eis o ser que poderá afirmar em alto e bom som: **eu sou o que penso e vivo o que falo.** O conhecimento transcendente abre janelas para perspectivas diferentes daquelas até então pensadas e vividas. Com esse novo olhar, mais cedo ou mais tarde, o ser assumirá novas posturas ante as circunstâncias que a vida lhe apresente. O caminho a percorrer poderá ser penoso e grandes os obstáculos a ele concernentes, pois, via de regra, a reincidência nas velhas posturas será inevitável, por serem condicionamentos milenares. Entretanto, a fé na Providência Divina e o anseio pela felicidade e por uma maior liberdade

---
[950] Xavier, F. C.; Emmanuel (Espírito). Apóstolos. In: *Fonte Viva.* cap. 57.

espiritual fá-lo-á seguir em frente e persistir no desiderato almejado, uma vez que esse é o seu fatal destino. As recidivas trar-lhe-ão a experiência que se converterá no aprendizado bem alicerçado. A partir daí, edificar-se-ão as novas virtudes, cuja paulatina construção sempre será um caminho aplainado para outras conquistas do Espírito. Dia virá em que todo ele vibrará na frequência do Amor Maior no pensar, no sentir e em todas as suas formas de expressão. A partir deste solene ensejo, tanto as personificações da multidimensionalidade do ser quanto as fulgurações do seu fidedigno saber se farão uma só unidade do Sumo Bem, isto é, ele falará exemplificando o que lídima e lucidamente se tornou e pensará, imprescindivelmente, aquilo que realmente é, edificando interminavelmente o seu perpétuo *devenir*.

A vida é única, um continuum infindo, e jamais tal dádiva cessará. O que ela nos oferta, ininterruptamente, são as possibilidades de torná-la mais bela e significativa em todos os instantes! Sendo uma construção ininterrupta, cabe-nos atentar para as nossas mínimas expressões, seja no sentimento, no pensamento, na atitude ou na palavra, uma vez que elas edificam o nosso futuro, que pode *vir a ser* um oásis venturoso ou um desalento torturante e aparentemente intérmino. Uma palavra impensada pode desencadear consequências desagradáveis que suscitarão inúmeros aborrecimentos e, para desfazer o mal-entendido ou superar uma situação difícil, pode levar anos, décadas, séculos ou até milênios. Cada manifestação nossa carece ser muito bem pensada, muito bem avaliada, profundamente sentida, de maneira a evitarmos dissabores que soem custar-nos muitas lágrimas. Para tanto, cumpre-nos confiar no Creador e nas leis que regem a vida em sua completude e cultivar a alegria de vive-la plenamente, ancorar a esperança em dias venturosos e cultivar a sempiterna gratidão a tudo e a todos. Em todas as circunstâncias, quem procura atentar para o seu lado melhor, com a certeza de que a Providência Divina a tudo provê e tudo gerencia, certamente pavimentará caminhos de paz, por onde seus passos jornadearão mais felizes e tranquilos, sinalizando as porvindouras e intérminas ascensões.

O Espiritismo é filosofia que transcende o inimaginável, quiçá sonda o insondável (enriquecimento intelectivo permanente), ciência experimental que decifra o indecifrável e concebe o inconcebível (fé raciocinada, discernimento consciente proativo) e é moral imanente intuitiva (espiritualidade operante, Evangelho na ação irretorquível). A filosofia busca os porquês da vida e do bem viver incoercíveis, a razão precípua do existir e o real significado da existência. Empenha-se em conhecer a completude das coisas, a essência dos seres, as circunstâncias da vida multiforme e multidimensional, a maneira coerente e harmônica de nos relacionarmos com tudo e com todos. A ciência experimenta e personifica o intangível, verifica e comprova o improvável, a fim de averiguar e testificar a Verdade libertária, a realidade essencial daquilo que a filosofia tão somente conheceu ou percebeu. Por meio da ciência, chegamos ao discernimento produtivo, ou seja, aprendemos a identificar o que é fato e o que não o é, o que é verossímil e o que não o é. A moral é o que decorre das duas maneiras anteriores de conhecer o mundo, os seres e suas relações. É o sumo desse conhecimento, pois, em decorrência dele, construímos um conjunto de saberes, aos quais chamaremos de princípios, de valores que vão reger, agora com conhecimento de causa, o nosso relacionamento com tudo o que nos rodeia, com todos os seres e circunstâncias, de uma forma construtiva, edificante e salutar, de maneira a plenificar e engrandecer todos os envolvidos no convívio. As leis morais podem ser comparadas a um óleo lubrificante das relações com os seres e as coisas. Previnem o desgaste dos envolvidos, as feridas decorrentes das asperezas do trato, a quebra da confiança e o fim das amizades. Valores como a paciência, a tolerância, a compaixão, a bondade, a humildade e o amor desinteressado, devem ser cultivados pelos que seguem os postulados espiritistas. Por meio deles, lograremos alcançar o ideal de luz interior a que a Doutrina dos Espíritos objetiva conduzir-nos.

 O Espiritismo não é falácia. Acima de tudo, é comportamento vivificante! É uma filosofia que estuda as leis que regem a Natureza (desde a origem conceptual do espírito, como matéria-prima do cosmos, à sua mais alta expressão como Espírito individualizado, a caminho de sua sempiterna angelitude), a constituição das coisas e dos seres (das origens da vida aos páramos das inefáveis esteses); uma ciência que observa os efeitos e, remontando-se às causas, discerne a morfologia e a funcionalidade intrínseca das formas e da vida em seus múltiplos aspectos e em suas intérminas complexidades (anatomia funcional das unidades constitutivas dos elementos em suas incontáveis nuances). Por fim, define-se como um código de ética e moral libertadores por excelência. Por tratar-se de leis irremovíveis e de intransferível aplicação, quando amplamente estudadas, profundamente compreendidas e diuturnamente vivenciadas, conduzem-nos ao glorioso fanal, ao Nirvana, Samadhi ou o Reino dos Céus, intitulado hodiernamente de autoiluminação, ou seja, leva-nos ao *continuum* infindo de plenitude no périplo perpétuo do irrefreável *vir a ser* (a nossa fatal destinação).

Compreende-se, por ética transcendente, um conjunto de regras definidoras do caráter irretorquível, por moral cristã, a aplicação ou a observação das normativas inerentes ao comportamento individual e coletivo, isto é, a vivência das normas de boa convivência preestabelecidas pelas máximas contidas na Boa Nova do Cristo, o Evangelho, como carta magna do cosmos, repositório de força imensurável, de vitalidade inesgotável e de vida em abundância.

Para falarmos das verdades fundamentais inerentes ao Espiritismo, não necessitamos falar especificamente de Allan Kardec, não obstante ser ele uma das mentes mais lúcidas da falange do Espírito da Verdade, pois, como ele próprio estatuiu, o Espiritismo norteou-nos com diretrizes essenciais incontestes, visto que, mediante ideias-síntese universais, estas, no futuro, expandir-se-iam naturalmente, a fim de alcançar e contemplar as massas com as luzes norteadoras do porvir venturoso. Segundo Kardec, a mensagem filosófica iluminadora, científica esclarecedora, e a moral cristianizada com os seus estímulos libertadores, propiciados pelo exemplo dos que a praticam, tocariam em todos os pontos da economia social, moral e espiritual da consciência em ascensão. Os fatos e as provas das experiências morais deveriam prestar seu contributo, espraiando as ideias libertadoras em detrimento dos rótulos retrógrados e escravizantes.

Honestidade, humildade, sinceridade e fidelidade! Eis as chaves essenciais para quem almeja lograr o êxito neste desiderato! A honestidade é o preâmbulo imprescindível à futura construção, instante solene que antecede o autoexame ante a própria consciência, em primeiro lugar. Reconhecer-se e se aceitar como é, equivale a despir-se perante a Consciência-Mater, à qual se apresenta e se dispõe ao divino labor, sem exigência, ou seja, dedica-se ao autoamor, sem egoísmo, e ao aloamor, sem condição – que o seu sim, seja sim, e que o seu não, seja não. A humildade é a base essencial para a edificação de todas as virtudes inerentes à iluminação da busca. Possibilita ao buscador o reconhecimento de suas debilidades e de suas potencialidades ético-morais-espirituais, começando por admitir que pouco ou quase nada conhece de si mesmo. A sinceridade se faz imprescindível ante a eleição das metas, consoante as intuições oriundas do Reino de Deus em si e perante as inspirações oriundas da Suprema Sabedoria ou ínsitas nela, em forma de respostas-estímulo, frente aos esforços ou apelos bem direcionados. Por fim, há o exercício da fidelidade à consciência individual e cósmica, cabendo-nos seguir, com esmero e destemor, com disciplina e honestidade, perseverança e lucidez, as lídimas e inefáveis diretrizes estatuídas e estatutárias intrínsecas ao Bem Supremo.

Esse exercício plenificador, assim levado a efeito, conduzirá à concretização exitosa de cada etapa das ações atinentes ao intento almejado, com as essências e os substratos indissociáveis do objetivo destarte alcançado.

Há que se almejar pelo menos quatro virtudes ou aptidões correlatas ao que foi exposto: **sermos mais pacíficos, mais serenos, mais saudáveis e mais felizes.** Mais pacíficos, diante da ferocidade que, porventura, venha de encontro ao nosso reto proceder. Mais serenos, ante as turbulências que a vida nos convidar a experimentar para o nosso intérmino evolver. Se soubermos desenvolver a pacificidade e a serenidade ante as possíveis agressões dos que almejam de alguma forma nos desestruturar, imunizar-nos-emos contra os petardos, atinentes às forças desequilibrantes e aos seres que as expressam. Ao invés de darmos vazão a sentimentos menos dignos, que a nossa imaturidade não logrou disciplinar, blindemo-nos contra o desequilíbrio que poderia devastar os nossos melhores esforços de melhoria interior, pois atitudes impensadas nos arrastariam mais ainda e haveriam de nos ferir, somando-se aos débitos já contraídos, caso isso ocorresse. O objetivo é sermos mais saudáveis, apesar de todos os contratempos e de todas as controvérsias peculiares à harmonia inerente a esse estado de alma. Ao optarmos pela pacificidade e pela serenidade, automaticamente construiremos corpos mais saudáveis, uma vez que essas virtudes são vias de acesso à saúde integral. Por fim, sermos mais felizes, onde quer que nos encontremos, por ser a felicidade a edificação da paz na consciência, ante a observação das diretrizes imanentes no Supremo Arquiteto e ínsitas, de modo indelével, em nossa própria consciência.

Para tanto, faz-se imprescindível uma pauta para a execução de tais quesitos indissociáveis ao enredo: confiança em plenitude, a alegria de viver, a gratidão pela vida e a esperança de dias afortunados.

Como mensuramos anteriormente, a função primordial da alegria é criar ou abrir os espaços entre os microelementos inerentes aos fluidos imponderáveis constitutivos, de modo semelhante, dos mundos subatômicos, intra-atômicos, intramoleculares, intracelulares etc., nos quais serão gestadas e treinadas as entidades infinitesimais que se disponham a assumir o papel de agentes e de guardiãs desses cenários impermanentes, mas essenciais aos cânones da evolução. Tais entidades gestoras e guardiãs, solícitas e capacitadas pelo impulso do *vir a ser*, metamorfoseiam-se em dutos catalizadores das forças e das vitalidades atinentes ao contexto em que ora experienciam, constroem e qualificam tais atributos, transformando-os em portais que canalizarão futuros elementos com semelhantes funções, os quais lhes facilitarão as estradas vindouras e as entradas vibracionais noutras esferas dimensionais.

Frente à alegria vivificante que ombreia consigo tal empreendimento, a função essencial da gratidão é a de transmutar-se em agente integrador e promotor dos elementos subordinados e admitidos no festim, esmerando-se para o êxito no tentame. A gratidão se responsabiliza pela conservação da harmonia dos elementos constitutivos dos cenários, dos personagens neles inseridos e do espetáculo por eles representado. Evidencia-se que o primado nesse enredo é, e será sempre, o compromisso profícuo de conduzi-los com segurança e de promovê-los com justeza inquestionável, tal como preceituam as máximas de Jesus: *"nenhuma das ovelhas que Meu Pai me confiou se perderá* (Mt. 18:14).*" "A cada um segundo as suas obras* (Mt. 16:27).*"*

A esperança é virtude crucial neste enredo. Sintetiza as funções de fonte patrocinadora de recursos imensuráveis e fomenta as condições por meio das quais vicejará a arte do bem viver. O nosso pensamento está em perfeita consonância com as lições imorredouras de Joanna de Ângelis: "A esperança é a significativa presença do amor, sustentando os lidadores do Bem e da Verdade e levantando os desfalecidos na luta, que devem prosseguir até a vitória total."[951] À vista disto, fornece as substâncias vivificantes, as ambiências por cujo intermédio elas se especializam e as condições, cujo objetivo é amparar os envolvidos e fornecer-lhes, simultaneamente, as instruções correlatas e a matéria-prima atinentes, objetivando o êxito da alegria e da gratidão no intento almejado. Segundo a autora, a esperança é *"a mensageira da alegria e a companheira da coragem, da fé e da caridade, sem cujo vigor aquelas perderiam a vitalidade de que se devem revestir. Por fim, enfatiza que a esperança é fundamental, porque fortalece o entusiasmo.* Jamais devemos nos esquecer de que a fé é a proeminente genitora de todas as virtudes e a mais notável orientadora dessas potências inextinguíveis no mundo racional, visto que, no universo consciencial, trata-se da intuição, como o suprassumo de tal regência. Eis o verdadeiro *tesouro que o ladrão não rouba e a traça não há de comer ou corroer.*

No ponto máximo deste projeto, intui-se e propõe-se a criação de um substrato a ser ofertado abundantemente aos improvidentes distraídos, aos desvitalizados e aos enfraquecidos na fé: o amor substância, a bioenergia, a vitalidade primordial que gera e nutre a vida em profusão, e, concomitantemente, um conteúdo a ser expressado, gerando forças-estímulo, exemplificado na ação – o amor essência, a lei que organiza e mantém a vida em todas as suas expressões –, objetivando que cada qual aprenda a caminhar com as próprias luzes.

---

[951] Franco, D. P.; Joanna de Ângelis (Espírito). A esperança. In: *Diretrizes para o êxito.* cap. 25.

Por fim, compreende-se a necessidade de um slogan emblemático: **sentir-se um privilegiado pela oportunidade de servir pelo prazer de ser útil,** isto é, fazer o máximo com o mínimo, sem esperar gratidão de quem quer que seja, nem recompensa de nenhuma espécie, tampouco aplausos em momento algum e nem reconhecimento de forma alguma. Em suma, é o exercício do amor incondicional em plenitude, por intermédio da humildade solidária (colocar-se à disposição do assistido, sem humilhar-se ou humilhá-lo na ação); a prática da esperança fraterna, pela qual nos sentiremos motivados para lograr êxito no intento (por compreender que somos um, isto é, os progressos reais de um ser moralmente conscientizado abalam as bases morais da humanidade em curso); e o hábito da gratidão espontânea autêntica (percebendo que o maior beneficiado nas circunstâncias e nos expedientes é quem, por ora, se encontra na condição de benfeitor), pois água parada se transforma em lodo e toda a energia coagulada, em dores multiformes.

Imprescindível lembrarmo-nos de que punição e premiação não estão caracterizadas na Lei de Deus, ou seja, não fazem parte do Estatuto Divino. Diuturnamente, todos os entraves desafiadores são oportunidades corretivas, revestidas de estímulos promotores. As impulsões inerentes às leis do progresso e de evolução nos absolvem das culpas e nos recompensam com as forças-estímulo que devem ser não apenas compreendidas, mas, acima de tudo, lucidamente vivenciadas, conquanto, ao indivíduo, cumpre levá-las a efeito em cada etapa ascensional. Caso contrário, será no fazer e no refazer, na ação e na recapitulação das lições pertinentes ao enredo elegido e no discernimento advindo da essência das experiências congêneres que a vida, fatalmente, conduzi-lo-á ao cume da perfeição e da felicidade relativas, pois, a elas tudo está predestinado.

Como lei de repulsão, a dor é instrumento indissociável da lei de evolução e sempre fará parte do estatuto da vida e do amadurecimento psicológico do ser em ascensão, sendo necessária enquanto o amor não viger como normativa de sua consciência. Ou seja, a dor e o arsenal de tormentos a ela inerentes o conduzirão até que o amor seja estatuído como opção única do seu existir. A todos os que objetivem o ingresso nas lides do amor sem condição, que demonstrem real interesse no seu cultivo e no esforço por lográ-lo em plenitude, a Universidade Cósmica franqueia a matrícula. Como alavanca propulsora, *"a prece é a força mais poderosa ao alcance de todas as criaturas de Deus"*[952] que anseiem caminhar com as próprias luzes, visto que "a prece emite raios de beleza eterna, condu-

---
[952] Maia, J. N.; Ayrtes (Espírito). Tua Oração. In: *Tua Casa*. cap. 50.

zindo a alma ao Manancial Divino",[953] do qual haure o de que carece, ante os objetivos elegidos e mediante os potenciais empenhados, almejando lograr o êxito pretendido. A inteligência, em suas múltiplas faces, e o sentimento, em suas inumeráveis nuances, enobrecem os esforços bem direcionados que, fatalmente, culminam em ações e, consequentemente, em realizações libertadoras.

Em suma, "na prece encontramos a produção avançada de elementos-força". Esses elementos-força, provenientes daquela força motriz "chegam da Providência em quantidade igual para todos os que se deem ao trabalho divino da intercessão, mas cada Espírito tem uma capacidade diferente para receber". Desse modo, evidencia-se que "essa capacidade é a conquista individual para o mais alto". Por fim, "como Deus socorre o homem pelo homem e atende a alma pela alma, cada um de nós somente poderá auxiliar os semelhantes e colaborar com o Senhor, com as qualidades de elevação já conquistadas na vida".[954] Por esse motivo, inquirimos: devemos fazer somente o que amamos ou amar tudo o que é imprescindível fazer, no contexto em que ora mourejamos? Eis a inalienável escolha e, consequentemente, o impostergável empreendimento que todos devemos introjetar! Conscientizemo-nos de que chegou a hora da ação, o momento de estabelecermos os critérios, a forma como se dará essa ação nobremente arquitetada e, por fim, de visualizarmos serena e amorosamente, ininterrupta e fervorosamente a ação já concretizada, da forma mais harmônica e agradável possível. Desse modo, visualizar-nos-emos como se todo o processo já tivesse sido lucidamente delineado e conscientemente aprovado, segundo o que se pretende e, consequentemente, intenções e planejamentos, arquitetura e construção, em sua completude, totalmente materializados.

Diante de tais revelações, afirmamos que todo aquele que se dispuser a transpor as leiras obstadas pela ausência do saber operante (a ignorância de si mesmo), ainda que, de início, impulsionado pela fé sem comprovação, mais tarde se sentirá ancorado pelas luzes advindas da fé raciocinada, ou seja, da convicção nascida do discernimento oriundo de profundas reflexões, como também alentado e fortalecido pela resultante do conhecimento lúcido e encarecidamente aplicado (a fé vivenciada), derivado dos substratos da inteligência e do sentimento nobremente utilizados. Mediante esse labor, logrará o êxito almejado em seu intransferível périplo evolucional, de cujo efeito dependerá a sua maturidade conscien-

---

[953] Xavier, F. C.; André Luiz (Espírito). Mensagem de André Luiz para o Grupo "Hadajed". In: *Através do Tempo*. cap. 32.
[954] Xavier, F. C.; André Luiz (Espírito). A prece de Ismália. In: *Os Mensageiros*. cap. 24.

cial. Segundo Emmanuel, "não há conhecimento sem experiência e não há experiência sem provas".[955] André Luiz acrescenta que "a fé construtiva não teme a adversidade".[956] *Evolução é tarefa individual, intransmissível*, assim nos esclarece Joanna de Ângelis. De modo que não cabe aos *Benfeitores Espirituais a execução dos compromissos dos seus pupilos*, complementa a mentora. Assim sendo, "o Espírito ascende na jornada evolutiva, assinalado pelas condecorações próprias, isto é, as cicatrizes e os suores da experiência". Por fim, enfatiza: "os Mentores Espirituais ajudam, inspiram e socorrem, mas a tarefa a cada um compete executar".[957]

Muitas criaturas poderiam ter se poupado de vivências dolorosas no decorrer dos evos caso tivessem concedido indulgência aos semelhantes, mormente àqueles com os quais conviveram mais intimamente, e tivessem consentido que agissem e se expressassem consoante o patamar de desenvolvimento físico-intelectivo, psíquico-afetivo, ético-moral e espiritual, logrado por eles até o momento daquela experiência. Poderiam ter lhes admitido até mesmo expressões de desequilíbrio; porém, jamais se permitindo desequilibrar, face às atitudes, escolhas e comportamentos alheios. Se ofensas encontram abrigo nas almas às quais são direcionadas, constata-se que nelas há ausência dos escudos vibracionais, procedentes de uma conduta irrepreensível, isto é, ainda não dispõem das forças pertinentes ao antídoto às ofensas, próprios das virtudes inerentes à arte de *bem viver* e de não se ofender.

Como mencionado alhures, "a oração é o mais forte estímulo de que a alma pode dispor para plenificar-se",[958] "é campo onde se expande a consciência e o Espírito eleva-se aos páramos da luz imarcescível do amor inefável".[959] É no oásis infindável da oração que a alma, como expressão da consciência e ser pensante que é, nutre-se desse néctar sublime ao seu dispor. Desse modo, o pensamento superior é a essência que dimana do Eu profundo, representando a própria alma, alimentando o sentimento primário. Fecundado pelo pensamento enobrecedor em vigência, o sentimento torna-se, por meio das ações nobremente vivenciadas, a substância determinante do comportamento e qualificadora de futuros pensamentos, os quais fatalmente culminarão em elementos constitutivos da essência componente das porvindouras virtudes, sendo estas as unidades edificadoras e mantenedoras da Consciência-mater (do Si profundo), da qual a alma não passa de uma diminuta fração.

---

[955] Xavier, F. C.; Emmanuel (Espírito). Nossos Problemas. In: *Alma e Coração*. cap. 53.
[956] Xavier, F. C.; Vieira, W.; André Luiz (Espírito). Avisos da Criação. In: *O Espirito da Verdade*. cap. 10.
[957] Franco, D. P.; Joanna de Ângelis (Espírito). Mentores e tarefas. In: *Espírito e Vida*. cap. 6.
[958] Franco, D. P.; Joanna de Ângelis (Espírito). Oração em ti. In: *Filho de Deus*. cap. 24.
[959] Franco, D. P.; Joanna de Ângelis (Espírito). A Psicologia da Oração. In: *Rejubila-te em Deus*. cap. 8.

A Psicologia é a ciência que estuda os processos mentais, psíquicos, emocionais e comportamentais do ser humano, a partir da análise das ações intrapessoais, das relações interpessoais e das implicações inerentes ao seu proceder e ao seu caráter ante o contexto em que moureja. Já a psicologia da oração, segundo Joanna de Ângelis, "é o vasto campo dos sentimentos que se engrandecem ao compasso das aspirações dignificadoras que dão sentido e significado à existência na Terra".[960] Portanto, faz-se imprescindível a análise minuciosa dos efeitos danosos advindos do proceder pernicioso, objetivando a compreensão, o discernimento e a transformação das causas a eles inerentes. Por conseguinte, a oração corresponde a um mergulho interno, um instrumento de sondagem das próprias jazidas, enquanto a prece é comparável a uma espaçonave por cujo intermédio se procede à exploração de outros mananciais, dos quais extraímos o de que, porventura, ainda carecermos. Enquanto a primeira percebe respostas pelos fios tenuíssimos da intuição, a segunda aufere diretrizes pelas luzes miríficas da inspiração. Pela oração, haurimos dos celeiros que já adquirimos. Pela prece, sorvemos o néctar de outras frequências, com as quais sintonizamos. Ou seja, por meio da oração supriremos as nossas deficiências, alimentando-nos das essências imanentes em nossa consciência. Permanecendo a carência, com o propósito de acessar os referenciais inerentes à construção de um porvir glorioso, servir-nos-emos da prece, a qual nos enseja as forças-estímulo, com as quais estabeleceremos o contato com outras fontes, das quais, segundo o nosso intento, absorveremos o de que ainda necessitamos.

Se almejamos progredir por meio do aprimoramento constante do já conquistado, da aquisição de valores imperecíveis, que são inerentes à consciência lúcida, assim como a transformação dos vícios (elementos que entravam o crescimento espiritual) em virtudes (unidades componentes do ser imortal), elejamos como alavanca propulsora o exercício perene do amor equânime e incondicional. Para tanto, basta-nos, tão somente, exercitar a humildade, que enseja o reconhecimento dos equívocos perpetrados; a coragem moral, que nos propicia o enfrentamento consciente da situação conflitante; e dinamizar a vontade e o pensamento, disciplinando-os e sublimando-os subsequentemente. Assim procedendo, promoveremos os entraves ao autodesenvolvimento, como a transmutação do orgulho – o pai de todos os vícios –, do egoísmo e da vaidade – seus filhos diletos –, em agentes fomentadores da iluminação e da expansão consciencial, quando transformados em parceiros inalienáveis do Espírito.

---

[960] Franco, D. P.; Joanna de Ângelis (Espírito). A Psicologia da Oração. In: *Rejubila-te em Deus*. cap. 8.

O cultivo da virtude oposta será sempre a opção segura ante a premência de promoção e de sublimação do oponente, à vista do que nos falou nosso mestre Jesus ao nos exortar a "dar a outra face". Por exemplo, a proposta de transformação e de aprimoramento do orgulho sempre será o exercício da humildade. Assim como a do egoísmo deve ser, obrigatoriamente, o altruísmo, caso almejemos o êxito em espaço de tempo relativamente curto. A fé vivenciada, mãe de todas as virtudes, a paciência, força organizadora do que se pretende, e a perseverança, agente disciplinador dos elementos envolvidos, são elementos essenciais, aliados à alegria de viver, à gratidão pela vida e à esperança de um futuro venturoso.

Pietro Ubaldi, ao estatuir que "*não se trata de somar fatos, observações e descobertas; de multiplicar as conquistas de nossa ciência; mas sim, de mudar-nos a nós mesmos*",[961] esclarece-nos com excelência e, simultaneamente, nos encoraja de maneira inequívoca, a reduzir o nosso campo de ação e de atuação. Ao invés do fastidioso percurso macrocósmico, que é a sondagem em direção oposta, explorando, quase sempre, paisagens inóspitas, acumulando o supérfluo, empreenderemos um diminuto roteiro, por meio do qual, com pouquíssimas tentativas e sondagens, na maioria das vezes, a depender do preparo, do propósito e do desejo nobremente arquitetados, lograremos o êxito pretendido. André Luiz, ao estabelecer que "todo desejo, na essência, é uma entidade tomando a forma correspondente",[962] ilustra de forma simples e sem rodeios o poder insofismável deste impulso conceptual, posto que o desejo, segundo Emmanuel, "é a alavanca de nosso sentimento, gerando a energia que consumimos, segundo a nossa vontade".[963] O desejo, como entidade (essência), agente motivador do inesgotável manancial de sentimentos que o nutrem (substâncias determinantes do comportamento), pode e deve ser melhor aparelhado, isto é, ressignificado, mediante a ação da vontade que o conduz, cabendo-lhe o mister de discipliná-lo e promovê-lo. Consoante as lídimas instruções de Joanna de Ângelis, a vontade "é uma função diretamente vinculada ao Eu profundo, do qual decorrem as várias expressões do comportamento".[964] Como serva do Eu profundo, do qual dimanam as essências promotoras das incontáveis expressões das substâncias, ao acercar-se dos seus veículos de expressão, a vontade transmuta-se em arquiteta no mundo das ideias, em agente ativa do universo da fala e em força norteadora das jazidas dos desejos. Joanna de Ângelis acrescenta:

---

[961] Ubaldi, P. Consciência e Superconsciência. Sucessão dos sistemas tridimensionais. In: *A Grande Síntese*, cap. 37.
[962] Xavier, F. C.; André Luiz (Espírito). Desejos. In: *Sinal verde*. cap. 24.
[963] Xavier, F. C.; Emmanuel (Espírito). Associação. In: *Pensamento e Vida*. cap. 8.
[964] Franco, D. P.; Joanna de Ângelis (Espírito). Atividades libertadoras: Educação e disciplina da vontade. In: *O Despertar do Espírito*. cap. 4, item 2.

"Assim sendo, o desejo de querer aprimorar-se, aprofundar realizações, atingir estados de harmonia, torna-se valioso para o exercício da vontade."[965] A vontade é força circundante e gestora da mente e, quando dela se acerca, segundo Miramez, transmuta-se *em pensamentos e em ações*, de modo que "as ideias, a fala e os desejos são criações da mente" sob o influxo da vontade. "O responsável por tudo isto é o Espírito".[966] Evidencia-se desse modo que, sem a manifestação consciente da vontade, o adequado gerenciamento do campo dos desejos e a qualificação dos pensamentos, nada realizamos. André Luiz enfatiza: "Campo de desejo, no terreno do espírito, é semelhante ao campo de cultura na gleba do mundo, na qual cada lavrador é livre na sementeira e responsável na colheita."[967] E complementa: "A mente estuda, arquiteta, determina e materializa os desejos que lhe são peculiares na matéria que a circunda, e essa matéria que lhe plasma os impulsos é sempre formada por vidas inferiores inumeráveis, em processo evolutivo, nos quadros do Universo sem fim."[968] Ante as possibilidades imensuráveis e dos inúmeros potenciais em vigência, das probabilidades sem conta e das forças inefáveis dispostas à concretização das metas preestabelecidas, Joanna de Ângelis vai além e elucida: "Considere-se como elementos essenciais para o desenvolvimento do ato volitivo alguns fatores essenciais, tais como o desejo real de querer, a persistência na execução do programa que seja estabelecido e o objetivo a alcançar."[969] *Agir com ordem*, prossegue a autora, "e ter consciência de que a vida é uma ação que não cessa, significa um avançado passo no caminho da evolução".[970] Por fim, sintetiza: "À medida que vão sendo liberados os sentimentos perturbadores e negativos que se encontram em repressão, os desejos de afetividade, de expressão, de harmonia, manifestam-se, direcionando-o para valiosas conquistas."[971] O efeito exitoso do desejo empenhado e dos valores investidos depende, essencialmente, do perfeito entrelaçamento desses potenciais inerentes ao ser pensante, cujo resultado será proporcional ao conhecimento, ao discernimento e à consonância dessa força-conjunta ante as leis que permeiam cada elemento integrante do contexto e normatizam a harmonia e a promoção do conjunto.

---

[965] Franco, D. P.; Joanna de Ângelis (Espírito). Atividades libertadoras: Educação e disciplina da vontade. In: *O Despertar do Espírito*. cap. 4, item 2.
[966] Maia, J. N.; Miramez (Espírito). Colhendo na Vida. In: *Força Soberana*. cap. 17.
[967] Xavier, F. C.; André Luiz (Espírito). Desejos. In: *Sinal verde*. cap. 24.
[968] Xavier, F. C.; André Luiz (Espírito). Quadro doloroso. In: *Libertação*. cap. 7.
[969] Franco, D. P.; Joanna de Ângelis (Espírito). Atividades libertadoras: Educação e disciplina da vontade. In: *O Despertar do Espírito*. cap. 4, item 2.
[970] Franco, D. P.; Joanna de Ângelis (Espírito). A vida é uma ação que não cessa. In: *Vida Feliz*. cap. 85.
[971] Franco, D. P.; Joanna de Ângelis (Espírito). Queda e ascensão psicológica: *Autoafirmação*. In: *Amor, imbatível amor*. cap. 8.

Mediante as lúcidas e incontestes elucidações de Manoel P. Miranda:

> **Ninguém reencarna para sofrer, para ser infeliz.**
> A reencarnação tem por meta primacial desenvolver os valores íntimos que dormem no ser ou ampliá-los, exercitando-os nos caminhos da evolução.
> **As Leis Soberanas estabelecem a reparação do erro, não a punição do equivocado, porque em tudo e em todo lugar o amor de Deus tem prevalência, e todo o bem, toda ação meritória que alguém pratica, diminui-lhe o débito, ajuda-o a recuperar-se perante a Consciência Cósmica e socorre aquele a quem haja prejudicado.**
> A Lei de Sintonia, desse modo, une os que são afins, propondo elevação para melhor e maior identificação com Jesus e o Pai (grifos nossos).[972]
> Cada ser vive com a consciência que estrutura.
> **De acordo com os seus códigos, impressos em profundidade na consciência, recolhe as ressonâncias como experiências reparadoras ou propiciatórias de libertação.**
> Há, em nome do amor, casos de aparentes expiações – seres mutilados, surdos-mudos, cegos e paralisados, hansenianos e aidéticos, entre outros, que escolheram essas situações para lecionarem coragem e conforto moral aos enfraquecidos na luta e desolados na redenção.
> Jesus, que nunca agiu incorretamente, é o exemplo máximo (grifo nosso).[973]
> É certo que o Espírito renasce onde se lhe toma melhor para o processo da evolução. Como, todavia, **ninguém vem à Terra para sofrer, senão para reparar, adquirir novas experiências, desenvolver aptidões, crescer interiormente,** todos esses empecilhos que defronta fazem parte da sua proposta de educação, devendo equipar-se de valores e de discernimento para superá-los e, livre de toda constrição restritiva à sua liberdade, avançar com desembaraço na busca da sua afirmação plenificadora (grifo nosso).[974]

Fundamentados nas lúcidas inferências de André Luiz, alicerçamos e construímos a plena convicção de que "Deus é Amor e não pune criatura alguma" e de que "o Bem Eterno é a Lei Suprema".[975] E que bênção, segundo as luzes de Ramatis, "significa beneplácito, favor divino – trabalho produtivo no bem".[976] Cônscia de suas fidedignas perquirições, Joanna de Ângelis sintetiza: "O Poder Supremo criou a vida como bênção e o ser para fruí-la. Nas Leis Soberanas não existe um só item punitivo ou

---

[972] Franco, D. P.; Miranda, Manoel P. de (Espírito). Ciladas espirituais. In: *Mediunidade: Desafios e Bênçãos.* cap. 16.
[973] Franco, D. P.; Joanna de Ângelis (Espírito). Cessação do sofrimento. In: *Plenitude.* cap. 4.
[974] Franco, D. P.; Joanna de Ângelis (Espírito). Significado do ser existencial: Conflitos pessoais. In: *Vida: Desafios e Soluções.* cap. 2, item 2.
[975] Xavier. F. C.; André Luiz (Espírito). Pensar. In: *Respostas da Vida.* cap. 23.
[976] Marques, América Paoliello.; Ramatís (Espírito). Herança espiritual. In: *Brasil, Terra de promissão.* 2ª parte, cap. 1.

gerador de violência, tudo contribuindo para a harmonia geral, inclusive as ocorrências que parecem desconcertantes."[977] Assim sendo, não nos é lícito praticar a autopunição, tampouco alimentar a autoculpa, posto que, em essência, somos imagem e semelhança do Autor da Vida. Desse modo, prossegue a autora: "iniludivelmente, o ser, na sua estrutura real, é psiquismo puro, com imensos cabedais de possibilidades".[978] *O renascimento na carne*, conclui a veneranda mentora, "é a reconciliação do Espírito consigo mesmo, facultando-se ensejo novo para aprender e para viver melhor".[979] Isto é, "o ser humano está destinado à sublimação de si mesmo".[980] Destarte, compreendemos que, neste eterno *ir e vir*, o mínimo que podemos e devemos apreender para alcançarmos o justo discernimento em nossas incontáveis andanças é a sublime lição de como não realizar determinada tarefa ou de experienciar várias fórmulas que não dão certo, para auferirmos os êxitos pretendidos com mais segurança nas etapas porvindouras.

Neste grandioso aprendizado, percebemos o quanto a "intenção" que nos move é importante ao nos manifestarmos ou ao nos expressarmos. Rememorando Allan Kardec, a forma de manifestação (ou de expressão) de que ora nos utilizamos tem pouca ou quase nenhuma importância, posto que o pensamento que carreia a essência e a substância que suprirão as reais necessidades daquele que intenta algo realizar é, de fato, o que merece total atenção, pois a intenção realmente diz tudo sobre a nossa realidade interior. Do mesmo modo, a forma *"como vibramos"* ao nos expressar, em toda e qualquer circunstância ou situação, também vai fazer a diferença, posto que a vibração se constitui da soma dos nossos sentimentos, das nossas emoções e das forças que almejamos construir e promover. Esses elementos são os principais responsáveis pela qualificação dos pensamentos, ou seja, é a frequência vibracional com que envolvemos as nossas ideações (o modo como aureolamos as atitudes concernentes ou as expressões consequentes) que vai deliberar a qualidade dessas criações e definir a sua destinação e o destino de quem as expressa.

São inúmeras as formas de expressão (ou de manifestação) que carreiam as nossas vibrações e sumarizam as do entorno, atingindo ou não o alvo a que se dirigem, consoante o seu estado vibracional, pois des-

---

[977] Franco, D. P.; Joanna de Ângelis (Espírito). Conteúdos perturbadores: A raiva. In: *Autodescobrimento:* Uma busca interior. cap. 10, item 1.
[978] Franco, D. P.; Joanna de Ângelis (Espírito). Triunfo sobre o Ego: Libertação pessoal. In: *Autodescobrimento:* Uma busca interior. cap. 12, item 3.
[979] Franco, D. P.; Joanna de Ângelis (Espírito). Renascimento. In: *Nascente de Bênçãos.* cap. 3.
[980] Franco, D. P.; Joanna de Ângelis (Espírito). Libertação pelo amor. In: *Fonte de Luz.* cap. 13.

se estado vibracional vai depender se ele, o alvo, será ou não receptáculo daquelas, beneficiando-se ou prejudicando-se. Consoante a qualidade da vibração emitida, a palavra (verbalizada ou não), como também a escrita, a expressão facial, um gesto, um olhar, um sorriso, um toque ou mesmo a visualização mental de um desejo, cria-se o conector vibracional condizente. Todas as nossas expressões retratam a nossa realidade vibracional e dizem muito, tanto do nosso proceder íntimo, como do nosso proceder na vida de relação. Daí o extremo cuidado que nos compete envidar em todas as nossas expressões ou manifestações hodiernas, uma vez que as expressões pretéritas culminaram no patrimônio ora em vigência e, fatalmente, as expressões que predominarem em nosso atual cenário de atuação comporão, com inegável fidelidade, o nosso glorioso ou insidioso porvir.

Somente quando aceitarmos caminhar, atendendo ao convite do amor, submissos às diretrizes do buril das provas redentoras, evitaremos o desconforto e, por vezes, o tormentoso e esfogueante labirinto do cadinho da dor, resultante de energias malbaratadas, estagnadas ou congestionadas, por faltar-lhes a condução e a movimentação convenientes, num acúmulo sem proveito.

É imprescindível nos lembrarmos de que **doença é o equilíbrio das energias que desejamos promover ou a libertação das forças que não estamos sabendo conduzir** (disse-nos Jesus: *"Quem não é comigo é contra mim; e quem comigo não se ajunta, espalha* (Lc. 11:13 e Mt. 12:30).*"* Por nossa vez, o que podemos e devemos dizer às mais renitentes e refratárias personificações que nos permeiam, valendo-nos da firmeza e da serenidade que nos é peculiar: "Por agora não temos trabalho para vocês. Quando decidirem laborar em harmonia com as leis que nos regem e com a vida que nos constitui a individualidade, nós as receberemos com profundo amor e equivalente humildade". Pois, segundo Léon Denis: "As vibrações de nossos pensamentos, de nossas palavras, renovando-se em sentido uniforme, expulsam de nosso invólucro os elementos que não podem vibrar em harmonia com elas; atraem elementos similares que acentuam as tendências do ser."[981] Por essa razão, a parte mais sutil dos nossos átomos só permanece em nosso universo, se estivermos harmonizados com as leis Universais. De igual modo, a porção mais densa das energias, inerentes à nossa maquinaria psicobiofísica, ao toque do buril modelador ou ante as altas temperaturas do cadinho purificador, sofre as transforma-

---

[981] Denis, L. As potências da alma: A disciplina do pensamento e a reforma do caráter. In: *O Problema o Ser, do Destino e da Dor*. 3ª parte. cap. 24.

ções e metamorfoses necessárias, por meio das quais se aformoseia, bem como pelos pensamentos, sentimentos, palavras e ações que se ajustam à Lei de Amor, Justiça e Caridade, em sua maior pureza. Por outro lado, os elétrons e os fótons, componentes mais sutis dos átomos, obedecem somente à Lei Divina e, se nós não nos conformarmos à Lei, perderemos o ensejo de preservá-los em nossas moléculas, células, tecidos, órgãos etc. Dessa forma, se nos mantivermos desajustados com a Lei Suprema, o nosso corpo principiará a desintegração e surgirá a doença (por negligência e desrespeito às leis), podendo atingir o periespírito e, consequentemente, propagando-se desde o campo mais denso dos nossos veículos de manifestação aos mais sutis, o que implicaria em transportar a enfermidade de uma encarnação para outra. Em contrapartida, o comportamento inverso, fomentador da autoiluminação, promove a saúde integral, mediante a fidelidade à causa do Bem Supremo e à perene observação das diretrizes inamovíveis da Lei de Amor.

Conforme as lídimas diretivas em torno da temática em foco, testificamos que "o amor é de essência divina. Desde o maior até o menor, todos vós possuís, no fundo do coração, a chama desse fogo sagrado" (Félenon – São Paulo Petit: *ESE*. Cap. 11, item, 9). Aprofundando um tanto mais as nossas perquirições, constatamos que "antes do amor não existia a Criação",[982] tal como a concebemos. À vista disto, indo além do já averiguado, vê-se neste fogo sagrado, "o prolongamento do Psiquismo Divino, a tudo sustentando e promovendo",[983] por ser ele o elemento que "gera e sustenta a vida em todas as suas expressões".[984] Em suma, "o amor possui dimensão infinita. Quanto mais se distende, mais espaço adquire para crescer. Quando o ser está preenchido pelo amor, nada de mau o atinge, perturbação alguma o desequilibra, porque não há espaço vazio para a desdita nem para o aborrecimento".[985] Por este motivo: Quando as criaturas descobrirem o poder do amor, jamais experimentarão desânimo ou sofrimento, porque identificarão em cada acontecimento uma necessidade inerente ao processo iluminativo, retirando a melhor parte da experiência com que se enriquecerá de paz."[986] A esta altura, não mais necessitaremos *"da dor para alcançar as metas pretendidas, pois o amor nos constituirá a razão única de nosso existir, pois encontrar-nos-emos em perfeita sintonia e em harmônica sincronia com o pensamento divino que nos atrairá cada vez com mais vigor para a meta final"* (grifo nos-

---

[982] Franco, D. P.; Fabiano de Cristo (Espírito). A caridade e o amor. In: *Compromissos de Amor*. cap.21.
[983] Franco, D. P.; Joanna de Ângelis (Espírito). Amor, justiça e caridade. In: *No Rumo da Felicidade*. cap. 23.
[984] Franco, D. P.; Joanna de Ângelis (Espírito). Origens do Sofrimento. In: *Plenitude*. cap. 3.
[985] Franco, D. P.; Joanna de Ângelis (Espírito). Amor e compaixão. In: *Garimpo de Amor*. cap. 5.
[986] Franco, D. P.; Joanna de Ângelis (Espírito). A Força do Amor. In: *Tesouros libertadores*. cap. 20.

so).⁹⁸⁷ Em síntese: com o conhecimento nobremente auferido, em plena atividade na mente ativa e em lídima consonância com as leis, de posse dos suprimentos imprescindíveis ao alcance de nossas mãos e com as virtudes no coração, tudo podemos naquele que nos fortalece incomensuravelmente.

Ainda segundo a venerável mártir do cristianismo, fiel e incansável obreira na propagação da Boa Nova de Jesus, o Cristo de Deus:

> **O amor é substância criadora e mantenedora do Universo,** constituído por essência divina.
>
> Mais se agiganta, na razão que mais se doa. Fixa-se com mais poder, quanto mais se irradia.
>
> Nunca perece, porque não se entibia nem se enfraquece, **desde que sua força reside no ato mesmo de doar-se, de tornar-se vida.**
>
> Assim como o ar é indispensável para a existência orgânica, **o amor é o oxigênio para a alma, sem o qual a mesma se enfraquece e perde o sentido de viver.**
>
> **É imbatível, porque sempre triunfa sobre todas as vicissitudes e ciladas.** Quando aparente – de caráter sensualista, que busca apenas o prazer imediato – se debilita e se envenena, ou se entorpece, dando lugar à frustração.
>
> Quando real, estruturado e maduro – que espera, estimula, renova – não se satura, é sempre novo e ideal, harmônico, sem altibaixos emocionais. **Une as pessoas, porque reúne as almas, identifica-as no prazer geral da fraternidade, alimenta o corpo e dulcifica o eu profundo.**
>
> O prazer legítimo decorre do amor pleno, gerador da felicidade, enquanto o comum é devorador de energia e de formação angustiante.
>
> O amor atravessa diferentes fases: o infantil, que tem caráter possessivo, o juvenil, que se expressa pela insegurança, **o maduro, pacificador, que se entrega sem reservas e faz-se plenificador.**
>
> A confiança, suave-doce e tranquila, a alegria natural e sem alarde, a exteriorização do bem que se pode e se deve executar, a compaixão dinâmica, a não-posse, não-dependência, não-exigência, são benesses do amor pleno, pacificador, imorredouro.
>
> Mesmo que se modifiquem os quadros existenciais, que se alterem as manifestações da afetividade do ser amado, o amor permanece libertador, confiante, indestrutível.
>
> **Nunca se impõe, porque é espontâneo como a própria vida e irradia-se mimetizando, contagiando de júbilos e de paz.**
>
> Expande-se como um perfume que impregna, agradável, suavemente, porque não é agressivo nem embriagador ou apaixonado...
>
> **O amor não se apega, não sofre a falta, mas frui sempre, porque vive no íntimo do ser e não das gratificações que o amado oferece.**
>
> O amor deve ser sempre o ponto de partida de todas as aspirações e a etapa final de todos os anelos humanos.

---

⁹⁸⁷ Franco, D. P.; Joanna de Ângelis (Espírito). Caminhos para a Cessação do Sofrimento. In: *Plenitude* cap. 5.

> O clímax do amor se encontra naquele sentimento que Jesus ofereceu à Humanidade e prossegue doando, na Sua condição de Amante não amado (grifos nossos).⁹⁸⁸

Cientes de que o amor é a alma da vida e de que a alma em si só se nutre de amor, e de que esse fogo sagrado resplandece no imo do ser manifestado aguardando tão somente o ensejo para transmutar-se em pensamentos, em ideias, em palavras e em ações e, conscientes de que, de modo símile, os pensamentos originários dos instintos que foram sublimados no transcurso dos milênios, bem como aqueloutros que fulguram e, subsequentemente, emergem do âmago dos desejos primários e se consubstanciam ou personificam-se nos sentimentos transcendentes, fatal e irrefreavelmente, culminarão nas frações constitutivas do amor perene que cintila como lei nos céus da consciência. Assim sendo, consoante as lídimas instruções de Joanna de Ângelis, "o pensamento é força viva e atuante, porque procede da mente que tem a sua sede no ser espiritual, sendo, portanto, a exteriorização da Entidade eterna".⁹⁸⁹ À vista de inconteste realidade e mediante o nosso real interesse na pauta previamente estabelecida, sorveremos, nas entrelinhas das magnificentes diretivas da veneranda mentora, as indispensáveis normativas, tanto para nos auto-observarmos quanto para nos fortalecermos sobremaneira e eminentemente, pois "noto que **os meus sentimentos sobem do coração para o cérebro,** à maneira das águas de um manancial profundo ao jorro da fonte..." Consequentemente, "na cabeça, **observo que as emoções se transfiguram em pensamentos** que me escorrem imediatamente para os lábios em forma de palavras, a partirem de mim, quais as correntes líquidas que se estendem, para além do nascedouro, terra avante..." (grifos nossos).⁹⁹⁰ Ante a evidente confluência das ideias síntese, urge compreendermos e discernirmos, profunda e abalizadamente, que "a prece nasce das fontes da alma, na feição de simples desejo, que emerge do sentimento para o cérebro, transformando-se em pensamento que é a força de atração".⁹⁹¹ Contiguamente, "a atração se faz amor" e o amor faz-se "a lei de atração para a matéria inorgânica".

Em consonância com já dito, André Luiz sintetiza: "Todo desejo, na essência, é uma entidade tomando a forma correspondente."⁹⁹² Diante

---

⁹⁸⁸ Franco, D. P.; Joanna de Ângelis (Espírito). Amor, imbatível amor: Introdução. In: *Amor, imbatível amor.* cap. 1.
⁹⁸⁹ Franco, D. P.; Joanna de Ângelis (Espírito). Vida: desafios e soluções: O pensamento bem direcionado. In: *Vida:* Desafios e Soluções. cap. 11, item 3.
⁹⁹⁰ *Franco, D. P.; Joanna de Ângelis (Espírito). Prefácio. In: O amor como solução.*
⁹⁹¹ Xavier. F. C.; Emmanuel (Espírito). Orar. In: *Taça de Luz.* cap. 17.
⁹⁹² Xavier, F. C.; André Luiz (Espírito). Desejos. In: *Sinal verde.* cap. 24.

desse grandioso ensejo, com Emmanuel concebemos que os desejos são alavancas que movem os sentimentos que transfiguram-se em pensamentos, assim como a oração nasce na feição de simples desejos, originários dos sentimentos que se transmutam em pensamentos, a força de atração. Corroborando as ideias convergentes, Léon Denis poetiza: "As manifestações mais elevadas de energia confinam com a inteligência. A força se transforma em atração; **a atração se faz amor**" (grifo nosso).[993] Corroborando a tese em foco, Joanna de Ângelis profetiza: "Antes do amor não existia a Criação, porque, exteriorizando-se de Deus, gerou-se o Universo."[994] Logo concluímos que "o amor, sintetizando todas as necessidades do ser e da vida, preenche-os, por ser o prolongamento do Psiquismo Divino, a tudo sustentando e promovendo".[995] Com a lucidez e espertize que lhes são próprias, Allan Kardec finaliza o breve introito: "Amai-vos uns aos outros, eis toda a Lei. Lei divina pela qual Deus governa os mundos. O amor é a lei de atração para os seres vivos e organizados; **a atração é a lei de amor para a matéria inorgânica**" (888a*LE* – grifo nosso).

Rememorando as ideias sintetizadas com André Luiz, testificamos que os desejos são entidades tomando as formas correspondentes. Por conseguinte, extraímos, das sublimes diretivas de Emmanuel, que a oração é força e a ação é serviço, posto que a oração é oriunda dos desejos que nascem da vontade e se transformam em pensamentos, a força de atração, ou seja, o pensamento, não é outro senão a capacidade criativa do Espírito em ação. Subsequentemente, com Joanna de Ângelis, vemos os sentimentos transfigurar-se em pensamentos e estes em palavras a resplandecerem pelos lábios, infundindo consolação e vida ou perturbação e morte, dependendo de sua frequência e de seu teor vibracional. Não por acaso, Léon Denis estabelecera que as manifestações mais elevadas de energia se coadunam com a inteligência, e, no ápice da vontade lucidamente estatuída, a força convergente se transforma em atração e esta personifica-se como amor que, segundo as lúcidas instruções de Allan Kardec, a atração torna-se a lei de amor para a matéria primária em perpétua e incoercível ascensão. Assim, o amor é a força-síntese que se transmuta no oásis da vitalidade gestatória e em palavras diretivas, na razão proativa e em ação produtiva no périplo infindável do progresso material e nas leiras sempiternas da evolução espiritual, coadjuvados pela Verdade libertária que ilumina o caminho e pelo amor equânime e incondicional que plenifica o caminheiro em sua intransferível e irrefreável ascensão.

---

[993] Denis, L. Unidade substancial do Universo. In: *O Grande Enigma*. 1ª parte. cap. 2.
[994] Franco, D. P.; Fabiano de Cristo (Espírito). A caridade e o amor. In: *Compromissos de Amor*. cap.21.
[995] Franco, D. P.; Joanna de Ângelis (Espírito). Amor, justiça e caridade. In: *No Rumo da Felicidade*. cap. 23.

Parafraseando Joanna de Ângelis e Carlos Torres Pastorino, resumimos: se o amor é o prolongamento do Psiquismo Divino e antes dele não existia a Criação, concluímos que ele foi forjado a partir da reunificação e da transdução das mônadas primaciais recém natas desse psiquismo, personificadas em unidades cada vez mais amplas e mais bem qualificadas segundo os fins aos quais se destinam, logo intuímos com relativa facilidade que, à feição de fonte inesgotável em jorro inestancável, constatamos que o psiquismo divino flui, incoercível e permanentemente, por nosso intermédio. À vista de iniludível e inegável verdade, como cocriadores em irrefreável evolver, Deus nos sustenta e sempre nos sustentará em todos os instantes e estágios de nossas vidas, com Sua inefável e perene vitalidade, assim como nos conduz e fatalmente nos conduzirá por meio de Sua perfeita, indelével e infalível Lei, pois Ele está inteiro dentro da mais ínfima e insipiente até a mais vasta e elevada expressão consciencial. Ante inconteste realidade salientamos que há um fluxo e refluxo de forças e de vitalidades que nos percorrem o ser e nos impulsionam ao intransmissível e improcrastinável prosseguimento – para a frente e para o alto, pois, tal é a Lei. Consequentemente cônscios, impassível e inexoravelmente anuímos que de nós depende, tão somente, coordenarmos os movimentos e elegermos, prévia e sabiamente, as metas ascensionais subsequentes para avançarmos, impávida e fervorosamente, rumo ao tão almejado êxtase nirvânico intrínseco às leiras sempiternas do imensurável devenir, conjunto a imperecível e sempiterna Unidade que a tudo integra e a todos promovem perpetuamente.

Ainda uma vez, repetimos: por intermédio do auto e do aloamor, nada nos será impossível! Ou seja, se objetivarmos o bem de todos, tudo sempre nos será possível, conforme crermos lucidamente e amarmos incondicionalmente a completude da Obra e, subsecutiva e indissociavelmente, o Magnânimo e Sempiterno Autor. À vista de inamovível diretriz, os nossos mais nobres sentimentos, sempre subirão para o âmago do crisol qualificador do cérebro espiritual, à semelhança de alguém que deseja ser fecundado por algo superior. Assim, quando as emoções superiores se transubstanciarem em sentimentos mais bem estruturados, por sua vez, terão o condão de fecundar as porvindouras ideias, assim como as palavras que se personificarão nas magnificentes realidades libertárias.

A partir destes estágios superiores subsequentes, percebemos facilmente que "serenidade traduz sintonia com o dever. Alegria revela quitação com a consciência. Otimismo representa confiança robusta na vitória final. São eles consequências naturais a falarem dos exercícios mentais sadios que lhe empolgam a vida íntima".⁹⁹⁶ Diante do exposto, carecemos de criar hábitos mentais mais bem elaborados ao proceder aos exercícios de autoafirmação e de sublimação das frequências e das vibrações dissonantes, assim ativaremos a disposição de reprogramarmos a nossa realidade psicobiofísica, moral e espiritual, objetivando a edificação da paz íntima e o consequente refino da sensibilidade intuitiva/inspirativa na conquista do infinito.

Segundo as legítimas afirmações de Joanna de Ângelis: "O homem sábio vê em cada acontecimento da sua vida um convite ou uma advertência, uma conquista ou uma lição que mais o enriquece de experiência."⁹⁹⁷ Assim, só não erra quem não se arrisca (o que por si já incorre no erro da inepta estagnação) e só não se arrisca quem desconhece as possibilidades e as normativas condizentes ao acerto pretendido. De modo que o erro, por si só, se traduz nos embriões dos futuros e mais lúcidos aprendizados. Por conseguinte, basta-nos tão somente eleger as metas especificadas, coordenar a marcha estabelecida e avançar solene e intimorato rumo ao alvo que se pretende atingir ou ao êxito que se almeja lograr. O tempo urge, a necessidade bate à nossa porta, o instante é agora; empunhemos a charrua e lancemos as melhores sementes dentre as nobremente auferidas.

Ante as lúcidas quão justas advertências do venerando Espírito, faz-se imprescindível lembrarmo-nos de que: "Quando o homem se resolve por modificar a conduta moral para melhor, parece defrontar uma conspiração geral contra os seus propósitos de enobrecimento. Tudo se altera e desgoverna. As mínimas coisas fazem-se complicadas, e o ritmo dos acontecimentos, por algum tempo, muda para pior."⁹⁹⁸ Por este motivo, *esse estado momentâneo, de aparentes perturbações, via de regra, leva o candidato à reforma íntima a retroceder, a desistir, por faltar-lhe o conhecimento devido e os valores morais a serem empenhados no comenos. No entanto, é natural que assim aconteça, pois toda a transferência de um estado consciencial menos feliz para outro mais divinizante modifica, inevitavelmente, o habitual. Dessarte, é lícito e lógico imaginarmos que, na área das ações morais, naturalmente, a reação é maior, porquanto se penetra nas raízes do mal para extirpá-lo, a fim de dar surgimento a novos e equilibrados costumes. Por essa razão, jamais abandonemos os nossos intentos de moralidade e de crescimento interiores, em razão das primeiras dificuldades a enfrentar.* É por este motivo que "Deus cerca os passos do sábio, com as expressões da ignorância, a fim de que a sombra

---

⁹⁹⁶ Franco, D. P.; Marco Prisco (Espírito). Eles o apresentam. In: *Legado Kardequiano*. cap. 47.
⁹⁹⁷ Franco, D. P.; Joanna de Ângelis (Espírito). Roteiros Inesperados. In: *Luz da Esperança*. cap. 21.
⁹⁹⁸ Franco, D. P.; Joanna de Ângelis (Espírito). Reforma íntima. In: *Vida Feliz*. cap. 159.

receba luz e para que essa mesma luz seja glorificada!"⁹⁹⁹ Por fim, se um pensamento bem arquitetado nos conecta com todas as nossas vivências correlacionadas e, simultaneamente, com todos os seres que se nos assemelham dentro de um mundo consciencial e multidimensional que é, e, subsecutivamente, com todos os seres em todos os mundos de análogo jaez, calcule a força de um só pensamento sabiamente dirigido e nobremente qualificado pelo Bem Supremo! Fato é que os nossos pensamentos vasculham, completa e minuciosamente, todos os matizes e todas as nuances peculiares a todos os elementos constitutivos de nossos corpos, deixando por onde passam os resíduos das trevas da ignorância e da ausência do bem ou a essência imarcescível da verdade, do amor e da luz da sabedoria incontestes, assim como estabelecem infindos conúbios com os seres multidimensionais em todos os reinos dentro de um mundo e, consecutiva e inegavelmente, nos vinculam e nos entrelaçam com as complexidades energéticas e vibracionais ressonantes, inerentes aos estados conscienciais característicos e pertencentes a todos os seres de todos os mundos intrínsecos e jungidos à Suprema e Sempiterna Sabedoria.

Testificamos, na essência da resposta à questão 258*LE*, que, agraciados pelos benefícios da livre escolha, somos nós que elegemos o gênero de provas pelas quais queremos passar no proscênio terrestre. Nas entrelinhas da questão 558*LE*, confirmamos que tais provas se revestem de um duplo objetivo, isto é, além de propor o nosso intransferível e impostergável aperfeiçoamento individual, quando encarnados, enseja que contribuamos, sobremaneira, para a manutenção da harmonia do universo, ao executarmos os desígnios de Deus, como Seus fiéis e operosos ministros.

Dissemos alhures que ninguém consegue elaborar, arquitetar e expressar o mais discreto pensamento, sem antes interagir com incontáveis dimensões e, no seio delas, com incomensuráveis seres multidimensionais. Subsecutivamente, tampouco conseguirá interagir com quem quer que seja sem permutar inenarráveis essências e as inúmeras substâncias que os constituem. De modo semelhante, ser algum jamais procederá ao seu evolver sem a vida de relação, por intermédio da qual exercitará diuturnamente a solidariedade e a fraternidade universais. A vida de relação nos demonstra que somos Um no Tudo-Uno-Deus, oportunizando o auxílio mútuo que deve vicejar nas incessantes permutas afetivas e nas inevitáveis parcerias inerentes à Sua inconteste variedade.

Joanna de Ângelis estabelece que "ninguém poderá atingir o êxito pessoal e a tranquilidade espiritual evitando o convívio do próximo. O

---
⁹⁹⁹ Xavier, F. C.; Emmanuel (Espírito). Meninos espirituais. In: *Caminho, Verdade e Vida*. cap. 51.

aparente logro não passa de engano grave que logo cede lugar ao conflito pessoal", pois, inequivocamente, "a vida existe em todas as expressões para a harmonia cósmica".[1000] Assim, ser um com a variedade e uno com a Unidade, eis o sublime fanal. Fato é que "só alcança o perfeito equilíbrio e o sustenta quem se propõe trabalhar a benefício de todos, aperfeiçoando o processo evolutivo e dinamizando o progresso planetário" (*O Despertar da Consciência, do átomo ao anjo*, p. 38). Em razão disso, "*A mecânica do desenvolvimento espiritual e moral* do espírito é a do amor, que se esclarece iluminando-se pelo conhecimento e pelas experiências durante a esteira das reencarnações".[1001] A encarnação não se configura num instrumento punitivo nem tampouco num privilégio sem proveito, mas, sim, traduz-se numa lei inamovível no seio da Natureza, por intermédio da qual a Lei de Justiça, Amor e Caridade se expressa em sua maior pureza, assim como o Espiritismo – *o Ensino Universal dos Espíritos* –, não se trata de um código indecifrável, mas, inapelavelmente, uma imarcescível lei natural que rege aquela.

À vista disso, "todos os Espíritos que se vestem e revestem a roupagem da carne, trazem como estigma, na conjunção do corpo, marcas vivas dos compromissos assumidos, de modo a aflorarem na consciência ativa, para forçar a lembrança, ainda que indireta, no silêncio da própria vida".[1002] Corroborando a tese em foco, Miramez acrescenta: "A consciência ativa de que falamos é a mente que domina e usa a razão para decidir o que fazer. Ela é a fração da Mente Maior, encolhida dentro d'alma, com todas as experiências colhidas pelo Espírito.[1003] Eis porque não há como alegar ignorância, pois "a fé é o sentimento que nasce com o homem sobre o seu destino futuro. É a consciência que ele tem das suas imensas capacidades, cujo gérmen foi nele depositado, a princípio adormecido, e que lhe cumpre, no tempo, fazer germinar e crescer por força de sua vontade ativa".[1004] De modo que, se sabe o que fazer, como fazer e quando realizar, não podemos dizer o mesmo da personalidade atuante no proscênio onde moureja, pois, se o Espírito é a soma de todas as suas vivências, a personalidade é apenas o que sumariou na atual configuração.

Com a serenidade e a lucidez que lhe são peculiares, Joanna de Ângelis, com excelsa sabedoria, estatui:: "Renasceste para construir o mundo melhor. Desarma-te em relação aos agressores, aos sofredores, aos trânsfugas do dever, e ama-os."[1005] Ante inegável e indelével verdade, ine-

---

[1000] Franco, D. P.; Joanna de Ângelis (Espírito). Equanimidade. In: *Iluminação Interior*. cap. 5.
[1001] Franco, D. P.; Joanna de Ângelis (Espírito). Compaixão e vida. In: *Jesus e Vida*. cap. 2.
[1002] Maia, J. N.; Bezerra de Menezes (Espírito). Empenho da luz. In: *Páginas Esparsas*. V.2. cap. 38.
[1003] Maia, J. N.; Miramez (Espírito). A consciência ativa. In: *Força Soberana*. cap. 9.
[1004] Kardec, A.; Um espírito protetor (Espírito). A fé divina e a fé humana. In: *O Evangelho Segundo o Espiritismo*. cap. 19, item 12.
[1005] Franco, D. P.; Joanna de Ângelis (Espírito). Rumo perdido. In: *Rejubila-te em Deus*. cap. 3.

quívoca e inapelavelmente, "renasceste para transformar lágrimas em sorrisos, para socorrer os infelizes de todo porte onde quer que se encontrem, para modificar as paisagens tristes e enfermiças em santuários de ternura e de beleza".[1006] Por esse inconteste motivo, "todos nascem ou renascem nos núcleos familiares e sociais de que necessitam para aprimorar-se, e não conforme se assevera tradicionalmente: que *merecem*".[1007] "Desse modo, ninguém renasce no mundo físico para sofrer, senão para reeducar-se, para recuperar-se dos delitos infelizes, para crescer na direção de Deus".[1008] Em suma, o verdadeiro objetivo da encarnação, diante do real significado da existência, foi assim definido pela nobre mentora: "O renascimento na carne é a reconciliação do Espírito consigo mesmo, facultando-se ensejo novo para aprender e para viver melhor."[1009] Mais uma vez, retomamos o mesmo ponto crucial, isto é, o todo está inteiro imerso na mínima parte, assim como a mais ínfima partícula, infalivelmente, reflete o todo, ou seja, o macro se expressa no micro e o micro reflete o macro, pois, iludível e indubitavelmente, o que vemos fora não é senão um reflexo de nós mesmos. Diante do exposto, concluímos que o objetivo essencial da encarnação é o de oportunizar ao Espírito – comprometido consigo mesmo, com a vida e com as leis – os meios imprescindíveis e os fins inalienáveis para que se reconcilie com os ditames indeléveis e intrínsecos ao Reino de Deus em si. Objetivando lograr êxito neste fito, improcrastinável, irreprimível e rigorosamente, a vida lhe facultará todos os ensejos fomentadores do novo aprendizado, visto que, para ser feliz, não basta crer e viver mais e melhor, mas, sim, edificar o oásis da paz íntima, sob o alicerce da tranquilidade interior que o capacitará e o qualificará para a tão esperada imersão e a perene integração no autoencontro e, por fim, a sublime emersão rumo ao imensurável, incoercível e impoluto *devir*.

    Salientamos que, mais importante do que simplesmente o saber superficial ou do que pensar e sentir tão somente impulsionado no parco conhecimento de si mesmo, urge o comprometimento de fazer e ser o que nos plenifica sem prejuízo de ninguém, isto é, humildar-se e laborar na causa crística de forma lúcida, disciplinada, resiliente, proativa e profundamente consciente da obediência às imorredouras diretivas do Bem Supremo, que traduzir-se-ão nas inarráveis e sempiternas normativas do amarmo-nos uns aos outros como o Cristo nos tem amado ou no fazer aos outros o que Ele o faria se estivesse em nosso tempo e lugar na eternidade, pois o bem de todos é o Eterno princípio.

[1006] Franco, D. P.; Joanna de Ângelis (Espírito). Sacrifício por amor. In: *Liberta-te do Mal*. cap. 13.
[1007] Franco, D. P.; Joanna de Ângelis (Espírito). A quarta força: O homem psicológico maduro. In: *O Ser Consciente*. cap. 1, item 2.
[1008] Franco, D. P.; Joanna de Ângelis (Espírito). *Pertencer-se*. In: *Jesus e Vida*. cap. 13.
[1009] Franco, D. P.; Joanna de Ângelis (Espírito). Renascimento. In: *Nascente de Bênçãos*. cap. 3.

A ociosidade indébita e o parasitismo sem proveito não fazem parte dos estatutos divinos. Eis o porquê: "Para superação dos limites, autossatisfação e realizações felizes, é que o Espírito se reencarna na Terra, crescendo a esforço pessoal com tenacidade e valor moral."[1010] À vista de tão imensas quão grandiosas possibilidades infalivelmente, cada ser receberá ou colherá da vida e das leis que a normatizam tão somente aquilo a que fizer jus, conforme as lídimas ocupações e o bom direcionamento dos recursos que lhe forem confiados. Desse modo, de conformidade com as suas capacitações diretivas e a sua capacidade de integração, gerenciamento, promoção, sublimação, iluminação e expansão consciencial, perceberá que, a quem mais se capacitou, um tanto mais se lhe dará e verá o seu condomínio crescer notadamente, assim como aumentarão as suas responsabilidades frente ao patrimônio que lhe foi confiado.

Assim como não há a mais remota possibilidade de estacionar, indevida e interminavelmente, nas leiras do Bem Supremo, posto que nada paralisa o irreprimível dinamismo evolutivo, pois tudo é movimento incessante e irrefreável, tampouco nos será concedida a menor possibilidade de acelerar a cadência do perene e inestancável evolver sem arrastar a multidão e impulsionar os menos cultos rumo ao inconcebível *devenir*, pois, como bem definiu o pacifista Mahatma Gandhi, o Amor é a força mais potente do Universo e, ao mesmo tempo, a mais sutil. Complementando o seu magnificente pensamento, estatuímos sem vacilos incongruentes, que o Amor, como potência, é a Vida sempiterna em sua imponente completude e, simultaneamente, o amar faz-se a crucial e inegável expressão divina, desde a mais ínfima manifestação da vida à perene e insofismável profusão da Divina Presença.

Outrora, disse-nos Jesus, o Cristo de Deus: *"Mas, sobretudo, tende ardente amor uns para com os outros; porque o amor cobrirá a multidão de pecados"* (1Ped., 4:8). Hodiernamente, complementa a Mártir do Cristianismo: "A soma das tuas ações positivas quitará o débito moral que contraíste perante a Divina Consciência, porquanto o importante não é a quem se faz o bem ou o mal, e sim, a ação em si mesma em relação à harmonia universal."[1011] Destarte, se nascemos ou renascemos para nos reconciliar conosco mesmos, com as leis e com a vida, o que menos importa é a quem faremos o bem, mas sim como estamos fazendo aquilo que fazemos, pois os maiores beneficiados ou agraciados com o crédito resultante – positivo ou negativo, plenificador ou dilacerante, pacífico ou feroz – sempre seremos nós próprios, tal é a Lei. Em suma, todos os seres

---
[1010] Franco, D. P.; Joanna de Ângelis (Espírito). O ser subconsciente: Subconsciente e sonhos. In: *Autodescobrimento: Uma busca interior.* cap. 7, item 3.
[1011] Franco, D. P.; Joanna de Ângelis (Espírito). Culpa e Consciência. In: *Momento de Consciência.* cap. 6.

e todas as coisas nasceram do oásis do Amor divino. Este êxtase magnânimo se deu com um único e inconteste objetivo: que os filhos do Amor fossem felizes por si mesmos, isto é, pelo simples fato de amar e, nesse intransferível ato, pelo prazer de amar libertando o ser amado. Por este motivo, aqueles que se dispuserem a amar como Jesus, o Cristo de Deus, nos tem amado, plenificar-se-ão naqueles que se fizerem objeto do seu incomensurável, equânime e incondicional amor em excelência.

Emmanuel define, com extremo zelo e elegante cuidado, que "a emancipação íntima surgirá para a consciência, à medida que a consciência se disponha a buscá-la".[1012] Por conseguinte, Joanna de Ângelis nos indica onde e como devemos proceder para lograrmos o êxito pretendido ante o tentame elencado, pois assevera que "o silêncio íntimo resulta do perfeito entendimento das leis de Deus e da sua aplicação correta no dia a dia da existência".[1013] E, não menos importante, estabelece que "a energia gerada por uma consciência em paz, favorável ao desdobramento de amor profundo, é responsável pela libertação do sofrimento".[1014] Cientes das infindas possibilidades à concretização de tal propósito e conscientes de sua exequível e nobre execução, concluímos: ser feliz é um estado de tranquilidade íntima da própria alma. Em síntese, é a paz de consciência à luz do dever fielmente cumprido. Por esse motivo, devemos pautar nossa vida, nossas atitudes, pela filosofia que apregoamos: "Seja sempre o nosso falar à semelhança do nosso pensar e este, a matriz do nosso agir", pois só é feliz quem é livre para amar o próximo como a si mesmo e só será livre quem assumir a premente e inalienável responsabilidade de amar-se em plenitude e viver a mensagem libertária que preconiza à luz da sempiterna Verdade.

Abraços de sublime amor, de pujante luz e de mais perfeita paz!

"...Vem, vamos embora, que esperar não é saber, quem sabe faz a hora, não espera acontecer..."
(Para não dizer que não falei das flores – Geraldo Vandré)

[1012] Xavier, F. C.; Emmanuel (Espírito). Na luz da verdade. In: *Palavras de vida Eterna*. cap. 130.
[1013] Franco, D. P.; Joanna de Ângelis (Espírito). Insiste Mais. In: *Luz da Esperança*. cap. 29.
[1014] Franco, D. P.; Joanna de Ângelis (Espírito). Consciência e vida: Consciência e sofrimento. In: *Autodescobrimento: Uma busca interior*. cap. 3, item 3.

Capítulo 10 – Vendo a Obra vê-se Deus.

"Amai a Deus EM todas as coisas."

Estamos EM Deus!
Somos expressão de Deus!

Ser o que pensa e viver o que fala, eis a meta essencial.

Poema: DEUS!
(Eurípedes Barsanulfo – Sacramento, MG – 18 de janeiro de 1.914)

O Universo é uma obra inteligentíssima; Obra que transcende a mais genial inteligência humana. E como todo efeito inteligente tem uma causa inteligente, é forçoso inferir que a do universo é superior a toda inteligência.

É a inteligência das inteligências, a causa das causas, a lei das leis, o princípio dos princípios, a razão das razões, a consciência das consciências. É DEUS!

DEUS, nome mil vezes santo! Que Isaac Newton jamais pronunciava sem descobrir-se. É DEUS!

DEUS que vos revelais pela natureza, vossa filha e nossa mãe.

Reconheço-vos eu, Senhor, na poesia da criação, na criança que sorri, no ancião que tropeça, no mendigo que implora, na mão que assiste, na mãe que vela, no pai que instrui, no apóstolo que evangeliza.

DEUS! Reconheço-vos eu, Senhor, no amor da esposa, no afeto do filho, na estima da irmã, na justiça do justo, na misericórdia do indulgente, na fé do Pio, na esperança dos povos, na caridade dos bons, na inteireza dos íntegros.

DEUS! Reconheço-vos eu, Senhor, no estro *(inspiração)* do vate *(poeta)*, na eloquência do orador, na inspiração do artista, na santidade do moralista, na sabedoria do filósofo, nos fogos do gênio.

DEUS! Reconheço-vos eu, Senhor, na flor dos vergéis *(jardins)*, na relva dos vales, no matiz dos campos, na brisa dos prados, no perfume das campinas, no murmúrio das fontes, no rumorejo das franças, na música dos bosques, na placidez dos lagos, na altivez dos montes, na amplidão dos oceanos, na majestade do firmamento.

DEUS! Reconheço-vos eu, Senhor, nos lindos antélios *(fenômenos luminosos solares)*, no íris multicor, nas auroras polares, no argênteo *(prateado)* da lua, no brilho do sol, na fulgência das estrelas, no fulgor das constelações.

DEUS! Reconheço-vos eu, Senhor, na formação das nebulosas, na origem dos mundos, nas gênesis dos sóis, no berço das humanidades, na maravilha, no esplendor, no sublime do infinito.

DEUS! Reconheço-vos eu, Senhor, com JESUS quando ora: PAI NOSSO QUE ESTAIS NOS CÉUS, ou com os anjos quando cantam: Glória a Deus nas alturas. Aleluia![1015]

"Tão belo poema, tão linda verdade! A emoção invariavelmente inspira à escrita. Esse poema reflete a mais pura intenção de reconhecer Deus, através da conjugação de palavras e frases, conjugando sentimentos e pensamentos raros na beleza da interpretação e do amor. Creio que a inspiração alcançada pelo poeta foi de origem divina, pois assimila em seu conteúdo a mais pura concepção da palavra e alcança, desde os primórdios de sua formação, o sentimento que anima a humanidade a milhares de séculos. Traduz, ainda, a concepção de que Deus está sempre ao nosso lado, inspirando-nos nas mais simples e remotas prerrogativas de nosso livre arbítrio. Afinal, somos frutos de sua criação."

O livro que se materializa

Os meios de comunicação, partícipes atuantes da "nova era", têm inegável contribuição para divulgar o conhecimento imprescindível para se lograr o Despertar das Consciências. Na atual dinâmica da sociedade, educadores e comunicadores, conscientes do nosso papel perante as consciências que se renovam e que anseiam por novos saberes, questionamo-nos sobre como nos compete entender a atualidade e a validade proposta pelo "livro físico", historicamente reconhecido como alavanca de progresso, perante o desenvolvimento e a contribuição dos recursos da Internet e os seus ricos elementos como o som e a imagem (audiovisual e a multimídia), futuramente acrescidos de possíveis e inovadoras dinâmicas interativas.

Assim afirmou Joanna de Angelis: "**Estuda sempre**. O conhecimento é um bem que, por mais seja armazenado, jamais toma qualquer espaço. Pelo contrário, faculta mais ampla facilidade para novas aquisições. **As boas leituras enriquecem a mente, acalmam o coração, estimulam ao progresso.** O homem que ignora, caminha às escuras" (grifos

---

[1015] Barsanulfo, E Poema "Deus". Declamado por Kelly Martins durante o 4º Congresso Espírita Mundial. Tradução de Geraldo Castilho. Paris, 2 a 5 out. 2004.

nossos).¹⁰¹⁶ Em consonância com seu pensamento, assim sintetizou André Luiz: "Ninguém pode conhecer o que não estuda, nem reter qualidades que não adquiriu."¹⁰¹⁷

Uma leitura frívola ou efêmera de um livro movimenta apenas quatro áreas cerebrais, mas uma leitura rica de nobres informações e "prementes desafios reflexivos" coloca em pleno dinamismo de vinte e sete a trinta e três áreas da mesma maquinaria cerebral! Obviamente, todos os meios de comunicação citados são importantes. Cada qual com a sua peculiaridade. A veneranda Joanna de Ângelis nos conclama à "estudar sempre", assim como André Luiz, o repórter do além, estatuiu que "aprender sempre e saber mais deve ser o lema do Espírito que se consagra aos elevados princípios que abraça".¹⁰¹⁸ O livro pode trazer um estudo mais aprofundado, mais completo, uma vez que, conforme o seu propósito, busca esgotar o conhecimento de determinados assuntos ou temas. Já a multimídia apresenta o conhecimento em doses homeopáticas, o que não significa que o seu conteúdo seja superficial. Poucas palavras ou imagens ou sons podem traduzir grandes lições. Há livros, a exemplo de *O Profeta*, de Khalil Gibran, com poucas páginas e profundo conteúdo. Daí tratar-se de um *best seller* mundial.

Quando houve o advento da internet e dos e-mails, comentou-se aos quatro ventos que o papel estava fadado à extinção. Desde então, nunca se usou tanto o papel quanto nestes dias. O fato é que continuam construindo novas fábricas para atender à demanda, que se multiplicou consideravelmente em algumas décadas. Os processos que envolvem a memória são vastíssimos e nem todos foram desvendados satisfatoriamente pela Humanidade. Por esse motivo, sempre teremos novas tecnologias, métodos e maneiras para estimular a memória, não necessariamente substituindo umas às outras, mas alternando-se para que, ao se complementarem, logrem os fins a que se propõem. O livro impresso, em especial, envolve e ativa inúmeras áreas cerebrais com riquíssimas conexões neurais que os meios digitais ainda não conseguiram superar com a mesma eficácia. A singularidade de cada meio de comunicação – nas dimensões: espaço, tempo e eternidade – tem um fim determinado, no propósito de obter êxito na transmissão da mensagem que veicula. Quem dirá que não existe a probabilidade de que em algumas delas tenhamos livros noutras roupagens? Quais? Ainda não sabemos.

[1016] Franco, D. P.; Joanna de Ângelis (Espírito). Estuda sempre. In: *Vida Feliz*. cap. 125.
[1017] Xavier, F. C.; André Luiz (Espírito). Encontro de cultura. In: *E a vida continua...* cap. 8.
[1018] Xavier, F. C.; André Luiz (Espírito). Estudos extras. In: *Desobsessão*. cap. 72

Alguns educadores têm afirmado que a internet, os jornais, os periódicos e as revistas físicas transmitem "informação". O livro, entretanto, carrega a "formação" como missão. A absorção e a expansão do conhecimento parecem estar ainda a favor dos livros físicos. Não por acaso, novas descobertas apontam que o Q.I. das novas gerações está aquém do de seus pais. Por que será? Quando pensamos nas múltiplas funções que o livro exerce, ainda encontramos utilidade em seu formato tradicional (com papéis, encadernação etc.). Podemos ainda considerar as pequenas alegrias, como presentear um ente querido ou um amigo com um livro, escrever-lhe uma dedicatória de próprio punho, expressando o carinho e a consideração que lhe temos, além de ver-lhe a satisfação e a emoção no semblante. Como fazer isso nos meios digitais? Lembrar-se-ão de você? Reflitamos no exemplo: e se os presentes de Natal fossem apenas livros? Essa é uma tradição na Islândia. O país tem o costume de comemorar o Natal com a troca de livros. Além de evitar o consumismo exacerbado, a prática incentiva a leitura e promove a cultura.

Poderíamos tecer mais comentários que lograssem enfatizar a relevância do livro físico. Em termos culturais, educacionais, emocionais e psicológicos, depreende-se que as pessoas ainda necessitam do livro, muito mais do que ele – na sua configuração ou personificação multidimensional – necessita das pessoas. O tempo sempre trará construções e desconstruções, operário fiel da Lei de Progresso que é. Isso posto, convém que nos adaptemos à realidade presente, desde que as propostas do meio visem à promoção do ser e do contexto em que moureja.

Imersos em tantas conjecturas e possibilidades, de algo temos inconteste convicção: neste momento planetário, estamos muito mais próximos da extinção dos livros que deprimem a alma, que perturbam a mente e que obscurecem o coração, promovendo o retardo de todos os esforços de ascensão espiritual. Os livros portadores de mensagens edificantes permanecerão, obreiros leais a serviço da Lei de Amor no universo pessoal do mesmo leitor que outrora esteve distraído.

Em suma, ainda não renunciamos à interação tátil visual com o livro físico, insubstituível para nós, posto que nos permite o ir e vir nas leiras mnemônicas das informações imprescindíveis e invisíveis à visão tridimensional, ou seja, permite-nos ler e reler quantas vezes se nos faça necessário, possibilitando-nos extrair o néctar do suprassumo nas entrelinhas pluridimensionais, prática eficiente tanto para exercitarmos a visão transcendental quanto para engendro da memorização dos conteúdos perquiridos. À vista disso, lembramo-nos de Chico Xavier, que apenas passava a mão sobre o livro e extraía o seu conteúdo em completude. Para nós, assim como foi para Ruy Barbosa e Eurípedes Barsanulfo, o livro é um ser vivo e vibra na frequência do seu conteúdo e dos valores éticos e morais de seus autores. Assim, se estivermos alinhados com semelhante propósito, poderemos receber as informações que ele contém e até outras, mais profundas ou complementares, do mais além.

A esse respeito, o insigne teólogo Carlos Torres Pastorino pronuncia com sublime elegância e profunda maestria:

> Atualmente a humanidade lê um livro percorrendo-lhe as páginas com os olhos: leitura de palavras. Alguns chegam a lê-los com extrema rapidez, na chamada "leitura dinâmica". Ora, tudo isso é intelecto. **Uma leitura no plano mental dispensa tudo isso: o simples contato mental com a aura do livro, faz que o "leitor" absorva a essência do seu conteúdo, dando-lhe isso bastante completa percepção das ideias nele expostas.** Para realizar isso, o "leitor" deve colocar-se diante do livro com a mente parada, em posição receptiva, embora não vazia nem passiva: ao contrário, ativa e atenta para captar os pensamentos impressos na aura do livro, e com "seus" pensamentos parados, para que seja "ouvida" a vibração da obra escrita. Se o "leitor" for muito evoluído, poderá, até mesmo, através da sintonia das ideias do livro, atingir a mente do próprio autor, entrando em ligação mental com ele.
>
> Mas tudo isso requer longo e paciente treino e certa evolução (grifo nosso).[1019]
>
> **Aprendei a abrir, a folhear, a ler o livro oculto em vós, o livro das metamorfoses do ser.** Ele vos dirá o que tendes sido e o que sereis, ensinar-vos-á o maior dos mistérios, a criação do "eu" pelo esforço constante, a ação soberana que, no pensamento silencioso, faz germinar a obra e, segundo vossas aptidões, vosso gênero de talento, far-vos-á pintar as telas mais encantadoras, esculpir as mais ideais formas, compor as sinfonias mais harmoniosas, escrever as páginas mais brilhantes, realizar os mais belos poemas (grifo nosso).[1020]
>
> **É na extensão e desenvolvimento crescente desse sentido espiritual que está a lei de nossa evolução psíquica, a renovação do ser, o segredo de sua iluminação interior e progressiva.** Por ele nos desapegamos do relativo e do ilusório, de todas as contingências materiais, para nos vincularmos cada vez mais ao imutável e absoluto.
>
> Por isso a ciência experimental será sempre insuficiente, a despeito das vantagens que oferece e das conquistas que realiza, se não for completada pela **intuição,** por essa espécie de adivinhação interior que nos faz descobrir as verdades essenciais. **Há uma maravilha que se avantaja a todas as do exterior. Essa maravilha somos nós mesmos; é o espelho oculto no homem e que reflete todo o universo.**

[1019] Pastorino, C. T. Plano mental: Faculdades. In: *Técnica da Mediunidade*. 3ª parte, item 12.
[1020] Denis, L. As potências da alma: O pensamento. In: *O Problema do Ser, do Destino e da Dor.* 3ª parte. cap. 23.

Aqueles que se absorvem no estudo exclusivo dos fenômenos, em busca das formas mutáveis e dos fatos exteriores, procuram, muitas vezes bem longe, essa certeza, esse criterium, que está neles. **Deixam de escutar as vozes íntimas, de consultar as faculdades de entendimento que se desenvolvem e apuram no estudo silencioso e recolhido.** É essa a razão pela qual as coisas do invisível, do impalpável, do divino, imperceptíveis para tantos sábios, são percebidas às vezes por ignorantes. **O mais belo livro está em nós mesmos; o infinito revela-se nele.** Feliz daquele que nele pode ler (grifos nossos)![1021]

Nos pergaminhos originais das obras *O Despertar da Consciência, do átomo ao anjo* e o *O Despertar da Consciência, de sal da terra a luz do mundo*, existem mais de vinte e três mil páginas no plano espiritual. À medida que as estudarmos e colocarmos em prática os seus ensinamentos, poderemos acessar, além do manancial intrafísico, esse indelével acervo akáshico em sua plenitude, pois, segundo Miramez, "Deus não tem segredos para com os Seus filhos, mas pede preparo para que possamos suportar as revelações espirituais".[1022] Ainda uma vez, repetimos: o livro é um *"ser vivo"*; portanto, permuta com o leitor os valores que veicula e o próprio estudante faz o seu caminho, que é único, pois se constrói na interação dos seus valores com os do livro. Enfim, à proporção que faz jus ao ingresso nos *"portais dimensionais"* do livro compulsado, o leitor cria os seus próprios portais *"personalizados"*. O acesso ao conhecimento é individual, particular. Nessa troca de valores entre o texto e o perquiridor, o estudioso comprometido se enriquece e enriquece o mundo quando coloca em prática o que aprendeu. Vários caminheiros podem transitar por uma única estrada; entretanto, o caminhar de cada transeunte é *sui generis,* singular. Ele obtém experiências durante a viagem e a estrada também se modifica com o seu passo *("quando eu mudo, o mundo se transforma")*. Tal como quando estudamos Jesus, a maior biblioteca viva de que já tivemos notícia, o Evangelho personificado para nós outros (simbolizando aqui todo o oceano de conhecimento e de valores que o seu nome simboliza), a cada reflexão acerca das boas notícias por Ele apregoadas, uma nova compreensão se evidencia, um olhar diferente se configura, um proceder mais apurado se materializa, pois Ele próprio enfatizou alhures: *"se fordes fiéis no pouco, Eu vos darei intendência de coisas maiores"*.

Abraços de Paz e Luz!

[1021] Denis, L. As potências da alma: A consciência - O sentido íntimo. In: *O Problema do Ser, do Destino e da Dor.* 3ª parte. cap. 21.
[1022] Maia, J. N.; Miramez (Espírito). Ectoplasmia. In: *Filosofia Espírita.* V.2. cap. 25.

Glossário

A definição dos termos abaixo relacionados atende à teoria desenvolvida em "*O Despertar da Consciência – de sal da terra a luz mundo*", cujo teor advém de estudos e pesquisas realizados nas obras kardequianas e coligadas, desde as editadas à época da codificação até as atuais.

Obs.: Uma parte considerável das informações constantes neste Glossário, foi extraída do Dicio, Dicionário Onlive de Português. (https://www.dicio.com.br).

Abnegação: ação de abnegar, renúncia. Ato ou disposição que se caracteriza por um desprendimento dos próprios desejos ou necessidades em prol de uma pessoa, causa ou princípio; ALTRUÍSMO (Dedicação desinteressada ao próximo). Ação caracterizada pelo desprendimento e altruísmo, em que a superação das tendências egoísticas da personalidade é conquistada em benefício de uma pessoa, causa ou princípio; dedicação extrema. Em moral religiosa, renúncia da própria vontade, desapego de tudo o que não diz respeito a Deus. Em suma: "A abnegação, que é sacrifício pela felicidade alheia, sublima o espírito". *(Emmanuel/Pensamento e Vida. Cap. 17).*

Aceitação: é ter a habilidade necessária para admitir realidades, avaliar acontecimentos e promover mudanças. *(Hammed/Renovando Atitudes).*

Acepilhar: tornar mais apurado, aperfeiçoar, aprimorar.

Adrede: em que há intenção ou vontade; feito de propósito, intencionalmente; previamente, antecipadamente.

Afinizar: estar em afinidade; estar em harmonia. Vibrar na mesma sintonia. Estar conforme com (ter tendência a combinar). Ter sintonia, reciprocidade de gostos e afinidades ou de qualquer que seja a preferência. É semelhante à afinidade

Alcantil: *o mesmo que pináculo, píncaro, páramo. O que comumente chamamos de firmamento, de abóbada celeste, de cume ou de ponto culminante, podendo* também significar elevado, sublime, alto, eminente, grande, intenso, proeminente, superior.

Alma: o Espírito é uma irradiação da grande alma universal, uma centelha gerada do Eterno Foco. E a alma é uma imanação do Espírito, é a mínima parte encarnada ou em atividade na matéria, em busca do domínio e da sublimação dos universos físico, perispiritual e mental. É um ponto de autoconsciência pura, a consciência da personalidade. *(vide eu pessoal)*

Alma espiritual: designa o princípio da individualidade após a morte. É própria do homem, apenas.

Alma intelectual: designa o princípio da inteligência que se expressa enquanto há vida. É própria dos animais e dos homens.

Alma instintiva: são as pequenas almas oriundas do subconsciente, responsáveis pela área dos automatismos que, obedecendo ao condicionamento mental, idealizam, constroem e governam todo o universo biológico, de forma magistral, quando educadas ou de forma desastrosa, quando indisciplinadas. Todo e qualquer hábito é edificado pelos condicionamentos e pelas assertivas psíquicas/emotivas oriundas do dinamismo do consciente ativo, subsequentemente transmutado em novos automatismos no subconsciente.

Alma vital: designa o princípio da vida material, sendo comum a todos os seres orgânicos: plantas, animais e homens.

Aluminar: 1 v.t. Misturar com alúmen. Adj. Que contém alúmen. 2 v.t. O mesmo que alumiar. Cf. Luz e Calor.

Aldrava: ferrolho; tranca.

Aloamor (do Gr. Állos, significa outro, diferente, diverso): amor ao próximo, ou seja, a tudo o que se encontra no entorno.

Alvitre: aquilo que é sugerido ou lembrado; notícia, novidade capaz de trazer proveito; contribuição.

Amanhar: lavrar; cultivar; preparar; tratar (a terra); preparar a terra para o plantio.

Amar: a transmutação e a sublimação do próprio amor, ou seja, é a diluição proativa do coágulo – enfermiço ou primitivo – em possibilidades de cura ou da sublimação do fluxo da ignorância em luzes de porvindouras instruções. O amor ilumina, fecunda, e o amar centuplica os recursos transcendentes.

Amor: o amor é a essência da vida, a comunhão dos seres e a alma do Universo. É a força das forças, o vínculo supremo que nada pode destruir. É o néctar primordial que sintetiza todas as necessidades do ser e da vida, preenchendo-os, por ser o prolongamento do Psiquismo Divino, a tudo sustentando e promovendo. Constitui-se da reunificação das mônadas no todo que as gestam e as integram, por intermédio das unidades coletivas cada vez mais amplas. Trata-se da substância precípua, a energia primária imanente na Força Suprema que dá forma e vida a todas as Suas manifestações. O Amor é a magnificente expressão da Lei que a tudo rege e a personificação da Vida, da qual tudo promana. É o celeste elixir da vida e das leis, em suas incomensuráveis personificações, assim como em suas inenarráveis, quiçá, insondáveis e intérminas peregrinações. Tanto a vida quanto as leis, inegavelmente, são filhas do eterno foco do Amor-lei intrínsecos à Suprema Sabedoria. Em síntese, o amor é a força mais potente do Cosmos como Lei e, ao mesmo tempo, a substância mais sutil como matéria-prima de tudo quanto existe na Criação em Deus.

Anabolismo: na Biologia, traduz-se no conjunto de processos do metabolismo que levam à síntese e intervêm na assimilação. Também *"pode ser entendido como um processo de construção no qual acontece a sintetização das moléculas, o que resulta na formação de moléculas mais complexas a partir de outras mais simples. Nas plantas, por exemplo, esse processo acontece na fotossíntese e é o responsável pela produção dos açúcares".*

Ancenúbio: nuance; nuança; matiz; cambiante; gradação. Diferença tênue na cor ou na tonalidade de alguma coisa.

Anfractuosidade: 1. Saliência, depressão profunda e irregular na superfície de rochas e ossos, sinuosidade, tortuosidade. 2. Divagação tortuosa, prolixidade.

Arquétipo: são as imagens universais preexistentes no ser - ou que procedem do primeiro ser - desde tempos imemoriais. É a imagem divina que existe no ser humano, procedendo, em realidade, do *mundo das ideias,* primordial e terminal, de onde tudo se origina e para onde tudo retorna.

Aquilatar: 1. Fazer a determinação do número de quilates (unidade de massa usada para determinar o peso) de um metal ou pedra preciosa: aquilatava o ouro. 2. [Figurado] Avaliar; determinar o valor de: o professor aquilatou os alunos. 3. Apurar-se; ficar melhor; tornar-se superior ou fazer com que alguém melhore: a caridade aquilata a alma; aquilatou-se no voluntariado.

Arquétipo: são as imagens universais preexistentes no ser - ou que procedem do primeiro ser - desde tempos imemoriais. É a imagem divina que existe no ser humano, procedendo, em realidade, do *mundo das ideias,* primordial e terminal, de onde tudo se origina e para onde tudo retorna.

Arrependimento: ação ou efeito de arrepender-se do ato praticado equivocadamente, ou seja, a atitude de mudar de opinião ou de comportamento em relação ao que já aconteceu e a lídima intenção de não mais praticar novamente aquilo pelo qual se arrependeu: o arrependimento de ter se desviado do bom caminho – desventurado.

Arrostar: olhar face a face; encarar(-se) sem medo; olhar(se) de frente; afrontar(-se).

Átomo: segundo a *Química,* é um sistema energeticamente estável, formado por um núcleo positivo que contém nêutrons e prótons, e cercado de elétrons; a menor quantidade de uma substância elementar que tem as propriedades químicas de um elemento. Todas as substâncias são formadas de átomos, que se podem agrupar, formando moléculas ou íons. (In: Novo Dicionário Básico da Língua Portuguesa Folha/Aurélio)

Átomo primitivo: o espírito na sua origem; o princípio inteligente do Universo, também chamado de átomo primordial; fascículo de luz; mônada celeste. Os átomos da tabela estequiogenética se formam a partir de uma porção destes átomos primitivos ou primordiais. *(vide espírito e mônada)*

Átomo psi (Psiátomo): é o elemento componente da matéria psi, do mesmo modo que os átomos comuns constituem a matéria física. Essa substância compõe as unidades básicas da constituição do Espírito individualizado, isto é, eles formam a substância de que são feitos os Espíritos e demais seres ou objetos do mundo espiritual.

Atração (lei que determina a criação): como força ou lei transcendente, a atração é a lei de amor que gerencia a matéria inorgânica, isto é, a diretiva do mundo quântico ou infra-atômico na confecção dos átomos. Para a ciência acadêmica, a atração é a força nuclear forte, encarregada de unir os elementos na constituição dos átomos.

Autoamor: o amor a si mesmo, isto é, o amor a todos os componentes constituintes do seu próprio universo – do mais ínfimo elemento à sua totalidade.

Autoanálise: processo introspectivo, com análise minuciosa, no qual alguém busca, sem recorrer à ajuda de outrem, a compreensão de si mesmo, sua personalidade, suas emoções, seus problemas, seu comportamento etc., catalogando, pormenorizadamente, de todas as formas ou fragmentos possíveis, derivados das múltiplas manifestações do ser, sem transferência de responsabilidade. Uma psicanálise de si mesmo com método e recursos psicanalíticos, sem interferência de psicanalista.

Autoconfiança: é a certeza acerca dos potenciais, de suas qualificações e das possibilidades existentes que podem ser aplicadas em favor dos anseios íntimos.

Autoconhecimento: a síntese do estudo direcionado ao conhecimento da anatomia do ser, isto é, a análise minuciosa e a compreensão pormenorizada do que o Ser integral se compõe e como isso ocorre, tanto a unidade quanto a variedade, em sua completude. Uma vez que o conhecimento é um processo em permanente construção, a cada etapa nobremente vivenciada, avança-se diligentemente na autociência. A chave do autoconhecimento é olhar para si mesmo, para a trave do nosso olho.

Autoconsciência: atributo que nos permite encontrar o melhor recurso a ser utilizado no intento. Trata-se de um processo de amadurecimento psicológico mediante realizações internas e externas contínuas, superando dificuldades e acumulando valores transcendentes que impulsionam para níveis cada vez mais amplos e elevados. A autoconsciência define a idade espiritual, o progresso alcançado.

Autoconsciência é também processo de autoiluminação, conquista do infinito, realização plena. A autoconsciência conduz o indivíduo à compreensão de como deve agir dentro dos códigos sociais, de ética, de inter-relacionamento pessoal, estruturando-lhe a estabilidade. *(Joanna de Ângelis)*

Autoconsciência pura: um foco de luz imanente na Consciência profunda. A alma encarnada é um ponto de autoconsciência pura, uma diminuta semente de luz ou um anseio do Espírito, oriundo do Reino de Deus em si.

Autodescobrimento: é a compreensão da fisiologia do Espírito, concebendo a ciência do funcionamento harmonioso desse multiverso e como mantê-lo em perfeito equilíbrio.

Autoidentificação: autoidentificar-se é desidentificar-se de tudo aquilo que foi assimilado por imposição, constrangimento, circunstância de conveniência, sem a real anuência do Si profundo. A conquista dos valores nobres e libertadores que se transformam na suprema aspiração do ser. É a busca da consciência pura, que somente é conseguida após a experiência do eu tornado fator primordial e central da consciência.

Ainda se pode analisá-la do ponto de vista da harmonia com o Si, ou o Eu superior, ou o Espírito que se é, liberando-o das masmorras que o limitam, e passando por diferentes fases do processo de emancipação. Alcançar essa *essência do Ser,* como fator espiritual e permanente da vida é o objetivo.

Autoiluminação: é a manifestação plena da vinculação profunda e constante que existe entre a alma, o Espírito, o Criador e a Criação. Neste solene despertar luminescente, a alma se aproxima do Reino de Deus em si, o núcleo consciencial de mais vasta compreensão do real sentido e do verdadeiro significado da vida, o porquê da existência e a razão do existir, alcançando o ápice da felicidade pessoal e coletiva que lhe é possível. É o processo que promove a instalação do amor como razão única do seu existir, elegendo o sentimento consciente e coerente com a Boa Nova que desta forma passa a governar todos os atos do Espírito, influenciando seu saber transcendente e o perene devir, norteando suas ações em perfeita consonância com as leis de harmonia. Assim, o ser que se conhece é possuidor de sabedoria e encontra-se a um passo da autoiluminação que o torna profundamente feliz. Consequentemente, ninguém consegue o estado de paz íntima ou a iluminação interior sem que haja harmonia entre as fulgurações dos implementos constitutivos da consciência, implícitos na psique e intrínsecos às emoções, integrados à complexidade perispiritual e ao arcabouço biológico no todo Espírito com a Natureza-Mater e a perfeita integração com a Suprema Sabedoria que a tudo integra.

Assim sendo, autoiluminação é quando o ser se ilumina por dentro. É o processo de sublimação consciencial, sendo os alcantis de tudo o que de bom e de belo conseguiu realizar com lucidez e maestria em tal estágio. Em suma, é a total integração dos elementos constitutivos da alma, instante no qual tudo vibra na mesma frequência, no mesmo diapasão, compondo uma consciência una, o perene Eu Sou. E ao mesmo tempo, quando o ser olhar para o entorno, tem-se um olhar uno, amoroso e imparcial onde vendo a Obra Vê-se Deus. O Ser se vê espelhado em todas as coisas. Como disse-nos Jesus, o Cristo de Deus: *se os seus olhos forem luz, todo o seu corpo ou o seu ser será luz.* Assim, tudo o que o ser iluminado observa fora, enxerga com a luz interior e não vê outra coisa senão a si mesmo ou a expressão do Criador nas criaturas e em toda a Criação.

Automatismo: é a lei diretiva das forças instintivas que constituem o quartel general inerente ao subconsciente. Por seu intermédio, as almas instintivas governam o universo psicobiofísico, propiciando a preservação da vida em suas imensuráveis expressões.

Autorrealização: indica a realização de si próprio. A efetivação das próprias potencialidades (cf. *Infopédia*). A autorrealização chega após um indivíduo autorrealizar-se, ou seja, após o crescimento e conhecimento de si mesmo, com o desenvolvimento de todas as suas próprias potencialidades.

Equivale ao incessante labor para enfrentar as ocorrências menos agradáveis com certo grau de misericórdia, superar o egoísmo e considerar que as alegrias transitórias são necessárias, mas não são as únicas manifestações que proporcionam plenitude. Todo aquele que assim se comportar vencerá o mundo com suas inenarráveis prisões e enganos.

Bem: o Bem Eterno é a Lei Suprema e o Bem de todos é o Eterno Princípio. Ante uma atitude ou uma ação guiada pelas diretrizes do Bem Perene, em parte alguma da criação, jamais algo ou alguém sairá lesado, porque a Lei Suprema nunca será malversada.

Bênção: a bênção é o desejo de servir, é o perdão quando preciso, é a dedicação aos companheiros, é o dever cumprido, é a caridade em todos os seus ângulos, enfim, é o próprio amor, do modo que podemos amar.

Devemos compreender que bênçãos são doações dos valores que já despertamos na intimidade do coração. E quando já dominamos a virtude maior, nas cercanias dos sentimentos, o amor pode ultrapassar além da justa medida, mostrando em silêncio até onde o Espírito alcança o seu desejo de doação, sem nenhuma exigência.

A bênção é doação divina, partida da Divindade e que carrega consigo, quando passa por nós, os nossos sentimentos, que devem ser de amor. Sendo ele alimento das almas, vejamos como ofertamos esse alimento aos companheiros mais próximos, à guisa de valorizar o doador. Não tenhamos medo de amar, com medo de perder energias, pois essa virtude, quanto mais exercitada, mais cresce no coração de quem a oferece.

A melhor forma de abençoar os outros é com o exemplo da nossa vida, dentro da vida de Jesus, que Se expressa no Evangelho: com pensamentos puros, ideias puras e conversa pura, de modo a nos levar a respirar, mesmo na Terra, o ambiente dos anjos. *(Miramez/Horizontes da vida).*

O amor é Deus na criatura, gerando bênçãos. O trabalho é a criatura em Deus, realizando prodígios. *(Emmanuel/Nascer e Renascer)*

Bênção significa beneplácito, favor divino, segundo o dicionário. Analisando o sentido real dessas bênçãos que pairam sobre a Terra Brasileira traduziremos bênçãos por – trabalho produtivo no bem. *(Ramatís/ Brasil, Terra de Promissão).*

Beneficência: o bem que se dedica aos semelhantes com total respeito aos seus sentimentos (caridade material e moral), colaborando para que o mesmo desenvolva a sua autonomia e se torne o condutor de si próprio (responsabilidade).

Bioenergia: fonte geratriz de inexauríveis potencialidades em aparente repouso no recesso profundo do ser manifestado. Desta fonte promana o energismo que gera, nutre, organiza e mantém a vida em suas imensuráveis expressões. Além de atuar e regular a vida intra e interpessoal dos indivíduos, das criações e das criaturas de Deus, a bioenergia *"é responsável pela atração interpessoal, qual ocorre no campo molecular, celular, gravitacional, universal".*

Blandícia: gesto ou palavra de carinho ou ternura; brandura; carícia; afago, carinhos, mimos; blandimento.

Caridade: é a sublimação da personalidade. Em sentido profundo é o processo de autoiluminação, isto é, a salvação de si mesmo. *(vide beneficência)*

Catabolismo: conjunto das reações bioquímicas que regem a transformação da matéria viva em detritos que devem ser expelidos.

Chacras: são como usinas de energia, localizados em setores específicos nos corpos perispirituais. Eles geram, recebem e transmutam energias multiformes. Cada um dos oito chacras principais tem uma função específica dentro do complexo consciencial e vibracional do Espírito. Existem milhares de chacras espalhados pelos corpos multidimensionais. Geográfica e fisicamente, estão localizados entre a base da coluna vertebral e o topo da cabeça. No triplo etérico ou modelo organizador biológico, são fulcros energéticos que imprimem às células a especialização máxima sob a direção automática da alma.

Cigalhos: migalhas; fragmentos; o mesmo que Fanicos.

Cinetismo: a "arte cinética" ou "cinetismo" representa um movimento artístico moderno das artes plásticas, surgido em Paris na década de 1950. Como o próprio nome indica, determina uma arte vibrante e dinâmica que possui como principal característica o movimento, em detrimento do caráter estático da pintura e da escultura.

Coadjuvado: vem do verbo coadjuvar. O mesmo que completado, auxiliado, acolitado, acudido, ajudado, socorrido, colaborado, cooperado, complementado.

Coadjuvar: 1. Ajudar; oferecer auxílio ou ajuda a quem precisa: o povo se coadjuvava. 2. Complementar; providenciar o que falta: coadjuvou a teoria do professor. 3. Cooperar; fazer parte de alguma coisa de maneira menos importante.

Coarctação: estreitamento; aperto; restrição; ato ou efeito de coarctar; contratura.

Cognitivo: que diz respeito à cognição ou ao conhecimento, é o mesmo que processos mentais, intelectivos, intelectuais. Que se refere à cognição, ao conhecimento: processos relativos à função e ao processo mental do tratamento das informações (percepção, memória, raciocínio etc.). Relativo à capacidade de adquirir ou de absorver conhecimentos. Referência aos processos mentais e estruturais de tratamento da informação, especialmente no cérebro humano. [Linguística] Que se refere aos mecanismos mentais pelos quais um indivíduo se vale ao utilizar sua percepção, memória, razão. [Psicologia] Que faz referência aos mecanismos mentais presentes na percepção, no pensamento, na memória, na resolução de problemas.

Comenos: instante; ocasião; momento; oportunidade; ínterim.

Compaixão: é a beneficência da alma, a virtude que nos permite catalogar os potenciais do ser investigado ou assistido, objetivando a sua libertação. Pode-se identificar a espiritualidade de uma pessoa pela grandeza do seu sentimento de compaixão em favor da vida. A compaixão não se restringe apenas ao seu próximo, mas também envolve todas as formas vivas da Natureza e até mesmo aquelas inanimadas que fazem parte da maternidade terrestre. Quando o homem aprender a respeitar até o menor ser da criação, seja animal, vegetal, mineral ou vibracional, ninguém precisará ensiná-lo a amar seus semelhantes.

Compulsar: folhear para consultar; manusear.

Conceber: não é apenas gerar ou engravidar, dar origem a outro ser humano. Significa criar ou inventar; desenvolver alguma coisa a partir da imaginação: concebeu uma teoria. Compreender; entender o motivo de: *"Eu concebo a ideologia do partido"*. Enunciar; expressar de certa maneira: *"concebia um projeto em braile"*.

Conciliação: é filha direta do perdão e da compaixão, facultando inusual júbilo do sentimento, que tudo apaga e esquece, compreendendo que aqueles comportamentos anteriores eram resultado da ignorância e das experiências iniciais do processo evolutivo.

Condicionamento: 1. Ação de condicionar, de providenciar o necessário para a realização de alguma coisa: condicionamento de recursos para o projeto. Reunião das condições por meio das quais uma ação é realizada; circunstância. 2. Segundo a Psicologia: a associação por repetição de um estímulo a uma reação não natural, fazendo com que esse estímulo passe a provocá-la sempre. Processo por meio do qual uma resposta é causada por um estímulo, diferentemente do que aconteceria naturalmente.

Confinar: 1. Fazer fronteira, aproximar-se muito (de), tocar; 2. Ater-se, concentrar-se; 3. Restringir, encerrar, encarcerar.

Congruente: 1. Coerente, apropriado, pertinente; 2. Que possui ou expressa congruência, correspondência, semelhança entre características ou propriedades diversas. 3. De acordo com as leis da Matemática, diz-se de figuras que derivam uma da outra, por transformação circular. Diz-se de números que dão o mesmo resultado, quando divididos por um mesmo número, módulo; côngruo.

Consciência: a consciência não é o conhecimento. A consciência é o discernimento do conhecimento (Carl Gustave Jung). Ou seja, é a qualidade superior que enseja o discernimento claro e objetivo em torno da finalidade da existência, dos mecanismos propiciatórios à alegria de viver, da percepção de valores transcendentes e enriquecedores. É a síntese intuitiva das boas resoluções tomadas pelo Espírito em sua intérmina jornada evolutiva, com duas conotações diferentes ligadas pela base: uma delas é no sentido mnemônico, que diz respeito à memória e, portanto, às lembranças que se constroem com experiências vivenciadas (quantidade); a outra é no sentido ético, como roteiro de comportamento (qualidade). A consciência do ser humano espraia-se por todo o seu organismo através das variadas expressões de capacidade vibratória dos elementos que o constituem. *(vide Espírito e Superconsciência)*

Consciência de si: a consciência de si representa o momento, no qual o indivíduo consegue a harmonia entre o ego e o Self, identificando os conteúdos psíquicos e compreendendo os impositivos interiores bem como as suas manifestações na esfera exterior. A consciência de si desvela o mundo interno ignorado o favorecendo com reflexões agradáveis na busca do autoconhecimento. A consciência de si responsabiliza e liberta, ao mesmo tempo que direciona para rumos seguros e duradouros o caráter imortalista.

O indivíduo procede-se bem quando adquire a consciência de si mesmo, observando os compromissos morais assumidos com a Vida, sem jactância nem falsa conduta de superioridade em relação àqueles que ainda permanecem equivocados.

Consciência elemental: em sua gênese, ela é gerada pela união de dois ou mais princípios inteligentes (átomos primitivos ou mônadas primevas). Subsequentemente, compõem e integram uma infinidade de reinos naturais, anteriores e posteriores ao reino mineral, inclusive a totalidade dos elementos constitutivos do soma orgânico e do corpo perispiritual do ser humano. É a responsável pela união, formação e transformação de todas as substâncias (visíveis e invisíveis, ponderáveis e imponderáveis) da Natureza. Em suma, os elementais são as almas virtuais dos elementos, ou seja, são as consciências que organizam e mantêm as formas em suas imensuráveis expressões, a base de coesão e de sustentação da vida em todos os reinos. Enfim, *"sem a alma virtual ou consciência elemental, nenhuma organização constituiria um ser"*.

Consciência ética: é a síntese das indizíveis qualificações virtuosas, oriundas dos substratos transcendentes da unificação e da sublimação das inteligências correlacionadas.

Consciência individual: é o Eu individual ou a personalidade encarnada.

Consciência instintiva: *(vide alma instintiva).*

Consciência profunda: é um fulcro imensurável de comandos para as consciências menores. É o suprassumo das virtudes acumuladas no Espírito – o Reino de Deus em Si. É a soma do que há de mais belo, nobre e qualificado no imo de seu imensurável e imperecível tesouro.

Consciente (consciência ativa): é parte da Consciência profunda voltada às interações externas através do pensar, observar e interagir com o entorno. É a parte que domina e usa a razão, por meio da mente, para decidir o que fazer. Suas características principais são: percepção externa, uso da razão, análise e discernimento. Permite ao indivíduo diferenciar-se do meio, organizar e classificar experiências, decidir e executar o caminho a ser seguido etc. É a capacidade de perceber a relação entre o si mesmo e o ambiente, na constante interação do ser com o mundo. Qualidade inerente ao campo psíquico, sendo um atributo da mente, do pensamento humano.

Consciente coletivo: assim como cada organismo é formado por organismos menores, o consciente coletivo é a síntese das plagas racionais da coletividade a ele inerente.

Consentâneo: o que se apresenta de maneira apropriada; que se adequa perfeitamente ao caso e/ou à situação; apropriado; adequado; conforme. O que está em harmonia com; que pode combinar com (algo). Que cabe bem a determinado caso ou situação, apropriado, adequado, conveniente. Exemplo correspondente: *"Seu talento era consentâneo à sua inteligência"*.

Contextualizar: 1. Mostrar as circunstâncias que estão ao redor de um fato. 2. Desenvolver e atualizar os conceitos de um texto que possua certa palavra e/ou expressão, normalmente com o intuito de facilitar a compreensão dessa palavra e/ou expressão coexistente.

Coragem: é a condição para a consecução que se faça necessária. (força manifestada na capacidade que cada um tem de reunir a concentração dirigida ao objetivo e canalizar essa energia moral). É focar no que é importante, ou seja, observar o que explicitamente servirá para o seu crescimento espiritual. (Dr. Hans – do livro, Saúde em Plenitude: Projeto Melhorar-se. Cap. 46, Criando Coragem. Por Lindomar Coutinho)

Bravura, postura firme diante de riscos ou do perigo; valentia, destemor. Força espiritual para ultrapassar uma circunstância difícil; confiança. Capacidade de enfrentar algo moralmente árduo; perseverança. Característica da pessoa de bom caráter; força moral, hombridade. Cuidado e perseverança no desenvolvimento de algo; determinação.

Corpo astral (mental/emocional): é a dimensão do perispírito que sobrevive à morte física, isto é, a parte constituída dos elementos componentes do segundo núcleo do *psiátomo*, o *Percepton* (percepção-memória), tendo como propriedade a capacidade de perceber e registrar as informações recebidas, tanto do interior do próprio organismo quanto do meio exterior que o circunda, por mais rudimentar que seja esse organismo.

Corpo espiritual: *(vide perispírito)*.

Corpo natural: o soma orgânico. Efetivamente, o corpo é miniatura do Universo, isto é, o corpo é um Universo em miniatura, regido pelas mesmas leis, compatíveis com o seu tamanho. O Espírito é um deus se o comparamos com as microvidas em profusão na formação do fardo físico. Assim, cada indivíduo é um microcosmo parcialmente ciente de si mesmo; um complexo de forças inconscientes a serem ainda descobertas. O ser humano é o microcosmo do universo e seu corpo serve de campo evolutivo para miríades de consciências menos evoluídas do que ele.

Corpo Vital: elo entre a alma e o corpo físico. Constituído de princípios vitais, de fluidos vitais e de matéria atômica, configura-se no laboratório de condensação da bioenergia (éter físico), originária da energia universal e da matéria mental, para elaborar e formar a matéria-prima que compõe e mantém o universo físico.

Cosmocinético: que faz referência às forças que mantêm o movimento astral. Na lei da evolução que prevalece para todos os seres do Universo, é o princípio cosmocinético que determina o equilíbrio dos astros e dos átomos.

Creação: é a edificação da obra em si mesmo, isto é, no Creador, tudo é imanente, pois nada, absolutamente nada, sai do Supremo Arquiteto, pois nada existe fora d'Ele.

Criação: é a obra edificada dentro do Creador pelos criadores em plano menor, pois criar é usar a mente e as mãos para dar forma a algo ou a alguma coisa fora de Si. Deus não é Criador, mas, sim, a Criação. Costumamos dizer que o todo é maior do que as partes. Desse modo, Deus é superlativamente maior do que a soma de todas as partes, ou seja, é a Unidade que tudo integra e a Suprema Consciência que a tudo governa.

Cristo Cósmico: o logos (princípio supremo que rege os universos), a soma de um número incontável de Espíritos luminares, gerenciadores dos planetas, sistemas solares, constelações, galáxias, nebulosas etc.

Cristo Interno: o desabrochar de todas as divisões da consciência, formando uma só unidade. É a voz de Deus que ressoa dentro da alma, como amplificador e transmissor para todos os nossos sentidos. *(vide Eu Superior)*

Crucial: 1. De importância excessiva; de extrema importância para que alguma coisa se realize, se desenvolva ou exista; excessivamente importante; essencial: boas condições de vida são cruciais para o desenvolvimento de um país. 2. [Figurado] Que exerce influência na decisão final sobre alguma coisa ou possui poder para isso; decisivo: seu conselho foi crucial para a finalização do projeto.

Curial: conveniente; próprio; sensato; adequado: *"Falei-lhe em termos curiais"*.

Decepção: sentimento de desgosto, de mágoa ou de desalento; sensação de tristeza; circunstância emocional de melancolia; ausência de alegria; frustação ante o fracasso de expectativas (decepção amorosa); desapontamento; desilusão. Em sentido profundo, é quando criamos expectativas vãs, isto é, circunstância em que exigimos dos outros o que ainda não possuímos ou nos frustramos esperando reconhecimento, gratidão ou retribuição como forma de pagamento pelo bem que se haja feito.

Defecção: deserção; abandono voluntário de uma obrigação ou compromisso.

Desacoroçoado: desanimado; desmotivado; que perdeu o alento, perdeu a coragem; desiludido; decepcionado; desesperançoso.

Desarrazoado: o mesmo que descabido, despropositado, ilógico. Sem razão de ser ou tomado pela emoção desgovernada; despropositado. Não racional; dominado pela emoção.

Desejo: a alavanca propulsora que move os sentimentos em transdução. É uma entidade tomando a forma correspondente ao que se pretende, ou seja, é uma entidade personificando-se segundo as formas equivalentes ao que se almeja, pois somos ou seremos sempre a soma de muitos.

Desiderato: aquilo que é objeto de desejo; ambição; vontade; anseio; aspiração. Exemplo: *"Seu único desiderato era ser feliz"*.

Desídia: preguiça; ociosidade; indolência.

Deslindar: tornar inteligível, compreensível (o que está confuso, obscuro); esmiuçar, investigar, averiguar, explicitar. Desembaraçar, desemaranhar; desenredar.

Dessedentar: saciar; matar a sede.

Destarte: consequentemente; por conseguinte; deste modo; desta forma; isto posto; à vista disto; deste jeito; portanto, logo; pois; então; assim sendo; desta maneira; feito desse modo: *"O álcool é perigoso e, destarte, proibido a menores"*.

Desvelo: ação ou efeito de desvelar. Extremo cuidado; em que há ou em que demonstra dedicação; zelo. Carinho demonstrado de maneira expressiva.

Determinação: é a ação consciente e refletida que delimita a terminação (o término) de um processo (Dr. Hans – do livro, Saúde em Plenitude: Projeto Melhorar-se. Cap. 48, Determinação. Por Lindomar Coutinho). É a decisão que se toma após reflexão; resolução. A indicação muito precisa feita por estudo, cálculo ou avaliação; definição. A persistência para conseguir o que se deseja; firmeza e confiança.

Deus Cósmico (Unidade/Variedade): conceito de um Deus que É a Criação, a Consciência Cósmica, Espírito incriado, causa e efeito, força e substância primária de todas as manifestações existentes. A eternidade, o infinito, os atributos, a Lei e todas as forças da Criação só existem n'Ele; fora d'Ele, nada existe. Ele é o Ser dos seres, a Alma do Universo.

"Centro inefável para onde verguem e se fundem, em síntese sem limites, todas as ciências, todas as artes, todas as verdades superiores. Deus é a primeira e a última palavra das coisas presentes ou passadas, próximas ou longínquas; Ela é a própria Lei, a causa única de todas as coisas, a união absoluta, fundamental, do Bem e do Belo, que reclama o pensamento, que exige a consciência e na qual a Alma humana acha a sua razão de ser e a fonte inesgotável de suas forças, de suas luzes, de suas inspirações" *(Léon Denis/O Grande Enigma. Cap. 4).*

Segundo Espinosa Deus é causa imanente, não transitiva, de todas as coisas. Tudo o que é, é em Deus e deve ser conseguido por Deus; portanto, Deus é a causa das coisas que estão nele. Logo, fora de Deus não pode haver nenhuma substância, quer dizer, nenhuma coisa que, fora de Deus, exista por si mesma. Disponível em: http://www.filoinfo.bem-vindo.net/filosofia/modules/lexico/entry.php?entryID=709 Acesso em 15 de fevereiro de 2013. *(vide monismo)*

Deus-Espírito: é a onipotência soberana do complexo consciencial ou condomínio multidimensional. Governador geral da Superconsciência, da intuição, do cristo interno, do centro coronário, das virtudes e das superpersonalidades a elas correlacionadas, dos corpos – de evolução e de expressão –, das almas e das personalidades interdependentes, da mente consciente, do inconsciente onde mourejam as subpersonalidades, do subconsciente onde mourejam as almas instintivas, do perispírito e do corpo físico. Havendo sensações diversas em muitos lugares simultaneamente, sendo que o deus-Espírito, por ser onipresente, sente-as integralmente; coadjuvado por sua onisciência, distingue-as plenamente; analisa a causa determinante e o ponto em que se a produziu e sabe conscientemente o que fazer, como fazer, quando realizar, por que executar e para que efetivar.

Deus interno (Eu interior): o ser imperecível, indivisível, imortal; a soma dos vários cristos; o templo das virtudes; o reino de Deus em nós; o Superconsciente – o diretor geral. *(vide Espírito)*

Devenir: tornar-se. *(vide devir)*

Dever: o dever é a lei da vida, ou seja, é a obrigação moral, primeiro para consigo mesmo e, em seguida, para com os outros. Ele se encontra desde os menores detalhes, assim como nos mais elevados atos. Enfim, o dever reflete, na prática, todas as virtudes morais; é uma fortaleza da alma que enfrenta as angústias da luta; é severo e dócil; pronto para dobrar-se às diversas complicações, mas permanece inflexível perante suas tentações. É, ao mesmo tempo, juiz e escravo em sua própria causa.

Devir: segundo a Filosofia, é o processo de mudanças efetivas pelas quais todo ser passa. Movimento permanente que atua como regra, sendo capaz de criar, transformar e modificar tudo o que existe; é a própria íntima mudança evolutiva.

Devotamento: ação ou efeito de devotar ou de devotar-se; dedicação, grande empenho.

Diáfano: translúcido; translucente; sutil; vaporoso; transparente; que possibilita a passagem da luz através de sua massa compacta, sem que haja prejuízo na percepção das formas dos objetos.

Discernimento: aptidão para avaliar algo com sensatez e clareza; bom senso; lucidez. Capacidade para perceber a diferença entre o certo e o errado; juízo dos valores; destreza para entender algo com grande facilidade; perspicácia. Ação ou capacidade de discernir, de distinguir com clareza.

Duplo ou Triplo Etérico: é o modelo organizador biológico, cuja constituição é composta de princípios vitais, com a função de gerar vida, de fluidos vitais para nutrir a vida, e de energias vitais que a organizam e a mantêm em seu irrefreável dinamismo e em sua intérmina transformação. O duplo – ou triplo – etérico acumula a síntese de todas as experiências inerentes aos átomos catalogados na escala estequiogenética e, subsequentemente, sintetiza a expertise de todas as estruturas moleculares inerentes ao cosmo orgânico e aos demais reinos que lhe antecedem a existência.

Efêmero: que tem curta duração; que é breve; transitório: *"sucesso efêmero"*. Característica do que é temporário; momentâneo: *"felicidade efêmera"*.

Ego: é o conceito que alguém tem acerca de si mesmo, a parte central da personalidade de uma pessoa. De acordo com a segunda formulação da teoria psicanalítica freudiana, dimensão do aparelho psíquico humano, constituída a partir das experiências do indivíduo, que exerce a função de seleção e controle dos impulsos e desejos que têm sua origem no id, a dimensão mais profunda e inconsciente da psique humana.

Para nós outros, o ego é o eu pessoal ou a alma encarnada. O eu pessoal é, muitas vezes, confundido com a personalidade, sendo, ele mesmo, o ponto de autoconsciência pura. Corresponde ao Ego, ao centro da consciência individual, diferindo expressivamente dos conteúdos da própria consciência, tais as sensações, os pensamentos, as emoções e sentimentos. Em sentido profundo, o Ego é a soma das deficiências e das potencialidades da alma imatura em pleno processo de despertamento, de floração e de sublimação para a elaboração e a edificação do Self. No eixo Ego/Self: o ego é a personificação dos instintos, das sensações, das emoções, dos sentimentos, da inteligência e da razão, é a representação do que é perecível e impermanente na dimensão psicossensorial. O Self é a expressão da intuição, da verdade e da vida em plenitude, equivale ao que é perene, imortal, ao que se eterniza na forma. O Ego prefere o mergulho nas sensações do poder (predominância sobre os espécimes mais fracos), do gozar (o prazer expresso na volúpia dos desejos automatistas), do tocar e sentir, enquanto o Self anela pelo vivenciar e ser, ampliando os seus horizontes de gratidão.

O Ego é originário da inteligência que dimana do Espírito, remanescente dos instintos, dos impulsos do desejo e do prazer, como herança dos registros mais profundos da psique.

É o resultado das experiências multifárias das reencarnações transatas, quando o ser despertava nas formas primitivas, através das quais seriam desenvolvidos os valores e as aptidões que ora lhe constituem os elementos físicos e psíquicos do processo evolutivo.

O Ego é o elemento básico para a sobrevivência consciente do ser, enraizando-se na psique e exteriorizando-se na personalidade onde mantém o seu campo de desenvolvimento. Como efeito, a astúcia predomina mais do que a inteligência, em razão de expressar os mecanismos do instinto animal de preservação da vida, engendrando os meios de sobrepor-se cada indivíduo sobre o outro, considerando prioridade a defesa da sobrevivência.

Egoísmo: falta de altruísmo; apego excessivo aos próprios interesses; comportamento da pessoa que não tem em consideração os interesses dos outros. Se considera injustiçado se não for satisfeito. Presunção; tendência a excluir os outros, tornando-se a única referência sobre tudo. Exclusivismo de quem toma a si próprio como referência para tudo.

[Filosofia] Tendência individual de ter em conta os próprios interesses em detrimento da submissão aos compromissos morais com os demais.

Elementais (força criadora): são gerados pela união de dois ou mais princípios inteligentes. Compõem e integram uma infinidade de reinos naturais, anteriores e posteriores ao reino mineral, inclusive o corpo físico e o perispírito do ser humano. Compõem a base de coesão e de sustentação da vida em todos os reinos. São responsáveis pela união, formação e transformação de todas as substâncias da Natureza.

Elementais: **(E maiúsculo)** assim são designadas as consciências elementais, depois de alcançarem o reino pré-humano, subumano ou humanimalidade. Este estágio situa-se entre o animal e o homem. Comumente são nominados de agentes da Natureza, tais como: espíritos das flores, anjo das crianças, protetores invisíveis, seres inferiores da criação, espíritos mais atrasados, gnomos, duendes, trasgos, diabretes etc.

Emanação: processo no qual o ser faz sair de si um prolongamento de sua própria substância e natureza, a partir do qual se cria a realidade que se pretende.

Emoção: 1. Reação moral, psíquica ou física, geralmente causada por uma confusão de sentimentos, que se tem diante de algum fato, situação, notícia, fazendo com que o corpo se comporte tendo em conta essa reação, através de alterações respiratórias, circulatórias; comoção. 2. Em sentido profundo: emoção é a soma das memórias e dos registros da síntese das nuances e dos matizes de todas as cenas correlacionadas ao enredo, acrescidas das sensações e dos instintos correspondentes à experiência vivida.

Emocional: o arquipélago que produz emoção, sentimentos intensos e contundentes.

Empatia: ação de se colocar no lugar de outra pessoa, buscando agir ou pensar da forma como ela pensaria ou agiria nas mesmas circunstâncias. Aptidão para se identificar com o outro, sentindo o que ele sente, desejando o que ele deseja, aprendendo da maneira como ele aprende.

Encarnação: ao encarnar, o Espírito entra em processo preparatório, principalmente no tocante à consciência que, além de ser um todo unificado, é também a mínima parte que se encontra em atividade na alma, a qual domina o império da carne. A natureza, sendo sábia, cria vários corpos para que a mensagem do Espírito seja dada e o aprendizado da alma, consumado. Na tese da reencarnação, o Espírito, obrigatoriamente, reencarnaria na íntegra, com todo o seu patrimônio e com todos os seus potenciais, porém, diferentemente da alma, o Espírito sabe conscientemente o que fazer, como fazer, quando realizar, por que executar e para que efetivar. Deduz-se, logicamente, que o Espírito encarna as partes que o constituem e que precisam de promoção e sublimação por meio da experiência encarnatória (as almas sob sua gerência ou orientação), visto que a alma é o aprendiz que nasce sob o véu da ignorância e é submetida às experiências de erros e acertos conforme as leis evolutivas.

Energia (Luz): formada pelos fótons, força primária constituída do Psiquismo Divino. No seu processo transformacional, torna-se um complexo de forças vitais geradoras e mantenedoras de vida. É a matéria primária condensada ou a matéria física dissociada.

Energia atômica: a energia atômica é um aglomerado de forças vivas formadas por fascículos de luz (elementos subatômicos ou princípios vitais).

Energia psi: a consciência-base na formação e aprimoramento dos instintos, *os embriões dos sentimentos* e da inteligência, que, antes de se transformarem em sentimentos, passarão pelas áreas das sensações, emoções etc. É a matéria puríssima (quintessenciada) da qual são constituídos os Espíritos.

Energia universal (fluido universal): o plasma divino, hausto do Criador ou força nervosa do Todo-Sábio. Elemento primordial, no qual vibram e vivem constelações e sóis, mundos e seres, como peixes no oceano. É o princípio sem o qual a matéria estaria em perpétuo estado de divisão e jamais adquiriria as propriedades que a gravidade lhe dá.

Energia Vital (lei de conservação): a energia que organiza e mantém a vida em todas as suas expressões. Também denominada de modelo organizador biológico, é componente do primeiro núcleo do psiátomo – o Bion. *(vide duplo ou triplo etérico)*

Enfibratura: energia ou capacidade para tomar decisões difíceis (= resiliência) ou assumir posições firmes (= fibra, firmeza de caráter).

Engendrar: inventar; criar de maneira imaginativa.

Enquistado: o mesmo que encistado ou em forma de cisto ou quisto – coleção líquida ou pastosa envolvida ou delimitada por membrana; estrutura em forma de saco ou vesícula. Encapsulado; embutido; incluído em algo ou em algum local, como um cisto; encaixado.

Entidade mental: *(vide mente).*

Equidade: característica de algo ou alguém que revela senso de justiça, que julga de maneira imparcial, isenta e neutra, sem tomar partidos; imparcialidade. Correção no modo de agir ou de opinar; em que há lisura, honestidade. Disposição para reconhecer a imparcialidade do direito de cada indivíduo.

"A equidade do Espírito por onde ele passa representa traços da sua intimidade e sempre reúnem admiradores e imitadores; é o bem sem esforço visível, é a caridade em silêncio que se pode fazer sem alarde e sem convites pela palavra, é a força do exemplo explodindo no coração que antes implodira; é o socorro aos outros sem ostentação, é uma vida em favor das vidas que procuram melhorar." *(Miramez/Horizontes da vida).*

Equilíbrio: estado do sistema cujas forças que sobre ele agem se contrabalançam e se anulam de maneira mútua. Força que age de maneira igual entre duas ou mais coisas (ou pessoas).

[Figurado] Propriedade ou estado daquilo que permanece estável (constante); estabilidade. Condição em que há harmonia; que se distribui de maneira proporcional. Que apresenta comedimento emocional; cujo estado mental é estável; autocontrole.

"A moderação é norma divina, na divina sequência do equilíbrio. Equilíbrio é o ponto culminante no cristianismo, pois é ele ponderação em todos os passos das criaturas de Deus, é o bom senso iluminando as decisões dos homens; é, por excelência, o mediador entre Deus e a humanidade inteira.

O ser dotado deste estado de harmonia já percebe, mesmo na Terra, o ambiente dos planos superiores, ensejando a paz para os outros.

É um regulador do Bem, mostrando, com a sua presença, o quanto conquistou pelas próprias experiências no decorrer de todas as suas existências. Se pretendemos acompanhar Jesus, pela glória de que o fato é portador, não violentemos a natureza tanto dos homens quanto das coisas."
(Miramez/Saúde e Cristos)

Esmero: o extremo cuidado ao realizar qualquer tarefa, trabalho, projeto; apuro: fazia seu exame com muito esmero. Alto grau de excelência; perfeição: aprendiz com esmero de sábio. Característica da pessoa ou daquilo que é asseado ou que revela elegância; elegante: aluno que se vestia com esmero.

espírito: princípio inteligente do Universo, a matéria-prima do Cosmos. Origina-se do Psiquismo Divino, força imanente em Deus, a essência do Amor. Destacando-se de Sua Mente, começa a se modificar, a evolucionar, buscando os semelhantes para ajudar e ser ajudado, passando por todos os estágios que o *processo divino* engendra. *(vide mônada e princípio inteligente)*

Espírito: a individualidade imperecível, a síntese de todas as realizações nas sucessivas reencarnações. Reúne em si as demais dimensões e sabe conscientemente o que fazer, quando fazê-lo e como realizá-lo, para ser a pessoa integral e ideal. Está no comando de todas as personalidades vivenciadas, em plena atividade nas dimensões do consciente, do subconsciente, do inconsciente e do Superconsciente, atuando em várias realidades, simultaneamente, como um ser multidimensional que é – deus interno. *(vide individualidade)*

Expansão da consciência: é a constante sublimação de todos os elementos inerentes ao Espírito, da essência do ser ao corpo biológico e vice-versa.

Esteses: habilidade de entender sentimentos/sensações; sensibilidade.

Etimologia (origem da palavra estese). Do grego Aisthesis.

Éter Cósmico: é a força cáusica ou a matéria primária da qual se originam todas as coisas, oriundo do prolongamento do Psiquismo Divino, constitui-se da coesão e da transmutação dos espíritos primitivos ou recém-natos (a matéria-prima do Cosmos), que não são senão a imanação da Vontade e do Pensamento da e na Força Suprema, em forma de mônadas primárias reagrupadas, cuja resultante torna-se a substância primordial que a tudo engendra.

Éter físico: o prana transubstanciado pelo triplo etérico. *(vide bioenergia)*

Eu individual: o setor que representa o inconsciente, a consciência individual, sendo o resultado das aquisições e das experiências do processo existencial com seus conflitos e aspirações, em luta contínua pela conscientização da realidade imortal.

Eu pessoal: é a mínima parte do Espírito ligada à matéria. Representa os novos anseios do ser imortal, o *ego*, ou a *alma encarnada*. O *eu pessoal* é, muitas vezes, confundido com a personalidade, sendo, ele mesmo, o ponto de *autoconsciência pura*. Corresponde ao ego, ao centro da consciência individual, diferindo expressivamente dos conteúdos da própria consciência, tais as sensações, os pensamentos, as emoções e sentimentos. *(vide ego)*

Eu profundo: *(vide Consciência profunda)*.

Eu Superior: corresponde ao Espírito, ao *Self*, também podendo ser denominado como *Superconsciente*. É o Cristo Interno, por meio do qual o Espírito se expressa para aperfeiçoar as experiências das personalidades presentes no *eu individual*. É uma emanação do Espírito, é o campo da consciência desperta, o orientador da alma encarnada. *(vide Cristo Interno)*

Evo: duração sem fim; eternidade, perpetuidade.

Evocar: trazer à lembrança; reproduzir na imaginação, na memória; lembrar: evocava o passado frequentemente.

Evolver: o mesmo que desenvolver-se gradualmente; transformar-se continuamente; evolucionar, evoluir.

Exponencial: no sentido figurado, o que é muito importante; de muita relevância; que não pode ser deixado de lado: crescimento exponencial.

Facear: fazer faces; mostrar-se à frente.

Fecundar: 1. provocar a origem de; perpetuar a existência através da fecundação; procriar; multiplicar ou multiplicar-se: fecundar o óvulo; fecundam-se rosas durante certo período do ano. 2. Fazer ficar fértil; possibilitar a concepção de; gerar ou produzir: fecundar o terreno; alguns solos se fecundam com o auxílio das chuvas; fecundou-se numa clínica privada. 3. [Figurado]Tornar criativo; ocasionar estímulos relacionados à invenção; estimular: fecundar o pensamento. Ocasionar a evolução ou o desenvolvimento de; fomentar: fecundar os momentos criativos.

Faina: trabalho.

Fanal: Farol, facho de luz, guia ou luz intelectual.

Fanicos: O mesmo que cigalhos; migalhas, fragmentos.

Fé: é o sentimento que nasce com o homem sobre o seu destino futuro. É a consciência que ele tem das suas imensas capacidades, cujo gérmen foi nele depositado, a princípio adormecido, e que lhe cumpre, no tempo, fazer germinar e crescer por força de sua vontade ativa. A fé transmite a esperança que gera o amor; é divina inspiração de Deus que conduz o homem ao bem; fé é um sentimento inato no homem. Ela dá uma espécie de lucidez que faz ver, pelo pensamento, os fins que se tem em vista e os meios para atingi-los. *"A fé é o firme fundamento das coisas que se esperam, e a prova das coisas que se não veem"* (Hebreus 11:1).

Fé racional: é o efeito gerado pela compreensão da dinâmica da vida, aquela que, para Kardec, deve encarar a razão face a face em todas as épocas da humanidade. É o conhecimento aprendido, apreendido, compreendido, vivenciado e aprimorado, constante e conscientemente (pág. 345, Despertar).

Felicidade: a felicidade é a completa vivência de todas as virtudes apregoadas pelo Cristo e seus grandes enviados. *(Miramez/Horizontes da mente)*.

Felicidade é um conjunto de virtudes vividas pela alma em qualquer lugar em que estiver, ou for chamada a viver. É a alegria pura e permanente do Espírito. É a bem-aventurança assegurada pelo amor, como sendo síntese de qualidades espirituais abençoadas por Deus e conquistadas pelo trabalho interno do Espírito. É a glória imperturbável da consciência em todos os sentidos. É doação constante a tudo e a todos, buscando entender a posição de cada um, sem especular os companheiros, por sermos todos irmãos, filhos do mesmo Deus de bondade e de amor. É paz, é amor, é perdão, é tranquilidade, é justiça, é alegria, é equilíbrio, é benevolência, é caridade. É a alma em Deus, e Deus sendo reconhecido dentro de cada alma. É gratidão a Deus por Seus feitos de segundo a segundo. *(Miramez/Horizontes da vida)*.

A FELICIDADE não pode estar em nada que esteja fora de você. Busque-a dentro de você mesmo, pois a felicidade é DEUS, e DEUS mora dentro de você." *(Carlos Torres Pastorino/Minutos de Sabedoria)*.

Fenótipo: reunião das características particulares ao indivíduo que podem ser visíveis ou detectáveis; manifestação perceptível do genótipo. Conjunto das particularidades que caracterizam o comportamento de uma bactéria, de um vírus ou um micro-organismo.

Fixação mental: ideias fixas ou cristalizadas.

Fluído: sílaba tônica /í/. Fluído é o particípio do verbo fluir, que se refere, entre outros, ao ato de correr em estado líquido. Fluído é, assim, sinônimo de escoado, escorrido, vazado, drenado e vertido. Fluir pode indicar também o ato de ter origem em, de ficar com menos intensidade e de decorrer no tempo. O particípio é usado, principalmente, na formação de tempos verbais compostos e em locuções verbais. Exemplos com fluído: O que faremos se a água ainda não tiver fluído? O líquido já tinha fluído pela canalização. Já era noite. As horas tinham fluído e ninguém tinha notado. Antes das cinco da tarde, o trânsito tem fluído bem.

Fluido: sílaba tônica no /u/. Qualquer substância capaz de fluir como os líquidos e os gases e que não resiste de maneira permanente às mudanças das formas provocadas pela pressão. Substantivo ou adjetivo formado pelo ditongo ui, que apresenta duas sílabas (flui-do). Tem flui como sílaba tônica. Indica, principalmente, uma substância líquida ou gasosa: maus fluidos; bons fluidos; fluidos para freios; fluidos do corpo; mecânica dos fluidos. Indica algo que corre como um líquido ou que ocorre de forma fácil e espontânea. Pode indicar também algo que é mole, não apresentando rigidez, bem como o líquido inflamável dos isqueiros. Refere-se ainda a uma aura ou influência que um ser pode ter ou exercer. É sinônimo de: líquido, gás, fluente, corrente, fácil, espontâneo, natural, simples, mole, flácido, frouxo, influência e aura, entre outros. Exemplos com fluido: O fluido do meu isqueiro já acabou. Ela sempre transmite bons fluidos. Com ele, é impossível manter um diálogo fluido. Pode referir-se também a energias sutis e quintessenciadas – aquém e além do plano mental.

Fluido vital: nomeia-se *fluido vital* ao elemento que une e gerencia os elementos oriundos do universo subatômico para a formação e a manutenção dos átomos e a sua união, para a constituição das moléculas, visando a revitalização e o aprimoramento das células.

Fomentar: equivale a estimular, incentivar ou despertar o interesse por. Exemplo: fomentar boas ideias.

Força de coesão: lei que determina o convite e a convergência dos elementos primaciais na construção, na edificação e no aprimoramento da obra em evidência.

Força de sustentação: lei que coordena, direciona e promove os elementos envolvidos no propósito previamente delineado

Força Vital: *(vide duplo ou triplo etérico).*

Formas-pensamento: são os pensamentos revestidos ou aureolados pelos seres constitutivos da matéria mental, qualificados pelos sentimentos ou pelas emoções correlacionadas. Modelamos nossa alma e seu invólucro com os nossos pensamentos; estes produzem formas, imagens que se imprimem na matéria sutil, de que o corpo fluídico é composto. O pensamento gera nossas palavras, nossas ações e, com ele, construímos, dia a dia, o edifício grandioso ou miserável de nossa vida presente e futura. As formas-pensamento tendem a agrupar-se e agregar-se, como um cacho de uvas. Simulando o conceito numa fórmula, teremos: vontade + pensamento + matéria mental = forma-pensamento.

Fótons: partículas do mundo subatômico, também consideradas elementos do mundo psíquico, do universo mental ou da matéria mental determinante, que nascem da união desses elementos vivos da Natureza (elementais).

Frágua: sorte adversa, infortúnio, amargura, pena.

Fraternidade: a fraternidade é o pacto de Amor Universal entre todas as criaturas perante o Criador. A condição de sentir-se um com os demais; trata-se da junção de muitas virtudes correlacionadas, tais como: a empatia, a piedade, a compaixão, a solidariedade etc.

Fruição: ato, processo ou efeito de fruir; desfrutar prazerosamente, aproveitar, gozar, usufruir.

Futuro: o intérmino *vir a ser*. No Espírito, a Consciência profunda – Superconsciência – representa para a alma, em curso, o seu glorioso porvir.

Genótipo: conjunto dos fatores hereditários que entram na constituição de um indivíduo ou de uma linhagem.

Gravitação: ela limita o espaço e a função. Força em virtude da qual todos os corpos se atraem na razão direta das suas massas e na razão inversa do quadrado da distância que os separa. A gravitação mantém o universo unido. Por exemplo, ela mantém juntos os gases quentes no Sol e faz os planetas permanecerem em suas órbitas. A gravidade da Lua causa as marés oceânicas na Terra. Por causa da gravitação, os objetos da Terra são atraídos em sua direção. A atração gravitacional que um planeta exerce sobre os objetos próximos é denominada força da gravidade.

Gratidão: a gratidão é a arte da fé, é a via para a saúde, é o caminho para a paz. Filha dileta do amor sábio, enriquece a vida de beleza e de alegria. O verbete gratidão vem do latim *gratia* que significa literalmente *graça*, ou *gratus* que se traduz como *agradável*. Por extensão, significa reconhecimento agradável por tudo quanto se recebe ou lhe é concedido. A gratidão é um dos mais grandiosos momentos do desenvolvimento ético-moral do ser humano e está ínsita na individuação, quando tudo adquire beleza e significado. Gratidão é transcendência existencial, enriquecimento emocional e saúde comportamental. É a força que logra desintegrar os aranzéis da degradação do sentido existencial. Nos níveis nobres da *consciência de si e da cósmica*, a gratidão aureola-se de júbilos, e os sentimentos não mais permanecem adstritos ao *eu, ao meu*, ampliando-se ao *nós*, a mim e você, a todos juntos. A gratidão é a assinatura de Deus colocada na Sua obra. Quando se enraíza no sentimento humano logra proporcionar harmonia interna, liberação de conflitos, saúde emocional, por luzir como estrela na imensidão sideral... A gratidão é, portanto, um momento de individuação, quando o ser humano recorda o passado com alegria, considerando os trechos do caminho mais difíceis que foram vencidos, alegrando-se com o presente e encarando o futuro sem nenhum receio, porque os arquétipos responsáveis pelas aflições foram diluídos na consciência, não restando vestígios da sua existência. *(Miramez/ Horizontes da Fala e Joanna de Ângelis/Psicologia da Gratidão).*

Hábito: uma ação que se repete com frequência e regularidade; mania. Comportamento que alguém aprende e repete frequentemente.

Homem: é um pequeno mundo cujo diretor é o Espírito, no qual o princípio dirigido é o corpo. Albert Einstein definiu o homem como sendo *um conjunto eletrônico regido pela consciência. (vide indivíduo humano)*

Humanimalidade: é o elo perdido entre os reinos animal e hominal – o reino pré-humano ou subumano – o Elemental ou Elementais com "E" maiúsculo (Assim convencionamos, em nossos livros, para diferenciar elementais menos evoluídos dos Elementais pré-humanos).

Ideia: um ser organizado pelo Espírito, ao qual o pensamento dá forma e expansão; a imaginação e o sentimento dão vida e a inteligência, movimento e direção. Além de ser uma criação mental, é um ser complexamente organizado e com vida própria.

Ideias-síntese: são as imanações que dimanam da Consciência-mater, ideias que sintetizam o conhecimento cumulativo e contextualizado com discernimento, lucidez e maestria.

Imaginação: é a imagem elaborada no campo mental mediante o acúmulo dos conhecimentos intelecto-morais e espirituais previamente conquistados.

Imanência (Imanente): qualidade do que pertence à substância ou essência de algo, à sua interioridade, em contraste com a existência, real ou fictícia, de uma dimensão externa. Significa permanência do fim, do resultado ou do efeito de uma ação no seu agente. Isto é, tudo que, fazendo parte da substância de uma coisa, não subsiste fora dessa coisa. Segundo Espinosa "Deus é causa imanente, não transitiva, de todas as coisas". Em outras palavras, "Deus é a causa das coisas que estão n'Ele", e nada há fora de Deus. A ação de Deus é imanente porque não vai além de Deus. Nesse sentido, a imanência é a inclusão de toda a realidade no Eu (ou Absoluto ou Consciência) e a negação de qualquer realidade fora do Eu. Disponível em: http://www.filoinfo.bem-vindo.net/filosofia/modules/lexico/entry.php?entryID=709 Acesso em 15 de fevereiro de 2013.

Imanente: o que está inseparavelmente contido na natureza de um ser ou de um objeto; inerente, intrínseco à consciência individual.

Imarcescível: o mesmo que duradouro, incorruptível, que não murcha; repleto de vigor; o que é perene, plenificador, eterno.

Impulso: ação de impelir, de lançar com força para algum lugar; o resultado dessa ação.

No Espírito, é também, a ação inicial (a intenção), ou seja, é o convite feito pela vontade aos arquitetos (desejo, pensamento, inteligência, imaginação, memória etc.), aos operários (instintos, sensações, emoções e sentimentos) e à matéria-prima (o princípio inteligente, a matéria elementar, a energia universal e a matéria mental), a fim de realizarem uma ação conjunta, no interior da universidade ou laboratório mental, ante a proposta do que almejamos construir ou sublimar.

Inconsciente: o arquivo vivo das experiências pretéritas do Espírito; o que ainda é perecível, instável e impermanente, o templo das paixões constritoras que anseiam por orientação e por promoção.

Inconsciente coletivo: segundo o conceito da Psicanálise Analítica, é a camada mais profunda da psique. O inconsciente coletivo também tem sido compreendido como um arcabouço de arquétipos cujas influências se expandem para além da psique humana.

Individuação: individuar a ação, é o processo através do qual o ser se constrói idealmente e se assume com os valores que lhe são peculiares, intransferíveis. O indivíduo deve tornar-se um ser total, original, único, libertando a consciência das constrições mais vigorosas do *Inconsciente dominador,* enfrentando-o com serenidade e integrando-o à consciência atual. É a conquista mais expressiva do processo evolutivo do ser humano. Aparentemente se resume na vitória do *Self* em relação à sombra e ao ego, assim como à superação dos arquétipos responsáveis pelos transtornos emocionais e enfermidades de outra natureza que facultam ao ser humano a perfeita compreensão da vida e das suas finalidades. É o momento quando a consciência toma conhecimento dos conteúdos inconscientes e prossegue realizando a sua superação, que consiste na integração dos arquétipos, a fim de que sejam evitados os conflitos habituais ou surjam novos. *(Joanna de Ângelis/Psicologia da gratidão)*

Individualidade: o Espírito em si mesmo que reúne as demais dimensões e sabe, conscientemente, *o que fazer, quando fazê-lo e como realizá-lo,* para ser a pessoa integral, ideal. É o ser pleno e potente que alcançou a autorrealização. A síntese das personalidades animadas pelo Espírito, isto é, a soma de todas as realizações nas sucessivas reencarnações; arquivo consciencial onde se pode consultar todas as experiências já vivenciadas, exitosas ou não e se lembrar delas. *(vide Superconsciente)*

Individualidade Multifacetada: as múltiplas faces constitutivas do Espírito imortal. Configura-se tão somente, na multidimensionalidade indivisível do Ser humano e Espiritual, ou seja, a síntese do Ser total.

Individualização: a soma de um número incontável das mônadas embrionárias com suas experiências diversas, por meio de um complexo entrelaçamento elaborado e construído pelo trabalho e a união de muitos.

Indivíduo humano: (a espécie) um agrupamento de energias em diferentes níveis de vibração, necessitando de canalização disciplinadora, de modo a torná-las sentimentos. (*vide instintos e ser humano*)

Indizível: 1. incomum, intraduzível, que não pode ser dito ou expressado por palavras, impossível de se descrever: sensação indizível. 2. [Figurado] Que se desvia daquilo que é comum ou programado; extraordinário: era indizível a graça do seu andar tão suave.

Indução: ação de induzir, de ser a razão de algo ou de ter a capacidade de provocar alguma coisa; instigação. Ato de fazer com que alguém acredite ou passe a acreditar em alguma coisa (não necessariamente verdadeira); persuasão. Raciocínio que parte de conjecturas, de indícios que vão do particular ao geral, de maneira a postular algo que dê conta da maioria: a indução desempenha papel fundamental nas ciências experimentais.

Inefável: o que não pode ser expresso verbalmente, é um termo utilizado para identificar algo de origem divina ou transcendental e com atributos de beleza e perfeição tão superiores aos níveis terrenos que não pode ser expresso em palavras humanas; indizível; encantador; inebriante. Na Bíblia, este termo aparece vindo da palavra grega anekdiegetos e pode ser traduzida como inexprimível e indescritível. Nas Upanishads indianas, a realidade absoluta ou Brahman é considerada como impensável, ou seja, estaria além dos conceitos.

Inerência: relação entre o sujeito e uma qualidade que lhe é intrínseca; estado de coisas que, por natureza, são inseparáveis e que somente por abstração podem ser dissociadas.

Inepto: 1. Desprovido de inteligência, idiota, imbecil; 2. Sem sentido, absurdo, confuso, incoerente.

Inexorável: que não se corrompe por pedidos ou súplicas insistentes; inflexível. Que não se pode refutar; inelutável. Que se mantém rigorosamente irredutível. Alguns exemplos são as normas, as regras, as leis ou preceitos inexoráveis etc. Etimologia (origem da palavra ***inexorável***). A palavra inexorável deriva do latim "inexorabilis,e", com sentido de inflexível, que não se comove.

Infrene: desprovido de freio, desenfreado.

Ingênitas: inatas, nativas, natural, que nascem com o indivíduo, congênitas.

Ingente: enorme, desmedido, muito forte, intenso.

Ingratidão: a ingratidão é desapreço, apresenta-se como grave imperfeição da alma, que deve ser corrigida. A ingratidão é chaga moral purulenta no indivíduo, que debilita o organismo social onde se encontra *(Joanna de Ângelis/Jesus e Atualidade).*

Ingrato: o ingrato é enfermo que se combure nas chamas do orgulho mal dissimulado, da insatisfação perversa. A si todos os direitos e méritos se atribui, negando ao benfeitor a mínima consideração, nenhum reconhecimento. Olvidando-se, rapidamente, do bem que lhe foi dispensado, silencia-o, mesmo quando não pensa que o recebido não passou de um dever para com ele, insuficiente para o seu grau de importância. Assim, os ingratos são numerosos, sempre soberbos, e autossuficientes, em dependência mórbida, porém, dos sacrifícios dos outros. Por imaturidade espiritual, ceifam a árvore de onde retiram os frutos de hoje, acreditando, com ingenuidade, que não terão fome amanhã. E quando esta se apresenta novamente, não têm onde recolher o alimento. Assim agem os ingratos *(Joanna de Ângelis/Jesus e Atualidade)*.

Intenção: intenção significa o que se pretende fazer; propósito, intento. O que se almeja; o que se busca; desejo. Resultado da vontade depois de admitir uma ideia como projeto. O que está planejado ou se pretende alcançar. [Literatura] Reunião dos mecanismos usados pelo autor para compor um projeto. Podemos também definir como tomada de decisão, ou seja, uma atitude interior, "propósito ou intento". Aquilo que uma pessoa espera (deseja) que aconteça; vontade.

Intensão: ato ou resultado de aumentar a tensão; intensidade; nível de força, de movimento, de energia aplicada no intento ou projeto a se realizar. Ação de intensar, de aumentar ou estimular.

Inspiração: processo no qual algo nasce no coração, o pensamento inspirado é como um saber do espírito. Estado da alma quando influenciada por uma potência sobrenatural: inspiração divina. Ato de fazer com que alguém seja influenciado, inspirado; influência espiritual externa. Resultado do que foi criado a partir de um estímulo de criação. Ideia repentina e momentânea, normalmente genial; iluminação. Sopro de origem divina que, para os cristãos, teria conduzido os escritores da Bíblia.

Etimologia (origem da palavra **inspiração**). A palavra inspiração deriva do latim "inspiratio,onis", que significa hálito, bafo.

Inspiração é diferente de **intuição**, pois nesta o indivíduo acessa seu próprio conhecimento intimamente conquistado ao longo do processo evolutivo através de sua conexão íntima com o Espírito, ou seja, trata-se do mecanismo de conexão da personalidade atuante (o consciente) com outras mentes externas, em busca das informações de que necessita, quando não as encontra no superconsciente, por meio da intuição. O intercâmbio sempre começa de dentro para fora. Todo pedido vai para a central da mente. Interpreta-se o código e a assistência é imediata (via intuição). Quando o espírito não encontra recursos em si mesmo, por falta de evolução, a razão dá o alarme, buscando, no exterior (via inspiração), providências cabíveis à necessidade urgente!

Instintos: os embriões dos sentimentos e da inteligência, tendo no subconsciente (o templo das ideais inatas) o seu quartel general, ou seja, a área dos automatismos. *(vide subconsciente)*

Inteligência: um atributo essencial do Espírito, a sua individualidade moral (representando a qualidade da consciência), pelo qual se expressa o pensamento, podendo ser intelectual, emotiva e espiritual ou as três simultaneamente (inteligência ética), conforme a tarefa ou a necessidade reencarnatória do Espírito.

Inteligência emotiva: estabelece as diretrizes morais que regem os comportamentos, a organização e a solidariedade mútuas nas parcerias e o equilíbrio das permutas nos relacionamentos.

Inteligência espiritual: traça os códigos da ética e do respeito aos comportamentos na fraternidade, nos relacionamentos, na aquisição e no aprimoramento do patrimônio imperecível, isto é, define as lídimas normativas e os valores empenhados na edificação e na sublimação das virtudes excelsas.

Inteligência ética: *(vide consciência ética).*

Inteligência intelectiva: determina necessidade do conhecimento cumulativo, da capacitação equivalente ao que se almeja, ante a qualificação da conquista do essencial ao conforto e à segurança de seu possuidor.

Intento: o que se quer ou se deseja realizar; intenção, objetivo, projeto etc.; o que é dedicado ou aplicado ao extremo. Nenhum obstáculo o fazia desistir do seu intento.

Ínterim: característica do que é interino; provisório. Neste meio-tempo; espaço de tempo entre duas situações e/ou fatos: neste ínterim, entre o almoço e o jogo, terminei o trabalho. Intervalo de tempo entre uma situação presente e outra no passado.

Interpessoal: relaciona-se ao que ocorre ou se efetiva entre duas ou mais pessoas: relação interpessoal, comunicação interpessoal.

Intimorato: destemido; sem temor; que age de modo corajoso e valente: bombeiro intimorato; policial intimorato.

Intrapessoal: refere-se à relação de uma pessoa consigo mesma, do que se efetiva ou se realiza intimamente: comunicação intrapessoal.

Introito: aquilo que dá início a alguma coisa; o começo; princípio.

Introspecção: exame íntimo da consciência; observação que uma pessoa faz dos seus próprios atos, de seu comportamento etc.; introversão.

Intuição: segundo Carlos T. Pastorino, intuição é "o contato que se estabelece entre a mente espiritual (individualidade) e o intelecto (personalidade). Em outras palavras, é o afloramento do superconsciente no consciente atual. Entre a Individualidade e a Personalidade existe uma ponte, através da qual a consciência 'pequena' da Personalidade (única ativa e consciente no estágio atual das grandes massas humanas) pode comunicar-se com a consciência 'superior' da Individualidade (que os cientistas começam a entrever e denominam ora 'superconsciente', ora 'inconsciente profundo'). Essa ponte é chamada de INTUIÇÃO." (extraído da obra Sabedoria do Evangelho – volume I).

Intuição proativa: entende-se o insight transitivo do estar para o ser, do "eu sei" para o "eu sou", ou seja, o empenho para a transcendência da dimensão psicossensorial perecível para o oásis imperecível do Reino de Deus em si. Equivale à conquista do ponto culminante da cientificação dos fatos e a necessidade impostergável do pleno desenvolvimento das aptidões capacitativas e dos valores diretivos transcendentes. Enquanto a razão aprimorada representa o intelecto lucidamente organizado, o sentimento sublimado se constituirá dos substratos que se configurarão nos pilares proeminentes da intuição proativa em si mesma.

Inverossímil: que aparenta não ser verdadeiro; difícil de acreditar: fato inverossímil. O que é falso ou ilusório. No nosso estudo do ensino dos Espíritos trata-se da ilusão da matéria (pois o que é verdadeiro de fato, usualmente, é imaterial, intangível e imponderável).

Invocar: 1. chamar em seu auxílio com uma prece, uma súplica: invocar a Deus. Suplicar a proteção de; implorar: os alunos invocavam ajuda. 2. Fazer com que algo sobrenatural fique presente; invocar os espíritos.

Ipsis verbis: (sinônimo de **ipsis litteris**): De acordo com estes termos: in verbis, literalmente, textualmente, nestes termos, nestas palavras, à letra, palavra por palavra, ao pé da letra.

Irreprochável: a que ou a quem não pode se fazer qualquer reproche ou crítica, inatacável, irrepreensível, impecável, perfeito.

Irritabilidade: é o menor movimento das mônadas primitivas ou dos elementos infinitesimais convidados ao divino festim, predispostos ao trabalho de elaboração e de edificação em conjunto daquilo que está sendo ou será planejado no laboratório mental.

Irrupção: invasão súbita, entrada impetuosa. Entrada hostil dos invasores em uma região. Entrada brusca, em geral. Transbordamento de um rio, do mar.

Labutar: trabalhar arduamente, lidar, laborar, lutar, empenhar-se, esforçar-se.

Lei de Amor: normatiza e governa todas as expressões da vida no Cosmos.

Liberdade: alternativa que uma pessoa possui para pensar, sentir, agir ou se expressar da maneira como bem entende, seguindo a sua consciência – inerente ao livre-arbítrio. A liberdade para fazê-lo é a filha dileta da responsabilidade e a mãe da felicidade. A felicidade é o estado de consciência tranquila à luz do dever fielmente cumprido. O dever é a lei da vida. Ele reflete, na prática, todas as virtudes morais.

No sentido Crístico, significa a possibilidade que cada um tem de assumir responsabilidades pelas *ovelhas de seu aprisco*, quando se conscientizar de que se constitui num universo hospedeiro de vidas em abundância e, portanto, mantenedor de um microuniverso a caminho da imortalidade.

Lídimo: admitido como legítimo, verdadeiro; autêntico, genuíno, puro, fidedigno, castiço, genuíno, vernáculo.

Livre-arbítrio: oportunidade ou possibilidade de decidir, tomar decisões por vontade própria, seguindo o próprio discernimento, isenta de qualquer condicionamento, motivo ou causa determinante e não se pautando numa razão, motivo ou causa, estabelecida: a fé não impõe regras, mas confia no livre-arbítrio de cada cristão. É a escolha pessoal que dá ao ser a responsabilidade necessária ao processo evolutivo individual.

Em suma, no livre-arbítrio você é guiado pela razão e na liberdade você segue os ditames de sua consciência.

lucidez: qualidade ou estado de pessoa lúcida; capacidade de conhecer, compreender e aprender; inteligência, consciência, razão; clareza de ideias e de expressão; clareza dos sentidos ou das percepções para o que é relevante; perspicácia, precisão.

Mal: é a ausência e a ignorância do bem.

Malbaratar: desperdiçar, dilapidar, gastar mal, dissipar.

Manar: significa verter eternamente: terra que mana leite e mel. Correr com abundância, fluir, brotar.

Marchetar: embutir, tauxiar, incrustar ou enfeitar, matizar ou entremear.

Matéria atômica: teve sua origem na condensação da energia universal a qual, por sua vez, se originou da união dos elementos da matéria primitiva – os princípios inteligentes do Universo.

Matéria elementar: energia estruturada por *espíritos* – ou *princípios inteligentes* – recém-saídos do Psiquismo Divino, unidos em nome do Cristo, na elaboração, na personificação e na promoção das primeiras consciências elementais – base estrutural da energia universal.

Matéria mental: origina-se da energia universal. Usada na elaboração e confecção dos pensamentos, compõe-se de elementais, considerados forças da Natureza à disposição da mente humana.

Matéria primitiva: *(Vide Psiquismo Divino).*

Matéria primordial: *(Vide Psiquismo Divino).*

Matéria psi: elemento base da constituição do Espírito. *(vide átomo psi)*

Matéria tangível: constituída pela união e a ação dos átomos da tabela periódica.

Meditação: medir a ação; por intermédio de nobres sentimentos, discernir e compreender pelas vias da intuição. Sentir na profundidade a essência das coisas e das pessoas observadas. A meditação tem a suavidade do amor e toda ela deve ser acompanhada pela prece que ajuda na força poderosa da visualização.

Memória: faculdade de reter ideias, sensações e impressões adquiridas anteriormente. É também o conjunto de registros mnemônicos e Akáshicos.

Mente: a mente é o espelho da vida em toda parte, o campo de nossa consciência desperta, na faixa evolutiva em que o conhecimento adquirido nos permite operar. Definindo-a por espelho da vida, reconhecemos que o coração lhe é a face e que o cérebro é o centro de suas ondulações, gerando a força do pensamento que tudo move, criando e transformando, destruindo e refazendo para acrisolar e sublimar. É uma emanação do Espírito; uma lavoura de proporções indescritíveis. Nesse campo, nada é impossível, desde que respeitemos as leis. É uma entidade posicionada entre forças inferiores e superiores, objetivando o aperfeiçoamento do complexo espiritual. Ante a Divina Lei, vê-se obrigada a aprender, verificar, escolher, repelir, aceitar, recolher, guardar, enriquecer-se, iluminar-se, progredir sempre.

Mente Cósmica: é o laboratório da Criação em Deus, a fonte geratriz, a mãe generosa, na qual imana as Suas formas de manifestação em todas as dimensões do ser e do saber. *(vide Natureza)*

Mente Crística: *(vide Cristo cósmico)*.

Metabolismo: conjunto de transformações sofridas em um organismo vivo pelas substâncias que o constituem: reação de síntese (anabolismo) e reação de degradação libertando energia (catabolismo).

Metabolismo basal ou metabolismo de base, quantidade de calor produzida pelo corpo humano, por hora e por metro quadrado da superfície corporal em repouso.

Microcosmo: o infinitamente pequeno.

Miríade: quantidade indeterminada, porém considerada imensa. Exemplo: "miríades de estrelas"; número incomensurável, grandeza insondável, correspondente ao indecifrável.

Mirífico: extraordinariamente belo, maravilhoso, perfeito, extraordinário, magnífico. Que é admirável; **portentoso**; que dá bons resultados; excelente; que se destaca dos demais por ser suntuoso, rico; de uma beleza fora do normal; excepcional.

Misericórdia: a ação demonstrada pelo sentimento do Bem Supremo, isto é, o ato de perdoar unicamente por bondade; a graça de gerar novas oportunidades de trabalho no bem.

Misoneísmo: aversão às mudanças impostergáveis e intransferíveis, ou seja, a repulsa a tudo o que é novo ou contém novidade; o mesmo que Neofobia (aversão às novidades, a tudo que é novo ou moderno). Antônimo de filoneísmo: entusiasmo pelas coisas novas.

Mister: |tér| 1. (com sílaba tônica no é): essencial, fundamental, necessidade, exigência, precisão (de algo).

Modelo Organizador Biológico (MOB ou energia vital): é constituído do primeiro núcleo do *psiátomo*. Energia que organiza e mantém a vida multiforme. *(vide energia vital)*

Molécula física (ou secundária): é formada de aglomerações de moléculas primitivas.

Molécula primitiva (ou molécula elementar): são aglomerações de átomos primitivos.

Mônadas: últimas divisões dos átomos, homogêneas em essência, mas, pelo Criador, dotadas de certas faculdades e, por necessidade evolutiva, serão desenvolvidas em graus infinitamente diversos. *(vide princípio inteligente)*

Monismo: conceito de um Deus que é a criação. Este é o conceito mais completo de Deus, ao qual só agora chegamos: a grande Alma do universo, centro de irradiação e de atração; Aquele que é Tudo, o Princípio e Suas manifestações. Eis o novo monismo que sucede ao politeísmo e ao monoteísmo das eras passadas. Em sua universalidade, o princípio do Todo é: organismo em seu aspecto estático, evolução em seu aspecto dinâmico (devenir), monismo em seu aspecto conceptual. Assim poderia definir-se o universo: uma unidade orgânica em evolução. Este princípio unitário, orgânico, evolutivo é a nota fundamental do monismo: a ordem. *(Pietro Ubaldi/A Grande Síntese. Cap. 2).*

Monoteísmo: fé em um só Deus.

Morfogênese: [Fisiologia] Diz-se da ação ou da função que intervém no crescimento, na determinação da forma do corpo; O mesmo que morfogenia.

Mourejar: labor persistente e incessante, lidar, labutar, estagiar, trabalhar muito, sem descanso (como um mouro), com afinco, com sacrifício, afainar (trabalhar como escravo), suar, esforçar-se, fazer pela vida.

Multiverso: múltiplos universos, universos paralelos.

Mundo psíquico: *(vide psíquico e psique).*

Munificente: que denota generosidade, magnânimo, munífico, dadivoso.

Natureza: o laboratório da Consciência Cósmica, por meio do qual Ela se expressa, experimenta e aprimora, no espaço, no tempo e na eternidade, todas as forças manifestadas no circuito ininterrupto do *continuun* infindo da Criação.

Objetivo: 1. diz-se daquilo que é concreto (palpável) e que se encontra no âmbito da experiência sensível, sendo separado do pensamento particular (individual) que, por sua vez, pode ser percebido por todos os observadores. 2. É também o que se pretende alcançar, realizar ou obter; propósito, meta, alvo: meu objetivo essencial é a sublimação de minha personalidade.

Obstar: criar obstáculo; criar dificuldade a; ser utilizado como obstáculo a; impedir: uma tempestade obstou seu casamento; seu ciúme obsta a que os amigos dela se aproximem. Desenvolver oposição; opor-se: tentava obstar a discriminação racial.

Olvidar: esquecer.

Onipotência: o Poder Supremo e regulador do Cosmos.

Onipresença: a presença de Deus em tudo.

Onisciência: a Suprema Sabedoria.

Oração: é couraça de luz que defende por dentro, imunizando por fora. É a mobilização dos próprios recursos. Orar não é pedir. É um anseio da alma. Orar é penetrar no desconhecido, dentro de nós. Quem ora está saindo de si para entrar em Deus. Orar é acender uma luz maior no coração da vida. Quem ora, orienta a si mesmo. O ato de orar é gratidão e reverência ao fato de viver. Quem costuma orar com eficiência faz nascer o Cristo no coração. A oração com Cristo é uma usina onde não faltam energias para a vida. Quem ora em favor dos outros, cria paz para si mesmo. Quem tem o hábito de orar, sente a felicidade em sorrir. A oração nos predispõe ao cultivo das virtudes, bem como nos dota de uma capacidade maior de analisar o que devemos fazer. *(Miramez/Segurança Mediúnica/Saúde)*

Orgulho: ele sempre aparenta ser o que de fato não o é. O orgulhoso a si mesmo se qualifica como superior em todos os quesitos, somente sua é a verdade. Comumente, demonstra a altivez de quem faz alarde de suas próprias qualidades; arrogância. Sentimento de satisfação com os seus próprios feitos e qualidades. Necessidade de reconhecimento público. Excesso de admiração que o indivíduo tem em relação a si próprio, baseado em suas próprias características, qualidades ou ações, soberba. Amor-próprio exposto de modo exagerado. Ação que demonstra desprezo em relação ao próximo; desdém.

Paciência: paciência não é inatividade. Será um estado de compreensão, já que não dispomos de palavras para defini-la. Compreensão com espírito de serviço, capaz de aceitar as dificuldades da existência, com o dever de cooperar para que desapareçam. *(Emmanuel/Escada de Luz)*.

Passado: o que foi experienciado e, quiçá ou comumente, não aprimorado – o inconsciente.

Paz: paz não é inércia e sim esforço, devotamento, trabalho e vigilância incessantes a serviço do bem. Paz é a harmonia de todas as atividades da vida, é o trabalho na sua mais alta importância. Paz é luta e, quando bem usada, é o símbolo da vitória. É um conceito extraordinário de felicidade. É uma vírgula na grande frase da evolução, no sentido de dar cadência à harmonia do canto de Deus, que se chama progresso. É o trabalho operante em todas as direções do infinito, na mecânica universal, sob a influência do amor. *(Emmanuel/Palavras de vida eterna e Miramez/Horizontes da mente).*

Pensamento: é a manifestação da capacidade criativa do Espírito, sinônimo de consciência personificada na ação (equivalente a quantidade) e expressa a inteligência e a individualidade moral (sinônimo de qualidade) por meio da qual o Espírito encarna, nos corpos perispiritual e físico, os seus incomensuráveis anseios de progressão.

Pensamento (em Deus): são os arquitetos cósmicos que dão forma ao Seu desejo manifestado, os executores das ordens emitidas no Laboratório Mental, as sementes geradoras de todas as manifestações do Seu Amor. Em realidade, a plêiade de Espíritos luminares que executam as ordens da Força Suprema em toda a Criação são os Seus pensamentos articulados.

Perispírito: modelo organizador, construtor e governador do corpo físico, desde os primeiros momentos da concepção. Constitui-se de átomos aquém do hidrogênio e além do urânio. É o instrumento do qual o Espírito se serve para a realização de suas metas e para a aquisição de novas experiências. Sintetiza todos os campos ou dimensões vibracionais que servem ao Espírito – antes, durante e após a encarnação. Divide-se em três grandes blocos conscienciais: o corpo natural, o duplo etérico e o corpo dos instintos (campo de manifestação dos automatismos = forças criadoras, vitalidade e instintos – setor de condensação); o campo astral (corpo dos desejos, emocional e mental inferior – a dimensão de manifestação das inteligências = razão – setor de promoção) e o setor causal (Mental e Emocional Superior, Búdico e Átmico – o campo de manifestação da consciência = Intuição – setor de sublimação e de integração).

Perscrutar: a aptidão de investigar ou de averiguar de maneira minuciosa o objeto elegido: o investigador perscrutava a vida no mundo interno e no entorno. Procurar saber, descobrir o segredo de alguma coisa: perscrutava filosoficamente o sentido das coisas.

Personalidade (Eu exterior): o ser transitório, divisível e perecível, o templo das emoções e sensações instintivas, buscando a plenificação dos seus conteúdos e a consequente integração destes no ser imperecível.

Resulta da experiência de cada etapa vivenciada. É uma síntese formada pelo ser do corpo, pelo ser perispiritual, pelo subconsciente, pela entidade mental e pela alma encarnada, ou seja, a somatória das experiências vigentes nesse quinteto.

Personalidade espiritual: é o trabalho saudável de integração das múltiplas vertentes do Eu fragmentado, para o qual são necessários o trânsito por alguns estágios terapêuticos, quais: o conhecimento de si mesmo, da própria personalidade psicossensorial; a administração dos vários elementos que constituem essa personalidade efêmera; a busca de um centro unificador, para que se dê a realização do verdadeiro Eu, mediante a reconstrução da personalidade transcendental em volta do recém-formado fulcro psicológico.

Personalidade múltipla: um agregado de personalidades.

Personalidade parcial: sub ou superpersonalidade.

Perspicácia: característica de perspicaz, de quem tem facilidade para perceber alguma coisa. *(vide perspicaz)*

Perspicaz: o ser que entende com facilidade o que a maioria das pessoas acha difícil perceber: aluno perspicaz. Que possui, acima da média, a habilidade de percepção para entender as coisas ou que as compreende com maior facilidade. Que possui perspicácia, inteligência e sagacidade; sagaz. Que enxerga aquém e além do trivial; que vê ao longe.

Piedade: compadecer-se do sofrimento alheio, ou seja, a sensibilidade de perceber e de enxergar o sofrimento do outro e se colocar dentro dele, dizendo: aqui estou, o que queres que eu te faça?

Píncaro: auge, alcantil, apogeu, cume, pico, pináculo.

Plasma sutil: uma porção de princípios inteligentes elaborados e treinados; dá forma e vida aos pensamentos, às ideias e coloca a razão em pleno funcionamento, para que o verbo se expresse, a escrita se materialize e as ações se concretizem.

Plenitude: é o estado de harmonia entre as manifestações psíquicas, emocionais e orgânicas resultantes do perfeito entrosamento da mente, do *self* que também possui alguma forma de sombra, com o ego, integrando-se sem luta, a fim de ser readquirida a unidade. Representa superação do sofrimento, da angústia, da ansiedade e da culpa, significando o encontro com a consciência ilibada, que sabe conduzir o carro orgânico no destino certo da iluminação. Essa conquista numinosa, resultado da aquisição da autoconsciência, liberta o sentimento de gratidão que faz parte da individuação, produzindo uma aura de mirífica luz em torno do ser vitorioso sobre si mesmo. *(Joanna de Ângelis/Psicologia da Gratidão).*

Politeísmo: crença em vários deuses.

Porfiadamente: profundamente, de modo porfiado; em que há porfia (disputa, polêmica, insistência).

Poverello: [adj. Italiano]. pobrezinho, sem recursos materiais.

Prece: é a filha primeira da fé, é vibração, energia, poder.

A prece o empenho da alma em ascensão. É um jeito divino de nos mostrar o céu na alma e o socorro que Deus nos ensinou a pedir nas dificuldades. É um modo de encontrar as soluções dos problemas e uma fonte de luz que alimenta e supre as necessidades do espírito. A prece nos leva a respirar e entender a ciência dos céus e o vigiar nos enriquece de todas as nuances da educação na Terra, no exercício da disciplina dos nossos impulsos inferiores. *(Miramez/Segurança Mediúnica e Saúde)*

É o veículo que nos permite buscar recursos em outras plagas, enquanto a oração é a operacionalização das benesses auferidas.

É o orvalho divino que tranquiliza o calor excessivo das paixões, é força da vida ao nosso dispor; por ela, anjos e homens se encontram; facilita-nos a comunhão com Jesus para a execução de nossas tarefas.

Preeminente: distinto, nobre, qualificado. Superior; que está acima do restante; num grau mais elevado acima dos demais. Divino; de perfeição inquestionável; digno de louvor.

Pré-humano: *(vide humanimalidade).*

Premente: que não aceita atraso; em que há urgência; imediato ou urgente: auxílio premente.

Prenunciação: visão ou habilidade proativa/intuitiva/inspirativa de anunciar um acontecimento antecipadamente, com peculiar segurança e plena convicção. Qualidade de quem é presciente, isto é, de quem possui a sensibilidade de pressentir e de fazer uma previsão, uma premonição. O mesmo que deter a qualidade de quem consegue antever eventos naturais ou provocados, prever um acontecimento futuro. Enfim, a aptidão de interpretar os sinais inerentes à Natureza ou próprios do contexto e dos elementos envolvidos nos expedientes, decifrar os enigmas atinentes e aquilatar as circunstâncias prováveis, prevenindo o entorno de que algo sucederá = presságio. Semelhante a uma forte sensação íntima de que algo está prestes a acontecer = pressentimento.

Presente: a mente consciente, o eterno agora. Estar inteiro onde se encontra ou em tudo o que se pretende realizar lucidamente.

Primeva: relativo aos primeiros tempos; antigo, primitivo. O mesmo que: primeira, primitiva, primária, antiga.

Princípio inteligente: espírito; átomo primitivo; mônada; entidade multifacetada e indestrutível, resultante da soma dos seguintes elementos componentes do psiquismo divino: movimento, matéria e energia, duração (tempo), regulados pelas forças de atração, gravitação e repulsão e, ao mesmo tempo, formadores da matéria primitiva. Forma a base da energia universal e, em sequência, transmuta-se em princípio vital, em matéria atômica, em energia vital, nos elementos (seres) dos reinos mineral, vegetal, animal, pré-humano e hominal, ou seja, aperfeiçoa-se ao infinito. *(vide átomo primitivo, espírito e mônada)*

Princípio Monadologia ou Sistema de Leibniz (1714): Cada mônada representa a menor partícula do universo, neste sentido, como um ser distinto, à parte, próprio – mas também como unidade primordial que compõe todos os corpos. As mônadas são consideradas átomos da natureza, isto é, elementos simples que compõem todas as coisas. Cada mônada é, no entanto, distinguível das outras, possuindo qualidades que variam unicamente por princípio interno (de sua evolução incoercível), visto que, enquanto substância pura, nenhuma causa exterior pode influir no seu interior. Não havendo partes em uma mônada (visto que esta é a menor parte de tudo, não existe nada menor), ela possui um detalhe múltiplo, isto é, envolve uma multiplicidade na unidade e expressa o universo sob um determinado ponto de vista, ou seja, é dotada de (germes de) percepção (desenvolvida por ela própria). Uma mônada não pode exercer qualquer efeito sobre a outra, pois entre elas ocorre uma acomodação, através de Deus, que, ao fazer cada uma, teve em conta todas as outras (isto é, levou em conta o projeto da Unidade na multiplicidade, pois todas se assemelham no ato de sua criação). Cada mônada possui em si a representação de todo o Universo e da relação entre todas as mônadas. Um Espírito absoluto – Deus – pode, segundo Leibniz, a partir do que se passa em cada uma, inferir por mero cálculo o que se passa, o que se passou ou passar-se-á em todo o Universo. (Leibniz 1646 - 1716)

Segundo Pietro Ubaldi: trata-se das últimas divisões dos átomos, homogêneas em essência, mas, pelo Criador, dotadas de certas faculdades e, por necessidade evolutiva, serão desenvolvidas em graus infinitamente diversos. *(vide princípio inteligente)*

Princípio vital: elemento básico da vida, o princípio que anima e governa as coisas, isto é, o elemento que gera os seres infinitesimais que constituem o universo infra-atômico e, subsequentemente, converter-se-ão nos agentes que irão nutrir e gerenciar o mundo subatômico. Após passarem por inúmeras experiências no universo dos fluidos, os princípios inteligentes transformam-se em princípios vitais os quais, por sua vez, convertem-se na matéria que gera a vida. É o princípio da vida material e orgânica, qualquer que lhe seja a fonte, comum a todos os seres vivos. Nele está contida a *ideia diretriz* que determina a *forma*.

Proatividade: estar um ou mais passos à frente dos demais, buscar soluções ao invés de se concentrar nos problemas, vislumbrar oportunidades onde os demais só enxergam a crise. Fazer o que todo mundo sempre fez, mas de uma maneira mais criativa, inovadora, diferente e eficaz. Não se deixar tolher por regras e normas obsoletas e usar os seus talentos para fazer melhor ao invés de se acomodar e passar a vida reclamando. Uma pessoa proativa é alguém que não espera que tudo lhe seja dito e solicitado e sai em busca de soluções quando se depara com um problema ou dificuldade. Toda atitude que se toma antecipando alguma coisa no intuito de melhorar os resultados ou prever e impedir algum problema é uma atitude proativa. Disponível em: http://br.answers.yahoo.com/question/index?qid=20090421124928AAaHlDL Acesso em 2 de março de 2013.

Proeminente: ilustre, notável, saliente, alto, elevado. Que fica mais alto do que os demais; que se destaca; notável. Que aparece de maneira saliente; protuberante. (vide preeminente)

Psiátomo: *(vide Átomo psi).*

Psicobiofísico: é o estudo das inter-relações da mente com o corpo, da energia com a matéria, do Espírito com o físico, dentro do contexto da vida humana.

Psicologia: ciência que se dedica ao estudo das estruturas mentais e comportamentais do ser humano, bem como de suas implicações em certo ambiente. Reunião dos elementos que, mentais ou comportamentais, caracterizam uma pessoa ou um grupo.

Psicossensorial: designação dada à atividade psíquica ligada às percepções sensoriais. São os elementos ou agentes que implementam as relações entre estímulos sensoriais e as atividades psíquicas.

Psique: o psicológico representado pela mente, pelo entendimento, pelo intelecto; o ambiente que contém os sentimentos mais profundos de alguém, isto é, este oásis interior equivale à alma, o princípio espiritual do homem que se opõe ao corpo.

Psíquico: tudo o que está relacionado com o que ocorre no âmbito mental e comportamental de uma pessoa: fenômenos psíquicos. *(vide psique)*

Psiquismo: é o conjunto dos caracteres psíquicos de um indivíduo. Conjunto dos fenômenos relativos à alma. Uma porção do Psiquismo Divino individualizado na forma hominal.

Psiquismo Divino: a única substância existente no Cosmos, da qual emergiu o espírito (o princípio inteligente do Universo); a substância-mater ou essência primordial, ou seja, o Psiquismo Divino é a exteriorização ou a imanação do Creador, o substrato primário, oriundo do Pensamento, da Vontade e do Amor-Lei da Força Suprema (a Força Cáusica de todas as coisas). O amor puro é a síntese de todas as harmonias conhecidas. É a matéria primitiva de onde saem todas as coisas, vibrando no seio da Divindade. Ela, em Deus, é una quando imana em Seu campo de força; a partir daí, se divide pelas condições do próprio ambiente, compreendendo que, no fundo, é a mesma essência, porém, tomando expressões variadas, com objetivos inúmeros, obediente ao comando da Suprema Inteligência.

Pugna: ação de pugnar, luta, combate, discussão, debate, esforço, empenho, o mesmo que peleja (- impugnar: refutar, contestar).

Querer: é fazer convergir toda a atividade, toda a energia, para o alvo que se tem de atingir, desenvolver a vontade e aprender a dirigi-la.

Quintessenciar: verbo relativo à quintessência ou Quinta-essência (substantivo feminino).

Quinta-essência: 1. Aquilo que se obtém de mais puro após ter passado por cinco destilações. 2. [Física] O quinto elemento que, juntamente com os outros quatro (água, terra, ar e fogo), compunha os corpos celestes; o éter. 3. O que existe de mais importante e excelente em; o essencial e melhor. O mais elevado grau de; parte do que há de melhor e mais apurado.

Racionalizar: tornar racional; fazer com que fique mais reflexivo, compreensivo, palpável.

Razão: é o caminho do raciocínio humano, isto é, quando o homem termina a laboriosa etapa evolutiva/reflexiva. A arte de calcular o que lhe interessa, de catalogar o que lhe atende, de comparar o que compreendeu e de analisar o que foi elencado.

Reino mental: *(vide tela mental).*

Remorso: é o arrependimento da atitude equivocada ou da palavra malversada; sentimento de culpa, sensação de mal-estar, de angústia que resulta de uma falha ou erro cometido contra alguém.

Repulsão (lei de destruição): é a lei qualificada de força nuclear fraca. Cem trilhões de vezes mais potente que a força nuclear forte. É a lei responsável pela desintegração e pela promoção dos elementos.

Resoluto: que é determinado em seus objetivos, em seus propósitos; decidido. Que age com convicção diante dos obstáculos; determinado. Que se resolveu; que foi solucionado; resolvido. Que foi dissolvido ou desfeito; dirimido.

Ressumando: verbo ressumar: manifestar-se de maneira evidente, revelar-se, estilando, exsudando, porejando, ressumbrando, ressudando, suando, transpirando, transudando, destilando.

Saber: é o estudo profundo e pormenorizado das coisas e das leis.

Sacrifício: todas as vezes que optarmos por um enredo impermanente em detrimento de um espetáculo perene, optaremos por um sacrifício.

Sacro-ofício: todas as vezes que abandonamos algo fútil ou pejorativo em prol de alguma coisa útil ou dignificante, a isso consideramos um sacro-ofício.

Salto quântico: mudança vibracional de um estado inferior a um estado superior, por meio da aquisição e da doação de energias nobres. Na Física Quântica, quando uma partícula que está num determinado nível energético e ganha uma quantidade extrema de energia salta para um nível mais alto. Esse salto é chamado de Salto Quântico. Possivelmente quando o elétron salta de uma órbita para outra, ele está em outra dimensão, num universo paralelo, o que demonstra que existe o desconhecido, o invisível, o inatingível, agindo em nossas vidas. Todo aprendizado novo, principalmente os mais profundos e vibrantes, têm o poder de inflar os elétrons e fazê-los explodir como microfoguetes e decolar para outra órbita. Salto quântico são pequenas explosões de luz que acontecem dentro da mente. Luz esta que vem para transformar a vida completamente. É abrir-se para o novo e deixar tudo o que é velho ir embora.

Script: (Termo da língua inglesa): roteiro, programação, plano.

Self: é a consciência da individualidade e não uma faculdade apenas intelectual. É a incomum capacidade de gerar relacionamentos entre os indivíduos de forma consciente e produtiva, sem os automatismos do instinto, podendo optar por uns em detrimento de outros, em razão de afinidades e de conceitos, de emoções e de sentimentos. Sem dúvida que se trata do despertar do Espírito enclausurado na argamassa celular, diferindo-o do psiquismo em evolução no reino animal mais primitivo. O *Self* não é apenas um arquétipo-aptidão, mas o Espírito com as experiências iniciais e profundas de processos anteriores, nos quais desenvolveu os pródromos do *Deus interno* nele vigente, face à sua procedência divina desde a sua criação. Herdeiro de si mesmo, o *Self* é mais que um arquétipo, sendo o próprio ser espiritual precedente ao berço e sobrevivente ao túmulo. *(Joanna de Ângelis/Triunfo Pessoal).*

Semeando: semeando vem do verbo semear. O mesmo que: disseminando, divulgando, espalhando, propagando, propalando, esparzindo, entremeando, entressachando, alastrando.

Sempiterno: característica do que persiste, do que se mantém ou se conserva para sempre – que é eterno: Deus é sempiterno. Qualidade do que é excessivamente velho ou antigo.

Sempiterna: é o feminino de sempiterno. O mesmo que perpétua, eterna, duradoura. Característica do que persiste, do que se perpetua.

Senciente: a capacidade de sentir ou perceber através dos sentidos. Que possui ou consegue receber impressões ou sensações.

Sensações: as substâncias que se expressam na área fisiológica são identificadas como sensações. Quando se expressam na área psicológica, denominam-se emoções. As sensações resultam "das informações que se exteriorizam através dos órgãos dos sentidos, sendo tudo aquilo que é percebido de maneira física", derivadas dos instintos em vigência.

Sentimento: é a luz divina, ou seja, é o anjo que, nas suas manifestações iniciais, começa o caminho da espiritualidade pura.

Ser consciente: sabe exatamente no que pensar, como deve pensar e direcionar a sua capacidade criativa na ação; conduz lucidamente os seus sentimentos na qualificação do que foi previamente pensado; disciplinado no falar, vale-se da roupagem da fala ilibada para movimentar e direcionar o que foi gestado; por fim, irretorquível em seu proceder; pensa na verdade do que já discerne com fervor; sente a essência do que nobremente pensou, fecundando novas possibilidades para o bem de todos; fala somente o que sente profunda e cuidadosamente; vive fiel e incorruptivelmente o que apregoa.

Ser do corpo: é a consciência gerenciadora de todo o universo orgânico. O universo mais complexo de todas as formas criadas pela Natureza, em se tratando das formas materiais.

Ser humano: é um conjunto de experiências que lhe formam o caráter, a personalidade. Atua mais como um conjunto do que como uma unidade. O corpo e a mente expressam a vontade – ou a voz – dessas incontáveis entidades vivas que lhe constituem a forma. *(vide personalidade)*

Ser perispiritual: é o conjunto de experiências que formam a consciência gerenciadora do universo perispiritual.

Serenidade: a serenidade é fruto da harmonia interna, que corresponde a um conjunto de valores dos sentimentos, de modo que o sublime é filho do esforço individual, depois da grande operação de Deus em nós. Compreende-se daí que o trabalho maior a se fazer não é fora de nós, mas, por dentro; a natureza da alma deve mudar constantemente, como tudo muda na pauta do tempo.

A serenidade é fruto de luz que semeamos que, por sua vez, é filha do tempo, que nos amadureceu nos caminhos do amor; usemo-la como sendo nossos valores que Deus nos deu por amor. Se ainda não houver preparo para a sua aquisição, trabalhemos e esperemos, mas não deixemos de nos esforçar porque, mesmo quando demora, o despertamento está sempre a caminho, na suavidade do tempo. *(Miramez/Horizontes da vida).*

Simpatia: constitui-se em alguns raios de bondade que nascem do coração e que, pelas vias da palavra, enriquecem o seu conteúdo. É, por assim dizer, uma sintonia profunda com o amor, é uma lavoura que se inicia no campo imenso do espírito, pedindo ao agricultor cuidados imensuráveis, para que os frutos sejam abundantes e prestáveis. *(Miramez/Horizontes da fala).*

Sintonia: é continuação da mesma música; portanto, atrairemos para o nosso convívio aqueles que são a nossa continuação, em matéria de pensar, falar e viver. Quando falares a alguém, não te esqueças de que a simpatia é agradável a todos, e que ela é, por excelência, conquista nas bênçãos de Deus, e que a sua evolução depende muito, mas muito, de nós. *(Miramez/Horizontes da fala).*

Sofrimento: é o padecimento físico e moral que advém da reação negativa e da aversão de cada ser, frente aos imorredouros convites do mais alto; a vitimização da criatura ante os impositivos das leis e os desafios impulsionadores que a vida oferta.

Sói: - conjugação do **verbo soer**: ter como costume, hábito.

Solidariedade: qualidade de solidário, de quem está disposto a ajudar, acompanhar ou defender outra pessoa, numa dada circunstância. Assistência moral demonstrada a uma pessoa em determinadas situações nas quais o assistente coloca o seu patrimônio a serviço do assistido, gerando estímulos para motivar a sua autonomia e a consequente libertação.

Subconsciente: é a zona dos instintos, das ideias inatas, das qualidades adquiridas. Mesmo sendo parte integrante do inconsciente, trata-se da parte mais experiente deste e encontra-se em plena ação de gerenciamento dos automatismos. É a residência das pequenas almas instintivas, responsáveis pelo governo do universo psicofísico. Para lá são enviados, inicialmente, todos os elementos promovidos neste universo. *(vide instintos)*

Subcortical: que está situado em região sob o córtex em órgãos maciços, a exemplo do córtex cerebral, renal, ganglionar (linfáticos), glandular como exemplo: suprarrenal, hipófise, timo etc.

Subjetivo: tudo o que nos é abstrato, invisível, intangível, imponderável, isto é, o pensamento subjetivo que se separa – aquém e além – do considerado concreto.

Sublimar: é transformar com amor. Não pressupõe violência, nem mesmo em nome do bem, que só pode ser construído na paz de uma consciência tranquila. O amor que regenera, tolera, muitas vezes, além daquilo que desejaria e por isso a alma que anseia por renovação precisa munir-se de uma dose de autocrítica benévola, capaz de transigir com as próprias imperfeições, mesmo quando o consciente esclarecido e vigilante sabe que seu proceder instintivo o leva por caminhos tortuosos. *(Rama Schain/Mensagens do Grande Coração)*

Subpersonalidades: consciências instintivas – os embriões das sensações, emoções, sentimentos e inteligências. São partes integrantes da personalidade. As *subpersonalidades* são formadas por fragmentos ainda menores chamados de *formas-pensamento*.

Substância Primordial: *(Vide matéria primitiva, éter cósmico, matéria primordial).*

Substrato: aquilo que forma a parte essencial do ser, sobre que repousam seus atributos.

Superconsciência: o arquivo das experiências bem-sucedidas do Espírito, as quais não necessitam mais do uso da razão e do discernimento, formando os anseios e as expectativas que aguardam as conquistas futuras. Assim como a consciência, a Superconsciência varia no homem a depender de seu grau evolutivo. Possui o sentido superior de percepção voltada para o mundo interno. Na Superconsciência há o predomínio da intuição, das ideias-síntese, do interesse pelas questões imperecíveis e absolutas. Trata-se de um acervo imensurável de conhecimentos imorredouros e valiosos para o bom desempenho de todas as funções no mundo das formas, mas cujo acesso é gradativo ao estágio evolutivo de cada ser, mediante o próprio esforço na prática do bem e no exercício permanente do amor.

Superpersonalidades: partes integrantes das virtudes ou das faculdades mais aprimoradas. Compõem a personalidade. São compostas por fragmentos das virtudes – as forças ou consciências mais sublimadas – existentes na área dos sentimentos mais nobres, o *Self* e a *Individualidade*.

Tela mental: é uma conjugação de forças físico-químicas e mentais; assemelha-se a um espelho sensível em que todos os estados da alma se estampam com sinais característicos e em que todas as ideias se evidenciam, plasmando telas vivas, quando perduram em vigor e semelhança, como no cinematógrafo comum. Fotosfera psíquica, entretecida em elementos dinâmicos, atende à cromática variada, segundo a onda mental que se emite, retratando todos os pensamentos em cores e imagens que respondem aos objetivos e escolhas, enobrecedoras ou deprimentes.

Tolerância: ação de tolerar, de suportar algo de maneira resignada, sem reclamar; clemência. Disposição para admitir modos de pensar, de agir e de sentir de outras pessoas, ainda que sejam diferentes dos nossos; complacência. Liberação de uma regra, preceito, norma; licença.

"Tolerância é o caminho de paz. A tolerância é a base de todo o progresso efetivo. Todas as bênçãos da Natureza constituem larga sequência de manifestações da abençoada virtude que inspira a verdadeira fraternidade. É reflexo vivo da compreensão que nasce, límpida, na fonte da alma, plasmando a esperança, a paciência e o perdão com o completo esquecimento de todo o mal, com serviço incessante no bem. A Providência Divina reflete, em toda a parte, a tolerância sábia e ativa. Tolerar é refletir o entendimento fraterno e o perdão será sempre profilaxia segura, garantindo, onde estiver, saúde e paz, renovação e segurança." *(Emmanuel/Pensamento e Vida e Plantão de Paz)*

Transcendência: o que transcende a natureza física das coisas e dos seres; metafísico. A superioridade de uma dimensão em relação a outra. Superioridade de inteligência; perspicácia, sagacidade.

Transcendental: capaz de transcender; que transcende, ultrapassa ou excede, indo além do normal; [Filosofia] que pertence à razão pura, a priori, anteriormente a qualquer experiência e que constitui uma condição prévia dessa experiência; segundo Kant, o espaço e tempo são dois conceitos transcendentais.

Transcendente: o que excede os limites normais; superior, sublime. "Inspiração."

Transdução: 1. segundo a Física, trata-se do processo por meio do qual uma energia se transforma em outra de natureza distinta. 2. De acordo com a Biologia: transferência de material genético de uma célula para outra, realizada por intermédio de um vírus ou de um bacteriófago.

Trânsfuga: desertor, aquele que renega seus princípios ou muda de crença.

Transubstanciação (Substantivo): processo que transforma uma substância em outra. Etimologia do latim *transubstantiatio.onis*.

Transubstanciado: adjetivo: convertido ou transformado em outra substância. Diz-se da pessoa ou coisa cuja substância se converteu ou transformou noutra. Etimologia (origem da palavra transubstanciado). Particípio de transubstanciar.

Universo mental: *(vide mente, matéria mental e tela mental).*

Vampirismo: são bacilos, vírus, larvas e vibriões de natureza psíquica, gerados pela sementeira do ódio, do ciúme, da inveja – que atacam o próprio organismo daquele que, desprevenido, inspirou a produção dessas ondas devastadoras que a mente produz e direciona conforme a sua estrutura moral – que se transformam em colônias densas e terríveis. Via de regra, atacam os elementos vitais dos corpos psicofísicos de quem os cria, atuando com maior potencial destrutivo sobre as células mais delicadas; de acordo com a viciação da personalidade espiritual que produz as criações vampirísticas, que avassalam a alma e seus veículos de expressão, impõe-lhe o padecimento de enfermidades de variada ordem. Ao mesmo tempo, as ideoplastias sustentadas pelo pensamento fixo em ideias perturbadoras e agressivas, contribuem para o surgimento de toxinas que invadem o organismo desarticulando-lhe a estrutura vibratória, enfermando-o, e trabalhando para matar-lhe as defesas, os fatores imunológicos.

Vampiro: é toda entidade ociosa que se vale, indebitamente, das possibilidades alheias; em se tratando de vampiros que visitam os encarnados, é necessário reconhecer que eles atendem aos sinistros propósitos a qualquer hora, desde que encontrem guarida no estojo de carne dos homens.

Vanguarda: pioneiro; mais avançado. Aquele que se encontra na dianteira orientando quem está na retaguarda.

Verossímil: que aparenta ser verdadeiro: *"uma descrição verossímil"*. Que é admissível ou realizável por não se opor à verdade; que não repugna à verdade; plausível: *"história verossímil"*.

O que é verdadeiro e provável no contexto espiritual, ou seja, o intangível, invisível e imponderável (considerado subjetivo) é, na realidade, o mundo real.

Virtude: virtude é o suprassumo da inteligência espiritual e a base de coesão e de sustentação da consciência ética, assim como o discernimento o é da Consciência-Mater. Em seu contínuo evolver, transmuta-se nos alicerces da intuição, os quais se transubstanciarão nos pilares essenciais para a edificação do cristo interior que, consecutivamente, metamorfosear-se-á no cerne do deus interno.

"A virtude, no seu mais alto grau, é o conjunto de todas as qualidades essenciais que constituem o homem de bem. Ser bom, caridoso, laborioso, sóbrio, modesto, são qualidades do homem virtuoso. A virtude realmente digna desse nome não gosta de se exibir; ela é sentida, mas se esconde no anonimato e foge da admiração das multidões." *(Alan Kardec, ESE - cap. 17, item 8.).*

Visualização: visualizar é ver com os olhos da alma ou antever pela sensibilidade da consciência. De certa maneira, a visualização está ligada à fé, por confiar na força da natureza que atende à suavidade do coração, por ser regida pelo amor.

Volitivo: em que há volição. Volição (do latim *volitione*) é o processo cognitivo pelo qual um indivíduo se decide a praticar uma ação em particular. É definida como um esforço deliberado e é uma das principais funções psicológicas. Processos volitivos podem ser aplicados conscientemente e podem ser automatizados como hábitos no decorrer do tempo. As concepções mais modernas de volição expressam-na como um processo de controle da ação (Força de vontade) que a torna automatizada.

Vontade: representa a essência consciencial do Espírito. É a sua faculdade soberana; a força espiritual por excelência. É o próprio Espírito exercendo seu império sobre as potências menores. É a gerente esclarecida da mente.

Vontade (em Deus): é a Gerente Cósmica, o pai generoso, responsável por toda a elaboração e execução dos pensamentos na intimidade de sua parceira imanente – a Mente Cósmica.

Vontade consciente: é o cristo interno que se fez um com o deus interior. Só realiza o que a Consciência profunda lhe determinar para o bem de todos.

Votiva: feminino de votivo: prometido por voto (promessa), oferecido, consagrado, desejado, agradável.

Zoroastrismo: antiga religião persa fundada no século VII a.C. por Zoroastro (ou Zaratus-tra), caracterizada pelo dualismo ético, cósmico e teogônico, o que implica a luta primordial entre dois deuses, representantes do bem e do mal, presentes e atuantes em todos os elementos e esferas do universo, incluindo o âmbito da subjetividade e das relações humanas. O zoroastrismo influenciou em diversos aspectos doutrinários a tradição judaico-cristã..

Referências Bibliográficas

ANDRADE, HERNANI GUIMARÃES. *PSI Quântico*. Votuporanga: DIDIER, 2001.

BACCELLI, CARLOS. *O Evangelho de Chico Xavier*. 6. ed. Votuporanga: DIDIER, 2003.

BARBIERI, PEDRO (Tradutor). *Hinos órficos*. São Paulo: Odysseus Editora, 2015.

_____. INÁCIO FERREIRA (Espírito). *O Joio e o Trigo*. Votuporanga: DIDIER, 2012.

_____. CHICO XAVIER. *Só Mediunidade*. São Paulo: LEEPP – Livraria Espírita Edições Pedro e Paulo, [s.d.].

CAMARGO, Sebastião. *O Despertar da Consciência – do átomo ao anjo*. 9. ed. São Gotardo: O Despertar da Consciência, 2020.

JUNG, CARL GUSTAV. *Escritos Diversos*. O. C. volume XI/VI. Petrópolis: Editora Vozes, 2013. Item 520.

CARVALHO, SIDNEI; BEZERRA DE MENEZES (Espírito). *A Cura pelo Amor*. Limeira: Conhecimento Editora Ltda, 2009.

CHOPRA, DEEPAK. *Conexão Saúde*. 3. ed. São Cristóvão: Best Seller Ltda, 2007.

DELANNE, GABRIEL. *A Evolução Anímica*. Rio de Janeiro: FEB, 2001.

DENIS, LÉON. *Depois da Morte*. Edição Especial. Rio de Janeiro: FEB, 2009.

_____. *O Espiritismo e as Forças Radiantes*. Tradução de Cícero Pimentel. Bento Ribeiro: Centro Espírita Léon Denis, 2005.

_____. *O Espiritismo na Arte*. 2. ed. Rio de Janeiro: FEB, 2008.

_____. *O Grande Enigma*. 1. reimp. Brasília: FEB, 2010.

_____. *O Mundo Invisível e a Guerra*. 2. ed. Bento Ribeiro: Editora CELD, 2001.

_____. *O Problema do Ser*. Tradução de Renata Barbosa de Souza. São Paulo: Petit, 2000. Disponível em: <http://www.acessandoadivinaluz-bibliotecas.webnode.pt/>. Acesso em: 17 fev. 2013.

_____. *O Problema do Ser, do Destino e da Dor*. 2. reimp. Rio de Janeiro: FEB, 2008/2009.

Disponível em: < https://www.pensador.com/frase/NzA1OQ/>. Acesso em 31 de julho de 2022.

Disponível em: <http://pensador.uol.com.br/frase/NTYz/>. Acesso em: 15 fev. 2013.

Disponível em: <https://pt.linkedin.com/pulse/lição-do-bambu-chinês-giuliano-gama>. Acesso em: 19 set. 2023.

Disponível em: <http://kdfrases.com>. Acesso em: 31 mar. 2015. *"Quando o homem aprender a respeitar até o menor ser da criação, [...]"*.

Disponível em: <https://www.pensador.com/frase/MjU0OTEwMQ/> Acesso em: 20 jul. 2020. *"Meu cérebro é apenas um receptor; [...]"* (Nikola Tesla – 1856/1943).

Disponível em: < http://kdfrases.com/frase/106471>. Acesso em: 10 jul. 2014. *"A força mais abstrata, e a mais potente que há [...]"*.

Disponível em: <http://kdfrases.com>. Acesso em: 31 mar. 2015. *"Quando o homem aprender a respeitar até o menor ser da criação, [...]"*.

Disponível em: <http://www.desistirnunca.com.br/o-segredo-da-mudanca-e-nao-brigar-com-o-velho-socrates/> Acesso em: 1 jun. 2017. *"O segredo da mudança é focar toda a sua energia, [...]"*.

Disponível em: <http://kdfrases.com/frase/134975>. Acesso em: 22 jun. 2013. *"Quando você compreende uma coisa em profundidade, compreende tudo. [...]"*.

Disponível em: <http://www.pime.org.br/mundoemissao/espiritmae.htm>. Acesso em: 3 jul. 2013. *"O fruto do silêncio é a prece. O fruto da prece é a fé. [...]"*.

Disponível em: <http://frases.globo.com/deepak-chopra>. Acesso em: 3 jul. 2013. *"O que for teu desejo, assim será tua vontade. [...]"*.

Disponível em: < http://visaoespiritabr.com.br/reencarnacao/al-rumi-%E2%80%93-poeta-islamico> Acesso em: 24 jun. 2020. *"Fui mineral, morri e me tornei planta, como planta morri e depois fui animal, (...)"* Al Rumi – Poeta Islâmico (1210 – 1273 d.C.).

Disponível em: < http://www.ofilosofo.claudiobeck.com.br/axioma-hermetico.html > Acesso em: 27 jun. 2018. *Assim como é em cima, assim é embaixo. Assim como é dentro, assim é fora.*

Transcrição da aula final do curso "O Eletrocardiograma". Disponível em: < https://www.youtube.com/watch?v=E847GwL8PjU/> Acesso em: 17 ago. 2019. *"A menor estrutura viva em liberdade é um vírus, [...]*.

Disponível em: <http://www.http://kdfrases.com/autor/mahatma-gandhi/22>. Acesso em 14 de outubro de 2013. *"Orar não é pedir. É um anseio da alma."* [...]

Disponível em: <http://www.mundomaior.wordpress.com/2008/10/09/> – *Biografia de Léon Denis*. Acesso em: 29 out. 2015.

ESPÍRITO SANTO NETO, F. do; CATERINE, LOURDES (Espírito). *Conviver e Melhorar*. 3. ed. Catanduva: Boa Nova Editora, 1999.

_____. HAMMED (Espírito). *Um modo de entender: Uma nova forma de viver*. Catanduva: Boa Nova Editora, 2005.

_____. *Os Prazeres da Alma*. 10. ed. Catanduva: Boa Nova Editora, 2011.

_____. *Renovando Atitudes*. 10. ed. Catanduva: Boa Nova Editora, 1997.

FLAMMARION, CAMILLE. *Deus na Natureza*. 7. ed. Rio de Janeiro: FEB, 2010.

_____. *Narrações do Infinito*. 4. ed. Rio de Janeiro: FEB, 1979.

_____. *Urânia*. 10. ed. Rio de Janeiro: FEB, 2007.

FRANCO, D.P; AMÉLIA RODRIGUES (Espírito). *A prece segundo os Espíritos*. 7. ed. Salvador: LEAL, 1995.

_____. EROS (Espírito). *Heranças de Amor*. 2. ed. Salvador: Livraria Espírita Alvorada, 1983.

_____. (Espíritos Diversos). *Compromissos de Amor*. Salvador: LEAL, 2014.

_____. JOANNA DE ÂNGELIS (Espírito). *Alegria de viver*. 4. ed. Salvador: LEAL, 1987.

_____. *Amor, imbatível amor*. 8. ed. Salvador: LEAL, 2000.

_____. *O amor como solução*. 3. ed. Salvador: LEAL, 2011.

_____. *Atitudes Renovadas*. 4. ed. Salvador: LEAL, 2016.

_____. *Autodescobrimento:* uma busca interior. 10. ed. Salvador: LEAL, 1995.

_____. *Em Busca da Verdade*. 2. ed. Salvador: LEAL 2014.

_____. *Convites da Vida.* 4. ed. Salvador: LEAL, 1998.

_____. *Conflitos Existenciais.* 7. ed. Salvador: LEAL 2016.

_____. *O Despertar do espírito.* 11. ed. Salvador: LEAL 2017.

_____. *Desperte e seja Feliz.* 7. ed. Salvador: LEAL 2002.

_____. *Dias gloriosos.* 4. ed. Salvador: LEAL 1999.

_____. *Diretrizes para o Êxito.* 4. ed. Salvador: LEAL, 2016.

_____. *Encontro com a Paz e a Saúde.* 4. ed. Salvador: LEAL, 2014.

_____. *Entrega-te a Deus.* Catanduva: InterVidas, 2010.

_____. *Episódios Diários.* 7. ed. Salvador: LEAL, 2003.

_____. *Espelhos da Alma*: uma Jornada Terapêutica. Salvador: LEAL, 2014.

_____. *Espírito e Vida.* Salvador: LEAL, 2016.

_____. *Estudos Espíritas.* 2. ed. Rio de Janeiro: FEB, 1982.

_____. *Filho de Deus.* 2. ed. Salvador: LEAL, 1990.

_____. *Fonte de luz.* Araguari: Minas Editora, 2000.

_____. *Garimpo de Amor.* 6. ed. Salvador: LEAL, 2015.

_____. *O Homem Integral.* 22. ed. Salvador: LEAL, 2014.

_____. *Ilumina-te.* Catanduva: InterVidas, 2013.

_____. *Iluminação Interior.* 3. ed. Salvador: LEAL, 2018.

_____. *Jesus e Vida.* 2. ed. Salvador: LEAL, 2016.

_____. *Jesus e Atualidade.* 12. ed. Salvador: LEAL, 2014.

_____. *Jesus e o Evangelho à luz da Psicologia profunda.* 5. ed. Salvador: LEAL, 2014.

_____. *Liberta-te do Mal.* Santo André: EBM, 2012.

_____. *Libertação do Sofrimento.* Salvador: LEAL, 2008

_____. *Luz da Esperança.* Salvador: LEAL, 1986.

_____. *Messe de Amor.* 9. ed. Catanduva: Boa Nova, 2016.

_____. *Momentos de Consciência.* Salvador: LEAL, 1995.

_____. *Momentos de Coragem.* 7. ed. Salvador: LEAL 2011.

_____. *Momentos Enriquecedores.* 2. ed. Salvador: LEAL, 2015.

_____. *Momentos de Felicidade*. 2. ed. Salvador: LEAL, 1996.
_____. *Momentos de Iluminação*. 4. ed. Salvador: LEAL, 2015.
_____. *Momentos de Meditação*. 3. ed. Salvador: LEAL, 2014.
_____. *Momentos de Saúde*. 7. ed. Salvador: LEAL 2009.
_____. *Nascente de Bênçãos*. Salvador: LEAL, 2001.
_____. *A um passo da Imortalidade*. Salvador: LEAL, 1989.
_____. *Pensamentos de Joanna de Ângelis*. Salvador: LEAL, 2017.
_____. *Plenitude*. 18ª ed. Salvador: LEAL, 2013.
_____. *Psicologia da Gratidão*. 4. ed. Salvador: LEAL, 2017.
_____. *Rejubila-te em Deus*. Salvador: LEAL, 2013.
_____. *No Rumo da Felicidade*. 2ª ed. Santo André: EBM, 2014.
_____. *Segue em Harmonia*. Salvador: LEAL, 2016.
_____. *Seja feliz hoje*. Salvador: LEAL, 2016.
_____. *Sendas Luminosas*. Salvador: LEAL, 1998.
_____. *O Ser Consciente*. 14. ed. Salvador: LEAL, 2003.
_____. *Tesouros Libertadores*. Salvador: LEAL, 2015.
_____. *Triunfo Pessoal*. 2. ed. Salvador: LEAL, 2002.
_____. *Vida:* Desafios e Soluções. 13. ed. Salvador: LEAL, 1997.
_____. *Vida Feliz*. 14. ed. Salvador: LEAL, 1992.
_____. *Vida Plena*. Salvador: LEAL, 2021.
_____. *Vitória sobre a Depressão*. Salvador: LEAL, 2010.
_____. *Vidas vazias*. Catanduva: Boa Nova, 2020.
_____. JOÃO CLÉOFAS (Espírito). *Suave luz nas Sombras*. Salvador: LEAL, 1984.
_____. MARCO PRISCO (Espírito). *Legado Kardequiano*. 5. ed. Salvador: LEAL, 2015.
_____. *Luz Viva*. Salvador: LEAL, 1984.
_____. MIRANDA, MANOEL P. DE (Espírito). *Mediunidade: Desafios e Bênçãos*. Salvador: LEAL, 2012.
_____. *No rumo do Mundo de Regeneração*. Salvador: LEAL, 2020.

_____. *Perturbações Espirituais*. Salvador: LEAL, 2015.

_____. *Tormentos da Obsessão*. 9. ed. 1ª Reimp. Salvador: LEAL 2010.

_____. *Trilhas da Libertação*. 2. ed. Rio de Janeiro: Editora FEB, 1997.

_____. SAID, C. B.; JOANNA DE ÂNGELIS (Espírito). *Francisco: O Sol de Assis*. Catanduva: Boa Nova, 2020.

_____. VIANNA DE CARVALHO (Espírito). *Atualidades do Pensamento Espírita*. Salvador: Leal, 1999.

_____. VICTOR HUGO (Espírito). *Sublime Expiação*. 3. ed. Rio de Janeiro: Editora FEB, 1981.

GELEY, GUSTAVE. *O Ser Subconsciente*. Rio de Janeiro: FEB, 1974.

GIBRAN, G. K. *As últimas horas de Gibran*. Tradução de Sally Baruch. São Paulo: Nova Época Editorial. [s/d.]

KARDEC, ALLAN. *O Evangelho Segundo o Espiritismo*. Tradução de Renata B. da Silva e Simone T. N. B. da Silva. 3. ed. São Paulo: Petit, 2006.

LUCE, GASTÓN. *Léon Denis, Vida e Obra*. São Paulo: EDICEL, 1978.

_____. *A Gênese*. Tradução de Salvador Gentile. 52. ed. Araras: IDE, 2008.

_____. *A Gênese*. Tradução de Guillon Ribeiro. 49. ed. Rio de Janeiro: FEB, 2006.

_____. *Revista Espírita*. Novembro de 1859. Tradução de Evandro N. Bezerra. Rio de Janeiro: FEB, [s.d.].

_____. *Revista Espírita*. Abril de 1860 Tradução de Guillon Ribeiro. São Paulo: IDE, [s.d.].

_____. *Revista Espírita*. Julho de 1862. Tradução de Salvador Gentile. São Paulo: IDE, [s.d.].

_____. *Revista Espírita*. Março de 1863. São Paulo: IDE, [s.d.].

_____. *Revista Espírita*. Junho de 1863. Rio de Janeiro: FEB, [s.d.].

_____. *Obras Póstumas*. Tradução de Guillon Ribeiro. 25. ed. Rio de Janeiro: FEB, 1990.

MAIA, J. N; KAHENA (Espírito). *Canção da Natureza*. 6. ed. Belo Horizonte: Fonte Viva, 2000.

_____. LANCELLIN (Espírito). *Cirurgia Moral*. 5. ed. Belo Horizonte: Fonte Viva, 1986.

_____. MIRAMEZ (Espírito). *Alguns Ângulos dos Ensinos do Mestre*. 6. ed. Belo Horizonte: Fonte Viva, 1971.

_____. *Cristos*. 2. ed. Belo Horizonte: Fonte Viva, 1990.

_____. *O Cristo em Nós*. 2. ed. Belo Horizonte: Fonte Viva, 1994.

_____. *Cura-te a ti mesmo*. 15. ed. Belo Horizonte: Fonte Viva, 2010.

_____. *Horizontes da Mente*. 19. ed. Belo Horizonte: Fonte Viva, 2008.

_____. *Horizontes da Vida*. 2. ed. Belo Horizonte: Fonte Viva,1991.

_____. *Horizontes da Fala*. 4. ed. Belo Horizonte: Fonte Viva,1992.

_____. *Filosofia Espírita*. 2. ed. Belo Horizonte: Fonte Viva, 1987. (V.2).

_____. *Filosofia Espírita*. 2. ed. Belo Horizonte: Fonte Viva, 2005. (V.4).

_____ . *Filosofia Espírita*. 2. ed. Belo Horizonte: Fonte Viva, 2005. (V.5).

_____. *Filosofia Espírita*. 2. ed. Belo Horizonte: Fonte Viva, 2005. (V.12).

_____. *Filosofia Espírita*. 2. ed. Belo Horizonte: Fonte Viva, 2005. (V.17).

_____. *Filosofia da Mediunidade*. 3. ed. Belo Horizonte: Fonte Viva, 2008. (V.1).

_____. *Força Soberana*. 3. ed. Belo Horizonte: Fonte Viva, 1996.

_____. *Maria de Nazaré*. Belo Horizonte: Fonte Viva, 2001.

_____. *O Mestre dos Mestres*. Belo Horizonte: Fonte Viva, 1989.

_____. *Páginas Esparsas. Submissão*. 2. ed. Belo Horizonte: Fonte Viva, 1994. (V.3).

_____. *Páginas Esparsas. Caridade*. Belo Horizonte: Fonte Viva, 1994. (V.20).

_____. *Rosa Cristo*. 2. ed. Belo Horizonte: Fonte Viva, 1986.

_____. *O Reino de Deus*. Belo Horizonte: Fonte Viva, 1989.

_____. *Saúde*. 14. ed. Belo Horizonte: Fonte Viva, 2005.

_____. *Segurança Mediúnica*. 3. ed. Belo Horizonte: Fonte Viva, 1987.

_____. Carlos (Espírito). *Gotas de Paz*. 7. ed. Belo Horizonte: Fonte Viva, 2002.

_____. *Gotas da Verdade*. 3. ed. Belo Horizonte: Fonte Viva, 2002.

_____. *Gotas de Ouro*. 3. ed. Belo Horizonte: Fonte Viva, 2002.

_____. AYRTES (Espírito). *Tua Casa*. 10. ed. Belo Horizonte: Fonte Viva, 2000.

_____. LANCELLIN (Espírito). *Iniciação:* Viagem Astral. 12. ed. Belo Horizonte: Fonte Viva, 2004.

_____. BEZERRA DE MENEZES (Espírito) *Filosofia Espírita*. 3. ed. Belo Horizonte: Fonte Viva, 2008. (V.1).

_____. *Páginas Esparsas*. ed. Belo Horizonte: Fonte Viva, 1994. (V.2.).

_____. SCHEILLA (Espírito). *Flor de Vida*. Belo Horizonte: Fonte Viva, 1997.

MAES, HERCÍLIO; RAMATIS (Espírito). *Fisiologia da Alma*. Limeira: Conhecimento, 2006.

_____. *Sob a Luz do Espiritismo*. Limeira: Conhecimento, 1999.

MARQUES, AMÉRICA PAOLIELLO; RAMATIS (Espírito). *Jesus e a Jerusalém Renovada*. 5. ed. Santo André: Liberdade & Consciência, 2019.

_____. *Brasil, Terra de Promissão*. 5. ed. Rio de Janeiro: Freitas Bastos, 1997.

_____. NICANOR (Espírito). *Transmutação de Sentimentos*. São Paulo. All Print Editora, 2018.

MELLO, CLÓVIS. Diretor e Roteirista. Baseado em Divaldo P. Franco. Filme *O Mensageiro da Paz*. Brasil, 2019.

MIRANDA, H. C. *Alquimia da Mente*. 2. ed. Niterói: Publicações Lachâtre Editora Ltda, 1998.

PAIVA, M. C; PAIVA, AUGUSTO (Espírito). *Veleiro de Luz*. 2. ed. Rio de Janeiro: Espiritualista Ltda, 1970.

PASTORINO, CARLOS TORRES. *A Sabedoria do Evangelho*. Rio de Janeiro: Revista Mensal Sabedoria, 1964. (V.1).

_____. *A Sabedoria do Evangelho*. Rio de Janeiro: Grupo Editorial Spiritvs, 1966. (V.2).

_____. *A Sabedoria do Evangelho*. Rio de Janeiro: Grupo Editorial Spiritvs, 1966. (V.3).

_____. *Revista Espírita Allan Kardec. Evolução e Merecimento*, anos 7 e 8, v. 4, Goiânia, Editora Espírita Paulo de Tarso, 1996.

_____. *Sugestões Oportunas*. 13. ed. Petrópolis: Vozes, 2004.

_____. *Minutos de Sabedoria*. 41. ed. Petrópolis: Vozes, 2008.

_____. *Técnica da Mediunidade*. 3. ed. Rio de Janeiro: Sabedoria, 1975.

PIRES, JOSÉ HERCULANO. *Concepção Existencial de Deus*. 6 ed. São Paulo: Editora Pandéia Ltda, 2003.

RIZZINI, JORGE; BARSANULFO, Eurípedes (Espírito). *Eurípedes Barsanulfo:* o Apóstolo da Caridade. 4. ed. São Bernardo do Campo: Editora Espírita Correio Fraterno do ABC, 1984.

ROHDEN, HUBERTO. *O Quinto Evangelho*. 7. ed. São Paulo: Alvorada Editora e Livraria Ltda.

SANTOS C.; FRANCO, D. P. *A Veneranda Joanna de Ângelis*. 10. ed. Salvador: LEAL, 2014.

SANTOS, ELIANA; Eurípedes Barsanulfo (Espírito). *Yoshua – Palavra Nossa de Cada Dia*. Edição comemorativa. Campinas: Cáritas Editora Espírita, 2007.

SARGENT, EPES. *Bases Científicas do Espiritismo*. Rio de Janeiro: FEB, 1989.

SCHUTEL, CAIRBAR. *Gênese da Alma*. 7 ed. Matão: Casa Editora O Clarim, 2011.

UBALDI, P. *A Grande Síntese*. Tradução de Carlos T. Pastorino e Paulo V. da Silva. 21. ed. Campos dos Goytacazes: Fraternidade Francisco de Assis, 2001.

_____. *A Lei de Deus*. 5. ed. Campos dos Goytacazes: Instituto Pietro Ubaldi, 2001.

_____. *As Noúres:* técnica e recepção das correntes de pensamento. Campos dos Goytacazes: Fundação Pietro Ubaldi, 1984.

_____. *Fragmentos de pensamento e de paixão*. 4. ed. Campos: FUNDAPU, 1987.

_____. *Pensamentos*. 3. ed. Campos: FUNDAPU, 1989.

_____. *Problemas Atuais*. 3. ed. Campos: FUNDAPU, 1986.

VINÍCIUS. A natureza humana. *Em torno do Mestre*. 5. ed. Rio de Janeiro: FEB, 1985.

_____. ANDRÉ LUIZ (Espírito). *Conduta Espírita*. 32 ed. Rio de Janeiro: FEB, [s/d.]

VIEIRA, WALDO; ANDRÉ LUIZ (Espírito). *Estude e Viva*. 7. ed. Rio de Janeiro: FEB, 1993.

Xavier, F. C.; Anjos, Augusto dos Anjos (Espírito) *Parnaso de Além Túmulo* 19. ed. 2. reimp. Rio de Janeiro: FEB, 2010.

_____. ANDRÉ LUIZ (Espírito). *Agenda Crista*. 42. ed. Rio de Janeiro: FEB, 2005.

_____. *Através do Tempo*. São Paulo: LAKE, 1972.

_____. *E a vida continua*. 33. ed. Rio de Janeiro: FEB, 2009.

_____. *Entre a Terra e o Céu*. 23. ed. Rio de Janeiro: FEB, 2005.

_____. *Desobsessão*. 15 ed. Rio de Janeiro: FEB, 1964.

_____. *Ideal Espírita*. 11. ed. Uberaba: Comunhão Espírita Cristã, 1991.

_____. *Libertação*. 31. ed. Rio de Janeiro: FEB, 2008.

_____. *Mecanismos da Mediunidade*. 26. ed. Rio de Janeiro: FEB, 2010.

_____. *Nos domínios da Mediunidade*. 33. ed. Rio de Janeiro: FEB, 2006.

_____. *Os Mensageiros*. 45. ed. Rio de Janeiro: FEB, 2012.

_____. *Missionários da Luz*. 41. ed. Rio de Janeiro: FEB, 2006.

_____. *Momentos de Ouro*. São Paulo: GEEM, 1977.

_____. *No Mundo Maior*. 21. ed. Rio de Janeiro: FEB, 2000.

_____. *Respostas da Vida*. 9. ed. São Paulo: IDEAL, 1980.

_____. *Sinal Verde*. 10. ed. Uberaba: Revisão, 2009.

_____. BACCELLI, C. A.; EMMANUEL (Espírito). *Brilhe vossa luz*. Araras: IDE, 2005.

_____. BEZERRA DE MENEZES (Espírito). *Seguindo Juntos*. São Paulo: GEEM, 1982.

_____. ESPÍRITOS DIVERSOS. *Correio Fraterno.* 7. ed. 1. impressão. Rio de Janeiro: FEB, 2014.

_____. ESPÍRITOS DIVERSOS. *Escada de Luz.* São Paulo: Editora CEU, 1972.

_____. ESPÍRITOS DIVERSOS. *Taça de Luz.* São Paulo: LAKE, 1972.

_____. CARLOS AUGUSTO (Espírito). *As Palavras Cantam.* São Paulo: Cultura Espírita União, 1993.

_____. DIAS DA CRUZ (Espírito). *Vozes do Grande Além.* Rio de Janeiro: FEB, 1958.

_____. EMMANUEL (Espírito). *Alma e Coração.* São Paulo: Pensamento, 1969.

_____. *Ação e Caminho.* São Paulo: IDEAL, 1987.

_____. *Assim Vencerás.* 15. ed. São Paulo: IDEAL, 1982.

_____. *Ação, Vida e Luz.* São Paulo: CEU, 1991.

_____. *Bênção de Paz.* 13. ed. São Bernardo do Campo: GEEM, 2007.

_____. *A Caminho da Luz.* 12. ed. Rio de Janeiro: FEB, 1983.

_____. *Caminho Iluminado.* São Paulo: CEU, 1998.

_____. *Caminho, Verdade e Vida.* Edição Especial. Rio de Janeiro: FEB, 2005.

_____. *Canais da vida.* 2. ed. São Paulo: FEESP, 1979.

_____. *Caminhos de volta.* 10 ed. São Bernardo do Campo: GEEM, 2010.

_____. *O Consolador.* 10. ed. Rio de Janeiro: FEB, 1984.

_____. *Coletâneas do Além.* São Paulo: FEESP, 1945.

_____. *Companheiro.* 21. ed. Araras: IDE, 1991.

_____. *Dicionário da Alma.* Brasília: FEB, 1964.

_____. *Dinheiro.* 5. ed. Araras: IDE, 1995.

_____. *Escrínio de Luz.* 7 ed. Matão: Editora O Clarim, 2019.

_____. *Encontros de Paz.* Araras: IDE, 1985.

_____. *Emmanuel*. 27. ed. Rio de Janeiro: FEB, 2008.

_____. *Fonte Viva*. 27. ed. Rio de Janeiro: FEB, 2001.

_____. *Hora Certa*. São Bernardo do Campo: GEEM, 1987.

_____. *Inspiração*. 2. ed. São Bernardo do Campo: GEEM, 1990.

_____. *Instrumentos do Tempo*. 8. ed. São Bernardo do Campo: GEEM, 2001.

_____. *Irmão*. Uberaba: Editora IDEAL, 1980.

_____. *Justiça Divina*. 7. ed. Brasília: FEB, 1991.

_____. *Livro da Esperança*. 15 ed. Uberaba: Comunhão Espírita Cristã, 1998.

_____. *Leis de Amor*. 28. ed. São Paulo: FEESP, 2015.

_____. *À Luz da Oração*. 3. ed. Matão: Casa Editora O Clarim, 1980.

_____. *Luz no Lar*. 6. ed. Brasília: FEB, 1989.

_____. *Luz no Caminho*. São Paulo: CEU, 1992.

_____. *Mais Perto*. São Bernardo do Campo: GEEM, 1983.

_____. *Mediunidade e Sintonia*. 2. ed. São Paulo: CEU, 1986.

_____. *Nascer e Renascer*. 6. ed. São Bernardo do Campo: GEEM, 1987.

_____. *No Portal da Luz*. 3. ed. Araras: IDE, 1972.

_____. *Palavras de Emmanuel*. 5. ed. Rio de Janeiro: FEB, 1988.

_____. *Palavras de vida eterna*. 32. ed. Uberaba: Comunhão Espírita Cristã, 2004.

_____. *Paz*. São Paulo: CEU, 1983.

_____. *Pão Nosso*. 1. reimp. Rio de Janeiro: FEB, 2009.

_____. *Pensamento e Vida*. 18. ed. Rio de Janeiro: FEB, 2008.

_____. *Recados do Além*. Uberaba: IDEAL, 1978.

_____. *Religião dos Espíritos*. 7. ed. Brasília: FEB, 1988.

_____. *Roteiro*. 13. ed. Rio de Janeiro: FEB, 2008.

_____. *Rumo Certo*. 11. ed. Rio de Janeiro: FEB, 2008.

_____. *Segue-me!* 16ª ed. Matão: O Clarim, 2019.

_____. *Semeador em tempos novos.* 2. ed. São Bernardo do Campo: GEEM, 2010.

_____. *Seara dos médiuns.* Edição digital. Rio de Janeiro: FEB, 1961.

_____. *Servidores do Além.* Araras: IDE, 1989.

_____. *Sendas para Deus.* São Paulo: CEU, 1997.

_____. *Tempo e Nós. Emmanuel & André Luiz (Espíritos).* São Paulo: Editora Ideal, 2002.

_____. *Vida e Sexo.* 18. ed. Rio de Janeiro: FEB, 1998.

_____. *Vinha de Luz.* 27. ed. Rio de Janeiro: FEB, 2011.

_____. IRMÃO X (Espírito). *Lázaro Redivivo.* 9. ed. Brasília: FEB, 1990.

_____. *Luz Acima.* 4. ed. Rio de Janeiro: FEB, 1948.

_____. *Cartas e Crônicas.* 8. ed. Brasília: FEB, 1991

_____. LOURENÇO PRADO (Espírito). *Instruções Psicofônicas.* 5. ed. Rio de Janeiro: FEB, 1955.

_____. MEIMEI (Espírito). *Cartas do Coração.* 3. ed. São Paulo: LAKE, 1999.

_____. *Tende Bom Ânimo.* Uberaba: IDEAL, 1987.

_____. *MARIA JOÃO DE DEUS (Espírito). Cartas de uma Morta. 12 ed. São Paulo: LAKE, 1995.*

_____. SCHEILLA (Espírito). *Visão Nova.* Araras: IDE, 1987.

_____. VIEIRA, WALDO. (Espíritos Diversos). *O Espírito da Verdade.* 17. ed. 2. reimp. Rio de Janeiro: FEB, 2010.

_____. *Evolução em dois Mundos.* 25. ed. Rio de Janeiro: FEB: 2009.

_____. *Opinião Espírita.* 4. ed. Uberaba: CEC, 1973.

_____. GOMES, SAULO (org.). *Pinga-Fogo 2.* Catanduva: InterVidas, 2010.

Léon Denis
(1846-1927)

De família humilde, Léon Denis nasceu em Foug, nos arredores de Tours, na França, a 1º de janeiro de 1846. Desde criança sentia que amigos invisíveis o auxiliavam. Muito jovem já lia obras sérias, procurando instruir-se o mais possível, ao invés de participar de brincadeiras próprias da juventude. Adorava a música e sempre que podia assistia a uma ópera ou concerto. Não fumava, era quase exclusivamente vegetariano e não fazia uso de bebidas fermentadas. Encontrava na água a sua bebida ideal.

Aos dezoito anos, passando por uma livraria, sua atenção se dirigiu a uma obra exposta no local. Era *O Livro dos Espíritos*, de Allan Kardec. Acerca do *LE*, assim se pronunciou posteriormente: *"Nele encontrei a solução clara, completa e lógica, acerca do problema universal. A minha convicção tornou-se firme. A teoria espírita dissipou a minha indiferença e as minhas dúvidas".*

Em 1882 inicia o seu apostolado, enfrentando sucessivos obstáculos. Os companheiros invisíveis o encorajam e o exortam à luta. *"Coragem, amigo"* – diz-lhe o espírito de Jeanne – *"estaremos sempre contigo para te sustentar e inspirar. Jamais estarás só. Meios ser-te-ão dados, em tempo, para bem cumprires a tua obra".* *"Trabalho, coragem, esperança!"* – repetia-lhe Sorella – *"eis qual deve ser tua divisa."* *"Amigo, deves consagrar todos os teus lazeres ao trabalho espírita, ao estudo; tens de dedicar-te sobretudo a defender e a trazer à luz nossa doutrina. Não que devas falar dessas coisas a cada momento; não. Mas é preciso que estejas aguerrido, que te prepares em silêncio para a hora solene, a fim de estares pronto e não seres colhido de surpresa".*

Léon Denis encontra em Sorella, Joana d'Arc, a companheira, a inspiradora, a amiga de sempre, a alta e virginal figura do amor e do sacrifício, a que jamais o esqueceu e jamais o abandonará.

Recebe da própria Joana d'Arc a patética exortação: "Agora que o destino se apresenta mais claro, agora que as horas da luta se aproximam, que provas mais fortes vão te assaltar, estarei ainda mais perto de ti, sustentando cada um de teus passos.

Não esqueças, amigo, que o alvo já está aí, o alvo que é preciso atingir, alvo que te abrirá as portas de um mundo melhor."

A rota estava traçada. "Foste escolhido, disseram-lhe anteriormente, para cumprir uma missão útil aos homens. As vicissitudes te assaltarão, porém, segue sem temor. Vai sempre para diante.

Nós te ajudaremos." E o jovem missionário enveredou corajosamente pelo áspero caminho.

A 2 de Novembro de 1882, dia de Finados, manifestou-se, pela primeira vez, o Espírito que, durante meio século, haveria de ser o seu guia, o seu melhor amigo, o seu pai espiritual – Jerônimo de Praga: *"Vai, meu filho, pela estrada aberta diante de ti. Caminharei atrás de ti para te sustentar"*.

A partir de 1910, a capacidade visual de Léon Denis paulatinamente se enfraquece. Aceitava tudo com estoicismo e resignação. Jamais o viram queixar-se. Entretanto, a grande dificuldade para Denis consistia em rever e corrigir as novas edições dos seus livros. Graças, porém, à sua organização e à incomparável memória, superava todos esses contratempos. Após a 1ª Grande Guerra, aprendeu *braille*, o que lhe permitiu fixar no papel os elementos de capítulos ou artigos que lhe vinham ao espírito, pois, àquela altura, já se encontrava quase totalmente cego.

Em março de 1927, com 81 anos de idade, terminou o manuscrito que intitulou *O Gênio Céltico e o Mundo Invisível*. Nesse mesmo mês, a *Revue Spirite* publicava o seu derradeiro artigo.

Desencarnou em Tours, em 12 de abril de 1927. Suas últimas palavras, pronunciadas com extraordinária calma, foram dirigidas à empregada Georgette: *"É preciso terminar, resumir e... concluir"*. Fazia alusão ao prefácio da nova edição biográfica de Kardec.

Léon Denis, segundo Herculano Pires[1023], foi o **consolidador do Espiritismo**. Teve uma missão quase tão grandiosa quanto a do Codificador. Coube-lhe desenvolver os estudos doutrinários, continuar as pesquisas mediúnicas, impulsionar o movimento espírita na França e no mundo, aprofundar o aspecto moral da Doutrina e, sobretudo, consolidá-la nas primeiras décadas do século XX. Autodidata, não tendo jamais cursado uma academia oficial, preparou-se no anonimato e na pobreza para surgir posteriormente no cenário intelectual e impor-se como conferencista e escritor através do Espiritismo. Forjou o seu caráter moral e

---

[1023] Pires, José Herculano. Introdução à obra Léon Denis, Vida e Obra de Gastón Luce.

espiritual na vivência de uma existência frutífera e desafiadora, no seio da qual o exercício da resiliência e o recurso da proatividade foram-lhe uma constante, extraindo seu saber das lições que a vida lhe ofertou e das reflexões inspiradas que tinha do destino humano. A sabedoria que trouxe de outras encarnações eclodiu nas páginas magistrais dos seus livros e nas palavras candentes da sua oratória, que seduziam do homem iletrado ao intelectual exigente. Suas dificuldades pessoais o levaram a afirmar que *"os que não conhecem essas lições ignoram sempre um dos mais comovedores lados da vida"*. A sua Lei era o trabalho[1024] e a sua sobriedade, exemplar: *"Não é suficiente crer e saber"*, escreveu ele. *"É necessário viver a sua crença, isto é, fazer penetrar na prática cotidiana os princípios superiores que adotamos"*. Na regra diária, o primeiro desses princípios superiores é a temperança, e o Apóstolo do Espiritismo viveu em concordância com seus princípios. Resumiu assim a missão que viera desempenhar: *"Consagrei esta existência ao serviço de uma grande causa, o Espiritismo ou Espiritualismo moderno, que será certamente a crença universal, a religião do futuro"*.

Foi presidente de honra da União Espírita Francesa, membro honorário da Federação Espírita Internacional, presidente do Congresso Espírita Internacional, realizado em Paris no ano de 1925. Dirigiu, durante longos anos, um grupo experimental de Espiritismo, na cidade francesa de Tours. Como corolário dessa prática, ressaltou uma relevante advertência: *"Desses trabalhos pude concluir o quanto é perigoso tratar com graves obsessões e entregar-se a experimentações espíritas sem preparação e proteção eficaz, fazendo-me ver a seriedade com que devemos tratar tais questões."*

No artigo de memórias que escreveu, *A História do Desenvolvimento do Espiritismo em Tours,* o mestre relata: *"Devo dizer que, inicialmente, os resultados foram medíocres e demorou muito tempo para obtermos a produção de fenômenos. Obtinham-se muitas mensagens escritas, nas quais a autossugestão prevalecia em grande parte, mas outras manifestações psíquicas demonstravam a existência de forças invisíveis, mas não a intervenção de Espíritos."*[1025]

O movimento espírita francês e mundial, após a desencarnação de Allan Kardec, passou a gravitar em torno da cidade de Tours. Essa cidade se tornou o ponto de convergência de todos os que desejavam tomar contato com o Espiritismo. A plêiade de Espíritos que tinha por incumbência

---
[1024] Luce, Gastón. Léon Denis, Vida e Obra. São Paulo, Edicel, 1978.
[1025] Luce, Gastón. *Léon Denis, Vida e Obra*. São Paulo: Edicel, 1978.

o êxito do processo de revelação do Espiritismo levou ao grande apóstolo toda a sustentação necessária a fim de que a nova doutrina se firmasse ampla e irrestritamente.

Denis possuía uma inteligência robusta, grande orador e escritor, desfrutando de apreciável grau de intuição. Referindo-se a ele, escreveu Gabriel Gobron: *"Ele conheceu verdadeiros triunfos e aqueles que tiveram a rara felicidade de ouvi-lo falar a uma assistência de duas ou três mil pessoas, sabem perfeitamente quão encantadora e convincente era a sua oratória".*

Já idoso, cego, de constituição física fraca, vivia atribulado. Apesar dessas condições adversas, a todos recebia obsequioso. Onde comparecia, davam-lhe sempre o lugar de maior destaque, conquistado ao preço de profunda dedicação, perseverança e incansável operosidade no bem.

Sobre o Espiritismo, assim se manifestou Léon Denis: *"O Espiritismo não dogmatiza; não é uma seita nem uma ortodoxia. É uma filosofia viva, patente a todos os espíritos livres, e que progride por evolução. Não faz imposições de ordem alguma; propõe, e o que propõe apoia-se em fatos de experiência e provas morais; não exclui nenhuma das outras crenças, mas se eleva acima delas e abraça-as numa fórmula mais vasta, numa expressão mais elevada e extensa da verdade."*

Dentre suas obras citamos: *O Problema do Ser, do Destino e da Dor, O Grande Enigma, Depois da Morte, Cristianismo e Espiritismo, No Invisível, O Gênio Céltico e o Mundo Invisível, Joana d'Arc Médium, O Porquê da Vida, O Mundo Invisível e a Guerra,* entre outras.

Em *Catecismo Espírita,* faz-nos uma sublime recomendação:

"Tende por templo - o Universo,

Por altar - a Consciência;

Por imagem - Deus;

Por lei - a Caridade.

Por religião – o Amor."

http://www.mundomaior.wordpress.com/2008/10/09/

Biografia de Léon Denis

Miramez[1026]

Fernando Miramez de Olivídeo era filho de um casal nobre do norte da Espanha. Sua mãe nascera na França e seu pai era de origem portuguesa. Inteligente e estudioso, aprofundou-se na história dos povos e das nações da Terra. Deteve-se, com interesse, na descoberta das Américas, apaixonando-se, ainda que sem conhecê-las fisicamente, pelas Terras de Santa Cruz.

Por ordem de Filipe IV, rei de Espanha, do qual era íntimo, veio para o Brasil em 1649, investido de poderes de chefe de Estado, com a finalidade de defender interesses da pátria distante, buscando acompanhar de perto a ação colonialista de Portugal na América, para ser *"os ouvidos do rei e a boca da Espanha"* nas Terras do Cruzeiro.

Desembarcou, secretamente, no litoral do Brasil, mais exatamente na praia de São Marcos, em São Luís, no Maranhão, na condição de turista. Índios que se encontravam na praia vieram ao seu encontro, como que para recepcioná-lo. O feiticeiro da tribo a ele se dirigia e, apontando para o seu lado direito, exclamava: *"Babagi! Babagi!"* Na realidade, chamava assim a uma entidade espiritual que vinha ao lado de Fernando, uma divindade indígena que curava os enfermos através dos curandeiros das tribos. Os novos amigos sentiam nele condições de proporcionar alívio aos sofrimentos e às perseguições por que passavam ante o domínio dos estrangeiros.

Em pouco tempo, já falava dialetos indígenas e africanos, catequizando e aliviando dores físicas e espirituais dos irmãos humildes e, mais do que tudo, sublimando, cada vez mais, o seu já evoluído Espírito.

Certa noite, ouviu uma voz suave (a voz da própria consciência) que lhe recomendava: *"Vai, vende todos os teus bens, distribui-os entre os pobres e terás um tesouro no céu; depois vem e segue-me."* Parecia-lhe que já a escutara antes, mas quando? A voz fez-se ouvir novamente. *"Fernando, podes vender todas as tuas posses na Espanha e distribuir o dinheiro entre os necessitados de tua pátria. Os daqui, necessitando passar pelos processos renovadores, precisam mais da tua riqueza mental, do resultado de tuas mãos operosas, do tesouro armazenado em teu coração e da tua presença confortadora."* Assim o fez. Por procuração,

---

[1026] Extraída da biografia de Miramez contida na obra *Horizontes da Mente*, de autoria desse Espírito, psicografada por João Nunes Maia. 4. ed. Belo Horizonte: Editora Espírita Cristã Fonte Viva, 1987.

autorizou amigos da Espanha a disporem de seus bens e a distribuir o resultado entre os carentes e os sofredores da Península Ibérica. Sem saber o que foi feito de suas riquezas materiais, viveu com a consciência tranquila, a verdadeira riqueza que acompanha seus portadores eternidade afora.

O *moço rico* fez aquilo que o rico mancebo referido no Evangelho recusou-se a fazer ao ser aconselhado por Jesus, antes de segui-Lo (Mateus, XIX: 16-24; Lucas XVII: 18-25; Marcos X: 25). Quase dezessete séculos depois, atendeu à recomendação de Jesus, vendeu todos os seus bens, doou-os e O seguiu! Passou a dedicar todo o seu potencial de amor e luz aos necessitados de consolo e de alento decorrentes dos acerbos sofrimentos impostos pelos processos renovadores por que passam os que se equivocaram em experiências transatas.

Miramez trabalhou arduamente pela aproximação das duas raças que se hostilizavam, índios e negros, e, em pouco tempo, seus esforços foram coroados de êxito. Passou a frequentar o grupo de catequizadores, por encontrar ali campo propício à prática dos seus ideais. Como resultado de seu trabalho e esforço conjunto, foi promulgada, em 1680, a lei de proteção aos índios.

Todos o tinham como Pai Branco, Filho do Sol ou Homem que veio da Luz.

Miramez trabalha incansavelmente pela implantação da Boa Nova na terra dos nossos corações, a exemplo de Jesus, o Cristo de Deus.

Sua morte ocorreu num quadro de elevada suavidade, com os negros e os índios catequizados formando extensa fila para beijar-lhe as mãos.

Com lágrimas nos olhos, Miramez desprendeu-se do vaso físico e, já fora dele, chorou de felicidade e de agradecimento, por ter ingressado no Brasil pelas portas da justiça, do amor e da caridade que lhe foram abertas pelo Mestre Nazareno.

Manifestou-se pela primeira vez na União Espírita Mineira, em Belo Horizonte, em 1958, pelo médium João Nunes Maia, e escreveu, por seu intermédio, cerca de 60 obras. Dentre elas, destacamos: *Horizontes da Mente, Horizontes da Fala, Horizontes da Vida, Alguns ângulos dos ensinos do Mestre, Rosa Cristo, Favos de Luz, Francisco de Assis, Força Soberana, Médiuns, Segurança Mediúnica, Plenitude Mediúnica, Vamos Orar, Saúde, Maria de Nazaré, Filosofia Espírita (de I a XX), Filosofia da Mediunidade* (de I a VIII), entre outras mais.

Bezerra de Menezes prefaciou todos os seus livros. Na obra *Saúde*, destacou que o seu conteúdo busca *"Levar a criatura para dentro de si mesma e a usar os seus próprios valores, como a caridade consigo mesma, na função do bem interno."* É de se notar, nessa obra, que *"a mente renovada com Jesus* recebe, pelas mãos da natureza, *um corpo saudável em todos os sentidos."*

Em *Horizontes da Vida,* propõe uma receita para a aquisição da felicidade plena:

"Ser feliz é respeitar a Divindade, da matéria primitiva ao reino dos anjos, tornando-se um deles, na plenitude do amor."

"A luta foi travada entre Cristo-Exemplo e o condicionamento humano, que há milênios participa dos festejos de César e dos impulsos da carne. Urge Que mudemos de atitudes e sigamos os caminhos do Amor, usufruindo do esplendor que é próprio desta virtude incomparável. A teoria é de grande utilidade, pois prepara os corações para a prática, mas é a última que consolida as diretrizes da vida para Deus."[1027]

[1027] Maia, J. N.; Miramez (Espírito). Cristo-Exemplo. In: *Cristos*. cap. 35.

Ramatís[1028]

É um espírito provindo de outras latitudes siderais (Sirius), já tendo reencarnado no planeta Marte. Faz parte da elevada hierarquia terrestre que assessora o Mestre Jesus em seu projeto de evolução desta humanidade.

Por amor a ela, reencarnou várias vezes, no seio de várias raças, sendo lembrado como insigne instrutor em diversas tradições e mestre de discípulos.

É propósito de Ramatís a difusão do Conhecimento Eterno, unindo as tradições espirituais do Oriente e do Ocidente, para auxiliar no despertamento da consciência da humanidade.

A tônica de seu ensinamento é o universalismo – o reconhecimento e aceitação de todos os caminhos espirituais dos homens, considerando que "as religiões são meios, não fins em si mesmas". É característica de sua obra, que veio à luz no Brasil desde meados do século XX, trazer conhecimentos avançados e inéditos, levantar em vários pontos o "véu de Isis" que recobre as realidades do Cosmo e da vida humana.

A linguagem de Ramatís é simples, lógica e cristalina mesmo ao abordar os temas transcendentais mais complexos. Distancia-se da retórica complicada e de construções obscuras: é um instrutor por excelência, dedicado a fazer compreender. Não se dedica a dizer o que já foi dito, informar o que já se sabe; prima por conduzir o leitor a novos patamares de consciência e horizontes mentais mais amplos, descolando-nos de pontos de vista estreitos e estratificados pelo hábito, a respeito da vida humana e do espírito imortal.[1029]

Ramatís acrescenta temas e mensagens que, geralmente, são abordados pelos chamados ocultistas, esclarecendo-nos pontos obscuros das práticas espirituais.

Outro aspecto interessante no trabalho de Ramatís é o quanto suas revelações e profecias encontram semelhança com as de outros videntes, mencionados no livro *Mensagens do Astral*.

[1028] Extraída da publicação de Ramatís, o Mestre da Luz Universal contida no site https://www.ippb.org.br/textos/especiais/mythos-editora/ramatis-o-mestre-da-luz-universal.
[1029] Extraída da publicação Quem é Ramatís. Disponível em: <https://aframramatis.org/quem-e-ramatis/> Acesso em 19 de fev. de 2023.

O ponto central das mensagens e do trabalho de Ramatís - que é seguido por diversas casas espíritas que recebem suas indicações espirituais – é a postura universalista e não-sectária, que permite absorver os conhecimentos espirituais das mais diversas linhas, convergindo dessa forma para uma união semelhante à que se dá no plano etérico entre as fraternidades da Cruz e do Triângulo, refazendo a máxima hermética de que o macrocosmo e o microcosmo estão correlacionados e se influenciam.

Ramatís, ou Swami Rama-Tys, é uma presença polêmica no mundo espírita, com obras psicografadas que abrangem inúmeros aspectos das atividades espirituais. Os textos vão desde fatos da vida de Cristo à bomba atômica e se constituem em uma leitura que revela um caminho de luz acessível a todos.

Para conhecermos melhor a história de Ramatís, precisamos retroceder até o século XI, na região que viria a ser conhecida como Indochina, e que na época era dominada pelo império chinês. Do amor entre um hindu e uma chinesa, nasceu uma criança que iria se tornar um grande ser de luz. Tinha cabelos negros, pele cor de cobre e olhos castanho-escuros, iluminados.

Pouco se sabe de sua infância. Alguns parcos registros relatam que desde tenra idade ele possuía grande sabedoria, uma vez que já a carregava há várias encarnações. Ele iria estimular as almas a conhecer a "Verdade".

A criança cresceu e se tornou um verdadeiro guru, ingressando em um dos muitos santuários iniciáticos da Índia. Entretanto, em encarnações anteriores, diz-se que ele já tinha sido o grande matemático e filósofo Pitágoras (cerca de 570 - 496 a.C.); Nathan, o grande conselheiro de Salomão; Essen, filho de Moisés e fundador da fraternidade Essênia, fiel seguidor dos ensinamentos Kobdas; Filon de Alexandria (cerca de 30 a.C. - 40 d.C.), um filósofo judeu responsável pela famosa Biblioteca de Alexandria. Nesse mesmo período, ele desfrutou da companhia inesquecível do mestre Jesus Cristo. Encarnou igualmente como Koot-Humi, um dos mentores de Helena Petrovna Blavatsky (1831 – 1891 d.C.), a fundadora da Sociedade Teosófica.

Em época ainda mais recuada, ele viveu na Atlântida, quando conheceu o espírito que seria conhecido como Alan Kardec, e com o qual se encontraria novamente em sua passagem pelo Egito, no templo do faraó Mernefta, filho de Ramsés; no Egito, Ramatís era então o sacerdote Amenófis.

Como mensageiro sideral, ombreia-se Ramatis com as mais destacadas entidades, tais como Emmanuel ou Hilarion. E, como luzeiro espiritual, não há prisma terráqueo capaz de mensurá-lo. É de se notar, que em toda a sua literatura, Ramatis curva-se à majestosa personalidade de Allan Kardec, com importantes referências ao seu legado, a Codificação do Espiritismo, salientando sempre que o Espiritismo sem Kardec não é Espiritismo.

Ao longo de suas encarnações, Ramatís sempre teve contato com os grandes sábios de cada era. Em sua vida na Grécia Antiga, no período em que ela estava em plena ebulição cultural, segundo informam algumas psicografias, ele já tinha conhecimento da imortalidade da alma, da purificação através de sucessivas reencarnações, e seus ensinamentos buscavam mostrar as nítidas vantagens de espiritualizar a vida. Ainda cultivava a música, a matemática e a astronomia. Nessa época, ele começou os estudos sobre o deslocamento dos astros e conclui que a Ordem Superior domina o Universo.

Em sua encarnação como Ramatís, ele se distinguiu como grande sábio, tendo feito parte da história da Índia no período da invasão dos arianos, por volta do século 4 a.C. Diz-se ainda que ele teria participado dos acontecimentos narrados no conto épico conhecido como Ramaiana.

Nessa ocasião, realizou seus estudos iniciáticos na China. Posteriormente, fundou um pequeno templo na Índia, sendo adepto da tradição de Rama. Desencarnou jovem, pois sua missão já havia sido cumprida.

Depois disso, no Plano Superior das Inteligências Espirituais, filiou-se definitivamente a um grupo de trabalhadores espirituais conhecido como Templários das Cadeias do Amor. Trata-se de um agrupamento nas colônias invisíveis do Além, que se dedica a trabalhos ligados à corrente oriental de pensamento.

O nome Ramatís (Rama - Tis), ou Swami Rama Tys, como era conhecido em sua época, é uma designação de sua hierarquia e dinastia espiritual. Rama é o nome que se dá à própria divindade, o Criador, cuja força criadora emana para as nossas vidas quando pronunciado corretamente; é um poderoso mantra que ativa os princípios masculino e feminino contidos no Universo. A saudação se torna plena, ativando a semente divina interior, quando se pronuncia Ramaatis.

Os Discípulos de Ramatís

O templo que ele fundou foi erguido por seus primeiros discípulos. Nesse local, ele ministrou e aplicou todos os conhecimentos adquiridos até aquela vida. Diz-se que as pedras usadas em sua construção receberam energias especiais, fruto da evolução de cada discípulo no caminho por ele delineado.

Muitos desses discípulos estão hoje encarnados em nosso mundo. Em sua última estada na esfera física, Ramatís teve setenta e dois discípulos, vindos das mais diversas linhas religiosas e espiritualistas do Egito, Índia, Grécia, China e até mesmo da Arábia; todos queriam ir além e unir-se à irmandade que Ramatís formara.

Após sua passagem, muitos deles não conseguiram se manter dentro do padrão iniciático original, e decaíram. Apenas dezessete conseguiram envergar a simbólica "Túnica Azul" (o domínio da Vontade) e atingir o último grau do ciclo iniciático em seus invólucros físicos.

Mas em seu trabalho espiritual, Ramatís teve contato com os outros discípulos e muitos, ao longo de suas vidas físicas, retornaram ao seio dos seus ensinamentos. Existem vinte e seis adeptos que estão no Espaço Espiritual (desencarnados), cooperando nos trabalhos da "Ordem da Cruz e do Triângulo"; outros se espalharam pela Terra. Sabe-se que dezoito reencarnaram no Brasil, seis nas Américas, e outros, na Europa e Ásia.

Dos dezoito que reencarnaram no Brasil, um deles, Atanagildo, já desencarnou e encarnou novamente, no estado de São Paulo. Outro desencarnado, o professor Hercílio Maes, é considerado um dos que mais contribuiu para a obra de Ramatís no Brasil, tendo publicado vários livros psicografados com mensagens do seu mestre. Outros são: Demétrius, chefe espiritual do GEID (Grupo Espírita Irmão Demétrius); e o Dr. Atmos (hindu, guia espiritual e diretor-geral de todos os grupos ligados à Fraternidade da Cruz e do Triângulo), chefe espiritual da Sociedade Espírita Ramatís.

Vale destacar a contribuição de América Paoliello Marques, cujo trabalho foi inspirado pela Falange de Dharma, composta de Espíritos de Luz: Luiz Augusto, Rama-Schain, Nicanor, Ramatis e Akenaton. Foi educadora, parapsicóloga e psicóloga clínica. Sua principal missão foi contribuir para a união entre Espiritualidade e Ciência, experimentando ela mesma esta união de forma plena. Transformou o resultado da profunda vivência mediúnica (iniciada em 1947, no Rio) numa tese de mestrado

(Brasil, 1979) e doutorado (USA, 1982). Seu foco era a saúde mental do Ser Integral. Lutou para aliviar o sofrimento humano, demonstrando que a paranormalidade, por exemplo, muitas vezes vista apenas como doença ou patologia, pode ser fonte de saúde e criatividade [...].

Os discípulos de Ramatís usam os conhecimentos adquiridos para ultrapassar as experiências físicas e sensoriais limitadas pela matéria, respeitando todas as linhas espirituais e compreendendo a necessidade que os homens têm de buscar a Verdade. Essa busca, segundo explicam, ativa o exercício de voos mais amplos, que acabam por desvendar a verdade crística do mundo.

Diz-se que a Europa se encontra no final de sua grande missão civilizadora e, devido a esse desenlace cármico e espiritual, muitos dos discípulos reencarnados naquelas terras emigrarão para o Brasil. Segundo Ramatís, aqui reencarnarão os que vão anteceder a generosa humanidade do terceiro milênio.

O médium Hercílio Maes, embora fosse reservado quanto a esse assunto, escreveu extensa obra psicografada de Ramatís e, segundo conversas íntimas com pessoas próximas a ele, relatou que teria sido "adotado" por Ramatís quando de sua primeira encarnação expiatória, no Egito, no reinado de Akenaton (Amenófis IV, cerca de 1370 - 1352 a.C.), na qual exercia a modesta profissão de aguadeiro.

Em determinada ocasião, respingou água nas sandálias de uma dama da corte e, num julgamento sumário, foi condenado à morte. Ramatís intercedeu e o faraó ofertou-o a Ramatís. Colaborando com esse relato, em 2002, durante a revisão do livro Akhenaton, obra histórica psicografada pelo médium Roger Bottini Paranhos, constatou-se que Ramatís aparece ali como o sumo sacerdote do faraó, com o nome de Meri-Rá.

Segundo relatos, numa conferência pública realizada em 1969, no Instituto de Cultura Espírita do Brasil, o médium Hercílio Maes disse que recebeu informações dos espíritos superiores referentes tanto à atuação de Emmanuel e Chico Xavier, quanto à de Ramatís e do próprio Hercílio Maes, assim como de outros integrantes de futuras equipes de trabalhos espiritualistas. A ideia é que cada qual teria sua função e atuação específica, no sentido de constituir um amplo movimento de unificação que resultaria na implantação, no futuro, de um só rebanho para um só pastor: Jesus Cristo.[1030]

[1030] Extraída da publicação: Ramatís, o Mestre da Luz Universal. Disponível em: <ttps://www.ippb.org.br/textos/especiais/mythos-editora/ramatis-o-mestre-da-luz-universal.> Acesso em 19 de fev. de 2023.

Liberdade & Consciência

DIREITOS DE EDIÇÃO
Copyright©

LIBERDADE & CONSCIÊNCIA
Rua Doutor Albuquerque Lins, 152
Centro - Santo André - SP
CEP: 09010-010

(11) 2774-8000
ebm@ebmeditora.com.br
www.ebmeditora.com.br

Dados Internacionais de Catalogação na Publicação (CIP)
(Câmara Brasileira do Livro, SP, Brasil)

```
Camargo, Sebastião
   O despertar da consciência : de sal da terra
a luz do mundo / Sebastião Camargo. -- 1. ed. --
Santo André, SP : Liberdade & Consciência, 2024.

   ISBN 978-65-86355-04-8

   1. Chakras 2. Consciência 3. Energia vital
4. Espiritismo - Doutrinas 5. Oração I. Título.

24-199952                                    CDD-133
```

Índices para catálogo sistemático:

1. Consciência : Espiritualidade   133

Aline Graziele Benitez - Bibliotecária - CRB-1/3129

Liberdade & Consciência

TÍTULO: Despertar da Consciência
De Sal da Terra a Luz do Mundo

AUTOR: Sebastião Camargo

EDIÇÃO: 1

EDITORA: Liberdade & Consciência

ISBN: 978-65-86355-04-8

PÁGINAS: 640

EDITOR: *Manu Mira Rama*

CAPA: José Antônio da Cruz / Tiago Minoru Kamei

FOTOGRAFIA Jussara Rocha

REVISÃO: Rosana Zanelatto / Adriana Rochas / Marlene Maciel / Maira Souza / Neusa Leal / Eliana Ferreira

DIAGRAMAÇÃO: Tiago Minoru Kamei

PAPEL MIOLO: Polen Bold 70g - 1x1 cores

GRÁFICA: Indústria Gráfica Santa Marta

TIRAGEM: 2.000 Exemplares

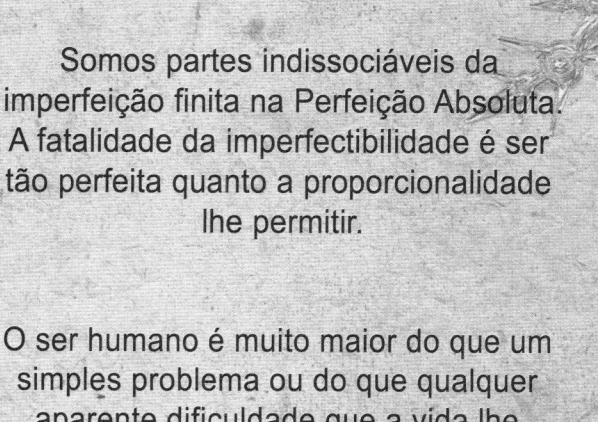

Somos partes indissociáveis da imperfeição finita na Perfeição Absoluta. A fatalidade da imperfectibilidade é ser tão perfeita quanto a proporcionalidade lhe permitir.

O ser humano é muito maior do que um simples problema ou do que qualquer aparente dificuldade que a vida lhe apresente, por mais complexa que esta se lhe afigure. Deus não o limita em qualquer tempo ou lugar na eternidade. Portanto, precisa se convencer de que pode e deve ser tudo o que, por amor, decida realizar para a conquista da paz íntima e, assim, concorrer para a harmonia do Universo, isto é, esmerar-se na construção de tudo o que for para o seu bem e para o bem de todos e de tudo à sua volta.